Engenharia de Software

Projetos e Processos

O GEN | Grupo Editorial Nacional – maior plataforma editorial brasileira no segmento científico, técnico e profissional – publica conteúdos nas áreas de ciências humanas, exatas, jurídicas, da saúde e sociais aplicadas, além de prover serviços direcionados à educação continuada e à preparação para concursos.

As editoras que integram o GEN, das mais respeitadas no mercado editorial, construíram catálogos inigualáveis, com obras decisivas para a formação acadêmica e o aperfeiçoamento de várias gerações de profissionais e estudantes, tendo se tornado sinônimo de qualidade e seriedade.

A missão do GEN e dos núcleos de conteúdo que o compõem é prover a melhor informação científica e distribuí-la de maneira flexível e conveniente, a preços justos, gerando benefícios e servindo a autores, docentes, livreiros, funcionários, colaboradores e acionistas.

Nosso comportamento ético incondicional e nossa responsabilidade social e ambiental são reforçados pela natureza educacional de nossa atividade e dão sustentabilidade ao crescimento contínuo e à rentabilidade do grupo.

Engenharia de Software

Projetos e Processos

VOLUME 2

4ª Edição

WILSON DE PÁDUA PAULA FILHO
Professor Emérito da Universidade Federal de Minas Gerais (UFMG),
Departamento de Ciência da Computação (DCC)

O autor e a editora empenharam-se para citar adequadamente e dar o devido crédito a todos os detentores dos direitos autorais de qualquer material utilizado neste livro, dispondo-se a possíveis acertos caso, inadvertidamente, a identificação de algum deles tenha sido omitida.

Não é responsabilidade da editora nem do autor a ocorrência de eventuais perdas ou danos a pessoas ou bens que tenham origem no uso desta publicação.

Apesar dos melhores esforços do autor, do editor e dos revisores, é inevitável que surjam erros no texto. Assim, são bem-vindas as comunicações de usuários sobre correções ou sugestões referentes ao conteúdo ou ao nível pedagógico que auxiliem o aprimoramento de edições futuras. Os comentários dos leitores podem ser encaminhados à **LTC — Livros Técnicos e Científicos Editora** pelo e-mail faleconosco@grupogen.com.br.

Direitos exclusivos para a língua portuguesa
Copyright © 2019 by Wilson de Pádua Paula Filho
LTC — Livros Técnicos e Científicos Editora Ltda.
Uma editora integrante do GEN | Grupo Editorial Nacional

Reservados todos os direitos. É proibida a duplicação ou reprodução deste volume, no todo ou em parte, sob quaisquer formas ou por quaisquer meios (eletrônico, mecânico, gravação, fotocópia, distribuição na internet ou outros), sem permissão expressa da editora.
Travessa do Ouvidor, 11
Rio de Janeiro, RJ – CEP 20040-040
Tels.: 21-3543-0770 / 11-5080-0770
Fax: 21-3543-0896
faleconosco@grupogen.com.br
www.grupogen.com.br

Capa: Leônidas Leite
Imagem de capa: © Rabia Elif Aksoy | 123rf.com
Editoração Eletrônica: Hera

CIP-BRASIL. CATALOGAÇÃO NA PUBLICAÇÃO
SINDICATO NACIONAL DOS EDITORES DE LIVROS, RJ

P347e

Paula Filho, Wilson de Pádua
Engenharia de software : projetos e processos / Wilson de Pádua Paula Filho. - 4. ed. - Rio de Janeiro : LTC, 2019.
: il. ; 28 cm.

Apêndice
Inclui bibliografia e índice
ISBN 978-85-216-3669-4 (v. 2)
ISBN 978-85-216-3668-7 (v. 1)

1. Engenharia de software. 2. Software - Desenvolvimento. I. Título.

| 19-58781 | CDD: 005.1 |
| | CDU: 004.41 |

Vanessa Mafra Xavier Salgado - Bibliotecária - CRB-7/6644

Para Rita, Bárbara e Bernardo, Catarina, Guilherme e Beatriz.
Em memória de Maria Solimar e Wilson pai.

Sumário Geral

Volume 1

FUNDAMENTOS

CAPÍTULO 1 ENGENHARIA DE SOFTWARE............ 3
CAPÍTULO 2 UML BÁSICA.....................................19
CAPÍTULO 3 PROCESSOS DE SOFTWARE 61

MÉTODOS

CAPÍTULO 4 REQUISITOS 101
CAPÍTULO 5 ANÁLISE 156
CAPÍTULO 6 DESENHO 201
CAPÍTULO 7 TESTES..................................... 303
CAPÍTULO 8 IMPLEMENTAÇÃO........................ 368

PADRÕES

CAPÍTULO 9 MODELAGEM EM UML 417
CAPÍTULO 10 DESENHO DE INTERFACES
DE USUÁRIO............................. 445
CAPÍTULO 11 DESENHO DETALHADO
E CODIFICAÇÃO 472
CAPÍTULO 12 DOCUMENTAÇÃO PARA
USUÁRIOS 505

APÊNDICE A O PROCESSO SPRAXIS –
DISCIPLINAS TÉCNICAS 518
APÊNDICE B O PROCESSO XPRAXIS 643

GLOSSÁRIO 692
BIBLIOGRAFIA... 712
ÍNDICE.. 729

Volume 2

FUNDAMENTOS

CAPÍTULO 1 PRODUÇÃO DE SOFTWARE 3
CAPÍTULO 2 CAPACITAÇÃO EM
PROCESSOS 27

MÉTODOS

CAPÍTULO 3 GESTÃO DA QUALIDADE............... 73
CAPÍTULO 4 GESTÃO DE PROJETOS............... 121
CAPÍTULO 5 GESTÃO DE ALTERAÇÕES........... 256
CAPÍTULO 6 ENGENHARIA DE PROCESSOS.... 291
CAPÍTULO 7 ENGENHARIA DE SISTEMAS 358

TÓPICOS

CAPÍTULO 8 EXPERIMENTAÇÃO 385
CAPÍTULO 9 O ENGENHEIRO DE SOFTWARE .. 404

APÊNDICE A O PROCESSO SPRAXIS –
DISCIPLINAS GERENCIAIS 411
APÊNDICE B O PROCESSO EPRAXIS............... 449

GLOSSÁRIO 503
BIBLIOGRAFIA 523
ÍNDICE.. 540

Sumário

Volume 2

FUNDAMENTOS

CAPÍTULO 1 PRODUÇÃO DE SOFTWARE 3

1 ORGANIZAÇÕES PRODUTORAS 4
- **1.1** Visão Geral 4
  - **1.1.1** Ambiente da organização produtora 4
  - **1.1.2** Estrutura da organização produtora 6
- **1.2** Maturidade das Organizações 11
  - **1.2.1** Sintomas de imaturidade 11
  - **1.2.2** Prejuízos da imaturidade 11
  - **1.2.3** Compromissos 12
  - **1.2.4** Forças caóticas 12
- **1.3** Escala 13
  - **1.3.1** Problemas de escala 13
  - **1.3.2** Problemas de comunicação 14
  - **1.3.3** Construção em estágios 14
- **1.4** Riscos 16
- **1.5** Erros 17
  - **1.5.1** Os erros clássicos 17
  - **1.5.2** Erros relativos ao produto 17
  - **1.5.3** Erros relativos a processos 17
  - **1.5.4** Erros relativos a pessoas 18
  - **1.5.5** Erros relativos à tecnologia 19
2 A MELHORIA DAS ORGANIZAÇÕES 20
- **2.1** Motivação para a Melhoria 20
  - **2.1.1** Prioridades de melhoria 20
  - **2.1.2** Processos de software 21
  - **2.1.3** Mal-entendidos comuns 21
- **2.2** Realização da Melhoria 23
  - **2.2.1** Condições para a melhoria de processos 23
  - **2.2.2** Estabilização dos processos 24
  - **2.2.3** Os personagens da mudança 25
  - **2.2.4** Um modelo de programas de melhoria 25

CAPÍTULO 2 CAPACITAÇÃO EM PROCESSOS 27

1 O MODELO CMMI 28
- **1.1** Bases 28
  - **1.1.1** Modelos de maturidade de capacitação 28
  - **1.1.2** Histórico do CMMI 28

- **1.2** Arquitetura do CMMI 30
  - **1.2.1** Representações 30
  - **1.2.2** Níveis de capacitação 30
  - **1.2.3** Níveis de maturidade 31
  - **1.2.4** Componentes 33
  - **1.2.5** Metas e práticas genéricas 33
- **1.3** Áreas de Processo 35
  - **1.3.1** Visão geral 35
  - **1.3.2** Áreas do nível 2 36
  - **1.3.3** Áreas do nível 3 40
  - **1.3.4** Áreas do nível 4 46
  - **1.3.5** Áreas do nível 5 48
- **1.4** Aplicação 49
  - **1.4.1** Avaliação 49
  - **1.4.2** Benefícios 50
2 MODELOS ISO 51
- **2.1** ISO-9000 51
- **2.2** ISO/IEC-12207 52
- **2.3** ISO/IEC-33000 52
- **2.4** ISO/IEC-20000 52
3 MPS 55
- **3.1** Bases 55
- **3.2** Capacidade dos processos 57
- **3.3** Níveis de maturidade 61
  - **3.3.1** Nível G 61
  - **3.3.2** Nível F 62
  - **3.3.3** Nível E 63
  - **3.3.4** Nível D 64
  - **3.3.5** Nível C 65
  - **3.3.6** Nível B 66
  - **3.3.7** Nível A 66
- **3.4** Avaliação 66
4 OUTROS MODELOS 68
- **4.1** PMBOK 68
- **4.2** COBIT 69
- **4.3** Modelos diversos 69

MÉTODOS

CAPÍTULO 3 GESTÃO DA QUALIDADE 73

1 PRINCÍPIOS 74
- **1.1** Conceitos básicos 74
- **1.2** Verificação e validação 74
- **1.3** Garantia da qualidade 75
- **1.4** Papéis na Gestão da qualidade 76

Sumário

1.4.1 Agentes da Gestão
da qualidade..............................76

1.4.2 Papel da Gerência
da qualidade..............................76

1.4.3 Papel dos gerentes
de projeto 77

1.4.4 Papel da Diretoria 77

2 TÉCNICAS 77

2.1 Planejamento da qualidade 77

2.1.1 Visão geral 77

2.1.2 Plano da qualidade 78

2.1.3 Plano das apreciações 78

2.2 Verificação 82

2.2.1 Visão geral 82

2.2.2 Revisões formais 84

2.2.3 Revisões informais 88

2.3 Revisões 88

2.3.1 Visão geral 88

2.3.2 Fluxo das revisões 89

2.3.3 Reuniões de revisão..................92

2.3.4 Perfil da equipe de revisão 94

2.3.5 Listas de conferência
para revisões..............................96

2.3.6 Registro dos resultados 100

2.4 Validação 100

2.4.1 Visão geral 100

2.4.2 Testes de sistema....................106

2.4.3 Avaliações de uso 107

2.5 Auditorias.......................................109

2.5.1 Visão geral 109

2.5.2 Auditorias da qualidade............110

2.5.3 Auditorias da organização 115

2.6 Resolução de anomalias
e defeitos...115

2.6.1 Visão geral 115

2.6.2 Processamento de defeitos 117

2.6.3 Ferramentas de resolução
de defeitos................................119

CAPÍTULO 4 GESTÃO DE PROJETOS 121

1 PRINCÍPIOS 122

1.1 Definições básicas 122

1.2 Utilização 123

2 TÉCNICAS 123

2.1 Gestão do escopo.............................123

2.1.1 Introdução 123

2.1.2 Gestão dos requisitos..............126

2.1.3 Cálculo do tamanho.................126

2.1.4 Escopo do projeto 135

2.1.5 Controle do escopo.................144

2.2 Gestão do cronograma......................151

2.2.1 Estimativas em geral 151

2.2.2 Estimativas por analogia..........159

2.2.3 Estimativas paramétricas 161

2.2.4 Estimativas bottom-up............166

2.2.5 Convergência de
estimativas...............................168

2.2.6 Desenvolvimento do
cronograma..............................168

2.2.7 Planejamento preliminar 172

2.2.8 Acompanhamento de
esforços e prazos 174

2.2.9 Previsão de esforços
e prazos...................................178

2.3 Gestão da qualidade..........................187

2.4 Gestão de recursos 191

2.4.1 Capacitação em gestão
de pessoas 191

2.4.2 Planejamento de pessoal.........192

2.4.3 Gestão de outros recursos 198

2.5 Gestão de riscos 198

2.5.1 Visão geral 198

2.5.2 Identificação dos riscos 199

2.5.3 Análise qualitativa
dos riscos.................................202

2.5.4 Análise quantitativa
dos riscos.................................202

2.5.5 Planejamento das
respostas aos riscos 204

2.5.6 Monitoração dos riscos............208

2.6 Gestão dos custos............................212

2.6.1 Planejamento dos custos.........212

2.6.2 Monitoração dos custos 217

2.7 Gestão de aquisições........................220

2.7.1 Visão geral 220

2.7.2 Contratação............................221

2.7.3 O processo de aquisição 222

2.8 Gestão da comunicação.....................222

2.8.1 Visão geral 222

2.8.2 Planos....................................223

2.8.3 Relatórios 225

2.9 Gestão da integração 226

2.9.1 Visão geral 226

2.9.2 Partida do projeto 227

2.9.3 Abertura e acompanhamento
da iteração 229

2.9.4 Análise e resolução
de decisões 235

2.9.5 Fechamento das iterações.......240

2.9.6 Replanejamento 244

2.9.7 Resolução de problemas..........247

2.9.8 Fechamento do projeto 247

2.10 Gestão das partes interessadas........253

2.10.1 Visão geral 253

2.10.2 Identificação 253

2.10.3 Planejamento.........................254

2.10.4 Gestão do envolvimento.........254

2.10.5 Controle do envolvimento 255

CAPÍTULO 5 GESTÃO DAS ALTERAÇÕES 256

1 PRINCÍPIOS 257

2 TÉCNICAS 257

2.1 Gestão de configurações 257

2.1.1 Visão geral 257

2.1.2 Papéis....................................260

2.1.3 Planejamento de
configurações 263

2.1.4 Ferramentas de gestão
de configurações 264

2.1.5 Repositórios de
configurações 274

2.1.6 Identificação dos itens
de configuração 277

2.1.7 Variações................................282

2.2 Resolução de alterações.................... 283
    2.2.1 Visão geral 283
    2.2.2 Procedimentos de alteração 283
2.3 Manutenção................................. 283
    2.3.1 Visão geral 283
    2.3.2 Papéis...................................... 285
    2.3.3 O processo de manutenção 287
    2.3.4 Análise da manutenção........... 288
    2.3.5 Negociação da
    manutenção............................. 289
    2.3.6 Gestão de configurações
    na manutenção........................ 290

CAPÍTULO 6   ENGENHARIA DE PROCESSOS 291

1 PRINCÍPIOS 292
1.1 Introdução....................................292
1.2 Papéis..295
    1.2.1 Papel da gerência de
    processos.................................295
    1.2.2 Papel da diretoria.....................295
1.3 Política 297
1.4 Variações 297
2 TÉCNICAS..298
2.1 O patrimônio de processos
    da organização..............................298
    2.1.1 Visão geral 298
    2.1.2 Biblioteca de processos 299
    2.1.3 Suporte aos processos.............301
    2.1.4 Manutenção de processos.......302
    2.1.5 Aferição de processos..............302
2.2 Alteração de processos.................309
    2.2.1 Identificação de alterações 309
    2.2.2 Inadequação de processos 309
    2.2.3 Análise causal.........................310
    2.2.4 Personalização de
    processos.................................311
    2.2.5 Desenvolvimento de normas ...313
2.3 Desenvolvimento de processos........315
    2.3.1 Introdução...............................315
    2.3.2 Especificação de
    processos.................................316
    2.3.3 Desenho de processos 317
    2.3.4 Implementação de
    processos.................................318
2.4 Gestão de tecnologia.....................323
    2.4.1 Visão geral 323
    2.4.2 Responsabilidades 323
    2.4.3 Ferramentas de
    desenvolvimento.....................324
    2.4.4 Personalização de
    recursos tecnológicos..............325
    2.4.5 Avaliação de recursos
    tecnológicos............................326
2.5 Gestão do treinamento...................328
    2.5.1 Visão geral 328
    2.5.2 Responsabilidades 329
    2.5.3 Aferição das proficiências........329
    2.5.4 Planejamento do
    treinamento.............................333
    2.5.5 Execução do treinamento.........336
2.6 Gestão de métricas 337
    2.6.1 Conceitos 337

2.6.2 Métricas na organização..........339
2.6.3 Repositório de medidas
    da organização........................340
2.6.4 Planejamento das
    métricas 342
2.6.5 Gestão quantitativa dos
    processos.................................344
2.7 Inovação técnica 348
    2.7.1 Visão geral 348
    2.7.2 Responsabilidades 348
    2.7.3 A fase de início.......................349
    2.7.4 A fase de diagnóstico..............350
    2.7.5 A fase de estabelecimento.......350
    2.7.6 A fase de ação........................351
    2.7.7 A fase das lições....................357

CAPÍTULO 7   ENGENHARIA DE SISTEMAS ... 358

1 VISÃO GERAL 359
1.1 Introdução....................................359
1.2 Áreas 359
1.3 Fontes de informação 359
2 ATIVIDADES DE NÍVEL DE PROJETOS 361
2.1 Modelagem de negócio...................361
    2.1.1 Objetivos.................................361
    2.1.2 Aplicação................................361
    2.1.3 Notações.................................362
2.2 Modelagem de sistema...................363
    2.2.1 Objetivos.................................363
    2.2.2 Um exemplo de processo
    de Engenharia de sistemas......364
2.3 Gestão de recursos
    computacionais..............................366
    2.3.1 Objetivos.................................366
    2.3.2 Administradores de
    sistemas...................................367
    2.3.3 Administradores de
    dados.......................................367
2.4 Criação de conteúdo 368
    2.4.1 Visão geral 368
    2.4.2 O designer de conteúdo...........369
    2.4.3 O Web designer 369
2.5 Implantação..................................370
    2.5.1 Visão geral 370
    2.5.2 Planejamento da
    implantação 373
    2.5.3 Desenvolvimento do
    material de instalação..............373
    2.5.4 Execução da implantação 374
2.6 Operação e suporte 374
    2.6.1 Visão geral 374
    2.6.2 Operação.................................375
    2.6.3 Suporte...................................376
    2.6.4 Gestão de liberações 377
    2.6.5 Retirada 377
3 ATIVIDADES DE NÍVEL DA
ORGANIZAÇÃO..377
3.1 Modelagem da organização 377
3.2 Arquitetura da organização 378
3.3 Reutilização estratégica...................378
3.4 Gestão de portfólios 379
3.5 Gestão de pessoas 380
3.6 Administração da infraestrutura 381

Sumário

TÓPICOS

CAPÍTULO 8 EXPERIMENTAÇÃO 385

1 VISÃO GERAL 386
  1.1 Conceitos 386
    1.1.1 Estratégias empíricas 386
    1.1.2 O processo experimental 387
  1.2 Fases do experimento 389
    1.2.1 Definição 389
    1.2.2 Planejamento 390
    1.2.3 Operação 396
    1.2.4 Análise e interpretação............ 398
    1.2.5 Apresentação e
      empacotamento...................... 402

CAPÍTULO 9 O ENGENHEIRO DE
      SOFTWARE 27

1 A PROFISSÃO 405
  1.1 Introdução..................................... 405
  1.2 Formação e certificação................... 405
  1.3 Carreira.. 405
    1.3.1 Quadro brasileiro 405
    1.3.2 Carreiras no P-CMM 406
    1.3.3 O modelo de carreiras
      Construx 406
    1.3.4 A carreira em Y..................... 408
  1.4 Código de ética 409
2 O EMPREGO.. 409
  2.1 As organizações produtoras.............. 409
  2.2 A academia 410

APÊNDICE A O PROCESSO SPRAXIS –
      DISCIPLINAS GERENCIAIS...... 411

1 VISÃO GERAL 412
2 GESTÃO DA QUALIDADE........................ 413
  2.1 Elementos do processo.................... 413
    2.1.1 Ciclo de vida 413
    2.1.2 Papéis................................ 415
  2.2 Atividades 416
    2.2.1 Planejamento da
      qualidade............................ 416
    2.2.2 Verificação.......................... 420
    2.2.3 Validação............................ 423
    2.2.4 Auditorias........................... 425
    2.2.5 Resolução de anomalias 426
3 GESTÃO DE PROJETOS.......................... 429
  3.1 Elementos do processo.................... 429
    3.1.1 Ciclo de vida 429
    3.1.2 Papéis................................ 429

  3.2 Atividades 430
    3.2.1 Planejamento do projeto 430
    3.2.2 Controle do projeto 434
4 GESTÃO DE ALTERAÇÕES......................... 436
  4.1 Elementos do processo.................... 436
    4.1.1 Ciclo de vida 436
    4.1.2 Papéis................................ 439
  4.2 Atividades 439
    4.2.1 Gestão de configurações.......... 439
    4.2.2 Resolução de alterações 444

APÊNDICE B O PROCESSO EPRAXIS........... 449

1 VISÃO GERAL 450
2 GESTÃO DA QUALIDADE........................ 450
  2.1 Elementos do processo.................... 450
    2.1.1 Ciclo de vida 450
    2.1.2 Papéis................................ 450
  2.2 Atividades 450
    2.2.1 Processamento de defeitos 450
3 GESTÃO DE PROJETOS.......................... 456
  3.1 Elementos do processo.................... 456
    3.1.1 Ciclo de vida 456
    3.1.2 Papéis................................ 456
  3.2 Atividades 456
    3.2.1 Processamento de problemas ... 456
    3.2.2 Aquisição............................ 461
4 GESTÃO DAS ALTERAÇÕES 465
  4.1 Elementos do processo.................... 465
    4.1.1 Ciclo de vida 465
    4.1.2 Papéis................................ 465
  4.2 Atividades 465
    4.2.1 Manutenção 465
5 ENGENHARIA DE PROCESSOS 469
  5.1 Elementos do processo.................... 469
    5.1.1 Ciclo de vida 469
    5.1.2 Papéis................................ 469
  5.2 Atividades 470
    5.2.1 Gestão do patrimônio
      de processos........................ 470
    5.2.2 Alteração de processos............ 473
    5.2.3 Desenvolvimento de
      processos............................ 477
    5.2.4 Gestão de tecnologia............... 479
    5.2.5 Gestão do treinamento............ 483
    5.2.6 Gestão de métricas................. 485
    5.2.7 Inovação técnica.................... 487

GLOSSÁRIO 503
BIBLIOGRAFIA 523
ÍNDICE 540

Prefácio

Volume 2

Quando foi publicada a terceira edição desta obra, importantes mudanças haviam acontecido em várias áreas da Engenharia de Software. Como nas edições anteriores, este livro continua destinado a cobrir o material de Engenharia de Software requerido em cursos de graduação e pós-graduação em Ciência da Computação, Informática, Sistemas de Informação, Engenharia de Computação, Engenharia de Sistemas e demais cursos similares.

Novas edições dos padrões do IEEE, o CMMI, a UML 2.0, o surgimento do SPEM 2.0 e de nova edição do PMBOK tinham alterado profundamente o panorama das referências da área. Contribuiu também bastante a experiência trazida pelo uso de versões do processo Praxis, tanto em situações educacionais como em aplicações de caráter industrial.

Em contraste, as alterações de maior monta ocorridas de lá para cá são relativamente poucas, embora haja muitos detalhes a acrescentar. A maior de todas resultou da disseminação do uso dos chamados métodos ágeis, que passaram por isso a contar com cobertura algo maior nesta edição, embora na edição anterior já tivessem sido abordados.

Decidimos também, com base principalmente em nossa experiência de ensino, consolidar a divisão do material em dois volumes, correspondendo aos dois semestres que são necessários para cobrir razoavelmente todo o material de Engenharia de Software. O primeiro volume trata dos aspectos mais introdutórios da área e das disciplinas de caráter técnico, correspondente ao material cujo conjunto denominamos como **Produtos**. O segundo volume tratará das disciplinas de caráter mais gerencial e respectivos fundamentos, recebendo a denominação de **Projetos e processos**.

Resumimos a seguir as modificações de maior porte realizadas nesta edição:

- Os Capítulos 1 e 2 receberam alterações bastante pequenas.
- O antigo Capítulo 5 passou a ser o novo Capítulo 3, ficando os antigos Capítulos 3 e 4 para o segundo volume. Do novo Capítulo 3, muitos detalhes referentes ao processo Praxis passaram para a parte de **Tópicos**. Em compensação, foi incluída cobertura substancial do método Scrum, tendo em vista a atual difusão de seu uso.
- Os antigos capítulos da parte de **Métodos** que tratavam dos métodos técnicos e constituíam os Capítulos de 6 a 10 passaram a constituir os Capítulos de 4 a 8. Em todos eles, muitos detalhes foram atualizados. Entretanto, as seções correspondentes a **Processo** passaram para os **Tópicos**, deixando esses capítulos

mais independentes da maneira particular como esses assuntos são tratados no processo Praxis.

- O antigo Capítulo 16 passou a ser o novo Capítulo 9. O material dos antigos Capítulos 17 e 18 foi mesclado com os respectivos assuntos na parte de **Métodos**. Os antigos Capítulos de 19 a 21 passam a ser os novos Capítulos de 10 a 12.
- A nova parte de **Tópicos** contém um Apêndice A, que reúne basicamente o material das disciplinas técnicas do **SPraxis**, versão do Praxis que corresponde aproximadamente ao processo adotado na terceira edição. Já o Apêndice B trata do **XPraxis**, versão inteiramente nova do processo, simplificada tendo em vista a maior adoção dos métodos ágeis.

Nesta edição, preparamos materiais didáticos para auxiliar o professor, com transparências e orientação, disponíveis no site do Grupo GEN, mediante cadastro. Consulte a página de Materiais Suplementares adiante para mais detalhes de acesso.

Os modelos orientados a objetos que serviram de base para muitas das ilustrações desta edição foram feitos com a ferramenta *IBM Rational Software Architect*. Essa ferramenta faz parte do conjunto de ferramentas *IBM Rational*, e foi utilizada pelo autor dentro do programa *IBM Academic Initiative*, pelo que o autor agradece à **IBM**. Cabe notar que ferramentas livres de modelagem com mais recursos têm surgido, como a *Papyrus*, mantida pela fundação *Eclipse*, e não há inconveniente caso o professor opte por utilizá-las. A ferramenta *IBM Rational Software Architect* também é gratuita para quem participa da *IBM Academic Initiative*.

Foram também utilizadas na confecção do material complementar e do livro as ferramentas e plataformas livres *Checkstyle*, *Eclipse*, *Eclipse Process Framework*, *Hibernate*, *Postgres*, *JUnit*, *JUnitParams*, *Subclipse*, *Subversion* e *Tortoise*. Código herdado de versões anteriores ainda usa outras ferramentas, como *IBM Rational Functional Tester* e *HSQL*. O autor agradece às respectivas fundações mantenedoras.

O Autor.

Agradecimentos

Agradeço pelas sugestões e comentários a Rodolfo Sérgio Ferreira de Resende, a Clarindo Isaías Pereira da Silva e Pádua, a Bernardo Kaucher Darmstadter de Pádua, à equipe do Synergia - Laboratório de Engenharia de Software e Sistemas do Departamento de Ciência da Computação da Universidade Federal de Minas Gerais (DCC-UFMG) e a todos que enviaram correções e observações sobre as edições anteriores.

Material Suplementar

Este livro conta com os seguintes materiais suplementares:

Volumes 1 e 2:

- Conteúdo em formato de apresentação, em (.pdf) com materiais complementares de apoio ao professor (restrito a docentes);
- Ilustrações da obra em formato de apresentação, em (.pdf) (restrito a docentes livre);

O acesso ao material suplementar é gratuito. Basta que o leitor se cadastre em nosso *site* (www.grupogen.com.br), faça seu *login* e clique em GEN-IO, no menu superior do lado direito. É rápido e fácil. Caso haja alguma mudança no sistema ou dificuldade de acesso, entre em contato conosco (gendigital@grupogen.com.br).

GEN-IO (GEN | Informação Online) é o ambiente virtual de aprendizagem do GEN | Grupo Editorial Nacional, maior conglomerado brasileiro de editoras do ramo científico-técnico-profissional, composto por Guanabara Koogan, Santos, Roca, AC Farmacêutica, Forense, Método, Atlas, LTC, E.P.U. e Forense Universitária. Os materiais suplementares ficam disponíveis para acesso durante a vigência das edições atuais dos livros a que eles correspondem.

FUNDAMENTOS

1

Produção de Software

Capítulo 1

1 ORGANIZAÇÕES PRODUTORAS

1.1 Visão Geral

A produção industrial de software é quase sempre uma atividade coletiva. Alguns produtos são construídos inicialmente por indivíduos ou pequenas equipes, como **produtos comerciais de prateleira**, conhecidos como COTS (*commercial off-the-shelf*). À medida que se tornam sucesso de mercado, passam a evoluir. A partir daí um número cada vez maior de pessoas passa a cuidar da sua manutenção e evolução. Outras vezes trata-se de produtos desenvolvidos por encomenda de um cliente. Quando esses produtos são bem recebidos, as organizações passam a receber encomendas cada vez maiores, tendo de crescer para atendê-las.

Por isso, quase todas as atividades de engenharia de software são empreendidas por **organizações**, ou seja, estruturas administrativas em que pessoas conduzem um ou mais projetos, sob uma diretoria e partilhando as mesmas políticas [CMMI10]. Uma organização produtora de software pode ser toda uma empresa (ou fundação, órgão governamental etc.) na qual a produção de software é a atividade-fim, ou uma das atividades-fim; ou uma divisão de uma empresa que tem outros objetivos, sendo a produção de software uma atividade-meio.

Em qualquer caso, organizações sempre almejam entregar produtos satisfatórios para clientes e usuários (alta qualidade), dentro de custos e prazos compensadores (alta produtividade) e previsíveis (alta previsibilidade). Para atingir esses objetivos, as organizações têm que entender seus próprios processos de negócio, a fim de aperfeiçoá-los e obter resultados cada vez melhores. No caso de organizações produtoras de software, os processos de negócio são os processos relativos ao ciclo de vida do software. Nas subseções seguintes, é apresentado um modelo lógico típico da estrutura de organizações produtoras de software.[1]

1.1.1 Ambiente da organização produtora

As partes interessadas na produção de software que são externas à organização são representadas por **atores de negócio**, isto é, atores UML estereotipados para representar as entidades externas que interagem com os processos de negócio da organização. Na Figura 1.1 aparecem clientes, usuários, fornecedores (que incluem subcontratados e fornecedores de produtos de prateleira), consultores e autoridades normativas e reguladoras.

A Figura 1.2 mostra os processos mais visíveis às partes interessadas externas, chamados de **processos primários**,[2] definidos na Tabela 1.1. Os processos primários são representados por **casos de uso de negócio**, ou seja, casos de uso estereotipados que representam as funções da organização visíveis às partes interessadas externas, e que oferecem algum valor para essas partes. Por ser a Figura 1.2 um diagrama de visão externa do modelo de negócio, o produtor de software não é representado por um elemento de modelagem UML, e sim por um retângulo que marca a fronteira entre o interior e o exterior da organização.

---

[1] Os estereótipos usados aqui são aqueles propostos por Johnston [Johnston04]. Há pequenas diferenças em alguns ícones, pois foi usada a versão do perfil implementada pela ferramenta *IBM Rational Software Architect*.

[2] Esse termo era adotado na versão anterior do padrão ISO-12207, que define os processos do ciclo de vida do software. A versão atual [IEEE08] tem uma classificação bem mais complexa dos processos. Para manter a simplicidade do modelo de processos aqui descrito, mantivemos a classificação da versão 1997 desse padrão.

Produção de Software

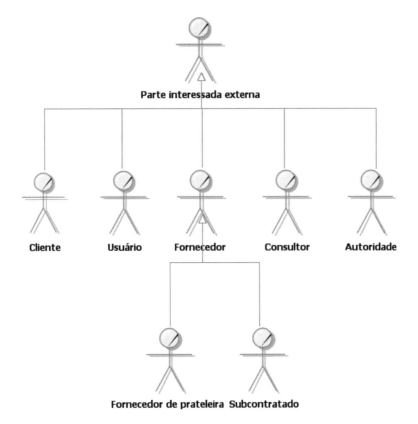

FIGURA 1.1 Partes interessadas externas à organização produtora.

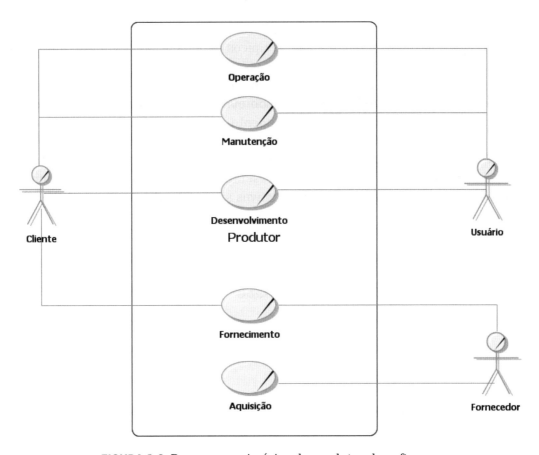

FIGURA 1.2 Processos primários do produtor de software.

TABELA 1.1 Processos primários do ciclo de vida do software, segundo a ISO-12207

PROCESSO	DEFINIÇÃO
Aquisição	Definição da necessidade de adquirir um sistema, produto ou serviço de software, preparação e emissão de solicitação de proposta, seleção de fornecedor, preparação de contrato, monitoração do fornecedor e gestão da aquisição até a aceitação.
Fornecimento	Preparação de proposta, aceitação do contrato, planejamento, execução, controle, revisão e avaliações do projeto, até a entrega e finalização.
Desenvolvimento	Análise dos requisitos, desenho, codificação, integração, teste, instalação e aceitação, podendo conter atividades de nível de sistema, caso estipuladas em contrato.
Operação	Implementação do processo de operação, testes operacionais, operação do produto e suporte aos usuários, possivelmente no nível de sistema.
Manutenção	Implementação do processo de manutenção, análise dos problemas e das solicitações de modificação, implementação, testes, revisões e aceitação das modificações, migração e retirada de operação.

1.1.2 Estrutura da organização produtora

Nesta subseção, apresenta-se um modelo bastante simplificado de uma organização produtora de software, que será usado para descrição dos papéis participantes em processos de software. O modelo utiliza o mesmo perfil UML de modelagem de negócio, no qual os processos, representados por casos de uso de negócio, são realizados por colaborações de classes que representam elementos típicos de uma organização. Uma **entidade de negócio** (*business entity*) representa coisas, como objetos físicos, elementos organizacionais e principalmente itens de informação, que geralmente têm papel passivo (não iniciam interações) e caráter persistente (sobrevivem às interações). Um **agente de negócio** (*business worker*) representa um agente humano, grupo de agentes humanos ou sistema informatizado que participa das interações. Um **agente de serviço** (*case worker*) é um caso especial de agente de negócio, que interage com atores de negócio. Uma **meta de negócio** (*business goal*) representa um requisito ao qual a organização procura satisfazer. As formas gráficas respectivas são mostradas na Figura 1.3.

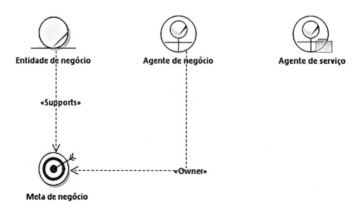

FIGURA 1.3 Classes estereotipadas para modelagem de negócio.

A Figura 1.4 mostra os elementos mais básicos da estrutura organizacional. Uma **organização** é uma estrutura administrativa em que pessoas conduzem um ou mais projetos, sob um grupo de diretores e partilhando as mesmas políticas [CMMI10]. Chamaremos de **produtor** a uma espécie de organização que produz produtos de software. Uma organização é composta por uma coleção de unidades organizacionais, sendo uma **unidade organizacional** uma parte definida de uma organização, que implanta um ou mais processos, tem um contexto coerente de processos e um conjunto coerente de objetivos de negócio [CMMI10]. Uma unidade organizacional pode ser composta de unidades organizacionais subordinadas. A organização possui um conjunto de **metas de negócio**, requisitos que devem ser satisfeitos pela organização em determinado prazo.

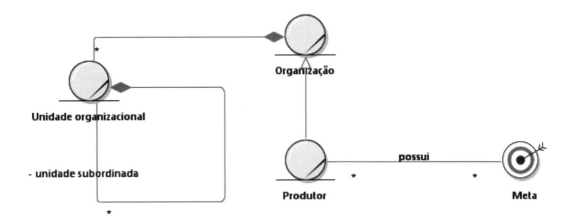

FIGURA 1.4 Unidades organizacionais.

A Figura 1.5 mostra que uma unidade organizacional agrega **equipes** (*teams*), conjuntos de pessoas com responsabilidade definida dentro da organização, e **papéis** (*roles*), conjuntos de proficiências, competências e responsabilidades correlatas, desempenhados por uma ou mais **pessoas** [OMG11a]. Um papel, portanto, descreve uma função organizacional lógica, podendo participar de várias equipes, e podendo cada equipe ser formada por um ou mais papéis.

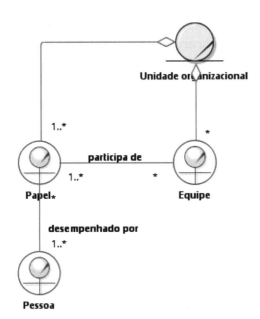

FIGURA 1.5 Equipes e papéis.

A Figura 1.6 mostra exemplos de **papéis gerenciais**, tipicamente responsáveis por chefiar unidades organizacionais. Será chamado de **diretor** (*senior manager*) um dirigente do mais alto nível da organização, que focaliza mais a vitalidade de longo prazo da organização do que as preocupações e compromissos de curto prazo; e de **gerente** (*manager*) um dirigente de nível intermediário, que organiza, dirige, motiva e controla o trabalho em determinada área [CMMI10].

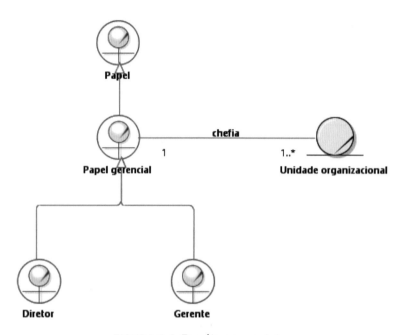

FIGURA 1.6 Papéis gerenciais.

Papéis técnicos típicos, que compõem as **equipes técnicas**, são mostrados na Figura 1.7. **Engenheiros de software** podem ser **desenvolvedores**, quando exercem atividades diretas de desenvolvimento, pertinentes às atividades de natureza técnica, e **engenheiros de suporte**, que exercem atividades de suporte ao desenvolvimento, como os **engenheiros de qualidade**, que exercem atividades relativas à qualidade de processos e produtos, e os **engenheiros de processo**, que exercem atividades relativas ao desenvolvimento e à manutenção de processos. As diversas espécies de desenvolvedores correspondem às atividades típicas do processo de desenvolvimento; o **arquiteto** é um desenvolvedor experiente, responsável pela arquitetura técnica de um produto, que abrange o entendimento analítico dos requisitos desse produto, e a formulação e avaliação dos aspectos mais importantes de desenho e testes. O **engenheiro de requisitos** é representado como agente de serviço, uma vez que suas principais tarefas são tipicamente exercidas em contato com usuários e clientes. As atribuições de cada espécie de engenheiro de software serão descritas com maior detalhe nos capítulos que tratam das respectivas disciplinas de processo.

A Figura 1.8 representa uma organização estruturada por linhas de produto, em que cada **linha de produto** é um grupo de produtos que partilha um conjunto comum e gerido de características, que satisfaz às necessidades específicas de uma missão ou mercado selecionado [CMMI10]. Cada linha de produto é caracterizada por usar um conjunto de **tecnologias**, sendo composta por produtos, em que cada **produto** é um objeto produzido, quantificável, que pode ser um item final ou um item componente [PMI13], podendo também ser entendido como um resultado que se pretende entregar a um cliente ou usuário [CMMI10]. Um produto é produzido por um **projeto**, entendido como um conjunto gerido

Produção de Software

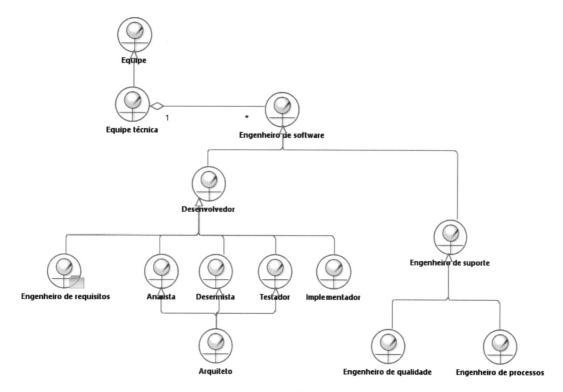

FIGURA 1.7 Papéis técnicos.

de recursos inter-relacionados, que entrega um ou mais produtos a um cliente ou usuário, com início definido e que, tipicamente, opera conforme um plano [CMMI10], ou um empreendimento temporário realizado para criar um produto, serviço ou resultado distinto [PMI13]. Não há perda de generalidade ao supor-se que cada produto é produzido por um apenas e um projeto, já que um produto pode ser um componente ou um sistema.

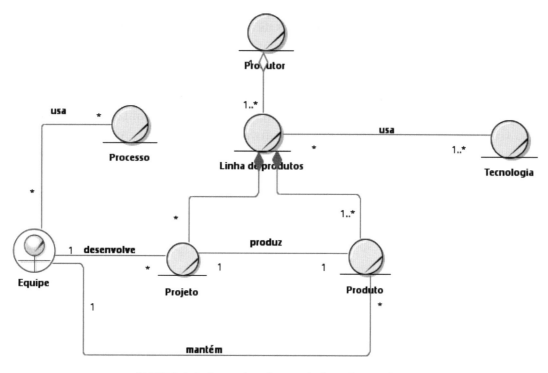

FIGURA 1.8 Organização por linhas de produto.

Um **gerente de projeto** é um gerente responsável por planejar, dirigir, controlar, estruturar e motivar um projeto, a fim de satisfazer o cliente. Um **gerente de produto** é responsável pela manutenção e suporte de um produto, durante sua vida útil, a fim de satisfazer o cliente. Um **gerente de linha de produto** é responsável pelo conjunto de projetos e produtos de uma linha de produto. Os relacionamentos são mostrados na Figura 1.9. Como o trabalho desses gerentes tipicamente envolve interação com clientes, eles são representados por agentes de serviço. Em organizações mais simples, a mesma pessoa acumula os cargos gerenciais dos projetos e produtos de uma linha.

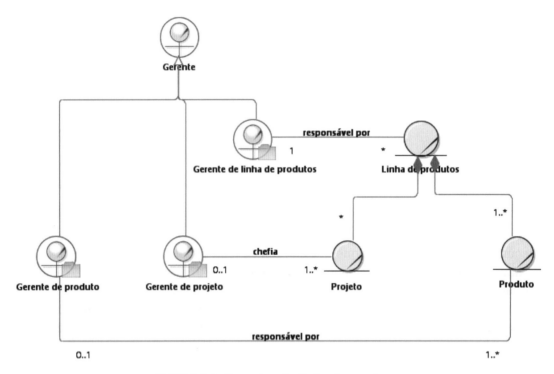

FIGURA 1.9 Gerentes de linha de produto.

Em cada linha de produto, uma equipe desenvolve projetos e mantém os produtos, usando processos. Processos, pessoas e tecnologia constituem os fatores de produção, que determinam o grau de sucesso em atingir as metas da organização; eles formam outro triângulo crítico da engenharia de software (Figura 1.10). As seções seguintes discutem o grau de maturidade das organizações, que indica o domínio que cada organização tem sobre seus fatores, e como se pode agir sobre eles para efetuar a melhoria dessas organizações.

FIGURA 1.10 O segundo triângulo crítico da engenharia de software.

Produção de Software 11

1.2 Maturidade das Organizações

1.2.1 Sintomas de imaturidade

A maturidade de uma organização em engenharia de software mede o grau de competência, técnica e gerencial, que essa organização possui para atingir suas metas; no caso de produtores de software, produzir software de boa qualidade, dentro de prazos e custos razoáveis e previsíveis. Infelizmente para os profissionais, muitas organizações que produzem software são imaturas. Isso ocorre tanto com organizações que produzem software como atividade-fim como com organizações para as quais o software é meio de apoio aos processos de negócio. Alguns sintomas identificam tipicamente as organizações imaturas:

- Os projetos não são definidos com clareza. Atividades de desenvolvimento de software são disfarçadas de manutenção, ou mesmo realizadas sem nenhum marco formal. Às vezes não se sabe ao certo quem é o responsável por um projeto, ou mesmo se uma atividade faz parte de algum projeto. Os clientes e usuários não sabem exatamente a quem se dirigir. Os gerentes têm dúvidas sobre o que cobrar de quem.
- As pessoas não recebem o treinamento necessário. Ou não existe disponibilidade de tempo para treinamento, ou as pessoas se inscrevem no treinamento que bem entendem. Os treinamentos são avaliados apenas quanto à satisfação dos treinandos, se tanto. Não se avalia o treinamento quanto ao benefício trazido para os projetos, e não se comparam benefícios com custos. As pessoas trabalham em ambientes inadequados. Não existem planos claros de recrutamento, remuneração e avaliação do desempenho. Não existe boa comunicação entre as pessoas.
- As ferramentas não ajudam realmente a resolver os problemas. As pessoas não têm acesso a ferramentas compatíveis com o estado da arte, ou usam as ferramentas que bem entendem. Os usuários das ferramentas não recebem treinamento e orientação em grau satisfatório. Ferramentas são escolhidas de forma política ou até lúdica, sem considerar avaliações técnicas e necessidades de padronização.
- Os procedimentos e padrões, quando existem, são definidos de forma burocrática, sem fundamentação técnica ou base em dados reais. Muitas vezes, o processo oficial, que existe nos documentos escritos, é rígido, mas o processo real praticado é muito diferente do processo oficial, e muito mais relaxado que este. Os gerentes desconhecem as discrepâncias entre processos oficiais e reais, e às vezes também não levam os processos oficiais a sério.

1.2.2 Prejuízos da imaturidade

A organização imatura é ruim para os profissionais técnicos. Os mesmos problemas se repetem de projeto em projeto. Há muitas exigências dos clientes, usuários e gerentes, e poucos recursos. O trabalho é excessivo e estressante: corridas desesperadas contra os prazos são a regra. A qualidade de vida no trabalho é ruim, o ambiente é desgastante, e os profissionais são desmotivados.

O leitor dos cartuns do Dilbert [Adams97] facilmente atribuirá aos gerentes a culpa desse quadro. Isso pode acontecer ou não, mas a organização imatura também é ruim para os gerentes. Eles não têm uma visão realista do progresso dos projetos, e muitos problemas só são levados ao conhecimento deles quando já não têm remédio. Os planos são feitos *pro forma*: com o projeto em andamento, eles não são consultados, e muito menos atualizados. Os orçamentos e cronogramas estouram rotineiramente. Os gerentes perdem credibilidade diante dos clientes e dos diretores.

Para completar, a organização imatura é ruim também para os clientes e usuários. Os produtos são de baixa qualidade: apresentam muitos defeitos, e são difíceis de usar. Os clientes e usuários ficam insatisfeitos e reclamam: algumas vezes por causa de defeitos reais, outras vezes porque não conseguem aprender o uso correto. O resultado final foi constatado em muitos inventários realizados por causa do problema do ano 2000. Tipicamente, verificava-se que a metade do estoque de software das organizações não era usada para nada. Então, para que se gastou tempo e dinheiro no desenvolvimento e na manutenção desses produtos?

1.2.3 Compromissos

Prazos políticos raramente são realistas. Em muitas organizações públicas, prazos são determinados pelo Primeiro Método de Fixação de Prazos: "data marcada para cerimônia oficiada por alguma autoridade". Em muitas organizações comerciais, prazos são determinados pelo setor de vendas, através do Segundo Método de Fixação de Prazos: "o que os clientes querem ouvir". Às vezes usa-se o Terceiro Método de Fixação de Prazos: "o que a concorrência pode prometer".

Prazos realistas só podem ser determinados de forma técnica. Mas todas as técnicas de estimativa dependem de dados históricos da própria organização. E só quem trabalha com processos definidos consegue coletar e manter dados históricos. Não é possível aproveitar a experiência de planejamento de projetos anteriores se os projetos não tiverem uma estrutura comum mínima e as coisas não forem denominadas conforme uma nomenclatura padronizada. Sem prazos realistas, uma organização pode fazer promessas, mas não pode assumir compromissos de verdade.

Os compromissos firmes e realistas têm de ser baseados em especificações bem-definidas. Os planos têm de ser feitos com base nas especificações. Os projetos têm de ser geridos de acordo com os planos. As organizações imaturas são tipicamente deficientes em todos esses quesitos.

Em resumo:

- muitas organizações imaturas em software têm o hábito de assumir compromissos não realistas;
- outras querem sinceramente obter maior realismo dos compromissos, mas desconhecem as técnicas de estimativa;
- outras conhecem as técnicas, mas não têm os dados para aplicá-las, porque não usam processos definidos e estáveis.

1.2.4 Forças caóticas

Na ausência de processos bem-definidos, a gestão dos projetos de desenvolvimento de software se torna confusa. A pressão dos prazos não deixa tempo para a reflexão, e, por falta de métodos padronizados, os desenvolvedores recorrem a táticas de força bruta. Os usuários e a alta administração se impacientam com o descumprimento dos compromissos. Como em outras esferas da atividade humana, esse estado de coisas leva as pessoas a depositar fé na magia, nos gurus e nos heróis.

Produção de Software

O recurso à **magia**, no caso dos desenvolvedores de software, se traduz na crença nas **balas de prata** [Brooks95]. As balas de prata míticas eram tidas como o único meio eficaz de matar lobisomens. No desenvolvimento de software, as balas de prata são métodos e ferramentas tidos como milagrosos. Divulgadas por vendedores bem-treinados, as balas de prata encontram ávida audiência em desenvolvedores e gerentes que preferem acreditar em curas milagrosas. Muitos preferem a promessa de um remédio fulminante à realidade da lenta melhoria dos processos, baseada na disciplina pessoal e de grupo. A crença na mágica bloqueia o pensamento racional e leva a um "modo animista de pensar, governado pela onipotência dos pensamentos" [Freud56]. Desenvolvedores e gerentes recorrem à pajelança: "fiz grande mágica, portanto cumprirei cronograma" [Weinberg93].

Os **gurus** são entidades comuns nas organizações imaturas. São pessoas consideradas infalíveis, por dominarem técnicas supostamente ininteligíveis para outros. Determinam *ex cathedra* os rumos dos projetos. Com o ego incensado, aceitam compromissos cada vez maiores, até não darem mais conta do recado. Quando o desastre é iminente, costumam ser espertos o suficiente para procurar outras plagas e deixar a culpa para outros. Adoram codificar, e detestam analisar, desenhar, testar, rever e principalmente documentar. Manutenção, para eles, é sempre problema dos outros.

Os **heróis** são personagens mais benévolos. Eles realmente têm consciência profissional, mas usam processos informais, que não são transferíveis. Até certo ponto, suprem com o esforço pessoal a falta de técnicas e de organização. Algumas vezes, realmente conseguem salvar alguns projetos. Adquirindo fama messiânica, tendem a ser sobrecarregados até o seu limite de competência.

1.3 Escala

1.3.1 Problemas de escala

Problemas de escala são problemas relacionados com tamanho. Problemas de escala existem em todos os ramos da engenharia. Por isso, construir um grande edifício é muito mais difícil que construir um barraco, e realizar uma reação química em escala industrial é muito mais difícil que realizá-la em laboratório.

Para quantificar os problemas de escala de software, é preciso medir o **tamanho** dos seus produtos. Definir tamanho é um problema técnico que será tratado posteriormente. Por enquanto, vamos utilizar como medida de tamanho o número de **linhas de código** dos programas fontes. Desde já, é preciso saber que existem várias maneiras diferentes de contar essas linhas; cada maneira leva a contagens diferentes. Como indicador de ordem de grandeza do tamanho, entretanto, o número de linhas de código pode ser considerado satisfatório.

Os problemas de escala são agravados por outros problemas comuns de engenharia de software:

- A falta de documentação adequada do código dificulta a localização dos defeitos, principalmente quando os codificadores originais não estão mais disponíveis.
- Os programas costumam ter vida muito mais longa que aquela que se imaginou inicialmente.
- A ausência de desenho torna os programas frágeis. Pequenos defeitos localizados podem ter consequências graves quanto ao funcionamento de um sistema.
- Mesmo pequenos sistemas têm enorme complexidade. Cada linha de código é como se fosse uma peça móvel de um mecanismo: pode abrigar um defeito fatal para o sistema.

Capítulo 1

- Além de seus próprios defeitos, um aplicativo pode falhar por causa de defeitos de dados, de ambiente de operação e até de hardware.
- É muito difícil convencer os leigos em informática da gravidade ou mesmo da existência de problemas de engenharia de software.

Aliás, é difícil convencer alguns leigos em informática de que eles são leigos em informática.

1.3.2 Problemas de comunicação

O tamanho das equipes que são necessárias para desenvolver um produto de software cresce mais do que proporcionalmente ao aumento de escala do produto. O principal problema é o crescimento do esforço de comunicação [Brooks95]. Quando uma equipe é completamente desorganizada, todos têm de se comunicar com todos, e o esforço de comunicação é proporcional ao quadrado do tamanho da equipe. Uma organização hierárquica, com subgrupos e subgerentes, diminui o número de canais de comunicação. Em contrapartida, a equipe se torna menos ágil, e é preciso deslocar mais pessoas de atividades técnicas para atividades gerenciais.

Além disso, as possibilidades de mal-entendidos e de perda de informação crescem muito com o tamanho da equipe. Para combater isso, é preciso fazer documentos mais detalhados e usar ferramentas e métodos mais padronizados; em suma, tornar os processos mais formais. Embora o trabalho de W. Humphrey com processos pessoais [Humphrey95] demonstre que processos bem-definidos são benéficos mesmo em nível individual, os processos têm de ser tanto mais rigorosos quanto maior a necessidade de coordenação de grandes equipes.

Usar processos mais rigorosos em projetos de grande porte, por outro lado, requer a execução de novas tarefas específicas, como garantia de qualidade e gestão de configurações. Engenheiros de processo têm de cuidar de atividades relativas aos próprios processos, como a padronização: padrões têm de ser redigidos, revistos, distribuídos e atualizados. Os desenvolvedores precisam receber treinamento e assistência do uso de padrões. Possíveis defeitos dos padrões devem ser removidos. A Tabela 1.2, baseada em proposta de Humphrey [Humphrey95], sugere uma relação entre complexidade dos processos e tamanho dos projetos de software, expressa em escala logarítmica.

Outros fatores relacionados com pessoas têm de ser equacionados nos grandes projetos. Por exemplo, o perfil da mão de obra varia muito ao longo do desenvolvimento do software, não só em quantidade mas no tipo de competência requerido. Uma organização que tenha muitos projetos tem maiores possibilidades de balancear os perfis de mão de obra, mas isso já traz outro aumento de escala.

1.3.3 Construção em estágios

Uma solução usual para o desenvolvimento de produtos complexos é construí-los em estágios. O produto é entregue aos usuários em sucessivas versões, em que cada **versão**[3] é um estágio totalmente operacional de um produto, que é colocado oficialmente em operação. Uma versão é o resultado final de um projeto. Os projetos de novas versões de produtos existentes são chamados de projetos de **evolução**. Tipicamente, novas versões de produtos de prateleira são lançadas em intervalos de 1 a 3 anos.

---

[3] Essa é a definição geralmente usada na prática industrial. O glossário do IEEE [IEEE10] adota uma definição mais genérica, relativa à gestão de configurações.

Produção de Software

TABELA 1.2 Escala de projetos de software

ESCALA	TAMANHO EM LINHAS DE CÓDIGO	COMO PODE SER FEITO
Muito pequena	até 100	um bom programador consegue fazer intuitivamente
Pequena	até 1.000	um bom programador consegue fazer com processos informais
Média	até 10.000	um bom programador consegue fazer com processos definidos
Grande	até 100.000	uma equipe consegue fazer com processos definidos
Muito grande	até 1.000.000	uma organização consegue fazer com processos definidos
Múltipla	mais de 1.000.000	pode necessitar de um conjunto de organizações cooperantes

Algumas organizações usam uma hierarquia de versões. Versões maiores indicam acréscimos significativos de funcionalidade ou mudanças significativas de aparência. Versões menores indicam correções e adaptações de pequeno porte. Versões de nível ainda menor indicam correções de problemas encontrados.

Dentro de um projeto, podem-se ter vários estágios de desenvolvimento de um produto. Uma **liberação** (*release*) é um estágio parcialmente operacional de um produto, que é submetido à avaliação de usuários em determinado marco de um projeto. Uma liberação é apresentada a usuários escolhidos por sua autoridade em relação aos requisitos do produto (os **usuários-chave**), e é avaliada por eles. Entretanto, uma liberação não é colocada em operação, mas retorna aos desenvolvedores para que estes aproveitem o *feedback* dos usuários-chave.

A construção em estágios apresenta uma série de vantagens:

- maior frequência de avaliações do resultado de um projeto;
- redução da incerteza nos requisitos, já que cada versão e liberação atacam um subconjunto de necessidades adicionais dos usuários, e a avaliação das liberações permite conferir o entendimento dessas necessidades por parte dos desenvolvedores;
- possibilidade de atender às necessidades em ordem de prioridade;
- redução da incerteza no desenho, já que os desenvolvedores de cada versão e liberação podem se apoiar na experiência trazida pelos estágios anteriores.

Por outro lado, a construção em estágios também tem aspectos mais difíceis:

- a divisão em estágios (e, possivelmente, em componentes) tem de ser cuidadosamente planejada, considerando-se aspectos técnicos e gerenciais;
- as partes que compõem um estágio têm de ser integradas com aquelas que são herdadas de estágios anteriores, o que complica o desenho do produto e o planejamento dos testes;
- estruturas provisórias de teste têm de ser construídas para cada estágio que tenha funcionalidade incompleta;
- as interdependências entre as partes que compõem os estágios têm de ser resolvidas;
- a dinâmica de alocação de pessoal pode fazer com que partes estejam incompletas no final de cada estágio.

Capítulo 1

A construção em estágios, portanto, está longe de ser panaceia. Ela exige mais disciplina dos desenvolvedores, processos mais rigorosos e maior capacidade gerencial. Entretanto, muitos produtos de software têm vida longa. Por isso, a necessidade de desenhar e planejar para a evolução se faz presente na grande maioria dos projetos de software.

1.4 Riscos

Um grande volume de dados publicados aponta para os riscos que correm os projetos de software executados sem a utilização de processos adequados. Um levantamento publicado em 1994, a partir de uma base de dados de 4.000 projetos [Jones94], constatou a ocorrência frequente dos seguintes problemas:

- Setenta por cento dos projetos de grandes aplicativos sofriam de instabilidade dos requisitos. Os requisitos crescem tipicamente cerca de 1% ao mês, atingindo níveis de mais de 25% de inchaço ao final do projeto.
- Pelo menos 50% dos projetos eram executados com níveis de produtividade abaixo do normal.
- Pelo menos 25% dos softwares de prateleira e 50% dos produtos feitos por encomenda apresentavam níveis de defeitos superiores ao razoável.
- Produtos feitos sob pressão de prazos podiam quadruplicar o número de defeitos.
- Pelo menos 50% dos grandes projetos de software estouravam seu orçamento e seu prazo.
- Dois terços dos projetos de software muito grandes eram cancelados antes do final.
- Os usuários não ficavam satisfeitos com 25% dos produtos comerciais para PCs, 30% dos produtos comerciais para mainframes e 40% dos produtos feitos por encomenda.
- Tipicamente, 50% do patrimônio de software das empresas não era usado.
- Atritos entre a área de tecnologia da informação e a alta gerência ocorriam em mais de 30% das organizações.
- Atritos com os clientes ocorriam, no desenvolvimento de aplicativos, em 50% dos contratos por administração e 65% dos contratos por empreitada.

Em um artigo clássico [Boehm91], Boehm enumera os dez principais riscos no desenvolvimento de software, compilados pelo autor em um levantamento entre gerentes experientes de projetos de software:

- deficiências de pessoal;
- prazos e orçamentos irrealistas;
- desenvolvimento dos requisitos errados;
- desenvolvimento de interfaces de usuário erradas;
- embelezamento inútil;
- fluxo contínuo de alterações de requisitos;
- deficiências de componentes de origem externa;
- deficiências em tarefas realizadas por terceiros;
- deficiências de desempenho em tempo real;
- forçar os limites do estado da arte.

1.5 Erros

1.5.1 Os erros clássicos

A organização imatura comete erros que podem ser chamados de **erros clássicos** [McConnell96]. Esses erros são sempre repetidos, apesar de terem soluções conhecidas e publicadas há bastante tempo. Nessas organizações, muitos dirigentes são como se dizia de alguns antigos reis da dinastia Bourbon: "Nunca esquecem, e nunca aprendem."

Alguns desses erros são relativos ao produto, decorrentes dos requisitos. Outros decorrem de enganos relativos aos fatores da produção: processos, pessoas e tecnologia. Observe-se a coincidência entre a maioria desses erros e a lista de riscos levantada por Boehm [Boehm91].

1.5.2 Erros relativos ao produto

Os erros relativos ao produto decorrem de defeitos da sua definição. Em alguns casos, a definição é deficiente desde a origem. Em outros casos, torna-se deficiente ao longo do projeto. Dentre esses erros, destacam-se os seguintes:

- A introdução de características interessantes, mas dispensáveis. Essas características podem ser introduzidas nos requisitos, quando não é analisado o valor de cada um desses. Podem também ser introduzidas pelos desenvolvedores, durante o desenho ou a implementação, por falta de disciplina, agravada por desatenção do gerente de projeto.
- O inchaço causado por adições descontroladas de novos requisitos. Ocorre, comumente, quando todos os desejos dos usuários são imediatamente traduzidos em requisitos, em qualquer ponto do projeto, sem maior análise de impacto. A aceitação descontrolada de novos requisitos pode decorrer de pressões políticas a que o gerente do projeto não é capaz de resistir. Pode também revelar otimismo sem fundamento e vontade de agradar por parte dos desenvolvedores. O caso pior (e muito frequente) acontece quando os novos requisitos são impostos a projetos que já estão atrasados.
- O desenvolvimento orientado para a pesquisa, e não para a realização de um produto. Esse tipo de erro é comum no ambiente acadêmico. Projetos orientados para a pesquisa têm de existir, mesmo em organizações industriais, para solucionar problemas que não podem ser tratados dentro de projetos normais de produção. Seus métodos, objetivos e filosofia, entretanto, são completamente diferentes dos projetos de produção.

1.5.3 Erros relativos a processos

Os erros relativos a processos são comuns em organizações que utilizam processos informais. Ocorrem também naquelas que adotam processos oficiais rígidos e burocráticos, mas que não são realmente seguidos pelos desenvolvedores. Esses erros incluem:

- Tempo desperdiçado antes do início do projeto. Cada dia de atraso no início de um projeto é um dia que muito dificilmente será recuperado depois. Esse desperdício de tempo decorre de muitos problemas de gestão das organizações, como inércia para a tomada de decisões e ausência de planejamento estratégico. Como esses atrasos são geralmente de responsabilidade da alta direção ou são aceitos para ganhar um cliente, dificilmente são questionados.

- Pressões causadas por prazos excessivamente otimistas. Como vimos anteriormente, essas promessas geralmente resultam da combinação de pressões de clientes e da alta direção com otimismo não justificado por parte de desenvolvedores e gerentes de projeto. Mesmo quando os primeiros marcos de um projeto começam a atrasar, é comum a crença de que os atrasos vão ser compensados de alguma maneira. De que maneira, ninguém sabe explicar muito bem.

- Planejamento insuficiente dos projetos. Uma causa comum é a omissão, nas estimativas, de determinadas tarefas tidas como *overhead*, como garantia da qualidade, reuniões, treinamento etc. É comum também a ausência de análise dos riscos: o plano é todo baseado nas hipóteses mais otimistas.

- Falta de controles gerenciais adequados para acompanhar os projetos e fazer cumprir o planejado. A lista dos riscos do projeto, se por acaso foi levantada durante o planejamento, não é mantida atualizada.

- Abandono dos planos, sob pressão para o cumprimento de prazos impossíveis. Um caso comum é o corte de atividades consideradas "não essenciais". As vítimas prediletas são as atividades de análise, desenho, planejamento dos testes e garantia da qualidade. A consequência normal desses cortes é fazer mais coisas erradas, gastar mais tempo corrigindo os erros e aumentar mais ainda os atrasos.

- Codificação desenfreada, baseada em desenho insuficiente ou inexistente. Pode ser consequência de pressão de prazos, ou simplesmente de indisciplina de desenvolvedores sem maturidade técnica e sem controle.

- Falha de subcontratados, comum em casos de terceirização sem controle competente de compromissos.

- Entrega prematura do produto, também conhecida como Estratégia da Guerra do Vietnã: "Quando é impossível ganhar a guerra, declare vitória e bata em retirada."

1.5.4 Erros relativos a pessoas

Muitos gerentes de projeto nunca tiveram uma formação relativa a desenvolvimento humano, recursos humanos ou gestão de pessoas. Por isso, são comuns erros que poderiam ser tratados com técnicas consagradas dessas áreas. O assunto de gestão de pessoas está fora do escopo deste texto, mas resumimos a seguir alguns dos problemas mais comuns:

- Falta de patrocínio eficaz para o projeto. Em estudo baseado em entrevistas com gerentes de projeto de vários países [Keil+98], a falta de comprometimento da alta direção foi considerada o principal risco para os projetos de software. Um problema comumente associado é o predomínio da política sobre a substância, quando gerentes investem mais tempo em manobras políticas do que em realmente cumprir sua missão de supervisão e controle.

- Falta de participação das partes interessadas em um produto, principalmente na engenharia de requisitos. Uma consequência frequente é que informação vital deixa de ser repassada pelos usuários aos desenvolvedores. Keil et al. [Keil+98] listam entre os riscos mais sérios a ausência de comprometimento dos usuários, a falta de envolvimento adequado desses usuários e mal-entendidos a respeito dos requisitos.

Produção de Software

- Atritos entre desenvolvedores e usuários ou clientes, causados por expectativas irreais desses últimos e otimismo sem fundamento daqueles. O estudo de Keil et. al. [Keil+98] aponta também como um dos maiores riscos a falta de gestão das expectativas dos usuários e clientes. Ocorre às vezes que gerentes de projetos bem-conduzidos não conseguem, por deficiência de comunicação, repassar aos clientes e usuários a sensação de progresso rumo aos objetivos.

- Defeitos de formação de *staff* do projeto. Esses incluem métodos inadequados de seleção de pessoal, a presença de funcionários problemáticos e a dependência em relação aos heróis. É famosa a Lei dos Projetos Atrasados de Brooks: "Colocar mais gente em um projeto atrasado faz com que ele atrase mais ainda" [Brooks95]. Geralmente é preciso desviar os desenvolvedores atuais de seu trabalho para treinar e orientar os novatos, e o *overhead* de comunicação aumenta. Raramente o aumento nominal da força de trabalho compensa essas perdas.

- Escritórios apinhados e barulhentos. Vários estudos mostram que o hábito de muitas organizações atuais de colocar seu pessoal em baias apertadas ou grandes salões abertos contribui significativamente para diminuir a produtividade. O problema é particularmente sério no desenvolvimento de software, dado o grau de concentração que o trabalho de engenheiro de software exige. Capers Jones [Jones94] apresenta alguns dados a respeito; livros e cartuns do Dilbert [por exemplo, Adams97] retratam o quotidiano dos habitantes das baias.

- Falta de motivação dos desenvolvedores, que geralmente surge em consequência dos outros problemas. A falta de motivação não é resolvida simplesmente pela promessa de recompensas monetárias, mas exige remédios mais profundos, como os discutidos por Humphrey [Humphrey96], McConnell [McConnell96] e Yourdon [Yourdon03].

1.5.5 Erros relativos à tecnologia

A engenharia de software trabalha com tecnologia de ponta. Muitas vezes, é exatamente o fascínio da alta tecnologia que atrai as pessoas que trabalham na área. Mas a fé cega nas soluções tecnológicas também é causa de alguns erros clássicos:

- Como foi discutido anteriormente, a crença nas balas de prata fecha os olhos de muitos desenvolvedores e gerentes de projeto às limitações da tecnologia. É comum a estimativa exagerada dos ganhos de produtividade trazidos por determinados métodos e ferramentas. Esse otimismo é fomentado por alguns vendedores e facilmente transformado em crença fanática.

- Mudança de ferramentas no meio do projeto. Mesmo que as novas ferramentas sejam realmente boas, o tempo perdido com treinamento, adaptações, trabalho refeito e problemas a serem contornados em geral não compensa os possíveis ganhos. Mudanças de tecnologia devem ser cuidadosamente avaliadas, planejadas e introduzidas, uma de cada vez, em projetos-piloto que não estejam sob pressão de prazos.

- Em poucos casos, a falta de automação de algumas atividades. O desenvolvimento de software é bastante intensivo em mão de obra, e poucas tarefas são suscetíveis a um grau mais avançado de automação. A gestão de configurações, entretanto, pelo volume de itens de que deve tratar, não é viável sem o uso de ferramentas automatizadas. A análise e o desenho baseados em modelos mais

Capítulo 1

avançados, como os modelos orientados a objetos, necessitam do apoio de uma ferramenta de modelagem. A execução de determinados tipos de teste precisa ser automatizada, por causa do volume e da frequência com que devem ser feitos.

2 A MELHORIA DAS ORGANIZAÇÕES

2.1 Motivação para a Melhoria

2.1.1 Prioridades de melhoria

A capacitação de uma organização também requer a aplicação de processos. Esses processos têm etapas, resultados intermediários e pontos de controle. A aplicação dos processos de capacitação é realizada por meio de projetos, que precisam ter custos, prazos e responsáveis bem-definidos.

Os projetos de capacitação levam algum tempo para mostrar os primeiros resultados significativos. Entretanto, é preciso mostrar resultados em prazo razoável, para justificar o investimento feito e manter a motivação das pessoas envolvidas. É necessário, portanto, escolher áreas prioritárias para investimento. Onde o retorno do investimento em capacitação é mais rápido?

Dos três fatores da produção, a tecnologia é o mais atraente, para muitos profissionais. Existe um otimismo natural quanto aos resultados da aplicação de novas tecnologias. Levado ao exagero, esse otimismo está na raiz da crença nas balas de prata. Entretanto, a tecnologia tem seu próprio ritmo de evolução. Tecnologias promissoras podem evoluir para um beco sem saída. Tecnologias consideradas inferiores pelos especialistas podem criar raízes permanentes, graças a forças de mercado.

Além disso, a tecnologia só oferece retorno do investimento quando colocada nas mãos de pessoas capacitadas, trabalhando dentro de processos adequados. Toda introdução de nova tecnologia tem uma **curva de aprendizado**: as pessoas precisam ser treinadas, cometem inicialmente muitos erros, e por isso tornam-se menos produtivas durante algum tempo. Algumas tecnologias mais complexas só começam a se pagar depois de vários projetos. Além disso, costuma ser contraproducente empregar tecnologias novas com os processos antigos.

Investir na capacitação das pessoas é absolutamente necessário. Entretanto, não é fácil introduzir e manter um programa consistente de capacitação de pessoas. Formar pessoas é difícil, caro e demorado. Recrutar pessoas capacitadas também: não há sinais de que a oferta de pessoas com alta qualificação em informática venha a se igualar à demanda, em futuro próximo. Além disso, muitas pessoas produzem menos que a sua capacidade permitiria. Isso pode acontecer por falta de liderança, por deficiência de apoio e por inadequação de processos ou ferramentas.

Dos investimentos nos fatores de produção, as mudanças de processo podem trazer melhorias a prazo mais curto. Processos também não fazem milagres, mas a melhoria dos processos costuma trazer retorno em prazos relativamente curtos. Isso é ilustrado por alguns dados que mostraremos em seguida. Tal como a melhoria da tecnologia e das pessoas, a melhoria dos processos também requer seu próprio processo: deve ser feita em etapas bem-definidas e controladas.

Os programas de melhoria de processos devem ser justificáveis através de análises de **retorno do investimento**. Essas análises procuram medir, para cada unidade monetária investida, quantas unidades monetárias retornam em determinado prazo, através

Produção de Software **21**

da redução de custos ou do aumento da renda. Existem muitas práticas de engenharia de software; os programas de melhoria devem dar prioridade às práticas com melhor retorno de investimento.

2.1.2 Processos de software

Em organizações com baixa maturidade de capacitação em software, os processos geralmente são informais. Processos informais existem apenas na cabeça de seus praticantes. Geralmente são processos individuais. Podem ser parcialmente transferidos para outras pessoas, por transmissão oral e por imitação.

Por outro lado, um **processo definido** tem documentação que detalha todos os seus aspectos importantes: o que é feito, quando, por quem, as coisas que usa e as coisas que produz. Existem muitas formas de representação de processos definidos. Exemplos de possíveis formas são:

- sequências de passos descritos em linguagem natural;
- tabelas em que cada linha corresponde a um passo do processo;
- representações gráficas, como os fluxogramas e as notações equivalentes.

A existência de processos definidos é necessária para a maturidade das organizações produtoras de software. Os processos definidos permitem que a organização tenha um *modus operandi* padronizado e reprodutível. Isso facilita a capacitação das pessoas e torna o funcionamento da organização menos dependente de determinados indivíduos. Entretanto, não é suficiente que os processos sejam definidos. Processos rigorosamente definidos, mas não alinhados com os objetivos da organização, são impedimentos burocráticos, e não fatores de produção.

Para tornar uma organização mais madura e capacitada, é realmente preciso melhorar a qualidade dos seus processos. Processos não melhoram simplesmente por estarem de acordo com um padrão externo. O critério de verdadeiro êxito dos processos é a medida do quanto eles contribuem para que os produtos sejam entregues aos clientes e usuários:

- com melhor qualidade;
- por menor custo;
- em prazo mais curto.

Ou seja, bons processos devem ajudar a produzir: **melhor**; **mais barato**; **mais rápido**.

2.1.3 Mal-entendidos comuns

Para acertar os rumos da melhoria dos processos, é preciso desfazer alguns mal-entendidos comuns:

- A qualidade do software não pode ser medida. Portanto, a apreciação da qualidade de um produto de software seria subjetiva.
- Os principais problemas da produção de software são técnicos. Portanto, poderiam ser resolvidos através da aplicação de tecnologia.
- Os principais problemas da produção de software são causados por deficiências das pessoas. Portanto, poderiam ser resolvidos por uma combinação de terceirização, ameaças e punições.

- A engenharia de software é diferente das outras engenharias. Portanto, os métodos normais da engenharia não seriam aplicáveis.
- A gestão de projetos de software é diferente das outras formas de gestão. Portanto, os métodos normais da gestão de projetos não seriam aplicáveis.

*A qualidade do software **pode** ser medida.* Produtos complexos como o software, porém, não têm uma única medida de qualidade. Existem muitas medidas úteis: defeitos achados, produtividade etc. Escolher medidas adequadas e ser capaz de coletar, normalizar e analisar essas medidas já requerem um grau mais avançado de capacitação. Sem medidas, os processos não podem ser avaliados e muito menos melhorados. Mesmo medidas rudimentares podem ser úteis, entretanto. Por isso, os programas de melhoria dos processos demandam, desde o início, algumas medidas mínimas para justificá-los.

*Os principais problemas da produção de software **não** são técnicos.* Com um mau processo, não adianta usar boa tecnologia. Os problemas gerenciais são mais básicos que os técnicos. Os projetos têm de ser conduzidos dentro de parâmetros mínimos de boa gestão, ou os investimentos em tecnologia não terão retorno. Muitas organizações que têm pessoas com alta capacitação técnica cometem erros gerenciais grosseiros.

*Os principais problemas da produção de software **não** são causados por deficiências das pessoas.* As pessoas geralmente erram por uma das seguintes razões:

- têm informação imprecisa, confusa ou incompleta;
- não têm os recursos necessários;
- têm métodos e procedimentos mal definidos;
- não foram treinadas adequadamente;
- não sabem seguir os procedimentos que têm de seguir.

Ao avaliar uma organização, muitos consultores descobrem que as pessoas que ali trabalham têm boa consciência dos problemas de produção existentes. Muitas vezes, conhecem inclusive alguma solução, e não conseguem ser ouvidas pela alta gerência. Frequentemente, o papel do consultor consiste em levar esses pontos de vista aos níveis superiores de decisão.

*A engenharia de software **tem** algumas diferenças em relação a outras engenharias.* A indústria de software não é uma indústria de fabricação em série. Mesmo quando se trata de software de prateleira, o custo de reprodução, embalagem e distribuição de cada cópia é geralmente muito pequeno, comparado com o rateio do custo de desenvolvimento. O software não é baseado em princípios físicos estáveis, como a maioria das engenharias, e sim em abstrações lógicas. Talvez isso explique por que o software seja visto como uma espécie de magia negra por boa parte do público leigo.

*A gestão dos projetos de software **não** é essencialmente diferente de outras formas de gestão.* A engenharia de software requer mais disciplina gerencial, e não menos. Na maioria das engenharias, as leis físicas impõem limites claramente visíveis ao que pode ser feito. Na engenharia de software, a criatividade não é limitada por leis físicas, e sim pela capacidade humana de entender e dominar a complexidade. Para manter a complexidade sob controle, os gerentes devem exigir planos detalhados e sistemas de acompanhamento desses planos, com pontos de controle bem-definidos. Em outras palavras, os gerentes podem e devem exigir respostas claras para perguntas simples [Humphrey90].

Produção de Software 23

2.2 Realização da Melhoria

2.2.1 Condições para a melhoria de processos

Um programa de melhoria de processos requer muitos cuidados. Em organizações em que esse tipo de programa nunca foi realizado, existem muitas oportunidades de fracasso. Um programa fracassado de melhoria de processos pode ser pior do que nenhum programa, porque desmoraliza o próprio conceito. Para evitar o fracasso, algumas precondições importantes devem ser observadas:

- o programa deve ter forte apoio da alta direção da organização;
- os gerentes dos projetos devem ter participação ativa no programa;
- todos os que usarão os processos devem ser envolvidos;
- os processos atuais devem ser conhecidos;
- investimentos significativos devem ser feitos;
- o programa deve ter estágios intermediários bem-definidos, em que são localizados os pontos de controle.

Grandes mudanças de processo têm de começar do topo. Toda mudança requer liderança baseada em uma visão estratégica. Essa visão deve ser encampada por patrocinadores com força suficiente dentro da organização. Eles podem sustentar custos que são certos e de curto prazo, a troco de benefícios incertos de médio e longo prazos. Eles podem ter uma visão de sobrevivência da organização mais abrangente que os resultados do semestre ou do ano. E eles têm um escopo de interesse mais amplo que o de cada projeto.

Só através da melhoria de processos os gerentes dos projetos podem evitar a repetição de erros e incorporar as lições de projetos passados. O gerente de projeto que não tem como prioridade a melhoria dos processos está condenado a apagar incêndios eternamente. É papel do gerente de projeto propor à sua equipe metas desafiadoras, em termos de custos, prazos e qualidade dos resultados. Por outro lado, essas metas devem ser claramente viáveis, sob pena de não serem realmente levadas a sério. Uma vez propostas, as metas de processo devem ser cobradas, insistindo-se em criar uma cultura de excelência.

Naturalmente, erros e problemas acontecerão. O gerente de projeto deve então procurar as deficiências de processo que causaram os problemas. Dirigentes que dão prioridade à caça de culpados estão, na realidade, convidando seus subordinados a esconder problemas. Dirigentes que são os primeiros a quebrar as regras estão deixando bem claro que essas regras não são realmente para valer.

Todos os que serão afetados pelas mudanças de processos têm de ser envolvidos. O custo desse envolvimento é sempre baixo, comparado com os prejuízos que podem ser causados por quem teme a mudança, não a leva a sério ou não a entende. Processos imaturos são baseados na improvisação individual. Eles fomentam nas pessoas mal informadas sensações de liberdade, criatividade e até poder, que na realidade são ilusórias, porque são pagas com riscos, incerteza e desperdício. Processos maduros permitem a ação mais estruturada, eficiente e coletiva. Reduzindo a incerteza e o estresse, eles contribuem para a melhor qualidade de vida no trabalho.

A mudança eficaz requer conhecimento dos processos atuais: *não adianta ter um mapa quando não sabemos onde estamos* [Humphrey90]. Mesmo que os processos atuais sejam informais, é preciso saber quais os seus pontos fortes e fracos. Sem o entendimento desses, é difícil estabelecer prioridades de melhoria. É preciso diagnosticar para poder receitar.

Melhorias de processos requerem investimentos significativos. É preciso ter pelo menos um pequeno grupo de pessoas cujo foco seja a melhoria dos processos, e não problemas específicos de cada projeto. Treinamento é fundamental: a melhoria dos processos envolve a absorção de conceitos que não são triviais, e que vão até contra a intuição de algumas pessoas. O programa de treinamento tem de ter planejamento, recursos, cronograma e obrigatoriedade. Algumas ferramentas têm de ser adquiridas e implantadas.

O amadurecimento dos processos se faz passo a passo. Para ser viável, a melhoria deve ser feita em etapas planejadas. O processo de melhoria dos processos de software deve também ter pontos de controle em que a alta direção da organização possa decidir sobre seus rumos. Esses pontos podem corresponder a estágios intermediários de capacitação.

2.2.2 Estabilização dos processos

Durante cada projeto, a estabilidade do processo é necessária. É normal, entretanto, descobrir defeitos e inadequações dos processos à medida que eles vão sendo implantados. Como qualquer produto, os processos apresentam mais defeitos quando começam a ser usados. Cada problema de processo é uma oportunidade de melhoria. De projeto para projeto, é natural que a acumulação de experiência leve a modificar os processos para melhor.

Por outro lado, mudanças de processos não devem ser feitas sob pressão de prazos ou de outra natureza. No curso normal dos projetos, surgem emergências e situações imprevistas. Faz parte do trabalho dos gerentes o tratamento correto dessas situações que exigem respostas de curtíssimo prazo. Esse tratamento não deve prejudicar os interesses de médio e longo prazos da organização, que são afetados pelos programas de melhoria dos processos. Para servir a esses interesses, um programa de melhoria de processos deve incluir práticas que estabilizem os ganhos conseguidos.

Mudanças de processos não são sustentáveis por si sós. A adoção de novos métodos passa sempre por estágios: implantação, prática, proficiência e finalmente naturalidade. Mesmo as ações dos melhores profissionais têm de ser acompanhadas, revisadas e checadas. Esses procedimentos de controle são normais e necessários, e por causa disso a introdução de práticas de garantia da qualidade é geralmente uma das primeiras ações de um programa de melhoria de processos. Quando conseguem ser sustentados por maior prazo, os processos se tornam parte da cultura da organização. Atinge-se, então, o estágio da naturalidade, em que as suas práticas se tornam parte da rotina profissional.

Para garantir a estabilidade dos novos processos, os programas de melhoria introduzem práticas de institucionalização. Essas práticas-meio visam a criar infraestrutura e cultura que suportam as práticas-fim dos novos processos. Ancorando-as na cultura da organização, elas tornam a execução dos processos independente de pessoas específicas. As seguintes práticas contribuem para a estabilidade da mudança de processos:

- formação de grupos cuja atividade-fim é a melhoria dos processos;
- formação de estruturas organizacionais adequadas e estáveis;
- desenvolvimento de recursos de apoio a processos, como padrões, modelos, exemplos, documentação de referência e bases de dados;
- realização de programas de treinamento, orientação, aconselhamento e comunicação;
- estabelecimento de medições do grau de progresso em relação à melhoria de processos;
- estabelecimento de mecanismos de controle e verificação.

2.2.3 Os personagens da mudança

A melhoria de processos é iniciada, promovida, realizada e controlada por pessoas. Em programas bem-sucedidos, as pessoas envolvidas desempenham diversos papéis, de acordo com sua função, experiência e personalidade. Geralmente, é necessário ter participantes do programa que assumam os seguintes papéis:

- **Campeões** – os que provocam o início da mudança, defendendo a causa à maneira dos paladinos medievais.
- **Patrocinadores** – autoridades que reconhecem o valor da mudança e dão apoio oficial, protegendo os programas de melhoria contra as pressões do dia a dia.
- **Agentes** – os que planejam e implementam a mudança, inclusive os grupos de melhoria dos processos e os gerentes dos projetos.

2.2.4 Um modelo de programas de melhoria

Alguns dos conceitos mais estabelecidos sobre a melhoria de processos de software originaram-se no SEI (Software Engineering Institute), ligado à Carnegie-Mellon University e patrocinado pelo Departamento de Defesa americano. Uma das contribuições mais conhecidas desse Instituto é a abordagem **CMMI** (*Capability Maturity Model Integration*), que será discutida em detalhes no Cap. 2.

O SEI desenvolveu um modelo de programas de melhoria de processos, chamado de **IDEAL** [McFeeley96], que pode ser usado como mecanismo de implementação do CMMI e de outros programas de capacitação em processos. Pode ser usado também para a implementação de programas de melhoria de tecnologia, de capacitação de pessoas, ou de inovação em geral. Por exemplo, um conjunto de páginas arquivadas do modelo IDEAL apresenta um exemplo no qual ele é aplicado ao programa de pintura de um prédio [Vause09].

A Tabela 1.3 apresenta detalhes do modelo IDEAL. O modelo propõe cinco fases maiores para a realização de um ciclo de melhoria. Ao fim de cada ciclo, atinge-se um estágio de capacitação. Cada ciclo repete os passos do modelo. Possivelmente, a motivação e o patrocínio estarão bem estabelecidos a partir do segundo ciclo. As cinco fases maiores têm os seguintes objetivos:

- **Início** – lançar as bases para um programa bem-sucedido.
- **Diagnóstico** – determinar onde se está e aonde se quer chegar.
- **Estabelecimento** – planejar os detalhes de como chegar ao destino.
- **Ação** – realizar os planos.
- **Lições** – aprender com a experiência.

O modelo IDEAL deve ser entendido como uma especificação abstrata de processo, que define conceitos e uma hierarquia de etapas. Para aplicá-lo de forma consistente em situações reais, é preciso derivar dele um processo concreto, que detalhe tarefas, artefatos e critérios de decisão. Um exemplo, fornecido no próprio sítio de distribuição do IDEAL, é o processo INTRo (*IDEAL-Based New Technology Rollout*), específico para a gestão da inovação tecnológica ([Heinz01], [Levine01]). Outro exemplo é o ProMOTe (Processo para Melhoria de Organizações Técnicas [Pádua+03]), desenvolvido e usado na organização deste autor.

TABELA 1.3 O modelo IDEAL de programas de melhoria

FASE		ATIVIDADES	
NOME ADOTADO NESTE TEXTO	**NOME EM INGLÊS**	**NOME**	**DESCRIÇÃO**
Início	*Initiating*	Motivação	Motivar a organização para mudar os processos.
		Patrocínio	Obter patrocinadores para a mudança.
		Infraestrutura	Criar a infraestrutura mínima necessária, principalmente um Grupo de Melhoria de Processos.
Diagnóstico	*Diagnosing*	Aferição	Caracterizar os estados atual e desejado dos processos.
		Recomendações	Desenvolver recomendações para resolver os problemas encontrados pela aferição.
Estabelecimento	*Establishing*	Priorização	Estabelecer prioridades para os esforços de mudança, considerando a realidade da organização.
		Abordagem	Definir a estratégia de mudança.
		Planejamento	Elaborar plano detalhado de realização, considerando prazos, custos, riscos, pontos de controle, responsabilidades e outros elementos.
Ação	*Acting*	Criação da solução	Reunir os elementos da solução, como padrões, modelos, ferramentas e treinamento.
		Testes-piloto	Testar a solução em um ou mais projetos-piloto.
		Refinamento	Aperfeiçoar a solução para refletir o que for aprendido com os testes-piloto.
		Implantação completa	Transferir a solução para o restante dos projetos da organização.
Lições	*Learning*	Análise e validação	Coletar, analisar, checar e documentar as lições aprendidas.
		Proposição de ações futuras	Desenvolver recomendações para o próximo ciclo de melhoria de processos.

2

Capacitação em Processos

1 O MODELO CMMI

1.1 Bases

1.1.1 Modelos de maturidade de capacitação

Um programa de melhoria de processos não pode ser desenhado de maneira intuitiva. Ele deve refletir o acervo de experiência dos profissionais e organizações da área. Diversas organizações do mundo propuseram paradigmas para a melhoria dos processos dos setores produtivos; em particular, algumas desenvolveram modelos de referência para a melhoria dos processos de software. Interessam aqui, especialmente, os paradigmas chamados de **modelos de maturidade de capacitação** (*capability maturity model*): modelos que contêm os elementos essenciais de processos eficazes para uma ou mais disciplinas, e descrevem um caminho de melhoria evolutiva que parte de processos imaturos e *ad hoc*, até chegar a processos maduros e disciplinados, que melhoram de forma significativa a qualidade dos produtos e a eficácia do trabalho [CMMI10].

Um modelo de maturidade de capacitação serve de referência para avaliar a maturidade dos processos de uma organização. Isso é feito comparando-se as práticas reais da organização com aquelas que o modelo de capacitação prescreve ou recomenda. Essa **apreciação** (*appraisal*) produz um diagnóstico da organização quanto à maturidade de seus processos oficiais e reais. O diagnóstico serve de base para recomendações de melhoria de processos, e essas recomendações podem ser consolidadas em um plano de melhoria, como sugere o modelo IDEAL.

As referências aqui publicadas estão atualizadas em relação a abril de 2016. Note-se, entretanto, que são alteradas de forma relativamente frequente. Caso alguma referência não seja encontrada, sugerimos fazer uma busca por palavras-chave, ou recorrer a um arquivo morto da Internet.[1]

1.1.2 Histórico do CMMI

O primeiro modelo de capacitação para a área de software que teve grande aceitação foi o SW-CMM (*Software Capability Maturity Model*), formulado pelo Software Engineering Institute, citado anteriormente a respeito do modelo IDEAL. O SW-CMM foi patrocinado pelo Departamento de Defesa americano, popularmente conhecido como Pentágono, que o utilizou para avaliação da capacidade de seus fornecedores de software. Por ser o Pentágono provavelmente a maior organização compradora de software do mundo, o SW-CMM teve grande aceitação da indústria americana de software, e considerável influência no resto do mundo. Originalmente conhecido apenas como CMM, recebeu a denominação de SW-CMM para distinguir-se de modelos de capacitação em outras áreas, que foram formulados posteriormente pelo SEI.

O SW-CMM foi baseado em algumas das ideias mais importantes dos movimentos de qualidade industrial das últimas décadas. Destacam-se dentre elas os conceitos de W. Edwards Deming, Phillip Crosby e Joseph Juran, que tiveram grande influência nas práticas de qualidade industrial, e que, por sua vez, incorporavam o trabalho de melhoria de processos e controle estatístico de qualidade iniciado por Walter Shewhart. Esses

---

[1] Por exemplo, a *Wayback Machine*, situada em archive.org/web/.

conceitos foram adaptados para a área de software por Watts Humphrey [Humphrey90]. A primeira versão oficial do SW-CMM foi divulgada no final dos anos 1980, e é descrita em relatórios técnicos do SEI ([Paulk193], [Paulk193a]) e em um livro ([Paulk195]), sendo a versão definitiva conhecida como SW-CMM v1.1.

O SW-CMM era um modelo de capacitação específico para a área de software. Estavam fora de seu escopo outras áreas importantes para a sobrevivência de uma organização produtora de software, como marketing, finanças e administração, e mesmo áreas importantes da informática, como hardware e bancos de dados. Além disso, o SW-CMM focalizava os processos, sendo outros fatores, como tecnologia e pessoas, tratados apenas na medida em que interagiam com os processos.

O SEI desenvolveu outros modelos de capacitação, como o SE-CMM (engenharia de sistemas), o SA-CMM (aquisição de software), o IPD-CMM (definição inicial de produtos) e o P-CMM (pessoas). No final da década de 1990, o Pentágono determinou que esses modelos fossem combinados em um único arcabouço, que recebeu o nome de CMMI (*Capability Maturity Model Integration*). Uma exceção é o P-CMM, que continua sendo mantido como modelo à parte.

Em 2002, foi publicado o CMMI v. 1.1, entrando o SW-CMM em fase de retirada, denominado **ocaso** (*sunsetting*). Em 2006, foi publicado o CMMI v. 1.2, com organização ligeiramente diferente da versão inicial. Na versão 1.2, os componentes usados para construir modelos, documentos de avaliação e material de treinamento são agrupados em conjuntos denominados **constelações**. O conjunto existente foi denominado **CMMI para Desenvolvimento (CMMI-DEV)**, sendo iniciada a construção de constelações para Serviços e Aquisição.

O CMMI para Desenvolvimento entrou em 2010 na Versão 1.3, descrita em um relatório [CMMI10]. A versão contém o material básico referente ao desenvolvimento, não só de software como de sistemas em geral. Esclarecimentos adicionais podem ser encontrados em um livro escrito por alguns de seus desenvolvedores [Chrissis+11] e em um artigo on-line [Phillips+10]. Foi publicado on-line um resumo das práticas [CMMI10a].

A Versão 1.3 inclui as seguintes características novas:[2]

- Compatibilização entre as constelações de Desenvolvimento, Aquisição e Serviços, que tinham sido publicadas em datas separadas, com alinhamento entre as respectivas práticas.
- Suporte explícito para métodos ágeis [Glazer+08].
- Esclarecimento adicionais sobre as práticas de alta maturidade (níveis 4 e 5).[3]
- Maior compatibilização com outros modelos, como ITIL, os padrões ISO, Six Sigma, People CMM e outros (por exemplo, Lean, RUP, TSP e abordagens mistas).[4]

Em 2016, o **CMMI Institute** foi adquirido pela **ISACA**. Essa organização adotava inicialmente o nome de Information Systems Audit and Control Association, mas atualmente é denominada oficialmente apenas pela sigla, procurando refletir a amplitude dos interesses dos profissionais de TI. No sítio da ISACA[5] pode ser obtido um documento de visão geral ([ISACA12]).

---

[2] http://www.sei.cmu.edu/newsitems/SEI-Releases-New-Version-of-CMMI-Product-Suite.cfm.

[3] http://www.benlinders.com/2010/cmmi-v1-3-released-high-maturity-clarified/.

[4] Não conseguimos localizar uma comparação rápida e recente, mas uma versão de alguns anos atrás pode ser encontrada em http://web.archive.org/web/20140420154305/http://cmmiinstitute.com/cmmi-getting-started/cmmi-compatibility/.

[5] http://www.isaca.org/COBIT/Pages/Product-Family.aspx.

Capítulo 2

1.2 Arquitetura do CMMI

1.2.1 Representações

As práticas recomendadas pelo CMMI são agrupadas em **áreas de processo** (*process areas*), conjuntos de práticas relacionadas a uma área que, quando executadas coletivamente, satisfazem a um conjunto de metas considerado importante para a realização de melhorias significativas nessa área. Os modelos nos quais o CMMI se inspirou usavam diferentes maneiras de medir o domínio das organizações sobre as áreas de processo. Alguns, como o SW-CMM, agrupavam as áreas em **níveis de maturidade** (*maturity level*): cada nível é um grau de melhoria dos processos, em um conjunto predefinido de áreas de processo, no qual todas as metas dentro do conjunto foram atingidas. Outros, como o padrão ISO-15504, medem separadamente para cada área de processo um **nível de capacitação** (*capability level*), ou seja, um indicador do grau de melhoria de processos dentro de uma área individual. O CMMI admite ambas as modalidades, através do conceito de **representação**.

Na **representação contínua** (*continuous representation*), os níveis de capacitação provêm uma ordem recomendada para a abordagem da melhoria de processos dentro de cada área. Uma avaliação feita com essa representação determinará um indicador individual de progresso para cada área de processo. Essa é a representação mais flexível, pois permite que a organização priorize investimentos na melhoria das áreas que considera mais relevantes para sua estratégia de negócio. Entretanto, isso exige que a organização entenda as interdependências entre as áreas de processo, para que os investimentos em melhoria sejam feitos de forma consistente.

Já na **representação em estágios** (*staged representation*), as metas de um conjunto de áreas de processo estabelecem um nível de maturidade, em que cada nível provê a fundação para os níveis subsequentes. Essa representação provê um caminho predefinido de melhoria, para o qual existe muito mais experiência industrial do que com a representação contínua. É uma representação mais simples de entender, e provavelmente mais simples de implantar. De fato, é a representação adotada na grande maioria das organizações cujos resultados de avaliação foram publicados pelo SEI. A escolha da representação a ser adotada dependerá de fatores de negócio, de fatores culturais e da experiência anterior da organização.

Em ambas as representações, cada área de processo tem um conjunto de **metas específicas** (*specific goals*), que tratam das características que devem ser implementadas para satisfazer a área de processo. A cada meta específica é subordinado um conjunto de **práticas específicas** (*specific practices*), atividades consideradas importantes para atingir essa meta.

Uma **meta genérica** (*generic goal*) descreve o grau de institucionalização que uma organização deve atingir em um nível de capacitação. A cada meta genérica é subordinado um conjunto de **práticas genéricas** (*generic practices*), que garante que os processos associados a uma área de processos serão eficazes, repetíveis e duradouros. Metas e práticas genéricas são componentes reutilizáveis; a formulação delas é idêntica para todas as áreas de processo. Por isso, a descrição delas é fornecida à parte do texto de todas as áreas de processo.

1.2.2 Níveis de capacitação

Na representação contínua do CMMI, o grau de proficiência em cada área de processo é refletido nos níveis de capacitação, caracterizado pelos números e nomes mostrados na Tabela 2.1. Para atingir cada nível de capacitação em uma área, é preciso atingir a respectiva meta genérica, executando as práticas genéricas associadas a essa meta e às metas inferiores; as metas e práticas genéricas são descritas na Subseção 1.2.4. Por exemplo, para atingir o nível de capacitação 3 (Definido) em uma área de processo, é preciso atingir a meta genérica GG 3 (Institucionalizar um Processo Definido), executando as práticas subordinadas a essa meta (GP 3.1 e GP 3.2), assim como as práticas subordinadas às metas GG 2 e GG 1.

TABELA 2.1 Níveis de capacitação

NÚMERO	NOME (TRADUÇÃO)	NOME (ORIGINAL)	DESCRIÇÃO
0	**Incompleto**	*Incomplete*	Processo não é executado, ou é executado parcialmente. Uma ou mais metas específicas não são atingidas.
1	**Executado**	*Performed*	Processo é executado, mas não institucionalizado. São satisfeitas as metas específicas, mas não as genéricas.
2	**Gerido**	*Managed*	Processo executado com infraestrutura que o mantém mesmo em situações adversas.
3	**Definido**	*Defined*	Processo gerido que é derivado de um conjunto de processos-padrão da organização, consistente entre projetos e descrito formalmente.

Atingir o nível 1 em uma área de processo significa simplesmente que os processos dessa área são executados. Atingir o nível 2 significa que existe uma política que determina a execução dos processos de forma planejada, sendo providos recursos e treinamento, atribuídas responsabilidades e controlados os resultados. Atingir o nível 3 significa que esses processos são geridos de forma consistente entre os projetos, por serem derivados dos mesmos processos oficiais documentados e padronizados. A versão 1.3 do CMMI excluiu os níveis 4 e 5, existentes nas versões anteriores.

1.2.3 Níveis de maturidade

Na representação em estágios do CMMI, as práticas específicas e genéricas são agrupadas em níveis de maturidade, escolhidos de acordo com os seguintes critérios:

- representar fases históricas razoáveis na vida de organizações típicas;
- prover degraus intermediários de maturidade, em sequência razoável;
- sugerir medidas de progresso e objetivos intermediários;
- definir, para cada estágio, prioridades de melhoria.

A representação em estágios reconhece a dificuldade de que uma organização melhore todos os seus processos simultaneamente. Oferece, por isso, uma sequência de estados intermediários que possam ser atingidos em tempo relativamente curto. Além disso, é possível resumir o resultado de uma avaliação em um único número, representativo do estágio de maturidade alcançado. Embora seja uma medida extremamente simplista, esse número é útil para comparar organizações produtoras de software. A Tabela 2.2 resume os níveis de maturidade do CMMI, destacando as características mais marcantes de cada nível.

Capítulo 2

A organização nível 1 representa o estágio inicial dos produtores de software. Ela utiliza processos informais e métodos *ad hoc*, às vezes descritos como caóticos. A cultura no Nível Inicial é muito baseada no valor dos indivíduos. É comum a dependência em relação a heróis técnicos e gerenciais. Às vezes essas organizações são bem-sucedidas em alguns projetos, mas frequentemente estouram orçamentos e prazos, pois não são capazes de fazer estimativas de custo ou planos de projeto, ou, se os fazem, não são capazes de cumpri-los. Geralmente, a codificação é a única atividade de desenvolvimento que merece atenção. Os gerentes dessas organizações geralmente não entendem os verdadeiros problemas e não têm visibilidade real em relação ao progresso dos projetos. Podem existir processos definidos no papel, que não são aplicados na realidade, ou são contornados, com cumplicidade dos gerentes. Na melhor das hipóteses, os processos são seguidos quando os projetos estão em fase tranquila; em crise, abandonam-se os métodos, e reverte-se à codificação desenfreada. O ambiente é instável e a rotatividade, alta.

TABELA 2.2 Níveis de maturidade

NÚMERO	NOME (TRADUÇÃO)	NOME (ORIGINAL)	DESCRIÇÃO
1	Inicial	*Performed*	Processos informais e *ad hoc*, às vezes caóticos.
2	Gerido	*Managed*	Processos planejados e executados conforme políticas.
3	Definido	*Defined*	Processos bem caracterizados, entendidos e padronizados.
4	Gerido quantitativamente	*Quantitatively managed*	Processos geridos em função de objetivos quantitativos de qualidade e desempenho.
5	Otimizante	*Optimizing*	Processos em melhoria contínua.

A organização nível 2 é disciplinada em nível dos projetos. Por isso, ela sabe estimar e controlar projetos semelhantes a projetos anteriores bem-sucedidos. Os projetos empregam pessoas treinadas com recursos adequados para produzir resultados controlados; envolvem as partes interessadas relevantes, são realmente monitorados, controlados e revistos, e a aderência aos processos é avaliada. Os dirigentes da organização têm visibilidade do progresso nos marcos dos projetos, e os compromissos entre as partes interessadas são cumpridos, ou revistos quando necessário. Entretanto, o trabalho só é padronizado no nível dos projetos.

Na organização nível 3, por outro lado, o escopo da padronização de processos abrange toda a organização. Os processos definidos para cada projeto são derivados de processos padronizados da organização, seguindo-se regras definidas de personalização. A descrição dos processos é mais rigorosa, especificando-se atividades, insumos, resultados, critérios de entrada e saída, papéis, métricas e procedimentos de verificação.

Na organização nível 4, o domínio dos processos de software evolui para uma forma quantitativa, visando a objetivos de qualidade e desempenho determinados pela estratégia de negócios. Para alguns processos considerados críticos, as medidas de qualidade e desempenho são analisadas de forma estatística, e usadas como base para as decisões. O desempenho dos processos é previsível de forma quantitativa, ao contrário da previsibilidade apenas qualitativa do nível 3.

A organização nível 5 melhora continuamente seus processos, usando tanto melhorias incrementais quanto inovações de tecnologia e dos próprios processos. Enquanto a organização nível 4 focaliza a redução das causas especiais de variação, de forma a estabilizar quantitativamente os processos, a organização nível 5 focaliza a redução das causas comuns, para melhorar o desempenho desses processos já estáveis, na busca de objetivos determinados pela estratégia de negócio.

A melhoria contínua é conseguida através da redução das **causas comuns de variação**, isto é, variações (em princípio, indesejáveis) que existem por causa de interações normais e esperadas entre os componentes de um processo. Por contraste, **causas especiais de variação** são aquelas resultantes de uma circunstância transitória, não sendo inerentes ao processo. Por exemplo, são causas comuns de variação: procedimentos inadequados, desenho ruim, manutenção ruim, condições ruins de trabalho, desgaste normal, treinamento insuficiente, tempos de resposta de computadores; são causas especiais: quebras de segurança, ausências de pessoal, defeitos de computador, quedas de energia elétrica.

As áreas de processo foram distribuídas entre os níveis de maturidade, de tal forma que cada nível provê uma fundação sólida para as atividades do nível seguinte. Como contraexemplo, muitas organizações coletam as medidas detalhadas típicas do nível 4, mas não conseguem interpretá-las nem as aplicar por causa das inconsistências nos processos e definições, que teriam de ser resolvidas pelas práticas dos níveis anteriores.

Deve-se notar que, a partir do nível 2, os níveis de capacitação e de maturidade têm os mesmos nomes. Uma organização com nível de maturidade 2 tem que ter atingido o nível de capacitação 2 em todas as suas áreas de processos, e uma organização de nível de maturidade 3 tem que ter atingido o nível de capacitação 3 em todas as suas áreas de processos, inclusive aquelas que pertencem ao nível de maturidade 2. Para as organizações de níveis 4 e 5, também é necessário atingir o nível de capacitação 3 em todas as respectivas áreas de processos.

1.2.4 Componentes

As áreas de processo, assim como as metas e práticas genéricas, são descritas por meio de vários tipos de componentes. Os componentes **requeridos** são aqueles que a organização deve implementar de forma visível e comprovada; no CMMI, são as metas genéricas e específicas. Os componentes **esperados**, ou seja, as práticas genéricas e específicas, dirigem as implementações e aferições, mas as descrições dessas práticas podem ser substituídas por alternativas aceitáveis. Os demais componentes, como títulos, subpráticas, exemplos e anotações, são considerados **informativos**.

Ao resumir as metas e práticas genéricas e específicas, apresentaremos apenas o título e a descrição de cada uma, com algumas explicações adicionais. Quem pretender estudar mais a fundo o CMMI (por exemplo, para implementá-lo em sua organização) deve consultar os demais componentes, contidos em [CMMI10].

1.2.5 Metas e práticas genéricas

A institucionalização dos processos é um dos conceitos mais importantes do CMMI. Significa que os processos estão entranhados na maneira com que o trabalho é executado, garantindo-se comprometimento e consistência em sua execução. O grau de institucionalização é determinado pelas metas genéricas atingidas; as atividades que levam a essa institucionalização são as práticas genéricas. A Tabela 2.3 mostra os títulos das metas e práticas genéricas.

TABELA 2.3 Metas e práticas genéricas

METAS GENÉRICAS		PRÁTICAS GENÉRICAS	
SIGLA	TÍTULO	SIGLA	TÍTULO
GG 1	Atingir metas específicas	GP 1.1	Executar práticas específicas
GG 2	Institucionalizar um processo gerido	GP 2.1	Estabelecer uma política organizacional
		GP 2.2	Planejar o processo
		GP 2.3	Prover recursos
		GP 2.4	Atribuir responsabilidades
		GP 2.5	Treinar pessoas
		GP 2.6	Controlar produtos do trabalho
		GP 2.7	Identificar e envolver partes interessadas relevantes
		GP 2.8	Monitorar e controlar o processo
		GP 2.9	Avaliar objetivamente a aderência
		GP 2.10	Rever status com alta direção
GG 3	Institucionalizar um processo definido	GP 3.1	Estabelecer um processo definido
		GP 3.2	Coletar experiência relacionada com o processo

Vê-se que, para atingir a meta genérica do nível 1, basta executar as respectivas práticas, de forma identificável, ainda que não rigorosa. Para atingir a meta genérica do nível 2, é preciso estabelecer e manter uma política organizacional para planejamento e execução do processo; estabelecer e manter o plano de execução do processo; prover recursos para executar o processo; atribuir responsabilidades por essa execução; treinar pessoas para isso; colocar produtos de trabalho selecionados sob gestão de configurações; identificar e envolver as partes interessadas relevantes, conforme identificadas pelo plano do processo; monitorar e controlar o processo contra o plano, tomando ações corretivas quando necessário; avaliar objetivamente a aderência do processo real ao processo oficial, tratando dos casos de não conformidade; rever o status, as atividades e os resultados do processo com a alta direção, resolvendo os problemas que vierem a surgir.

Para atingir a meta genérica do nível 3, é preciso estabelecer e manter um processo definido, com descrição oficial; e coletar informação sobre produtos e medidas, comparando previsto e realizado, que dê suporte a melhorias do processo e do patrimônio deste.

Quando se usa a representação em estágios, uma organização do nível 2 deve atingir a meta genérica do nível 2 em todas as áreas de processo desse nível, e uma organização do nível 3 deve atingir a meta genérica do nível 3 em todas as áreas de processo desse nível e do nível 2. Organizações dos níveis 4 e 5, entretanto, só precisam atingir a meta genérica do nível 3 em todas as áreas respectivas de processo, devendo atingir, respectivamente, as metas do mesmo nível apenas em subprocessos selecionados como críticos do ponto de vista de negócio. Esse conjunto de regras permite a atribuição de um nível de maturidade a organizações que têm diferentes níveis de capacitação nas áreas de processos, no que a documentação do CMMI chama de **equivalência de estágios** (*equivalent staging*).

1.3 Áreas de Processo

1.3.1 Visão geral

A Tabela 2.4 apresenta as áreas de processo do CMMI, com as respectivas siglas oficiais, nome traduzido e nome original em inglês. As áreas de processo são divididas em quatro categorias: **Engenharia, Gestão de Projetos, Gestão de Processos** e **Suporte**. Cada categoria, por sua vez, é dividida em áreas básicas e avançadas, com exceção da categoria de Engenharia, na qual todas as áreas podem ser consideradas básicas. As áreas que compõem os níveis de maturidade 4 e 5 formam um agrupamento informal chamado de áreas de alta maturidade.

TABELA 2.4 Áreas de processo ISO-12207

NÍVEL	SIGLA	NOME (TRADUÇÃO)	NOME (INGLÊS)	CATEGORIA	GRUPO
2	**REQM**	Gestão de Requisitos	*Requirements Management*	Engenharia	
	PP	Planejamento de Projetos	*Project Planning*	Gestão de projetos	Básica
	PMC	Monitoração e Controle de Projetos	*Project Monitoring and Control*	Gestão de projetos	Básica
	SAM	Gestão de Acordos com Fornecedores	*Supplier Agreement Management*	Gestão de projetos	Básica
	MA	Medição e Análise	*Measurement and Analysis*	Suporte	Básica
	PPQA	Garantia da Qualidade de Processos e Produtos	*Process and Product Quality Assurance*	Suporte	Básica
	CM	Gestão de Configurações	*Configuration Management*	Suporte	Básica
3	**RD**	Desenvolvimento de Requisitos	*Requirements Development*	Engenharia	
	TS	Solução Técnica	*Technical Solution*	Engenharia	
	PI	Integração de Produtos	*Product Integration*	Engenharia	
	VER	Verificação	*Verification*	Engenharia	
	VAL	Validação	*Validation*	Engenharia	
	OPF	Focalização dos Processos da Organização	*Organizational Process Focus*	Gestão de processos	Básica
	OPD	Definição dos Processos da Organização	*Organizational Process Definition*	Gestão de processos	Básica
	OT	Treinamento da Organização	*Organizational Training*	Gestão de processos	Básica
	IPM	Gestão Integrada de Projetos	*Integrated Project Management*	Gestão de projetos	Avançada
	RSKM	Gestão de Riscos	*Risk Management*	Gestão de projetos	Avançada
	DAR	Análise e Resolução de Decisões	*Decision Analysis and Resolution*	Suporte	Avançada

(continua)

36 Capítulo 2

TABELA 2.4 Áreas de processo ISO-12207 (*continuação*)

NÍVEL	SIGLA	NOME (TRADUÇÃO)	NOME (INGLÊS)	CATEGORIA	GRUPO
4	**OPP**	Desempenho dos Processos da Organização	*Organizational Process Performance*	Gestão de processos	Avançada
	QPM	Gestão Quantitativa de Projetos	*Quantitative Project Management*	Gestão de projetos	Avançada
5	**OID**	Gestão do Desempenho da Organização	*Organizational Performance Management*	Gestão de processos	Avançada
	CAR	Análise e Resolução de Causas	*Causal Analysis and Resolution*	Suporte	Avançada

Normalmente, espera-se que uma organização implemente todas as áreas básicas de uma categoria, para que a implementação das áreas avançadas respectivas possa ser eficaz. Existem também muitas interdependências entre as áreas, que são detalhadas no documento oficial do modelo [CMMI10]. Essas dependências devem ser levadas em conta por quem optar pela representação contínua, e já estão implícitas na representação em estágios.

1.3.2 Áreas do nível 2

As sete áreas do nível 2 do CMMI compreendem uma área de Engenharia, três de Gestão de Projetos e três áreas de Suporte. Essas áreas enfatizam a infraestrutura gerencial e de suporte, que deve estar institucionalizada, como pré-requisito para os processos mais avançados.

Gestão de Requisitos

A área de **Gestão de Requisitos** (categoria **Engenharia**) trata dos requisitos dos produtos, focalizando a consistência entre eles e com os artefatos derivados, sem entrar nos processos de obtenção desses requisitos (que são tratados na área de **Desenvolvimento de Requisitos**, do nível 3).

Sua única meta específica dispõe que os requisitos sejam geridos, e sejam identificadas possíveis inconsistências com os planos do projeto e demais produtos de trabalho. As práticas específicas dispõem:

1. que seja obtido um entendimento correto do significado dos requisitos, junto a quem os origina (normalmente, os usuários);
2. que os participantes do projeto assumam compromisso com os requisitos aceitos;
3. que possíveis alterações nos requisitos sejam geridas, tendo seus impactos analisados, e sendo registradas e acompanhadas;
4. que seja possível rastrear todas as dependências entre requisitos e produtos de trabalho, em ambas as direções;
5. que possíveis inconsistências entre requisitos e os respectivos produtos de trabalho derivados sejam identificadas e corrigidas.

Planejamento de Projetos

A área de **Planejamento de Projetos** (categoria **Gestão de Projetos**) trata da confecção e manutenção dos planos que regem as atividades dos projetos.

A primeira meta requer o estabelecimento e a manutenção das estimativas do projeto. As respectivas práticas específicas incluem:

1. estabelecer uma **estrutura analítica do projeto** (*work breakdown structure*), ou seja, um arranjo dos elementos do trabalho e dos relacionamentos deles entre si e com o produto final; essa estrutura determina o escopo do projeto e permite estimativas iniciais, a partir da identificação e estimativa dos **pacotes de trabalho**, que são entregas ou componentes do trabalho do projeto, no nível mais baixo de cada ramo da estrutura analítica do projeto;
2. estabelecer e manter estimativas dos atributos dos produtos de trabalho e tarefas, como tamanho e outras medidas de complexidade e conectividade;
3. definir as fases do ciclo de vida do projeto;
4. determinar estimativas do esforço e custo dos produtos de trabalho e tarefas, usando algum raciocínio de estimação.

Obtidas as estimativas, a segunda meta específica requer o desenvolvimento de um plano de projeto, que será a base da gestão desse projeto. As respectivas práticas incluem:

1. estabelecer e manter o orçamento e cronograma do projeto;
2. identificar e analisar os riscos do projeto;
3. planejar a gestão dos dados do projeto, entendendo-se aqui como dados qualquer representação de informação, em qualquer mídia, que dê suporte às tarefas do projeto;
4. planejar os recursos de trabalho, ferramentas e métodos, que serão usados pelo projeto;
5. planejar as proficiências e o conhecimento necessários para executar o projeto;
6. planejar o envolvimento das partes interessadas identificadas, determinando seus papéis, responsabilidades, tipos e épocas de participação;
7. estabelecer e manter o conjunto do plano.

A terceira meta específica requer o estabelecimento e a manutenção dos compromissos com o plano, levando às seguintes práticas específicas:

1. rever os planos que afetam o projeto, para que os compromissos fiquem bem entendidos;
2. reconciliar os níveis de trabalho e de recursos estimados e disponíveis para o projeto;
3. obter o comprometimento das partes interessadas responsáveis pela execução e suporte do plano.

Monitoração e Controle de Projetos

A área de **Monitoração e Controle de Projetos** (categoria **Gestão de Projetos**) trata do entendimento do progresso dos projetos, para que ações corretivas apropriadas sejam tomadas quando há desvios do plano.

A primeira meta específica dispõe que: o desempenho e o progresso real do projeto sejam monitorados contra o plano. As respectivas práticas específicas determinam que sejam monitorados:

- os valores reais dos parâmetros do projeto contra os planejados (por exemplo, tamanhos, esforços, custos, recursos e proficiências);
- os estados reais dos compromissos, riscos, dados e envolvimento dos interessados, contra os respectivos estados planejados.

Essa monitoração deve ser feita por meio de revisões periódicas do progresso, desempenho e problemas, e por revisões das realizações e resultados, em marcos selecionados do projeto.

A segunda meta específica determina que, quando são encontrados desvios significativos em relação ao plano, sejam tomadas ações corretivas, que devem ser geridas até a completa resolução. As práticas respectivas incluem:

1. coletar e analisar os problemas, para determinar as correções necessárias;
2. empreender essas ações corretivas;
3. geri-las até o fechamento, ou seja, até que os problemas sejam completamente resolvidos.

Gestão de Acordos com Fornecedores

A área de **Gestão de Acordos com Fornecedores** (categoria **Gestão de Projetos**) trata da aquisição de produtos ou componentes que servirão de insumos ao projeto.

A primeira meta específica determina o estabelecimento e a manutenção de acordos com os fornecedores, por meio das seguintes práticas:

1. determinar o tipo de aquisição para cada insumo (produtos de prateleira, produtos desenvolvidos por subcontratação, ou casos intermediários);
2. selecionar fornecedores, com base na avaliação da capacidade deles de satisfazer aos requisitos e critérios estabelecidos;
3. estabelecer e manter acordos formais (por exemplo, contratos) com os fornecedores escolhidos.

A segunda meta específica determina que esses acordos sejam cumpridos por todas as partes, observando-se as seguintes práticas:

1. executar as atividades combinadas com o fornecedor no acordo;
2. garantir que o acordo seja cumprido, antes de aceitar os produtos adquiridos;
3. garantir a transição dos produtos recebidos para o ambiente do projeto.

Medição e Análise

A área de **Medição e Análise** (categoria **Suporte**) provê a capacitação no uso de métricas para dar suporte à gestão.

A primeira meta específica determina o alinhamento das atividades de medição e análise, usando as seguintes práticas:

1. estabelecer e manter objetivos de medição, derivados das necessidades e objetivos de informação da organização;
2. especificar as medidas que sejam necessárias para atingir esses objetivos de medição;
3. especificar como os dados de medição serão obtidos e armazenados;
4. especificar como serão analisados e relatados.

A segunda meta específica dispõe que os resultados dessas medições sejam providos, usando-se as seguintes práticas:

1. obter os dados de medição especificados;
2. analisar e interpretar esses dados;
3. gerir e guardar os dados e especificações de medição, assim como os resultados das análises;
4. comunicar os resultados das medições e das análises às partes interessadas relevantes.

Garantia da Qualidade de Processos e Produtos

A área de **Garantia da Qualidade de Processos e Produtos** (categoria **Suporte**) provê os dirigentes e a equipe com informação objetiva sobre os processos e os respectivos produtos de trabalho.

A primeira meta específica determina a avaliação **objetiva** da aderência dos processos executados e respectivos produtos de trabalho às descrições de processos, padrões e procedimentos aplicáveis; isto é, a verificação objetiva da conformidade dos processos reais com o que for determinado pelos processos oficiais. As respectivas práticas incluem realizar a avaliação objetiva:

1. dos processos reais contra as respectivas descrições oficiais;
2. dos produtos de trabalho contra as descrições de processos, padrões e procedimentos aplicáveis.

A segunda meta específica determina que os problemas de falta de conformidade sejam rastreados e comunicados de forma objetiva, tendo a resolução garantida, conforme as seguintes práticas:

1. comunicar os problemas de qualidade e garantir a resolução dos problemas de falta de conformidade, com a equipe e os gerentes;
2. estabelecer e manter registros das atividades de garantia da qualidade.

Gestão de Configurações

A área de **Gestão de Configurações** (categoria **Suporte**) tem como propósito estabelecer e manter a integridade dos produtos de software, usando técnicas de identificação, controle, relato de status e auditoria de configurações.

Capítulo 2

A primeira meta específica determina que linhas de base de produtos de trabalho identificados sejam estabelecidas. Uma **linha de base de configuração** é a informação de configuração formalmente designada, durante um momento específico do ciclo de vida de um produto ou componente.[6] Para atingir essa meta, usam-se as seguintes práticas:

1. identificar os itens de configuração, ou seja, componentes e produtos de trabalho que serão colocados sob gestão de configurações;
2. estabelecer e manter um sistema de gestão de configurações e alterações, para controlar os produtos de trabalho;
3. criar ou liberar linhas de base para uso interno ou entrega ao cliente.

A segunda meta específica dispõe que alterações aos produtos de trabalho sob gestão de configurações sejam rastreadas e controladas, através das seguintes práticas:

1. rastrear as solicitações de alteração dos itens de configuração;
2. controlar as alterações desses itens (por exemplo, garantindo que sejam autorizadas por quem de direito, e registradas de forma padronizada).

A terceira meta específica é estabelecer e manter a integridade das linhas de base, usando-se as seguintes práticas:

1. estabelecer e manter registros descritivos dos itens de configuração;
2. executar auditorias de configuração para manter a integridade das linhas de base, confirmando que elas estejam de acordo com os respectivos padrões.

1.3.3 Áreas do nível 3

As onze áreas do nível 3 do CMMI compreendem cinco áreas de Engenharia, três áreas de Gestão de Processos, duas áreas de Gestão de Projetos e uma de Suporte. Esse é o mais complexo dos níveis, pois trata da adoção de processos padronizados no nível da organização, o que permite uniformizar tanto as disciplinas técnicas de Engenharia de Software quanto a gestão dos projetos, embora ainda em nível qualitativo.

Desenvolvimento de Requisitos

A área de **Desenvolvimento de Requisitos** (categoria **Engenharia**) trata da obtenção e análise dos requisitos dos sistemas, produtos e componentes. A primeira meta específica determina que as necessidades, expectativas, restrições e interfaces das partes interessadas sejam coletadas e traduzidas em requisitos do cliente. Para isso, as práticas específicas tratam de:

1. levantar essas necessidades, expectativas, restrições e interfaces para todas as fases do ciclo de vida, inclusive procurando determinar os requisitos implícitos;
2. transformá-las em requisitos formalizados, verificáveis, validáveis, compatíveis entre si e com as restrições de negócio.

---

[6] Uma **linha de base** (*baseline*) genérica é a informação coletada em determinado momento de um estudo, que serve como referência para analisar variações. As linhas de base de configuração representam o uso mais comum desse termo em engenharia de software; por isso, quando se usa esse termo sem qualificações, geralmente entende-se que se trata de linha de base de configurações.

A segunda meta específica dispõe que os requisitos do cliente sejam refinados e elaborados até chegar aos requisitos dos produtos e componentes. As respectivas práticas específicas tratam de:

1. estabelecer os requisitos de produtos e componentes, que expressam os requisitos do cliente em termos mais técnicos;
2. alocar os requisitos entre os componentes;
3. identificar os requisitos de interfaces.

A terceira meta específica determina que os requisitos sejam analisados e validados, definindo-se a funcionalidade requerida. As práticas específicas incluem:

1. estabelecer conceitos operacionais e roteiros associados, definindo-se como **roteiro**[7] (*scenario*) uma sequência de ações ou eventos que ilustra um comportamento;
2. estabelecer e manter uma definição da funcionalidade requerida, isto é, uma descrição do que o produto deve fazer, expressa, por exemplo, como diagramas de atividade, ou como serviços identificados;
3. analisar os requisitos para garantir que eles sejam necessários e suficientes;
4. analisar os requisitos para equilibrar as necessidades das partes interessadas com as restrições;
5. validar os requisitos, para garantir que o produto terá o desempenho esperado no ambiente do usuário (por exemplo, usando prototipagem).

Solução Técnica

A área de **Solução Técnica** (categoria **Engenharia**) trata do desenho, do desenvolvimento e da implementação de soluções para os requisitos.

A primeira meta específica determina que sejam selecionadas soluções de componentes e produtos, dentre as possíveis alternativas, usando as práticas específicas:

1. desenvolver soluções alternativas detalhadas e critérios de seleção;
2. selecionar as soluções de componentes do produto que melhor satisfaçam aos critérios adotados.

A segunda meta específica dispõe que os desenhos do produto e seus componentes sejam desenvolvidos, para o que servem as práticas:

1. desenvolver desenhos do produto e de seus componentes, definindo a arquitetura do produto;
2. estabelecer e manter um pacote de dados técnicos, com a descrição do desenho, no nível necessário de detalhes;
3. desenhar as interfaces do produto e dos componentes, usando os critérios estabelecidos;
4. avaliar, com base nos critérios estabelecidos, quando componentes devem ser desenvolvidos, adquiridos ou reutilizados.

---

[7] É comum traduzir-se *scenario* como *cenário*, mas preferimos usar o termo *roteiro*, que é condizente com o sentido registrado nos dicionários de português. *Cenário* é a tradução de *scenery* (paisagem, panorama).

A terceira meta específica consiste em implementar os componentes do produto e a documentação associada, a partir de seus desenhos, para o que se aplicam as seguintes práticas:

1. implementar os desenhos dos componentes;
2. desenvolver a documentação destinada aos usuários.

Integração de Produtos

A área de **Integração de Produtos** (categoria **Engenharia**) tem por objetivo montar produtos a partir de seus componentes, garantindo o funcionamento correto do produto integrado, e a entrega deste.

A primeira meta específica determina que seja preparada a integração do produto, usando-se as seguintes práticas:

1. determinar a sequência de integração dos componentes;
2. estabelecer e manter o ambiente necessário para suportar a integração;
3. estabelecer e manter os necessários procedimentos e critérios.

A segunda meta específica visa a garantir a compatibilidade das interfaces, através das práticas:

1. rever a completeza e a cobertura da descrição das interfaces;
2. gerir as definições, desenhos e alterações das interfaces internas e externas dos produtos e componentes.

A terceira meta específica determina que os componentes verificados sejam montados, e que o produto integrado, verificado e validado seja entregue. As práticas correspondentes são:

1. confirmar, antes da montagem, que cada componente requerido tenha sido apropriadamente identificado, funcione conforme a respectiva descrição, e que as interfaces também estejam de acordo com as respectivas descrições;
2. montar os componentes do produto, conforme a sequência de integração prevista e os procedimentos disponíveis;
3. avaliar os componentes montados quanto à compatibilidade entre as interfaces;
4. empacotar o produto ou os componentes do produto, entregando-os ao cliente apropriado.

Verificação

A área de **Verificação** (categoria **Engenharia**) tem por objetivo garantir que produtos de trabalho selecionados atendam aos respectivos requisitos.

A primeira meta específica determina que se conduza a preparação para a verificação do produto, o que requer as seguintes práticas:

1. selecionar os produtos de trabalho a serem verificados, e os respectivos métodos de verificação;
2. estabelecer e manter o ambiente necessário para dar suporte à verificação;
3. estabelecer e manter os procedimentos e critérios de verificação dos produtos de trabalho selecionados.

A segunda meta específica determina que revisões pelos pares sejam feitas nos produtos selecionados, usando-se as seguintes práticas:

1. preparar essas revisões;
2. conduzi-las, identificando os problemas encontrados;
3. analisar os dados sobre a preparação, a condução e os resultados das revisões.

A terceira meta específica prevê que os produtos de trabalho selecionados sejam verificados contra os requisitos especificados, através das práticas:

1. executar a verificação dos itens selecionados;
2. analisar os resultados de todas as verificações.

Validação

A área de **Validação** (categoria **Engenharia**) tem por objetivo demonstrar que um produto ou componente satisfaz ao uso que se pretende dele, quando colocado no ambiente alvo.

A primeira meta específica determina que se conduza a preparação para a validação, o que requer as seguintes práticas:

1. selecionar os produtos ou componentes a serem validados, e os respectivos métodos de validação;
2. estabelecer e manter o ambiente necessário para dar suporte à validação;
3. estabelecer e manter os procedimentos e critérios de validação.

A segunda meta específica determina que os produtos ou componentes sejam validados para se garantir a adequação deles ao uso no ambiente pretendido, através das práticas:

1. executar a validação dos produtos ou componentes;
2. analisar os resultados das atividades de validação.

Focalização dos Processos da Organização

A área de **Focalização dos Processos da Organização** (categoria **Gestão de Processos**) visa a planejar, implementar e implantar a melhoria dos processos organizacionais, a partir do entendimento completo dos pontos fortes e fracos dos processos existentes.

A primeira meta específica dispõe que esses pontos fortes e fracos, assim como as oportunidades de melhoria, sejam identificados periodicamente ou quando necessário, usando-se as práticas:

1. estabelecer e manter as descrições das necessidades e objetivos de processos da organização;
2. avaliar os processos da organização, periodicamente ou quando necessário, para manter o entendimento dos pontos fortes e fracos;
3. identificar as melhorias dos processos da organização e do respectivo **patrimônio de processos**. Este termo se refere aos artefatos usados para descrever, implementar e melhorar os processos, como descrições de processos, políticas, medidas, padrões, ferramentas, repositórios e modelos.

Capítulo 2

A segunda meta específica determina que sejam planejadas e implementadas atividades de melhoria de processos, o que inclui as práticas:

1. estabelecer e manter planos de ação para tratar das melhorias dos processos e do patrimônio de processos;
2. implementar esses planos de ação.

A terceira meta específica prevê implantar o patrimônio de processos organizacionais através da organização e incorporar a experiência relacionada ao patrimônio de processos organizacionais, com as respectivas práticas:

1. implantar o patrimônio de processos organizacionais em toda a organização;
2. implantar o conjunto de processos padronizados da organização no início dos projetos, implantando também alterações durante os projetos, se necessárias;
3. monitorar a implementação do conjunto de processos padronizados e o uso do patrimônio de processos, em todos os projetos;
4. incorporar ao patrimônio de processos organizacionais os produtos de trabalho e medidas relativos aos processos, assim como a informação sobre melhoria colhida no planejamento e execução dos processos.

Definição dos Processos da Organização

A área de **Definição dos Processos da Organização** (categoria **Gestão de Processos**) tem por objetivo estabelecer e manter um conjunto utilizável de padrões e o patrimônio de processos organizacionais.

A única meta específica dispõe que seja estabelecido e mantido um patrimônio de processos organizacionais, através das seguintes práticas:

1. estabelecer e manter o conjunto de processos-padrão da organização;
2. estabelecer e manter as descrições de modelos de ciclo de vida aprovados para uso na organização;
3. estabelecer e manter critérios e diretrizes para personalização dos processos-padrão;
4. estabelecer e manter o repositório de medidas da organização;
5. estabelecer e manter a biblioteca do patrimônio de processos da organização;
6. estabelecer e manter os padrões de ambiente de trabalho;
7. estabelecer e manter as regras e diretrizes para a estrutura, formação e operação de times.

Treinamento da Organização

A área de **Treinamento da Organização** (categoria **Gestão de Processos**) visa a desenvolver as proficiências e conhecimentos das pessoas, para que possam desempenhar seus papéis de forma mais eficaz e eficiente.

A primeira meta específica dispõe que seja estabelecida uma capacitação organizacional em treinamento, usando-se as práticas:

1. estabelecer e manter as necessidades estratégicas de treinamento da organização;
2. determinar que necessidades de treinamento são de responsabilidade da organização, e quais serão deixadas ao encargo dos projetos e grupos de suporte;

Capacitação em Processos

3. estabelecer um plano tático de treinamento da organização;
4. estabelecer a capacitação para atender às necessidades de treinamento.

A segunda meta específica determina que seja fornecido o treinamento para que as pessoas desempenhem seus papéis de forma eficaz, usando-se as práticas:

1. ministrar o treinamento de acordo com o plano tático de treinamento da organização;
2. estabelecer e manter os registros desse treinamento;
3. aferir a eficácia do programa de treinamento.

Gestão Integrada de Projetos

A área de **Gestão Integrada de Projetos** (categoria **Gestão de Projetos**) tem por objetivo gerir os projetos e o envolvimento das respectivas partes interessadas conforme um processo definido, personalizado dentre os processos-padrão da organização.

A primeira meta específica manda usar o processo definido para o projeto, seguindo-se as práticas:

1. estabelecer e manter o processo definido para o projeto, desde o início deste e durante todo o ciclo de vida;
2. usar o patrimônio de processos organizacionais e o repositório de medidas para estimar e planejar as atividades do projeto;
3. estabelecer o ambiente de trabalho do projeto;
4. integrar o plano de projeto e outros planos que afetem o projeto;
5. gerir o projeto usando os planos integrados e o processo definido;
6. estabelecer e manter times;
7. contribuir para o patrimônio de processos organizacionais com produtos de trabalho, medidas e documentação da experiência.

A segunda meta específica determina que se conduzam a coordenação e a colaboração do projeto com as partes interessadas relevantes, através das práticas:

1. gerir o envolvimento das partes interessadas relevantes;
2. juntamente com essas partes, identificar, negociar e rastrear dependências críticas;
3. resolver problemas com as partes interessadas relevantes.

Gestão de Riscos

A área de **Gestão de Riscos** (categoria **Gestão de Projetos**) visa a identificar possíveis problemas, de maneira que medidas preventivas e curativas possam ser adotadas para evitar impactos adversos aos projetos.

A primeira meta específica dispõe que se conduza a preparação da gestão de riscos, com as seguintes práticas:

1. determinar fontes e categorias de riscos;
2. definir os parâmetros que serão usados para analisar e classificar os riscos, e controlar o esforço de gestão de riscos;
3. estabelecer e manter a estratégia que será usada para a gestão de riscos.

A segunda meta específica determina que os riscos sejam analisados e classificados, para determinar-lhes a importância relativa, conforme as práticas:

1. identificar e documentar os riscos;
2. avaliar e classificar cada risco identificado, usando as categorias e parâmetros definidos, para determinar-lhes a prioridade relativa.

A terceira meta específica visa a mitigar e tratar os riscos, onde for apropriado, para reduzir os impactos adversos aos projetos, usando as práticas:

1. desenvolver um plano de mitigação para os riscos mais importantes do projeto, conforme definidos pela estratégia de gestão de riscos;
2. monitorar periodicamente o status de cada risco, implementando o plano de mitigação quando necessário.

Análise e Resolução de Decisões

A área de **Análise e Resolução de Decisões** (categoria **Suporte**) tem por objetivo analisar possíveis decisões usando processos formalizados que comparem alternativas e critérios estabelecidos. É uma área pouco citada em textos de Engenharia de Software, mas correspondente a uma disciplina bastante empregada em métodos organizacionais genéricos.

A única meta específica dispõe que as decisões sejam baseadas na avaliação de alternativas com o uso de critérios estabelecidos, conforme as práticas:

1. estabelecer e manter diretrizes para determinar que questões serão objetos de processos formais de avaliação;
2. estabelecer e manter critérios de avaliação de alternativas, com ordenamento relativo;
3. identificar soluções alternativas para tratar das questões;
4. selecionar os métodos de avaliação;
5. avaliar as alternativas, usando os critérios e métodos escolhidos;
6. selecionar as soluções dentre as alternativas, usando esses critérios.

1.3.4 Áreas do nível 4

As duas áreas do nível 4 do CMMI compreendem uma área de **Gestão de Processos** e uma de **Gestão de Projetos**.

Desempenho dos Processos da Organização

A área de **Desempenho dos Processos da Organização** (categoria **Gestão de Processos**) visa a estabelecer e manter o entendimento quantitativo do desempenho de processos selecionados da organização, suportando a satisfação dos objetivos de qualidade e desempenho de processos e provendo os modelos e dados necessários para a gestão quantitativa dos projetos.

A única meta específica determina que sejam estabelecidas linhas de base e modelos que caracterizem o desempenho esperado dos processos-padrão da organização. Uma **linha de base de desempenho de processo** é uma caracterização documentada dos resultados reais conseguidos na execução do processo, que é usada para comparar os desempenhos esperado e real do processo. O desempenho de um processo é um conjunto de medidas dos resultados reais conseguidos com o processo, que inclui medidas do produto (como tempo de resposta ou densidade de defeitos) e do próprio processo (como esforços, prazos e eficiência na remoção de defeitos). Um **modelo do desempenho do processo** descreve os relacionamentos entre atributos do processo e o desempenho conseguido (por exemplo, entre esforço gasto em revisões e quantidade de defeitos removidos pelas revisões). A essa meta específica correspondem as seguintes práticas específicas:

1. estabelecer e manter os objetivos quantitativos da organização para a qualidade e o desempenho dos processos, que sejam rastreáveis até os objetivos de negócio;
2. selecionar, dentre os processos-padrão da organização, os processos ou subprocessos que serão incluídos nas análises de desempenho e manter a rastreabilidade até os objetivos de negócio;
3. estabelecer e manter definições das medidas de desempenho que serão incluídas nessas análises;
4. analisar o desempenho dos processos selecionados e estabelecer e manter as linhas de base de desempenho dos processos;
5. estabelecer e manter modelos de desempenho dos processos-padrão da organização.

Gestão Quantitativa de Projetos

A área de **Gestão Quantitativa de Projetos** (categoria **Gestão de Projetos**) tem por objetivo gerir de forma quantitativa os processos definidos para os projetos, visando a atingir os objetivos estabelecidos de qualidade e desempenho.

A primeira meta específica dispõe sobre a preparação para a gestão quantitativa, com base nas seguintes práticas:

1. estabelecer e manter os objetivos do projeto quanto à qualidade e ao desempenho de processo;
2. usando técnicas estatísticas e outras técnicas quantitativas, compor um processo definido que capacite o projeto a atingir seus objetivos de qualidade e desempenho do processo;
3. selecionar os subprocessos críticos para a avaliação do desempenho, que ajudam a atingir os objetos do projeto para a qualidade e o desempenho dos processos;
4. selecionar medidas e técnicas analíticas a serem usadas na gestão quantitativa.

A segunda meta específica determina que o projeto seja gerido quantitativamente, com base nas seguintes práticas específicas:

1. monitorar o desempenho dos subprocessos selecionados usando técnicas estatísticas e outras técnicas quantitativas;
2. gerir o desempenho do projeto usando técnicas estatísticas e outras técnicas quantitativas para determinar se o projeto está ou não atingindo seus objetivos de qualidade e desempenho do processo;
3. executar a análise de causas fundamentais de questões selecionadas para tratar das deficiências em atingir os objetivos de qualidade e desempenho do processo para o projeto.

1.3.5 Áreas do nível 5

As duas áreas do nível 5 do CMMI compreendem uma área de Gestão de Processos e uma de Suporte. Em relação à versão 1.2, a área de **Inovação e Implantação na Organização** foi substituída por uma área de **Gestão do Desempenho da Organização**.

Gestão do Desempenho da Organização

A área de **Gestão do Desempenho da Organização** (categoria **Gestão de Processos**) visa a estabelecer e manter um entendimento quantitativo do desempenho de processos selecionados dentre o conjunto de processos-padrão, para ajudar a atingir os objetivos de qualidade e desempenho dos processos, e prover dados, linhas de base e modelos para gerir quantitativamente os projetos da organização.

A primeira meta específica dispõe que o desempenho de negócio da organização seja gerido usando técnicas estatísticas e outras técnicas quantitativas, para entender as deficiências de desempenho dos processos e identificar áreas para melhoria dos processos. Para isso, usam-se as seguintes práticas:

1. manter objetivos de negócio baseados no entendimento das estratégias de negócio e resultados reais de desempenho;
2. analisar dados de desempenho dos processos para determinar a capacidade da organização para atingir objetivos de negócio identificados;
3. identificar áreas potenciais de melhoria que poderiam contribuir para atingir os objetivos de negócio.

A segunda meta específica dispõe que melhorias sejam proativamente identificadas, avaliadas usando técnicas estatísticas e outras técnicas quantitativas e selecionadas para implantação com base na contribuição delas para atingir os objetivos de qualidade e desempenho dos processos. Para isso, usam-se as seguintes práticas:

1. levantar e categorizar melhorias sugeridas;
2. analisar as melhorias sugeridas, quanto a seu possível impacto para atingir os objetivos de qualidade e desempenho dos processos;
3. validar as melhorias selecionadas;
4. selecionar e implementar melhorias para implantação em toda a organização, com base numa avaliação de custos, benefícios e outros fatores.

A terceira meta específica determina que melhorias mensuráveis dos processos e tecnologia da organização sejam implantadas e avaliadas usando técnicas estatísticas e outras técnicas quantitativas, o que corresponde às seguintes práticas:

1. estabelecer e manter planos de implantação das melhorias selecionadas;
2. gerir a implantação das melhorias selecionadas;
3. avaliar os efeitos das melhorias implantadas sobre a qualidade e o desempenho dos processos, usando técnicas estatísticas e outras técnicas quantitativas.

Análise e Resolução de Causas

A área de **Análise e Resolução de Causas** (categoria **Suporte**) tem por objetivo identificar as causas de consequências selecionadas e adotar ações preventivas para melhorar o desempenho dos processos.

A primeira meta específica dispõe que sejam determinadas sistematicamente as causas fundamentais de consequências selecionadas, para o que são usadas as práticas:

1. selecionar consequências para análise;
2. executar a análise causal consequências selecionadas, propondo-se ações para tratá-las.

A segunda meta específica determina que as causas fundamentais de consequências selecionadas sejam tratadas sistematicamente. São aplicáveis as práticas:

1. implementar as propostas selecionadas de ação, que foram desenvolvidas durante a análise causal;
2. avaliar os efeitos das mudanças no desempenho dos processos;
3. registrar os dados da análise e da resolução, para uso no projeto e na organização.

1.4 Aplicação

1.4.1 Avaliação

Para ser considerada oficial, uma avaliação do CMMI deve ser feita conforme o método **SCAMPI**, publicado pelo SEI [SCAMPI11]. As avaliações mais formais, chamadas de **Classe A**, são as únicas que resultam em uma classificação. Variantes menos formais, chamadas de **Classe B** e **Classe C**, são usadas para avaliações preliminares ou intermediárias. Uma avaliação SCAMPI Classe A deve ser chefiada por um avaliador chefe credenciado, pertencente a uma organização parceira do SEI, cujo sítio mantém um catálogo dessas organizações.

A Figura 2.1 mostra as percentagens encontradas em um levantamento realizado em 1989 pelo SEI entre organizações americanas de software, com base na versão inicial do SW-CMM. Naquela época, não foram encontradas organizações situadas nos níveis 4 e 5. Um levantamento de avaliações do CMMI realizadas entre 2007 e 2015 é mostrado na Figura 2.2.

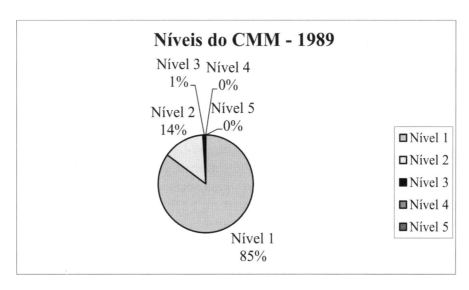

FIGURA 2.1 Níveis do SW-CMM encontrados em 1989.

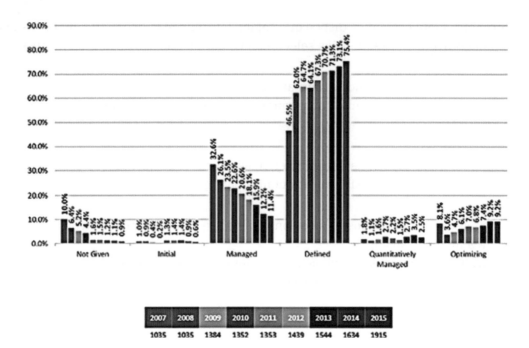

FIGURA 2.2 Níveis do CMMI encontrados em anos recentes.[8]

Note-se que uma organização pode ser um setor de uma empresa; grandes empresas geralmente não são avaliadas como um todo, mas sim em nível de laboratório ou divisão. Uma crítica frequente aos níveis do CMMI é de que muitas organizações solicitam avaliações apenas de uma divisão de elite, de forma que o nível resultante não é representativo da organização como um todo, mas é usado como tal pelo marketing dessas organizações.

Note-se também que, como o SEI não concede qualquer espécie de certificação oficial, essas avaliações são informadas ao SEI pelas próprias organizações avaliadas, de forma voluntária. Geralmente só interessa a uma organização contratar uma avaliação Classe A quando, por meio de avaliações preliminares, se constata que há uma boa chance de ser bem avaliada, uma vez que essas avaliações são bastante caras. Além disso, geralmente não há interesse em relatar resultados desfavoráveis. Por isso, a pequena percentagem de organizações classificadas como Nível 1 certamente não é representativa do estado da arte das organizações em geral.

1.4.2 Benefícios

Um aspecto que destaca os modelos de capacitação do SEI em relação a outros é a quantidade de estudos publicados que mostram resultados positivos da aplicação desses modelos. Já nos primeiros anos de existência do SW-CMM foi publicado um estudo muito citado [Herbsleb+94]. Um relatório de 2006 sintetiza dados obtidos de relatos de organizações que implantaram o CMMI e discute uma série de estudos de caso [Gibson+06]. Outros dados mais recentes estão disponíveis no SEIR, o repositório de informação do SEI.[9] Uma síntese dos benefícios relatados é apresentada na Tabela 2.5.

---

[8] Publicado em http://partners.clearmodel.com/wp-content/uploads/2016/03/Maturity-Profile-Ending-Dec-31-2015-Quality-20150301.pdf.

[9] https://seir.sei.cmu.edu/seir/Repository/. O repositório requer inscrição, mas é de acesso gratuito.

Capacitação em Processos 51

TABELA 2.5 Ganhos obtidos em implantações do CMMI

CATEGORIA	PONTOS DE DADOS	MELHORIA MEDIANA
Custo	29	34%
Prazos	22	50%
Produtividade	20	61%
Qualidade	34	48%
Satisfação do cliente	7	14%
Retorno do investimento	22	4,0 : 1

2 MODELOS ISO

2.1 ISO-9000

A denominação ISO-9000 abrange uma família de padrões, com âmbitos diferentes, oficializados pela ISO (International Organization for Standardization), organização não governamental internacional, que reúne representantes dos principais órgãos de padronização de cada país. Essa família de padrões tem passado por sucessivas versões, sendo atualmente vigente a versão 2000. Os padrões dessa família referem-se a sistemas de gestão da qualidade, com os seguintes documentos principais:

- **ISO 9000:2005 - Sistemas de gestão da qualidade - Fundamentos e vocabulário**: descreve os conceitos, fundamentos e termos básicos dos sistemas de gestão da qualidade.[10]
- **ISO 9001:2008 - Sistemas de gestão da qualidade - Requisitos**: especifica requisitos para um sistema de gestão da qualidade, aplicáveis a uma organização que precise demonstrar sua capacidade para fornecer de forma consistente produtos que atendam aos requisitos do cliente e aos requisitos legais, e que pretenda aumentar a satisfação do cliente através da aplicação eficaz do sistema, incluindo processos para melhoria contínua do sistema e a garantia da conformidade aos requisitos do cliente e aos requisitos legais.[11]
- **ISO 9004:2009 – Gestão para o sucesso sustentável de uma organização – Uma abordagem de gestão da qualidade**: fornece orientação a organizações para apoiar a obtenção do sucesso sustentável por uma abordagem de gestão da qualidade. É aplicável a qualquer organização, independentemente do tamanho, do tipo e da atividade.[12]

É difícil uma comparação direta entre CMMI e ISO-9001. Há grandes diferenças de detalhamento: as práticas do CMMI são descritas em nível muito mais detalhado: o documento do CMMI para Desenvolvimento v. 1.3 tem quase quinhentas páginas,

---

[10] ISO 9001:2008 Quality management systems – Fundamentals and vocabulary: distribuição oficial em http://www.iso.org/iso/catalogue_detail?csnumber=42180.

[11] ISO 9001:2008 Quality management systems – Requirements: distribuição oficial em http://www.iso.org/iso/catalogue_detail?csnumber=46486.

[12] ISO 9004:2009 – Managing for the sustained success of an organization -- A quality management approach: distribuição oficial em http://www.iso.org/iso/catalogue_detail?csnumber=41014.

enquanto a norma ABNT NBR ISO9001:2008, versão brasileira da ISO-9001, tem 28 páginas. A estrutura também é completamente diferente: o modelo ISO-9001 não tem representação em estágios. Uma organização passa ou não passa na avaliação ISO-9001, feita por uma entidade certificadora, enquanto o CMMI não tem o conceito de certificação. Um resumo comparativo dos modelos CMMI 1.1 e ISO-9001:2000 é apresentado por Mutafelija e Stromberg [Mutafelija+03]; os mesmos autores publicaram um livro sobre a implantação simultânea de ambos os modelos [Mutafelija+03a].

2.2 ISO/IEC-12207

O padrão ISO/IEC-12207 [ISO+08], adotado também com padrão IEEE [IEEE08], e conhecido no Brasil como ABNT NBR ISO/IEC 12207:2009,[13] descreve os principais processos componentes do ciclo de vida do software e os relacionamentos entre eles. Na versão 2008, o modelo sofreu alterações profundas, com grande aumento dos processos de ciclo de vida descritos. A Tabela 2.6 apresenta os processos no ciclo de vida dos sistemas, segundo esse modelo. Nessa versão, foram separados dos processos para sistemas os processos específicos para software, que são apresentados na Tabela 2.7.

Baldassarre et al. publicaram uma comparação entre essa versão do padrão ISO/IEC-12207 e o CMMI[14] [Baldassarre+09], considerando a cobertura que ambos dão ao modelo ISO-15504, discutido a seguir. Mutafelija e Stromberg [Mutafelija+09] fornecem uma comparação detalhada, atualizada até o CMMI v.1.2.

2.3 ISO/IEC-33000

Com base nos resultados do projeto conhecido como SPICE, a ISO desenvolveu o arcabouço (*framework*) ISO-15504, que não apresentava diretamente requisitos para a maturidade de processos, mas sim um guia para a avaliação dessa maturidade. O modelo ISO-15504 tinha arquitetura semelhante à da representação contínua do CMMI, na qual a avaliação é separada por área de processos. Não existe o conceito de níveis de maturidade globais, mas cada área de processo pode ser avaliada em níveis que vão desde o nível 0 (incompleto) até o nível 5 (otimizante). O ISO-15504 podia ser considerado um metamodelo, a partir do qual poderiam ser derivados modelos específicos de capacitação; o CMMI, por exemplo, tinha como especificação a compatibilidade com o ISO-15504.

Atualmente, a família de modelos 155xx foi substituída pela família 330xx.[15] O padrão inicial é o ISO/IEC 33001:2015, que, segundo o resumo oficial, "provê um repositório para tecnologia chave relacionada com aferição de processos".[16]

2.4 ISO/IEC-20000

ISO/IEC 20000:2011 [ISO+11] é um padrão internacional para gestão de serviços de tecnologia da informação (TI). Segundo a respectiva página no sítio da ISO, ele "especifica os requisitos para o prestador de serviços planejar, estabelecer, implementar, operar,

---

[13] *ABNT NBR ISO/IEC 12207:2009 Engenharia de sistemas e software - Processos de ciclo de vida de software*: distribuição oficial em www.abntcatalogo.com.br/norma.aspx?ID=38643.

[14] No caso, ainda a versão 1.2 do CMMI.

[15] standardsforum.com/new-isoiec-33001/

[16] www.iso.org/iso/home/store/catalogue_tc/catalogue_detail.htm?csnumber=54175

TABELA 2.6 Processos do ciclo de vida do sistema, segundo o modelo ISO/IEC-12207

GRUPOS DE PROCESSOS	PROCESSOS (TERMO TRADUZIDO)	PROCESSOS (TERMO ORIGINAL)
Processos de acordo (*Agreement Processes*)	Aquisição	*Acquisition*
	Fornecimento	*Supply*
Processos organizacionais para capacitação de projetos (*Organizational Project-Enabling Processes*)	Gestão dos modelos de ciclo de vida	*Life Cycle Model Management*
	Gestão de infraestrutura	*Infrastructure Management*
	Gestão de portfólio de projetos	*Project Portfolio Management*
	Gestão de recursos humanos	*Human Resource Management*
	Gestão da qualidade	*Quality Management*
Processos de projeto (*Project Processes*)	Planejamento de projetos	*Project Planning*
	Aferição e controle de projetos	*Project Assessment and Control*
	Tomada de decisões	*Decision Management*
	Gestão de riscos	*Risk Management*
	Gestão de configurações	*Configuration Management*
	Gestão da informação	*Information Management*
	Medição	*Measurement*
Processos técnicos (*Technical Processes*)	Definição dos requisitos das partes interessadas	*Stakeholder Requirements Definition*
	Análise dos requisitos do sistema	*System Requirements Analysis*
	Desenho arquitetônico do sistema	*System Architectural Design*
	Implementação	*Implementation*
	Integração do sistema	*System Integration*
	Testes de qualificação do sistema	*System Qualification Testing*
	Instalação do software	*Software Installation*
	Suporte à aceitação do software	*Software Acceptance Support*
	Operação do software	*Software Operation*
	Manutenção do software	*Software Maintenance*
	Descarte do software	*Software Disposal*
Processos organizacionais (*Organization Processes*)	Gerência	*Management*
	Melhoria	*Improvement*
	Infraestrutura	*Infrastructure*
	Treinamento	*Training*

Capítulo 2

TABELA 2.7 Processos do ciclo de vida do software, segundo o modelo ISO/IEC-12207

GRUPOS DE PROCESSOS	PROCESSOS (TERMO TRADUZIDO)	PROCESSOS (TERMO ORIGINAL)
Processos de implementação do software (*Software Implementation Processes*)	Implementação do software	*Software Implementation*
	Análise dos requisitos do software	*Software Requirements Analysis*
	Desenho arquitetônico do software	*Software Architectural Design*
	Desenho detalhado do software	*Software Detailed Design*
	Construção do software	*Software Construction*
	Integração do software	*Software Integration*
	Testes de qualificação do software	*Software Qualification Testing*
Processos de suporte ao software (*Software Support Processes*)	Gestão da documentação do software	*Software Documentation Management*
	Gestão de configurações do software	*Software Configuration Management*
	Garantia de qualidade do software	*Software Quality Assurance*
	Verificação do software	*Software Verification*
	Validação do software	*Software Validation*
	Revisão do software	*Software Review*
	Auditoria do software	*Software Audit*
	Resolução de problemas do software	*Software Problem Resolution*
Processos de reutilização do software (*Software Reuse Processes*)	Engenharia do domínio	*Domain Engineering*
	Gestão do patrimônio de reutilização	*Reuse Asset Management*
	Gestão do programa de reutilização	*Reuse Program Management*

TABELA 2.8 Níveis de capacitação segundo a ISO-15504

NÍVEL			ATRIBUTO		
NÚMERO	NOME (TRADUÇÃO)	NOME (ORIGINAL)	NÚMERO	NOME (TRADUÇÃO)	NOME (ORIGINAL)
0	Processo incompleto	*Incomplete process*			
1	Processo executado	*Performed process*	1.1	Desempenho do processo	*Process Performance*
2	Processo gerenciado	*Managed process*	2.1	Gestão do desempenho	*Performance Management*
			2.2	Gestão dos produtos de trabalho	*Work Product Management*

(continua)

TABELA 2.8 Níveis de capacitação segundo a ISO-15504 (*continuação*)

NÍVEL			ATRIBUTO		
NÚMERO	NOME (TRADUÇÃO)	NOME (ORIGINAL)	NÚMERO	NOME (TRADUÇÃO)	NOME (ORIGINAL)
3	Processo estabelecido	*Established process*	3.1	Definição do processo	*Process Definition*
			3.2	Implantação do processo	*Process Deployment*
4	Processo previsível	*Predictable process*	4.1	Medição do processo	*Process Measurement*
			4.2	Controle do processo	*Process Control*
5	Processo otimizante	*Optimizing process*	5.1	Inovação do processo	*Process Innovation*
			5.2	Otimização do processo	Process Optimization

TABELA 2.9 Grau de cumprimento dos processos, segundo a ISO-15504

GRAU	FAIXA
Não alcançado	0–15%
Parcialmente alcançado	>15%–50%
Largamente alcançado	>50%–85%
Plenamente alcançado	>85%–100%

monitorar, analisar criticamente, manter e melhorar um sistema de gestão de serviços. Os requisitos incluem o desenho, transição, entrega e melhoria dos serviços para satisfazer os requisitos acordados de serviço".

Espera-se que seja usado por clientes de serviços para padronizar e garantir a qualidade dos serviços de seus fornecedores; pelos prestadores de serviços, para demonstrar capacitação e aferir e melhorar seus próprios processos; e por auditores que avaliarem prestadores de serviços.

3 MPS

3.1 Bases

O **MPS.BR** (*Melhoria de Processo do Software Brasileiro*) é um programa coordenado pela SOFTEX (Associação para Promoção da Excelência do Software Brasileiro), com o patrocínio do Ministério da Ciência e Tecnologia e de outras instituições. Como resultado, produziu um conjunto de modelos conhecidos como MPS, dos quais o mais antigo e difundido é o **Modelo de Referência MPS para Software (MR-MPS-SW)**, descrito por um **Guia Geral** ([SOFTEX16]) e detalhado por uma coleção de guias de implementação e avaliação. Todo esse material está disponível no sítio do programa MPS.BR.[17]

---

[17] http://www.softex.br/mpsbr/.

Modelos mais recentes e de estrutura similar são aplicáveis a atividades de serviços e aquisição, tal como acontece com o CMMI.

Segundo o seu documento de Guia Geral, o modelo foi desenvolvido em conformidade com as referências ISO/IEC-12207:2008 [IEEE08], ISO/IEC-330xx [ISO+15] e ISO/IEC-20000:2011 [ISO+11]. O modelo também mantém um nível de compatibilidade com o CMMI-DEV 1.3, com correspondência entre os níveis de maturidade e os processos dos níveis inferiores. Entretanto, há também várias diferenças significativas:

1. O MPS não tem um equivalente da representação contínua.
2. Os níveis de maturidade do CMMI contêm áreas de processo com metas genéricas e específicas, às quais se subordinam práticas genéricas e específicas. A organização do MPS é diferente, dividindo-se os níveis em processos, com resultados esperados que são específicos de cada processo (o análogo das metas específicas) e resultados dos atributos de processos associados a cada nível (o análogo das metas genéricas).
3. O MPS contém um número maior de níveis de maturidade, por acreditar que isso facilite a progressão das organizações. A Tabela 2.10 apresenta as siglas e os nomes desses níveis, juntamente com a correspondência com o CMMI.
4. O MPS contém alguns processos adicionais, previstos no ISO-12207, mas não no CMMI, relativos à gestão de portfólios e à reutilização. Alguns processos têm escopo maior, como a gestão de recursos humanos, que substitui a área de treinamento e desenvolvimento.
5. No MPS, processos podem estar presentes em mais de um nível, variando os resultados esperados.
6. No MPS, alguns processos podem ser excluídos da avaliação, em certas condições definidas.
7. A organização dos dois níveis mais altos de maturidade é bastante diferente.

Tal como faz o CMMI com o SCAMPI, o MPS define um **Guia de Avaliação** ([SOFTEX15a], [SOFTEX15b]). Há regras também para a progressão tanto de profissionais na carreira de avaliador quanto das instituições credenciadas como **Instituições Avaliadoras**. Há também regras para a carreira de profissionais implementadores e **Instituições Implementadoras**, credenciados para prestar consultoria a organizações que pretendam se submeter às avaliações.

Recomenda-se obter referências atualizadas para o ano em que o material for consultado. Essas referências são facilmente encontradas na Internet, no sítio do MPS.BR.

TABELA 2.10 Níveis do MPS e correspondência com o CMMI

NÍVEL MPS		NÍVEL CMMI
SIGLA	NOME	NÚMERO
A	Em Otimização	5
B	Gerenciado Quantitativamente	4
C	Definido	3
D	Largamente Definido	
E	Parcialmente Definido	
F	Gerenciado	2
G	Parcialmente Gerenciado	

3.2 Capacidade dos processos

No MPS, a **capacidade do processo** expressa o grau de refinamento e institucionalização com que o processo é executado. Em todos os níveis de maturidade, cada processo deve atingir um nível de capacidade correspondente a um ou mais **atributos de processo**, características que sintetizam o grau em que o processo é executado. A cada atributo de processo corresponde um conjunto de resultados esperados, que se espera sejam objetivamente medidos numa avaliação. As Tabelas 2.11 a 2.14 listam os vários níveis de capacidade de processos, juntamente com os respectivos resultados esperados.

A Tabela 2.15 relaciona os níveis de capacidade com os níveis de maturidade dos processos. A aplicação é acumulativa: para cada nível de maturidade, a organização tem que ter implementado todos os atributos de processo desse nível e dos níveis inferiores, para os processos desse nível e dos níveis inferiores. Uma exceção ocorre com os atributos de processos correspondentes aos níveis 4 e 5, que só precisam ser atingidos para os processos que forem considerados críticos para a organização.[18]

TABELA 2.11 Atributos de processos do MPS – níveis 1 e 2

ATRIBUTO	EVIDENCIA	RESULTADOS ESPERADOS
AP 1.1 O processo é executado	O quanto o processo atinge o seu propósito.	RAP 1. O processo atinge seus resultados definidos.
AP 2.1 O processo é gerenciado	O quanto a execução do processo é gerenciada.	RAP 2. Existe uma política organizacional estabelecida e mantida para o processo;
		RAP 3. A execução do processo é planejada;
		RAP 4. (Para o nível G). A execução do processo é monitorada e ajustes são realizados;
		RAP 4. (A partir do nível F). Medidas são planejadas e coletadas para monitoração da execução do processo e ajustes são realizados;
		RAP 5. As informações e os recursos necessários para a execução do processo são identificados e disponibilizados;
		RAP 6. (Até o nível F) As responsabilidades e a autoridade para executar o processo são definidas, atribuídas e comunicadas;
		RAP 6. (A partir do nível E) Os papéis requeridos, as responsabilidades e a autoridade para execução do processo definido são atribuídos e comunicados;
		RAP 7. As pessoas que executam o processo são competentes em termos de formação, treinamento e experiência;
		RAP 8. A comunicação entre as partes interessadas no processo é planejada e executada de forma a garantir o seu envolvimento;
		RAP 9. (Até o nível F) Os resultados do processo são revistos com a gerência de alto nível para fornecer visibilidade sobre a sua situação na organização;

(continua)

---

[18] O CMMI-DEV versão 1.2 tinha uma aplicação semelhante dos níveis de capacitação 4 e 5, mas esses níveis de capacitação foram abolidos na versão 1.3 (não confundir com os níveis de maturidade, que permanecem).

Capítulo 2

TABELA 2.11 Atributos de processos do MPS – níveis 1 e 2 (*continuação*)

ATRIBUTO	EVIDENCIA	RESULTADOS ESPERADOS
AP 2.1 O processo é gerenciado	O quanto a execução do processo é gerenciada.	RAP 9. (A partir do nível E) Métodos adequados para monitorar a eficácia e a adequação do processo são determinados e os resultados do processo são revistos com a gerência de alto nível para fornecer visibilidade sobre a sua situação na organização;
		RAP 10. (Para o nível G) O processo planejado para o projeto é executado;
		RAP 10. (A partir do nível F) A aderência dos processos executados às descrições de processo, padrões e procedimentos é avaliada objetivamente e são tratadas as não conformidades.
AP 2.2 Os produtos de trabalho do processo são gerenciados	O quanto os produtos de trabalho produzidos pelo processo são gerenciados apropriadamente.	RAP 11. Os requisitos dos produtos de trabalho do processo são identificados;
		RAP 12. Requisitos para documentação e controle dos produtos de trabalho são estabelecidos;
		RAP 13. Os produtos de trabalho são colocados em níveis apropriados de controle;
		RAP 14. Os produtos de trabalho são avaliados objetivamente com relação aos padrões, procedimentos e requisitos aplicáveis e são tratadas as não conformidades.

TABELA 2.12 Atributos de processos do MPS – nível 3

ATRIBUTO	EVIDENCIA	RESULTADOS ESPERADOS
AP 3.1. O processo é definido	O quanto um processo-padrão é mantido para apoiar a implementação do processo definido.	RAP 15. Um processo-padrão é descrito, incluindo diretrizes para sua adaptação;
		RAP 16. A sequência e a interação do processo-padrão com outros processos são determinadas;
		RAP 17. Os papéis e competências requeridos para executar o processo são identificados como parte do processo-padrão;
		RAP 18. A infraestrutura e o ambiente de trabalho requeridos para executar o processo são identificados como parte do processo-padrão.
AP 3.2 O processo está implementado	O quanto o processo-padrão é efetivamente implementado como um processo definido para atingir seus resultados.	RAP 19. Um processo definido é implementado com base nas diretrizes para seleção e/ou adaptação do processo-padrão;
		RAP 20. A infraestrutura e o ambiente de trabalho requeridos para executar o processo definido são disponibilizados, gerenciados e mantidos;
		RAP 21. Dados apropriados são coletados e analisados, constituindo uma base para o entendimento do comportamento do processo, para demonstrar a adequação e a eficácia do processo, e avaliar onde pode ser feita a melhoria contínua do processo.

TABELA 2.13 Atributos de processos do MPS – nível 4

ATRIBUTO	EVIDENCIA	RESULTADOS ESPERADOS
AP 4.1 O processo é medido	O quanto os resultados de medição são usados para assegurar que a execução do processo atinge os seus objetivos de desempenho e apoia o alcance dos objetivos de negócio definidos.	RAP 22. As necessidades de informação dos usuários dos processos, requeridas para apoiar objetivos de negócio relevantes da organização, são identificadas;
		RAP 23. Objetivos de medição organizacionais dos processos e/ou subprocessos são derivados das necessidades de informação dos usuários do processo;
		RAP 24. Objetivos quantitativos organizacionais de qualidade e de desempenho dos processos e/ou subprocessos são definidos para apoiar os objetivos de negócio;
		RAP 25. Os processos e/ou subprocessos que serão objeto de análise de desempenho são selecionados a partir do conjunto de processos-padrão da organização e das necessidades de informação dos usuários dos processos;
		RAP 26. Medidas, bem como a frequência de realização de suas medições, são identificadas e definidas de acordo com os objetivos de medição do processo/subprocesso e os objetivos quantitativos de qualidade e de desempenho do processo;
		RAP 27. Resultados das medições são coletados, analisados, utilizando técnicas estatísticas e outras técnicas quantitativas apropriadas, e são comunicados para monitorar o alcance dos objetivos quantitativos de qualidade e de desempenho do processo/subprocesso;
		RAP 28. Resultados de medição são utilizados para caracterizar o desempenho do processo/subprocesso;
		RAP 29. Modelos de desempenho do processo são estabelecidos e mantidos.
AP 4.2 O processo é controlado	O quanto o processo é controlado estatisticamente para produzir um processo estável, capaz e previsível dentro de limites estabelecidos.	RAP 30. Técnicas de análise e de controle para a gerência quantitativa dos processos/subprocessos são identificadas e aplicadas quando necessário;
		RAP 31. Limites de controle de variação são estabelecidos para o desempenho normal do processo;
		RAP 32. Dados de medição são analisados com relação a causas especiais de variação;
		RAP 33. Ações corretivas e preventivas são realizadas para tratar causas especiais, ou de outros tipos, de variação;
		RAP 34. Limites de controle são restabelecidos, quando necessário, seguindo as ações corretivas, de forma que os processos continuem estáveis, capazes e previsíveis.

TABELA 2.14 Atributos de processos do MPS – nível 5

ATRIBUTO	EVIDENCIA	RESULTADOS ESPERADOS
AP 5.1 O processo é objeto de melhorias incrementais e inovações	O quanto as mudanças no processo são identificadas a partir da análise de defeitos, problemas, causas comuns de variação do desempenho e da investigação de enfoques inovadores para a definição e implementação do processo.	RAP 35. Objetivos de negócio da organização são mantidos com base no entendimento das estratégias de negócio e resultados de desempenho do processo;
		RAP 36. Objetivos de melhoria do processo são definidos com base no entendimento do desempenho do processo, de forma a verificar que os objetivos de negócio relevantes são atingíveis;
		RAP 37. Dados que influenciam o desempenho do processo são identificados, classificados e selecionados para análise de causas;
		RAP 38. Dados selecionados são analisados para identificar causas-raiz e propor soluções aceitáveis para evitar ocorrências futuras de resultados similares ou incorporar melhores práticas no processo;
		RAP 39. Dados adequados são analisados para identificar causas comuns de variação no desempenho do processo;
		RAP 40. Dados adequados são analisados para identificar oportunidades visando a aplicar melhores práticas e inovações com impacto no alcance dos objetivos de negócio;
		RAP 41. Oportunidades de melhoria derivadas de novas tecnologias e conceitos de processo são identificadas, avaliadas e selecionadas com base no impacto no alcance dos objetivos de negócio;
		RAP 42. Uma estratégia de implementação para as melhorias selecionadas é estabelecida para alcançar os objetivos de melhoria do processo e para resolver problemas.
AP 5.2 O processo é otimizado continuamente	O quanto as mudanças na definição, gerência e desempenho do processo têm impacto efetivo para o alcance dos objetivos relevantes de melhoria do processo.	RAP 43. O impacto de todas as mudanças propostas é avaliado com relação aos objetivos do processo definido e do processo-padrão;
		RAP 44. A implementação de todas as mudanças acordadas é gerenciada para assegurar que qualquer alteração no desempenho do processo seja entendida e que sejam tomadas as ações pertinentes;
		RAP 45. As ações implementadas para resolução de problemas e melhoria no processo são acompanhadas, com uso de técnicas estatísticas e de outras técnicas quantitativas, para verificar se as mudanças no processo corrigiram o problema e melhoraram o seu desempenho;
		RAP 46. Dados da análise de causas e de resolução são armazenados para uso em situações similares.

Capacitação em Processos

TABELA 2.15 Atributos de processos do MPS – nível 5

NÍVEL	PROCESSOS	ATRIBUTOS DE PROCESSO
A		AP 1.1, AP 2.1, AP 2.2, AP 3.1, AP 3.2, AP 4.1, AP 4.2 , AP 5.1 e AP 5.2
B	Gerência de Projetos – GPR (evolução)	AP 1.1, AP 2.1, AP 2.2, AP 3.1 e AP 3.2, AP 4.1 e AP 4.2
C	Gerência de Riscos – GRI	AP 1.1, AP 2.1, AP 2.2, AP 3.1 e AP 3.2
	Desenvolvimento para Reutilização – DRU	
	Gerência de Decisões – GDE	
D	Verificação – VER	AP 1.1, AP 2.1, AP 2.2, AP 3.1 e AP 3.2
	Validação – VAL	
	Projeto e Construção do Produto – PCP	
	Integração do Produto – ITP	
	Desenvolvimento de Requisitos – DRE	
E	Gerência de Projetos – GPR (evolução)	AP 1.1, AP 2.1, AP 2.2, AP 3.1 e AP 3.2
	Gerência de Reutilização – GRU	
	Gerência de Recursos Humanos – GRH	
	Definição do Processo Organizacional – DFP	
	Avaliação e Melhoria do Processo Organizacional – AMP	
F	Medição – MED	AP 1.1, AP 2.1 e AP 2.2
	Garantia da Qualidade – GQA	
	Gerência de Portfólio de Projetos – GPP	
	Gerência de Configuração – GCO	
	Aquisição – AQU	
G	Gerência de Requisitos – GRE	AP 1.1 e AP 2.1
	Gerência de Projetos – GPR	

Note-se também que alguns processos aparecem em mais de um nível, como o processo GPR – Gerência de Projetos, que aparece nos níveis G, E e B. Em cada nível superior, alguns resultados esperados são acrescentados. Resultados esperados dos atributos de processo podem também mudar de redação conforme o nível de maturidade, como acontece com os RAPs 4, 6, 9 e 10, na Tabela 2.11. As alterações são consequência da consistência com os processos introduzidos em cada nível.

3.3 Níveis de maturidade

3.3.1 Nível G

O nível **G (Parcialmente gerenciado)** representa o primeiro nível de maturidade, com dois processos: **Gerência de Projetos** e **Gerência de Requisitos.** Além dos resultados esperados específicos de cada processo, eles devem satisfazer aos resultados esperados para os atributos de processo AP1.1 e AP2.1.

O processo de **Gerência de Projetos (GPR)** corresponde às áreas de *Planejamento de Projetos* e *Monitoração e Controle de Projetos* do CMMI. No nível G, tem dezenove resultados esperados. Nos níveis E e B, são acrescentados outros resultados esperados e revistos alguns dos anteriores. Os primeiros doze resultados tratam de planejamento: definição de escopo; dimensionamento de tarefas e produtos de trabalho; definição de ciclo de vida; estimativas de esforço e custo; definição de orçamento e cronograma; análise de riscos; planejamento de recursos humanos; planejamento de outros recursos e ambiente de trabalho; gestão dos dados do projeto; estabelecimento de um plano de projeto, com consequentes análise de viabilidade, revisões e comprometimento das partes interessadas. Os sete seguintes tratam da monitoração de escopo, tarefas, estimativas, orçamento, cronograma, recursos materiais e humanos, dados relevantes, riscos e envolvimento das partes interessadas; realização de revisões do projeto, com registro dos problemas e ações para resolução total destes.

O processo de **Gerência de Requisitos (GRE)** corresponde à área homônima do CMMI. Compreende cinco resultados esperados: obtenção e entendimento dos requisitos; avaliação e comprometimento com eles; rastreabilidade bidirecional entre requisitos e produtos de trabalho; revisões de consistência dos produtos de trabalho com os requisitos; e gestão das mudanças nos requisitos.

3.3.2 Nível F

O nível **F (Gerenciado)** corresponde ao nível 2 do CMMI. Os processos são similares às áreas de processos restantes daquele nível, com a adição da **Gerência de Portfólios**. Além dos resultados esperados específicos de cada processo, os processos desse nível e do nível G devem satisfazer aos resultados esperados para os atributos de processo de níveis 1 e 2.

O processo de **Aquisição (AQU)** corresponde à área de *Gestão de Acordos com Fornecedores* do CMMI. Compreende oito resultados esperados: definição de necessidades, metas, critérios de aceitação, tipos e estratégia de aquisição; estabelecimento e uso de critérios de seleção do fornecedor; seleção do fornecedor com base na avaliação das propostas conforme os critérios; estabelecimento de acordo com o fornecedor; aquisição do produto; monitoração da aquisição, com ações corretivas quando necessárias; revisão do produto entregue, com documentação dos resultados; incorporação do produto ao projeto. Esse processo pode ser excluído da avaliação se não for executado pela instituição avaliada. O MPS considera como aquisições apenas quando produtos de terceiros que são incorporados ao produto fornecido pela instituição avaliada, que assume responsabilidade perante o cliente final. Não abrange produtos para os quais haverá um contrato separado entre fornecedor original e cliente final (caso frequente, por exemplo, com sistemas de bancos de dados), nem ferramentas e componentes usados para o desenvolvimento.

O processo de **Gerência de Configuração (GCO)** corresponde à área homônima do CMMI. Compreende oito resultados esperados: estabelecimento de um sistema de GC; identificação dos itens de configuração; colocação destes em linhas de base; registro e disponibilização de itens e linhas de base; controle das modificações dos itens; realização de auditorias de configuração.

O processo de **Garantia da Qualidade (GQA)** corresponde à área de *Garantia da Qualidade de Processos e Produtos* do CMMI. Compreende quatro resultados esperados: avaliação objetiva da aderência dos produtos de trabalho aos padrões estabelecidos pelos processos; avaliação objetiva da aderência dos processos executados às descrições de processo; registro e comunicação das não conformidades; ações para tratamento das não conformidades, até a completa resolução.

O processo de **Gerência de Portfólio de Projetos (GPP)** não tem correspondente no CMMI. Compreende oito resultados esperados: identificação, priorização e seleção de oportunidades de negócio conforme a estratégia da organização, por meio de critérios objetivos; identificação e alocação de recursos para os projetos; estabelecimento de responsabilidades e autoridade para os projetos; monitoração do portfólio em relação aos critérios de seleção; ações para correção de desvios no portfólio, até a completa resolução; tratamento dos conflitos entre projetos por recursos, conforme os critérios de seleção; manutenção dos projetos que atendam aos critérios, e cancelamento dos que não os atendam; comunicação periódica da situação do portfólio às partes interessadas. Esse processo pode ser dispensado para organizações cuja única atividade seja a evolução de um produto.

O processo de **Medição (MED)** corresponde à área de *Medição e Análise* do CMMI. Compreende sete resultados esperados: estabelecimento de objetivos de medição, a partir dos objetivos de negócio e das necessidades de informação; determinação de um conjunto adequado de medidas, conforme com os objetivos; especificação de procedimentos para coleta e análise de medidas; coleta e análise dos dados; armazenamento dos dados e resultados das análises; comunicação e utilização dos dados e resultados das análises.

3.3.3 Nível E

O nível **E (Parcialmente Definido)** representa o primeiro passo rumo a um nível equivalente ao nível 3 do CMMI, incluindo processos equivalentes a três áreas daquele nível, além de um processo não contemplado no CMMI, e de rever e ampliar o processo de **Gerência de Projetos**. Ademais dos resultados esperados específicos de cada processo, os processos desse nível e dos níveis inferiores devem satisfazer aos resultados esperados para os atributos de processo de níveis 1, 2 e 3.

O processo de **Avaliação e Melhoria do Processo Organizacional (AMP)** corresponde à área de *Focalização dos Processos da Organização* do CMMI. Compreende dez resultados esperados: estabelecimento e manutenção das necessidades e dos objetivos dos processos da organização; coleção e manutenção de dados sobre o uso dos processos-padrão para projetos específicos; avaliação dos processos-padrão da organização; registro dessas avaliações; identificação e priorização dos objetivos de melhoria dos processos; definição, execução e monitoração de plano de implementação de melhorias nos processos; implantação dos ativos de processo da organização; uso dos processos-padrão da organização nos projetos; monitoração da implementação dos processos-padrão da organização e do uso dos ativos de processo; incorporação aos ativos de processo da experiência correlata.

O processo de **Definição do Processo Organizacional (DFP)** corresponde à área homônima do CMMI. Compreende oito resultados esperados: definição e manutenção de um conjunto de processos padrão da organização, com as respectivas condições de aplicação; estabelecimento e manutenção de uma biblioteca de ativos de processo; identificação e detalhamento de TAREFAS, atividades, papéis e produtos de trabalho associados aos processos-padrão, junto com o respectivo desempenho esperado; estabelecimento e manutenção das descrições dos modelos de ciclo de vida para os projetos; desenvolvimento de uma estratégia para adaptação do processo-padrão; estabelecimento e manutenção do repositório de medidas da organização; estabelecimento e manutenção dos ambientes-padrão de trabalho da organização; estabelecimento e manutenção de regras e guias para a estruturação, formação e atuação de equipes.

O processo de **Gerência de Recursos Humanos (GRH)** abrange a área de *Treinamento da Organização* do CMMI, complementada por várias outras práticas de gestão de pessoas que não o treinamento. Compreende onze resultados esperados: identifica-

Capítulo 2

ção e planejamento do desenvolvimento ou contratação de recursos, conhecimentos e habilidades requeridos pelas necessidades estratégicas da organização e dos projetos; identificação e recrutamento de pessoas com as habilidades e competências requeridas; identificação das necessidades de treinamento que são responsabilidade da organização; definição de uma estratégia de treinamento, para atender a essas necessidades; definição de um plano tático de treinamento, para implementar a estratégia; execução e registro dos treinamentos identificados como responsabilidade da organização; avaliação da eficácia desses treinamentos; definição e monitoração de critérios objetivos para avaliação do desempenho de grupos e pessoas; planejamento, estabelecimento e manutenção de uma estratégia de gestão de conhecimento; estabelecimento e implementação de uma rede de especialistas com mecanismos de apoio à troca de informação; disponibilização e partilha do conhecimento na organização.

O processo de **Gerência de Reutilização (GRU)** não tem correspondente no CMMI. Compreende cinco resultados esperados: definição de uma estratégia para gestão e critérios para aceitação, certificação, classificação, descontinuidade e avaliação de ativos reutilizáveis; implantação de um mecanismo de armazenamento e recuperação de ativos reutilizáveis; registro dos dados de utilização dos ativos reutilizáveis; manutenção e controle das modificações de ativos reutilizáveis; notificação aos usuários dos ativos reutilizáveis sobre problemas detectados, modificações realizadas, novas versões disponibilizadas e descontinuidade de ativos.

O processo de **Gerência de Projetos (GPR)** é revisto para corresponder à área de *Gestão Integrada de Projetos* do CMMI. No nível E, tem vinte e dois resultados esperados. São modificados os resultados esperados de números 4 (as estimativas passam a ser feitas com base no repositório de estimativas e no conjunto de ativos de processo) e 8 (os recursos e o ambiente de trabalho dos projetos são planejados a partir dos ambientes-padrão de trabalho). São acrescentados mais três resultados esperados: estabelecimento e manutenção de equipes do projeto a partir das regras e diretrizes para estruturação, formação e atuação delas; incorporação da experiência relacionada aos processos aos ativos de processo; estabelecimento de um processo definido para o projeto, de acordo com a estratégia para adaptação dos processos da organização.

3.3.4 Nível D

O nível **D (Largamente Definido)** continua rumo a um nível equivalente ao nível 3 do CMMI, incluindo processos equivalentes às cinco áreas do grupo de Engenharia daquele nível. Além dos resultados esperados específicos de cada processo, os processos desse nível e dos níveis inferiores devem satisfazer aos resultados esperados para os atributos de processo de níveis 1, 2 e 3, tal como no nível E.

O processo de **Desenvolvimento de Requisitos (DRE)** corresponde à área homônima do CMMI. Compreende sete resultados esperados: identificação das necessidades, expectativas e restrições do cliente, tanto do produto quanto de suas interfaces; a partir delas, especificação e priorização do conjunto de requisitos do cliente; definição e manutenção dos requisitos do produto e de seus componentes; refinamento e alocação dos requisitos aos componentes, juntamente com definição das interfaces internas e externas; desenvolvimento de cenários e conceitos operacionais; análise dos requisitos, usando critérios definidos, para balancear necessidades e restrições; validação dos requisitos.

O processo de **Integração do Produto (ITP)** corresponde à área homônima do CMMI. Compreende nove resultados esperados: desenvolvimento e manutenção de uma estratégia de integração; estabelecimento e manutenção de um ambiente de integração;

compatibilização das interfaces internas e externas dos componentes; gestão das definições, design e mudanças nas interfaces internas e externas do produto e seus componentes; verificação da prontidão dos componentes para a integração; integração segundo estratégia, critérios e procedimentos adotados; avaliação e registro dos resultados da integração; desenvolvimento e aplicação de testes de regressão; preparação e entrega ao cliente do produto e documentação correlata.

O processo de **Projeto e Construção do Produto** (**PCP**) corresponde à área de *Solução Técnica* do CMMI. Compreende oito resultados esperados: desenvolvimento de alternativas de solução e critérios de seleção; seleção de soluções para o produto e componentes, com base em cenários definidos e critérios identificados; desenho e documentação de produto e componentes; desenho das interfaces entre os componentes, com base em critérios predefinidos; análise dos componentes para decidir sobre sua construção, compra ou reutilização; implementação e verificação dos componentes conforme o desenho; desenvolvimento e disponibilização da documentação, conforme os padrões estabelecidos; manutenção da documentação conforme os critérios definidos.

O processo de **Validação** (**VAL**) corresponde à área homônima do CMMI. Compreende sete resultados esperados: identificação dos produtos de trabalho a serem validados; desenvolvimento e implementação de uma estratégia de validação; identificação de critérios e procedimentos para validação e estabelecimento de um ambiente para validação; execução da validação para garantir que o produto esteja pronto para uso no ambiente pretendido; identificação e registro de problemas; análise e disponibilização dos resultados da validação; demonstração da prontidão do produto para o uso pretendido.

O processo de **Verificação** (**VER**) corresponde à área homônima do CMMI. Compreende seis resultados esperados: identificação dos produtos de trabalho a serem verificados; desenvolvimento e implementação de uma estratégia de verificação; identificação de critérios e procedimentos para verificação e estabelecimento de um ambiente para verificação; identificação e registro de defeitos; análise e disponibilização dos resultados da verificação.

3.3.5 Nível C

O nível **C (Definido)** corresponde ao nível 3 do CMMI. Inclui processos equivalentes às duas áreas restantes daquele nível, e acrescenta mais um processo relativo à reutilização. Além dos resultados esperados específicos de cada processo, os processos desse nível e dos níveis inferiores devem satisfazer aos resultados esperados para os atributos de processo de níveis 1, 2 e 3, tal como nos níveis D e E.

O processo de **Desenvolvimento para Reutilização** (**DRU**) não tem correspondente no CMMI, e aprofunda o processo de **Gerência de Reutilização**. Compreende nove resultados esperados: identificação das oportunidades de reutilização nos domínios das aplicações; avaliação da capacidade de reutilização sistemática da organização, sendo ações corretivas tomadas, caso necessário; planejamento de um programa de reutilização; implantação, monitoração e avaliação do programa de reutilização; avaliação das propostas de reutilização; seleção de formas de representação para modelos e arquiteturas de domínio; desenvolvimento e manutenção de modelos de domínio; desenvolvimento e manutenção de uma arquitetura de domínio; especificação, aquisição ou desenvolvimento de ativos do domínio. O processo DRU pode não ser aplicável a certas organizações. Se não existem oportunidades de reutilização (primeiro resultado esperado), o processo não se aplica. Se elas existem, mas não existe a capacitação, o MPS pode dispensar o processo provisoriamente, desde que sejam empreendidas ações para adquirir essa capacitação até a próxima avaliação.

O processo de **Gerência de Decisões (GDE)** corresponde à área de *Análise e Resolução de Decisões* do CMMI. Compreende sete resultados esperados: estabelecimento e manutenção de guias organizacionais para a gerência de decisões; definição dos problemas que serão objetos de processos formais de decisão; identificação de alternativas aceitáveis de solução; seleção dos métodos de avaliação das alternativas de solução; avaliação das soluções alternativas, usando os critérios e métodos estabelecidos; tomada das decisões com base na avaliação das soluções alternativas.

O processo de **Gerência de Riscos (GRI)** corresponde à área homônima do CMMI. Compreende nove resultados esperados: determinação do escopo da gerência de riscos; definição de origens, categorias e parâmetros de análise dos riscos; definição e implementação de estratégias para a gerência de riscos; identificação e documentação dos riscos do projeto, incluindo seu contexto, condições e possíveis consequências; priorização, estimativa e classificação dos riscos; planejamento da mitigação dos riscos; análise dos riscos, com priorização dos recursos para monitoração deles; monitoração e avaliação da evolução dos riscos; tomada de ações para evitar ou mitigar os riscos.

3.3.6 Nível B

O nível **B (Gerenciado Quantitativamente)** corresponde ao nível 4 do CMMI. Ao contrário do CMMI, não há processos novos, mas apenas a evolução da **Gerência de Projetos**. Além disso, os processos desse nível e dos níveis inferiores devem satisfazer aos resultados esperados para os atributos de processo de níveis 1, 2 e 3, e também os resultados esperados 22 a 25 do atributo 4.1 (vide Tabela 2.14). Para os processos selecionadas para análise de desempenho, são exigidos todos os resultados esperados de atributos do nível 4.

O processo de **Gerência de Projetos (GPR)** é revisto para corresponder à área de *Gestão Quantitativa de Projetos* do CMMI. No nível B, tem vinte e oito resultados esperados. É modificado o resultado esperado de número 22 (objetivos de qualidade e de desempenho do processo definido para o projeto passam a ser estabelecidos e mantidos). São acrescentados mais seis resultados esperados: composição do processo definido para o projeto visando a atender seus objetivos de qualidade e de desempenho, com base em técnicas estatísticas e outras técnicas quantitativas; seleção dos subprocessos e atributos críticos para avaliar o desempenho; seleção de medidas e técnicas para a gerência quantitativa; monitoração do desempenho dos subprocessos escolhidos, usando técnicas estatísticas e outras técnicas quantitativas; gestão do projeto usando essas técnicas para determinar se seus objetivos de qualidade e de desempenho serão atingidos; análise das causas fundamentais de questões que afetam os objetivos de qualidade e de desempenho dos processos.

3.3.7 Nível A

O nível **A (Em Otimização)** corresponde ao nível 5 do CMMI. Ao contrário do CMMI, não há processos novos. Além dos resultados esperados para os atributos de processo definidos para o nível B, passam a ser exigidos os atributos do nível 5 para pelo menos um dos processos selecionados para análise do desempenho.

3.4 Avaliação

A avaliação segundo o MPS é feita de acordo com um processo descrito no Guia de Avaliação [SOFTEX15a]. Para contratar a avaliação, pesquisam-se **Instituições Avaliadoras** (IA): consulta-se a lista de instituições publicada pelo SOFTEX, solicitam-se propostas e seleciona-se a IA. Esta não poderá ter relacionamento com a organização avaliada ou com a **Instituição Implementadora** (II) que a ela esteja dando consultoria. Estabelece-se então um contrato de avaliação.

Em visão resumida, a avaliação consiste nos seguintes passos.

1. **Preparar a realização da avaliação.**
   1.1. **Viabilizar a avaliação:** comunicar à SOFTEX a contratação da avaliação; analisar a composição da equipe de avaliação; indicar o auditor da avaliação; solicitar à unidade organizacional participação de avaliador em formação; pagar contribuição SOFTEX; autorizar a realização da avaliação.
   1.2. **Planejar a avaliação:** enviar modelo do Plano de Avaliação e modelo da Planilha para Seleção de Projetos/Serviços/Áreas à unidade organizacional; planejar a avaliação inicial.
   1.3. **Preparar a avaliação:** enviar modelo da Planilha de Indicadores e Acordo de Confidencialidade à unidade organizacional; preencher Planilha de Indicadores.
2. **Realizar a avaliação inicial.**
   2.1. **Conduzir a avaliação inicial:** assinar comprometimento com o plano de avaliação; assinar o acordo de confidencialidade; treinar equipe de avaliação para a avaliação inicial; apresentar os processos da unidade organizacional; verificar os indicadores de implementação; analisar os dados da avaliação inicial; enviar ao auditor a documentação da avaliação inicial; auditar a avaliação inicial; realizar ajustes na documentação da avaliação inicial (se pertinente).
   2.2. **Completar a preparação da avaliação:** completar o plano de avaliação; realizar os ajustes recomendados; confirmar a avaliação final.
3. **Realizar a avaliação final.**
   3.1. **Conduzir a avaliação final:** realizar reunião de abertura; assinar comprometimento com o plano de avaliação; completar assinaturas do Acordo de Confidencialidade (se pertinente); treinar equipe para a avaliação final; verificar evidências; realizar entrevistas; registrar afirmações na Planilha de Indicadores; caracterizar o grau de implementação de cada resultado esperado do processo em cada projeto/serviço/área; caracterizar, inicialmente, o grau de implementação de cada resultado esperado do processo na unidade organizacional; caracterizar, inicialmente, o grau de implementação de cada atributo do processo na unidade organizacional; caracterizar o grau de implementação, na unidade organizacional, de cada resultado esperado do processo e de cada atributo do processo em reunião de consenso; caracterizar o grau de implementação dos processos na unidade organizacional; apresentar pontos fortes, pontos fracos e oportunidades de melhoria; rever a caracterização e finalizar a redação dos pontos fortes, pontos fracos e oportunidades de melhoria (se pertinente); atribuir nível MR-MPS; organizar ambiente de trabalho da avaliação; comunicar o resultado da avaliação ao patrocinador; comunicar o resultado da avaliação aos colaboradores da unidade organizacional.
   3.2. **Avaliar a execução do processo de avaliação:** avaliar a execução da avaliação pelo patrocinador; avaliar a execução da avaliação pela equipe de avaliação; avaliar a execução da avaliação pelo coordenador da IA;

Capítulo 2

avaliar a execução da avaliação pelo coordenador da IOGE[19] (se pertinente); avaliar a execução da avaliação pela II (se pertinente); enviar avaliações do processo de avaliação para o auditor.

4. **Documentar os resultados da avaliação.**

    4.1. Relatar resultados: preparar o Relatório Final de Avaliação e o Resultado da Avaliação; enviar ao auditor a documentação da avaliação final; arquivar a documentação da avaliação final; auditar a avaliação final; realizar ajustes na documentação da avaliação final; enviar Relatório da Avaliação ao patrocinador; enviar Comunicação do Resultado da Avaliação à SOFTEX; enviar documentação da avaliação à SOFTEX; registrar resultados.

    4.2. Registrar resultados: inserir unidade organizacional no banco de dados SOFTEX; divulgar no sítio SOFTEX (se pertinente); armazenar a documentação da avaliação na SOFTEX; enviar o Acordo de Confidencialidade para a unidade organizacional com a declaração SOFTEX de avaliação de processos de software (placa de aço escovado); enviar o Acordo de Confidencialidade para a IA.

Há regras especiais para avaliações conjuntas MPS-CMMI e para avaliação de organizações que já foram avaliadas pelo CMMI. A avaliação tem prazo de validade de três anos.

4   OUTROS MODELOS

Além dos já tratados neste capítulo, existe mais uma grande variedade de modelos, padrões, diretrizes e outras referências para o desenvolvimento de software e sistemas. Muitas dessas referências têm superposições e dependências, formando um arranjo bastante complexo, que foi descrito em várias publicações ([Sheard01], [Paulk04]). A seguir, descrevemos brevemente algumas das referências mais citadas no contexto brasileiro, na época em que este livro foi escrito.

4.1   PMBOK

O **PMBOK** (*Project Management Body of Knowledge*) reúne em um guia ([PMI17]) publicado pelo **PMI** (Project Management Institute), um conjunto de práticas geralmente aceitas de Gestão de Projetos. O guia já está na quinta edição. A edição anterior foi adotada como padrão pelo IEEE ([IEEE11]), atualmente obsoleto. A versão corrente segue a tendência de convergência com modelos como CMMI e ISO-12207, adicionando itens que tratam do nível organizacional de gestão de projetos, como gestão de portfólios e programas, operações, estratégia organizacional, proficiências dos gerentes de projetos, influências organizacionais sobre os projetos, fatores do ambiente empresarial, e partes interessadas nos projetos, governança de projetos e processos para gestão de projetos.

No nível detalhado, o PMBOK contempla as seguintes áreas de conhecimento em gestão de projetos:[20] integração, escopo, tempo, custos, qualidade, recursos humanos, comunicações, riscos, aprovisionamento e partes interessadas. Esta última foi introduzida na quinta versão, enquanto as outras já existiam em versões anteriores. A penúltima área adotou o nome de **aprovisionamento** (*procurement*) como generalização de **aquisições**. A proficiência no guia é um requisito para a certificação profissional concedida pelo PMI. Neste livro, o guia serve de principal orientação para o capítulo de **Gestão de projetos**.

---

[19] Instituições Organizadoras de Grupos de Empresa.

[20] A versão do PMBOK em português traduz alguns termos de forma diferente deste livro, onde se procurou compatibilizar as traduções com as dos demais modelos de referência.

4.2 COBIT

O **COBIT** (*Control Objectives for Information and related Technology*) é um conjunto de boas práticas para gestão de Tecnologia da Informação, criado e distribuído pela ISACA (*Information Systems Audit and Control Association*), que também concede certificação profissional. No sítio da ISACA,[21] pode ser obtido gratuitamente um documento de visão geral ([ISACA12]), e adquiridas as demais publicações.

O COBIT define níveis da capacitação de processos, semelhantes aos da representação contínua do CMMI, e igualmente baseados na ISO-15504. Define também um conjunto de 37 processos, agrupados em cinco domínios: um de Governança (chamado pelo nome composto de Avaliação, Direção e Monitoração) e quatro de Gestão (chamados de Alinhamento, Planejamento e Organização; Construção, Aquisição e Implementação; Entrega, Serviço e Suporte; e Monitoração, Avaliação e Aferição).

4.3 Modelos diversos

São ainda citados com frequência os seguintes modelos:

- **ITIL** (*Information Technology Infrastructure Library*), um conjunto de práticas para gestão de serviços de TI, endossado oficialmente pelo governo britânico. Relaciona-se com o COBIT, o ISO-20000 e conjuntos de práticas de empresas, como o MOF[22] (*Microsoft Operations Framework*) e ITUP[23] (*IBM Tivoli Unified Process*). Suas publicações podem ser adquiridas no sítio oficial ITIL.[24]
- **Seis Sigma** (*Six Sigma*) é um conjunto de ferramentas e estratégias para melhoria dos processos, originalmente desenvolvidas pela Motorola, e adotado em muitos setores industriais. O nome se refere ao objetivo de reduzir a fração de produtos rejeitados a uma fração que corresponde a seis vezes o desvio-padrão, na distribuição normal.[25] Os relacionamentos entre CMMI e *Seis Sigma* são discutidos em um relatório ([Siviy+05]).
- **Manufatura enxuta** (*Lean manufacturing*), às vezes chamada simplesmente de *Lean*, é um conjunto de práticas de produção que considera o gasto dos recursos para qualquer outro objetivo que não a criação de valor para o cliente final como desperdício e, portanto, um alvo para a eliminação. O conjunto representa uma evolução do *Sistema de Produção da Toyota* (TPS). Os pontos de convergência entre esse conjunto de práticas e os métodos ágeis levaram ao desenvolvimento de uma metodologia ágil específica, o *Lean Software Development* ([Poppendieck+09]). *Lean Six Sigma* combina os conceitos de *Manufatura enxuta* e *Seis Sigma*; no sítio do SEI, pode-se obter uma apresentação[26] que discute as conexões entre CMMI, ITIL e *Lean Six Sigma*.

---

[21] http://www.isaca.org/COBIT/Pages/Product-Family.aspx.

[22] http://technet.microsoft.com/en-us/solutionaccelerators/dd320379.aspx.

[23] http://www-01.ibm.com/software/tivoli/library/demos/itup.html.

[24] http://www.itil-officialsite.com/home/home.aspx.

[25] Na realidade, espera-se uma taxa de partes defeituosas de 3,4 por milhão, o que corresponde a 4,5 desvios-padrão. Para entender os detalhes da diferença, deve-se consultar a abundante literatura do método.

[26] http://www.sei.cmu.edu/reports/05tn005.pdf

MÉTODOS

3

Gestão da Qualidade

1 PRINCÍPIOS

1.1 Conceitos básicos

Este capítulo trata de assuntos referentes à **qualidade** em projetos e produtos de software. O *Glossário do IEEE* define qualidade como *"Grau de conformidade de um sistema, componente ou processo com os respectivos requisitos"*, ou, alternativamente, como *"Grau de conformidade de um sistema, componente ou processo com as necessidades e expectativas de clientes ou usuários"*. Ambas as definições refletem aspectos importantes da qualidade; diversos autores apresentam outras definições, geralmente girando em torno dos temas de conformidade com os requisitos e atendimento das expectativas. Naturalmente, pode haver diferenças entre as aplicações dessas definições, se os requisitos explícitos não refletirem corretamente as necessidades reais. Como salienta [Glass03], a qualidade é definida por uma coleção de atributos, sendo funcionalidade, confiabilidade, satisfação do usuário e desempenho aspectos importantes, mas parciais.

Um conceito central deste capítulo é o de **garantia da qualidade**, definida pelo *Glossário do IEEE* como *"Conjunto planejado e sistemático de ações necessárias para estabelecer um nível adequado de confiança de que um item ou produto está em conformidade com seus requisitos técnicos"*. Essas ações incluem ações preventivas, como o uso de processos e ferramentas adequadas e a capacitação das equipes no uso desses processos e ferramentas. A definição de garantia da qualidade constante do CMMI enfatiza a aderência aos processos: *"Conjunto planejado e sistemático de meios para garantir à gerência que os padrões, métodos, práticas e procedimentos definidos por um processo são aplicados"*.

As ações de garantia da qualidade incluem também atividades *a posteriori*, destinadas a verificar se a aplicação dos processos e ferramentas levou ao nível desejado de qualidade; uma definição alternativa do IEEE focaliza principalmente este grupo de ações: *"Conjunto de atividades que tem o objetivo de avaliar o processo pelo qual produtos são desenvolvidos ou fabricados"*. Neste capítulo, chamaremos essas ações de **apreciações**, sendo uma apreciação definida como *"Reconhecimento do valor de um item, isto é, do grau de perfeição dele em relação a um fim determinado"*.[1] As apreciações são divididas em dois grupos principais: apreciações intermediárias, de trabalho ou verificações, e apreciações finais, de qualificação ou validações. A Figura 3.1 resume os principais tipos de apreciações tratados neste capítulo.

1.2 Verificação e validação

As apreciações intermediárias ou de trabalho compreendem as tarefas de **verificação**, definidas pelo IEEE como *"Processo de avaliar um sistema, produto ou componente para determinar se os resultados de um passo do respectivo processo de desenvolvimento satisfazem as condições impostas no início do passo"*, e pelo CMMI como *"Confirmação de que produtos de trabalho refletem corretamente os requisitos especificados para eles"*. As verificações usadas nos processos aqui descritos incluem análises estáticas, testes de desenvolvimento (ou seja, testes de unidade e de integração) e revisões. Neste capítulo, focalizaremos principalmente as revisões.

---

[1] Esta definição é baseada no *Novo Dicionário Aurélio*. Procura refletir o termo inglês *appraisal*, distinguindo-se de *avaliação* (tradução de *evaluation*) e *aferição* (tradução de *assessment*).

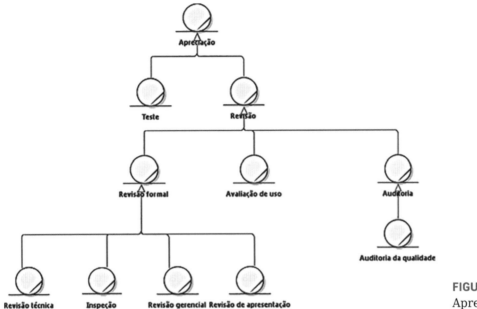

FIGURA 3.1
Apreciações.

As apreciações finais ou de qualificação incluem as tarefas de **validação**, definidas pelo IEEE como *"Processo de avaliar um sistema, produto ou componente no final do processo de desenvolvimento para avaliar se ele satisfaz aos requisitos especificados"*, e pelo CMMI como *"Confirmação de que o produto, tal como será provido, atenderá ao uso pretendido"*. As definições do CMMI suscitam a dúvida de se os testes de sistema são atividades de verificação ou validação, uma vez que têm como referência os requisitos explícitos, mas têm como escopo o produto e não componentes dele (mesmo que cada teste verifique apenas algumas funções ou requisitos). Para simplificar a classificação das tarefas de gestão da qualidade, consideraremos que esses testes fazem parte da atividade de validação.

1.3 Garantia da qualidade

As ações de garantia da qualidade na produção de software implicam uma atitude preventiva em relação aos problemas da qualidade de produto que poderiam surgir. Procura-se embutir nos processos uma série de mecanismos preventivos que reduzam o número de defeitos injetados ao longo de um projeto, diminuindo-se assim a quantidade de defeitos que terão que ser removidos posteriormente, seja nos estágios finais do projeto, seja durante a vida útil do produto.

O CMMI define os seguintes objetivos para a garantia da qualidade de produtos e processos:

- Avaliar objetivamente os processos e produtos de trabalho contra as respectivas descrições de processo, padrões e procedimentos.
- Identificar e documentar problemas de não conformidade.
- Garantir que esses problemas sejam tratados até a resolução completa.
- Fornecer informação às equipes técnicas e aos gerentes sobre questões de qualidade.

Vê-se, portanto, que não se considera importante apenas levantar problemas de qualidade; a garantia da qualidade completa requer que essa identificação seja feita de forma objetiva, baseada não em opiniões, mas em apreciações feitas contra padrões

Capítulo 3

predefinidos. Além disso, é parte igualmente importante da missão da garantia da qualidade providenciar para que a informação sobre esses problemas chegue ao conhecimento tanto de técnicos quanto de gerentes, e acompanhar a resolução dos problemas, até que essa resolução esteja completa.

1.4 Papéis na Gestão da qualidade

1.4.1 Agentes da Gestão da qualidade

Tipicamente, a necessidade de apreciação objetiva e independente das questões de qualidade leva à formação de uma gerência especializada para isso, independentemente dos projetos e diretamente ligada à direção da respectiva organização. No SW-CMM, esse grupo era chamado de Grupo de Garantia da Qualidade de Software, e a existência dele era requerida; o CMMI admite outras abordagens, desde que a apreciação objetiva da qualidade seja preservada. Por exemplo, em uma organização madura, de cultura aberta e com profissionais de alto nível, conscientes da importância da qualidade, que usem processos mais ágeis, a garantia da qualidade poderia estar embutida no processo, com a responsabilidade diluída entre toda a equipe.

Suporemos aqui a existência de uma **Gerência da qualidade** independente e formalmente constituída, por ser essa uma abordagem mais segura em organizações que não dispõem de nível muito alto de maturidade nos processos. Mesmo nesse caso, deve-se salientar que são também agentes importantes da garantia da qualidade os próprios desenvolvedores e seus pares, através do uso fiel dos processos e das várias formas de apreciação. O apoio dos gerentes é fundamental, mesmo tendo-se em conta que a visão deles pode ser limitada pelo envolvimento no processo. E mesmo numa organização madura, uma gerência da qualidade pode exercer papel bastante importante, talvez focalizando menos os problemas de qualidade do dia a dia e mais as causas dos problemas, e consequentes ações para eliminação dessas causas e melhoria dos processos.

Em alguns casos, podem participar da garantia da qualidade também grupos externos de verificação e validação independentes. Esses grupos podem ser chamados para servir de mais um nível de controle, em projetos de alto risco ou por exigência do cliente.

1.4.2 Papel da Gerência da qualidade

Suporemos que a **Gerência da qualidade** de software tenha ligação direta com o nível mais alto de direção da organização, que será chamado de **Diretoria**. Essa ligação direta tem o objetivo de garantir a objetividade da **Gerência da qualidade**, dando-lhe independência em relação aos projetos. Em organizações que praticam algum tipo de sistema da qualidade (por exemplo, ISO-9000), é possível que a **Gerência da qualidade** de software tenha algum tipo de vinculação aos grupos mais genéricos de política da qualidade (por exemplo, uma **Gerência da qualidade** da organização). Seus membros podem ser pessoas que trabalham como desenvolvedores em tempo parcial, desde que não participem das tarefas de garantia da qualidade dos projetos em que atuem como desenvolvedores.

Essa gerência exerce as seguintes atividades na organização:

- assessoria relativa à conformidade com os padrões e os procedimentos de garantia da qualidade de software;
- apreciação final de conformidade das atividades e resultados do projeto, através das auditorias da qualidade;

Gestão da Qualidade

- organização de apreciações intermediárias, principalmente as revisões;
- comunicação aos gerentes de projeto sobre problemas relativos à qualidade encontrados dentro do projeto, para que esses gerentes providenciem a sua resolução;
- verificação das providências tomadas pelos gerentes de projeto para a resolução dos problemas encontrados;
- caso os problemas encontrados não sejam resolvidos em nível de projeto, comunicação do assunto à **Diretoria**.

1.4.3 Papel dos gerentes de projeto

A cooperação dos gerentes de projeto é essencial para o sucesso de qualquer mecanismo de garantia da qualidade. Para isso, os gerentes de projeto devem:

- tomar as providências necessárias, em nível de projeto, para realização das atividades previstas nos planos da qualidade;
- designar responsáveis pelas tarefas relacionadas com a qualidade, internas ao projeto;
- encaminhar à **Gerência da qualidade** o material previsto nos planos da qualidade, nas ocasiões neles previstas;
- procurar resolver completamente os problemas em relação ao projeto que sejam levantados pelas apreciações;
- quando esses problemas não puderem ser resolvidos em nível de projeto, encaminhá-los à atenção da **Diretoria**, em conjunto com a **Gerência da qualidade**.

1.4.4 Papel da Diretoria

O envolvimento da **Diretoria** é indispensável para o sucesso de quaisquer atividades de garantia da qualidade. Cabe a ela decidir sobre a resolução de problemas de garantia da qualidade que não puderam ser resolvidos em nível dos projetos. Ela deve arbitrar possíveis diferenças de ponto de vista entre a **Gerência da qualidade** e os gerentes de projeto, se necessário, considerando a estratégia de negócio da organização. Deve também avaliar as próprias atividades de garantia da qualidade, procurando assegurar que elas tenham custo e retorno compatíveis com os planos estratégicos da organização.

2 TÉCNICAS

2.1 Planejamento da qualidade

2.1.1 Visão geral

O planejamento das tarefas de gestão da qualidade é essencial para garantir que elas realmente aconteçam. Com a formulação de planos da qualidade no início de um projeto, procura-se garantir a disponibilidade de recursos humanos e materiais para a execução dessas tarefas. Caso não exista reserva de recursos para elas, é bastante comum que sejam as primeiras a serem sacrificadas dentre as tarefas do projeto, diante de contingências que levem a dificuldades com orçamento e prazos, principalmente em organizações menos maduras.

Além disso, o planejamento prévio determina que nível de recursos é razoável comprometer com as atividades de garantia da qualidade dentro de cada projeto. Sem se ter um horizonte de gastos, fica difícil determinar, por exemplo, qual o grau de cobertura que se deve exigir de testes e revisões. Outro problema pode ser o dispêndio excessivo na garantia de qualidade de tarefas e componentes realizados no início do projeto, sacrificando-se os que ficarem mais para o fim, mesmo que isso não represente uma decisão racional.

A atividade de **Planejamento da qualidade** não é realizada em muitas organizações; em outras, no máximo, fica implícita no planejamento dos projetos. O principal risco, quanto isso acontece, é que não sejam reservados recursos para a realização dessas atividades, principalmente quanto às horas de desenvolvedores, no papel de inspetores. Geralmente, a consequência é que, em situações de aperto de recursos ou prazos, as atividades relativas à qualidade sejam as primeiras a serem sacrificadas, apesar das consequências danosas que podem advir, inclusive de grande aumento do retrabalho, e, portanto, dos prazos e custos. Planos formais da qualidade podem ser deixados para casos em que são requeridos pelos clientes.

2.1.2 Plano da qualidade

Os padrões do IEEE incluem um **Plano da qualidade** completo, organizado conforme as recomendações da norma IEEE-730 (*IEEE Standard for Software Quality Assurance Plans*). Um esquema do conteúdo da versão atual ([IEEE14]) é apresentado no Quadro 3.1. O plano, muito detalhado, só se justifica se for explicitamente exigido em contrato, e, de qualquer maneira, seu conteúdo (ou, pelo menos, a maior parte dele) não varia de um projeto para outro; ele deve refletir a política de gestão da qualidade da organização.

Na prática, uma versão bastante simplificada do plano pode ser suficiente. No processo **Praxis** padrão (*SPraxis*), usa-se uma versão bastante reduzida do **Plano da qualidade**, que apenas prevê os valores referentes ao esforço de detecção, quantidade de anomalias e esforço de correção, para cada iteração. Na versão adotada nesse processo, parte-se de uma folha de informação geral (Tabela 3.1), que contém dados retirados de uma base de dados de projetos anteriores, contados separadamente para revisões e auditorias:

- razão entre esforços de detecção e esforço total;
- razão entre anomalias detectadas e esforços de detecção;
- razão entre esforços de correção e anomalias detectadas.

Na Tabela 3.2, os esforços de desenvolvimento previstos para cada iteração são usados para computar o crescimento do esforço de detecção, as anomalias detectadas e o esforço de correção, referentes a revisões, para cada iteração, e, a partir daí, no total do projeto ao final de cada iteração. Na Tabela 3.3, faz-se cálculo similar para as auditorias. Os resultados obtidos são somados na Tabela 3.4, obtendo-se os totais para as apreciações.

2.1.3 Plano das apreciações

No planejamento das ações de gestão da qualidade de um projeto, é preciso, no mínimo, planejar os recursos que serão investidos nas apreciações formais previstas pelo processo adotado. É preciso especificar quantas horas de trabalho se prevê gastar em revisões, testes de sistema, avaliações e auditorias, e reservar esses recursos na previsão de esforços

QUADRO 3.1 Plano da qualidade do IEEE – Estrutura

1. Propósito e escopo.

2. Definições e acrônimos.

3. Documentos de referência.

4. Visão geral do Plano da Qualidade.

    4.1. Organização e independência.

    4.2. Riscos do produto de software.

    4.3. Ferramentas.

    4.4. Padrões, práticas e convenções.

    4.5. Esforços, recursos e prazos.

5. Atividades, resultados e tarefas.

    5.1. Garantia do produto.

        5.1.1. Avaliação da conformidade dos planos.

        5.1.2. Avaliação da conformidade do produto.

        5.1.3. Avaliação da aceitabilidade do produto.

        5.1.4. Avaliação da conformidade do suporte do ciclo de vida do produto.

        5.1.5. Medição dos produtos.

    5.2. Garantia do processo.

        5.2.1. Avaliação da conformidade dos processos do ciclo de vida.

        5.2.2. Avaliação da conformidade dos ambientes.

        5.2.3. Avaliação da conformidade dos processos de subcontratados.

        5.2.4. Medição dos processos.

6. Considerações adicionais.

    6.1. Revisão do contrato.

    6.2. Medição da qualidade.

    6.3. Dispensas e desvios.

    6.4. Repetição de tarefas.

    6.5. Riscos de execução da Garantia da Qualidade.

    6.6. Estratégia de comunicação.

    6.7. Processo de não conformidade.

7. Registros de Garantia da Qualidade.

    7.1. Análise, identificação, coleta, arquivamento, manutenção e descarte.

    7.2. Disponibilidade de registros.

TABELA 3.1 Informação geral do **Plano da qualidade**

PROJETO	PROJECTMANAGER 1.0
Gerente	Gerente do projeto
Data de início	11/03/14
Data de fim	08/07/14
Iteração atual	C1
Esforço de revisões da base de dados / Esforço de desenvolvimento (%)	13,4%
Esforço de auditorias da base de dados / Esforço de desenvolvimento (%)	11,7%
Anomalias de revisões da base de dados / Esforço (A/PH)	2,51
Anomalias de auditorias da base de dados / Esforço (A/PH)	2,80
Esforço de correção de revisões da base de dados / anomalia (PH/A)	0,0638
Esforço de correção de auditorias da base de dados / anomalia (PH/A)	0,0269
Estimativa *top-down* do esforço do projeto	360,5

TABELA 3.2 Folha de revisões do **Plano da qualidade**

ITERAÇÃO	I1	E1	C1	C2	C3	T1	T2	TOTAL
Acréscimo de esforço de desenvolvimento (PH)	20,9	65,2	130,4	49,9	103,6	8,4	33,5	412,0
Acréscimo de esforço de apreciação (PH)	0,0	8,8	17,5	6,7	13,9	1,1	4,5	52,5
Acréscimo de contagem de anomalias	0,0	21,9	43,9	16,8	34,8	2,8	11,3	131,5
Acréscimo de esforço de correção (PH)	0,00	1,40	2,80	1,07	2,22	0,18	0,72	8,39
Total do esforço de desenvolvimento (PH)	20,9	86,2	216,6	266,5	370,1	378,4	412,0	412,0
Total do esforço de apreciação (PH)	0,0	8,8	26,3	32,9	46,8	48,0	52,5	52,5
Total de contagem de anomalias	0,0	21,9	65,8	82,6	117,4	120,2	131,5	131,5
Total de esforço de correção (PH)	0,00	1,40	4,20	5,27	7,49	7,67	8,39	8,39

TABELA 3.3 Folha de auditorias do **Plano da qualidade**

ITERAÇÃO	I1	E1	C1	C2	C3	T1	T2	TOTAL
Acréscimo de esforço de desenvolvimento (PH)	20,9	65,2	130,4	49,9	103,6	8,4	33,5	412,0
Acréscimo de esforço de apreciação (PH)	2,4	7,6	15,2	5,8	12,1	1,0	3,9	48,1
Acréscimo de contagem de anomalias	6,8	21,3	42,7	16,3	33,9	2,7	11,0	134,7
Acréscimo de esforço de correção (PH)	0,18	0,57	1,15	0,44	0,91	0,07	0,29	3,62
Total do esforço de desenvolvimento (PH)	20,9	86,2	216,6	266,5	370,1	378,4	412,0	412,0
Total do esforço de apreciação (PH)	0,0	7,6	22,9	28,7	40,8	41,8	45,7	45,7
Total de contagem de anomalias	0,0	21,3	64,0	80,3	114,2	116,9	127,9	127,9
Total de esforço de correção (PH)	0,00	0,57	1,72	2,16	3,07	3,15	3,44	3,44

TABELA 3.4 Folha de apreciações do **Plano da qualidade**

ITERAÇÃO	I1	E1	C1	C2	C3	T1	T2	TOTAL
Acréscimo de esforço de apreciação (PH)	2,4	16,4	32,7	12,5	26,0	2,1	8,4	100,6
Acréscimo de contagem de anomalias	6,8	43,3	86,5	33,1	68,7	5,6	22,2	266,2
Acréscimo de esforço de correção (PH)	0,2	2,0	3,9	1,5	3,1	0,3	1,0	12,02
Total do esforço de apreciação (PH)	0,0	16,4	49,1	61,6	87,6	89,7	98,1	98,1
Total de contagem de anomalias	0,0	43,3	129,8	162,9	231,6	237,2	259,4	259,4
Total de esforço de correção (PH)	0,0	2,0	5,9	7,4	10,6	10,8	11,8	11,8

do projeto. É preciso também saber, pelo menos aproximadamente, em que épocas se preveem que essas atividades sejam realizadas, para que possam ser agendadas reuniões, distribuição de material e outras providências necessárias. A seguir, discutimos um exemplo de **Plano das apreciações**, adotado no processo Praxis padrão (*SPraxis*).

Os principais insumos para a confecção do **Plano das apreciações** são o **Plano do tamanho** e o **Plano da iteração**, discutidos no capítulo sobre **Gestão de projetos**. Do primeiro é extraída a previsão de escopo da liberação e do projeto, e do segundo, o tamanho estimado da iteração (Tabela 3.5). Da base de dados da organização vêm também dados de tamanho e esforço, para que as previsões levem em conta tanto os dados do projeto atual quanto dos projetos passados da organização.

Capítulo 3

TABELA 3.5 Informação geral do **Plano das apreciações**

PROJETO	PROJECT MANAGER 1.0
Gerente	Gerente do projeto
Data de início	11/03/14
Data de fim	08/07/14
Iteração atual	C1
Tamanho da iteração (PF)	40
Tamanho total do projeto (PF)	123
Tamanho da base de dados (PF)	310
Esforço de desenvolvimento real do projeto (PH)	83,5
Esforço de desenvolvimento estimado da iteração (PH)	135,1
Esforço de desenvolvimento da base de dados (PH)	1484,9
PH/PM	152

A Tabela 3.6 faz a previsão dos esforços de detecção, como percentagem do esforço de desenvolvimento. Se o projeto já está em andamento, são usadas as percentagens do esforço de detecção em relação ao trabalho de desenvolvimento, já recolhidos do projeto; caso contrário, são usadas as da base de dados. As percentagens assim obtidas são multiplicadas pelo esforço estimado da iteração (obtido da Tabela 3.5), para chegar aos esforços projetados de detecção da iteração. Os esforços estimados das iterações são derivados dos esforços projetados, desprezando-se as decimais não realistas e considerando-se outras variações eventuais, que serão anotadas na última coluna. Do esforço estimado para a iteração deriva-se o esforço estimado para o projeto.

A Tabela 3.7 faz a previsão das anomalias a serem encontradas, a partir da relação entre quantidade de anomalias e esforço de detecção. Tal como na tabela anterior, usam-se os dados anteriores do projeto, quando já existem, e os da base de dados, quando não. O arredondamento dos valores estimados da iteração e o cálculo do valor estimado do projeto seguem o mesmo raciocínio da Tabela 3.6.

Finalmente, a Tabela 3.8 estima os esforços de correção usando estimativas de esforço de correção por anomalia do projeto, quando esses dados existem, e da base de dados, quando não. O cálculo das estimativas de correção para a iteração e o projeto segue raciocínio similar ao das tabelas anteriores.

2.2 Verificação

2.2.1 Visão geral

Segundo o IEEE, uma **revisão** é *"Um processo ou reunião durante o qual um produto de trabalho ou conjunto de produtos de trabalho é apresentado a desenvolvedores, gerentes, usuários, clientes ou outras partes interessadas, para comentário ou aprovação"*. Uma revisão em que os revisores são pares dos autores (isto é, têm qualificações técnicas similares) é chamada de **revisão pelos pares**. Revisões pelos pares são comumente usadas para publicações científicas, e também constituem métodos importantes de

TABELA 3.6 Esforço de detecção do Plano das apreciações

APRECIAÇÃO	ESFORÇO DE DETECÇÃO DA BASE DE DADOS / ESFORÇO DE DESENVOLVIMENTO (%)	ESFORÇO DE DETECÇÃO DO PROJETO (PH)	ESFORÇO DE DETECÇÃO DO PROJETO / ESFORÇO DE DESENVOLVIMENTO (%)	ESFORÇO DE DETECÇÃO DE REFERÊNCIA / ESFORÇO DE DESENVOLVIMENTO (%)	ESFORÇO DE DETECÇÃO PROJETADO DA ITERAÇÃO (PH)	ESFORÇO DE DETECÇÃO ESTIMADO DA ITERAÇÃO (PH)	ESFORÇO DE DETECÇÃO ESTIMADO DO PROJETO (PH)	RACIOCÍNIO DE VARIAÇÃO DA ESTIMATIVA
Revisões	27,6%	3,3	3,9%	3,9%	5,3	5	8,3	Arredondamento estimado.
Auditorias	13,1%	3,0	3,6%	3,6%	4,9	5	8,0	Arredondamento estimado.
Total	40,7%	6,3	7,5%	7,5%	10,1	10	16,25	

TABELA 3.7 Contagem de anomalias do Plano das apreciações

APRECIAÇÃO	ANOMALIAS DA BASE DE DADOS / ESFORÇO DE DETECÇÃO (A/PH)	CONTAGEM DO PROJETO (A)	ANOMALIAS DO PROJETO / ESFORÇO DE DETECÇÃO (A/PH)	ANOMALIAS DE REFERÊNCIA / ESFORÇO DE DETECÇÃO (%)	CONTAGEM PROJETADA DE ANOMALIAS DA ITERAÇÃO (A)	CONTAGEM ESTIMADA DA ITERAÇÃO (A)	CONTAGEM ESTIMADA DO PROJETO (A)	RACIOCÍNIO DE VARIAÇÃO DA ESTIMATIVA
Revisões	1,20	22	6,77	3,99	19,9	20	42	Arredondamento estimado.
Auditorias	4,24	31	10,33	7,28	36,4	37	68	Arredondamento estimado.
Total	5,44	53	17,10	11,27	56,4	57	110	

TABELA 3.8 Esforço de correção do Plano das apreciações

APRECIAÇÃO	ESFORÇO DE CORREÇÃO DA BASE DE DADOS / ANOMALIA (PH/A)	ESFORÇO DE CORREÇÃO DO PROJETO (PH)	ESFORÇO DE CORREÇÃO DO PROJETO / ANOMALIA (PH/A)	ESFORÇO DE CORREÇÃO DE REFERÊNCIA / ANOMALIA (PH/A)	ESFORÇO DE CORREÇÃO PROJETADO DA ITERAÇÃO (PH)	ESFORÇO DE CORREÇÃO ESTIMADO DA ITERAÇÃO (PH)	ESFORÇO DE CORREÇÃO ESTIMADO DO PROJETO (PH)	RACIOCÍNIO DE VARIAÇÃO DA ESTIMATIVA
Revisões	0,1466	0,9333	0,0424	0,0945	1,8904	1,9	2,83	Arredondamento estimado.
Auditorias	0,0274	1,0833	0,0349	0,0312	1,1538	1,2	2,28	Arredondamento estimado.
Total	0,1740	2,0167	0,0774	0,1257	3,0442	3,1	5,12	

verificação de software. Nas revisões usadas para validação, como as avaliações de uso e as auditorias da qualidade, participam respectivamente usuários e auditores da qualidade, que não necessariamente são pares dos desenvolvedores.

As principais técnicas de verificação usadas no desenvolvimento de software são as revisões, principalmente as revisões pelos pares, e os testes, complementados por outros tipos de verificação, como as análises estáticas automatizadas. Neste livro, análises estáticas e testes de desenvolvimento foram tratados no capítulo sobre **Implementação**. Os testes de sistema foram tratados no capítulo sobre **Testes** e, no processo Praxis, são utilizados primariamente para validação. Neste capítulo, focalizam-se principalmente as revisões, como métodos de verificação.

Muitos dados sobre a eficácia das revisões na remoção de defeitos podem ser encontrados na literatura. Em [Humphrey90], apresentam-se muitos relatos de casos ocorridos em indústrias de software, nos quais as revisões tiveram enormes impactos na melhoria da qualidade. Revisões têm aspectos tanto técnicos quanto sociológicos, e descuidar qualquer um deles leva ao desastre [Glass03].

As revisões são muito mais eficazes do que os testes, já que encontram os defeitos de forma direta. Os testes apenas encontram sintomas, e os defeitos têm de ser localizados depois, procurando-se no código ou no desenho as causas desses sintomas. Em [Gilb+93], [Humphrey95] e [Wiegers01], mostram-se muitos dados segundo os quais o conserto de defeitos descobertos em testes geralmente gasta muito mais tempo do que o conserto de defeitos descobertos em revisões. As diferenças são tanto maiores quanto mais posteriores os testes.

Dentro do CMMI, revisões pelos pares são tratadas dentro dos processos de **Verificação**. Dentro dos padrões IEEE, revisões são tratadas pela norma IEEE 1028-2008 [IEEE08b].

Processos ágeis como o XP enfatizam os testes de unidade e de integração, a programação em pares e a prática voluntária dos padrões de implementação. Além disso, se não existem requisitos e modelos documentados, não existem as inspeções correspondentes. Possivelmente, uma equipe muito disciplinada e experiente pode superar essas limitações, mas os riscos são tão maiores quanto menos experiente a equipe e maior o tamanho da aplicação. Na literatura, enquanto os autores adeptos dos processos ágeis tendem a minimizar o papel das inspeções, outros autores são enfáticos na defesa da utilidade delas.

Revisões são consideradas revisões formais quando a condução delas obedece a um conjunto padronizado de regras. O padrão IEEE-1028 descreve os seguintes tipos principais de revisões formais de software, do mais formal para o menos formal: inspeções, revisões técnicas, revisões de apresentação e revisões gerenciais.

2.2.2 Revisões formais

Inspeções

Segundo a definição do *Glossário do IEEE*, uma **inspeção** (*inspection*) é um *"Exame visual de produtos de trabalho para detectar e identificar anomalias"*. Uma definição mais completa consta da norma IEEE-1028: *"Exame visual de produtos de trabalho para detectar e identificar anomalias, inclusive erros e desvios em relação a padrões e especificações. Inspeções são revisões pelos pares, conduzidas por moderadores imparciais treinados nas técnicas de inspeção. As anomalias devem ser obrigatoriamente corrigidas ou investigadas, mas não durante a inspeção"*.

A inspeção é o tipo mais formal de revisão, que tem como objetivo principal a identificação e remoção de defeitos. É obrigatória a geração de uma lista de anomalias, de preferência com classificadas de forma padronizada. Segundo a definição do IEEE, **anomalia** é *"Qualquer coisa observada na documentação ou operação de um produto de software que se desvie de expectativas baseadas em outros produtos já verificados, ou em materiais de referência"*. Um **defeito**, segundo o PMBOK, é *"Uma imperfeição ou deficiência em um componente do projeto na qual esse componente não atende aos seus requisitos ou especificações e precisa ser reparado ou substituído"*; portanto, um defeito é uma anomalia que é confirmada como sendo uma manifestação de inconformidade com requisitos.

Se a análise das anomalias indicar que se trata de defeitos, requer-se a ação dos autores para remoção desses defeitos, e essas ações devem ser acompanhadas e também confirmadas. Inspeções seguem um processo rigoroso, com designação de diferentes papéis para os inspetores, e regras detalhadas de condução e registro.

As inspeções verificam os seguintes aspectos em relação aos artefatos:

- se estão de acordo com os artefatos dos quais se originam (por exemplo, se o **Modelo da solução** é consistente com o **Modelo do problema**);
- se são consistentes com os respectivos padrões;
- se têm níveis satisfatórios dos atributos internos de qualidade, como completeza, correção, precisão, consistência, verificabilidade, modificabilidade e rastreabilidade;
- se são adequados para os seus consumidores (por exemplo, se o **Modelo da solução** é adequado para a geração do **Código**).

Em implementações rigorosas do processo **Praxis**, inspeções seriam aplicadas, por exemplo, sobre o **Modelo do problema** (inspeções de requisitos e análise), sobre o **Modelo da solução** (inspeções de desenho externo, desenho dos testes e desenho interno) e sobre o **Código** (inspeções de implementação).

Revisões técnicas

Segundo a norma IEEE-1028, uma **revisão técnica** (*technical review*) é uma *"Avaliação sistemática de um produto de software por uma equipe qualificada, para examinar a adequação do produto ao uso pretendido, identificar discrepâncias com padrões e especificações e, possivelmente, prover recomendações sobre alternativas"*. A revisão técnica tem o objetivo de avaliar artefatos específicos, para verificar se eles estão conformes com os respectivos padrões e especificações, se têm nível apropriado de qualidade e se eventuais modificações foram efetuadas de maneira correta.

Revisões técnicas poderiam ser aplicadas em lugar das inspeções, em processos menos formais, com o objetivo principal de verificar a conformidade dos artefatos com padrões do processo e práticas de preenchimento, assim como seus atributos internos de qualidade. O nível de formalidade de condução, registro e pós-processamento é inferior ao das inspeções, podendo ser adotadas versões simplificadas do formalismo das inspeções. Por causa disso, a capacidade de detecção de anomalias é inferior à das inspeções, conforme dados apresentados em [Wiegers01].

Em material distribuído em múltiplas cópias ou de forma eletrônica, podem ser feitas concorrentemente por vários revisores. Em grupos distribuídos geograficamente, essas revisões assíncronas podem ser a forma mais viável de revisões. Em pequenos projetos, podem ser feitas por um único revisor.

Revisão de apresentação

A **revisão de apresentação** (*walkthrough*) é uma revisão na qual o autor apresenta o material em ordem lógica, sem limite de tempo, a um grupo que verifica o material à medida que ele vai sendo apresentado. Esse tipo de revisão não exige muita preparação prévia, e pode ser feito com maior número de participantes, por terem estes papel mais passivo.

As revisões de apresentação são consideradas como tendo apenas eficácia média para a detecção de defeitos. Elas podem ser usadas para apresentações de artefatos ao cliente, ou de um grupo de desenvolvedores para outro, como dos desenhistas para os programadores. Podem ser combinadas com técnicas de *brainstorming*, em reuniões cujo objetivo é a criatividade, ou com oficinas (*workshops*).

Revisão gerencial

Segundo a norma IEEE-1028, uma **revisão gerencial** (*management review*) é assim definida: "*Avaliação sistemática de um processo de aquisição, fornecimento, desenvolvimento, operação ou manutenção, efetuada por ou em nome de gerentes, que monitora o progresso, determina o status de planos e cronogramas, confirma requisitos e a alocação deles, ou avalia a eficácia de abordagens gerenciais usadas, quanto à adequação aos objetivos*".

A revisão gerencial é conduzida pelo gerente de um projeto, com participação dos desenvolvedores, com os objetivos principais de avaliar os problemas técnicos e gerenciais do projeto, assim como o seu progresso em relação aos planos. Conforme a política adotada de controle de projetos, elas podem ser realizadas por período (por exemplo, semana, quinzena ou mês), ou em marcos importantes do projeto, como o final das iterações. Uma espécie aprofundada de revisão gerencial é formada pelas **retrospectivas** de iterações e projetos, tratadas no capítulo referente à **Gestão de projetos**. São aplicáveis a alguns documentos que normalmente não requerem uma revisão técnica por serem de natureza gerencial, como os planos e relatórios de projeto; ou como revisão preliminar de documentos que serão submetidos a revisões técnicas ou revisões de apresentação ao cliente.

A Tabela 3.9, adaptada da norma IEEE-1028 e de [Wiegers01], apresenta um resumo das características dos principais tipos de revisão. O restante da seção de revisões focalizará principalmente as inspeções, tratando da condução das reuniões, da equipe e dos resultados. Normalmente revisões gerenciais e revisões de apresentação usam formalismos muito simples, e as revisões técnicas podem usar versões simplificadas dos formalismos das inspeções. Diversas variações de formalismo são apresentadas em [Gilb+93], [Weinberg93], [Humphrey95], [ElEmam01] e [Wiegers01].

TABELA 3.9 Alternativas de revisão segundo a norma IEEE-1028

ATRIBUTOS/ CATEGORIA	INSPEÇÃO (I)	REVISÃO TÉCNICA (RT)	REVISÃO DE APRESENTAÇÃO (RA)	REVISÃO GERENCIAL (RG)
Objetivo	Detectar e identificar defeitos, garantir qualidade; acompanhar resolução.	Avaliar conformidade e qualidade, verificar alterações.	Detectar defeitos, avaliar alternativas, apresentar resultados.	Verificar progresso, recomendar ações, alocar recursos.

(continua)

Gestão da Qualidade

TABELA 3.9 Alternativas de revisão segundo a norma IEEE-1028 (*continuação*)

ATRIBUTOS/ CATEGORIA	INSPEÇÃO (I)	REVISÃO TÉCNICA (RT)	REVISÃO DE APRESENTAÇÃO (RA)	REVISÃO GERENCIAL (RG)
Método de decisão	Revisores apontam defeitos e determinam aprovação ou não; os defeitos devem ser removidos.	Revisores recomendam ações, gerentes e responsáveis técnicos agem.	Autores ou equipe decidem sobre possíveis alterações.	Gerente decide com base nas recomendações da reunião.
Verificação das alterações	Acompanhamento pelo líder; verificação pode ser feita por auditorias.	Acompanhamento pelo líder; verificação pode ser feita por outros controles do projeto.	Verificação pode ser feita por outros controles do projeto.	Gerente é responsável pelas ações; verificação pode ser feita por auditorias.
Tamanho da equipe	Três a seis participantes.	Três ou mais participantes.	Limites físicos do recinto da apresentação.	Dois ou mais participantes.
Equipe	Equipe técnica com comparecimento documentado.	Equipe técnica com comparecimento documentado.	Equipe técnica e pares, com comparecimento documentado.	Gerentes, equipe técnica, com comparecimento documentado.
Liderança	Líder treinado na condução de inspeções.	Geralmente um líder técnico.	Autor ou moderador.	Gerente responsável.
Volume de material	Relativamente baixo: o que possa ser inspecionado em um dia, subdividindo-se volumes maiores.	Moderado a alto, dependendo dos objetivos.	Relativamente baixo.	Moderado a alto, dependendo dos objetivos.
Apresentador	Um leitor.	Determinado pelo líder da revisão.	Autor.	Determinado pelo líder da revisão.
Coleta de dados	Fortemente recomendada.	Opcional.	Opcional.	Se requerida pelos padrões da organização.
Resultados	Relatório de inspeção, registro de anomalias.	Relatório de revisão técnica, com especificação dos itens de ação, e responsabilidades e datas para decisão.	Registro de anomalias, itens de ação, decisões, propostas de acompanhamento.	Relatório de revisão gerencial, com especificação dos itens de ação, e responsabilidades e datas para decisão.
Treinamento do líder requerido	Sim.	Sim, geralmente só para o líder.	Sim, geralmente só para o líder.	Sim, geralmente só para o líder.
Papéis definidos	Sim.	Sim.	Sim.	Sim.
Listas de conferência	Sim.	Opcional.	Opcional.	Opcional.
Participação de gerentes	Não.	Quando requerida.	Não.	Sim.
Participação de usuários e clientes	Opcional	Opcional.	Opcional.	Opcional.

Capítulo 3

2.2.3 Revisões informais

Existem também diversos tipos de revisões informais, que podem e devem ser usados antes das revisões formais, para que estas possam se concentrar em problemas em que o formalismo contribui para a detecção de defeitos. Entre outras formas, destacam-se as seguintes:

- A **programação em pares**,[2] adotada em metodologias ágeis, pode ser considerada uma espécie de revisão em tempo real. Detalhes são discutidos no capítulo relativo à **Implementação**. Chamaremos de **autoria em pares** o uso de técnica análoga em atividades que não envolvem programação.
- A **revisão autoral** é realizada pelos autores, possivelmente seguindo os roteiros e listas de conferência pertinentes, como primeiro estágio de revisão. No mínimo, ele deve visar a eliminar defeitos mais simples do material, como digitação, ortografia, numeração, estilos e consistência. O processo PSP [Humphrey95] usa revisões autorais detalhadas, baseadas em listas de conferência.
- A **revisão informal pelos pares,** chamada de *peer deskcheck*, em [Wiegers01], é realizada por pares dos autores. Reuniões rápidas com os autores podem ser usadas para esclarecimentos. No mínimo, ela serve também para eliminar defeitos menores antes de revisões mais formais, mas, em último caso, ainda são melhores que a ausência de qualquer outro tipo de revisão pelos pares.
- Em alguns processos ágeis, adotam-se as **revisões instantâneas** (*stand-up reviews*), reuniões gerenciais ou técnicas realizadas com alta frequência (por exemplo, diariamente). Nessas reuniões, projetos são acompanhados e problemas tratados de forma muito rápida, razão pela qual normalmente são realizadas com os participantes em pé.

2.3 Revisões

2.3.1 Visão geral

Esta subseção trata em detalhes dos formalismos utilizados para a realização de revisões. Esses formalismos influem em muito na detecção de defeitos. Em geral, revisões mais formais têm maior **eficácia** (fração dos defeitos existentes que são detectados), mas o formalismo deve ser regulado para garantir-lhes também a **eficiência** (razão entre a quantidade de defeitos detectados e o esforço total de detecção). Para as diversas formas de revisão, alguns dos formalismos podem ser adotados, enquanto outros serão dispensados, dependendo do grau de formalidade que se deseje. Revisões e testes são formas complementares de apreciação, e uns não substituem os outros.

Revisões na forma de inspeções rigorosas podem remover até 90% dos defeitos antes que sejam executados os testes do respectivo material [Glass03]. É possível também usar inspeções de forma mais extensa que a preconizada nesse processo. Inspeções podem ser usadas para todos os tipos de planos, relatórios, modelos de sistema e de negócio, artefatos do próprio processo, e até para documentos de negócio, como propostas e contratos. Pode-se também usar técnicas mais avançadas de inspeção, contemplando o tratamento quantitativo de defeitos e esforços, possivelmente usando técnicas de

---

[2] Note-se a distinção entre os significados da palavra *par* nos termos **programação em pares** (*pair programming*) e **revisão pelos pares** (*peer review*).

Gestão da Qualidade

controle estatístico de qualidade, como discutido em [Gilb+93]. Essa referência trata também da integração das inspeções com as atividades de melhoria de processos, que neste livro são tratadas no Capítulo 6. Outras referências que apresentam resultados de pesquisa sobre inspeções, inclusive sobre diferentes práticas, são [Cheng+96], [Laitenberger+00], [Dunsmore+00] e [Dunsmore+03].

O restante da subseção examina o fluxo das revisões, considerando as atividades e tarefas que serão executadas, assim como os artefatos consumidos e produzidos. Em seguida, discutem-se detalhes das reuniões de revisão, e caracterizam-se os papéis que delas participam. Os aspectos aqui abordados devem ser considerados requeridos na prática para as inspeções, podendo ser relaxados para outros tipos de revisões.

2.3.2 Fluxo das revisões

Planejamento

As revisões serão planejadas no projeto, considerando os seguintes aspectos:

- as revisões previstas pelo processo definido para o projeto;
- a disponibilidade de tempo, dentro das atividades do projeto;
- a disponibilidade de revisores, que podem ser participantes de outros projetos;
- o grau de criticidade do material em relação ao projeto.

A formação da equipe para cada revisão deve levar em conta tanto o tamanho do material a ser analisado quanto o número de especialistas necessário para cobrir os diversos aspectos da inspeção. Idealmente, a equipe deveria ter revisores capazes de analisar a consistência com os materiais de origem, a qualidade própria do material revisado (tanto quanto à conformidade com padrões como quanto aos atributos internos de qualidade), e a adequação para os seus consumidores. Por exemplo, idealmente um material de desenho externo deveria ser analisado quanto à conformidade com os respectivos requisitos, por parte de engenheiros de requisitos; quanto à conformidade com os respectivos padrões, clareza, consistência interna etc., por outros desenhistas de interfaces de usuário; e quanto à adequação para o consumo, por desenhistas de testes, desenhistas internos e redatores da documentação para usuários. Na prática, o tamanho da equipe é limitado tanto pelo número máximo recomendado para revisões quanto pela disponibilidade de revisores com essas especialidades.

Os cronogramas do projeto (tratados no capítulo sobre **Gestão de projetos**) conterão as datas efetivamente previstas para as iterações. O cronograma das revisões deve ser derivado do cronograma do projeto. As datas das revisões devem ser definidas procurando-se equilibrar os vários aspectos envolvidos, como o volume de material submetido à revisão, os riscos a que estão expostas as atividades subsequentes e o custo das próprias revisões. Deve ser feita a designação dos revisores, negociando-se a disponibilidade desses com os gerentes dos demais projetos, se necessário. Devem ser escolhidos para cada revisão o líder e o relator, assim como o leitor, se for usado esse papel, considerando os perfis requeridos, conforme definidos a seguir.

Convocação

Nas datas apropriadas, o gerente do projeto deve enviar à **Gerência da qualidade** o material de cada revisão prevista, negociando possíveis alterações de data. A equipe da inspeção é confirmada e convocada. Deve-se viabilizar a estrutura física para a reunião; reservar

Capítulo 3

sala, equipamento e materiais necessários; convocar os revisores, notificando-os do local, data e hora da inspeção; distribuir o material objeto da inspeção, ou informar onde esse material pode ser encontrado (por exemplo, no sistema de gestão de configurações).

Dependendo das práticas adotadas, pode-se realizar uma reunião preliminar (*kick-off* ou *overview meeting*), para apresentar à equipe de revisão o material que ela deverá analisar.

Execução

Preparação e reuniões

Recebido o material, a equipe de revisão passa à preparação. Ela consiste na análise pela equipe do material revisado, antes das reuniões de revisão. Inclui o exame do material, a aplicação das listas de conferência à análise do material e o registro inicial das anomalias. É executada por todos os revisores, coordenada pelo líder da revisão. Seus insumos consistem no material sob revisão e nas listas de conferência, produzindo, como resultados, as listas de conferência com anotação das anomalias e uma lista provisória das anomalias encontradas.

Uma vez que todos os revisores tenham estudado completamente o material, passase às reuniões de revisão, que consistem nas sessões em que a equipe se reúne para consolidar as anomalias encontradas durante a preparação ou, possivelmente, encontrar novas anomalias, devido à sinergia da interação entre os revisores. As reuniões serão tantas quantas forem necessárias para cobrir todo o material, observando-se, para cada reunião, o limite de duas horas, se o tipo de revisão usado for a inspeção. Prolongar uma reunião além desse limite é contraproducente, pois normalmente diminui a capacidade de detecção de defeitos dos inspetores.

São participantes com papéis específicos o líder, o relator e o(s) autor(es). Em alguns formalismos de revisão, esses participantes também podem registrar anomalias, enquanto outros estilos recomendam que o líder e o relator se concentrem em seus papéis, e os autores apenas forneçam esclarecimentos. Os insumos consistem no material sob inspeção e nas listas de conferência já com anotações. Os resultados são mais uma versão anotada das listas de conferência, a versão inicial do relatório da inspeção e, principalmente, o registro de anomalias. Caso o material seja reprovado, serão submetidos registros ao sistema de resolução de problemas.

Em alguns estilos de revisão, a detecção de anomalias é realizada principalmente durante a reunião, tendo a preparação o objetivo de estudo e análise preliminar do material. Em outros estilos, solicita-se que os revisores procurem localizar o máximo de anomalias durante a preparação, tendo a reunião o objetivo principal de eliminar duplicações e padronizar a classificação das anomalias e o fraseado das observações. Sobre as questões relativas à preparação e às reuniões, são apresentadas discussões bastante detalhadas em [Freedman+93], [Gilb+93] e [Wiegers01]; uma discussão sobre resultados recentes é apresentada em [ElEmam01].

As seguintes situações podem acontecer, ao final de cada reunião:

- **Revisão completa**: foi revisto todo o material submetido, sendo completamente preenchidos os registros e relatórios previstos pelo processo.
- **Revisão incompleta**: a revisão não terminou, por qualquer motivo, podendo ser continuada posteriormente.
- **Revisão cancelada**: a revisão não terminou ou nem chegou a ser realizada, por causa de problemas.

Gestão da Qualidade

Disposição do material

Depois da última reunião, a equipe de revisão deve indicar a conclusão da revisão, em relação à disposição do material:

- **aprovado sem modificações**: não foram encontradas anomalias;
- **aprovado com modificações**: encontradas anomalias menores, que devem ser corrigidas;
- **aprovado com nova revisão**: encontradas anomalias maiores, que exigirão novas sessões de revisão após a correção;
- **reprovado**: encontradas anomalias críticas, que exigem que o material seja refeito.

Terminadas as reuniões, se o material foi aprovado sem modificações, ele continua o desenvolvimento normal. Se, ao contrário, tiver sido reprovado, o líder da revisão toma a providência adotada pela organização para o caso; por exemplo, lançar um problema no miniprocesso de resolução de problemas (tratado no capítulo de **Gestão de projetos**). Nesse caso, o gerente do projeto e a **Gerência da qualidade** serão notificados para as providências necessárias.

Se o material foi aprovado com modificações ou reinspeção, o autor (ou, se ele não estiver disponível, um editor designado) recebe o registro de anomalias produzido na inspeção, para que efetue o retrabalho. Os insumos do retrabalho consistem no material sob inspeção, na versão inicial do relatório da inspeção e, principalmente, no registro de anomalias. Para cada anomalia lançada, o autor deve determinar se realmente se trata de um defeito. Em caso afirmativo, corrige o material, removendo o defeito, ou o lança no miniprocesso de resolução de defeitos (Subseção 2.6), se o defeito requerer processamento mais demorado, ou se for responsabilidade de outros autores. Caso não concorde que a anomalia registrada seja um defeito, o autor deve justificar sua posição.

Ao final do retrabalho, se a recomendação da revisão tiver sido "aprovado com modificações", o líder da revisão, ou alguém por ele designado, faz a conferência do retrabalho, que consiste na verificação das providências tomadas pelo(s) autor(es) em relação às anomalias encontradas na inspeção. Os insumos consistem na versão corrigida do material sob revisão, no registro das anomalias, com lançamento de providências ou justificativas, e na versão inicial do relatório da revisão. Os resultados consistem na versão final do relatório da revisão e, em caso de problemas, de registros submetidos ao sistema de resolução de problemas.

Ao final da conferência, o líder da revisão recomenda a disposição final. Em caso de aprovação do retrabalho, o material volta para novas sessões de revisão, se estas tiverem sido recomendadas no relatório da revisão, ou segue em frente aprovado, em caso contrário. Caso o retrabalho não seja aceito, existe um problema, que também possivelmente será lançado no miniprocesso de resolução de problemas.

Pós-processamento

Após cada revisão, o respectivo relatório deve ser analisado pela **Gerência da qualidade**. Em caso de aceitação, o material seguirá para o próximo passo de processamento, seguindo, por exemplo, o fluxo previsto no desenvolvimento dos casos de uso. Caso o relatório aponte problemas (qualquer resultado diferente de aceitação), o relatório deve ser enviado ao gerente do projeto, solicitando as providências necessárias. Se o miniprocesso de resolução de problemas for automatizado por meio de uma ferramenta de fluxo de trabalho, essa ferramenta submeterá o problema ao gerente do projeto.

Em caso de reprovação do material, o gerente determinará que o material seja refeito e posteriormente submetido a nova revisão, caso concorde com essa disposição. Nesse caso, investigará as causas dos problemas detectados, se preciso realizando uma reunião de análise causal (tratadas no capítulo de **Engenharia de processos**), para que sejam tomadas providências que evitem esse nível de problemas. Caso a revisão tenha sido cancelada, deverão também ser tratados os problemas que levaram ao cancelamento.

Por outro lado, o gerente do projeto pode não concordar com a existência ou a gravidade dos problemas, ou pode considerar que providências mais drásticas são inviáveis, tendo em vista as restrições do projeto. Para todos esses casos, a situação deve ser negociada entre o gerente do projeto e a **Gerência da qualidade**, e, caso não cheguem estes a um consenso, cabe à **Diretoria** a palavra final.

2.3.3 Reuniões de revisão

Participantes

Recomenda-se que cada inspeção seja feita por um grupo de três a oito inspetores, assim distribuídos:

- um líder;
- um relator;
- um ou dois autores;
- zero a quatro inspetores pares dos autores, com as especialidades requeridas para cobrir o material inspecionado.

Para outros tipos de revisão, o esquema de composição da equipe pode ser menos rígido. Dependendo do material sob revisão, é possível a participação de usuários e especialistas externos. Em casos excepcionais, é permitida a presença de observadores, para fins de treinamento, avaliação ou transmissão de conhecimento. Esses observadores não deverão se manifestar durante a realização da revisão. O líder pode abrir exceções para pedidos de esclarecimentos, tendo em vista eventuais objetivos didáticos.

Preparação

Os participantes da revisão devem se apresentar para a reunião tendo lido todo o material que lhes foi submetido, avaliado e preparado comentários a respeito desse material, e lançado pelo menos uma lista preliminar de anomalias. O estudo do material não deve, em nenhuma hipótese, ser deixado para a reunião. O líder da revisão deve conferir se todo o material necessário foi recebido e realmente analisado pelos revisores. Revisores que não fizeram a preparação não podem participar das reuniões, mesmo que estas fiquem sem quórum e tenham que ser canceladas.

Recomenda-se que o grupo de participantes escolhido seja capaz de cobrir todo o escopo do material a ser revisado, para permitir uma boa cobertura de defeitos. Isso não significa que cada membro do grupo deva ter conhecimento de todo o escopo, mas que a união dos membros deve cobrir os conhecimentos necessários para o trabalho de revisão.

Algumas organizações adotam a prática de que a anotação das anomalias e observações, durante a preparação, seja informal, deixando-se a anotação formal para a reunião. [ElEmam01] propõe, com base em resultados experimentais, que os revisores já façam o lançamento das anomalias antes da reunião, reservando-se esta para a uniformização e a eliminação de duplicatas.

Condução

No decorrer de cada reunião, é importante assegurar a participação ativa de todos os integrantes da equipe. Um modo recomendado em [Freedman+93] é que o líder cobre de cada revisor pelo menos um comentário positivo e outro negativo a respeito do material revisado. Qualquer crítica ou sugestão dos revisores deve ser sempre registrada, mas as recomendações finais devem refletir o ponto de vista mais pessimista entre os revisores, já que o objetivo é a garantia da qualidade.

Outro ponto importante a ser lembrado é que é o resultado do projeto que está sendo revisado, e não seus produtores. Todas as críticas devem visar à melhoria da qualidade do material, e não à avaliação do desempenho dos autores. Além disso, não é objetivo da revisão detalhar soluções, mas apenas apontar problemas e, eventualmente, dar sugestões sobre possíveis melhorias ao material inspecionado.

Normalmente a reunião de revisão não deve ultrapassar duas horas. Deve-se garantir que não sejam feitas interrupções externas à reunião e que os membros da revisão não sejam solicitados por telefonemas ou trabalhos externos. O líder da revisão deve se certificar de que todos os telefones celulares estejam desligados.

Conforme o estilo de revisão adotado, a apresentação do material pode ser feita, por um autor, pelo líder da revisão, pelos vários revisores, de forma rotativa, ou por um inspetor com essa função específica, chamado de **leitor**. Em estilos que enfatizam a detecção de defeitos durante a preparação, a leitura durante a reunião pode ser silenciosa, com o líder da revisão indicando o item analisado ou a seção analisada, em cada momento.

Nas inspeções, é comum utilizar-se a ordem por item analisado; por exemplo, em uma inspeção de código, todas as classes sob inspeção são analisadas quanto aos tipos de dados, depois quanto aos nomes, depois quanto às estruturas de controle e assim por diante. Dessa maneira, em cada etapa a equipe de inspeção terá a atenção focalizada em um aspecto específico. Por contraste, nas revisões técnicas usa-se mais habitualmente a ordem do material analisado.

O número total de itens inspecionados em cada reunião deve ser limitado, para evitar a duração excessiva das sessões de reunião. Há quem argumente que o limite de duas horas por sessão de inspeção pode ser ultrapassado quando a ordem por quesito é observada, pois a focalização em um aspecto de cada vez seria menos cansativa para os participantes, porém a maioria dos autores concorda com o limite de duas horas.

Uma variante de estilo propõe que a apresentação do material seja feita por leitores especializados em cada aspecto a inspecionar, de modo que cada leitor dirija a inspeção sob uma perspectiva diferente. A técnica da **leitura baseada em perspectivas** (*perspective-based reading*) é mais eficaz que a simples utilização de listas de conferência, segundo [Laitenberger+01]. Em [Shull+00], apresenta-se um exemplo detalhado de aplicação da leitura baseada em perspectivas à revisão de requisitos.

A reunião deve ser iniciada pontualmente; nenhum participante poderá mais entrar após o seu início. Caso a reunião fique inviabilizada, ela deverá ser cancelada, e nova data deverá ser marcada pelo líder. Esse cancelamento é obrigatório nos seguintes casos:

- se só houver um autor do documento e ele não comparecer;
- se o líder não comparecer e não houver outra pessoa qualificada para a posição;
- se o relator não comparecer e não houver outra pessoa qualificada para a posição;
- se após o remanejamento das funções dos membros, devido a ausências inesperadas, não restar quórum para continuação da reunião.

2.3.4 Perfil da equipe de revisão

Perfil do líder

O líder da revisão deve possuir as seguintes qualificações:

- compreender o propósito das revisões em geral e entender seu funcionamento;
- compreender o propósito de cada revisão em particular;
- ter, no mínimo, conhecimentos técnicos de alto nível sobre o material a ser inspecionado;
- ter participado de alguma outra revisão similar como revisor e também, de preferência, como autor;
- não ter com qualquer um dos revisores ou autores alguma dificuldade pessoal que possa interferir em sua habilidade de liderar.

Para ter o conjunto adequado de qualificações, é praticamente indispensável que o líder tenha recebido treinamento tanto de condução de reuniões em geral quanto dos aspectos específicos das reuniões de inspeção. A Tabela 3.10 resume as responsabilidades do líder da revisão. É particularmente importante o balanço final da revisão, que deve considerar:

- se a revisão foi bem-sucedida;
- se ela contribuiu efetivamente para a melhoria do produto;
- se algum dos participantes foi responsável por um eventual fracasso da revisão;
- se todos os participantes estão satisfeitos com os resultados da revisão;
- se o projeto sob revisão recebeu tratamento justo e adequado.

TABELA 3.10 Responsabilidades do líder da revisão

Antes da revisão	Conferir se todas as providências necessárias para a realização da reunião foram efetuadas.
	Verificar se todos os participantes fizeram a preparação adequada.
	Suspender a reunião se não houver quórum de participantes com preparação adequada.
Durante a revisão	Garantir que todos os participantes falem e contribuam.
	Garantir que todas as críticas sejam formuladas e registradas.
	Não deixar que o interesse diminua.
	Não permitir que a discussão perca a objetividade.
	Suspender a inspeção em caso de perda de quórum ou perturbação grave dos trabalhos.
	Procurar obter o consenso quanto aos resultados da inspeção.
	Na ausência de consenso, garantir que sejam registradas como resultado as posições mais críticas dos revisores mais questionadores.
Ao final da revisão	Fazer um balanço da revisão.
	Garantir que o relatório esteja pronto e que seja preciso e conforme ao respectivo padrão.
	Analisar o que pode ser feito para tornar a próxima revisão ainda melhor, registrando na lista de tópicos de processo as possíveis sugestões.

Perfil do relator

O relator da revisão deve possuir as seguintes qualificações:

- compreender o propósito das revisões em geral e entender seu funcionamento;
- compreender o propósito dessa revisão em particular;
- compreender o jargão e os formatos utilizados nesse material;
- ser capaz de comunicar-se com as pessoas que estarão presentes na revisão;
- ter participado de alguma outra revisão como inspetor ou como autor.

A Tabela 3.11 ilustra as responsabilidades do relator da revisão.

TABELA 3.11 Responsabilidades do relator da revisão

Antes da revisão	Saber identificar, pelo nome, todos os participantes da revisão.
	Reservar tempo para o trabalho que deverá fazer após a revisão.
	Dispor dos materiais necessários para manter um registro preciso, em formatos adequados.
Durante a revisão	Registrar todos os pontos discutidos.
	Fazer anotações que reflitam precisamente os comentários.
	Utilizar computadores portáteis ou outro registro visível dos pontos discutidos.
	Registrar os pontos numa linguagem neutra, de forma não ambígua.
	Ler em voz alta os pontos registrados.
	Classificar e totalizar os defeitos encontrados, segundo a classificação aqui adotada.
Ao final da revisão	Levantar junto aos revisores o total de horas gasto na preparação da revisão e registrá-lo.
	Preparar o relatório de forma precisa.
	Distribuir o relatório para todos os participantes e demais interessados.
	Garantir que o relatório seja adequadamente revisado e assinado pelos revisores.
	Se tópicos de projeto ou processo foram levantados, redigir os respectivos relatórios.

Perfil dos revisores em geral

Os demais revisores devem levar em conta os seguintes aspectos de comportamento:

- estar preparado, tendo lido cuidadosamente o material antes de cada reunião;
- ter conhecimento técnico sobre parte do material sob revisão;
- ser cooperativo;
- ser franco em relação ao material da revisão, mas polido em relação aos autores;
- compreender perfeitamente os pontos discutidos;
- procurar equilibrar comentários positivos e negativos;
- apontar defeitos, mas não discutir como resolvê-los (a resolução não faz parte da revisão);

Capítulo 3

- evitar discussões sobre detalhes não pertinentes à qualidade do material sob revisão;
- limitar-se aos assuntos técnicos da revisão;
- não avaliar os produtores, apenas o resultado do projeto.

Normalmente, os revisores são desenvolvedores, ou seja, pares dos autores. Em alguns casos, pode ser desejável a participação de usuários como revisores, por exemplo, em revisões de requisitos, do desenho das interfaces de usuário e da documentação de usuário. Nesse caso, os usuários devem estar cientes de que estarão analisando a qualidade do material sob revisão (por exemplo, quanto a limpeza, organização e clareza). O mérito das soluções contidas no material deve ter sido analisado anteriormente (por exemplo, em oficinas de requisitos e desenho).

2.3.5 Listas de conferência para revisões

As listas de conferência contêm conjuntos de itens que devem ser analisados no material sob revisão. Cada tipo de material possui listas de conferência específicas. Para cada material a ser revisado, é altamente recomendável que os autores façam revisões individuais prévias, usando listas de conferência, o que já permite a eliminação dos defeitos mais evidentes, evitando que tomem tempo das revisões. A Tabela 3.12 apresenta um exemplo de lista de conferência (no caso, para itens de análise).

TABELA 3.12 Exemplo de lista de conferência

NÚMERO	ASPECTO	ID	QUESITO / FUNÇÃO	CÓDIGO
10	Classes	CLA010	Toda classe é representada em pelo menos um diagrama de classes.	10
20		CLA020	Todas as classes têm campos de documentação preenchidos, corretos quanto à linguagem e quanto à descrição do respectivo propósito.	10
30		CLA030	Para cada classe de fronteira que representa uma interface on-line há pelo menos uma representação de tela no protótipo de requisitos, e vice-versa.	40
40		CLA040	Cada classe de controle corresponde a um caso de uso, a um subfluxo ou fluxo alternativo complexo, ou a um algoritmo importante.	80
50		CLA050	Toda classe referenciada nos Requisitos de persistência é uma classe de entidade do modelo, com estereótipos e propriedades corretas.	40
60		CLA060	A descrição de cada classe de entidade descreve claramente o papel da classe dentro do domínio do problema.	40
70		CLA070	Classes internas são usadas corretamente para indicar agrupamentos dentro das classes de fronteira.	40

(continua)

Gestão da Qualidade 97

TABELA 3.12 Exemplo de lista de conferência (*continuação*)

NÚMERO	ASPECTO	ID	QUESITO / FUNÇÃO	CÓDIGO
80	Relacionamentos	REL010	A apresentação dos relacionamentos é correta, clara, compreensível e conforme com o padrão.	10
90		REL020	A multiplicidade dos papéis de cada relacionamento é apresentada quando requerida pelo padrão, e correta.	70
100		REL030	Os nomes dos relacionamentos, quando usados, são claros e adequados.	70
110		REL040	As restrições aplicáveis aos relacionamentos, se existentes, foram anotadas.	70
120		REL050	Os relacionamentos de agregação e composição são usados corretamente para exprimir relacionamentos de todo e parte.	70
130		REL060	Os relacionamentos de herança, quando utilizados, descrevem adequadamente os aspectos de generalização e especialização.	80
140	Atributos	ATR010	Todos os atributos de classes de fronteira representam campos de interfaces externas, aparecendo no protótipo dos requisitos com o mesmo nome.	40
150		ATR020	Todos os atributos de classes de entidade fazem parte do domínio do problema.	40
160		ATR030	Nenhum atributo reflete decisão de desenho ou de implementação.	40
170		ATR050	Todos os atributos são consistentes com a hierarquia de heranças.	70
180		ATR060	Todo atributo tem um campo de documentação, que esclarece o seu propósito.	10
190		ATR070	Tipos, valores iniciais e multiplicidades dos atributos são usados apenas quando necessários, de forma correta.	70
200	Operações	OPR010	O nome de cada operação é significativo em relação à sua função.	80
210		OPR020	Toda operação tem um campo de documentação, que esclarece o seu propósito.	10
220		OPR030	Os parâmetros e valores de retorno das operações, possivelmente tipados, são usados apenas quando necessários, de forma relevante para o domínio do problema.	40
230		OPR040	Hierarquias de herança são usadas para extrair operações comuns a grupos de classes.	80

Cada lista de conferência tem algumas seções que são referentes ao produto como um todo, representadas por tabelas com uma única coluna de verificação; nessas seções, cada quesito será respondido de forma global em relação ao material em questão. Existem também seções que possuem várias colunas de verificação, correspondendo cada coluna a uma unidade de material revisado, que será verificada separadamente. Todos os quesitos devem ser respondidos para todas as unidades em uma seção, antes de se passar ao quesito seguinte (ordenação por quesito).

Cada coluna de verificação será preenchida com os códigos de conferência apropriados, conforme a Tabela 3.13. Defeitos são indicados por um número maior que 0, ou pelo código B. Uma revisão formal será suspensa quando o número de quesitos com resposta X for significativo, para que seja sanado o problema que está causando a ocorrência deles.

TABELA 3.13 Códigos para preenchimento de listas de conferência

CÓDIGO	SIGNIFICADO
0	Nenhum defeito encontrado no quesito, no material revisado.
> 0	Número de defeitos encontrados no quesito, no material revisado.
N	Não aplicável ao material revisado.
C	Correto por construção (por exemplo, item gerado automaticamente ou reutilizado). Caso a construção seja parcial, aplicam-se os demais códigos.
D	Conferência dispensada porque o elemento, desde a revisão anterior, não sofreu alteração significativa.
E	Há exceções aceitáveis para este projeto, conforme documentado no material.
X	Não foi verificado para o material inspecionado por causa de documentação insuficiente ou outro motivo relevante.
B	Item não preenchido no material revisado, embora obrigatório.

Essas listas de conferência serão aperfeiçoadas gradualmente pela **Gerência da qualidade**, para que a experiência de uso as torne cada vez mais úteis, ou para adaptá-las a variações nos perfis das equipes, das tecnologias ou dos produtos. Por exemplo, é recomendável personalizá-las de acordo com os seguintes critérios:

- quesitos que receberem sistematicamente respostas N ou C devem ser eliminados das listas de conferência de material de características semelhantes (indicam respectivamente que o quesito não é aplicável, ou que o material é construído corretamente, de forma automatizada);
- quesitos que receberem sistematicamente respostas 0 devem ser eliminados das listas de conferência de material de características semelhantes e dos mesmos autores (indicam que esse tipo de defeito é raro e que, portanto, a regra correspondente já é praticada por hábito);
- defeitos percebidos pelos revisores e não contemplados nas listas de conferência devem gerar novos quesitos.

As listas de conferência já devem conter os códigos aplicáveis aos itens contemplados, para evitar que os revisores tenham dúvidas quanto à classificação. A Tabela 3.14

Gestão da Qualidade

TABELA 3.14 Códigos para natureza das anomalias, em relatórios de revisão

CÓDIGO	TIPO	DESCRIÇÃO
0	Usabilidade	Defeitos de desenho nas interfaces e funções do produto.
10	Documentação	Comentários, mensagens, padronização.
20	Sintaxe	Grafia, pontuação, digitação, formatos de instruções.
30	Construção	Gestão de configurações, ligação, geração de código, engenharia reversa.
40	Atribuição	Declarações, nomes, escopo, limites.
50	Interface	Chamadas de métodos e procedimentos, entrada e saída.
60	Verificação	Mensagens de erro, falhas de verificação.
70	Dados	Estrutura, conteúdo.
80	Função	Lógica, apontadores, malhas, recursão, cálculos.
90	Sistema	Configuração, temporizações, memória.
100	Ambiente	Falhas nas ferramentas ou ambiente de desenvolvimento.

apresenta um conjunto de códigos utilizado para classificação de defeitos, adaptado do esquema **ODC** (*Orthogonal Defect Classification*), proposto em [Chillarege92] e adotado no processo PSP [Humphrey05].

Em alguns estilos de revisão, adota-se também uma classificação das anomalias por severidade, como a mostrada na Tabela 3.15. Como a atribuição da severidade é mais dependente das condições de um projeto do que da natureza da anomalia, no processo Praxis prefere-se usar essa classificação em instâncias seguintes, como em lançamentos no sistema de registro de defeitos ou em auditorias da qualidade. Alguns autores incluem uma severidade média, entre as severidades maior e menor. A severidade é um dos principais fatores para determinar a prioridade de tratamento que deve ser dada a um defeito.

TABELA 3.15 Códigos para severidade das anomalias

SIGLA	NOME	DESCRIÇÃO
CR	Crítico	Defeito que reflete a ausência de um requisito essencial ou impede a utilização do produto. Não pode ser contornado, exigindo ação corretiva imediata.
MA	Maior	Defeito que reflete a ausência de um requisito importante ou que afeta, mas não impede, a utilização do produto. Pode ser contornado, por exemplo, combinando-se funções não atingidas pelo defeito. Exige ação corretiva tão logo possível.
ME	Menor	Todos os outros problemas, como erros de documentação, erros de grafia nas mensagens do produto etc. A ação corretiva pode ser adiada, dependendo dos critérios do projeto.

As normas IEEE dispõem de um padrão de classificação de defeitos, que não é usado neste livro por ser bem mais complexo que os mostrados nas tabelas acima [IEEE09].

2.3.6 Registro dos resultados

Durante as reuniões de revisão, as anomalias encontradas devem ser registradas em um formato padronizado. A Tabela 3.16, por exemplo, mostra o formato adotado no processo *SPraxis*. As colunas de iteração, visão, pacote e elemento servem para localizar o ponto onde se requer uma correção, que é descrito a seguir. As colunas de folha e número se referem a listas como a da Tabela 3.12. As duas últimas colunas serão preenchidas pelo autor do material, informando a correção feita e o tempo gasto. Dados coletados de todas as revisões são resumidos (de forma facilmente automatizada) nas Tabelas 3.17 e 3.18.

O mesmo processo coleta os dados relativos às sessões de apreciação em folhas como as da Tabela 3.19, a partir da qual os esforços totais das apreciações podem ser automaticamente calculados, como na Tabela 3.20. A Tabela 3.21 exemplifica um resumo dos resultados finais das apreciações. Normalmente, para todas elas é indicada a disposição, refletindo uma das opções acima apresentadas. Outros possíveis resultados são:

- **Tópico de projeto** – sugestão para melhoria do projeto. Essas sugestões não devem ser discutidas, mas simplesmente anotadas na ordem em que aparecerem. Os destinatários dessa lista são os gerentes dos projetos, que podem aceitá-las ou não.
- **Tópico de processo** – sugestão para melhoria nos processos de software utilizados, inclusive os processos de garantia da qualidade. Os destinatários dessa lista são os grupos pertinentes, como as gerências da qualidade e de processos, que podem usá-las com insumos para alterações ou inovação dos processos.
- **Problema** – problema encontrado durante a execução da apreciação. Os destinatários são o gerente do projeto e a **Gerência da Qualidade**. Possivelmente, gerará um item do sistema de resolução de problemas, discutido no capítulo sobre **Gestão de projetos**.
- **Recomendação** – outras recomendações não classificáveis nos itens anteriores, como recomendações relativas ao uso das ferramentas, ambiente físico etc.

2.4 Validação

2.4.1 Visão geral

Segundo o CMMI, a validação tem por objetivo demonstrar que um produto (ou componente de produto) atende ao uso que se pretende dele, quando colocado no ambiente pretendido. A definição do IEEE se refere à validação em termos do atendimento aos requisitos especificados para o produto. Como se observou no início deste capítulo, haverá diferenças entre a aplicação dessas definições sempre que os requisitos não corresponderem exatamente ao uso pretendido de um sistema. Por outro lado, os requisitos formam a base do conhecimento sobre o problema que é usado durante o desenvolvimento. Portanto, representam explicitamente o que foi acordado entre cliente e fornecedor, e fornecem uma referência objetiva para a aceitação de um produto.

Para se ter uma validação ao mesmo tempo objetiva e completa, é conveniente combinar tanto testes de sistema, que comparam o comportamento de um produto com uma especificação de testes diretamente derivada dos requisitos, quanto avaliações de uso, nas quais usuários qualificados e representativos avaliam até que ponto o uso do produto está de acordo com as suas expectativas.

TABELA 3.16 Exemplo de lista de anomalias encontradas numa revisão

NÚMERO	ITERAÇÃO	VISÃO	PACOTE	ELEMENTO	DESCRIÇÃO	FOLHA	NÚMERO	DESCRIÇÃO DA CORREÇÃO	ESFORÇO DE CORREÇÃO (MIN.)
1	C1	App Code	praxis.tool. projectmanager. vaadin.boundary	Classe ProjectTab	Visibilidade não é a menor possível	Código geral	CLA010	Corrigido como requerido.	1
2	C1	App Code	praxis.tool. projectmanager. control	Classe ProjectManager	Campo serialVersionUID sem documentação	Código geral	CLA060	Corrigido como requerido.	1
3	C1	App Code	praxis.tool. projectmanager. control	Classe ProjectManager	Atribuidores dos campos de data não passam testes de unidade.	Código geral	UTL010	Atribuidores acertados para aceitar argumentos String e Date.	30
4	C1	Unit Logs	praxis.tool. projectmanager. test.graybox. project	Classe ProjectManagerTest	Caso de teste de unidade de controle para a data de início não é mais aplicável.	Registros de teste de unidade	UTL020	Caso de teste removido.	2
5									
6									
Total									34

102 *Capítulo 3*

TABELA 3.17 Exemplo de resumo de contagens de anomalias

FOLHA	NATUREZA	E1	C1	C2	CONTAGEM DE ANOMALIAS
RR	Revisão dos requisitos	4	3	0	7
AR	Revisão da análise	2	3	11	16
EDR	Revisão do desenho externo	1	10	0	11
TDR	Revisão do desenho dos testes	7	1	0	8
IR	Revisão da implementação	0	4	0	4
IDR	Revisão do desenho interno	4	2	0	6
VAL	Validação	3	0	0	3
	TOTAL	21	23	11	55

TABELA 3.18 Exemplo de resumo de tempos de correção

FOLHA	NATUREZA	E1	C1	C2	TRABALHO DE CORREÇÃO (PH)
RR	Revisão dos requisitos	0,233	0,050	0,000	0,28
AR	Revisão da análise	0,100	0,050	0,200	0,35
EDR	Revisão do desenho externo	0,017	0,183	0,000	0,20
TDR	Revisão do desenho dos testes	0,150	0,083	0,000	0,23
IR	Revisão da implementação	0,000	0,567	0,000	0,57
IDR	Revisão do desenho interno	0,300	0,033	0,000	0,33
VAL	Validação	0,117	0,000	0,000	0,12
	Esforço de correção (PH)	0,92	0,97	0,20	2,08

TABELA 3.19 Exemplo de folha de sessões de apreciação

NÚMERO	ITERAÇÃO	APRECIAÇÃO	CASO DE USO	DATA	INÍCIO	FIM	TRABALHO (PH)	PARTICIPANTES
1	E1	RR	Gestão de Casos de Uso	19/4	14:15	14:45	1,50	3
2	E1	AR	Gestão de Casos de Uso	23/4	18:30	19:00	1,00	2
3	E1	EDR	Gestão de Casos de Uso	22/5	15:15	15:45	1,00	2
4	E1	TDR	Gestão de Casos de Uso	17/6	13:00	13:30	1,00	2

(continua)

Gestão da Qualidade **103**

TABELA 3.19 Exemplo de folha de sessões de apreciação (*continuação*)

NÚMERO	ITERAÇÃO	APRECIAÇÃO	CASO DE USO	DATA	INÍCIO	FIM	TRABALHO (PH)	PARTICIPANTES
5	E1	IDR	Gestão de Casos de Uso	24/6	12:15	13:00	1,50	2
6	E1	IR	Gestão de Casos de Uso	24/6	13:00	13:15	0,75	3
7	E1	VAL	Gestão de Casos de Uso	30/6	14:50	15:05	0,50	2
8	C1	RR	Gestão de Projetos	8/7	17:45	18:00	0,50	2
9	C1	AR	Gestão de Projetos	11/7	12:45	13:00	0,50	2
10	C1	EDR	Gestão de Projetos	25/7	16:30	17:00	1,50	3
11	C1	TDR	Gestão de Projetos	13/8	13:45	14:15	1,00	2
12	C1	IR	Gestão de Projetos	27/8	19:15	20:00	2,25	3
13	C1	IDR	Gestão de Projetos	28/8	14:00	14:15	0,50	2
14	C1	VAL	Gestão de Projetos	29/8	15:30	15:45	0,50	2
15	C2	RR	Gestão de Projetos	8/9	12:30	13:00	1,00	2
16	C2	AR	Gestão de Projetos	9/9	16:20	16:50	1,50	3
17	C2	EDR	Gestão de Projetos	9/12	16:05	16:20	0,50	2
18	C2	TDR	Gestão de Projetos	12/1	14:00	14:15	0,50	2
19	C2	IR	Gestão de Projetos	2/3	12:30	12:45	0,75	3
20	C2	IDR	Gestão de Projetos	10/3	20:00	20:15	0,50	2
21	C2	VAL	Gestão de Projetos	16/3	20:00	20:15	0,50	2
22								
23								
Total							8,25	

Capítulo 3

TABELA 3.20 Exemplo de folha de resumo dos esforços de apreciação

FOLHA	NATUREZA	E1	C1	C2	C3	TRABALHO TOTAL (PH)
RR	Revisão dos requisitos	1,50	0,50	1,00	0,00	3,00
AR	Revisão da análise	1,00	0,50	1,50	0,00	3,00
EDR	Revisão do desenho externo	1,00	1,50	0,50	0,00	3,00
TDR	Revisão do desenho dos testes	1,00	1,00	0,50	0,00	2,50
IR	Revisão da implementação	0,75	2,25	0,75	0,00	3,75
IDR	Revisão do desenho interno	1,50	0,50	0,50	0,00	2,50
VAL	Validação	0,50	0,50	0,50	0,00	1,50
	TOTAL	7,25	6,75	5,25	0,00	19,25

TABELA 3.21 Exemplo de folha de conclusões do relatório das apreciações

NÚMERO	ITERAÇÃO	APRECIAÇÃO	ESPÉCIE DE RESULTADO	DESCRIÇÃO DO RESULTADO
1	E1	RR	Disposição	Aprovado com consertos.
2	E1	AR	Tópico de projeto	Revisar requisitos de estabilidade, porque alguns não parecem usuais.
3	E1	AR	Tópico de processo	Como URLs de anexos são tratadas como comentários, podem aparecer como documentação no relatório de Documentação, dependendo da ordem em que são preenchidas. A consulta deve ser consertada para distinguir o campo de documentação de outras espécies de comentário.
4	E1	AR	Disposição	Aprovado com consertos menores.
5	E1	EDR	Disposição	Aprovado com consertos menores.
6	E1	TDR	Disposição	Aprovado com consertos menores.
7	E1	IDR	Disposição	Aprovado com consertos menores.

(continua)

Gestão da Qualidade · 105

TABELA 3.21 Exemplo de folha de conclusões do relatório das apreciações (*continuação*)

NÚMERO	ITERAÇÃO	APRECIAÇÃO	ESPÉCIE DE RESULTADO	DESCRIÇÃO DO RESULTADO
8	E1	IR	Disposição	Aprovado.
9	E1	VAL	Disposição	Aprovado com consertos menores.
10	C1	RR	Disposição	Aprovado.
11	C1	AR	Disposição	Aprovado com consertos menores.
12	C1	AR	Tópico de projeto	Consertou anomalias que escaparam da revisão dos requisitos.
13	C1	EDR	Disposição	Aprovado com consertos menores.
14	C1	EDR	Tópico de projeto	Documentação das propriedades redefinidas, como na Visão de uso, seria mais informativa caso específica em relação ao campo redefinidor, em lugar de simplesmente copiar o campo redefinido.
15	C1	TDR	Disposição	Aprovado com consertos menores.
16	C1	IR	Disposição	Aprovado com consertos menores.
17	C1	IDR	Disposição	Aprovado com consertos menores.
18	C1	VAL	Disposição	Aprovado.
19	C2	RR	Disposição	Aprovado.
20	C2	AR	Disposição	Aprovado com consertos.
21	C2	AR	Tópico de projeto	Grande número de defeitos na revisão de análise; recomendam-se revisões informais mais rigorosas.
22	C2	EDR	Disposição	Aprovado.
23	C2	TDR	Disposição	Aprovado.
24	C2	IR	Disposição	Aprovado.
25	C2	IDR	Disposição	Aprovado.
26	C2	VAL	Disposição	Aprovado.
27				
28				
29				

Capítulo 3

Dos métodos de **Validação** aqui descritos, os testes de sistema são de uso praticamente universal, embora muitas organizações não tenham distinção clara entre esses testes e os testes de desenvolvimento, ou não usem testes automatizados. A separação da equipe de testes e a automação dos testes são praticamente consensuais na literatura, e a experiência da própria organização do autor atesta a importância dessas práticas.

Avaliações de uso explícitas como as que são aqui descritas não são comuns, mas contribuem também para reduzir muito a descoberta tardia de defeitos mais sérios e a insatisfação dos usuários com possíveis requisitos mal-entendidos. As avaliações de uso podem ser consideradas implícitas no processo XP, pela presença do "cliente residente" e pela recomendação enfática de que ele especifique os testes de sistema ou pelo menos sirva de referência para eles.

2.4.2 Testes de sistema

Classificação

Testes de sistema podem ser usados para cumprir diversos papéis durante a validação. Como **testes de qualificação**, são usados para determinar se um sistema ou componente tem nível de qualidade suficiente para uso operacional. O comportamento no próprio uso operacional é avaliado pelos **testes operacionais**. Os testes serão considerados **testes de aceitação** se forem usados para determinar se um sistema satisfaz a seus critérios de aceitação, e podem, portanto, ser aceitos oficialmente por clientes e usuários.

Como o ambiente de operação é um dos componentes mais importantes da validação, os testes de sistema podem também ser classificados como **testes alfa**, quando feitos em um ambiente do fornecedor, que pode ser mais ou menos semelhante aos ambientes de uso definitivo; e como **testes beta**, quando são feitos nesses ambientes de uso.

Testes de qualificação

A designação de um grupo de testes como testes de qualificação depende do processo adotado. No processo Praxis, por exemplo, os principais testes de qualificação são testes de sistema, especificados e desenhados pela equipe de testes, e realizados no ambiente do fornecedor, para cada função do produto, logo que a equipe de desenvolvimento entregue um executável do produto com essa função implementada. Dizemos que eles são executados na forma de **testes alfa**.

Algumas organizações utilizam uma iteração especial, destinada exclusivamente à realização de testes alfa; esse é um estilo mais tradicional de processos. A desvantagem dessa abordagem é que defeitos importantes podem se manifestar apenas nessa última iteração, quando o custo da remoção terá subido (possivelmente muito) em relação ao ponto de introdução do defeito. Para evitar esse tipo de problema, é recomendável que os testes de cada função sejam os mais completos possíveis, dentro da iteração em que a função é liberada.

Muitos desenvolvedores argumentam que possíveis dependências entre casos de uso podem levar a situações em que certos casos de uso só podem ser completamente testados quando outros casos de uso estiverem completamente implementados. Conceitualmente, casos de uso são sempre independentes entre si, e os resultados dos testes de um caso de uso, além das entradas, dependerão apenas do estado em que o sistema estiver no início do teste (em geral, um estado do banco de dados, ou outros mecanismos de persistência).

O que pode ocorrer durante um projeto é que, para levar um sistema ao estado esperado por um caso de uso, seja mais prático implementar outro caso de uso do que implementar um mecanismo artificial e descartável, como um povoador de bancos de dados. Essas situações devem ser consideradas quando for feito o ordenamento da implementação dos casos de uso. Em alguns casos, dependências circulares entre estados e casos de uso podem levar a situações em que um caso de uso precisa ser testado parcialmente em uma iteração, e deve ter o teste completado quando outro caso de uso for implementado, em outra iteração. Ou pode ser necessário implementar e testar simultaneamente dois casos de uso; nessa situação, é mais prático unificar as colaborações de uso e de teste que os realizam.

A grande maioria dos requisitos não funcionais está geralmente associada a uma função ou grupo de funções, e os testes correspondentes a cada requisito não funcional podem ser realizados assim que o respectivo grupo de funções esteja implementado. Apenas alguns casos especiais, como testes de instalabilidade, precisam de todo o produto implementado para que sejam realizados. Esses testes podem ser realizados no final do projeto, sem que seja preciso reservar uma iteração especial para eles.

Testes operacionais e de aceitação

A designação desses testes também depende do processo adotado. No processo **Praxis**, por exemplo, a avaliação de uso, descrita na subseção seguinte, inclui a realização de testes por parte dos representantes dos usuários que participam da avaliação. Esses testes podem ser considerados testes de aceitação preliminares, válidos a menos de diferenças entre o ambiente do fornecedor, no qual são realizados, e os ambientes definitivos. No caso mais comum, são testes informais de iniciativa dos usuários. Como testes informais, tipicamente terão cobertura fraca, e dificilmente descobrirão defeitos não descobertos anteriormente pelos testes formalmente desenhados; mesmo assim, podem ser úteis como demonstração de funcionamento do produto, ajudando a manter o bom relacionamento entre cliente e fornecedor.

O mesmo processo prevê que a primeira iteração da fase de **Transição** seja focalizada na realização dos testes beta, que servem como testes operacionais definitivos. Pode haver consideráveis diferenças de ambientes entre testes alfa e beta; por exemplo, quando a montagem do ambiente definitivo é dispendiosa, ou quando existe uma grande variedade de ambientes de uso definitivo. Nos testes beta, é preciso garantir, no mínimo, que o produto funcione suficientemente bem para poder entrar em operação piloto. O próprio uso em operação piloto representa os testes finais de aceitação.

Em sistemas mais críticos, é recomendável que tanto os testes operacionais quanto os de aceitação sejam feitos por usuários altamente qualificados, capazes de formular testes destrutivos. Ou então que sejam executados testes formais desenhados por desenhistas de testes externos ao fornecedor, que podem fazer parte de uma equipe de homologação do cliente, ou de uma terceira organização, contratada para verificação e validação independentes.

2.4.3 Avaliações de uso

Objetivos

Nas avaliações de uso, representantes dos usuários, experientes e autorizados, examinam diretamente as funções implementadas de um produto. O objetivo desse exame é determinar, o mais cedo possível, se existem discrepâncias entre o funcionamento do produto e as expectativas criadas pelos usuários. O objetivo da avaliação é apenas o de determinar se essas discrepâncias existem, o mais cedo possível; caso ocorram, o tratamento a ser dado depende do que tiver sido estabelecido na relação entre cliente e fornecedor.

Normalmente, se a discrepância for causada por um entendimento errôneo dos requisitos pelos desenvolvedores, a responsabilidade pela correção é do fornecedor. Se, por outro lado, trata-se de um requisito que foi alterado, ou que não foi formulado durante o levantamento dos requisitos, a responsabilidade é claramente do cliente, e qualquer alteração deve ser tratada como alteração de requisitos, que, neste livro, é assunto da **Gestão de alterações**.

Em alguns casos, essa classificação pode ser difícil, como no caso de requisitos complexos que tenham sido entendidos de forma diferente por usuários e engenheiros de requisitos. Nesses casos, o problema deve ser encaminhado a instâncias superiores, para que a resolução seja negociada entre representantes do fornecedor e do cliente com poder para isso. Em outros casos, mesmo sendo a discrepância claramente de responsabilidade do cliente, o fornecedor pode resolver assumir o custo de correção, em nome do bom relacionamento com o cliente.

Realização

As avaliações de uso podem ser concentradas no final de cada iteração, ou feitas separadamente para cada caso de uso implementado. É conveniente que os contratos disponham de cláusulas de decurso do prazo, para evitar que a falta de disponibilidade de usuários autorizados postergue indefinidamente as avaliações de uso.

É importante que as avaliações iniciais de uso sejam acompanhadas por engenheiros de requisitos do fornecedor, de preferência os mesmos que especificaram os requisitos originalmente. Esses engenheiros decidirão, conforme avaliem as responsabilidades pelas discrepâncias, se estas deverão ser tratadas como defeitos ou como problemas que requerem decisões em nível mais alto.

A avaliação de uso pode ser parcialmente dirigida por listas de conferências. São aplicáveis as mesmas listas de conferência usadas para avaliação dos protótipos de desenho externo quanto às diretrizes para interfaces de usuário e aos estilos de interação. Para os testes realizados durante as avaliações, é aplicável a lista de conferência para testes manuais. Podem ser usados também registros de teste similares aos dos testes de qualificação, tal como discutidos no capítulo sobre **Testes**. Durante a avaliação de uso, deve ser conjuntamente avaliada a documentação para usuários, principalmente o **Manual do usuário**. Uma lista de conferência para os procedimentos desse manual é apresentada na Tabela 3.22.

No processo Praxis, a segunda iteração da fase de **Transição** focaliza a **operação piloto**. O IEEE define **operação** (nesse sentido) como *"O processo de executar um sistema em seu ambiente pretendido, para que desempenhe as funções pretendidas"*. A operação piloto só difere da operação normal pelo fato de que durante essa etapa o custo de suporte e manutenção já estará embutido no preço contratado para o produto. Trata-se, portanto, de um conceito similar ao do período de garantia oferecido pelos fornecedores de muitos bens e serviços. O uso na operação piloto não apenas representa o procedimento final de validação e aceitação de um produto como também testa os próprios processos de suporte e manutenção.

TABELA 3.22 Lista de conferência para procedimentos do **Manual do usuário**

NÚMERO	QUESITO / FUNÇÃO	CÓDIGO
10	O objetivo de cada procedimento é descrito claramente.	0
20	Os pré-requisitos para a execução de cada procedimento são descritos claramente.	0
30	A preparação para a execução de cada procedimento é descrita claramente.	0
40	As entradas aplicáveis a cada procedimento são descritas claramente.	0
50	A forma de acionamento de cada procedimento é descrita claramente.	0
60	A forma de suspensão anormal de cada procedimento é descrita claramente.	0
70	A forma de encerramento normal de cada procedimento é descrita claramente.	0
80	Os resultados produzidos por cada procedimento são descritos claramente.	0
90	As mensagens que podem ser produzidas por cada procedimento são descritas claramente.	0
100	A informação relacionada a cada procedimento é correta e pertinente.	0

2.5 Auditorias

2.5.1 Visão geral

O IEEE define **auditoria** como um *"Exame independente de um produto ou processo, para aferir-lhe a conformidade com padrões, especificações, acordos contratuais e outros critérios"*. Diretrizes para a realização de auditorias estão contidas no padrão IEEE-1028, o mesmo que trata de revisões em geral.

Conforme prevê esse padrão, auditorias podem ser aplicadas a quaisquer tipos de artefatos de produtos, projetos e processos. Neste capítulo, serão tratadas com destaque as **auditorias da qualidade**, que têm como objetivo examinar a conformidade da prática dos próprios procedimentos de garantia da qualidade, ao final de uma divisão significativa do projeto. No desenvolvimento dirigido por casos de uso, uma divisão significativa pode ser o desenvolvimento completo de um caso de uso, ou uma iteração completa.

Além dessas auditorias, que são específicas de cada projeto, serão tratadas brevemente as **auditorias da organização**, cujo objeto é formado por atividades da organização não incluídas em projetos. Outros tipos de auditoria poderiam ser acrescentados; por exemplo, auditorias funcionais e físicas dos resultados entregues por subcontratados podem ser úteis, em casos de subcontratação.

As auditorias não são práticas muito comuns, mas são essenciais para garantir a conformidade com os processos oficiais, exceto, talvez, em organizações formadas por

Capítulo 3

profissionais de nível muito alto de qualificação, maturidade e disciplina. Em organizações mais maduras, por outro lado, as auditorias serão bastante rápidas, e podem ser bem integradas com a melhoria contínua dos processos, típica dessas organizações.

2.5.2 Auditorias da qualidade

Uma auditoria da qualidade representa a apreciação final de uma porção significativa de um projeto, como o conjunto do material associado ao desenvolvimento de um caso de uso, ou do conjunto dos casos de uso que compõem uma iteração. A auditoria da qualidade não visa mais a examinar a conformidade com requisitos ou expectativas do cliente, mas sim com o processo adotado. Isso inclui verificar se as apreciações anteriores foram feitas da forma correta; portanto, a auditoria da qualidade constitui um segundo nível de garantia da qualidade, que pode ser encarado como a apreciação das demais apreciações.

Uma auditoria da qualidade normalmente inclui as seguintes tarefas:

- Análise da conformidade dos artefatos técnicos do projeto com os processos e padrões adotados.
- Análise da qualidade e consistência dos artefatos gerenciais, como planos e relatórios.
- Análises de rastreabilidade, verificando-se a consistência entre os requisitos e os demais artefatos do projeto, o que pode ser feito seguindo-se os relacionamentos entre requisitos primários e derivados.
- Análise dos relatórios das revisões dos artefatos do projeto, principalmente das revisões mais formais, como as inspeções.
- Análise dos relatórios dos testes de sistema.
- Análise dos relatórios das avaliações do produto por parte dos usuários.
- Análise de conformidade das linhas de base do projeto com a política de gestão de configurações.

Para os problemas encontrados, os auditores submetem notificações de defeitos, que são tratadas pelo miniprocesso de resolução de defeitos, descrito na Subseção 2.6. Idealmente, essas solicitações devem ser encaminhadas para o **Gerente do projeto** e dele para o responsável pela atividade ou pelo artefato questionado. Caso o gerente não concorde com a providência solicitada, o assunto deverá ser encaminhado para decisão da **Diretoria**.

As auditorias da qualidade devem ser consideradas elemento essencial da implantação dos processos. Elas representam um segundo nível de apreciação para muitos artefatos, uma vez que defeitos podem ser introduzidos na realização de revisões, testes e avaliações, ou na redação dos respectivos relatórios. Para alguns artefatos que não são submetidos a essas verificações, elas representam o único nível de apreciação; no processo Praxis, por exemplo, é o caso de artefatos gerenciais, como os planos e relatórios de projeto. Para esses artefatos, o processo não previu revisões específicas, por considerar que seus autores, que são gerentes, sejam bastante qualificados, e porque a produção deles precisa ser especialmente ágil. Entretanto, durante a implantação ou alteração de um processo, defeitos nesses artefatos podem ser relativamente comuns, até que os seus autores tenham dominado os respectivos formatos.

Principalmente, as auditorias da qualidade indicam o quanto um processo está sendo realmente seguido, pelo menos quanto à confecção dos artefatos previstos. Processos que não são realmente seguidos são inúteis, e devem ser modificados ou abandonados. Em situações de treinamento, as auditorias da qualidade representam uma maneira conveniente de verificar o nível de aprendizado em relação ao processo. Nos cursos ministrados por este autor, a avaliação dos resultados de projetos didáticos é feita por meio da aplicação das auditorias da qualidade.

Exemplos de listas de conferência para auditorias da qualidade foram colocados no material suplementar deste livro, devido ao grande volume dessas listas. Apesar desse volume, um auditor experiente consegue avaliar uma iteração de um projeto em poucas horas. Em projetos didáticos, é recomendável que os alunos utilizem as mesmas listas para fazer uma conferência final dos seus resultados de projetos.

A Tabela 3.23 mostra um conteúdo típico das auditorias da qualidade. A Tabela 3.24 mostra uma série de entradas típicas de uma auditoria, tal como registradas no processo **Praxis**; vê-se que, no caso, os defeitos têm pesos diferentes, conforme a gravidade. As sessões efetuadas são registradas na Tabela 3.25. As Tabelas 3.26 a 3.28 mostram, respectivamente, os esforços de correção, as contagens de anomalias e os esforços de detecção.

TABELA 3.23 Auditorias da qualidade

NÚMERO	ANÁLISE	MATERIAL ANALISADO
1	**Conformidade com padrões**	Modelo do problema, Modelo da solução, Código, Testes, Manual do usuário, Cadastro dos requisitos, Planos do projeto, Relatórios do projeto, Relatórios das revisões, Listas de conferência, Relatórios das avaliações.
2	**Rastreabilidade**	Do Cadastro dos requisitos para Modelo do problema, Modelo da solução, Código, Testes; do Modelo da solução para o Modelo do problema; do Código para o Modelo da solução; do Manual do usuário para o Código e o Modelo da solução; dos Relatórios das revisões e Relatórios das avaliações para as Listas de conferência; dos Relatórios do projeto para o Modelo da solução, os Testes, os Relatórios das revisões e os Relatórios das avaliações.
3	**Consistência com planos**	Dos Planos do projeto para o Cadastro dos requisitos; dos Relatórios do projeto para o Cadastro dos requisitos os Planos do projeto.
4	**Revisões**	Listas de conferência e Relatórios das revisões.
5	**Testes**	Listas de conferência e Testes.
6	**Avaliações**	Listas de conferência e Relatórios das avaliações.
7	**Gestão de configurações**	Descritores da gestão de configurações.

TABELA 3.24 Exemplo de registros das auditorias da qualidade

NÚMERO	ITERAÇÃO	ARTEFATOS	PACOTE	ELEMENTO	DESCRIÇÃO	FOLHA	NÚMERO NA FOLHA	CÓDIGO	PESO	DESCRIÇÃO DO CONSERTO	ESFORÇO (MIN.)
1	E1	Modelo da solução	Plano de testes	Plano de testes	As características a testar não refletem revisão técnica.	Modelo da solução	SOL040	MA	5	Consertado como requerido.	2
2	E1	Gestão de alterações			Faltando registros de configuração para os projetos Tests e VaadinCode.	Gestão de configurações	CMG020	CR	25	Registros criados.	60
3	C1	Modelo do problema	Análise:: Estrutura:: Fronteira	Classe Project Screen	Propriedade "suggested column" para campo "manager" não é consistente.	Modelo do problema	PRO080	ME	1	Consertado como requerido.	1
4	C1	Modelo da solução	Uso:: Arquitetura	Diagrama principal	Pacote "Decisions" incorretamente colocado no diagrama "Rules".	Modelo da solução	SOL110	MA	5	Pacote removido.	1
5	C1	Modelo da solução	Uso:: Comportamento	Anexo de mensagens	Anexo estava ligado ao modelo e diagrama Teste:: Comportamento.	Modelo da solução	SOL040	MA	5	Anexo movido, como requerido.	3
6	C1	Modelo da solução	Teste:: Estrutura:: caixapreta	Diagrama principal	Pacote "projects" não mostrado no diagrama.	Modelo da solução	SOL110	MA	5	Pacote adicionado como requerido	1

(continua)

TABELA 3.24 Exemplo de registros das auditorias da qualidade (*continuação*)

NÚMERO	ITERAÇÃO	ARTEFATOS	PACOTE	ELEMENTO	DESCRIÇÃO	FOLHA	NÚMERO NA FOLHA	CÓDIGO	PESO	DESCRIÇÃO DO CONSERTO	ESFORÇO (MIN.)
7	C1	Modelo da solução	Teste:: Comportamento	Anexos das especificações de testes	Anexos não foram anexados ao modelo e diagrama Teste:: Comportamento.	Modelo da solução	SOL040	MA	5	Anexo anexado, como requerido.	3
8	C1	Gestão de projetos	Plano de tamanho	Informação geral	"Last update" não foi atualizada.	Gestão de projetos	PMG040	MA	5	Consertado como requerido.	1
9	C1	Gestão da qualidade	Plano da qualidade	Informação geral	"Last update" não foi atualizada.	Gestão da qualidade	QMG040	MA	5	Consertado como requerido.	1
10	C2	Modelo da solução	Uso:: Estrutura:: Projetos	Modelo	Classe ParametersPanel está faltando	Modelo da solução	SOL060	MA	5	Consertado como requerido.	15
11	C2	Modelo da solução	Lógica:: Estrutura:: entidade	Classe de atribuição	Estereótipos estão faltando nos atributos.	Modelo da solução	SOL080	ME	1	Consertado como requerido.	3
12	C2	Modelo da solução	Teste:: Estrutura:: comum:: projeto	Classe TestProjectsFactory	Alguns atributos sem documentação.	Modelo da solução	SOL060	MA	5	Consertado como requerido.	1
13											
									80		98

Capítulo 3

TABELA 3.25 Exemplo de sessões das auditorias da qualidade

NÚMERO	ITERAÇÃO	DATA	INÍCIO	FIM	ESFORÇO (PH)	PARTICIPANTES
1	E1	07/07/14	13:00	14:30	3,00	2
2	E1	07/07/14	15:45	16:45	2,00	2
3	E1	08/07/14	10:30	11:00	1,00	2
4	C1	02/09/14	16:00	17:30	3,00	2
5	C1	02/09/14	18:00	19:00	2,00	2
6	C2	16/03/15	12:00	14:30	5,00	2
7	C2	18/03/15	13:00	14:30	3,00	2
8						
9						
10						
Total					9,50	

TABELA 3.26 Exemplo de resumo do esforço de correção das auditorias da qualidade

FOLHA	E1	C1	C2	PROJETO
Modelo do problema	0,00	0,10	0,03	0,13
Modelo da solução	0,03	0,18	0,65	0,87
Código e testes	0,00	0,00	0,00	0,00
Apreciações	0,00	0,00	0,00	0,00
Gestão de configurações	1,05	0,00	0,00	1,05
Gestão do projeto	0,00	0,03	0,00	0,03
Gestão da qualidade	0,00	0,02	0,00	0,02
Rastreabilidade	0,00	0,00	0,00	0,00
Consistência dos planos	0,00	0,00	0,00	0,00
TOTAL	1,08	0,33	0,68	2,10

TABELA 3.27 Exemplo de resumo da contagem de anomalias das auditorias da qualidade

FOLHA	E1	C1	C2	PROJETO
Modelo do problema	0	3	2	5
Modelo da solução	5	25	63	93
Código e testes	0	0	0	0
Apreciações	0	0	0	0
Gestão de configurações	26	0	0	26
Gestão do projeto	0	10	0	10
Gestão da qualidade	0	5	0	5
Rastreabilidade	0	0	0	0
Consistência dos planos	0	0	0	0
TOTAL	31	43	65	139

TABELA 3.28 Exemplo de resumo do esforço de detecção das auditorias da qualidade

FOLHA	E1	C1	C2	PROJETO
Modelo do problema	0	3	2	5
Modelo da solução	5	25	63	93
Código e testes	0	0	0	0
Apreciações	0	0	0	0
Gestão de configurações	26	0	0	26
Gestão do projeto	0	10	0	10
Gestão da qualidade	0	5	0	5
Rastreabilidade	0	0	0	0
Consistência dos planos	0	0	0	0
TOTAL	31	43	65	139

2.5.3 Auditorias da organização

Idealmente, a **Gerência da qualidade** deve também auditar periodicamente as atividades dos demais grupos de suporte, para verificar se eles estão procedendo de acordo com as políticas, os processos e os padrões adotados pela organização. Esses grupos incluem o grupo de gestão de configurações, descrito no capítulo sobre **Gestão de alterações**, e o grupo de engenharia de processos e grupos correlatos, como grupos encarregados de inovações de processos e tecnologia, cujo papel é descrito no capítulo sobre **Engenharia de processos**. Para grupos de treinamento, também discutidos nesse capítulo, é recomendável que avaliações adicionais sejam feitas por especialistas em treinamento, normalmente vinculados a áreas de recursos humanos.

A própria **Gerência da qualidade** deve ser objeto de avaliações independentes. Essas avaliações podem ser feitas por especialistas independentes, que podem ser consultores externos ou membros de um grupo genérico de garantia da qualidade da organização. Além de ser objeto de avaliação independente, a **Gerência da qualidade** deve fornecer à **Diretoria** relatórios periódicos de suas atividades, visando ao alinhamento das atividades do grupo com os objetivos e restrições de negócio da organização. Possíveis itens desses relatórios incluem, além de sumário das atividades, os custos incorridos e os resultados obtidos, se possível quantificados.

2.6 Resolução de anomalias e defeitos

2.6.1 Visão geral

Conforme enunciado anteriormente, um defeito é uma anomalia que, direta ou indiretamente, representa uma situação de não conformidade de um produto com seus requisitos. Uma anomalia pode ser descoberta durante uma apreciação, através da aplicação de um **critério de aprovação**, que é um critério requerido para que uma atividade seja aprovada. Uma anomalia pode também não ser descoberta durante uma apreciação, e sim resultar de um **achado**, descoberto como efeito colateral da execução de uma atividade. No caso mais simples, um desenvolvedor descobre, durante a execução de uma tarefa de desenvolvimento, um defeito cuja correção é de responsabilidade de outros desenvolvedores por estar, por exemplo, em um dos insumos da tarefa, tendo escapado de apreciações anteriores.

Anomalias são classificadas por meio de **critérios de classificação**. A Figura 3.2 mostra o relacionamento entre esses conceitos. A Figura 3.3 mostra que critérios de aprovação e classificação são tipos de **critérios**, ou seja, condições para a realização de uma ação; um **critério de teste** é um tipo de critério de aprovação.

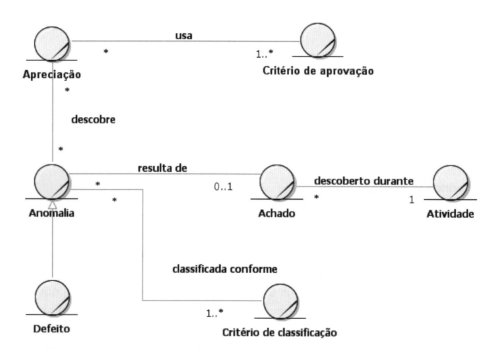

FIGURA 3.2 Defeitos.

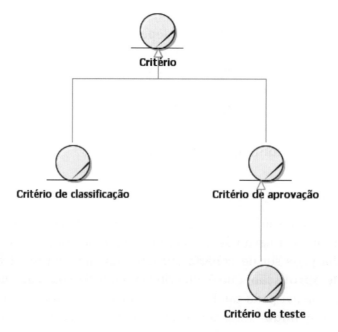

FIGURA 3.3 Critérios.

Nem todas as anomalias são confirmadas como defeitos, mas aquelas que o são requerem processamento. Normalmente, esse processamento deve resultar na remoção do defeito, mas considerações diversas podem levar a que a remoção do defeito seja adiada, ou que se opte definitivamente por contorná-lo. No caso de defeitos descobertos durante apreciações, espera-se que a grande maioria seja removida em curto prazo, principalmente no caso das inspeções, nas quais se espera que a grande maioria dos defeitos seja removida durante o retrabalho. Nesses casos, o autor simplesmente lança a providência tomada no local apropriado dos registros de anomalias.

Em certos casos, o processamento de um defeito pode ser mais demorado, e requerer a participação de outros autores do material, caso que é mais comum para os achados e para os defeitos detectados durante as apreciações de qualificação, como testes de sistema, avaliações de uso e auditorias da qualidade. Pode também ser necessário levar o processamento à consideração de níveis gerenciais, principalmente quando envolver dispêndios significativos ou afetar significativamente os compromissos com clientes. Esse tipo de processamento de defeitos é o objeto do miniprocesso de **Resolução de defeitos**. Ao contrário das demais atividades de **Gestão da qualidade**, essa não é uma atividade planejada, e sim realizada sob demanda.

A **Resolução de defeitos** pode ser feita de maneira completamente informal em organizações e projetos muito pequenos. Entretanto, o uso de miniprocessos similares ao aqui descrito, baseados em ferramentas automatizadas, pode ser útil mesmo para essa categoria de organizações e projetos, uma vez que existem para isso ferramentas livres e de fácil utilização.

No caso de anomalias que não são classificadas como defeitos, o processamento é mais simples. Nesse caso, basta executar o conserto solicitado (ou rejeitar a correção, por razões bem explicadas), e posteriormente verificar se o conserto foi feito corretamente.

2.6.2 Processamento de defeitos

O processamento de cada defeito pode ser representado por uma máquina de estados, como a mostrada na Figura 3.4. Ao ser lançado no sistema de resolução de defeitos, um

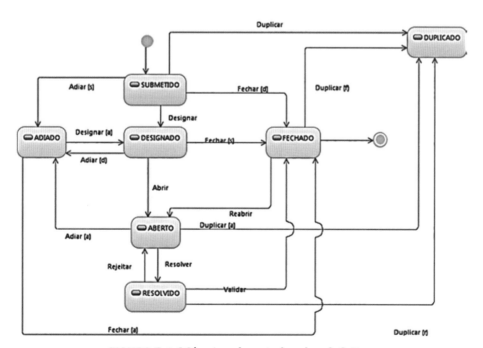

FIGURA 3.4 Máquina de estados dos defeitos.

defeito entra no estado SUBMETIDO. Um exemplo de registro de defeito nesse estado é mostrado na Figura 3.5. No modelo de registro aí exemplificado, cada defeito recebe um identificador único, pelo qual poderá ser localizado, com a ajuda da informação contida num campo de **cabeçalho**. Nesse formulário, quem faz o papel de **registrador do defeito** lança outros dados que podem ser úteis na análise e resolução, como a apreciação onde foi encontrado (se não resultar de um achado), uma classificação de **severidade**, uma **descrição** do defeito, assim como **sintomas** e **palavras-chave**.

No passo seguinte, o defeito é analisado por um **gerente de defeitos**, que pode ser o gerente do projeto, ou um engenheiro da qualidade designado para o projeto ou para uma categoria de defeitos. Nesse ponto, esse gerente pode optar por fechar o defeito, se considerar que não se trata realmente de um defeito; adiar a resolução do defeito, se considerar que não há recursos ou prazo suficientes para resolvê-lo, e que as consequências do defeito podem ser contornadas; ou gerar novos registros de defeito, através de uma operação de duplicação, se considerar que se trata realmente de um conjunto de defeitos distintos. Se concluir pela resolução normal do defeito, atribui-lhe uma **prioridade** e designa um responsável pela resolução (Figura 3.6). Nesse passo e em outros, o papel responsável pode alterar o registro do defeito; na Figura 3.6, por exemplo, o gerente de defeitos corrigiu a lista de sintomas.

O responsável pela resolução é chamado de **proprietário do item**. Normalmente, é o autor do material em que se supõe esteja localizado o defeito, mas pode ser outro desenvolvedor, se o autor inicial não estiver disponível. O proprietário abre o defeito para providenciar-lhe a resolução, e enquanto estiver trabalhando no material sob apreciação o defeito estará ABERTO. A saída normal desse estado é pela resolução, que leva ao estado RESOLVIDO (Figura 3.7); o diagrama de estados prevê também as possibilidades de duplicação e adiamento. Tipicamente, essas operações requerem níveis diferentes de privilégio; por exemplo, a autoridade para duplicar ou adiar pode ser reservada para o gerente de defeitos. Finalizada a remoção do defeito, o proprietário do item fará algum tipo de revisão, conferindo a resolução feita; realizará os testes apropriados e integrará novamente, no caso de código; relatará as provisões tomadas, possivelmente atualizando a descrição, como na Figura 3.7; e atualizará as linhas de base afetadas.

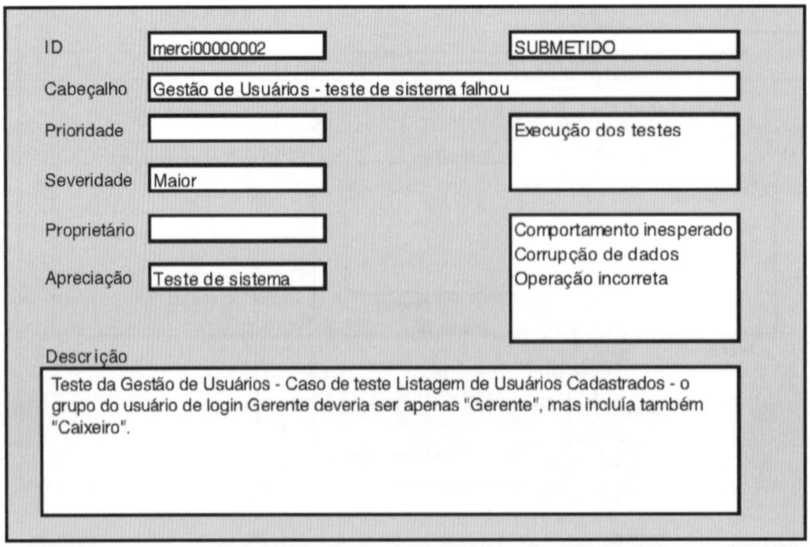

FIGURA 3.5 Exemplo de registro de defeito no estado SUBMETIDO.

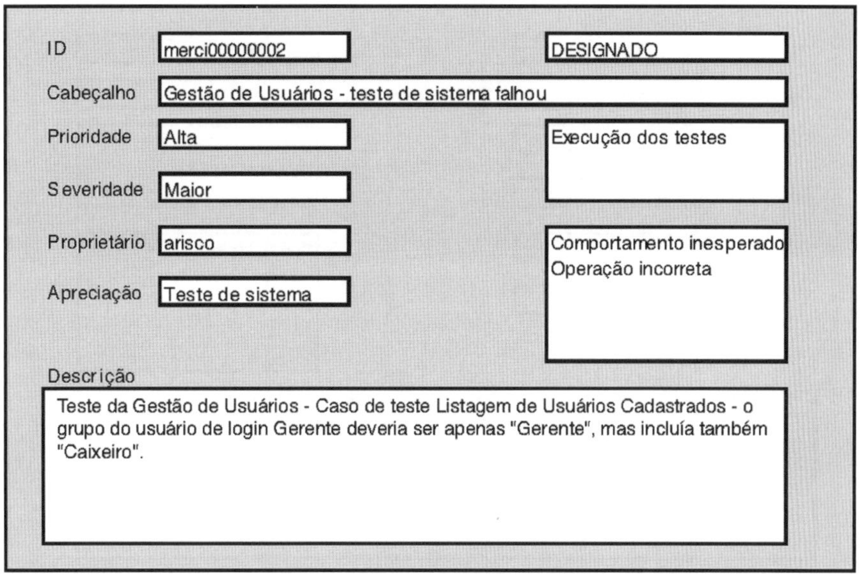

FIGURA 3.6 — registro de defeito no estado DESIGNADO

Campo	Valor
ID	merci00000002
	DESIGNADO
Cabeçalho	Gestão de Usuários - teste de sistema falhou
Prioridade	Alta
	Execução dos testes
Severidade	Maior
Proprietário	arisco
	Comportamento inesperado / Operação incorreta
Apreciação	Teste de sistema

Descrição

Teste da Gestão de Usuários - Caso de teste Listagem de Usuários Cadastrados - o grupo do usuário de login Gerente deveria ser apenas "Gerente", mas incluía também "Caixeiro".

FIGURA 3.6 Exemplo de registro de defeito no estado DESIGNADO.

FIGURA 3.7 — registro de defeito no estado RESOLVIDO

Campo	Valor
ID	merci00000002
	RESOLVIDO
Cabeçalho	Gestão de Usuários - teste de sistema falhou
Prioridade	Alta
	Execução dos testes / Implementação
Severidade	Maior
Proprietário	arisco
	Corrupção de dados
Preciação	Teste de sistema

Descrição

Teste da Gestão de Usuários - Caso de teste Listagem de Usuários Cadastrados - o grupo do usuário de login Gerente deveria ser apenas "Gerente", mas incluía também "Caixeiro". Verificou-se que a função está corretamente implementada e passa nos testes de unidade, com as entidades de teste corretas; o defeito estava no arquivo de dados de teste, que foi corrigido.

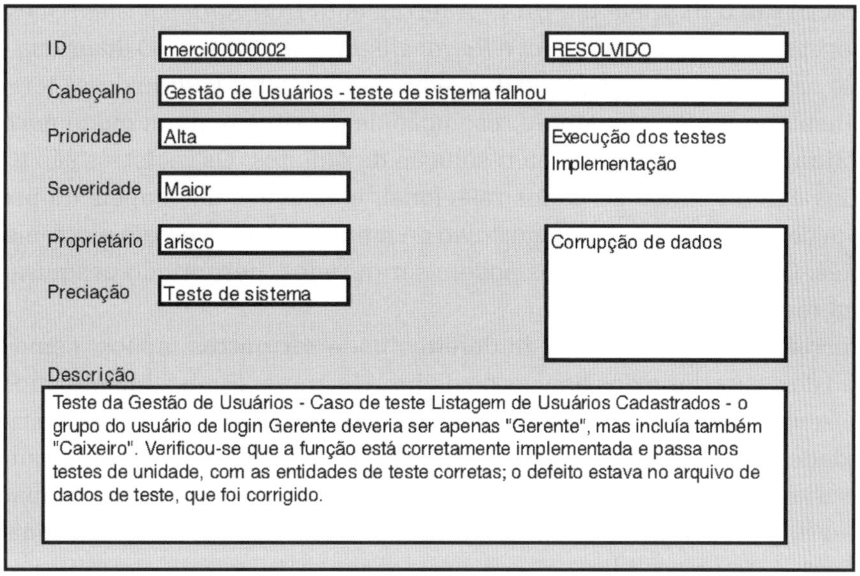

FIGURA 3.7 Exemplo de registro de defeito no estado RESOLVIDO.

A resolução do defeito deve ser verificada pelo gerente de defeitos, ou por outro verificador designado. Se a resolução for validada, o defeito passa para o estado FECHADO (Figura 3.8). Se for rejeitada, volta ao estado ABERTO. Nesse ponto, é também possível a duplicação. Defeitos fechados também podem ser reabertos por alguém com a permissão necessária, caso os sintomas dele se manifestem novamente em outros achados ou apreciações.

2.6.3 Ferramentas de resolução de defeitos

Dificilmente um processo de resolução de defeitos poderá ser realmente executado sem o uso de ferramentas de fluxo de trabalho (*workflow*). Ferramentas livres bastante populares

Capítulo 3

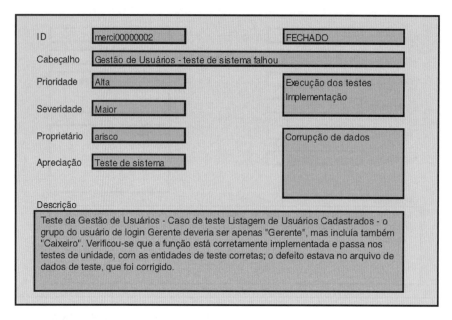

FIGURA 3.8 Exemplo de registro de defeito no estado FECHADO.

nessa aplicação são o *Bugzilla*[3] e o *JIRA*.[4] A ferramenta *IBM Rational ClearQuest* pertence ao mesmo grupo do *Rational Architect* e *Rational Functional Tester*. O diagrama de estados apresentado na Figura 3.4 é adaptado da máquina de estados-padrão dessa ferramenta.

Tipicamente, uma ferramenta de resolução de defeitos tem um modo normal de uso ou **modo cliente**, na qual é usada na resolução de defeitos. Os registros são tipicamente armazenados em um banco de dados relacional, e as ações dos papéis do processo podem gerar ações da ferramenta, como envio de mensagens de correio eletrônico a outros participantes. Consultas e relatórios podem ser gerados, permitindo pesquisar os dados captados na resolução dos defeitos.

Uma ferramenta de resolução de defeitos pode ter outros modos, como modos de manutenção dos usuários e dos bancos de dados. Um modo especialmente importante é o modo de desenho, que permite modificar as máquinas de estado, os formulários usados, as propriedades dos campos dos registros etc. O desenvolvimento de esquemas pode incluir a escrita de **ganchos** (*hooks*), que são scripts associados a determinadas ações. No *ClearQuest*, por exemplo, os ganchos podem ser escritos em VBScript (uma versão de Basic) ou Perl, e efetuar validações, enviar mensagens de correio eletrônico etc.

Dependendo dos recursos que possuir, uma ferramenta de resolução de defeitos pode ser usada para dar suporte a outros miniprocessos de características similares, variando-se campos, ações, estados, máquinas de estado, formulários e ganchos. Por exemplo, no Praxis, esse tipo de ferramenta é conveniente para o suporte aos miniprocessos de resolução de problemas (**Gestão de projetos**), alteração de requisitos (**Gestão de alterações**), alteração de processos (**Engenharia de processos**) e, possivelmente, até para processos com fluxos de trabalho mais complexos e de prazo mais longo, como contratação (**Gestão de projetos**), manutenção (**Gestão de alterações**) e inovação (**Engenharia de processos**).

---

[3] http://www.bugzilla.org.
[4] https://www.atlassian.com/software/jira.

4

Gestão de Projetos

Capítulo 4

1 PRINCÍPIOS

1.1 Definições básicas

Este capítulo trata dos métodos da disciplina de **Gestão de projetos**. Na definição do **CMMI** [CMMI10], **projeto** é *"um conjunto gerido de recursos inter-relacionados, que entrega um ou mais produtos a um cliente ou usuário, com início definido e que, tipicamente, opera conforme um plano"*; segundo o *Project Management Body of Knowledge*, conhecido como **PMBoK**[1] [PMI17], um projeto é *"um esforço temporário empreendido para criar um produto, serviço ou resultado único"*. Na definição do **PMBoK**, destacam-se os aspectos:

- **Temporário –** todo projeto tem um início e um fim. A duração é sempre finita, ainda que possa ser longa. O resultado de um projeto pode ser duradouro, mas a oportunidade de sua realização e a equipe que nele trabalha também são geralmente de natureza temporária.
- **Produtos, serviços ou resultados distintos –** cada projeto resulta em uma entrega singular, distinta de outras entregas.

Por essas características, projetos são distintos das atividades permanentes de uma organização; geralmente, realizam tarefas que não podem ser feitas de forma adequada dentro daquelas atividades. A **Gestão de projetos** aplica conhecimentos, técnicas e ferramentas para atingir os objetivos a que o projeto se propõe. Ela tem que resolver conflitos que resultam das restrições aplicáveis ao projeto: escopo, tempo e custos, cujo equilíbrio afeta a qualidade resultante. O **PMBoK** define os seguintes conceitos de estruturação dos projetos dentro de uma organização:

- **Programa** é um grupo de projetos relacionados geridos de modo coordenado para a obtenção de benefícios e controle que não estariam disponíveis se eles fossem geridos individualmente.
- **Portfólio** é um conjunto de projetos, programas, subportfólios e operações geridos como um grupo, a fim de atender aos objetivos de negócios estratégicos.
- **Escritório de gerenciamento de projetos** (*Project Management Office*) é uma estrutura de gerenciamento que padroniza processos de governança relacionados com projetos, e facilita a partilha de recursos, metodologias, ferramentas e técnicas.

Um caso importante de programa de desenvolvimento de software é a **linha de produtos**, definida pelo CMMI como *"um grupo de produtos que partilha um conjunto comum e gerido de características, que satisfaz às necessidades específicas de uma missão ou mercado selecionado, e que são desenvolvidos de maneira prescrita, a partir de um conjunto comum de ativos básicos (core assets)"*.

As técnicas de gestão de projetos descritas no **PMBoK** são, naturalmente, válidas também para projetos de desenvolvimento de software, mas estes têm alguns aspectos particulares em relação à natureza do produto. Dividiremos as técnicas seguindo a divisão proposta no próprio **PMBoK** para as áreas de gestão de projetos: escopo, tempo, qualidade, pessoas, riscos, custos, aquisições, comunicação, partes interessadas e integração.

---

[1] Essa era a edição mais recente do PMBoK estava na quinta edição. Recentemente, a sexta edição foi publicada.

1.2 Utilização

O processo descrito neste capítulo, nas atividades de planejamento e controle do projeto, assim como nos respectivos artefatos, visa a conseguir um mínimo de previsibilidade nos tamanhos, esforços, custos e prazos de um projeto. O nível de agregação de dados dos principais planos e relatórios é aquele tipicamente consumido em nível executivo. Em organizações reais, as respectivas Diretorias podem ter necessidades específicas de informação, que devem ser refletidas nos planos e relatórios usados nessas organizações.

É importante manter a diferença entre o nível executivo e o nível operacional de agregação dos relatórios. Para o nível executivo, planos e relatórios com detalhamento insuficiente podem não dar visibilidade suficiente em relação aos projetos, e prejudicar seriamente a tomada de decisões. Por outro lado, o detalhamento excessivo, que ocorrerá se a Diretoria receber todos os dados de nível operacional usados pelos gerentes de projetos, reduz igualmente a visibilidade em relação ao projeto.

Além disso, a organização deve usar o nível adequado de gestão de riscos, que seja compatível com o porte e o grau de criticidade dos projetos que executa. Esses aspectos influenciam também o grau de formalismo requerido para a tomada de decisões.

Cabe notar que a sexta edição do PMBoK acrescentou, em cada técnica, seções sobre tendências e práticas emergentes, considerações sobre personalização e para métodos ágeis e adaptativos.

2 TÉCNICAS

2.1 Gestão[2] do escopo

2.1.1 Introdução

O **PMBoK** distingue as seguintes definições de escopo:

- **Escopo do produto** – o conjunto das características e funções que descrevem um produto, serviço ou resultado.
- **Escopo do projeto** – o trabalho que precisa ser realizado para entregar um produto, serviço ou resultado com as características e funções especificadas.

No desenvolvimento de software, o escopo de um produto é definido por seus requisitos. Por exemplo, a definição final do escopo de um produto, no processo Praxis, é o **Modelo do problema** (ou a **Especificação dos requisitos**, dele derivada). Como a própria produção desse artefato requer a execução de um conjunto de atividades que podem ser complexas, é preciso dispor de um artefato de partida, pelo menos para o planejamento inicial.

Existem muitos tipos de artefatos de partida possíveis, dependendo das práticas da organização, do cliente e da natureza do produto. Pode-se encontrar na Web muitos formatos diferentes para esse artefato; são usuais as denominações de documento de visão, definição do produto, conceito de operação e enunciado do trabalho. O processo Praxis usa uma forma simples de **Enunciado do trabalho**, que contém uma seção de visão geral, que resume os dados mais importantes do projeto proposto (Tabela 4.1); uma lista das funções previstas (Tabela 4.2); e uma avaliação das necessidades que geram as funções previstas, assim como os benefícios delas esperados (Tabela 4.3).

---

[2] O texto brasileiro do PMBoK prefere a palavra "gerenciamento"; manteremos aqui a palavra "gestão", por coerência com outros usos.

Capítulo 4

TABELA 4.1 Exemplo de enunciado do trabalho – visão geral

PRODUTO	MERCI 1.5
Missão do produto	Oferecer apoio informatizado ao controle de vendas, de estoque, de compra e de fornecedores da mercearia Pereira & Pereira, usando recursos do estado da arte.
Cliente	Pereira & Pereira Comercial Ltda.
Proponente	United Hackers International.
Contato no cliente	Manuel Pereira.
Contato no proponente	Sócrates Botelho.
Caracterização do produto	O sistema deve ser baseado em um banco de dados de uso livre, para as funções gerenciais, executável em computadores de mesa, conectados por rede local.
Meta de custo	R$60.000,00
Meta de prazo	6 meses
Outros aspectos	Será utilizado o mesmo sistema financeiro adotado em outras atividades do cliente.
Modalidade de contrato	Empreitadas separadas para Elaboração, Construção e Transição.

TABELA 4.2 Exemplo de enunciado do trabalho – funções

NÚMERO	FUNÇÃO	DESCRIÇÃO
1	**Gestão de Usuários**	Controle de usuários que terão acesso ao Merci. Provê recuperação, criação, alteração e exclusão.
2	**Gestão Manual de Estoque**	Controle manual de entrada e saída de mercadorias, com consulta e atualização do estoque respectivo.
3	**Gestão de Mercadorias**	Processamento de recuperação, criação, exclusão e alteração de Mercadorias. Durante a criação e alteração, pode-se incluir ou excluir Fornecedores existentes da Mercadoria.
4	**Gestão de Fornecedores**	Processamento de recuperação, criação, exclusão e alteração de Fornecedores. Durante a criação e alteração, pode-se incluir ou excluir Mercadorias existentes como sendo fornecidas.
5	**Gestão de Pedidos de Compra**	Processamento de recuperação, criação, alteração, impressão, baixa e exclusão de Pedidos de Compra. Durante a criação, deve-se especificar o Fornecedor existente a quem o Pedido de Compra é dirigido e os Itens de Compra que o comporão, referentes a Mercadorias existentes.
6	**Emissão de Relatórios**	Emissão de relatórios das bases de dados do Merci: relatórios de Mercadorias, Fornecedores, Mercadorias com estoque baixo e relação de Pedidos de Compra.
7	**Abertura do Caixa**	Passagem para o MODO DE VENDA, liberando o Caixa da mercearia para a Operação de Venda.
8	**Fechamento do Caixa**	Fechamento do Caixa da Mercearia, com totalização das vendas do dia e mudança para o MODO DE GESTÃO.

(continua)

Gestão de Projetos **125**

TABELA 4.2 Exemplo de enunciado do trabalho – funções (*continuação*)

NÚMERO	FUNÇÃO	DESCRIÇÃO
9	**Operação de Venda**	Operação de Venda ao cliente da mercearia. Durante a operação, é possível incluir, alterar e excluir Itens de Venda de Mercadorias especificadas. Ao término da operação, o Tíquete de Venda é emitido, e o saldo no Caixa e os níveis de estoque das Mercadorias dos Itens de Venda são atualizados.
10	**Emissão de Nota Fiscal**	Emissão opcional de Nota Fiscal para o cliente da mercearia (extensão da Operação de Venda).

TABELA 4.3 Exemplo de enunciado do trabalho – necessidades e benefícios

NÚMERO	FUNÇÃO	NECESSIDADES	BENEFÍCIOS
1	**Gestão de Usuários**	Classificação dos usuários do sistema.	Atribuição dos privilégios de acesso adequados a cada função.
2	**Gestão Manual de Estoque**	Controle da reposição das mercadorias. Controle efetivo de mercadorias em estoque.	Identificação de produtos mais e menos vendidos. Indicação de promoções. Diminuição de perdas. Otimização do estoque de cada produto.
3	**Gestão de Mercadorias**	Fornecimento de dados a outras funções. Identificação das mercadorias.	Agilidade na compra e venda de mercadorias. Melhoria do conhecimento dos produtos comercializados.
4	**Gestão de Fornecedores**	Atualização dos dados de cadastro de fornecedores. Atualização da lista de produtos comercializados por cada fornecedor.	Controle dos dados de fornecedores (ativos e potenciais). Conhecimento do mercado de fornecedores. Avaliação da qualidade de fornecimento.
5	**Gestão de Pedidos de Compra**	Registro dos pedidos de compra. Controle de cancelamento de pedidos. Acompanhamento do prazo de fornecimento de mercadorias. Registro da recepção das mercadorias.	Apoio na avaliação das melhores condições de preço e menores prazos de entrega. Eliminação da duplicidade de pedidos. Identificação de mercadorias não entregues. Diminuição dos atrasos nas entregas.
6	**Emissão de Relatórios**	Informação para atividades de compra.	Acompanhamento gerencial de compras, fornecedores e estoque.
7	**Abertura do Caixa**	Controle do valor total das vendas.	Automação da conferência do Caixa.
8	**Fechamento do Caixa**	Controle do valor total das vendas.	Automação da conferência do Caixa.
9	**Operação de Venda**	Registro de produtos e dos valores vendidos. Viabilização do controle de estoque. Emissão de tíquetes de caixa para o cliente da mercearia.	Economia de mão de obra. Diminuição do tempo de venda. Diminuição de erros nas vendas. Diminuição dos prejuízos.
10	**Emissão de Nota Fiscal**	Documentação legal da venda.	Qualidade na emissão da nota em relação à emissão manual. Diminuição dos erros nas notas fiscais. Economia de mão de obra.

Capítulo 4

A lista das funções previstas é o conjunto inicial dos requisitos. Como estes definem o escopo do produto, a gestão desse escopo equivale à gestão dos requisitos, tratada na Subseção 2.1.2. A Subseção 2.1.3 trata do cálculo de tamanho do produto, que extrai desse escopo um indicador de complexidade, que servirá de insumo para as estimativas de esforços do projeto. A Subseção 2.1.3 trata do escopo do projeto.

2.1.2 Gestão dos requisitos

Processos de software costumam estipular um ou mais tipos de cadastro dos requisitos. Esse é o artefato que registra os diversos tipos de requisitos do produto, ajudando a determinar o impacto de alterações de requisitos, e servindo de insumo para cálculo do tamanho funcional do produto. Os **requisitos primários**, levantados diretamente a partir das necessidades das partes interessadas, abrangem requisitos de estrutura (requisitos lógicos de dados, assim como usuários e sistemas externos) e de comportamento (regras de negócio, requisitos funcionais e requisitos não funcionais).

No processo *SPraxis*, por exemplo, os requisitos primários são modelados no **Modelo do problema**, enquanto na versão *XPraxis* eles são descritos em planilhas de requisitos básicos e detalhados. Em processos mais formais, o cadastro dos requisitos pode ser usado também para gerir requisitos derivados.

2.1.3 Cálculo do tamanho

Indicadores de tamanho

Os **indicadores de tamanho** são medidas da complexidade de um produto, relacionadas com o esforço despendido para o desenvolvimento desse produto. São exemplos de indicadores de tamanho simples e usados com frequência:

- área, para construção de edificações;
- comprimento, para abertura de estradas;
- carga horária, para planejamento de cursos.

Um indicador de tamanho adequado serve como ponto de partida para a realização de estimativas de esforços e de outros recursos que serão gastos na execução de um projeto e de suas atividades. Um bom indicador de tamanho deve atender aos seguintes critérios:

- ser contável através de um procedimento bem-definido;
- ser calculável a partir da definição de escopo de um projeto ou produto;
- apresentar boa correlação com o esforço de desenvolvimento.

Vários indicadores podem preencher esses critérios, e, em qualquer caso, é preciso verificar com dados reais se realmente existe a correlação suposta entre os valores dos indicadores e dos esforços. Os indicadores mais usuais em engenharia de software são as contagens de **pontos de função** e de **linhas de código**. As contagens de pontos de função são indicadores de **tamanho funcional**, que quantifica os requisitos funcionais, enquanto as linhas de código são indicadores de **tamanho físico**.

Existem outros indicadores de tamanho, como as contagens de **pontos de caso de uso** [Banerjee01], também indicativas de tamanho funcional, e as contagens de **pontos de objetos**, indicativas de **tamanho lógico**, como as usadas no processo **PSP** [Humphrey95]. Esses indicadores nunca alcançaram grande difusão, e não têm definições pa-dronizadas de larga aceitação. Mais recentemente, os métodos ágeis têm usado **pontos de história** (*story points*), que representam avaliações subjetivas do tamanho.

Contagem de pontos de função

Visão geral

Um indicador de tamanho muito utilizado na indústria de software, que atende aos crité-rios acima, é a **contagem de pontos de função**. Esse método calcula o tamanho a partir da complexidade de fluxo de dados através das interfaces e funções de um produto, por meio de regras padronizadas. Para fins de comparação com dados da literatura e da in-dústria, a contagem de pontos de função deve ser feita de acordo com regras detalhadas e rigorosas, por avaliadores treinados no método.

As regras de contagem são detalhadas no manual de contagem do **IFPUG** — *International Function Point Users Group* [IFPUG10]. Exemplos da aplicação dessas regras são apresentados por Dreger [Dreger89] e Garmus e Herron [Garmus≤00]; Longstreet [Longstreet02] oferece um manual gratuito e bastante completo. As regras aqui apresen-tadas são simplificadas; elas não devem ser usadas para contagens oficiais de pontos de função (por exemplo, para editais de concorrência).

Inicialmente, é feita uma contagem dos tipos de pontos de função. Existem cinco tipos, diferenciados conforme a Tabela 4.4. Nessa tabela, ao lado da definição oficial,

TABELA 4.4 Tipos de pontos de função

TIPO DE PONTOS DE FUNÇÃO	SIGLA	DEFINIÇÃO OFICIAL	INTERPRETAÇÃO DO PRAXIS
Entradas externas	**EE**	Processo elementar no qual dados cruzam a fronteira do produto de fora para dentro.	Nas colaborações de análise: fluxos, subfluxos e fluxos alternativos de inclusão, alteração e exclusão.
Consultas externas	**CE**	Processo elementar que resulta em recuperação de dados de um ou mais arquivos lógicos.	Nas colaborações de análise: fluxos, subfluxos e fluxos alternativos de pesquisa.
Saídas externas	**SE**	Processo elementar no qual dados **derivados** cruzam a fronteira do produto de dentro para fora.	Relatórios e fluxos de consulta com cálculos ou outros tipos de dados **derivados**.
Arquivos lógicos internos	**ALI**	Grupo de dados logicamente correlatos, identificável pelo usuário, que reside inteiramente dentro de um aplicativo e é mantido por meio de entradas externas.	Classes persistentes que são consultadas ou atualizadas independentemente de outras classes; tipicamente, não são classes-parte em estruturas de agregação; interfaces com sistemas externos **de saída** (com ou sem entrada).
Arquivos de interface externa	**AIE**	Grupo de dados logicamente correlatos, identificável pelo usuário, que é apenas consultado pela aplicação, sendo mantido por outros aplicativos.	Interfaces com sistemas externos **de entrada**.

Capítulo 4

figura a modelagem correspondente, adotada no processo Praxis. Entradas, consultas e saídas externas são chamadas de **funções de transação**, enquanto arquivos lógicos internos e arquivos de interface externa são chamados de **funções de dados**.

Complexidade e contagem

A complexidade dos tipos de pontos de função é determinada pela contagem dos respectivos **tipos de elementos**. Os tipos definidos e a respectiva interpretação no Praxis são apresentados na Tabela 4.5. Compara-se então o parâmetro **NTED** com um limite inferior (**LI**) e um limite superior (**LS**). O mesmo é feito com o **NTAR**, no caso de entradas, consultas e saídas externas, ou com o **NTER**, no caso de arquivos lógicos. A complexidade resultante é determinada pela aplicação das regras da Tabela 4.6. Os valores dos limites, para cada tipo de pontos de função, são apresentados na Tabela 4.7, juntamente com os pesos para cada complexidade.

TABELA 4.5 Parâmetros usados para determinação de complexidade

PARÂMETRO	SIGLA	DEFINIÇÃO OFICIAL	INTERPRETAÇÃO DO PRAXIS
Número de tipos de elementos de dados	**TED**	Número de campos distintos e não repetitivos, identificáveis pelo usuário.	Número de campos distintos e não repetitivos referenciados pelo fluxo, subfluxo ou fluxo alternativo, nas interfaces referenciadas pelo respectivo caso de uso.
Número de tipos de arquivos referenciados	**TAR**	Número de arquivos lógicos referenciados por um processo elementar.	Número de arquivos lógicos referenciados pelo fluxo, subfluxo ou fluxo alternativo.
Número de tipos de elementos de registro	**TER**	Número de grupos de elementos de dados identificáveis pelo usuário, dentro de um arquivo lógico.	Número de classes persistentes que compõem o arquivo lógico.

TABELA 4.6 Determinação da complexidade

	NTED < LI	LI <= NTED <= LS	NTED > LS
NTAR/NTER < LI	Simples	Simples	Média
LI <= NTAR/NTER <= LS	Simples	Média	Complexa
NTAR/NTER > LS	Média	Complexa	Complexa

TABELA 4.7 Cálculo da complexidade e pesos dos pontos de função

TPF	NTAR/NTER LI	NTAR/NTER LS	NTED LI	NTED LS	SIMPLES	MÉDIO	COMPLEXO
AIE	2	5	20	50	5	7	10
ALI	2	5	20	50	7	10	15
CE	2	3	6	19	3	4	6
EE	2	2	5	15	3	4	6
SE	2	3	6	19	4	5	7

Os itens contáveis normalmente serão fluxos de eventos, dados persistentes e interfaces de saída. Os atributos desses registros que são usados na contagem de pontos de função são descritos na Tabela 4.8. O atributo **TPF** codifica o tipo de função de transação ou de dados. As contagens são apresentadas nos atributos **NTED** e **NTAR/NTER**. Os respectivos elementos contados são documentados nos campos **TED** e **TAR/NTER**; essa documentação é importante para permitir que a contagem seja revista ou auditada por outros contadores. O uso desses campos é exemplificado na Tabela 4.9.

TABELA 4.8 Atributos dos itens contáveis

ATRIBUTO	DEFINIÇÃO	VALORES VÁLIDOS
TPF	Código do tipo de pontos de função associado.	EE, CE, SE (funções de transação), ALI ou AIE (funções de dados).
NTAR/NTER	Número de tipos de arquivos de registro, para funções de transação, ou de elementos de registro, para funções de dados.	Inteiro $>=0$
TAR/TER	Lista dos tipos de arquivos de registro, para funções de transação, ou dos elementos de registro, para funções de dados.	Nomes das interações, para funções de transação, ou das classes persistentes (não partes de estruturas de composição), para funções de dados.
NTED	Número de tipos de elementos de dados.	Inteiro $>=0$
TED	Lista dos tipos de elementos de dados.	Nomes de campos de interfaces, "comando", "mensagem" (funções de transação), ou de atributos persistentes (funções de dados).

TABELA 4.9 Exemplo de determinação dos pontos de função

NOME	TPF	NTAR/ NTER	TAR/TER	NTED	TED
Pesquisa de Usuário	CE	1	Usuário	9	Login, Nome, Senha, Grupos (4), comando e mensagem.
Inclusão de Novo Usuário	EE	1	Usuário	9	Login, Nome, Senha, Grupos (4), comando e mensagem.
Alteração de Dados de Usuário	EE	1	Usuário	9	Login, Nome, Senha, Grupos (4), comando e mensagem.
Exclusão de Usuário	EE	1	Usuário	3	Login, comando e mensagem.
Atualização do Estoque	EE	2	Mercadoria, Conexão com Sistema Financeiro	5	Código, Estoque Atual, Tipo da Operação, comando e mensagem.
Pesquisa de Estoque	CE	1	Mercadoria	10	Código, Fabricante, Descrição, Unidade, Estoque Mínimo, Estoque Atual, Preço de Compra, Preço de Venda, comando e mensagem.

(continua)

TABELA 4.9 Exemplo de determinação dos pontos de função (*continuação*)

NOME	TPF	NTAR/NTER	TAR/TER	NTED	TED
Pesquisa de Mercadorias	CE	2	Mercadoria e Fornecedor	15	Código, Data de Cadastramento, Descrição, Modelo, Fabricante, Estoque Atual, Unidade, Estoque Mínimo, Preço de Compra, Preço de Venda, Alíquota, CPF/CNPJ de Fornecedor, Nome de Fornecedor, comando e mensagem.
Inclusão de Fornecedores para a Mercadoria	CE	2	Mercadoria e Fornecedor	4	CPF/CNPJ de Fornecedor, Nome de Fornecedor, comando e mensagem.
Inclusão de Nova Mercadoria	EE	2	Mercadoria e Fornecedor	15	Código, Data de Cadastramento, Descrição, Modelo, Fabricante, Estoque Atual, Unidade, Estoque Mínimo, Preço de Compra, Preço de Venda, Alíquota, CPF/CNPJ de Fornecedor, Nome de Fornecedor, comando e mensagem.
Alteração de Dados de Mercadoria	EE	2	Mercadoria e Fornecedor	13	Código, Descrição, Modelo, Fabricante, Unidade, Estoque Mínimo, Preço de Compra, Preço de Venda, Alíquota, CPF/CNPJ de Fornecedor, Nome de Fornecedor, comando e mensagem.
Exclusão de Mercadoria	EE	3	Mercadoria, Fornecedor e Pedido de Compra	3	Código, comando e mensagem.

A Tabela 4.10 mostra como os itens da Tabela 4.9 são contados usando-se as regras acima, para chegar à contagem de pontos de função do produto. Na nomenclatura do IFPUG, esse total é chamado de **contagem de pontos de função não ajustados**.

TABELA 4.10 Exemplo de cálculo do tamanho em pontos de função

NOME	TPF	NTAR/NTER	NTED	COMPLEXIDADE	PF
Pesquisa de Usuário	CE	1	9	S	3
Inclusão de Novo Usuário	EE	1	9	S	3
Alteração de Dados de Usuário	EE	1	9	S	3
Exclusão de Usuário	EE	1	3	S	3
Atualização do Estoque	EE	2	5	M	4
Pesquisa de Estoque	CE	1	10	S	3
Pesquisa de Mercadorias	CE	2	15	M	4

(continua)

TABELA 4.10 Exemplo de cálculo do tamanho em pontos de função (*continuação*)

NOME	TPF	NTAR/NTER	NTED	COMPLEXIDADE	PF
Inclusão de Fornecedores para a Mercadoria	CE	2	4	S	3
Inclusão de Nova Mercadoria	EE	2	15	M	4
Alteração de Dados de Mercadoria	EE	2	13	M	4
Exclusão de Mercadoria	EE	3	3	M	4
Pesquisa de Fornecedor	CE	2	8	M	4
Inclusão de Mercadorias para o Fornecedor	CE	2	4	S	3
Inclusão de Novo Fornecedor	EE	2	8	M	4
Alteração de Dados de Fornecedor	EE	2	8	M	4
Exclusão de Fornecedor	EE	2	3	S	3
Impressão de Pedido de Compra	SE	3	11	M	5
Exibição dos Pedidos de Compra	CE	2	7	M	4
Emissão de Pedido de Compra	EE	3	14	C	6
Exibição Detalhada de Pedido de Compra	CE	3	15	M	4
Alteração de Pedido de Compra	EE	1	3	S	3
Baixa de Pedido de Compra	EE	4	3	M	4
Exclusão de Pedido de Compra	EE	2	3	S	3
Emissão de Relatório de Estoque Baixo	SE	2	7	M	5
Emissão de Relatório de Mercadorias	SE	2	7	M	5
Emissão de Relatório de Fornecedores	SE	2	7	M	5
Emissão de Relação de Pedidos de Compra	SE	2	8	M	5
Abertura do Caixa	EE	1	3	S	3
Fechamento do Caixa	EE	1	5	S	3
Processamento da Venda	EE	3	11	C	6
Impressão de Tíquete de Venda	SE	1	9	S	4
Impressão da Nota Fiscal	SE	1	15	S	4
Emissão da Nota Fiscal	EE	1	17	M	4
Usuário	ALI	1	4	S	7
Mercadoria	ALI	1	12	S	7
Fornecedor	ALI	1	6	S	7
Pedido de Compra	ALI	2	9	S	7
Caixa	ALI	1	2	S	7
Conexão com Sistema Financeiro	ALI	1	5	S	7
Total					171

Pontos de função ajustados

O IFPUG prevê um ajuste para refletir outros fatores que facilitam ou dificultam um projeto. Quanto à complexidade do produto, cada um dos fatores tem seu nível de influência avaliado em uma escala de 0 (não influência) a 5 (influência forte); regras detalhadas para determinação desse nível são apresentadas em [Longstreet02]. O **nível de influência total** (NI) é dado pela soma dos quatorze fatores, e o **fator de ajuste** é determinado pela fórmula 0,65 + 0,01 x NI. O **total ajustado** de pontos de função é obtido multiplicando-se o total não ajustado pelo fator de ajuste. Com essa fórmula, o total ajustado pode variar até 35% abaixo ou acima do total não ajustado.

Os fatores de complexidade estão relacionados com os requisitos não funcionais, e o cálculo deles é mostrado na Tabela 4.11, com valores baseados nos requisitos não funcionais exemplificados para um produto. Um aspecto bastante questionável do ajuste de pontos de função é que a influência dos requisitos não funcionais na produtividade pode ser muito maior do que a variação de mais ou menos 35%, que é o limite do fator de ajuste. Além disso, esses fatores são de contagem bem mais difícil de padronizar que os pontos de função não ajustados. Por essa razão, apenas os pontos de função não ajustados foram adotados pela ISO como padrão, através da norma ISO/IEC 20926:2003 [ISO+09]. O processo Praxis atualmente usa apenas os pontos de função não ajustados como medida de tamanho funcional.

TABELA 4.11 Exemplo de características gerais do sistema para ajuste dos pontos de função

CARACTERÍSTICA GERAL	NÍVEL DE INFLUÊNCIA
01 - Teleprocessamento	0
02 - Processamento Distribuído	1
03 – Desempenho	3
04 - Utilização de Máquina	3
05 - Volume das Transações	0
06 - Entrada de Dados On-line	5
07 – Usabilidade	4
08 - Atualização On-line	1
09 - Complexidade do Processamento	0
10 - Reutilização de Código	3
11 - Facilidade de Implantação	2
12 - Facilidade de Operação	0
13 - Operação em Múltiplos Locais	2
14 - Facilidade de Manutenção / Alteração	0
Nível de Influência Total (NI)	24
Fator de Ajuste (FA)	0,89

Contagem preliminar

Identificados os requisitos, pode-se fazer uma estimativa preliminar dos pontos de função, baseada unicamente na descrição deles. Na Tabela 4.12, cada linha corresponde a uma função, sendo a contagem de cada tipo de pontos de função feita com base na descrição da função e, possivelmente, em outros dados disponíveis.

TABELA 4.12 Exemplo de contagem preliminar dos pontos de função

NÚMERO	FUNÇÃO	EE	CE	SE	ALI	AIE	TOTAL PF	FRAÇÃO
1	Gestão de Usuários	3	1		1		26	13,6%
2	Gestão Manual de Estoque	1	1				8	4,2%
3	Gestão de Mercadorias	3	2		1		30	15,7%
4	Gestão de Fornecedores	3	2		1		30	15,7%
5	Gestão de Pedidos de Compra	4	1	1	1		35	18,3%
6	Emissão de Relatórios			4			20	10,5%
7	Abertura do Caixa	1			1		14	7,3%
8	Fechamento do Caixa	1					4	2,1%
9	Operação de Venda	1			1		14	7,3%
10	Emissão de Nota Fiscal				1		10	5,2%
Total		17	7	5	7	0	191	100,0%
NESMA							245	128,3%

ALIs e AIEs são atribuídos às funções usando a mesma convenção descrita anteriormente, para determinar a que colaboração os dados persistentes e interfaces de sistema pertencem. A coluna de **Total PF** supõe que todos os elementos de contagem de pontos de função sejam de complexidade média. A coluna **Fração** estima o que cada função representa em relação ao tamanho total do produto, em pontos de função. Para conferência, a linha **NESMA** apresenta uma estimativa grosseira pelo método **NESMA** (35 × ALI + 15 × AIE) [McConnell06].

Vantagens, desvantagens e limites

O método dos pontos de função apresenta as seguintes vantagens:

- um enunciado dos requisitos, como o **Modelo do problema** ou a **Especificação dos requisitos**, tem dados suficientes para o cálculo dos pontos de função;
- é um método de grande difusão, com muitos dados publicados, que podem ser usados para comparações;
- dispõe de um grupo internacional de usuários, o IFPUG, que serve de fórum para a troca de informação entre empresas e profissionais.

Capítulo 4

Por outro lado, existem as seguintes desvantagens:

- os pontos de função não têm nenhuma interpretação concreta e intuitiva;
- os pontos de função não podem ser contados de forma facilmente automatizada;
- existem variantes do método, com valores diferentes para os pesos usados e regras diferentes de contagem (as variantes *FiSMA*, *NESMA*, *COSMIC* e *Mark II* também foram padronizadas pela ISO);
- o método original é orientado para aplicações de sistemas de informação baseadas em terminais alfanuméricos, tendo necessitado de adaptações para considerar produtos com interfaces gráficas de usuário;
- regras de negócio e algoritmos complexos não são contados, devendo a influência deles nos esforços ser computada à parte, se forem complexos o suficiente;
- a contagem é um tanto influenciada pela forma de modelar os requisitos funcionais;
- uma contagem rigorosa o suficiente para ser comparada com estimativas publicadas é complexa e requer o trabalho de um profissional treinado na técnica.

Por ser um método de contagem de tamanho funcional, o método de pontos de função reflete apenas a complexidade do problema, tal como enxergada pelo usuário; elementos da solução, como o grau de reutilização, não influenciam a contagem de pontos de função. Isso é uma vantagem, do ponto de vista de que depende apenas da complexidade do problema, e não dos métodos e opções de solução. Essa é uma razão da grande popularidade atual dos pontos de função, que, no Brasil, são aceitos como base de formação de preços por muitos clientes.

Além disso, as contagens de pontos de função são altamente replicáveis, o que as torna facilmente auditáveis e contribui para a aceitação pelos clientes. Segundo [McConnell06], as contagens feitas por contadores experientes variam apenas dentro de uma faixa de 10%, e mesmo contadores inexperientes conseguem ficar dentro de uma faixa de variação de 25%.

Contagem de linhas de código

A contagem de linhas de código é também um indicador de tamanho dos produtos. Ela tem pouco valor preditivo, pois obviamente só é conhecida com precisão quando o projeto termina. Entretanto, ela tem aplicações em contextos limitados em que se quer medir a complexidade de software já existente, como a contagem de complexidade de manutenção ou alteração de requisitos.

Além disso, a contagem de linhas de código serve de insumo para métodos importantes de estimativa, como o método paramétrico discutido na Subseção 2.2. Para uso com esses métodos, a contagem de pontos de função deve ser convertida em contagem de linhas de código. Existem tabelas publicadas na literatura ([Jones94], [McConnell06]), mas esses fatores dependem dos padrões de codificação e principalmente do grau de reutilização, tal como mostra a Tabela 4.13, baseada em dados de McConnell [McConnell06]. Por isso, cada organização deve medir os seus próprios fatores, durante a monitoração do escopo, como é discutido na Subseção 2.1.4.

Só podem ser comparadas contagens de programas escritos na mesma linguagem e obedecendo ao mesmo padrão de codificação. O processo Praxis adota as seguintes regras de padronização:

- linhas em branco não contam;
- linhas de comentário não contam;

TABELA 4.13 Linhas de código por ponto de função

LINGUAGEM	LC/PF MÍNIMO	LC/PF MAIS COMUM	LC/PF MÁXIMO
Assembler	130	213	300
C	60	128	170
C#	40	55	80
C++	40	55	80
Cobol, Fortran 77, Pascal	65	107	160
Java	40	55	80
Perl	10	20	30
SQL	7	13	15
VB	15	32	41

- linhas geradas automaticamente por ferramentas (por exemplo, ambientes de desenvolvimento e ferramentas de modelagem) não contam;
- o programa deve estar codificado conforme as regras do padrão para desenho detalhado e codificação.

2.1.4 Escopo do projeto

Estruturas analíticas de trabalho

Na determinação do escopo do processo, o principal passo é a obtenção de **estrutura analítica (do trabalho) do projeto – EAP** (*work breakdown structure*), definido pelo **PMBoK** como "*a decomposição hierárquica do escopo total do trabalho a ser executado pela equipe do projeto, para alcançar os objetivos do projeto e criar as entregas exigidas*", e pelo **CMMI** como "*um arranjo dos elementos do trabalho e dos relacionamentos deles entre si e com o produto final*". É importante que nenhuma tarefa necessária seja omitida na EAP, já que a omissão de tarefas é uma das causas mais clássicas de erros de estimativas dos projetos.

Uma maneira conveniente de evitar a omissão de tarefas é partir de uma **estrutura analítica do processo**, como a da Figura 4.1, que mostra o ciclo de vida do Praxis padrão, com a divisão em fases, iterações e marcos das fases. Essa estrutura é disponível na ferramenta **EPF** (*Eclipse Process Framework*), usada para descrever o processo. Para o planejamento de um projeto, as fases mais importantes e de estimativa mais difícil são as de **Elaboração** e **Construção**, que são também as mais relacionadas com o escopo do produto. Nas outras fases, a relação entre escopo do produto e do projeto é bem mais fraca, e elas serão dimensionadas à parte, nas subseções seguintes.

A Figura 4.2 mostra como uma iteração genérica de **Elaboração** e **Construção** é decomposta em atividades, tarefas e marcos dos estados dos casos de uso e da iteração. O **SPEM** (*Software Process Engineering Metamodel*) [OMG08] define **atividade** como "*um elemento de decomposição ou definição de trabalho, que define as unidades básicas de trabalho dentro de um processo, ou um processo completo*", **tarefa** como "*unidade de trabalho que pode ser atribuído a um papel*", formando um pacote de trabalho atômico, e **marco** (*milestone*) como "*um evento significativo em um projeto, como uma decisão*

Presentation Name	Type
Ciclo de vida padrão	Delivery Process
Iniciação	Phase
Iteração da Iniciação 1 (Ativação)	Iteration
Objetivos do ciclo de vida	Milestone
Elaboração	Phase
Iteração da Elaboração [n]	Iteration
Arquitetura de ciclo de vida	Milestone
Construção	Phase
Iteração da Construção [n]	Iteration
Capacidade operacional inicial	Milestone
Transição	Phase
Iteração da Transição 1 (Testes beta)	Iteration
Iteração da Transição 2 (Operação piloto)	Iteration
Liberação do produto	Milestone
Fim do projeto	Milestone

FIGURA 4.1 Exemplo de estrutura analítica do trabalho de um processo.

Presentation Name	Index	Type	Planned	Repeatable	Multiple Occurrences	Optional
Iteração genérica	0	Capability Pattern	☑	☐	☐	☐
Revisão técnica	1	Activity	☑	☐	☐	☐
Análise das alterações	2	Activity	☑	☐	☐	☐
Planejamento de configurações	5	Activity	☑	☐	☐	☑
Desenho arquitetônico	8	Activity	☑	☐	☐	☑
Planejamento técnico	11	Activity	☑	☐	☐	☐
Planejamento detalhado	14	Activity	☑	☐	☐	☐
Planejamento das apreciações	15	Task Descriptor	☐	☐	☐	☐
Planejamento das iterações	16	Task Descriptor	☐	☐	☐	☐
Desenvolvimento do caso de uso	17	Activity	☑	☑	☑	☐
Estado identificado	*18*	*Milestone*	☑	■	■	■
Especificação do problema do caso de uso	*19*	*Activity*	☑	■	■	■
Desenvolvimento da solução do caso de uso	*44*	*Activity*	☑	■	■	■
Validação do caso de uso	*122*	*Activity*	☑	■	■	■
Estado validado	*132*	*Milestone*	☑	■	■	■
Suporte ao desenvolvimento	133	Activity	☐	☐	☐	☐
Gestão detalhada do projeto	134	Task Descriptor	☐	☐	☐	☐
Gestão das linhas de base	135	Task Descriptor	☐	☐	☐	☐
Resolução de alterações	136	Activity	☑	☐	☐	☐
Recapitulação da iteração	139	Activity	☑	☐	☐	☐
Relato do projeto	140	Task Descriptor	☐	☐	☐	☐
Retrospectiva	141	Task Descriptor	☐	☐	☐	☐
Revisão do planejamento	142	Activity	☑	☐	☐	☐
Dimensionamento funcional	143	Task Descriptor	☐	☐	☐	☐
Planejamento da qualidade do projeto	144	Task Descriptor	☐	☐	☐	☐
Planejamento geral do projeto	145	Task Descriptor	☐	☐	☐	☐
Fechamento da iteração	146	Activity	☑	☐	☐	☐
Auditoria da qualidade	*147*	*Task Descriptor*	■	■	■	■
Resolução de anomalias	*148*	*Activity*	☑	■	■	■
Testes de sistema	*151*	*Activity*	■	■	■	■
Criação de linha de base de referência	156	Task Descriptor	☐	☐	☐	☐
Fim da iteração	157	Milestone	☑	☐	☐	☐

FIGURA 4.2 Exemplo de estrutura analítica do trabalho de uma iteração genérica.

importante, ou a realização completa de uma entrega ou uma etapa". Algumas atividades são mostradas decompostas até o nível de tarefas. Os elementos em *cor mais clara* indicam elementos reutilizados e suprimidos.

Na estrutura analítica do EPF, cada elemento tem vários atributos, mostrados na Figura 4.2 como quadrados com marcas de checar, quando aplicáveis ao elemento. Os quadrados cinza representam atributos de elementos reutilizados. Os seguintes atributos são importantes para a definição do escopo do projeto:

- **Planejado** - indica que o elemento será explicitamente considerado na estrutura analítica dos projetos derivados. Por exemplo, as tarefas da atividade **Programação da camada de fronteira** não estão marcadas como planejadas; elas não gerarão tarefas distintas na estrutura analítica do projeto, já que são normalmente executadas pelas mesmas pessoas, passando-se continuamente de uma tarefa do processo para outra.

- **Repetível –** indica que o elemento pode ser repetido múltiplas vezes, em série, como pode acontecer com vários casos de uso dentro de uma iteração, e com as iterações dentro de uma fase.
- **Múltiplas ocorrências –** indica que o elemento pode ter várias instâncias, em paralelo, o que também pode acontecer com vários casos de uso dentro de uma iteração, mas não com as iterações dentro de uma fase.
- **Opcional –** indica que a execução do elemento é opcional.

Instanciação do processo

O passo de **instanciação do processo** consiste em gerar uma estrutura analítica de um projeto a partir da estrutura analítica do processo correspondente. Usando-se o EPF, a instanciação é parcialmente automatizada, gerando-se um arquivo XML que pode ser importado por uma ferramenta de gestão detalhada de projetos, como o *Microsoft Project*. Apenas as atividades, tarefas e marcos marcados como planejados e não suprimidos são exportados. A instanciação é completada manualmente:

- atividades marcadas como repetíveis ou com múltiplas ocorrências são replicadas, adotando-se nomes que descrevam corretamente cada instância;
- atividades marcadas como opcionais podem ser eliminadas, se não aplicáveis ao projeto específico;
- atividades e tarefas não previstas no processo, mas específicas do projeto, podem ser acrescentadas.

A Figura 4.3 mostra a estrutura analítica do processo da Figura 4.1, instanciada até o nível de iterações. No desenvolvimento dirigido por casos de uso, tal como adotado no Praxis, uma iteração é decomposta nas seguintes atividades de primeiro nível:

- abertura da iteração, que inclui uma revisão técnica e, possivelmente, o planejamento detalhado (ou revisão dele);
- desenvolvimento de um ou mais casos de uso, tipicamente em paralelo;
- suporte do desenvolvimento dos casos de uso, em paralelo com o desenvolvimento deles;
- término da iteração, que inclui a recapitulação da iteração, a revisão do planejamento (possivelmente) e o fechamento da iteração.

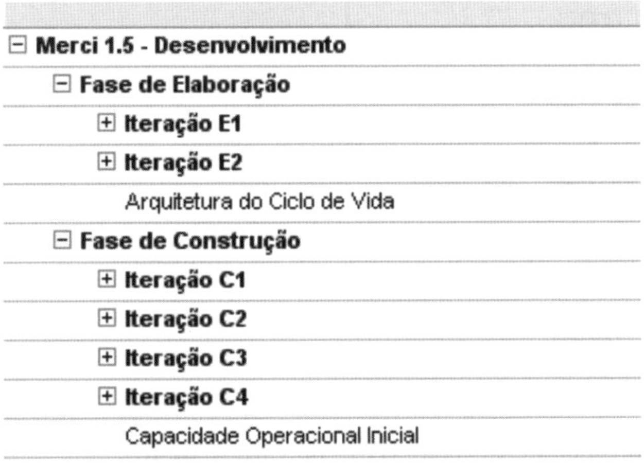

FIGURA 4.3
Exemplo de estrutura analítica do projeto – nível de iterações.

A Figura 4.4 mostra a estrutura de uma iteração da fase de Construção de um projeto no processo SPraxis. A estrutura da fase de Elaboração é bastante parecida, com a diferença de que todas as atividades mostradas são obrigatórias (Figura 4.5).

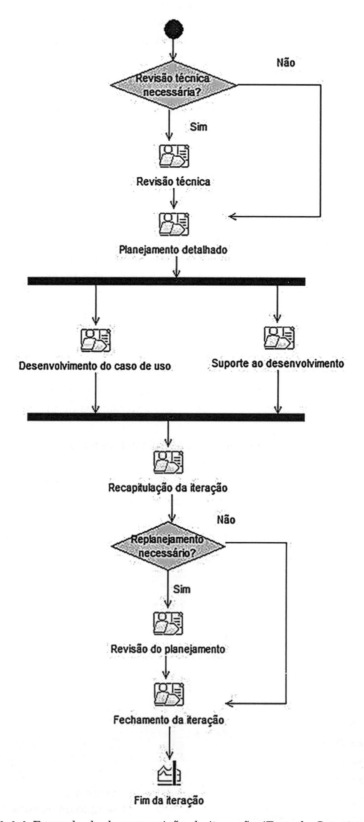

FIGURA 4.4 Exemplo de decomposição de iteração (Fase da **Construção**).

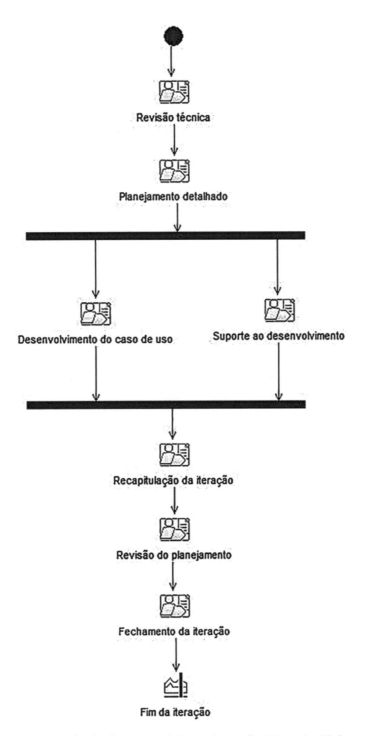

FIGURA 4.5 Exemplo de decomposição de iteração (Fase da **Elaboração**).

Casos de uso muito grandes (contando muitos pontos de função) podem ter seus fluxos de eventos divididos entre iterações (divisão vertical). Se mesmo um fluxo for muito grande, ele pode ser desenvolvido até certo estado em uma iteração, sendo completado na iteração seguinte (divisão horizontal). Atividades podem também corresponder ao desenvolvimento de colaborações que realizam requisitos não funcionais; por exemplo, um requisito de controle de acesso por senhas pode levar ao desenvolvimento de uma colaboração de uso de **Login**. Em todos esses casos, atividades são criadas ou divididas manualmente durante a instanciação.

Capítulo 4

Planejamento do tamanho das liberações

O desenho arquitetônico determina parcialmente a divisão das iterações em liberações, ou seja, a determinação de quais casos de uso deverão ser desenvolvidos em quais iterações. No ciclo de vida em espiral quase puro, adotado no Praxis, todas as iterações da **Elaboração** e **Construção** têm liberações, ou seja, entrega de um conjunto de funções. Essas funções normalmente são casos de uso completos, mas, se for conveniente do ponto de vista lógico ou de divisão de trabalho, os fluxos de um caso de uso, contáveis separadamente como funções de transação, podem ser divididos entre diferentes liberações, usando a divisão vertical acima descrita.

Além disso, o desenvolvimento das funções de dados é convencionalmente atribuído a uma liberação, embora, na realidade, os elementos modelados por essas funções, como dados persistentes e interfaces de sistema, geralmente participem de vários casos de uso e sejam desenvolvidos gradualmente, ao longo das respectivas liberações. Por convenção, considera-se no Praxis que uma função de dados atingirá o estado **Realizado** durante a primeira liberação em que participa de uma realização de caso de uso, mas só atingirá o estado **Validado** juntamente com o último caso de uso de cuja realização participa.

Os estados de desenvolvimento funcional são definidos na Tabela 4.14. É possível também dividir horizontalmente o desenvolvimento de uma função entre iterações; por exemplo, para uma função especialmente trabalhosa, pode-se levá-la até um determinado estado em uma iteração e levá-la ao **Validado** apenas em iteração posterior, usando a divisão horizontal acima descrita. Esses acertos devem ser feitos durante a instanciação do processo, podendo ser repensados durante os replanejamentos.

O planejamento das liberações deve levar em conta também a gestão dos riscos, tratada na Subseção 2.5. Se riscos significativos forem associados com funções específicas, essas funções devem ser desenvolvidas o mais cedo possível.

TABELA 4.14 Estados de desenvolvimento funcional

NÚMERO	NOME	DEFINIÇÃO
10	**Identificado**	Recebeu nome e descrição sucinta.
20	**Levantado**	Roteiros estão completamente descritos e consistentes com os autores.
30	**Analisado**	Roteiros estão completamente realizados no nível de análise.
40	**Desenhado**	Colaborações de uso estão completamente derivadas. Para funções de dados, pelo menos uma colaboração de uso derivada de uma função em que participa está completamente desenhada.
50	**Especificado**	Colaborações de teste estão completamente derivadas, com casos de teste completamente especificados. Para funções de dados, pelo menos uma colaboração de teste que participa está completamente especificada.
60	**Realizado**	Colaborações de desenho interno foram parcialmente derivadas, usando classes de controle e entidade implementadas. Para funções de dados, pelo menos uma colaboração de desenho interno de que participa passou nos testes de unidade.
70	**Implementado**	Todas as colaborações de desenho interno de que participa estão completamente derivadas, usando classes de fronteira implementadas.
80	**Validado**	As funções implementadas foram aprovadas nas avaliações de usuário.

Gestão de Projetos **141**

A Tabela 4.15 mostra um plano das liberações detalhado até o nível de casos de uso, enquanto na Tabela 4.16 o detalhamento chega ao nível de itens contáveis como pontos de função e dos respectivos estados. A Tabela 4.17 mostra um exemplo de tamanho em pontos de função previsto para cada liberação.

TABELA 4.15 Exemplo de **Plano das liberações** em nível de iterações e casos de uso

NÚMERO	ITERAÇÃO	OBJETIVOS	REQUISITOS A SEREM ATENDIDOS	OBSERVAÇÕES
1	E1	Implementar um caso de uso de gestão de cadastro simples, verificando os respectivos mecanismos de persistência.	Caso de uso Gestão de Usuários e RNF associados.	Inclui a implementação da colaboração de uso Login, herdada da plataforma Praxis.
2	E2	Implementar um caso de uso de gestão de cadastro com detalhes, verificando os respectivos mecanismos de persistência.	Caso de uso Gestão de Mercadorias e RNF associados.	Inclui a implementação parcial da entidade Fornecedor, que serve de detalhe.
3	C1	Implementar casos de uso adicionais de gestão de cadastro.	Casos de uso Gestão Manual de Estoque, Gestão de Fornecedores e RNF associados.	Gestão de Fornecedores é muito semelhante a Gestão de Mercadorias, enquanto a Gestão Manual de Estoque é um caso especial dessa.
4	C2	Implementar a principal função de negócio do produto.	Casos de uso Abertura do Caixa, Fechamento do Caixa, Operação de Venda e RNF associados.	Casos de uso com mais baixa reutilização da plataforma.
5	C3	Implementar um caso de uso que combina uma função importante de negócio com uma variação da gestão de cadastro com detalhes.	Caso de uso Gestão de Pedidos de Compra (exceto Emissão do Pedido de Compra) e RNF associados.	Caso de uso mais complexo do produto, com detalhes ligados ao item mestre por relacionamento de composição, e listas de itens diferentes do padrão da plataforma.
6	C4	Implementar os casos de uso e fluxos remanescentes que envolvem emissão de relatórios.	Casos de uso Emissão de Nota Fiscal e Emissão de Relatórios; fluxo Emissão do Pedido de Compra; RNF associados.	Verificação dos recursos da plataforma para suporte de relatórios.

TABELA 4.16 Exemplo de **Plano das liberações** detalhado por estados e funções

NOME	I	E1	E2	C1	C2	C3	C4
Pesquisa de Usuário	20	100	100	100	100	100	100
Inclusão de Novo Usuário	20	100	100	100	100	100	100
Alteração de Dados de Usuário	20	100	100	100	100	100	100
Exclusão de Usuário	20	100	100	100	100	100	100
Atualização do Estoque	20	20	20	100	100	100	100
Pesquisa de Estoque	20	20	20	100	100	100	100
Pesquisa de Mercadorias	20	20	100	100	100	100	100
Inclusão de Fornecedores para a Mercadoria	20	20	100	100	100	100	100
Inclusão de Nova Mercadoria	20	20	100	100	100	100	100
Alteração de Dados de Mercadoria	20	20	100	100	100	100	100
Exclusão de Mercadoria	20	20	100	100	100	100	100
Pesquisa de Fornecedor	20	20	20	100	100	100	100
Inclusão de Mercadorias para o Fornecedor	20	20	20	100	100	100	100
Inclusão de Novo Fornecedor	20	20	20	100	100	100	100
Alteração de Dados de Fornecedor	20	20	20	100	100	100	100
Exclusão de Fornecedor	20	20	20	100	100	100	100
Impressão de Pedido de Compra	20	20	20	20	20	100	100
Exibição dos Pedidos de Compra	20	20	20	20	20	100	100
Emissão de Pedido de Compra	20	20	20	20	20	20	100
Exibição Detalhada de Pedido de Compra	20	20	20	20	20	100	100
Alteração de Pedido de Compra	20	20	20	20	20	100	100
Baixa de Pedido de Compra	20	20	20	20	20	100	100
Exclusão de Pedido de Compra	20	20	20	20	20	100	100
Emissão de Relatório de Estoque Baixo	20	20	20	20	20	20	100
Emissão de Relatório de Mercadorias	20	20	20	20	20	20	100
Emissão de Relatório de Fornecedores	20	20	20	20	20	20	100
Emissão de Relação de Pedidos de Compra	20	20	20	20	20	20	100
Abertura do Caixa	20	20	20	20	100	100	100
Fechamento do Caixa	20	20	20	20	100	100	100
Processamento da Venda	20	20	20	20	100	100	100
Impressão de Tíquete de Venda	20	20	20	20	100	100	100
Impressão da Nota Fiscal	20	20	20	20	100	100	100
Emissão da Nota Fiscal	20	20	20	20	20	20	100
Usuário	20	100	100	100	100	100	100

(continua)

TABELA 4.16 Exemplo de **Plano das liberações** detalhado por estados e funções (*continuação*)

NOME	I	E1	E2	C1	C2	C3	C4
Mercadoria	20	20	100	100	100	100	100
Fornecedor	20	20	60	100	100	100	100
Pedido de Compra	20	20	20	20	20	100	100
Caixa	20	20	20	20	100	100	100
Conexão com Sistema Financeiro	20	20	60	60	60	100	100

TABELA 4.17 Exemplo de evolução prevista do tamanho em pontos de função e relativo, por iteração

ITERAÇÃO	I	E1	E2	C1	C2	C3	C4
Total da liberação (absoluto)	0	19	53	81	108	141	171
Adicionado na liberação (absoluto)	0	19	34	35	27	33	30
Total da liberação (relativo)	0,0%	11,1%	26,9%	47,4%	63,2%	82,5%	100,0%
Adicionado na liberação (relativo)	0,0%	11,1%	15,8%	20,5%	15,8%	19,3%	17,5%

Um indicador auxiliar usado no processo Praxis é o **progresso**. Uma função só tem seus pontos de função contados para o tamanho funcional do produto quando atinge o estado **Validado**. O método usado no Praxis abre uma exceção para os ALIs, que são contados em 70% a partir do estado **Realizado**; essa é apenas uma aproximação grosseira para levar em conta o fato de que, tipicamente, o código de acesso aos dados persistentes é, em grande parte, escrito quando é necessário usá-los pela primeira vez, mas tipicamente cresce um pouco em iterações seguintes, quando são implementados casos de uso nos quais tais dados participam. O progresso é um indicador mais fino, pois atribui algum valor para os estados intermediários, permitindo avaliar melhor a evolução do projeto quando alguma iteração chega ao final com casos de uso incompletos, seja porque isso estava planejado, seja porque atividades de uma iteração posterior foram adiantadas para aproveitar disponibilidade de pessoal.

A Tabela 4.18 mostra a relação entre estados de uma função e o respectivo indicador de progresso. As frações de esforço aí atribuídas representam uma distribuição típica de esforços, que uma organização pode alterar se tiver dados históricos diferentes. Usando o plano das liberações da Tabela 4.15, chega-se à previsão de progresso mostrada na Tabela 4.19. As previsões de evolução do tamanho e do progresso, em pontos de função e em percentagem do tamanho do produto, são resumidas na Tabela 4.20.

TABELA 4.18 Exemplo de tamanho e progresso percentuais por estados

NÚMERO	NOME	TAMANHO GERAL	TAMANHO ALI	FRAÇÃO DE ESFORÇO	PROGRESSO RELATIVO
10	Identificado	0%	0%	0%	0%
20	Levantado	0%	0%	20%	20%
30	Analisado	0%	0%	7%	27%

(continua)

Capítulo 4

TABELA 4.18 Exemplo de tamanho e progresso percentuais por estados (*continuação*)

NÚMERO	NOME	TAMANHO GERAL	TAMANHO ALI	FRAÇÃO DE ESFORÇO	PROGRESSO RELATIVO
40	Desenhado	0%	0%	15%	42%
50	Especificado	0%	0%	5%	47%
60	Realizado	0%	70%	25%	72%
70	Implementado	0%	70%	17%	89%
80	Validado	0%	70%	11%	100%

TABELA 4.19 Exemplo de evolução prevista do progresso em pontos de função e relativo, por iteração

ITERAÇÃO	I	E1	E2	C1	C2	C3	C4
Total da liberação (absoluto)	34,2	49,4	77,5	99,4	121,0	147,0	171,0
Adicionado na liberação (absoluto)	34,2	15,2	28,1	27,6	21,6	26,0	24,0
Total da liberação (relativo)	20,0%	28,9%	42,0%	58,2%	70,8%	86,0%	100,0%
Adicionado na liberação (relativo)	20,0%	8,9%	13,1%	16,1%	12,6%	15,2%	14,0%

TABELA 4.20 Exemplo de evolução prevista do tamanho e progresso por iterações e fases

ITERAÇÕES / FASES	TAMANHO ACUMULADO (PF)	TAMANHO ADICIONADO (PF)	TAMANHO ACUMULADO (RELATIVO)	TAMANHO ADICIONADO (RELATIVO)	PROGRESSO (PF)	PROGRESSO (RELATIVO)
E1	19	19	11,1%	11,1%	49,4	28,9%
E2	53	34	31,0%	19,9%	71,9	42,0%
C1	81	28	47,4%	16,4%	99,4	58,2%
C2	108	27	63,2%	15,8%	121,0	70,8%
C3	141	33	82,5%	19,3%	147,0	86,0%
C4	171	30	100,0%	17,5%	171,0	100,0%
Elaboração	53	53	31,0%	31,0%	71,9	42,0%
Construção	171	118	100,0%	69,0%	171,0	100,0%
Total	171	171	100,0%	100,0%	171,0	100,0%

2.1.5 Controle do escopo

Introdução

Segundo o **PMBoK**, o controle do escopo é "o processo de monitoramento do progresso do escopo do projeto e do escopo do produto e gerenciamento das mudanças feitas na linha de base do escopo". No processo Praxis, solicitações de mudanças nos requisitos, e, portanto, no escopo do produto, são tratadas na disciplina de **Gestão de alterações**, a quem cabe a análise dos respectivos impactos e previsão das alterações nos esforços, custos, prazos e riscos. Na **Gestão de projetos**, o controle do escopo praticamente se resume à monitoração desse escopo, já que o escopo do produto é normalmente determinado pelo cliente, estando fora do controle do fornecedor. A monitoração do escopo inclui a monitoração dos requisitos e visa a acompanhar a evolução dos requisitos de um projeto, em relação tanto ao seu **Status** de alteração quanto ao seu **Estado** de desenvolvimento. Como consequência, inclui também a monitoração dos tamanhos funcional e físico.

Alterações no escopo de um produto podem também levar a alterações no escopo do projeto, quando este é replanejado com alteração da estrutura analítica. Mais frequentemente, os replanejamentos levam apenas a alterações das previsões de esforços, prazos, custos e riscos das iterações, sem alterações na estrutura analítica. Por isso, o replanejamento é tratado na Subseção 2.9, **Gestão da integração**.

Monitoração dos requisitos

O principal objetivo da monitoração dos requisitos é registrar e analisar as alterações no tamanho do produto ao longo do projeto. O tamanho atingido do produto evolui na medida em que as funções vão atingindo o estado **Validado** e adicionando os respectivos pontos de função ao tamanho funcional do produto. Além disso, a própria meta de tamanho do produto pode variar por causa das alterações de requisitos.

A Tabela 4.21 exemplifica um possível retrato dos itens de análise em certo momento do projeto. Nesse momento, os itens que fazem parte de dois casos de uso atingiram o estado **Validado**; os itens de um terceiro caso de uso atingiram o estado **Testado**; e um ALI que participa de um dos casos de uso atingiu o estado **Realizado**. Os demais itens permanecem no estado **Levantado**, no qual saíram da fase de **Iniciação**. Quanto ao **Status** de alteração, há dois itens alterados, um incluído e um excluído.

TABELA 4.21 Exemplo de estado do desenvolvimento e status de alteração dos itens contáveis

NOME	ESTADO	STATUS
Pesquisa de Usuário	Validado	Original
Inclusão de Novo Usuário	Validado	Original
Alteração de Dados de Usuário	Validado	Original
Exclusão de Usuário	Validado	Original
Atualização do Estoque	Implementado	Alterado
Pesquisa de Estoque	Implementado	Original
Pesquisa de Mercadorias	Validado	Original
Inclusão de Fornecedores para a Mercadoria	Validado	Original
Inclusão de Nova Mercadoria	Validado	Original
Alteração de Dados de Mercadoria	Validado	Original
Exclusão de Mercadoria	Validado	Original
Pesquisa de Fornecedor	Levantado	Original
Inclusão de Mercadorias para o Fornecedor	Levantado	Original
Inclusão de Novo Fornecedor	Levantado	Original
Alteração de Dados de Fornecedor	Levantado	Original
Exclusão de Fornecedor	Levantado	Original

(continua)

TABELA 4.21 Exemplo de estado do desenvolvimento e status de alteração dos itens contáveis (*continuação*)

NOME	ESTADO	STATUS
Impressão de Pedido de Compra	Levantado	Original
Exibição dos Pedidos de Compra	Levantado	Original
Emissão de Pedido de Compra	Levantado	Original
Exibição Detalhada de Pedido de Compra	Levantado	Original
Alteração de Pedido de Compra	Levantado	Incluído
Baixa de Pedido de Compra	Levantado	Original
Exclusão de Pedido de Compra	Levantado	Original
Emissão de Relatório de Estoque Baixo	Levantado	Original
Emissão de Relatório de Mercadorias	Levantado	Original
Emissão de Relatório de Fornecedores	Levantado	Original
Emissão de Relação de Pedidos de Compra	Levantado	Original
Abertura do Caixa	Levantado	Original
Fechamento do Caixa	Levantado	Original
Processamento da Venda	Levantado	Original
Impressão de Tíquete de Venda	Levantado	Original
Impressão da Nota Fiscal	Levantado	Original
Emissão da Nota Fiscal	Levantado	Original
Usuário	Validado	Original
Mercadoria	Validado	Original
Fornecedor	Realizado	Original
Pedido de Compra	Levantado	Original
Caixa	Levantado	Original
Cliente	Levantado	Excluído
Conexão com Sistema Financeiro	Realizado	Alterado

Em função desses fatos, esses itens exibem a evolução mostrada na Tabela 4.22. O tamanho original é o tamanho do item no início da **Elaboração**, que é zero para requisitos incluídos. O tamanho atual é o tamanho contado no momento da monitoração; ele é zero para requisitos excluídos. O tamanho atual pode ser alterado para requisitos alterados (por exemplo, por causa de alterações no número de tipos de elementos de dados, e, portanto, da complexidade). Pode ser alterado mesmo para aqueles que não foram alterados, pelo fato de que a análise revelou deficiências na contagem original (por exemplo, a realização de análise descobriu que faltava ser considerado um tipo de arquivo referenciado); mas, se a contagem original foi bem-feita, esse caso deve ser bastante raro. O tamanho atingido é zero enquanto o item não está no estado **Validado** (exceto para ALIs, pela convenção já citada). O progresso atingido é derivado do estado, por aplicação das percentagens da Tabela 4.17.

TABELA 4.22 Exemplo de evolução realizada do tamanho dos itens contáveis

NOME	TPF	PF	TAMANHO ORIGINAL	TAMANHO ATUAL	TAMANHO ATINGIDO	PROGRESSO ATINGIDO
Pesquisa de Usuário	CE	3	3	3	3	3,0
Inclusão de Novo Usuário	EE	3	3	3	3	3,0
Alteração de Dados de Usuário	EE	3	3	3	3	3,0
Exclusão de Usuário	EE	3	3	3	3	3,0
Atualização do Estoque	EE	4	4	4	0	3,8
Pesquisa de Estoque	CE	3	3	3	0	2,9
Pesquisa de Mercadorias	CE	4	4	4	4	4,0
Inclusão de Fornecedores para a Mercadoria	CE	3	3	3	3	3,0
Inclusão de Nova Mercadoria	EE	4	4	4	4	4,0
Alteração de Dados de Mercadoria	EE	4	4	4	4	4,0
Exclusão de Mercadoria	EE	4	4	4	4	4,0
Pesquisa de Fornecedor	CE	4	4	4	0	0,8
Inclusão de Mercadorias para o Fornecedor	CE	3	3	3	0	0,6
Inclusão de Novo Fornecedor	EE	4	4	4	0	0,8
Alteração de Dados de Fornecedor	EE	4	4	4	0	0,8
Exclusão de Fornecedor	EE	3	3	3	0	0,6
Impressão de Pedido de Compra	SE	5	5	5	0	1,0
Exibição dos Pedidos de Compra	CE	4	4	4	0	0,8
Emissão de Pedido de Compra	EE	6	6	6	0	1,2
Exibição Detalhada de Pedido de Compra	CE	4	4	4	0	0,8
Alteração de Pedido de Compra	EE	3	0	3	0	0,6
Baixa de Pedido de Compra	EE	4	4	4	0	0,8
Exclusão de Pedido de Compra	EE	3	3	3	0	0,6
Emissão de Relatório de Estoque Baixo	SE	5	5	5	0	1,0
Emissão de Relatório de Mercadorias	SE	5	5	5	0	1,0
Emissão de Relatório de Fornecedores	SE	5	5	5	0	1,0

(continua)

TABELA 4.22 Exemplo de evolução realizada do tamanho dos itens contáveis (*continuação*)

NOME	TPF	PF	TAMANHO ORIGINAL	TAMANHO ATUAL	TAMANHO ATINGIDO	PROGRESSO ATINGIDO
Emissão de Relação de Pedidos de Compra	SE	5	5	5	0	1,0
Abertura do Caixa	EE	3	3	3	0	0,6
Fechamento do Caixa	EE	3	3	3	0	0,6
Processamento da Venda	EE	6	6	6	0	1,2
Impressão de Tíquete de Venda	SE	4	4	4	0	0,8
Impressão da Nota Fiscal	SE	4	4	4	0	0,8
Emissão da Nota Fiscal	EE	4	4	4	0	0,8
Usuário	ALI	7	7	7	7	7,0
Mercadoria	ALI	7	7	7	7	7,0
Fornecedor	ALI	7	7	7	4	5,0
Pedido de Compra	ALI	7	7	7	0	1,4
Caixa	ALI	7	7	7	0	1,4
Cliente	ALI	7	7	0	0	0,0
Conexão com Sistema Financeiro	ALI	7	7	7	4	5,0
Total		178	175	171	53	82,8

Monitoração do tamanho funcional

A partir desses dados, é possível montar a Tabela 4.23, que retrata a evolução do tamanho funcional ao longo das iterações e fases do projeto. No exemplo, esse retrato é tirado durante a iteração C1. Pode-se ver que as alterações de requisitos reduziram o tamanho atual do produto a partir da iteração E2. O tamanho e progresso planejado, em termos percentuais, são mostrados, para comparação com o tamanho e progresso realizados (os valores planejados são um pouco diferentes dos mostrados na Tabela 4.19, porque algumas alterações de requisitos foram introduzidas no exemplo apenas para fins de ilustração).

Normalmente, o final das iterações é atingido quando o tamanho acumulado atinge a meta prevista de valor; no exemplo, a iteração E1 terminou quando foram atingidos os 19 pontos de função, e a E2, quando foram atingidos os 53 pontos de função. Como alternativa, no caso de que o planejamento preveja iterações com funções parcialmente implementadas (divisão horizontal), poderia ser usada uma meta de progresso. Como o exemplo retrata a iteração C1 em andamento, o progresso atingido já aumentou em relação ao final da E2, mas o tamanho atingido ainda não.

A influência das alterações dos requisitos no tamanho atual é registrada pela Tabela 4.24. O resumo correspondente das alterações por iteração é mostrado na Tabela 4.25. Nesse exemplo, houve uma alteração de escopo do produto de cerca de 10% em duas iterações, correspondendo a aproximadamente dois meses, o que é um valor significativo. Se as alterações de requisitos continuarem nesse ritmo até o final do projeto, elas ultrapassarão um terço do tamanho do produto, entrando na faixa considerada excessiva

TABELA 4.23 Exemplo de evolução realizada do tamanho funcional ao longo do projeto

	TAMANHOS E PROGRESSO	TAMANHO ATUAL PF	TAMANHO ATINGIDO PF	PROGRESSO ATINGIDO PF	TAMANHO PLANEJADO %	PROGRESSO PLANEJADO %	TAMANHO ATINGIDO %	PROGRESSO ATINGIDO %
	E1	175	19	50,2	10,9%	28,7%	10,9%	28,7%
	E2	171	53	77,5	26,3%	41,5%	31,0%	45,3%
Iterações	**C1**	171	53	82,8	46,3%	57,3%	31,0%	48,4%
	C2				65,7%	72,8%		
	C3				82,9%	86,3%		
	C4				100,0%	100,0%		
	Iniciação	191	0	20	0,0%	20,0%	0,0%	20,0%
Fases	Elaboração	171	53	77,48	26,3%	41,5%	31,0%	45,3%
	Construção				100,0%	100,0%		
	Transição				100,0%	100,0%		
Total			53		100,0%	100,0%		

Capítulo 4

TABELA 4.24 Exemplo de pontos de função dos requisitos alterados

NOME	INCLUÍDOS	ALTERADOS	EXCLUÍDOS	TOTAL
Pesquisa de Usuário	0	0	0	0
Inclusão de Novo Usuário	0	0	0	0
Alteração de Dados de Usuário	0	0	0	0
Exclusão de Usuário	0	0	0	0
Atualização do Estoque	0	4	0	4
Pesquisa de Estoque	0	0	0	0
Pesquisa de Mercadorias	0	0	0	0
Inclusão de Fornecedores para a Mercadoria	0	0	0	0
Inclusão de Nova Mercadoria	0	0	0	0
Alteração de Dados de Mercadoria	0	0	0	0
Exclusão de Mercadoria	0	0	0	0
Pesquisa de Fornecedor	0	0	0	0
Inclusão de Mercadorias para o Fornecedor	0	0	0	0
Inclusão de Novo Fornecedor	0	0	0	0
Alteração de Dados de Fornecedor	0	0	0	0
Exclusão de Fornecedor	0	0	0	0
Impressão de Pedido de Compra	0	0	0	0
Exibição dos Pedidos de Compra	0	0	0	0
Emissão de Pedido de Compra	0	0	0	0
Exibição Detalhada de Pedido de Compra	0	0	0	0
Alteração de Pedido de Compra	3	0	0	3
Baixa de Pedido de Compra	0	0	0	0
Exclusão de Pedido de Compra	0	0	0	0
Emissão de Relatório de Estoque Baixo	0	0	0	0
Emissão de Relatório de Mercadorias	0	0	0	0
Emissão de Relatório de Fornecedores	0	0	0	0
Emissão de Relação de Pedidos de Compra	0	0	0	0
Abertura do Caixa	0	0	0	0
Fechamento do Caixa	0	0	0	0
Processamento da Venda	0	0	0	0
Impressão de Tíquete de Venda	0	0	0	0
Impressão da Nota Fiscal	0	0	0	0
Emissão da Nota Fiscal	0	0	0	0
Usuário	0	0	0	0
Mercadoria	0	0	0	0

(continua)

Gestão de Projetos **151**

TABELA 4.24 Exemplo de pontos de função dos requisitos alterados (*continuação*)

NOME	INCLUÍDOS	ALTERADOS	EXCLUÍDOS	TOTAL
Fornecedor	0	0	0	0
Pedido de Compra	0	0	0	0
Caixa	0	0	0	0
Cliente	0	0	7	7
Conexão com Sistema Financeiro	0	7	0	7
Total	3	11	7	21

[Jones94]. Embora as alterações de requisitos possam até ser lucrativas para os fornecedores, caso sejam devidamente cobradas, mesmo nesse caso o excesso de alterações pode trazer repercussões negativas para a robustez estrutural do produto.

Monitoração do tamanho físico

A contagem de linhas de código permite monitorar a evolução do tamanho físico, como é mostrado na Tabela 4.26, para o código da aplicação e dos testes. O indicador de linhas de código da aplicação por ponto de função permite avaliar o grau de reutilização que está sendo conseguido. O indicador relativo aos testes de unidade dá ideia de quanto a implementação dirigida por testes está sendo usada, e o indicador relativo aos testes de sistema sinaliza o nível de uso de testes automatizados. Todos esses indicadores estão relacionados com a aderência do processo real (que está efetivamente sendo usado no projeto) ao processo oficial previsto. Além disso, permitem confirmar até que ponto está correta a hipótese de número de linhas de código por ponto de função, usada nas estimativas, como discutido na próxima subseção.

A contagem de classes, mostrada na Tabela 4.27, é também indicativa do grau de aderência ao processo, em particular da aderência aos padrões de codificação. Números de linhas de código por classe muito acima ou abaixo da norma da organização podem ser sugestivos de problemas, que talvez indiquem necessidade de treinamento ou orientação dos programadores.

2.2 Gestão do cronograma[3]

2.2.1 Estimativas em geral

Introdução

Devem-se distinguir muito claramente estimativas de planos, metas e compromissos. Frequentemente, gerentes e clientes pedem aos profissionais de software estimativas, quando na realidade estão querendo algum dos outros. Uma estimativa com um único ponto (sem faixa de variação) costuma ser na realidade uma meta. Estimativas verdadeiras geralmente tomam a forma de uma tupla de números (pessimista, mais provável, otimista), ou mesmo de uma curva de distribuição de probabilidade. A Figura 4.6 mostra a probabilidade acumulada para a distribuição normal padrão (com média 0 e desvio-padrão 1). Vê-se

---

[3] Chamada de "Gestão de tempo" em edições anteriores do PMBoK.

TABELA 4.25 Exemplo de acompanhamento das alterações dos requisitos

ALTERAÇÕES FUNCIONAIS ACUMULADAS		INCLUÍDOS PF	ALTERADOS PF	EXCLUÍDOS PF	TOTAL PF	INCLUÍDOS %	ALTERADOS %	EXCLUÍDOS %	TOTAL %
Iterações	E1	0	0	0	0	0,0%	0,0%	0,0%	0,0%
	E2	3	7	7	17	1,7%	3,9%	3,9%	9,6%
	C1	3	11	7	21	1,7%	6,2%	3,9%	11,8%
	C2								
	C3								
	C4								
Fases	Iniciação	0	0	0	0	0,0%	0,0%	0,0%	0,0%
	Elaboração	3	7	7	17	1,7%	3,9%	3,9%	9,6%
	Construção								
	Transição								
Total									

TABELA 4.26 Exemplo de monitoração do tamanho físico - linhas de código

LINHAS DE CÓDIGO APLICAÇÃO		TOTAIS				POR PONTO DE FUNÇÃO (ATINGIDOS)			
		TESTES DE UNIDADE	TESTES DE SISTEMA	TESTES TOTAL	APLICAÇÃO	TESTES DE UNIDADE	TESTES DE SISTEMA	TESTES TOTAL	
Iterações	**E1**	860	471	300	771	45,3	24,8	15,8	40,6
	E2	2015	1383	679	2062	38,0	26,1	12,8	38,9
	C1	2574	1773	956	2729	48,6	33,5	18,0	51,5
	C2								
	C3								
	C4								
Fases	Iniciação								
	Elaboração	2015	1383	679	2062	38,0	26,1	12,8	38,9
	Construção								
	Transição								
Total									

TABELA 4.27 Exemplo de monitoração do tamanho físico – classes

LINHAS DE CÓDIGO APLICAÇÃO		CLASSES				LINHAS DE CÓDIGO / CLASSE			
		TESTES DE UNIDADE	TESTES DE SISTEMA	TESTES TOTAL	APLICAÇÃO	TESTES DE UNIDADE	TESTES DE SISTEMA	TESTES TOTAL	
Iterações	E1	11	9	12	21	78,2	52,3	25,0	36,7
	E2	26	17	18	35	77,5	81,4	37,7	58,9
	C1	26	21	24	45				
	C2								
	C3								
	C4								
Fases	Iniciação								
	Elaboração	26	17	18	35	77,5	81,4	37,7	58,9
	Construção								
	Transição								
Total									

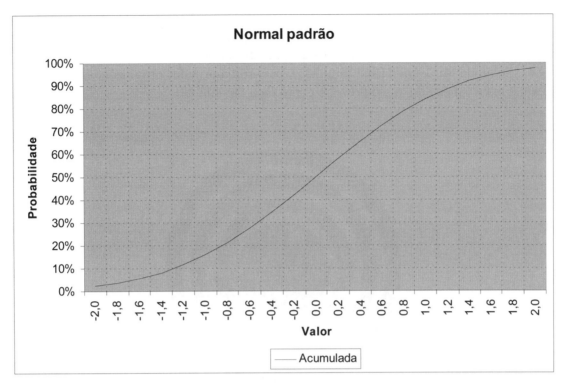

FIGURA 4.6 Distribuição normal padrão acumulada.

que, para essa distribuição, a fim de que uma estimativa tenha 90% de probabilidade de ser atingida, ela deve ser menor ou igual à média mais 1,3 desvios-padrão; uma estimativa igual à média terá apenas 50% de probabilidade de ser atingida.

Note-se que, para muitas estimativas de interesse, a distribuição normal não é um bom modelo; muitas distribuições reais não são simétricas, e a média, tal como definida na probabilidade, não tem o mesmo valor que a mediana, valor que tem 50% de probabilidade de ser atingido. É o caso das estimativas que não podem ter valores negativos. Entretanto, a aproximação normal é usualmente aceitável se a média for grande em relação ao desvio-padrão, de modo que a probabilidade de valores negativos seja desprezível.

Por causa da confusão de estimativas com metas, é mais comum que estimativas sejam otimistas do que pessimistas. Argumenta-se às vezes que estimativas pessimistas levam a desperdiçar os recursos ou o tempo disponíveis, ou a adiar tarefas para a última hora (o que é conhecido como *síndrome do estudante*). Por outro lado, estimativas otimistas trazem os seguintes problemas [McConnell06]: redução da eficácia do planejamento (por exemplo, dimensionar equipes reduzidas demais para as atividades); redução da probabilidade de completar o projeto em tempo; redução do esforço em atividades iniciais importantes, como análise e desenho, levando posteriormente a retrabalho e desperdício; dinâmica destrutiva no final do projeto, como desperdício de mais esforços e tempo por causa de mais reuniões gerenciais, novas estimativas, renegociações com o cliente, problemas causados por soluções provisórias etc.

A **acurácia** de uma estimativa é o seu grau de conformidade com o valor real; estimativas **acuradas** têm baixo **viés**. A **precisão** é o grau com que múltiplas estimações do mesmo valor real produzem estimativas similares; estimativas **precisas** têm baixo **erro**. Os conceitos são exemplificados nas Figuras 4.7 e 4.8. Tanto acurácia quanto precisão são desejáveis, mas a acurácia é mais importante. O número de dígitos significativos com que uma estimativa é apresentada deve refletir a precisão dela.

Estimativas acuradas trazem como benefícios: acompanhamento mais realista do realizado contra o planejado; maior qualidade, em consequência da redução do estresse; orçamentos mais previsíveis; aumento da credibilidade da equipe; melhor análise dos riscos. Segundo McConnell [McConnell06], para a maioria das organizações a previsibilidade é mais valiosa do que o prazo, o custo ou a flexibilidade.

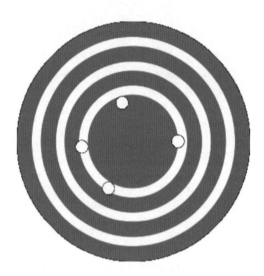

FIGURA 4.7 Alta acurácia com baixa precisão (fonte: Wikipedia).

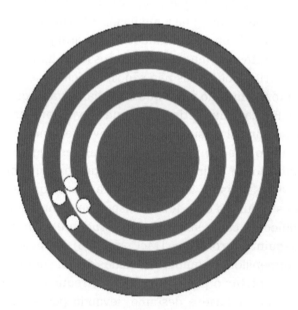

FIGURA 4.8 Alta precisão com baixa acurácia (fonte: Wikipedia).

Por outro lado, vários autores conhecidos têm visões bastante pessimistas das práticas usuais de estimativa. Segundo Tom DeMarco [DeMarco95], muitos diretores e clientes pedem estimativas, quando na realidade estão querendo compromissos com metas predefinidas de custo ou prazo. As metas propostas de custo e prazo obedeceriam à regra: *Não tão grandes que sejam realmente viáveis, mas não tão pequenas que pareçam ridículas.* Segundo Robert L. Glass [Glass03], más estimativas são uma das duas causas mais comuns de descontrole dos projetos (a outra é instabilidade dos requisitos). A maioria das estimativas é feita antes da definição dos requisitos e entendimento do problema (portanto, na hora errada), por gerentes e não por técnicos (portanto, pelas pessoas erradas), e raramente são corrigidas. Nesses casos, não atingir as metas planejadas pouco significa.

O cone de incerteza

Erros das estimativas são causados por informação inacurada sobre o projeto e a capacitação da organização, por variações de escopo e por limitações do próprio método de estimativa. Os erros diminuem à medida que o projeto avança e se tem mais informação (e, espera-se, menos variação de escopo). Isso é refletido no **cone de incerteza**, gráfico que mostra a variação do erro ao longo do desenvolvimento de uma atividade.

Na Figura 4.9, o cone de incerteza mostra a variação do erro em função do estado de desenvolvimento (adaptado de McConnell [McConnell06]); para um ciclo de vida em cascata, esse cone vale para o projeto todo, e para um ciclo de vida em espiral, dirigido por casos de uso, vale para cada caso de uso. Como a distribuição dos estados não é uniforme ao longo do tempo, o cone se estreita mais rapidamente quando é mostrado em uma escala de tempo de calendário (Figura 4.10). O cone de incerteza representa o melhor caso das estimativas; em projetos mal planejados, mal controlados ou com escopo variável, a situação é ainda pior.

Fontes de erros

Erros usuais são causados por omissão de certas categorias de requisitos. Estes podem ser requisitos funcionais contáveis como pontos de função, funções de conversão, iniciação, importação de dados; requisitos funcionais não contáveis, ou de contagem

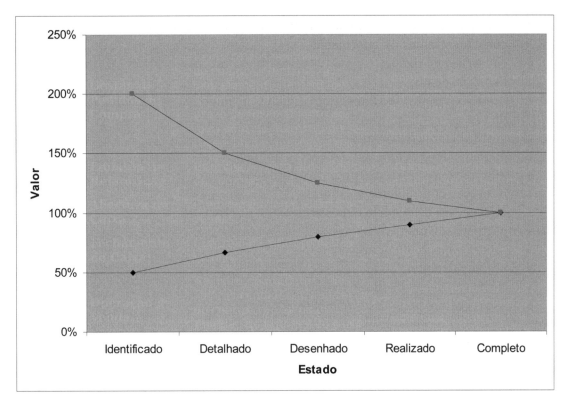

FIGURA 4.9 O cone de incerteza.

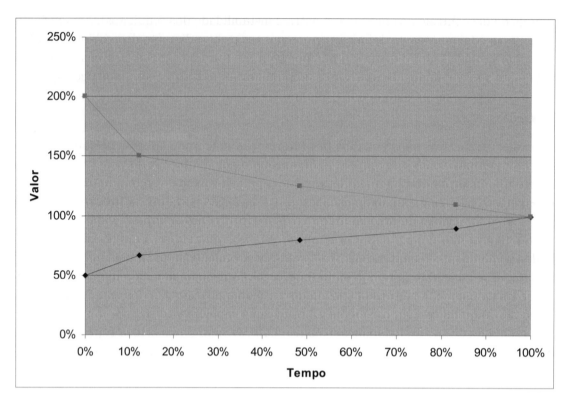

FIGURA 4.10 O cone de incerteza em escala de tempo.

problemática, como regras de negócio complexas, funções de ajuda e modos de operação; e requisitos não funcionais em geral.

Outro tipo de erros usuais é causado pela omissão de tarefas do projeto, como:

- aprendizado e orientação no uso de ferramentas e processos;
- consulta a fontes de informação;
- conversão de dados;
- demonstrações;
- diversas tarefas de testes, como manutenção de scripts e população de dados de teste;
- gestão de subcontratados;
- implantação e adaptação a diversos ambientes de operação;
- integração e orientação de novos desenvolvedores;
- interação com clientes e usuários;
- modelagem de negócio e de sistema;
- participação em revisões;
- processamento de alterações;
- replanejamento;
- resolução de problemas e defeitos;
- uso e gestão de recursos computacionais.

Para evitar esse tipo de omissão, o processo deve fazer a previsão mais completa possível das tarefas dos projetos típicos. No Praxis, além disso, a disciplina de **Engenharia de sistemas** existe para descrever atividades que são relacionadas com o desenvolvimento de software, embora não façam parte dele, e que podem gerar tarefas adicionais, como modelagem de negócio, gestão de recursos computacionais e implantação.

Outras tarefas geralmente não computadas são atividades de outros projetos, que gastam esforços dos recursos do projeto, como suporte e manutenção de produtos existentes, e participação em revisões de outros projetos. Além disso, existem tarefas da organização, não vinculadas a qualquer projeto, como treinamento e reuniões da organização. Finalmente, há atividades que gastam tempo, embora não esforços, como férias, fins de semana, feriados e licenças; essas podem ser facilmente previstas nas ferramentas de gestão detalhada, como o *Microsoft Project*.

2.2.2 Estimativas por analogia

A estimativa por analogia usa a semelhança com projetos anteriores como base para as estimativas do projeto atual. Em projetos de desenvolvimento de software, é comum usarem-se fatores de produtividade obtidos de projetos anteriores para transformar indicadores de tamanho funcional em estimativas de esforços e, a partir destas, derivar as estimativas de tempos e custos. Assim, esforço para desenvolvimento do produto (**PM**), medido em pessoas-mês, pode ser derivado da contagem de pontos de função (**PF**) através da fórmula:

$$\textbf{PM = PF / Produtividade}$$

A produtividade deve ser obtida de uma base de dados histórica, que totalize os pontos de função e os esforços acumulados em um grupo de projetos semelhantes ao projeto que se quer planejar. A produtividade em PF/PM será o quociente entre a soma de seus pontos de função e a soma dos esforços desses projetos, expressos em pessoas-mês.

Um problema difícil, principalmente para as organizações que estão iniciando a implantação da gestão de projetos, é conseguir uma base de dados que seja realmente significativa. Distorções graves podem ser facilmente induzidas por:

- diferenças de linguagens, tecnologia, grau de reutilização, área de aplicação e capacitação da equipe;
- diferenças de processos usados, que levam a diferenças do significado das métricas;
- formas não padronizadas ou não confiáveis de coletas de dados;
- gestão da qualidade deficiente, que faz com que projetos sejam dados como finalizados quando na realidade ainda é necessário muito esforço para atingir um nível adequado de qualidade.

Um fenômeno específico do desenvolvimento de software é a deseconomia de escala. Projetos de desenvolvimento de produtos maiores tendem a ser menos produtivos, porque geralmente são feitos por equipes maiores, o que aumenta o *overhead* de comunicação e gestão. A Figura 4.11, baseada em dados apresentados por McConnell [McConnell96], mostra como a produtividade cai em função do tamanho, de forma aproximadamente exponencial (a escala das abscissas é logarítmica).

O fator mais importante para a produtividade é a qualidade dos programadores, segundo Glass [Glass03]. Os melhores programadores são vinte e oito vezes mais produtivos que os piores; portanto os melhores programadores são mais baratos, porque a diferença entre os salários não é tão grande. O ambiente de trabalho também tem profundo impacto na qualidade e na produtividade; são especialmente prejudiciais os ambientes ruidosos, desconfortáveis, e, principalmente, aqueles em que os desenvolvedores estão sujeitos a frequentes interrupções. Quanto aos processos e ferramentas, um dos princípios clássicos de Fred Brooks diz que não existe bala de prata [Brooks95]:

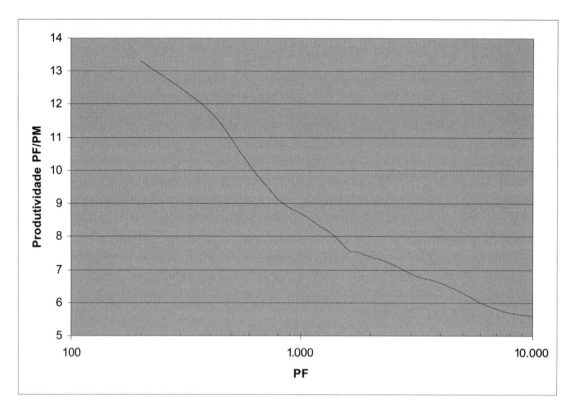

FIGURA 4.11 Deseconomia de escala.

cada melhoria de processo ou ferramenta melhora a produtividade, tipicamente, em 5% a 35%. Além disso, o aprendizado de novas ferramentas e novos processos inicialmente **diminui** a produtividade.

Além disso, só se pode inferir a produtividade de uma base histórica se esta for estatisticamente significativa. Pode-se verificar a adequação de uma base histórica através de testes de significância dos dados, dos procedimentos descritos em um texto de estatística,[4] ou de uma visualização gráfica. Para que uma regressão estatística possa ser feita e a produtividade calculada seja utilizável, os pontos da base histórica, representativos do esforço *versus* pontos de função para cada projeto, devem estar razoavelmente próximos de uma reta (comparar as Figuras 4.12 e 4.13).

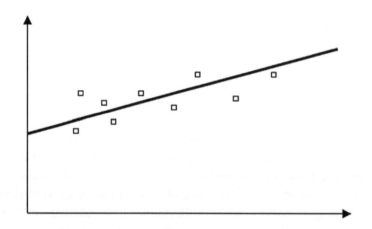

FIGURA 4.12 Base histórica com dados significativos.

---

[4] Ferramentas como o Microsoft Excel, por exemplo, têm funções para realizar esses cálculos.

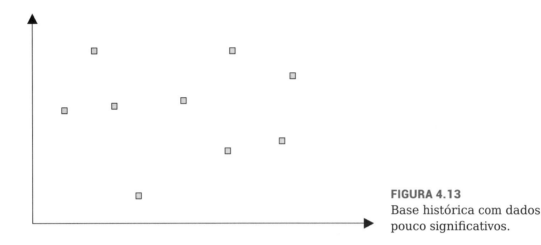

FIGURA 4.13
Base histórica com dados pouco significativos.

Como existem ferramentas de estimativa paramétrica que produzem resultados bem melhores do que a estimativa por analogia, pode-se dizer que ela só deve ser usada para a obtenção rápida de ordens de grandeza. O uso desse tipo de estimativa como base para propostas comerciais pode trazer grandes prejuízos.

2.2.3 Estimativas paramétricas

A ferramenta COCOMO II

Estimativas paramétricas usam relações estatísticas entre dados históricos e um conjunto de variáveis; a estimativa por analogia é, de certa forma, um caso atrofiado de estimativa paramétrica, no qual um único parâmetro é usado. As melhores ferramentas comerciais utilizam estimativas paramétricas; a ferramenta aqui usada é o *COCOMO II*, produzida pela equipe de Barry Boehm.

A versão 2000, que está disponível juntamente com o livro sobre o método [Boehm+00] ou na Web,[5] permite como entrada o tamanho em pontos de função. O modelo subjacente, que pode ser consultado no referido livro ou no manual do modelo que acompanha o produto, usa o tamanho em linhas de código como base para as estimativas. A contagem de pontos de função deve ser convertida para linha de código, usando-se um fator de linguagem, como os da Tabela 4.13. A ferramenta tem uma tabela embutida, que pode ser usada para estimativas iniciais, mas, à medida que se tenham dados na base histórica, o fator de conversão deve ser corrigido para os dados reais da organização.

Outro parâmetro é o número de pessoas-hora por pessoa-mês; o Praxis adota o valor padrão do *COCOMO II*, que é 152. O conjunto dos parâmetros usados nas estimativas exemplificadas neste capítulo é mostrado na Tabela 4.28. O fator de conversão de pontos de função para linhas de código é derivado da base histórica. Multiplicado pela contagem de pontos de função, ele dá a estimativa de linhas de código. O custo médio por pessoa-mês também é derivado da base histórica.

O COCOMO II usa inicialmente um conjunto padrão de parâmetros, derivado da pesquisa da equipe de autores. Uma vez que se disponha de uma base histórica, a ferramenta permite importar esses dados, desde que colocados em uma forma padronizada, e calibrar os parâmetros com projetos selecionados. O procedimento de calibração é apresentado na documentação da ferramenta.

---

[5] Disponível em http://sunset.usc.edu/csse/research/COCOMOII/cocomo_downloads.htm.

Capítulo 4

TABELA 4.28 Exemplo de parâmetros usados nas estimativas

NOME	UNIDADE	VALOR
Linhas de código por PF	LC/PF	40
Horas úteis por mês	PH/PM	152
Dias por mês	D/M	30,4
Pontos de função	PF	171
Linhas de código	LC	6840
Custo médio por PM	R$	R$ 4.500,00
Custo médio por PH	R$	R$ 29,61

Fatores de custo

Para se usar a ferramenta, é preciso estimar os fatores de custo, que são mostrados na Tabela 4.29. Esses fatores modelam influências das características do produto e da plataforma, da capacitação da equipe, de restrições do projeto e de fatores de escala (causas de deseconomia). A documentação da ferramenta explica detalhadamente como determinar o nível de cada fator. De maneira geral, o modelo prevê o seguinte:

- Quanto às características do produto, a produtividade decresce com a confiabilidade requerida (aplicativos mais confiáveis são mais difíceis), com o volume de dados (o processamento eficiente de volumes maiores é mais difícil), com a quantidade de documentação requerida (em relação aos artefatos normais do processo), com a complexidade (por exemplo, de algoritmos e regras de negócio) e com a reusabilidade requerida (a confecção de componentes mais reutilizáveis é mais difícil).
- Quanto às características da plataforma, o projeto é dificultado por restrições de tempo de processamento (como resposta em tempo real) e de memória (como em muitos sistemas embutidos), e facilitado pela estabilidade da plataforma.
- Quanto às características da equipe, o projeto é dificultado pela rotatividade de pessoal e facilitado pela capacitação de analistas e programadores, assim como pela experiência deles com o tipo de aplicação, de plataforma e de linguagens e ferramentas.
- Quanto às características do projeto, ele é facilitado pela adequação das ferramentas, pela folga em relação ao prazo (razão entre meta de prazo e prazo nominal para o projeto; para reduzir o prazo estimado, é preciso reduzir esse parâmetro), e pela colocalização (localização no mesmo local, com horários similares de trabalho, o que facilita a comunicação).
- Quanto aos fatores de escala, o projeto é facilitado pela similaridade com projetos precedentes, pela resolução dos riscos provida tanto pelo desenho arquitetônico quanto pela análise de riscos, pela capacidade da equipe de operar em conjunto (como time) e pela maturidade dos processos (no sentido do CMMI); e é dificultado pela rigidez exigida na aplicação dos requisitos.

Com base nesses parâmetros, a ferramenta calcula as estimativas mostradas na Tabela 4.30. Para obter essas estimativas, é necessário selecionar um entre dois modelos de desenvolvimento: **desenho preliminar** (*Early design*), usado nos primeiros estágios do projeto; e **pós-arquitetura** (*Post-architecture*), usado quando pelo menos o desenho arquitetônico inicial já foi feito. Esse último modo foi usado no exemplo acima.

TABELA 4.29 Fatores de custo para o COCOMO II – exemplo de níveis

CATEGORIA	SIGLA	FATOR DE CUSTO	NÍVEL
Produto	RELY	Confiabilidade requerida	Baixo
	DATA	Volume dos dados	Nominal
	DOCU	Documentação requerida	Nominal
	CPLX	Complexidade do produto	Nominal
	RUSE	Reusabilidade requerida	Nominal
Plataforma	TIME	Restrições de tempo de execução	Nominal
	STOR	Restrições de memória	Nominal
	PVOL	Volatilidade da plataforma	Baixo
Pessoal	ACAP	Capacitação dos analistas	Alto
	APEX	Experiência com a aplicação	Alto
	PLEX	Capacitação dos programadores	Alto
	PCAP	Experiência com a plataforma	Alto
	LTEX	Experiência com linguagens e ferramentas	Alto
	PCON	Continuidade de pessoal	Nominal
Projeto	TOOL	Adequação das ferramentas	Alto
	SCED	Folga em relação ao prazo	Nominal
	SITE	Colocalização	Muito alto
Fatores de escala	PREC	Similaridade com precedentes	Alto
	FLEX	Flexibilidade de desenvolvimento	Baixo
	RESL	Resolução de risco e arquitetura	Alto
	TEAM	Coesão da equipe	Muito alto
	PMAT	Maturidade dos processos	Muito alto

TABELA 4.30 Exemplo de estimativas do COCOMO II

	UNIDADE	OTIMISTA	MAIS PROVÁVEL	PESSIMISTA
Esforço total	Pessoas-mês	6,36	7,95	9,94
Produtividade	LC/PM	1075,1	860,1	688,1
	PF/PM	26,9	21,5	17,2
Esforço unitário	PH/PF	5,66	7,07	8,84
Custo das funções	R$	R$ 28.628,72	R$ 35.785,91	R$ 44.732,38
Custo unitário	R$/PF	R$ 167,42	R$ 209,27	R$ 261,59
Prazo	Meses	5,5	5,9	6,4
	Dias	168,6	180,4	193,1
Equipe	Pessoas	0,9	1,1	1,3

Capítulo 4

No método de planejamento do *Praxis*, as estimativas mais prováveis são usadas como bases para o planejamento, tal como mostra a Tabela 4.31. As estimativas pessimistas são usadas para comparação com os resultados da análise de riscos.

TABELA 4.31 Exemplo de bases do planejamento

NOME	UNIDADE	VALOR PROVÁVEL
Pontos de função	PF	171
Linhas de código	LC	6.840
Esforço funcional	Pessoas-mês	7,95
Produtividade	LC/PM	860,1
	PF/PM	21,5
Esforço unitário	PH/PF	7,07
Custo total	R$	R$ 35.785,91
Custo unitário	R$/PF	R$ 209,27
Prazo	Meses	5,9
	Dias	180,4
Data inicial	Data	8/3
Equipe	Pessoas	1,1

Distribuição das estimativas

O COCOMO II suporta dois modelos de ciclo de vida: cascata e espiral (*MBase*). O modelo *MBase* deve ser usado para aproximar outros processos com ciclo de vida em espiral, como o RUP, o XP e o *Praxis*. Por padrão, as estimativas da ferramenta são aplicáveis ao conjunto da **Elaboração** e **Construção**. Para as estimativas da Tabela 4.30, a ferramenta sugere a distribuição entre fases mostrada na Figura 4.14.

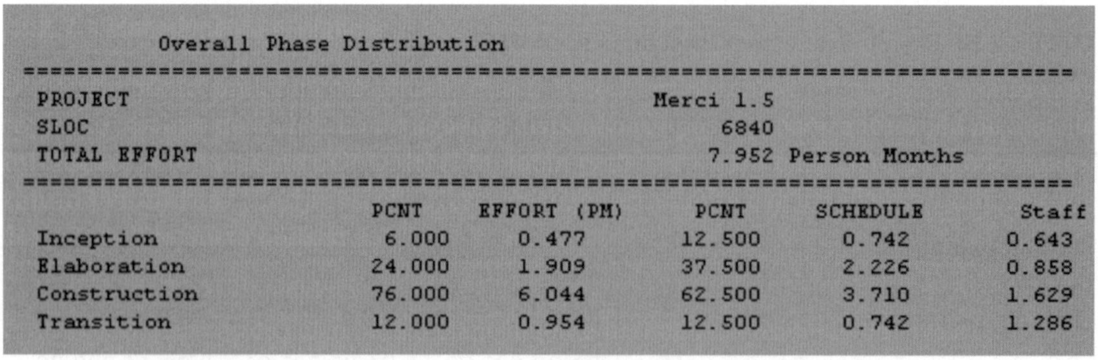

```
        Overall Phase Distribution
==================================================================================
PROJECT                                   Merci 1.5
SLOC                                          6840
TOTAL EFFORT                              7.952 Person Months
==================================================================================
                 PCNT     EFFORT (PM)     PCNT     SCHEDULE      Staff
  Inception       6.000      0.477       12.500     0.742        0.643
  Elaboration    24.000      1.909       37.500     2.226        0.858
  Construction   76.000      6.044       62.500     3.710        1.629
  Transition     12.000      0.954       12.500     0.742        1.286
```

FIGURA 4.14 Exemplo de distribuição sugerida pelo COCOMO.

No processo *Praxis*, a distribuição por iterações é feita proporcionalmente ao tamanho funcional adicionado nessas iterações, computado conforme a Tabela 4.20. A distribuição resultante de esforços é mostrada na Tabela 4.32, e os prazos prováveis correspondentes estão na Tabela 4.33. Ao final de cada iteração o esforço planejado é usado como medida do **valor adquirido**, que será usado para acompanhamento e controle do projeto.

TABELA 4.32 Exemplo de estimativas dos esforços por iteração

ITERAÇÕES / FASES	ESFORÇO ACUMULADO (PM)	ESFORÇO ADICIONADO (PM)	ESFORÇO ACUMULADO (PH)	ESFORÇO ADICIONADO (PH)
E1	0,88	0,88	134,31	134,31
E2	2,14	1,26	325,17	190,86
C1	3,77	1,63	572,57	247,41
C2	5,02	1,26	763,43	190,86
C3	6,56	1,53	996,70	233,27
C4	7,95	1,40	1.208,77	212,06
Elaboração	2,14	2,14	325,17	325,17
Construção	7,95	5,81	1.208,77	883,60
Total	7,95	7,95	1.208,77	1.208,77

TABELA 4.33 Exemplo de prazos prováveis das iterações

ITERAÇÕES / FASES	DATA INICIAL	DURAÇÃO (DIAS)	DATA FINAL	VALOR ADQUIRIDO (PH)
E1	8/3	22	30/3	370,31
E2	30/3	39	8/5	610,65
C1	8/5	32	9/6	808,57
C2	9/6	31	10/7	999,43
C3	10/7	38	17/8	1.232,70
C4	17/8	34	20/9	1.444,77
Elaboração	8/3	61	8/5	610,65
Construção	8/5	135	20/9	1.444,77
Total	8/3	196	20/9	1.444,77

A distribuição por disciplina usa as proporções derivadas da base histórica, que normalmente diferem para as fases. A Tabela 4.34 mostra nas colunas percentuais a distribuição histórica, que é usada para calcular a distribuição dos esforços. Esta, por sua vez, é usada para dimensionar a equipe, na gestão de pessoal.

TABELA 4.34 Exemplo de estimativas dos esforços por disciplina

DISCIPLINA	ELABORAÇÃO (RELATIVO)	CONSTRUÇÃO (RELATIVO)	ELABORAÇÃO (PH)	CONSTRUÇÃO (PH)	TOTAL (PH)
RQ	10,7%	11,9%	34,66	104,99	139,65
AN	10,9%	12,1%	35,49	106,73	142,22
DS	24,2%	15,8%	78,62	139,37	217,98
TS	8,1%	7,7%	26,43	67,65	94,08
IM	27,4%	45,7%	89,20	403,70	492,90
GP	13,2%	4,2%	42,94	36,75	79,69
GQ	3,5%	1,8%	11,54	15,57	27,11
GA	0,5%	0,5%	1,48	4,42	5,90
EP	0,5%	0,0%	1,48	0,00	1,48
ES	1,0%	0,5%	3,33	4,42	7,75
Total	100,0%	100,0%	325,17	883,60	1.208,77

Usando-se a estrutura analítica do projeto, é possível chegar até a distribuição de esforços por tarefas. Os prazos prováveis de início e fim de cada tarefa são calculados pela ferramenta de planejamento detalhado, levando em conta a disponibilidade dos recursos (o calendário de horas de trabalho de cada responsável) e as relações de sequenciamento entre tarefas, tratadas adiante.

2.2.4 Estimativas bottom-up

Na estimativa *bottom-up*, o processo usado na distribuição das estimativas é seguido na ordem inversa. Esforços são estimados para as tarefas no último nível da estrutura analítica, com base na experiência com tarefas similares. De preferência, essa estimativa deve ser feita pelos responsáveis por cada tarefa, não só pela experiência que se supõe tenham com a respectiva tarefa, mas pela caracterização do compromisso em atingir meta equivalente. Esse é o caso em que é razoável assumir uma estimativa como compromisso: quando o autor da estimativa é também o responsável pela tarefa.

As estimativas das atividades são então obtidas por soma das estimativas das tarefas, até chegar-se aos níveis de iteração, fase e projeto. No caso de ferramentas como o *Microsoft Project*, essa soma é feita automaticamente pela ferramenta, como na Figura 4.15.[6]

Se as estimativas não tiverem viés, ou seja, se forem acuradas (erros de estimativa com média próxima de zero), as estimativas das atividades terão maior precisão (desvio-padrão menor) do que as estimativas de cada tarefa. Por outro lado, se as estimativas das tarefas tiverem viés (por exemplo, forem consistentemente otimistas), as estimativas das atividades agregarão a soma dos vieses.

Por essa razão, deve-se tomar especial cuidado para usar nesse método as estimativas mais prováveis das tarefas, e não as de melhor ou pior caso. Para criar estimativas agregadas de pior e melhor caso, deve-se estimar o desvio-padrão das estimativas das tarefas. O desvio-padrão pode ser estimado como a diferença entre o melhor e o pior caso,

---

[6] As interrogações na coluna de **Durações** assinalam que são estimativas, conforme a convenção da ferramenta.

Task Name	Duração	Início	Fim	Esforço
⊟ **Fase de Elaboração**	**258 h?**	**10/3**	**23/4**	**342,75 h**
⊟ **Iteração E1**	**112,49 h?**	**10/3**	**28/3**	**125,75 h**
⊟ **Abertura da iteração**	**11,5 h?**	**10/3**	**11/3**	**15,25 h**
⊞ **Planejamento geral**	**5,5 h?**	**10/3**	**10/3**	**9,25 h**
⊞ **Planejamento da iteração**	**6 h?**	**10/3**	**11/3**	**6 h**
⊟ **Desenvolvimento do caso de uso Gestão de Usuários**	**96,99 h?**	**11/3**	**27/3**	**100 h**
Estado identificado	0 d	11/3	11/3	0 h
⊞ **Detalhamento do caso de uso**	**15 h?**	**11/3**	**13/3**	**20 h**
⊞ **Análise do caso de uso**	**13,5 h?**	**13/3**	**14/3**	**6 h**
⊞ **Desenho externo do caso de uso**	**23,33 h?**	**17/3**	**19/3**	**16,5 h**
⊞ **Desenho dos testes do caso de uso**	**11,79 h?**	**20/3**	**21/3**	**4,75 h**
⊞ **Realização estrutural do caso de uso**	**15 h?**	**17/3**	**18/3**	**11 h**
⊞ **Realização comportamental do caso de uso**	**16,63 h?**	**19/3**	**24/3**	**16 h**
⊟ **Implementação de caso de uso**	**14,78 h?**	**24/3**	**25/3**	**12,75 h**
⊟ **Desenho comportamental interno**	**5 h?**	**24/3**	**24/3**	**4 h**
Desenho da camada de fronteira	1 h?	24/3	24/3	1 h
Desenho das realizações internas	3 h?	24/3	24/3	3 h
Inspeção do desenho interno	0,47 h?	25/3	25/3	1 h
Programação da camada de fronteira	6 h?	24/3	24/3	6 h
Inspeção de implementação	0,78 h?	25/3	25/3	1,75 h
Estado implementado	0 h	25/3	25/3	0 h
Documentação para usuários do caso de uso	1,5 h?	26/3	26/3	1,5 h
⊞ **Testes de sistema do caso de uso**	**6 h?**	**26/3**	**26/3**	**6 h**
⊞ **Validação do caso de uso**	**4 h?**	**26/3**	**27/3**	**4 h**
⊞ **Fechamento do caso de uso**	**1,5 h?**	**27/3**	**27/3**	**1,5 h**
⊟ **Suporte ao desenvolvimento**	**0,5 h?**	**10/3**	**10/3**	**0,5 h**
Convocação de inspeção	0,5 h?	10/3	10/3	0,5 h
⊟ **Fechamento da iteração**	**2 h?**	**27/3**	**28/3**	**10 h**
Pós-processamento das inspeções	2 h?	27/3	28/3	2 h
Relato do projeto	2 h?	27/3	28/3	2 h
Retrospectiva	1,5 h?	27/3	27/3	6 h
Fim da iteração E1	0 h	28/3	28/3	0 h

FIGURA 4.15 Exemplo de distribuição de esforços por tarefas.

dividida por um divisor que depende do intervalo de confiança que esses representam. Por exemplo, se o intervalo de confiança é de 90%, isso significa que 90% das vezes o valor real cairá entre as estimativas de pior e de melhor caso; assim, o desvio-padrão será igual à diferença entre melhor e pior caso, dividida por 3,3. Divisores para os intervalos mais usados são mostrados na Tabela 4.35, sugerida por McConnell [McConnell06].

Se a distribuição dos erros das estimativas das tarefas puder ser aproximada por uma distribuição normal, como é frequente, então a variância (quadrado do desvio-padrão) da soma será a soma das variâncias das parcelas. A Tabela 4.36 mostra um exemplo de cálculo das estimativas de pior e melhor caso de uma atividade agregada (supondo-se um intervalo de confiança de 70%, que é uma ocorrência usual para estimadores experientes).

Capítulo 4

TABELA 4.35 Divisores para cálculo do desvio-padrão

INTERVALO DE CONFIANÇA	DIVISOR
50%	1,4
60%	1,7
70%	2,1
80%	2,6
90%	3,3

TABELA 4.36 Exemplo de cálculo de soma de estimativas

TAREFA	PIOR CASO	MAIS PROVÁVEL	MELHOR CASO	DESVIO-PADRÃO	VARIÂNCIA
1	2,0	3,0	4,0	0,95	0,91
2	4,0	4,5	5,0	0,48	0,23
3	7,0	8,0	10,0	1,43	2,04
4	3,0	4,0	6,0	1,43	2,04
5	5,0	6,5	7,0	0,95	0,91
Atividade	**20,8**	**26,0**	**31,2**	**2,47**	**6,12**

Para algumas atividades para as quais é difícil obter indicadores de tamanho, como alterações de requisitos e manutenção, a estimativa *bottom-up* pode ser a única possibilidade. Entretanto, mesmo quando uma estimativa *top-down* (analógica ou paramétrica) é usada, estimativas *bottom-up* podem ser úteis para verificá-las e confirmá-las. Esse procedimento combinado é chamado de **decomposição com recomposição**.

2.2.5 Convergência de estimativas

Os métodos discutidos acima são sujeitos a erros e vieses consideráveis, principalmente quando a base de dados histórica é pequena. Os erros e vieses podem ser parcialmente compensados usando-se as estimativas de várias pessoas, através do método de Delphi, que consiste nos seguintes passos:

1. Os autores das estimativas fazem seus cálculos separadamente e entregam o resultado final a um moderador.
2. O moderador distribui um relatório com todas as estimativas e a respectiva média, sem identificar os autores.
3. Os autores discutem as estimativas, explorando suas razões, mas sem identificar a autoria.
4. O processo é repetido até que haja convergência dentro de uma faixa predeterminada.

2.2.6 Desenvolvimento do cronograma

O processo adotado para o projeto define as relações de precedência entre as atividades, que são mostradas na estrutura analítica do processo (Figura 4.16). As relações de precedência são exportadas para a estrutura analítica do projeto (Figura 4.17), na qual podem ser manualmente editadas. Essa edição pode levar em conta necessidades de retardo entre tarefas, como os retardos que devem existir entre a disponibilização dos materiais para a inspeção e a realização dela. Podem-se levar em conta também conveniências de desenvolvimento específicas de um projeto; por exemplo, embora casos de uso sejam conceitualmente independentes, pode haver dependências práticas entre as atividades de desenvolvimento deles, quando um caso de uso é responsável pelo povoamento dos dados que são usados por outro caso de uso.

Presentation Name	Index	Predecessors
Iteração genérica	0	
Abertura da iteração	1	
Planejamento geral	2	
Planejamento da iteração	15	2
Desenvolvimento de caso de uso	17	
Estado identificado	18	
Detalhamento do caso de uso	19	18
Análise do caso de uso	37	19
Desenho externo do caso de uso	47	37
Desenho dos testes do caso de uso	58	47
Realização estrutural do caso de uso	69	37
Realização comportamental do caso de uso	83	47,69
Implementação de caso de uso	104	83
Desenho das realizações internas	105	
Desenho da camada de fronteira	106	
Desenho da camada de controle	107	
Desenho das realizações internas	108	
Inspeção do desenho interno	109	105
Programação da camada de fronteira	114	
Desenho detalhado	115	
Teste de unidade	116	115
Codificação	117	115
Integração	118	116,117
Inspeção de implementação	119	114
Estado implementado	124	109,119
Documentação para usuários do caso de uso	125	104
Testes de sistema do caso de uso	129	104,58
Validação do caso de uso	141	125,129
Fechamento do caso de uso	154	141
Suporte ao desenvolvimento	167	1
Convocação de inspeção	168	
Inspeção executada	169	168
Pós-processamento de inspeção	170	169
Resolução de defeitos	171	
Fechamento da iteração	176	17,167
Relato do projeto	177	
Retrospectiva	178	177
Fim da iteração	179	176

FIGURA 4.16 Exemplo de estrutura analítica do processo com relações de precedência.

	Nome da tarefa	Predecessores
1	⊟ **Merci 1.5 - Desenvolvimento**	
2	⊟ **Fase de Elaboração**	
3	⊟ **Iteração E1**	
4	⊞ **Abertura da iteração**	
13	⊟ **Desenvolvimento do caso de uso Gestão de Usuários**	**4**
14	Estado identificado	
15	⊞ **Detalhamento do caso de uso**	**14**
29	⊞ **Análise do caso de uso**	**15**
35	⊞ **Desenho externo do caso de uso**	**29**
42	⊞ **Desenho dos testes do caso de uso**	**35**
46	⊞ **Realização estrutural do caso de uso**	**29**
52	⊞ **Realização comportamental do caso de uso**	**35;46**
60	⊟ **Implementação de caso de uso**	**52**
61	⊟ **Desenho comportamental interno**	
62	Desenho da camada de fronteira	
63	Desenho das realizações internas	
64	Inspeção do desenho interno	61FS+1 d
65	Programação da camada de fronteira	
66	Inspeção de implementação	65FS+1 d
67	Estado implementado	64;66
68	Documentação para usuários do caso de uso	60
69	⊞ **Testes de sistema do caso de uso**	**60;42**
76	⊞ **Validação do caso de uso**	**68;69**
79	⊞ **Fechamento do caso de uso**	**76**
82	⊟ **Suporte ao desenvolvimento**	**4**
83	Convocação de inspeção	
84	⊟ **Fechamento da iteração**	**82;13**
85	Pós-processamento das inspeções	
86	Relato do projeto	
87	Retrospectiva	
88	Fim da iteração E1	84

FIGURA 4.17 Exemplo de estrutura analítica do projeto com relações de precedência.

Durante o desenvolvimento do cronograma, as pessoas são alocadas para as respectivas tarefas, como exemplificado na Figura 4.18. Usando os calendários dos recursos (Figura 4.19), os esforços previstos e as relações de precedência, a ferramenta de planejamento detalhado executa algoritmos de caminho crítico (**PERT-CPM**),[7] para calcular as datas iniciais e finais e as durações previstas para cada tarefa e atividade, como na Figura 4.15. A informação de relações de precedência, datas e alocação de recursos é mostrada graficamente nos diagramas de Gantt (Figura 4.20). Caminhos críticos do projeto são formados pelos conjuntos de tarefas em sequência sem folgas, de tal forma que o atraso de uma tarefa pode atrasar o projeto todo.

---

[7] Referências podem ser facilmente encontradas na Web.

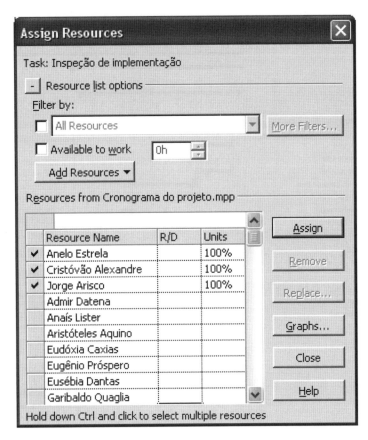

FIGURA 4.18 Exemplo de cronograma do projeto – Alocação de recursos a uma tarefa.

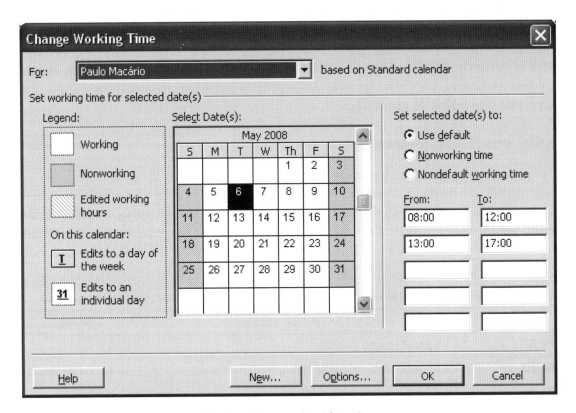

FIGURA 4.19 Exemplo de calendário de um recurso.

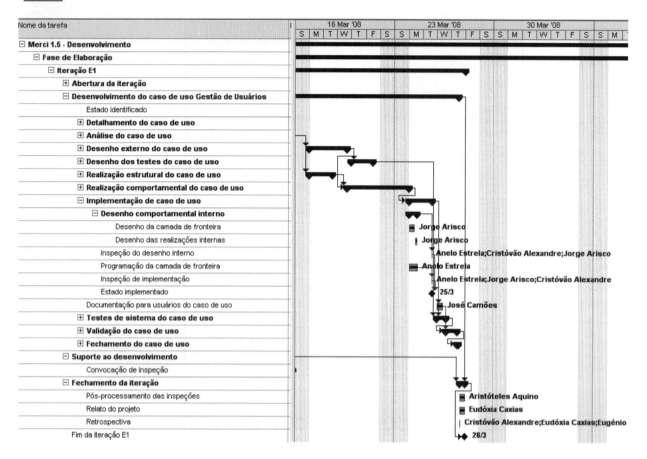

FIGURA 4.20 Exemplo de diagrama de Gantt.

O calendário do recurso deve refletir o tempo efetivamente disponível, considerando-se os feriados e as férias e outros compromissos da equipe do projeto. Caso a mesma pessoa trabalhe em mais de um projeto, deve-se dividir suas horas semanais disponíveis entre os projetos, na proporção determinada pela organização. Deve-se também deduzir as horas reservadas para atividades fora dos projetos, como treinamentos não exclusivos do projeto e reuniões da organização.

2.2.7 Planejamento preliminar

O planejamento preliminar é aquele que é feito bem no início do projeto, usando um conjunto mínimo de dados, como aqueles disponíveis após a primeira iteração da fase de **Iniciação**. A ferramenta *COCOMO II* também pode ser usada para isso, no modo de **desenho preliminar** (*Early design*). Nesse caso, a ferramenta usa uma versão simplificada dos fatores de custo (Tabela 4.37).

TABELA 4.37 Fatores de custo para o planejamento preliminar – exemplo de níveis

SIGLA	FATOR DE CUSTO	NÍVEL
PERS	Capacidade do pessoal	Alto
RCPX	Confiabilidade e complexidade do produto	Muito baixo
RUSE	Reusabilidade requerida	Nominal

(continua)

TABELA 4.37 Fatores de custo para o planejamento preliminar – exemplo de níveis (*continuação*)

SIGLA	FATOR DE CUSTO	NÍVEL
PDIF	Dificuldade da plataforma	Baixo
PREX	Experiência do pessoal	Alto
FCIL	Disponibilidade de recursos (facilidades)	Alto
SCED	Folga em relação ao prazo	Nominal
PREC	Similaridade com precedentes	Alto
FLEX	Flexibilidade de desenvolvimento	Baixo
RESL	Resolução de risco e arquitetura	Alto
TEAM	Coesão da equipe	Muito alto
PMAT	Maturidade dos processos	Muito alto

Usando os parâmetros da Tabela 4.38 e a contagem preliminar de pontos de função da Tabela 4.12, produzem-se as estimativas preliminares da Tabela 4.39 e a distribuição dos esforços por fases da Tabela 4.40. Com esta última, é possível planejar o número de iterações por fase e, a partir daí, fazer o planejamento preliminar das liberações (Tabela 4.41).

TABELA 4.38 Exemplo de parâmetros para planejamento preliminar

PARÂMETRO	UNIDADE	VALOR
Produtividade	PF/PM	10,0
Horas úteis por mês	PH/PM	152
Dias por mês	D/M	30,4
Esforço unitário	PH/PF	15,2
Custo médio por PM	R$	R$ 4.500,00
Custo médio por PH	R$	R$ 29,61

TABELA 4.39 Exemplo de estimativas preliminares

	UNIDADE	OTIMISTA	MAIS PROVÁVEL	PESSIMISTA
Esforço total	Pessoas-mês	6,36	7,95	9,94
Produtividade	LC/PM	1.075,1	860,1	688,1
	PF/PM	26,9	21,5	17,2
Esforço unitário	PH/PF	5,66	7,07	8,84
Custo total	R$	R$ 28.628,72	R$ 35.785,91	R$ 44.732,38
Custo unitário	R$/PF	R$ 167,42	R$ 209,27	R$ 261,59
Prazo	Meses	5,5	5,9	6,4
	Dias	168,6	180,4	193,1
Equipe	Pessoas	0,9	1,1	1,3

Capítulo 4

TABELA 4.40 Exemplo de distribuição preliminar por fases

FASE	UNIDADE	FRAÇÃO	ESFORÇO PESSIMISTA	ESFORÇO PROVÁVEL	ESFORÇO OTIMISTA	ITERAÇÕES
Desenvolvimento (E+C)	PH	100%	1.216	1.809	2.721	
Iniciação	PH	6%	73	109	163	2
Elaboração	PH	29%	357	530	798	2
Construção	PH	71%	859	1.278	1.923	4
Transição	PH	12%	146	217	326	2

TABELA 4.41 Exemplo de plano preliminar das liberações

ITERAÇÃO	FUNÇÃO	FRAÇÃO	ESFORÇO (PH)	DURAÇÃO (D)
E1	Gestão de Usuários	13,6%	246,2	25,9
E2	Gestão de Mercadorias	15,7%	284,1	29,9
C1	Gestão Manual de Estoque, Gestão de Fornecedores	19,9%	359,9	37,9
C2	Operação de Venda, Abertura do Caixa, Fechamento do Caixa	16,8%	303,0	31,9
C3	Gestão de Pedidos de Compra	18,3%	331,5	34,9
C4	Emissão de Relatórios, Emissão de Nota Fiscal	15,7%	284,1	29,9
Total		100,0%	1.808,8	190,4

Procedimentos similares podem ser usados para iterações de modelagem de negócio e modelagem de sistema, caso sejam realizadas. Para essas atividades, que pertencem à disciplina de **Engenharia de sistemas**, o processo personalizado da organização, formulado pela **Engenharia de processos**, é que deve definir a estrutura analítica.

2.2.8 Acompanhamento de esforços e prazos

O acompanhamento de esforços é o passo inicial para o controle dos esforços e prazos. Os esforços realizados para cada tarefa devem ser acompanhados por um sistema automatizado de registro, ou por planilhas que registram as sessões de trabalho realizadas, como as exemplificadas nas Tabelas 4.42 a 4.45. Essas planilhas permitem registrar para cada sessão de trabalho a tarefa realizada (dentre as tarefas listadas no cronograma do projeto), detalhes pertinentes, data, hora de início e fim e participantes. As planilhas calculam os esforços por sessão, tarefa e disciplina. As planilhas adotadas no Praxis registram apenas os esforços de desenvolvimento direto; os esforços e datas de atividades de detecção de anomalias e defeitos, assim como de correção, são registrados nos artefatos de **Gestão da qualidade**.

TABELA 4.42 Exemplo de **Registro de esforços** – sessões – casos de uso, tarefas, detalhes e participantes

NÚMERO	CASO DE USO	TAREFA	DETALHE	PARTICIPANTE 1	PARTICIPANTE 2
1	Global	Desenho arquitetônico		Cristóvão Alexandre	
2	Global	Planejamento do projeto	Planejamento geral do projeto	Eudóxia Caxias	
3	Global	Preparação dos testes	Planejamento dos testes	Lúcia Malatesta	
4	Global	Planejamento da qualidade		Garibaldo Quaglia	
5	Global	Planejamento do projeto	Planejamento da iteração	Eudóxia Caxias	
6	Global	Verificação	Planejamento e convocação das inspeções	Aristóteles Aquino	Garibaldo Quaglia
7	Gestão de Usuários	Levantamento dos requisitos		João Limão	Levi Requião
8	Gestão de Usuários	Análise estrutural	Organização e determinação das classes	Anaís Lister	João Limão
9	Gestão de Usuários	Análise estrutural	Det. relacionamentos e atributos	Anaís Lister	
10	Gestão de Usuários	Detalhamento dos requisitos		João Limão	Levi Requião
11	Gestão de Usuários	Análise comportamental		Anaís Lister	
12	Gestão de Usuários	Desenho externo	Prototipagem do desenho	Paulo Macário	
13	Gestão de Usuários	Desenho externo		Paulo Macário	Jorge Arisco
14	Gestão de Usuários	Preparação dos testes	Desenho dos testes	Lúcia Malatesta	
15	Gestão de Usuários	Desenho estrutural interno		Jorge Arisco	
16	Gestão de Usuários	Programação	Camada de entidade	Anelo Estrela	
17	Gestão de Usuários	Desenho comportamental interno	Preliminar: entidade e controle	Jorge Arisco	
18	Gestão de Usuários	Programação	Camada de controle	Anelo Estrela	
19	Gestão de Usuários	Desenho comportamental interno	Engenharia reversa: entidade e controle	Jorge Arisco	Anelo Estrela

(continua)

Capítulo 4

TABELA 4.42 Exemplo de **Registro de esforços** – sessões – casos de uso, tarefas, detalhes e participantes (*continuação*)

NÚMERO	CASO DE USO	TAREFA	DETALHE	PARTICIPANTE 1	PARTICIPANTE 2
20	Gestão de Usuários	Desenho comportamental interno	Preliminar: fronteira	Jorge Arisco	
...	...	...	...	...	...
		TOTAL			

TABELA 4.43 Exemplo de **Registro de esforços** - sessões – tarefas, datas, horas de início e fim, e esforços

NÚMERO	TAREFA	DATA	INÍCIO	FIM	ESFORÇO (PH)
1	Desenho arquitetônico	10/3	10:00	12:00	2,00
2	Planejamento do projeto	10/3	14:00	17:30	3,50
3	Preparação dos testes	10/3	14:00	15:30	1,50
4	Planejamento da qualidade	10/3	14:00	16:15	2,25
5	Planejamento do projeto	11/3	9:00	12:00	3,00
6	Verificação	11/3	9:00	10:30	3,00
7	Levantamento dos requisitos	11/3	9:00	10:30	3,00
8	Análise estrutural	11/3	14:00	15:00	2,00
9	Análise estrutural	11/3	15:00	18:00	3,00
10	Detalhamento dos requisitos	12/3	9:00	10:30	3,00
11	Análise comportamental	13/3	13:00	17:30	4,50
12	Desenho externo	16/3	9:00	13:00	4,00
13	Desenho externo	16/3	14:00	19:00	10,00
14	Preparação dos testes	18/3	9:00	11:30	2,50
15	Desenho estrutural interno	18/3	9:00	12:00	3,00
16	Programação	18/3	13:00	19:30	6,50
17	Desenho comportamental interno	19/3	9:00	10:30	1,50
18	Programação	19/3	11:00	19:00	8,00
19	Desenho comportamental interno	19/3	19:00	20:00	2,00
20	Desenho comportamental interno	20/3	16:00	17:00	1,00
...	...	...	...	...	...
	TOTAL				**87,75**

TABELA 4.44 Exemplo de **Registro de esforços** – tarefas com disciplinas e esforços

TAREFA	DISCIPLINA	ESFORÇO (PH)
Alteração de processos	EP	0,00
Alteração de requisitos	GA	0,00
Análise comportamental	AN	4,50
Análise estrutural	AN	5,00
Aquisição	GP	0,00
Auditorias	GQ	0,00
Controle do projeto	GP	8,00
Criação de conteúdo	ES	0,00
Desenho arquitetônico	DS	2,00
Desenho comportamental interno	DS	7,50
Desenho estrutural interno	DS	3,00
Desenho externo	DS	14,00
Detalhamento dos requisitos	RQ	3,00
Documentação para usuários	IM	1,50
Gestão de configurações	GA	0,00
Gestão de processos	EP	0,00
Gestão de recursos computacionais	ES	0,00
Gestão do treinamento	EP	0,00
Identificação dos requisitos	RQ	0,00
Implantação	ES	0,00
Inovação técnica	EP	0,00
Levantamento dos requisitos	RQ	3,00
Manutenção	GA	0,00
Modelagem de negócio	ES	0,00
Modelagem de sistema	ES	0,00
Operação e suporte	ES	0,00
Planejamento da qualidade	GQ	2,25
Planejamento do projeto	GP	6,50
Preparação dos testes	TS	4,00
Programação	IM	20,50
Publicação dos requisitos	RQ	0,00
Realização dos testes	TS	0,00
Resolução de problemas	GP	0,00
Validação	GQ	0,00
Verificação	GQ	3,00
Total		87,75

TABELA 4.45 Exemplo de **Registro de esforços** – disciplinas e esforços

DISCIPLINA	ESFORÇO (PH)
RQ	6,00
AN	9,50
DS	26,50
TS	4,00
IM	22,00
GP	14,50
GQ	5,25
GA	0,00
EP	0,00
ES	0,00
Total	**87,75**

Ferramentas de planejamento detalhado como o *Microsoft Project* podem permitir também o acompanhamento detalhado, em nível de tarefas. Para isso, os dados do registro das sessões podem ser transcritos para as tarefas correspondentes, gerando-se as visões de acompanhamento das Figuras 4.21 e 4.22, assim como o diagrama de Gantt de acompanhamento (*tracking Gantt*) mostrado na Figura 4.23.

No nível seguinte de agregação, os esforços realizados por disciplina são agregados por iteração, como na Tabela 4.46. Esse nível de agregação é o que geralmente interessa para o nível de acompanhamento tipicamente feito pela Diretoria. A Tabela 4.47 registra os esforços por disciplina em termos percentuais em relação ao total de cada iteração. Como em aplicações e processos similares essa distribuição tende a se manter constante [Pádua07], ela é indicativa do grau de conformidade com o processo oficial e da qualidade das medidas coletadas.

Como esses dados se referem apenas aos esforços diretos de desenvolvimento, eles devem ser somados aos esforços de detecção e correção, resultantes da gestão da qualidade (Subseção 2.3 – **Gestão da qualidade**), para que sejam obtidos os esforços totais por iteração (Tabela 4.48).

2.2.9 Previsão de esforços e prazos

À proporção que as iterações são completadas, é possível comparar os esforços reais com os planejados, como é feito na Tabela 4.49. Para as iterações e fases já completadas, pode-se calcular o erro de planejamento, definido como **(Esforço real – esforço planejado) / Esforço real**. Erros positivos indicam estimativas otimistas. O mesmo pode ser feito para os prazos, como na Tabela 4.50.

Para as iterações e fases já completadas, podem-se calcular também o **esforço unitário** (quantidade de pessoas-hora para completar o desenvolvimento de um ponto de função) e a **produtividade** (produção de pontos de função completos por pessoa-mês, que é igual ao número de horas úteis por mês dividido pelo esforço unitário). A produtividade é um indicador mais usual, mas o esforço unitário é de uso mais fácil, pois o

Task Name	Trabalho planejado	Variação	Trabalho real	Trabalho restante
⊟ **Merci 1.5 - Desenvolvimento**	**1.757,68 h**	**1,05 h**	**132,75 h**	**1.625,98 h**
⊟ **Fase de Elaboração**	**341,75 h**	**1 h**	**132,75 h**	**210 h**
⊟ **Iteração E1**	**125,75 h**	**0 h**	**125,75 h**	**0 h**
⊞ **Abertura da iteração**	**15,25 h**	**0 h**	**15,25 h**	**0 h**
⊟ **Desenvolvimento do caso de uso Gestão de Usuários**	**100 h**	**0 h**	**100 h**	**0 h**
Estado identificado	0 h	0 h	0 h	0 h
⊞ **Detalhamento do caso de uso**	**20 h**	**0 h**	**20 h**	**0 h**
⊞ **Análise do caso de uso**	**6 h**	**0 h**	**6 h**	**0 h**
⊞ **Desenho externo do caso de uso**	**16,5 h**	**0 h**	**16,5 h**	**0 h**
⊞ **Desenho dos testes do caso de uso**	**4,75 h**	**0 h**	**4,75 h**	**0 h**
⊞ **Realização estrutural do caso de uso**	**11 h**	**0 h**	**11 h**	**0 h**
⊞ **Realização comportamental do caso de uso**	**16 h**	**0 h**	**16 h**	**0 h**
⊟ **Implementação de caso de uso**	**12,75 h**	**0 h**	**12,75 h**	**0 h**
⊟ **Desenho comportamental interno**	**4 h**	**0 h**	**4 h**	**0 h**
Desenho da camada de fronteira	1 h	0 h	1 h	0 h
Desenho das realizações internas	3 h	0 h	3 h	0 h
Inspeção do desenho interno	1 h	0 h	1 h	0 h
Programação da camada de fronteira	6 h	0 h	6 h	0 h
Inspeção de implementação	1,75 h	0 h	1,75 h	0 h
Estado implementado	0 h	0 h	0 h	0 h
Documentação para usuários do caso de uso	1,5 h	0 h	1,5 h	0 h
⊞ **Testes de sistema do caso de uso**	**6 h**	**0 h**	**6 h**	**0 h**
⊞ **Validação do caso de uso**	**4 h**	**0 h**	**4 h**	**0 h**
⊞ **Fechamento do caso de uso**	**1,5 h**	**0 h**	**1,5 h**	**0 h**
⊟ **Suporte ao desenvolvimento**	**0,5 h**	**0 h**	**0,5 h**	**0 h**
Convocação de inspeção	0,5 h	0 h	0,5 h	0 h
⊟ **Fechamento da iteração**	**10 h**	**0 h**	**10 h**	**0 h**
Pós-processamento das inspeções	2 h	0 h	2 h	0 h
Relato do projeto	2 h	0 h	2 h	0 h
Retrospectiva	6 h	0 h	6 h	0 h
Fim da iteração E1	0 h	0 h	0 h	0 h

FIGURA 4.21 Exemplo de acompanhamento detalhado dos esforços.

Task Name	Início real	Fim real	% Completo	Duração real	
⊟ **Merci 1.5 - Desenvolvimento**	**10/3**	**NA**	**7%**	**56,28 h**	
⊟ **Fase de Elaboração**	**10/3**	**NA**	**38%**	**96,93 h**	
⊟ **Iteração E1**	**10/3**	**28/3**	**100%**	**112,49 h**	
⊞ **Abertura da iteração**	**10/3**	**11/3**	**100%**	**11,5 h**	
⊟ **Desenvolvimento do caso de uso Gestão de Usuários**	**11/3**	**27/3**	**100%**	**96,99 h**	
Estado identificado	11/3	11/3	100%	0 d	
⊞ **Detalhamento do caso de uso**	**11/3**	**13/3**	**100%**	**15 h**	
⊞ **Análise do caso de uso**	**13/3**	**14/3**	**100%**	**13,5 h**	
⊞ **Desenho externo do caso de uso**	**17/3**	**19/3**	**100%**	**23,33 h**	
⊞ **Desenho dos testes do caso de uso**	**20/3**	**21/3**	**100%**	**11,79 h**	
⊞ **Realização estrutural do caso de uso**	**17/3**	**18/3**	**100%**	**15 h**	
⊞ **Realização comportamental do caso de uso**	**19/3**	**24/3**	**100%**	**16,63 h**	
⊟ **Implementação de caso de uso**	**24/3**	**25/3**	**100%**	**14,78 h**	
⊟ **Desenho comportamental interno**	**24/3**	**24/3**	**100%**	**5 h**	
Desenho da camada de fronteira	24/3	24/3	100%	1 h	
Desenho das realizações internas	24/3	24/3	100%	3 h	
Inspeção do desenho interno	25/3	25/3	100%	0,47 h	
Programação da camada de fronteira	24/3	24/3	100%	6 h	
Inspeção de implementação	25/3	25/3	100%	0,78 h	
Estado implementado	25/3	25/3	100%	0 h	
Documentação para usuários do caso de uso	26/3	26/3	100%	1,5 h	
⊞ **Testes de sistema do caso de uso**	**26/3**	**26/3**	**100%**	**6 h**	
⊞ **Validação do caso de uso**	**26/3**	**27/3**	**100%**	**4 h**	
⊞ **Fechamento do caso de uso**	**27/3**	**27/3**	**100%**	**1,5 h**	
⊟ **Suporte ao desenvolvimento**	**11/3**	**11/3**	**100%**	**0,5 h**	
Convocação de inspeção	11/3	11/3	100%	0,5 h	
⊟ **Fechamento da iteração**	**27/3**	**28/3**	**100%**	**2 h**	
Pós-processamento das inspeções	27/3	28/3	100%	2 h	
Relato do projeto	27/3	28/3	100%	2 h	
Retrospectiva	27/3	27/3	100%	1,5 h	
Fim da iteração E1	28/3	28/3	100%	0 h	

FIGURA 4.22 Exemplo de acompanhamento detalhado dos prazos.

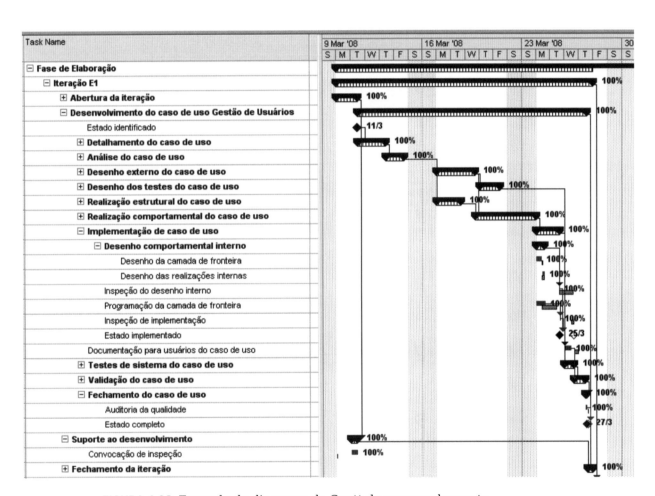

FIGURA 4.23 Exemplo de diagrama de Gantt de acompanhamento.

TABELA 4.46 Exemplo de **Resumo dos esforços por disciplina e por iteração**

PH	DISCIPLINA	RQ	AN	DS	TS	IM	GP	GQ	GA	EP	ES	TOTAL
	E1	6,00	9,50	26,50	4,00	22,00	14,50	5,25	0,00	0,00	0,00	87,75
	E2	4,00	6,50	72,70	29,90	90,50	13,50	2,70	3,50	3,00	2,00	228,30
Iterações	**C1**	2,00	4,00	18,75	10,50	39,00	11,00	1,25	0,00	0,00	0,00	86,50
	C2											
	C3											
	C4											
	Iniciação	105,00	45,00	16,00	0,00	0,00	16,00	0,00	0,00	0,00	0,00	182,00
Fases	Elaboração	10,00	16,00	99,20	33,90	112,50	28,00	7,95	3,50	3,00	2,00	316,05
	Construção	2,00	4,00	18,75	10,50	39,00	11,00	1,25	0,00	0,00	0,00	86,50
	Transição											
Total		117,00	65,00	133,95	44,40	151,50	55,00	9,20	3,50	3,00	2,00	584,55

TABELA 4.47 **Resumo dos esforços por disciplina e por iteração** (percentual)

%	DISCIPLINA	RQ	AN	DS	TS	IM	GP	GQ	GA	EP	ES	TOTAL
Iterações	**E1**	6,8%	10,8%	30,2%	4,6%	25,1%	16,5%	6,0%	0,0%	0,0%	0,0%	100,0%
	E2	1,8%	2,8%	31,8%	13,1%	39,6%	5,9%	1,2%	1,5%	1,3%	0,9%	100,0%
	C1	2,3%	4,6%	21,7%	12,1%	45,1%	12,7%	1,4%	0,0%	0,0%	0,0%	100,0%
	C2											
	C3											
	C4											
Fases	Iniciação	57,7%	24,7%	8,8%	0,0%	0,0%	8,8%	0,0%	0,0%	0,0%	0,0%	100,0%
	Elaboração	3,2%	5,1%	31,4%	10,7%	35,6%	8,9%	2,5%	1,1%	0,9%	0,6%	100,0%
	Construção	2,3%	4,6%	21,7%	12,1%	45,1%	12,7%	1,4%	0,0%	0,0%	0,0%	100,0%
	Transição											
Total		20,0%	11,1%	22,9%	7,6%	25,9%	9,4%	1,6%	0,6%	0,5%	0,3%	100,0%

TABELA 4.48 Exemplo de **Resumo dos esforços por iteração**

ESFORÇOS ACUMULADOS		ESFORÇO DESENVOLVIDO (PH)	ESFORÇO DE DETECÇÃO (PH)	ESFORÇO DE CORREÇÃO (PH)	ESFORÇO DA ITERAÇÃO (PH)	ESFORÇO DE DETECÇÃO %	ESFORÇO DE CORREÇÃO %
Iterações	**E1**	87,75	23,83	0,78	112,37	21,21%	0,70%
	E2	228,30	42,75	4,83	275,88	15,50%	1,75%
	C1	86,50	17,00	1,05	104,55		
	C2						
	C3						
	C4						
Fases	Iniciação	182,00			182,00		
	Elaboração	316,05	66,58	5,62	388,25	17,15%	1,45%
	Construção	86,50	17,00	1,05	104,55		
	Transição						
Total		584,55	83,58	6,67	674,80	12,39%	0,99%

TABELA 4.49 Exemplo de **Acompanhamento de esforços por iteração**

DADOS DE ESFORÇO		ESFORÇO ACUMULADO PLANEJADO (PH)	ESFORÇO DA ITERAÇÃO REAL (PH)	ESFORÇO ACUMULADO REAL (PH)	ERRO %	ESFORÇO UNITÁRIO (PH/PF)	PRODUTI-VIDADE (PM/PF)
Iterações	E1	316,31	112,37	294,37	-7,45%	5,91	25,70
	E2	507,17	275,88	570,25	11,06%	7,33	20,75
	C1	754,57	104,55	848,43	11,06%	8,42	18,05
	C2	945,43		1.063,03	11,06%	7,84	19,39
	C3	1.178,70		1.325,32	11,06%	8,07	18,84
	C4	1.390,77		1.563,76	11,06%	8,08	18,81
Fases	Iniciação	182,00	182,00	182,00			
	Elaboração	507,17	316,05	570,25	11,06%	7,33	20,75
	Construção	1.390,77	86,50	1.563,76			
	Transição	1.510,77		1.563,76			
Total		1.510,77	584,55	1.563,76			

TABELA 4.50 Exemplo de **Acompanhamento de prazos por iteração**

DATAS INÍCIO		PLANEJADAS				REAIS				ERRO %
		CONCLUSÃO	DURAÇÃO DA ITERAÇÃO	DURAÇÃO TOTAL	INÍCIO	CONCLUSÃO	DURAÇÃO DA ITERAÇÃO	DURAÇÃO TOTAL		ERRO %
	Início		23/2				23/2			
Iterações	**E1**	8/3	30/3	22	37	10/3	28/3	18	33	-12,1%
	E2	30/3	30/4	31	68	28/3	29/4	32	65	-4,6%
	C1	30/4	9/6	40	108	29/4	6/6	38	103	-4,6%
	C2	9/6	10/7	31	139	6/6	5/7	30	133	-4,6%
	C3	10/7	17/8	38	177	5/7	11/8	36	169	-4,6%
	C4	17/8	21/9	35	212	11/8	13/9	33	203	-4,6%
Fases	Iniciação	8/2	23/2	15	15	8/2	23/2	15	15	0,0%
	Elaboração	8/3	30/4	53	68	10/3	29/4	50	65	-4,6%
	Construção	30/4	21/9	144	212	29/4	13/9	138	203	-4,6%
	Transição	21/9	6/10	15						
Total		8/2	6/10	241		8/2				

esforço unitário do desenvolvimento completo de um produto, ou de certo subconjunto de funções, é a soma dos esforços unitários das etapas desse desenvolvimento. Essa produtividade deve ser comparada com a produtividade estimada (Tabela 4.30). Para que a comparação seja correta, o esforço gasto na **Iniciação** não é considerado no cálculo do esforço unitário e produtividade, já que não o foi nas estimativas. É normal que a produtividade na **Elaboração** seja mais baixa do que na **Construção**.

O erro de planejamento pode ser usado para projetar esforços e prazos das iterações e fases futuras. Supondo-se que as causas dos erros permanecem inalteradas, os esforços acumulados e durações totais (desde o início) serão corrigidos pelo mesmo erro. Nas Tabelas 4.49 e 4.50, as células de fundo cinza contêm projeções.

Dada a previsão, se esta não for satisfatória, o controle exigirá ações gerenciais, como realocação de recursos ou renegociação do escopo. Exceto para correções bastante pequenas, isso exigirá replanejamento do projeto.

2.3 Gestão da qualidade

Neste livro, as atividades de gestão da qualidade são tratadas no capítulo homônimo. No processo Praxis, o planejamento dessas atividades em nível global do projeto é feito no **Plano da qualidade**, sendo o planejamento detalhado das apreciações por iteração feito no **Plano das apreciações**; os resultados das apreciações, compreendendo anomalias encontradas, esforços de detecção e esforços de correção são relatados em relatórios como os **Registros de anomalias** e **Registros de apreciações**, usados no *SPraxis*. Todos esses artefatos são discutidos no capítulo sobre **Gestão da qualidade**. Se um sistema automatizado de resolução de defeitos, tal como o descrito neste capítulo, estiver sendo usado, é possível separar as contagens de anomalias e defeitos, assim como os respectivos esforços de correção.

No acompanhamento do projeto, os relatórios comparam os valores planejados e reais de anomalias encontradas, esforços de detecção e esforços de correção, como nas Tabelas 4.51 a 4.53. No relatório de anomalias, um erro de previsão muito negativo (previsões muito pessimistas) tanto pode indicar que a qualidade do desenvolvimento está melhor do que a esperada como pode também indicar ineficácia das apreciações, o que deve ser investigado; em caso contrário, valem as conclusões recíprocas. Considerações similares valem para os esforços de correção, que se espera sejam aproximadamente proporcionais às quantidades de anomalias encontradas. Para os esforços de detecção, valores abaixo dos esperados podem indicar apreciações mais eficientes, mas podem também indicar que não estão sendo cuidadosas o suficiente.

É também útil avaliar o que representam os esforços de detecção e correção em termos de percentual dos esforços totais, como na Tabela 4.48. Esforços de detecção na faixa de 15 a 20%, como os mostrados nesse exemplo, estão dentro do razoável; valores fora dessa faixa podem indicar falta ou excesso de esforços em atividades relacionadas com a qualidade. Quanto ao esforço de retrabalho (correção), espera-se que seja o mais baixo possível, embora níveis próximos de zero provavelmente não sejam realistas e indiquem defeitos não corrigidos ou deficiências dos dados coletados.

Tratamentos mais avançados de gestão da qualidade utilizam as técnicas de controle estatístico de processos, como as tratadas em [Florac+97] e [Florac+99]. Essas técnicas usam recursos como as **cartas de controle**[8] para avaliar a estabilidade e a capacitação (*capability*) dos processos. Causas de problemas de qualidade são tratadas pelas técnicas de análise causal, discutidas no capítulo sobre **Engenharia de processos**.

---

[8] Referências sobre esse conceito podem ser facilmente encontradas na Web.

TABELA 4.51 Exemplo de **Acompanhamento das anomalias por iteração**

CONTAGEM INSP.		PLANEJADO					REAL					ERRO %
		TS	AU	AQ	TOTAL	INSP.	TS	AU	AQ	TOTAL		
Iterações	**E1**	25	2	6	2	35	20	0	0	2	22	-59,1%
	E2	42	3	10	4	59	28	3	2	2	35	-68,6%
	C1	41	3	10	4	58	11	1				
	C2	30	2	7	3	42						
	C3	39	3	9	3	54						
	C4	44	3	10	4	61						
Fases	Iniciação											
	Elaboração	67	5	16	6	94	48	3	2	4	57	-64,9%
	Construção											
	Transição											
Total												

TABELA 4.52 Exemplo de **Acompanhamento dos esforços de detecção por iteração**

ESFORÇO DE DETECÇÃO (PH) INSP.		PLANEJADO					REAL					ERRO %
		TS	AU	AQ	TOTAL	INSP.	TS	AU	AQ	TOTAL		
Iterações	**E1**	20,0	5,0	2,0	2,0	29,0	16,3	2,0	3,0	2,5	23,8	-21,7%
	E2	28,0	9,0	3,0	3,0	43,0	31,8	4,0	3,5	3,5	42,8	-0,6%
	C1	31,0	8,0	3,0	3,0	45,0	15,0	2,0			17,0	
	C2	26,0	6,0	2,0	2,0	36,0						
	C3	30,0	8,0	3,0	3,0	44,0						
	C4	32,0	9,0	3,0	3,0	47,0						
Fases	Iniciação											
	Elaboração	14,0	5,0	5,0	48,0	72,0	48,1	6,0	6,5	6,0	66,6	-8,1%
	Construção											
	Transição											
Total												

TABELA 4.53 Exemplo de Acompanhamento dos esforços de correção por iteração

ESFORÇO DE CORREÇÃO (PH)		PLANEJADO					REAL					
	INSP.	TS	AU	AQ	TOTAL	INSP.	TS	AU	AQ	TOTAL	INSP.	ERRO %
Iterações	E1	0,90	1,02	1,06	0,57	3,54	0,48	0,00	0,00	0,30	0,78	-351,8%
	E2	1,50	1,53	1,76	1,14	5,92	1,45	0,50	2,80	0,08	4,83	-22,6%
	C1	1,47	1,53	1,76	1,14	5,90	0,55	0,50			1,05	
	C2	1,06	1,02	1,23	0,85	4,16						
	C3	1,40	1,53	1,58	0,85	5,36						
	C4	1,56	1,53	1,76	1,14	5,98						
Fases	Iniciação											
	Elaboração	2,55	2,82	1,71	2,39	9,46	1,93	0,50	2,80	0,38	5,62	-68,5%
	Construção											
	Transição											
Total												

2.4 Gestão de recursos[9]

2.4.1 Capacitação em gestão de pessoas

Pessoas formam, com processos e tecnologia, o triângulo crítico de fatores de produção. Um modelo completo de capacitação em gestão de pessoas foi formulado pelo SEI: o *People Capability Maturity Model*, conhecido também como **People CMM** ou **P-CMM** [Curtis+09]. Esse modelo é organizado em uma arquitetura em estágios, semelhante à do **SW-CMM**, também com cinco níveis, cada um dos quais é formado por áreas-chave, compostas por metas e práticas-chave (Tabela 4.54). [Carneiro+00] apresenta um exemplo de aferição de uma organização quanto ao nível 2 do **P-CMM**.

_____
[9] O escopo deste tópico foi expandido na versão atual do PMBoK; na versão anterior, tratava apenas da gestão de recursos humanos ou gestão de pessoas.

TABELA 4.54 Níveis e áreas-chave do P-CMM

NÍVEL	ÁREA-CHAVE (TERMO ORIGINAL)	ÁREA-CHAVE (TRADUÇÃO DESTE LIVRO)
1 (inicial)	—	—
2 (gerido)	*Staffing*	Recrutamento
	Communication and Coordination	Comunicação e Coordenação
	Work Environment	Ambiente de Trabalho
	Performance Management	Gestão do Desempenho
	Training and Development	Treinamento e Desenvolvimento
	Compensation	Remuneração
3 (definido)	*Competency Analysis*	Análise de Competências
	Workforce Planning	Planejamento da Força de Trabalho
	Competency Development	Desenvolvimento de Competências
	Career Development	Desenvolvimento de Carreiras
	Competency-Based Practices	Práticas Baseadas em Competência
	Workgroup Development	Desenvolvimento de Grupos de Trabalho
	Participatory Culture	Cultura Participativa
4 (previsível)	*Competency Integration*	Integração de Competências
	Empowered Workgroups	Empoderamento* de Grupos de Trabalho
	Competency-Based Assets	Patrimônio Baseado em Competências
	Quantitative Performance Management	Gestão Quantitativa de Desempenho
	Organizational Capability Management	Gestão da Capacitação Organizacional
	Mentoring	Mentoreação
5 (otimizante)	*Continuous Capability Improvement*	Melhoria Contínua da Capacitação
	Organizational Performance Alignment	Alinhamento do Desempenho Organizacional
	Continuous Workforce Innovation	Inovação Contínua da Força de Trabalho

* Neologismo que vem sendo usado com frequência pelos profissionais de recursos humanos, com o significado de "atribuição de poder".

Capítulo 4

Para que uma organização tenha um mínimo de capacitação em gestão de pessoas, espera-se que domine pelo menos as áreas do nível 2 do P-CMM, cujos objetivos são detalhados na Tabela 4.55. A área-chave de Treinamento e Desenvolvimento é relacionada com a atividade de Gestão do treinamento, tratada no capítulo sobre Engenharia de processos. Outra área-chave do P-CMM, de Comunicação e Coordenação, está relacionada com a Subseção 2.7 – Gestão de comunicação. As demais áreas do nível 2 do P-CMM envolvem aspectos mais clássicos de recursos humanos, que são tratados em textos dessa disciplina (por exemplo, por Idalberto Chiavenato [Chiavenato09]).

TABELA 4.55 Descrição das áreas-chave do P-CMM nível 2

ÁREA-CHAVE (TRADUÇÃO DESTE LIVRO)	OBJETIVO
Recrutamento	Adequar compromissos de trabalho aos recursos da unidade organizacional e recrutar, selecionar e fazer a transição de pessoas qualificadas para suas funções.
Comunicação e Coordenação	Estabelecer comunicação tempestiva através da organização e garantir que a força de trabalho saiba partilhar informação e coordenar suas atividades eficientemente.
Ambiente de Trabalho	Estabelecer e manter condições físicas de trabalho e prover recursos que permitam a pessoas e grupos executar suas tarefas de forma eficiente e sem perturbações desnecessárias.
Gestão do Desempenho	Estabelecer objetivos relacionados com os compromissos de trabalho, contra os quais o desempenho de unidades organizacionais e pessoas possa ser medido, discutir o desempenho comparado com esses objetivos e melhorar continuamente o desempenho.
Treinamento e Desenvolvimento	Garantir que todas as pessoas tenham as proficiências necessárias para realizar suas tarefas e recebam oportunidades relevantes de desenvolvimento pessoal.
Remuneração	Prover todas as pessoas com remuneração e benefícios baseados em sua contribuição e valor para a organização.

Várias áreas de níveis superiores do P-CMM tratam de assuntos também muito relacionados com os processos de software. As áreas que tratam de grupos de trabalho, por exemplo, focalizam vários aspectos da formação e operação de times, entendidos aqui como grupos de tal forma articulados que são capazes de produzir mais que a soma das capacidades individuais de seus integrantes. Diversos aspectos da integração de times com processos de software são abordados no *Team Software Process* [Humphrey99].

Larry Constantine [Constantine01] e Tom DeMarco com Timothy Lister [DeMarco+13] proveem referências importantes em relação a times de software e outros aspectos de desenvolvimento humano da Engenharia de Software. Tom DeMarco [DeMarco97] trata do assunto de forma divertida, em um livro de ficção. Watts Humphrey [Humphrey96] oferece uma visão abrangente do desenvolvimento humano em organizações tecnológicas.

2.4.2 Planejamento de pessoal

O planejamento de pessoal usa a definição de papéis que é feita na descrição do processo (Tabela 4.56). A equipe do projeto deve cobrir os papéis descritos nas tarefas do processo instanciado, podendo a mesma pessoa desempenhar vários papéis (Tabela 4.57).

A atribuição de papéis é completa pela atribuição de funções de direção do projeto (Tabela 4.58, que também pode ser representada por um organograma) e de relacionamento externo, principalmente com o cliente (Tabela 4.59).

TABELA 4.56 Exemplo de definição dos papéis

NÚMERO	PAPEL	RESPONSABILIDADES
1	Administrador de configurações	Administrador do repositório de configurações.
2	Administrador de dados	Administração física dos bancos de dados e outros mecanismos de persistência.
3	Administrador de RC	Operação, implantação e suporte de recursos computacionais.
4	Analista	Analisar o domínio do problema e os requisitos.
5	Arquiteto	Arquitetura técnica de um produto.
6	Cliente	Aceitação do produto e autorização do pagamento.
7	Consultor	Consultoria em geral.
8	Desenhista de IU	Desenho externo das interfaces de usuário e das interações delas com os usuários.
9	Desenhista de testes	Desenho dos testes de um produto, em níveis funcional e lógico.
10	Desenhista lógico	Desenho interno de um produto, em nível lógico.
11	Designer de conteúdo	Design e confecção de conteúdo de mídia.
12	Diretor	Planejamento, direção, controle e avaliação das atividades gerais da organização, em nível de direção.
13	Documentador técnico	Redação, organização e avaliação de documentação técnica.
14	Engenheiro da qualidade	Atividades técnicas relativas à qualidade.
15	Engenheiro de processos	Atividades técnicas relativas aos processos.
16	Engenheiro de requisitos	Levantamento, detalhamento e especificação dos requisitos.
17	Especialista em usabilidade	Consultoria em assuntos de usabilidade.
18	Executor de testes	Execução de testes manuais e automatizados.
19	Gerente da qualidade	Planejamento, direção, controle e avaliação das atividades de gestão da qualidade da organização.
20	Gerente de processos	Planejamento, direção, controle e avaliação das atividades de processos da organização.
21	Gerente de produto	Planejamento, direção, controle e avaliação das atividades relativas a um produto, especialmente manutenção.
22	Gerente de projeto	Planejamento, direção, controle e avaliação das atividades de um projeto.
23	Gerente geral	Planejamento, direção, controle e avaliação das atividades gerais da organização.

(continua)

Capítulo 4

TABELA 4.56 Exemplo de definição dos papéis (*continuação*)

NÚMERO	PAPEL	RESPONSABILIDADES
24	Modelador de negócio	Modelagem de processos de negócio.
25	Programador	Implementação do código dos produtos.
26	Programador de testes	Implementação dos scripts de testes de um produto.
27	Suporte aos usuários	Suporte aos usuários.
28	Usuário	Utilização do produto, serviço ou resultado do projeto.

TABELA 4.57 Exemplo de atribuição de papéis à equipe

NÚMERO	NOME	PAPEL 1	PAPEL 2	PAPEL 3
1	Admir Datena	Administrador de dados		
2	Anaís Lister	Analista	Engenheiro de requisitos	
3	Anelo Estrela	Programador	Desenhista lógico	
4	Aristóteles Aquino	Engenheiro da qualidade		
5	Cristóvão Alexandre	Arquiteto	Desenhista lógico	
6	Eudóxia Caxias	Gerente de projeto		
7	Eugênio Próspero	Engenheiro de processos		
8	Eusébia Dantas	Designer de conteúdo	Especialista em usabilidade	
9	Garibaldo Quaglia	Gerente da qualidade	Engenheiro da qualidade	
10	Geraldo Procópio	Gerente de produto	Gerente de projeto	
11	Gérson Confúcio	Engenheiro de processos	Administrador de configurações	
12	Guilherme Ockham	Programador de testes	Executor de testes	
13	Gumercindo Mercado	Consultor		
14	João Limão	Modelador de negócio	Engenheiro de requisitos	Analista
15	Jorge Arisco	Desenhista lógico	Desenhista de IU	Programador
16	José Camões	Documentador técnico		
17	Jovino Audax	Executor de testes	Programador	
18	Levi Requião	Engenheiro de requisitos		
19	Lúcia Malatesta	Desenhista de testes	Programador de testes	
20	Metódio Prudente	Consultor	Gerente de processos	
21	Paulo Macário	Desenhista de IU	Desenhista lógico	
22	Sócrates Botelho	Diretor		

TABELA 4.58 Exemplo de estrutura interna de funções de direção

NÚMERO	CARGO	NOME	VINCULAÇÃO	ATRIBUIÇÕES
1	Diretor geral	Sócrates Botelho	Diretoria	Direção administrativa e contratual
2	Diretor de processos	Metódio Prudente	Diretoria	Direção dos processos
3	Gerente de projeto	Eudóxia Caxias	Diretor geral	Gestão geral do projeto
4	Gerente da qualidade	Garibaldo Quaglia	Diretor geral	Gestão da qualidade
5	Arquiteto-chefe	Cristóvão Alexandre	Gerente de projeto	Liderança técnica de desenho e implementação
6	Líder de testes	Lúcia Malatesta	Gerente de projeto	Liderança técnica de testes

TABELA 4.59 Exemplo de funções de relacionamento externo

NÚMERO	CARGO	NOME	ATRIBUIÇÕES
1	Diretor geral	Sócrates Botelho	Assuntos contratuais; resolução de problemas maiores
2	Gerente de projeto	Eudóxia Caxias	Contato com o cliente no dia a dia
3	Gerente da qualidade	Garibaldo Quaglia	Resolução de problemas referentes a qualidade
4	Engenheiro de requisitos	João Limão	Levantamento e detalhamento dos requisitos; avaliação de uso
5	Consultor	Gumercindo Mercado	Consultoria sobre assuntos comerciais

A distribuição do esforço por papéis leva ao dimensionamento da equipe, mostrado na Tabela 4.60. A base histórica fornece a coluna Fração da disciplina, que representa uma distribuição típica de esforços por papel, dentro de cada disciplina. A distribuição de esforços por disciplina (Tabela 4.34) é usada para projetar o esforço previsto, por fase e total. Deste é derivado o esforço mensal médio, e, portanto, o tamanho da equipe para cada papel. Como o exemplo trata de um projeto pequeno e com uma equipe de muitas pessoas, os tamanhos médios são todos fracionários, indicando a possibilidade de divisão de esforços entre projetos.

A atribuição de papéis e o dimensionamento da equipe devem ser consistentes com a alocação da equipe às tarefas no planejamento detalhado, exemplificado nas Figuras 4.20 e 4.21. Definida a equipe disponível, pode ser necessário elaborar um plano de treinamento do projeto, caso nem toda a equipe tenha as proficiências previstas pelos papéis. O assunto de treinamento é discutido no capítulo sobre **Engenharia de processos**.

TABELA 4.60 Exemplo de dimensionamento da equipe por papéis

NÚMERO	PAPEL	DISCIPLINA	FRAÇÃO DA DISCIPLINA	ESFORÇO ELABORAÇÃO (PH)	ESFORÇO CONSTRUÇÃO (PH)	ESFORÇO TOTAL (PH)	ESFORÇO MENSAL MÉDIO (PH)	TAMANHO MÉDIO DA EQUIPE (PESSOAS)
1	Administrador de configurações	GA	100%	1,48	4,42	5,90	0,93	0,006
2	Administrador de dados	ES	20%	0,67	0,88	1,55	0,24	0,002
3	Administrador de RC	ES	20%	0,67	0,88	1,55	0,24	0,002
4	Analista	AN	100%	35,49	106,73	142,22	22,35	0,147
5	Arquiteto	DS	20%	15,72	27,87	43,60	6,85	0,045
6	Cliente							
7	Consultor							
8	Desenhista de IU	DS	40%	31,45	55,75	87,19	13,71	0,090
9	Desenhista de testes	TS	30%	7,93	20,30	28,22	4,44	0,029
10	Desenhista lógico	DS	40%	31,45	55,75	87,19	13,71	0,090
11	Designer de conteúdo	ES	20%	0,67	0,88	1,55	0,24	0,002
12	Diretor							
13	Documentador técnico	IM	10%	8,92	40,37	49,29	7,75	0,051
14	Engenheiro da qualidade	GQ	70%	8,08	10,90	18,98	2,98	0,020
15	Engenheiro de processos	EP	70%	1,04	0,00	1,04	0,16	0,001

(continua)

TABELA 4.60 Exemplo de dimensionamento da equipe por papéis (*continuação*)

NÚMERO	PAPEL	DISCIPLINA	FRAÇÃO DA DISCIPLINA	ESFORÇO ELABORAÇÃO (PH)	ESFORÇO CONSTRUÇÃO (PH)	ESFORÇO TOTAL (PH)	ESFORÇO MENSAL MÉDIO (PH)	TAMANHO MÉDIO DA EQUIPE (PESSOAS)
16	Engenheiro de requisitos	RQ	100%	34,66	104,99	139,65	21,95	0,144
17	Especialista em usabilidade							
18	Executor de testes	TS	30%	7,93	20,30	28,22	4,44	0,029
19	Gerente da qualidade	GQ	30%	3,46	4,67	8,13	1,28	0,008
20	Gerente de processos	EP	30%	0,44	0,00	0,44	0,07	0,000
21	Gerente de produto	GP	10%	4,29	3,68	7,97	1,25	0,008
22	Gerente de projeto	GP	90%	38,64	33,08	71,72	11,27	0,074
23	Gerente geral							
24	Modelador de negócio	ES	20%	0,67	0,88	1,55	0,24	0,002
25	Programador	IM	90%	80,28	363,33	443,61	69,73	0,459
26	Programador de testes	TS	40%	10,57	27,06	37,63	5,92	0,039
27	Suporte aos usuários	ES	20%	0,67	0,88	1,55	0,24	0,002
28	Usuário							

2.4.3 Gestão de outros recursos

Esta seção do PMBoK foi expandida para incluir a gestão de outros tipos de recursos necessários para o projeto, de maneira

> *"a garantir que os recursos certos estarão disponíveis para o gerente do projeto e a sua equipe na hora e no lugar certos"*.

Isso inclui planejamento, estimativa, aquisição e controle dos recursos em geral. Em adição aos recursos humanos, esta área trata da gestão de recursos físicos, que incluem equipamentos, materiais, instalações e infraestrutura.

2.5 Gestão de riscos

2.5.1 Visão geral

A gestão de riscos é parte indispensável das técnicas mais atuais de gestão de projetos. Segundo DeMarco e Lister [DeMarco+03], só projetos que têm risco valem a pena ser executados; a gestão de riscos seria *gestão de projetos para adultos*. Riscos são possíveis futuros eventos que podem trazer consequências indesejáveis; eventos certos ou quase certos não são riscos, e devem ser tratados com técnicas de planejamento em geral, não de gestão de riscos. A ocorrência real do evento indesejável é a **concretização** ou **materialização** do risco. A **transição** do risco é o evento externo que dispara a concretização; nem sempre ela é visível diretamente, mas sim através de um **indicador de transição** ou **gatilho**.

A gestão dos riscos traz os seguintes benefícios:

- permite aceitar riscos de forma mais agressiva e, com isso, explorar melhor as oportunidades;
- torna a comunicação dos riscos mais aceitável (por exemplo, a clientes e diretores);
- esclarece os critérios pelos quais um projeto deva ser considerado bem-sucedido;
- delimita a incerteza em relação ao projeto;
- provê mecanismos de limitação do prejuízo;
- deixa mais claras as responsabilidades;
- permite salvar parcialmente esforços atingidos por riscos concretizados;
- ajuda a focalizar as atenções onde são mais necessárias;
- dá maior visibilidade do projeto a gerentes e diretores.

Desculpas frequentemente usadas para não fazer gestão de riscos incluem: evitar assustar as partes interessadas; não aceitação do grau de incerteza estimado pela análise dos riscos; receio de que a incerteza seja usada como desculpa para desempenho fraco; crença no otimismo como técnica gerencial; desconfiança dos dados usados na análise dos riscos; receio de ser o único a fazer gestão de riscos em uma cultura otimista. Nenhuma dessas desculpas é racional.

Riscos mais frequentes em projetos de software incluem:

- estimativas de falhas de custos e prazos;
- inflação descontrolada dos requisitos;
- rotatividade de pessoal;

- inconformidade com os requisitos, por falta ou excesso de características;
- desempenho fraco (por falta de proficiência e experiência, ferramentas e processos inadequados, falta ou excesso de esforço de garantia da qualidade).

Técnicas similares às da gestão de riscos podem ser usadas para gerir oportunidades, que podem ser consideradas uma espécie de "risco positivo". Na prática, a gestão de oportunidades é mais usual em nível de gestão estratégica da organização do que de gestão de projetos, que geralmente não são grandes o suficiente para oferecerem oportunidades imprevistas e significativas.

É possível encontrar vasta literatura sobre gestão de riscos, tanto genérica quanto específica para a tecnologia da informação. Barry Boehm ([Boehm91]), por exemplo, apresenta um resumo clássico da área. Exemplos recentes de documentos genéricos sobre gestão de riscos são fornecidos por publicações do governo estadunidense: questões de condução de gestão de riscos são discutidas em publicações do Departamento de Segurança Interna do país ([Sheppard+12], [Janoske+12]); um guia do Departamento de Comércio do mesmo governo estabelece procedimentos para a realização de aferições de risco ([Ross12]). O IEEE possui um padrão ativo para gestão de riscos (versão corrente [IEEE06]).

2.5.2 Identificação dos riscos

No início da gestão dos riscos, deve ser formada uma equipe de identificação e análise. Essa equipe, pelo menos nas atividades iniciais, deve incluir pessoas de todas as áreas do projeto e, possivelmente, do cliente. Fontes de informação sobre riscos incluem a literatura e os dados obtidos de projetos anteriores, principalmente se estes tiverem feito retrospectivas. Rita Mulcahy [Mulcahy03], assim como Tom DeMarco e Timothy Lister [DeMarco+03], descreve várias técnicas para descoberta inicial dos riscos.

Reuniões da equipe de riscos podem usar técnicas de *brainstorming*.[10] Nesse tipo de reunião, levantar ideias é mais importante do que avaliá-las. Regras de condução mais ou menos semelhantes às das reuniões de inspeção podem ser usadas; por exemplo, a reunião deve ser dirigida por um líder treinado, que deve procurar manter a dinâmica da reunião, evitando monopólio da palavra por participantes mais loquazes. Uma possível técnica é convidar o grupo a fingir que o projeto fracassou e tentar imaginar possíveis causas (fazer uma *retrospectiva imaginária*). Sugestões de riscos tolos não devem ser impedidas, mas podem sinalizar que todos os riscos relevantes já foram identificados.

As reuniões podem ser complementadas por entrevistas com especialistas. Eles podem contribuir fornecendo ideias, salientando detalhes adicionais, esclarecendo dúvidas e levantando dúvidas adicionais. A ferramenta *COCOMO II* produz uma lista de riscos associados aos parâmetros e fatores de custo do projeto, se forem significativos.

A identificação dos riscos leva à produção de uma lista de riscos, como na Tabela 4.61. Essa lista pode ser bastante grande, uma vez que apenas aqueles que forem considerados mais importantes receberão tratamento mais aprofundado. Rita Mulcahy [Mulcahy03] sugere que a lista tenha centenas de riscos, considerando normal a produção de listas de 100 a 150 riscos, em cada sessão de identificação, com duração típica de uma hora a uma hora e meia. Cada risco deve receber um nome sucinto, mas que permita identificá-lo de forma clara. Para cada risco, devem-se descrever as respectivas causas e efeitos, e as tarefas e atividades a que são aplicáveis, se não o forem ao projeto como um todo.

---

[10] Há também muitas referências na Web sobre esse conceito.

TABELA 4.61 Exemplo de identificação de riscos

NÚMERO	RISCO	CATEGORIA	CAUSA	EFEITO	TAREFA
1	Alta rotatividade de pessoal.	Pessoal	Mercado de trabalho aquecido.	Esforço de retreinamento e perda de produtividade.	Toda a duração da Elaboração e Construção.
2	Alterações frequentes dos requisitos.	Requisitos	Mau entendimento das necessidades do cliente.	Prejuízo nas contas do projeto, se não forem cobradas; inconsistências nos itens derivados.	Toda a duração da Elaboração e Construção.
3	Atritos de desenvolvedores com inspetores e testadores.	Garantia da qualidade	Divergências sobre o que deve ser considerado defeito.	Deterioração do relacionamento interpessoal.	Toda a duração da Elaboração e Construção.
4	Coleta de métricas trabalhosa e deficiente.	Processo	Deficiências de conteúdo e formato dos registros atuais.	Possível geração de métricas distorcidas.	Toda a duração do projeto.
5	Deficiência de entendimento dos relacionamentos entre entidades.	Análise	Falta de experiência em análise; insuficiência do esforço de análise previsto.	Defeitos de desenho e implementação.	Análise e tarefas consequentes.
6	Deficiência de fontes de informação.	Infraestrutura	Conteúdo da biblioteca técnica não atualizado.	Desconhecimento de soluções já encontradas na literatura.	Toda a duração da Elaboração (principalmente) e Construção.
7	Desconhecimento de soluções já encontradas na literatura.	Pessoal	Deficiências de treinamento e de fontes de consulta; falta de hábito de buscar orientação.	Deficiências de desenho e implementação; baixa reutilização.	Desenho externo e tarefas consequentes.
8	Diferenças de versão de sistema de gerência de bancos de dados do cliente.	Compatibilidade	Falha de comunicação com o suporte técnico do cliente.	Possíveis incompatibilidades de execução.	Testes de sistema (iteração T1).

(continua)

TABELA 4.61 Exemplo de identificação de riscos (*continuação*)

NÚMERO	RISCO	CATEGORIA	CAUSA	EFEITO	TAREFA
9	Difícil marcação de reuniões de inspeção.	Garantia da qualidade	Baixa compatibilidade dos horários da equipe.	Atrasos ou cancelamentos de inspeções.	Inspeções em geral.
10	Entendimento errôneo dos requisitos.	Requisitos	Ambiguidade dos requisitos.	Desenvolvimento de funções que não passarão nas avaliações de uso.	Levantamento dos requisitos.
11	Esquecimento dos defeitos encontrados.	Processo	Registros atuais não preservam bem causas e classificação.	Repetição dos mesmos defeitos.	Toda a duração do projeto.
12	Falta de povoamento do banco de dados do cliente.	Cliente	Baixa prioridade desse povoamento, dentro das atividades do cliente.	Testes beta não poderão ser realizados.	Testes de sistema (iteração T1).
13	Falta de usuários responsáveis para os testes alfa.	Cliente	Coincidência dos testes com picos de atividade no cliente.	Atrasos nos testes alfa, ou cancelamento deles.	Testes de sistema (Elaboração e Construção).
14	Falta dos equipamentos para testes de aceitação.	Testes	Demora do cliente na aquisição dos equipamentos.	Testes beta não poderão ser realizados.	Testes de sistema (iteração T1).
...	...	...	...	...	...

Capítulo 4

Cada risco deve ser classificado em uma categoria. São categorias usuais: gestão, cultura, qualidade, satisfação das partes interessadas, organização interna, contratos, fornecedores, mercado e competidores. A busca por afinidades entre diferentes riscos ajuda a classificá-los.

2.5.3 Análise qualitativa dos riscos

A análise qualitativa se inicia pela revisão das hipóteses nas quais o projeto se baseia, tanto aquelas que são específicas do projeto quanto as que fazem parte das suposições normais sobre o funcionamento dos processos ou da organização. A estabilidade dessas hipóteses deve ser discutida, assim como as possíveis consequências da sua invalidade.

Deve-se também discutir a qualidade, a quantidade e a confiabilidade dos dados usados na análise. Para cada risco identificado, deve-se avaliar o grau de **Informação** disponível sobre ele, assim como o grau de **Entendimento** que se tem em relação a esse risco. Essas avaliações são anotadas no resultado da análise qualitativa (Tabela 4.62).

A cada risco associa-se um número que representa a probabilidade de concretização desse risco. Essa probabilidade pode ser derivada de dados históricos, mas, se estes não estiverem disponíveis, mesmo avaliações subjetivas são úteis neste ponto. Uma convenção usual atribui uma probabilidade na forma de um inteiro de 1 a 8, que representa a probabilidade estimada multiplicada por dez; geralmente, não é realista atribuir mais do que um dígito significativo. Se a probabilidade de concretização for maior do que 80%, o risco passa a ser considerado uma certeza, e não entra na análise de riscos.

A avaliação do impacto, ou gravidade das consequências do risco, é representada por um número de 1 a 10, conforme a convenção descrita na Tabela 4.63, na coluna **Descrição**. Nessa tabela, as colunas **Sobrecusto** e **Atraso** representam o custo e o prazo adicional que recairão sobre o projeto, no caso de concretização do risco. Para riscos de impacto 10, que significam fracasso do projeto, eles valem aproximadamente o custo e prazo totais, estimados para o projeto (obtidos da Tabela 4.30). Para riscos de impacto 9 a 6, o impacto é obtido multiplicando o custo e prazo totais pelas respectivas percentagens de impacto. Para riscos de impacto inferior, supõe-se que o sobrecusto e o atraso são desprezíveis ou absorvidos pelas reservas do projeto.

A **Contagem** de cada risco é obtida multiplicando-se a probabilidade pelo impacto. A tabela de análise qualitativa é classificada em ordem decrescente da **Contagem**. A análise será aprofundada apenas para aqueles riscos cuja contagem ultrapasse um patamar mínimo adotado pela organização (por exemplo, 20), ou para um número mínimo de riscos (tipicamente 10), mesmo que a contagem de alguns não ultrapasse o patamar.

2.5.4 Análise quantitativa dos riscos

A análise quantitativa será feita apenas para os riscos identificados como prioritários pela análise qualitativa. Multiplicando-se as probabilidades de cada risco pelo respectivo sobrecusto e atraso, obtêm-se os impactos esperados de custo e tempo (Tabela 4.64), que definem a **exposição ao risco** do projeto. Nesse exemplo, o cálculo foi baseado simplesmente na consulta às Tabelas 4.62 e 4.63.

Para riscos maiores, pode ser indicado usar técnicas mais aprofundadas de cálculo da exposição ao risco. Se forem disponíveis para um impacto estimativas otimista, mais provável e pessimista, pode-se aproximar a média e desvio-padrão como:

Média (Valor esperado) = ((Valor otimista) + 4 × (Valor mais provável) + (Valor pessimista)) / 6

Desvio-padrão = ((Valor pessimista) - (Valor otimista)) / (Divisor da Tabela 4.40)

TABELA 4.62 Exemplo de análise qualitativa de riscos

NÚMERO	RISCO	INFORMAÇÃO	ENTENDIMENTO	PROBABILIDADE	IMPACTO	CONTAGEM
1	Difícil marcação de reuniões de inspeção.	Alta	Alto	6	7	42
2	Esquecimento dos defeitos encontrados.	Alta	Médio	6	7	42
3	Pouca utilização de mecanismos de desenho (*patterns*).	Alta	Alto	6	6	36
4	Deficiência de fontes de informação.	Média	Baixo	5	5	25
5	Alta rotatividade de pessoal.	Média	Baixo	3	8	24
6	Deficiência de entendimento dos relacionamentos entre entidades.	Média	Médio	3	8	24
7	Interfaces de usuário de difícil implementação.	Média	Médio	3	8	24
8	Formatos de relatórios pouco flexíveis.	Média	Alto	7	3	21
9	Coleta de métricas trabalhosa e deficiente.	Média	Médio	4	5	20
10	Produtividade menor do que a estimada durante o planejamento.	Média	Baixo	2	9	18
11	Desconhecimento de soluções já encontradas na literatura.	Alta	Médio	3	6	18
12	Falta de usuários responsáveis para os testes alfa.	Baixa	Médio	5	3	15
13	Entendimento errôneo dos requisitos.	Média	Médio	2	7	14
14	Falta de povoamento do banco de dados do cliente.	Baixa	Alto	4	3	12
...	...	...	...	...	...	...

Capítulo 4

TABELA 4.63 Definição das contagens de impactos

GRAU	DESCRIÇÃO	IMPACTO	SOBRECUSTO	ATRASO
10	Fracasso do projeto		R$ 35.000,00	180
9	Sobrecusto ou atraso maior que 40%	40%	R$ 14.000,00	72
8	Sobrecusto ou atraso de 30% a 40%	30%	R$ 10.500,00	54
7	Sobrecusto ou atraso de 20% a 30%	20%	R$ 7.000,00	36
6	Sobrecusto ou atraso de 10% a 20%	10%	R$ 3.500,00	18
5	Sobrecusto ou atraso menor que 10%	0%	R$ 0,00	0
4	Grande redução da reserva de risco	0%	R$ 0,00	0
3	Média redução da reserva de risco	0%	R$ 0,00	0
2	Pequena redução da reserva de risco	0%	R$ 0,00	0
1	Mínima redução da reserva de risco	0%	R$ 0,00	0

Pode-se então usar a distribuição acumulada para fazer uma simulação pelo método de Monte-Carlo.[11] *Riskology* é ferramenta de uso livre para análise quantitativa de riscos que emprega esse método [DeMarco+03].[12]

2.5.5 Planejamento das respostas aos riscos

Para cada risco importante, deve-se escolher uma abordagem de resposta, dentre as seguintes estratégias:

- **Evitação** (*avoidance*) – também chamada de eliminação. Anula ou reduz drasticamente a probabilidade de concretização do risco. Pouco usada, pois geralmente significa não executar as tarefas associadas.
- **Mitigação** – também conhecida como redução. Usa contramedidas preventivas ou curativas para diminuir a probabilidade ou o impacto do risco. É a abordagem mais comum.
- **Transferência** – passagem do impacto do risco para outra parte, totalmente ou na maior parte. São exemplos: comprar seguros, ou transferir certos riscos para o cliente, por meio de contrato.
- **Aceitação** – também chamada de retenção. Consiste em aceitar o impacto, se o risco se concretizar.

Para cada risco, determinam-se a **Ação** de contramedida curativa ou preventiva, o Gatilho (indicador que sinalizará a transição, ou concretização do risco) e um **Proprietário**, responsável pelas ações (Tabela 4.65).

Nova análise quantitativa é feita, determinando-se as novas probabilidades e os novos impactos (Tabela 4.66). Estes devem ser condizentes com a abordagem escolhida. Abordagens de **Evitação** anulam ou reduzem drasticamente a probabilidade, abordagens de **Transferência** anulam ou reduzem drasticamente o impacto, abordagens de **Mitigação** podem diminuir ambos, e abordagens de **Aceitação** não os afetam. As ações podem implicar um **Custo** adicional, que deve ser estimado.

---

[11] Referências sobre esse método podem ser facilmente encontradas na Web, assim como ferramentas para seu uso.

[12] Disponível em http://www.systemsguild.com/riskology/.

TABELA 4.64 Exemplo de análise quantitativa de riscos

NÚMERO	RISCO	PROBABILIDADE	IMPACTO QUALITATIVO	IMPACTO DE CUSTO	SOBRECUSTO ESPERADO	IMPACTO DE TEMPO (DIAS)	ATRASO ESPERADO (DIAS)
1	Difícil marcação de reuniões de inspeção.	60%	7	R$ 7.000,00	R$ 4.200,00	10	6,0
2	Esquecimento dos defeitos encontrados.	60%	7	R$ 8.000,00	R$ 4.800,00	10	6,0
3	Pouca utilização de mecanismos de desenho (*patterns*).	60%	6	R$ 4.000,00	R$ 2.400,00	7	4,2
4	Deficiência de fontes de informação.	50%	5	R$ 2.000,00	R$ 1.000,00	4	2,0
5	Alta rotatividade de pessoal.	30%	8	R$ 12.000,00	R$ 3.600,00	15	4,5
6	Deficiência de entendimento dos relacionamentos entre entidades.	30%	8	R$ 15.000,00	R$ 4.500,00	10	3,0
7	Interfaces de usuário de difícil implementação.	30%	8	R$ 12.000,00	R$ 3.600,00	8	2,4
8	Formatos de relatórios pouco flexíveis.	70%	3	R$ 0,00	R$ 0,00	0	0,0
9	Coleta de métricas trabalhosa e deficiente.	40%	5	R$ 0,00	R$ 0,00	0	0,0
10	Produtividade menor do que a estimada durante o planejamento.	20%	9	R$ 18.000,00	R$ 3.600,00	0	0,0
	Totais				**R$ 27.700,00**		**28,1**

TABELA 4.65 Exemplo de plano de respostas aos riscos

NÚMERO	RISCO	ABORDAGEM	AÇÃO	GATILHO	PROPRIETÁRIO	OBSERVAÇÕES
1	Difícil marcação de reuniões de inspeção.	Evitação	Reserva de horários para inspeções.	Três ocorrências.	Eudóxia Caxias	-
2	Esquecimento dos defeitos encontrados.	Mitigação	Revisão dos formulários de registro de defeitos.	Imediata.	Eugênio Próspero	Importante para projetos futuros.
3	Pouca utilização de mecanismos de desenho (patterns).	Mitigação	Treinamento de reciclagem, em forma de estudo orientado.	Avaliação do arquiteto.	Cristóvão Alexandre	Importante para projetos futuros.
4	Deficiência de fontes de informação.	Mitigação	Orientação sobre pesquisa na Internet.	Imediata.	Metódio Prudente	Importante para projetos futuros.
5	Alta rotatividade de pessoal.	Mitigação	Revisão das remunerações e benefícios	Avaliação dos gerentes.	Sócrates Botelho	Há dúvidas quanto à eficácia da contramedida.
6	Deficiência de entendimento dos relacionamentos entre entidades.	Mitigação	Aumento do esforço previsto para análise.	Avaliação do arquiteto.	Cristóvão Alexandre	-
7	Interfaces de usuário de difícil implementação.	Mitigação	Ampliação das regras de desenho.	Avaliação do arquiteto.	Cristóvão Alexandre	-
8	Formatos de relatórios pouco flexíveis.	Aceitação	-	-	-	É possível que o impacto seja maior em projetos futuros.
9	Coleta de métricas trabalhosa e deficiente.	Mitigação	Revisão dos formulários de registro de defeitos e esforços.	Imediata.	Eugênio Próspero	Importante para projetos futuros.
10	Produtividade menor do que a estimada durante o planejamento.	Transferência	Limitação do esforço alocado para garantia da qualidade.	Medição de produtividade 20% menor do que a esperada.	Eudóxia Caxias	Para projetos futuros, deve-se estudar o aumento da reutilização.

Gestão de Projetos

TABELA 4.66 Exemplo de impactos das respostas aos riscos

NÚMERO	RISCO	PROBABILIDADE	IMPACTO DE CUSTO	CUSTO ADICIONAL	SOBRECUSTO ESPERADO	PRAZO ADICIONAL (DIAS)	IMPACTO DE TEMPO (DIAS)	ATRASO ESPERADO (DIAS)
1	Difícil marcação de reuniões de inspeção.	0%	R$ 7.000,00	R$ 0,00	R$ 0,00	2	10	2,0
2	Esquecimento dos defeitos encontrados.	20%	R$ 8.000,00	R$ 250,00	R$ 1.850,00	0	10	2,0
3	Pouca utilização de mecanismos de desenho (*patterns*).	20%	R$ 4.000,00	R$ 500,00	R$ 1.300,00	1	7	2,4
4	Deficiência de fontes de informação.	20%	R$ 2.000,00	R$ 500,00	R$ 900,00	0	4	0,8
5	Alta rotatividade de pessoal.	10%	R$ 12.000,00	R$ 0,00	R$ 1.200,00	0	15	1,5
6	Deficiência de entendimento dos relacionamentos entre entidades.	10%	R$ 15.000,00	R$ 1.000,00	R$ 2.500,00	0	10	1,0
7	Interfaces de usuário de difícil implementação.	30%	R$ 6.000,00	R$ 500,00	R$ 2.300,00	1	4	2,2
8	Formatos de relatórios pouco flexíveis.	70%	R$ 0,00	R$ 0,00	R$ 0,00	0	0	0,0
9	Coleta de métricas trabalhosa e deficiente.	40%	R$ 0,00	R$ 500,00	R$ 500,00	0	0	0,0
10	Produtividade menor do que a estimada durante o planejamento.	20%	R$ 0,00	R$ 0,00	R$ 0,00	0	0	0,0
Totais				R$ 3.250,00	R$ 10.550,00			11,9

Normalmente, a abordagem será de **Aceitação** se não for possível adotar Ações cujo custo adicional, somado com o novo **Sobrecusto esperado**, seja menor do que o **Sobrecusto esperado** anterior. Entretanto, outras abordagens podem ser adotadas mesmo nesse caso, se houver reduções importantes no **Atraso** esperado ou, ainda, em caso de pequenos custos adicionais, se houver implicações para projetos futuros, conforme anotado nas **Observações**.

Como resultado final da análise dos riscos, o sobrecusto e o atraso totais esperados para o projeto determinarão o valor das reservas de contingência de custo e prazo do projeto. Um efeito benéfico frequente é que a simples divulgação da análise dos riscos aumenta a consciência da equipe em relação a eles e, em consequência, diminui-lhes a probabilidade de ocorrência.

2.5.6 Monitoração dos riscos

A monitoração e o controle dos riscos acompanham os riscos já identificados e analisados e o progresso na tomada de contramedidas, medindo as consequências de riscos concretizados. Novos riscos podem ser identificados ou surgir em consequência de novas causas. Os impactos e as probabilidades devem ser reestimados quando surgirem fatos novos aplicáveis. As ações corretivas devem ser avaliadas quanto à eficácia, e possíveis novas ações devem ser tomadas. Especial atenção deve ser dada não só aos caminhos críticos como aos caminhos de maior risco associado.

O andamento do projeto pode trazer alterações (para mais ou para menos) na probabilidade e no impacto dos riscos analisados, ou mesmo a identificação de novos riscos importantes, que devem também ser analisados. Ao final de cada iteração, algumas contramedidas já foram integralmente adotadas, e outras ainda dependem da execução total ou parcial de ações. A Tabela 4.67 mostra uma revisão das respostas aos riscos, na qual várias ações já foram tomadas, algumas ações adicionais ainda são previstas e um risco adicional passou a ser aceito, por considerar que não há mais contramedidas eficazes a serem tomadas.

Em consequência da revisão dos riscos, faz-se também uma revisão da análise quantitativa. A revisão da análise mostrada na Tabela 4.69, após a reavaliação de algumas probabilidades e impactos, leva ao resultado mostrado na Tabela 4.68. As consequências das respostas também são reavaliadas, como na Tabela 4.69.

A cada iteração, os novos sobrecustos e atrasos esperados são registrados, como na Tabela 4.70. Normalmente, espera-se que diminuam ao longo do projeto, embora possam acontecer aumentos, devido a aumentos de probabilidade ou impacto de riscos já analisados, ou à identificação de novos riscos. As reservas de contingência devem ser geridas e aumentadas quando necessárias, ou liberadas quando a exposição ao risco diminuir. Aumentos significativos da exposição ao risco podem determinar a realização de auditoria dos riscos, para descobrir os pontos deficientes da gestão de riscos efetuada até então.

Para os riscos efetivamente concretizados, registram-se os impactos realmente ocorridos (Tabela 4.71). Esses dados formarão a base histórica para a análise de riscos em projetos futuros. Quando as contramedidas curativas não forem suficientes para mitigar os impactos dos riscos concretizados, devem-se adotar contramedidas alternativas ou adicionais (conhecidas como *plano B*).

Gestão de Projetos

TABELA 4.67 Exemplo de revisão das respostas aos riscos

NÚMERO	RISCO	ABORDAGEM	AÇÃO	GATILHO	PROPRIETÁRIO	OBSERVAÇÕES
1	Difícil marcação de reuniões de inspeção.	Evitação	Tomada.	-	Eudóxia Caxias	-
2	Esquecimento dos defeitos encontrados.	Mitigação	Tomada.	-	Eugênio Próspero	-
3	Pouca utilização de mecanismos de desenho (patterns).	Mitigação	Treinamento adicional.	Avaliação do arquiteto.	Cristóvão Alexandre	-
4	Deficiência de fontes de informação.	Mitigação	Tomada.	-	Metódio Prudente	-
5	Alta rotatividade de pessoal.	Aceitação	-	-	Sócrates Botelho	Considerou-se difícil adotar contramedidas adicionais.
6	Deficiência de entendimento dos relacionamentos entre entidades.	Mitigação	Tomada.	-	Cristóvão Alexandre	-
7	Interfaces de usuário de difícil implementação.	Mitigação	Ampliação das regras de desenho.	Avaliação do arquiteto.	Cristóvão Alexandre	-
8	Formatos de relatórios pouco flexíveis.	Aceitação	-	-	-	-
9	Coleta de métricas trabalhosa e deficiente.	Mitigação	Tomada.	-	Eugênio Próspero	-
10	Produtividade menor do que a estimada durante o planejamento.	Transferência	Replanejamento.	Medição de produtividade 10% menor do que a esperada.	Eudóxia Caxias	-

TABELA 4.68 Exemplo de revisão da análise quantitativa dos riscos

NÚMERO	RISCO	PROBABILIDADE	IMPACTO QUALITATIVO	IMPACTO DE CUSTO	SOBRECUSTO ESPERADO	IMPACTO DE TEMPO (DIAS)	ATRASO ESPERADO (DIAS)
1	Difícil marcação de reuniões de inspeção.	0%	7	R$ 7.000,00	R$ 0,00	10	0,0
2	Esquecimento dos defeitos encontrados.	10%	7	R$ 8.000,00	R$ 800,00	10	1,0
3	Pouca utilização de mecanismos de desenho (*patterns*).	50%	6	R$ 4.000,00	R$ 2.000,00	3	1,5
4	Deficiência de fontes de informação.	50%	2	R$ 2.000,00	R$ 1.000,00	4	2,0
5	Alta rotatividade de pessoal.	10%	8	R$ 12.000,00	R$ 1.200,00	15	1,5
6	Deficiência de entendimento dos relacionamentos entre entidades.	10%	8	R$ 15.000,00	R$ 1.500,00	10	1,0
7	Interfaces de usuário de difícil implementação.	0%	8	R$ 12.000,00	R$ 0,00	8	0,0
8	Formatos de relatórios pouco flexíveis.	70%	3	R$ 0,00	R$ 0,00	0	0,0
9	Coleta de métricas trabalhosa e deficiente.	0%	5	R$ 0,00	R$ 0,00	0	0,0
10	Produtividade menor do que a estimada durante o planejamento.	20%	9	R$ 18.000,00	R$ 3.600,00	0	0,0
	Totais				**R$ 10.100,00**		**7,0**

TABELA 4.69 Exemplo de revisão dos impactos das respostas aos riscos

NÚMERO	RISCO	PROBABILIDADE	IMPACTO DE CUSTO	CUSTO ADICIONAL	SOBRECUSTO ESPERADO	PRAZO ADICIONAL (DIAS)	IMPACTO DE TEMPO (DIAS)	ATRASO ESPERADO (DIAS)
1	Difícil marcação de reuniões de inspeção.	0,0	R$ 7.000,00	R$ 0,00	R$ 0,00	2	10	2,0
2	Esquecimento dos defeitos encontrados.	0,1	R$ 8.000,00	R$ 0,00	R$ 800,00	0	10	1,0
3	Pouca utilização de mecanismos de desenho (patterns).	0,5	R$ 4.000,00	R$ 250,00	R$ 2.250,00	1	2	2,0
4	Deficiência de fontes de informação.	0,5	R$ 2.000,00	R$ 0,00	R$ 1.000,00	0	4	2,0
5	Alta rotatividade de pessoal.	0,1	R$ 12.000,00	R$ 0,00	R$ 1.200,00	0	15	1,5
6	Deficiência de entendimento dos relacionamentos entre entidades.	0,1	R$ 15.000,00	R$ 0,00	R$ 1.500,00	0	10	1,0
7	Interfaces de usuário de difícil implementação.	0,0	R$ 6.000,00	R$ 0,00	R$ 0,00	1	4	1,0
8	Formatos de relatórios pouco flexíveis.	0,7	R$ 0,00	R$ 0,00	R$ 0,00	0	0	0,0
9	Coleta de métricas trabalhosa e deficiente.	0,0	R$ 0,00	R$ 0,00	R$ 0,00	0	0	0,0
10	Produtividade menor do que a estimada durante o planejamento.	0,2	R$ 0,00	R$ 0,00	R$ 0,00	0	0	0,0
Totais				R$ 250,00	R$ 6.750,00			10,5

Capítulo 4

TABELA 4.70 Exemplo de acompanhamento de riscos por iteração

IMPACTOS PREVISTOS	SOBRECUSTO ESPERADO	ATRASO ESPERADO (DIAS)
E1	R$ 10.550,00	11,9
E2	R$ 6.750,00	10,5
C1		
C2		
C3		
C4		

TABELA 4.71 Exemplo de acompanhamento dos riscos concretizados

NÚMERO	RISCO	SOBRECUSTO OCORRIDO	ATRASO OCORRIDO (DIAS)
1	Pouca utilização de mecanismos de desenho (*patterns*).	R$ 600,00	0
2	Alta rotatividade de pessoal.	R$ 600,00	1
3	Produtividade menor do que a estimada durante o planejamento.	R$ 1.000,00	1
	Totais	R$ 2.200,00	2

2.6 Gestão dos custos

2.6.1 Planejamento dos custos

Custos de pessoal

Normalmente, em um projeto de desenvolvimento de software, os recursos de pessoal formam, de longe, a parcela mais significativa dos custos. O cálculo dos custos de pessoal retira da base histórica a distribuição de esforços por disciplinas e por papel, e os dados de remuneração por papéis (Tabela 4.72) para calcular um custo médio por hora, que serve de insumo para a ferramenta de estimativas, como na Tabela 4.28. A tabela de remuneração fornece a remuneração média de cada papel, para uso nos cálculos de custos. Evita-se, assim, usar as remunerações reais, que geralmente são dados confidenciais, variáveis e dependentes de pessoas específicas.

A prática da organização determina que serão consideradas remunerações líquidas, ou se elas já devem computar encargos, e possivelmente *overhead*, como as remunerações de pessoas não alocadas a projetos e outras despesas. Isso deve ser feito de forma consistente para todos os cálculos de custo de pessoal.

O planejamento detalhado pode usar os dados de remuneração para preencher os custos de pessoal da folha de recursos, como na Tabela 4.73. Com esses custos, a ferramenta de gestão detalhada permite fazer o planejamento e o acompanhamento detalhados até o nível de tarefa, como exemplificado na Figura 12.27.

TABELA 4.72 Exemplo de remuneração por papéis

	REMUNERAÇÃO MENSAL	REMUNERAÇÃO HORÁRIA
Administrador de configurações	R$ 3.000,00	R$ 19,74
Administrador de dados	R$ 3.000,00	R$ 19,74
Administrador de RC	R$ 3.000,00	R$ 19,74
Analista	R$ 5.000,00	R$ 32,89
Arquiteto	R$ 8.000,00	R$ 52,63
Cliente		R$ 0,00
Consultor		R$ 0,00
Desenhista de IU	R$ 5.000,00	R$ 32,89
Desenhista de testes	R$ 5.000,00	R$ 32,89
Desenhista lógico	R$ 5.000,00	R$ 32,89
Designer de conteúdo	R$ 3.000,00	R$ 19,74
Diretor		R$ 0,00
Documentador técnico	R$ 3.000,00	R$ 19,74
Engenheiro da qualidade	R$ 5.000,00	R$ 32,89
Engenheiro de processos	R$ 5.000,00	R$ 32,89
Engenheiro de requisitos	R$ 5.000,00	R$ 32,89
Especialista em usabilidade		R$ 0,00
Executor de testes	R$ 2.000,00	R$ 13,16
Gerente da qualidade	R$ 8.000,00	R$ 52,63
Gerente de processos	R$ 8.000,00	R$ 52,63
Gerente de produto	R$ 8.000,00	R$ 52,63
Gerente de projeto	R$ 8.000,00	R$ 52,63
Gerente geral	R$ 8.000,00	R$ 52,63
Modelador de negócio	R$ 8.000,00	R$ 52,63
Programador	R$ 3.000,00	R$ 19,74
Programador de testes	R$ 3.000,00	R$ 19,74
Suporte aos usuários	R$ 3.000,00	R$ 19,74
Usuário		R$ 0,00
Total		R$ 769,74

Os custos calculados a partir da estimativa de esforços derivada do tamanho funcional nem sempre cobrem todos os custos de desenvolvimento. Para regras de negócio e requisitos não funcionais de alta complexidade, esforços adicionais devem ser computados, e os custos consequentes calculados, como na Tabela 4.74.

TABELA 4.73 Exemplo de folha de recursos do **Cronograma do projeto**

NOME	SIGLA	PAPEL	REMUNERAÇÃO HORÁRIA
Cristóvão Alexandre	CA	Arquitetos	R$52,63/h
Paulo Macário	PM	Desenhista de interfaces de usuário	R$32,89/h
Jorge Arisco	JL	Desenhistas lógicos	R$32,89/h
Eudóxia Caxias	EC	Gerentes de projeto	R$52,63/h
Garibaldo Quaglia	GQ	Gerentes da qualidade	R$52,63/h
Aristóteles Aquino	AA	Engenheiros da qualidade	R$32,89/h

TABELA 4.74 Exemplo de custos de desenvolvimento por categoria de requisitos

TIPO DE REQUISITOS	ESFORÇO PROVÁVEL (PH)	CUSTO PROVÁVEL
Funções	1.208,8	R$ 35.785,90
Regras de negócio	0,0	R$ 0,00
Requisitos não funcionais	80,0	R$ 2.368,42
Total	1.288,8	R$ 38.154,32

Outros custos

Projetos têm outros custos, alguns associados com recursos técnicos, como o custo das ferramentas (Tabela 4.75) e outros, como custos de hardware, consultoria e infraestrutura (Tabela 4.76). Dado o planejamento de pessoal, e comparando-se as proficiências disponíveis na equipe com as desejadas para o projeto, podem-se computar os custos de treinamento (Tabela 4.77). Para todos esses custos, a prática da organização deve determinar que custos serão alocados a projetos específicos e quais serão considerados investimentos da organização.

A consolidação dos custos inclui a adição das necessárias reservas. A reserva de contingência é derivada da análise dos riscos e do planejamento das respostas aos riscos, cujos custos foram computados na Tabela 4.66. A reserva de gestão é uma percentagem da estimativa básica de custos, destinada a cobrir custos completamente imprevistos, como riscos não identificados e outros problemas inesperados. A Tabela 4.78 exemplifica a consolidação de todos esses custos e, onde aplicável, dos prazos correspondentes.

Tudo o que foi dito acima se refere apenas ao cálculo dos custos. Está fora do escopo deste livro a discussão da formação dos preços, que depende das práticas comerciais da organização. O que se pode adiantar é que um plano de custos detalhado por atividades e tipos de recursos permite a consideração de mais opções de preços para as negociações com os clientes, como inclusão da fase de **Transição**, nível de qualidade pretendido (lembrando-se que este só é controlável por organizações avançadas na gestão de qualidade), disposição do fornecedor em assumir parte dos custos, possíveis benefícios fiscais ou isenções de encargos etc.

TABELA 4.75 Exemplo de planejamento de custos de ferramentas

NÚMERO	NOME	OBJETIVO	FABRICANTE	LICENÇAS ADICIONAIS	CUSTO UNITÁRIO	CUSTO DE IMPLANTAÇÃO	CUSTO TOTAL
1	Architect	Modelagem UML	IBM Rational			R$ 500,00	R$ 500,00
2	CheckStyle	Verificação estática do Código	Livre				R$ 0,00
3	ClearQuest	Fluxo de trabalho	IBM Rational			R$ 500,00	R$ 500,00
4	Eclipse	Implementação de código	Livre				R$ 0,00
5	Functional Tester	Testes de sistema	IBM Rational			R$ 1.000,00	R$ 1.000,00
6	Hibernate	Persistência	Livre				R$ 0,00
7	HSQL	Banco de dados	Livre				R$ 0,00
8	JUnit	Testes de unidade	Livre				R$ 0,00
9	Project	Gestão do projeto	Microsoft	1	R$ 600,00	R$ 500,00	R$ 1.100,00
10	RequisitePro	Gestão de requisitos	IBM Rational				R$ 0,00
11	Subversion	Gestão de configurações	Livre				R$ 0,00
TOTAL							R$ 3.100,00

TABELA 4.76 Exemplo de planejamento de custos de outros recursos

NÚMERO	TIPO	DESCRIÇÃO	CUSTO UNITÁRIO	QUANTIDADE	CUSTO DE AQUISIÇÃO	CUSTO INTERNO	CUSTO TOTAL
1	Hardware	Estação de desenvolvimento	R$ 2.000,00	2	R$ 4.000,00	R$ 500,00	R$ 4.500,00
2	Consultoria	Legislação comercial	R$ 1.500,00	1	R$ 1.500,00	R$ 500,00	R$ 2.000,00
3	Infraestrutura	Postos de trabalho	R$ 1.500,00	2	R$ 3.000,00		R$ 3.000,00
TOTAL					R$ 8.500,00		R$ 9.500,00

TABELA 4.77 Exemplo de planejamento de custos de treinamento

NÚMERO	ASSUNTO	MODO	TREINANDOS	CUSTO DO TREINAMENTO	CUSTOS DIVERSOS	CUSTO EXTERNO	CUSTO INTERNO	CUSTO TOTAL
1	UML 2.0	Estudo dirigido	2		R$ 200,00	R$ 200,00	R$ 1.500,00	R$ 1.500,00
2	Contagem de pontos de função	Curso externo	1	R$ 1.500,00	R$ 1.000,00	R$ 2.500,00	R$ 500,00	R$ 500,00
3	Hibernate	Curso interno	2			R$ 0,00	R$ 1.000,00	R$ 1.000,00
TOTAL						R$ 2.700,00		R$ 3.000,00

TABELA 4.78 Exemplo de consolidação de custos e prazos previstos

ORIGEM	NOME	CUSTO	PRAZO (DIAS)
Esforços	Estimativa básica	R$ 38.154,32	180,4
	Reserva de contingência	R$ 10.550,00	11,9
	Reserva de gestão (5%)	R$ 1.907,72	2,4
	Subtotal	R$ 50.612,04	194,7
Recursos técnicos	Ferramentas	R$ 3.100,00	-
	Treinamento	R$ 3.000,00	-
	Outros recursos	R$ 9.500,00	-
	Subtotal	R$ 15.600,00	-
Totais	Geral	R$ 66.212,04	194,7
	Unitário (por PF)	R$ 387,20	-

2.6.2 Monitoração dos custos

Acompanhamento

A Tabela 4.79 exemplifica o acompanhamento dos custos em nível agregado, dividindo-o por iterações e fase e pelas principais categorias de custos. A fonte desses dados, direta ou indiretamente, é o sistema de acompanhamento de custos da organização.

TABELA 4.79 Exemplo de acompanhamento de custos por iteração

DADOS DE CUSTO		CUSTO DE PESSOAL	OUTROS CUSTOS	CUSTO TOTAL	CUSTO ACUMULADO	CUSTO TOTAL /PF
Iterações	E1	R$ 4.170,00	R$ 12.000,00	R$ 16.170,00	R$ 22.170,00	R$ 851,05
	E2	R$ 7.500,00	R$ 0,00	R$ 7.500,00	R$ 29.670,00	R$ 141,51
	C1				R$ 29.670,00	
	C2				R$ 29.670,00	
	C3				R$ 29.670,00	
	C4				R$ 29.670,00	
Fases	Iniciação	R$ 6.000,00	R$ 0,00	R$ 6.000,00	R$ 0,00	-
	Elaboração	R$ 11.670,00	R$ 12.000,00	R$ 23.670,00	R$ 29.670,00	R$ 446,60
	Construção	R$ 0,00	R$ 0,00	R$ 0,00	R$ 29.670,00	
	Transição				R$ 29.670,00	
Total		R$ 17.670,00	R$ 12.000,00	R$ 29.670,00	R$ 29.670,00	R$ 559,81

Capítulo 4

Caso a ferramenta de gestão detalhada seja usada para o acompanhamento de custos, eles podem ser registrados e acompanhados em nível de tarefa, como na Figura 4.24. Essa figura exemplifica os custos fixos, totais e remanescentes, planejados e reais, com a respectiva variação. Pode-se observar que para as tarefas completadas o custo remanescente é nulo e o custo total é igual ao custo real; para aquelas ainda não iniciadas, o custo total é igual ao básico (planejado) e ao remanescente.

Task Name	Custo fixo	Custo total	Custo básico	Variação	Custo real	Custo restante
⊟ Fase de Elaboração	R$0,00	R$11.199,26	R$11.581,59	(R$382,34)	R$4.170,03	R$7.029,22
⊟ Iteração E1	R$0,00	R$4.170,03	R$4.552,37	(R$382,34)	R$4.170,03	R$0,00
⊞ Abertura da iteração	R$0,00	R$773,00	R$664,45	R$108,55	R$773,00	R$0,00
⊟ Desenvolvimento do caso de uso Gestão de Usuários	R$0,00	R$2.913,51	R$3.315,58	(R$402,07)	R$2.913,51	R$0,00
Estado identificado	R$0,00	R$0,00	R$0,00	R$0,00	R$0,00	R$0,00
⊞ Detalhamento do caso de uso	R$0,00	R$578,90	R$578,90	R$0,00	R$578,90	R$0,00
⊞ Análise do caso de uso	R$0,00	R$197,34	R$263,12	(R$65,78)	R$197,34	R$0,00
⊞ Desenho externo do caso de uso	R$0,00	R$542,69	R$592,02	(R$49,34)	R$542,69	R$0,00
⊞ Desenho dos testes do caso de uso	R$0,00	R$156,23	R$197,34	(R$41,11)	R$156,23	R$0,00
⊞ Realização estrutural do caso de uso	R$0,00	R$279,61	R$335,52	(R$55,91)	R$279,61	R$0,00
⊞ Realização comportamental do caso de uso	R$0,00	R$431,80	R$500,00	(R$68,20)	R$431,80	R$0,00
⊟ Implementação de caso de uso	R$0,00	R$348,67	R$519,74	(R$171,07)	R$348,67	R$0,00
⊟ Desenho comportamental interno	R$0,00	R$131,56	R$131,56	R$0,00	R$131,56	R$0,00
Desenho da camada de fronteira	R$0,00	R$32,89	R$65,78	(R$32,89)	R$32,89	R$0,00
Desenho das realizações internas	R$0,00	R$98,67	R$65,78	R$32,89	R$98,67	R$0,00
Inspeção do desenho interno	R$0,00	R$35,95	R$105,26	(R$69,31)	R$35,95	R$0,00
Programação da camada de fronteira	R$0,00	R$118,44	R$177,66	(R$59,22)	R$118,44	R$0,00
Inspeção de implementação	R$0,00	R$62,73	R$105,26	(R$42,53)	R$62,73	R$0,00
Estado implementado	R$0,00	R$0,00	R$0,00	R$0,00	R$0,00	R$0,00
Documentação para usuários do caso de uso	R$0,00	R$29,61	R$39,48	(R$9,87)	R$29,61	R$0,00
⊞ Testes de sistema do caso de uso	R$0,00	R$138,16	R$118,42	R$19,74	R$138,16	R$0,00
⊞ Validação do caso de uso	R$0,00	R$131,56	R$65,78	R$65,78	R$131,56	R$0,00
⊟ Fechamento do caso de uso	R$0,00	R$78,95	R$105,26	(R$26,32)	R$78,95	R$0,00
Auditoria da qualidade	R$0,00	R$78,95	R$105,26	(R$26,32)	R$78,95	R$0,00
Estado completo	R$0,00	R$0,00	R$0,00	R$0,00	R$0,00	R$0,00
⊟ Suporte ao desenvolvimento	R$0,00	R$26,32	R$52,63	(R$26,32)	R$26,32	R$0,00
Convocação de inspeção	R$0,00	R$26,32	R$52,63	(R$26,32)	R$26,32	R$0,00
⊞ Fechamento da iteração	R$0,00	R$457,21	R$519,71	(R$62,50)	R$457,21	R$0,00
⊟ Iteração E2	R$0,00	R$7.029,22	R$7.029,22	R$0,00	R$0,00	R$7.029,22
⊞ Abertura da iteração	R$0,00	R$769,71	R$769,71	R$0,00	R$0,00	R$769,71
⊞ Desenvolvimento do caso de uso Gestão de Mercadorias	R$0,00	R$5.443,76	R$5.443,76	R$0,00	R$0,00	R$5.443,76
⊞ Suporte ao desenvolvimento	R$0,00	R$52,63	R$52,63	R$0,00	R$0,00	R$52,63
⊞ Fechamento da iteração	R$0,00	R$763,12	R$763,12	R$0,00	R$0,00	R$763,12

FIGURA 4.24 Exemplo de planejamento e acompanhamento detalhado dos custos.

Valor adquirido

O acompanhamento por valor adquirido dos custos pode ser feito em nível de tarefa pela ferramenta de gestão detalhada. A ideia básica é comparar o previsto com o realizado e daí projetar custos e prazos futuros, como foi feito para a evolução dos esforços e prazos nas Tabelas 4.49 e 4.50. Entretanto, como a ferramenta permite acompanhar custos por tarefa e por dia, a análise pode ser feita em nível bem mais fino. A unidade de acompanhamento passa a ser tempo de calendário (por exemplo, dias ou semanas) e não a iteração, que pode ter duração variável, sendo uma unidade lógica e não física de divisão do projeto.

A Tabela 4.80 retrata a situação no início da quarta semana do projeto; dessa semana em diante, há esforço planejado, mas não esforço real. Um gráfico da evolução no tempo é mostrado na Figura 4.25. Os dados foram copiados da ferramenta de gestão detalhada para uma planilha. Os indicadores mostrados na Tabela 4.81 são calculados.

TABELA 4.80 Exemplo de acompanhamento do valor adquirido por custos

SEMANA	ESFORÇO PLANEJADO (PH)	ESFORÇO REAL (PH)	CUSTO PLANEJADO	CUSTO REAL	VALOR ADQUIRIDO	ÍNDICE CUSTO-DESEMPENHO	ÍNDICE PRAZO-DESEMPENHO
8/3	45	41,75	R$ 1.644,62	R$ 1.559,10	R$ 1.575,55	99,0%	94,8%
15/3	50,38	47,15	R$ 3.163,42	R$ 3.138,29	R$ 2.946,49	106,5%	99,2%
22/3	49,97	36,85	R$ 4.971,21	R$ 4.552,37	R$ 4.170,03	109,2%	91,6%
29/3	46,67		R$ 6.525,92				
5/4	72,83		R$ 8.746,11				
12/4	51,88		R$ 10.222,41				
19/4	36,28		R$ 11.167,42				

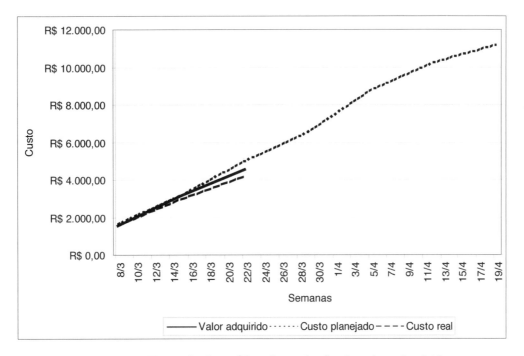

FIGURA 4.25 Exemplo de gráfico da evolução do valor adquirido.

A evolução do projeto estará abaixo do esperado quando pelo menos um dos dois índices for menor do que 100%. O Índice custo-desempenho menor que 100% significa que o projeto está estourando o orçamento até a respectiva data. O Índice prazo-desempenho menor que 100% significa que o projeto está atrasado até a respectiva data. Outros possíveis indicadores que podem ser facilmente derivados desses são as variações absolutas de custo e prazo, e o custo e prazo estimados para completar o projeto.

Capítulo 4

TABELA 4.81 Indicadores de valor adquirido

NOME	NOME EM INGLÊS	SIGLA EM INGLÊS	DESCRIÇÃO
Custo planejado	*Budgeted cust of work scheduled*	**BCWS**	Custo acumulado previsto até a respectiva data.
Custo real	*Actual cost of work performed*	**ACWP**	Custo realmente despendido até a respectiva data.
Valor adquirido	*Budgeted cost of work performed*	**BCWP**	Custo planejado do trabalho realmente executado até a respectiva data.
Índice custo-desempenho	*Cost-performance index*	**CPI**	Razão entre Valor adquirido e Custo real.
Índice prazo-desempenho	*Schedule-performance index*	**SPI**	Razão entre Valor adquirido e Custo planejado.

Vê-se pela definição de valor adquirido que o cálculo dele depende do que se considere como *trabalho realmente executado* até certa data. Simplesmente atualizar manualmente o grau de completeza de uma tarefa (quanto % dela foi realizado) geralmente não é uma prática satisfatória, porque depende de uma avaliação subjetiva desse grau de completeza. Problemas que aconteçam posteriormente podem aumentar bastante os esforços e custos reais, ou mesmo reabrir uma tarefa que tinha sido declarada completa. A distorção pode ser tanto maior quanto maiores sejam as tarefas.

Uma solução é usar critérios objetivos para medir o grau de completeza. Esse é o propósito dos estados de desenvolvimento dos casos de uso, no processo Praxis: mudar de estado significa que se passou um marco objetivo de garantia da qualidade. Assim, uma tarefa de desenvolvimento de caso de uso só deveria ser declarada completa quando for atingido o marco de mudança de estado para o qual essa tarefa é pré-requisito. Por exemplo, as tarefas da atividade de **Implementação de caso de uso** só devem ser declaradas completas quando for atingido o marco do **Estado implementado**.

2.7 Gestão de aquisições

2.7.1 Visão geral

Segundo o PMBoK, a gestão de aquisições *"inclui os processos para comprar ou adquirir os produtos, serviços ou resultados necessários de fora da equipe do projeto para realizar o trabalho"*. No caso mais simples, os produtos são simplesmente comprados, recebidos e instalados internamente, como ferramentas e componentes "de prateleira", conhecidos como COTS (*commercial off-the-shelf*); é o caso dos recursos técnicos exemplificados na Tabela 4.75. Mesmo nesse caso simples, um complicador que nem sempre é levado em conta é o custo de implantação, que pode representar uma demanda significativa de esforço interno.

No caso de serviços, como treinamento (Tabela 4.77), é preciso considerar não só o que será pago ao fornecedor do serviço, como custos de terceiros (por exemplo, viagens) e os custos internos, como aqueles representados pelo esforço gasto pelos treinandos (e, no caso de treinamentos internos, tempos gastos pelos instrutores para preparação, aulas, orientação etc.). Nesse caso, para um número maior de treinandos, isso pode representar um custo bastante significativo; muitas organizações ignoram esse custo, concentrando-se apenas em tentar reduzir os custos pagos ao fornecedor.

Essas planilhas focalizam principalmente os aspectos de custo dessas aquisições. Há outros aspectos importantes a serem planejados, como critérios de avaliação e aceitação dos produtos e serviços adquiridos.

O caso mais complexo, que é tratado no restante desta seção, ocorre quando há uma contratação para prestação de serviços e desenvolvimento de insumos e componentes, o que inclui o caso da subcontratação de partes do projeto. Existe também toda a gama de casos intermediários, conhecidos como MOTS (*modifiable off-the-shelf*), representados por produtos semiprontos cuja adaptação ou personalização é contratada.

2.7.2 Contratação

Visão geral

Como acontece em outras áreas das atividades econômicas, é cada vez mais comum a contratação, ou "terceirização", de desenvolvimento de software. Em muitos casos, faz sentido contratar o desenvolvimento junto a terceiros, ou, no caso de fornecedores de software, subcontratar partes do desenvolvimento. Pode-se (sub)contratar o desenvolvimento de partes específicas do produto, como subsistemas e componentes, ou atividades específicas, como implementação ou testes.

O que os interessados nem sempre levam em conta é que isso exige também competência do contratante. Este tem de ser capaz de especificar o item a ser contratado, selecionar propostas e proponentes, acompanhar e medir o trabalho do contratado e avaliar o material entregue. Deve-se também definir quem dará posteriormente manutenção e suporte aos itens contratados.

Confiança e competência

Todo contrato bem-sucedido depende de confiança. A contratação de desenvolvimento de software envolve muitos aspectos técnicos e gerenciais, mas as questões de confiança e competência são fundamentais para o sucesso de um contrato. O assunto é tratado de forma aprofundada por Watts Humphrey [Humphrey90]. A busca de compensações judiciais, em caso de problemas, é cara, difícil e demorada. É preferível estabelecer desde o início as condições necessárias para a confiança:

- experiência recente do contratado;
- entendimento do problema por parte do contratado;
- percepção do plano de trabalho do contratado e do seu progresso.

Mesmo que exista um clima de confiança entre contratante e contratado, é importante dispor de mecanismos de proteção, porque há muitas variáveis envolvidas. O contratado pode entregar um trabalho de baixa qualidade sem risco de ser apanhado contratualmente, pois é difícil definir critérios de aceitação baseados em qualidade. Além disso, muitos requisitos são incertos a princípio: por isso, os fatores de contingência podem ser exorbitantes.

Mesmo que haja alta confiança no contratado, deve haver controles e auditorias para garantir desempenho competente e honesto. Os controles ajudam a evitar comportamen-

Capítulo 4

tos inescrupulosos: para isso, os auditores devem ser céticos e procurar evidências do bom desempenho do contratado. A maturidade dos processos, de ambos os lados, facilita a gestão dos contratos.

Quando o contratante e o contratado são ambos tecnicamente competentes, existe um ambiente cooperativo. O contratante se concentra na especificação e nos procedimentos de aceitação; o contratado se concentra no desenvolvimento. Ambos compreendem a necessidade de validar o trabalho continuamente.

A situação mais comum é quando somente o contratado é tecnicamente competente. No melhor caso, o contratante é competente pelo menos quanto à especificação de requisitos. O pior caso (muito comum) é quando o contratante não sabe nada de informática e não sabe que não sabe.

Por outro lado, quando somente o contratante é tecnicamente competente, é preferível escolher um contratado melhor. Senão, o processo de gerência de contrato deve garantir que cada tarefa seja feita precisamente da maneira que o contratante determina. Esse não é um tipo de relação desejável, mas pode funcionar para tarefas simples.

Finalmente, quando nenhum dos dois é competente, não há muitas alternativas. Restam as opções: obter um novo contratado, obter ajuda profissional (por exemplo, consultores e auditores independentes) ou, se possível, adiar o trabalho.

2.7.3 O processo de aquisição

O processo de aquisição é composto de uma sequência bem-definida de atividades que buscam garantir a confiança e a competência na (sub)contratação do desenvolvimento de software. Um exemplo importante é o processo contido no padrão definido pelo IEEE ([IEEE15]).

Para uso prático, esse processo provavelmente deverá ser personalizado da maneira aplicável a cada organização compradora. O padrão inclui uma coleção de listas de conferência bastante detalhadas para várias atividades, que podem ser um bom ponto de partida para as listas de conferência usadas em processos personalizados de aquisição. O Apêndice B apresenta o subprocesso de aquisição do Praxis, que é uma personalização do processo definido no padrão IEEE-1062.

Organizações da vida real têm que adaptar o processo à legislação vigente e levar em conta as práticas estabelecidas que têm dado bons resultados. A organização do autor desenvolveu o PrATICo, um processo personalizado para compras do setor público estadual, por encomenda do governo de Minas Gerais ([Alves+06], [Almeida+07]).[13]

2.8 Gestão da comunicação

2.8.1 Visão geral

Segundo o PMBoK, a gestão da comunicação trata do planejamento da comunicação, da distribuição de informação, dos relatórios de desempenho e da gestão das partes interessadas. Nas organizações, algumas dessas atividades são definidas nas práticas gerais da organização, outras são definidas nos processos, inclusive de desenvolvimento de software, e algumas fazem parte de atividades do projeto.

As atividades de comunicação incluem atividades de comunicação oral, como reuniões e apresentações, e de comunicação escrita, como planos, relatórios e material de divulga-

---

[13] Informação sobre esse processo está disponível em http://pratico.synergia.dcc.ufmg.br.

ção, inclusive sítios Web. O processo Praxis só trata explicitamente dos artefatos oficiais de comunicação escrita, que, no caso da gestão de projetos, são os planos e relatórios. Naturalmente, muitos outros meios de comunicação escrita devem ser utilizados, como:

- publicações em conferências e periódicos;
- material de treinamento;
- material de divulgação de produtos;
- sistemas de submissão de sugestões e problemas;
- propostas;
- boletins internos e para os clientes, possivelmente on-line;
- listas de perguntas frequentes;
- foros de discussão;
- notas para a imprensa.

Exemplos de reuniões usuais para comunicação oral são:

- reuniões das equipes de projeto (possivelmente reuniões rápidas, no estilo dos processos ágeis);
- reuniões executivas, para acompanhamento pela Diretoria;
- reuniões técnicas;
- negociações com clientes e usuários;
- apresentações para clientes e usuários;
- apresentações em conferências;
- treinamento;
- palestras.

2.8.2 Planos

Planos de projeto apresentam a previsão para os principais resultados colhidos ao longo do projeto. É extremamente importante que esses resultados realmente sejam colhidos, e que eventuais discrepâncias significativas em relação aos planos disparem ações corretivas.

Na versão atual do Praxis, por exemplo, utilizam-se os planos cujo conteúdo é mostrado nas Tabelas 4.82 a 4.84. Planos mais detalhados podem ser usados para planejar minunciosamente cada iteração do projeto, caso isso seja considerado necessário.

TABELA 4.82 Exemplo de estrutura do **Plano de tamanho**

FOLHA	DESCRIÇÃO
Informação geral	Dados gerais importantes sobre o projeto.
Funções contáveis	Elementos usados na contagem dos pontos de função do produto.
Tamanhos das funções	Contagem dos pontos de função das funções do produto.
Estados das liberações	Estados previstos das funções do produto ao final das liberações.
Evolução das liberações	Contagem dos pontos de função das funções implementadas nas liberações.

Capítulo 4

TABELA 4.83 Exemplo de estrutura do **Plano de trabalho**

FOLHA	DESCRIÇÃO
Informação geral	Dados gerais importantes sobre o projeto.
Parâmetros	Parâmetros usados nos cálculos do projeto.
Fatores de custo	Estimativas dos fatores de custo do COCOMO.
Estimativas do COCOMO	Estimativas otimista, provável e pessimista do projeto, geradas pelo COCOMO.
Estimativas derivadas	Estimativas importantes, como produtividade e prazos, derivadas do COCOMO.
Requisitos não procedurais	Estimativas de esforços adicionais associados a requisitos não procedurais.
Custos	Estimativas dos diversos custos do projeto.
Fases	Estimativas de trabalho e de número de iterações por fase.
Liberações	Previsões de trabalho, progresso e valor para as liberações.
Durações	Previsões de duração para o projeto.
Cronograma	Previsões de duração para as iterações do projeto.
Plano de Transição	Previsões específicas para a fase de **Transição**.

TABELA 4.84 Exemplo de estrutura do **Plano de riscos**

FOLHA	DESCRIÇÃO
Informação geral	Dados gerais importantes sobre o projeto.
Identificação	Identificação dos riscos do projeto.
Análise qualitativa	Análise qualitativa dos riscos do projeto.
Impactos mínimos	Determinação dos impactos mínimos das falhas.
Análise quantitativa	Análise quantitativa dos riscos do projeto.
Contramedidas	Prováveis contramedidas a serem adotadas contra os riscos.
Impactos das contramedidas	Ajustes dos impactos por consideração das contramedidas.

Um tipo de plano muito mais detalhado é o **Plano de gestão do projeto**, tal como descrito pela norma IEEE-16326 ([IEEE15a]). Um plano feito conforme essa norma é muito mais detalhado do que o **Plano resumo do projeto**, representando um nível de planejamento formal que raramente é utilizado, pelo menos na prática corrente brasileira. Possivelmente, esse grau de detalhamento seria cabível para projetos muito grandes ou muito críticos.

2.8.3 Relatórios

Utilização dos relatórios

Os relatórios de acompanhamento de projetos de software devem fornecer dados para responder às seguintes perguntas:

- Como está evoluindo o escopo funcional do produto? Como os projetos são normalmente definidos por metas de escopo funcional, a evolução do tamanho funcional indica o grau de progresso em relação ao atendimento dos requisitos do cliente.
- Como está evoluindo o escopo físico do produto? A relação entre escopo físico, medido em linhas de código e número de classes, indica os níveis de conformidade com o processo e de reutilização que estão sendo conseguidos.
- Qual tem sido a evolução dos esforços, custos e prazos? Técnicas como a análise de valor adquirido permitem determinar se o projeto está dentro do orçamento e do cronograma, e qual o custo e prazo prováveis para completá-lo. Produtividade abaixo da esperada pode indicar problemas tanto das estimativas quanto da execução do projeto; no primeiro caso, há necessidade de replanejamento e, no segundo, de ações para resolver os problemas que estão causando a queda de produtividade.
- Qual o grau de previsibilidade que está sendo conseguido quanto às estimativas de esforços e prazos? Altos erros de previsão de esforço e prazo significam baixa previsibilidade. Isso indica deficiência dos métodos de estimativa, e pode ser também consequência de alterações nos requisitos. Além disso, os erros de estimativa indicam tanto a acurácia quanto a precisão do planejamento feito.
- Quais os riscos previstos e concretizados? A ocorrência de problemas não previstos como riscos indica deficiências na análise dos riscos. A concretização de riscos previstos pode indicar deficiências em contramedidas preventivas; caso tenham impactos maiores que os previstos, podem indicar deficiências tanto na análise quanto no planejamento das contramedidas.

Tipos de relatórios

Um exemplo de artefato de acompanhamento de projetos é o **Relatório resumo do projeto** usado no Praxis, que tem as seções descritas na Tabela 4.85. Esse é um relatório agregado de nível executivo, tipicamente para consumo de uma Diretoria. Os dados provêm de registros e relatórios complementares de **Gestão de projetos**, produzidos a cada iteração, como o **Registro do desenvolvimento**, o **Registro dos riscos** e diversos tipos de relatórios que podem ser extraídos dos modelos de forma automatizada.

O **cronograma do projeto**, além de ser usado para o planejamento detalhado até o nível de tarefas, pode ser usado para o acompanhamento detalhado pelo gerente do projeto. Ele permite o registro, o acompanhamento e a comparação com o planejado, para os esforços, prazos e custos, até o nível de tarefas. A versão atual do Praxis não especifica o formato desse cronograma, que deve ser determinado conforme as necessidades e práticas de cada organização.

Nos contratos, os clientes podem exigir outros tipos de relatórios, cujo formato é por eles determinado. Geralmente, muitos dos dados de interesse podem ser obtidos dos relatórios acima descritos.

Capítulo 4

TABELA 4.85 Exemplo de estrutura do relatório resumo do projeto

FOLHA	DESCRIÇÃO
Informação geral	Dados gerais importantes sobre o projeto.
Tamanho funcional	Estado corrente do tamanho funcional.
Evolução do tamanho funcional	Evolução do tamanho e progresso funcionais por iterações e fases.
Linhas de código	Evolução do tamanho físico em linhas de código por iterações e fases.
Classes	Evolução do tamanho físico em classes por iterações e fases.
Anomalias	Evolução das quantidades de anomalias encontradas por iterações e fases.
Revisões	Evolução das anomalias e do trabalho das apreciações e consertos das revisões.
Auditorias	Evolução das anomalias e do trabalho das apreciações e consertos das auditorias.
Macroatividades	Evolução dos esforços das macroatividades.
Trabalho	Evolução dos esforços das iterações.
Esforços por iteração	Evolução dos esforços de desenvolvimento e qualidade, por iterações e fases.
Rastreamento do trabalho	Comparação entre esforços previstos e realizados, por iteração.
Rastreamento da duração	Comparação entre duração prevista e realizada, por iteração.
Rastreamento dos riscos	Previsão de impacto dos riscos, por iteração.
Riscos concretizados	Sobrecustos e atrasos consequentes dos riscos concretizados.
Retrospectiva - problemas	Problemas encontrados nas reuniões de retrospectiva.
Retrospectiva - pontos positivos	Pontos positivos encontrados nas reuniões de retrospectiva.

2.9 Gestão da integração

2.9.1 Visão geral

A gestão de integração é o elo que consolida as demais atividades de **Gestão de projetos**. No nível do projeto, ela trata da partida do projeto e de seu fechamento. Para cada iteração, existem ações de gestão de projeto correspondentes à abertura da iteração, ao acompanhamento e controle detalhados do projeto e ao fechamento da iteração.

Durante todas essas atividades, o gerente do projeto estará envolvido com a análise e a resolução de decisões. No caso de ocorrência de problemas mais importantes, será preciso executar um processo de resolução de problemas. Decisões e problemas mais significativos, principalmente os que envolverem compromissos com o cliente, requererão a participação da Diretoria.

2.9.2 Partida do projeto

A partida de um projeto pode ser mais ou menos complexa, como mostram as possíveis variações da fase de **Iniciação** (Figura 4.26), até chegar ao marco dessa fase, que é o estabelecimento dos **Objetivos do Ciclo de Vida**. No caso do Praxis, essa fase é bastante simples por padrão, e consta apenas de uma iteração, mostrada nas Figuras 4.27 e 4.28. Essa iteração, por sua vez, contém as atividades de **Identificação dos requisitos** e **Gestão da iniciação**, mostradas nas Figuras 4.29 a 4.32.

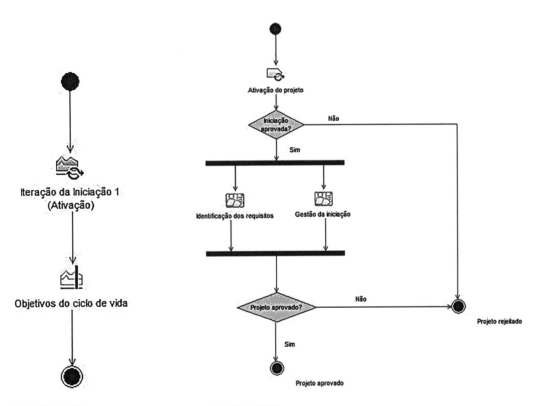

FIGURA 4.26
A fase de **Iniciação**.

FIGURA 4.27
Atividades da iteração de **Iniciação 1 (Ativação)**.

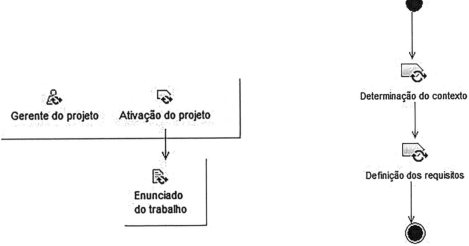

FIGURA 4.28
Papéis e artefatos da iteração de **Iniciação 1 (Ativação)**.

FIGURA 4.29
Atividades de **Identificação dos requisitos**.

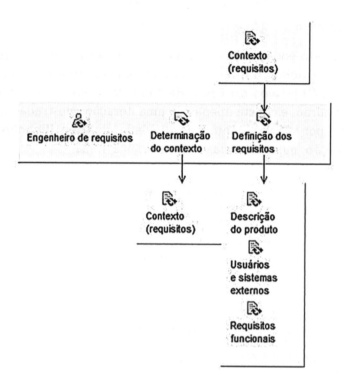

FIGURA 4.30 Papéis e artefatos de **Identificação dos requisitos**.

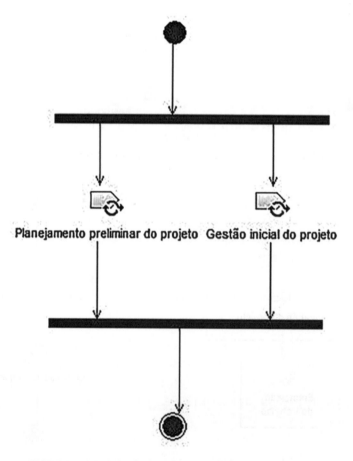

FIGURA 4.31 Atividades de **Gestão da iniciação**.

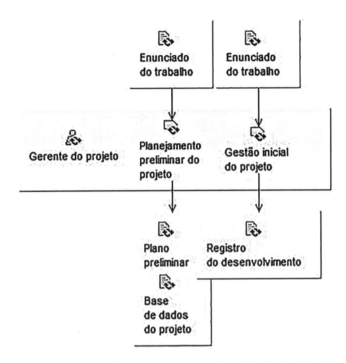

FIGURA 4.32 Papéis e artefatos de **Gestão da iniciação**.

A **Ativação** do projeto produz o **Enunciado do trabalho**, que contém os rudimentos da definição do produto a ser feito, exemplificado nas Tabelas 4.1 a 4.3. Nessa atividade, determina-se quanto o cliente está disposto a gastar no desenvolvimento do produto, e o prazo esperado. Esses valores não são estimativas e sim metas; as atividades de planejamento do projeto, realizadas posteriormente, determinarão se é possível ou não implementar os requisitos desejados dentro desses limites. Caso isso não seja possível, será necessário renegociar as metas, o escopo ou ambos.

Obtido o **Enunciado do trabalho**, é possível produzir um **Plano preliminar**. Este conterá a contagem preliminar dos pontos de função (Tabela 4.17), os fatores de custo preliminares (Tabela 4.12), os parâmetros para planejamento preliminar (Tabela 4.38), as estimativas preliminares (Tabela 4.39), a distribuição preliminar por fases (Tabela 4.40) e o planejamento preliminar das liberações (Tabela 4.41).

Os elementos do conjunto dos planos definitivos são produzidos, no Praxis padrão, ao final da primeira iteração da **Elaboração** (Tabelas 4.82 a 4.84). Eles serão revistos posteriormente, sempre que for necessário.

2.9.3 Abertura e acompanhamento da iteração

Como mostram as Figuras 4.33 e 4.34, a estrutura das iterações do Praxis padrão é sempre bastante semelhante, durante as iterações da **Elaboração** e **Construção**. Na **Elaboração**, as atividades se iniciam pela **Revisão técnica** e **Planejamento detalhado**, enquanto na Construção a atividade de **Revisão técnica** é executada apenas quando necessária, como mostram as Figuras 4.35 e 4.36.

FIGURA 4.33 Diagrama básico da **Elaboração**.

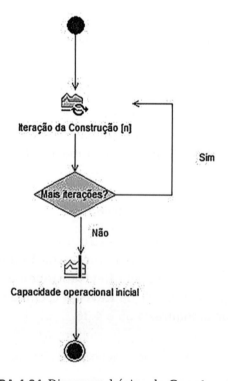

FIGURA 4.34 Diagrama básico da **Construção**.

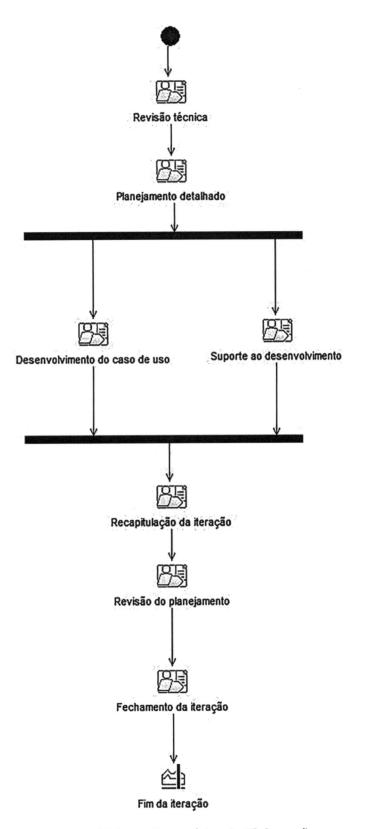

FIGURA 4.35 Iteração genérica da **Elaboração**.

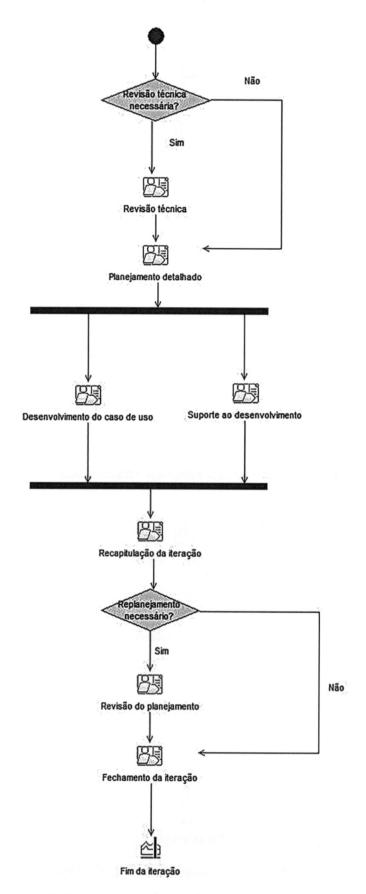

FIGURA 4.36 Iteração genérica da **Construção**.

A **Revisão técnica** pode consistir na execução das tarefas mostradas na Figura 4.37, conforme necessário. O **Planejamento detalhado** do **Praxis** trata do planejamento até o nível de tarefas, como o **Planejamento da iteração**, que produz o **Plano das liberações**, e o **Planejamento das inspeções**, que produz o **Plano das apreciações**, como mostram as Figuras 4.38 e 4.39.

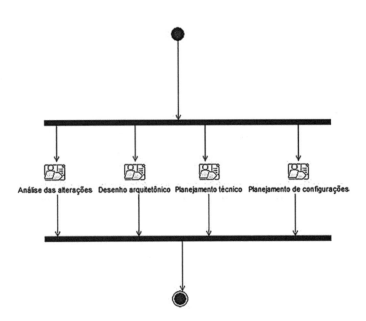

FIGURA 4.37 Atividades de **Revisão técnica**.

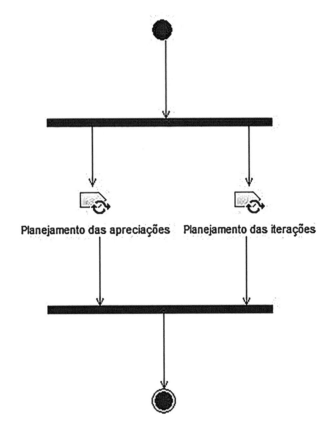

FIGURA 4.38 Atividades de **Planejamento detalhado**.

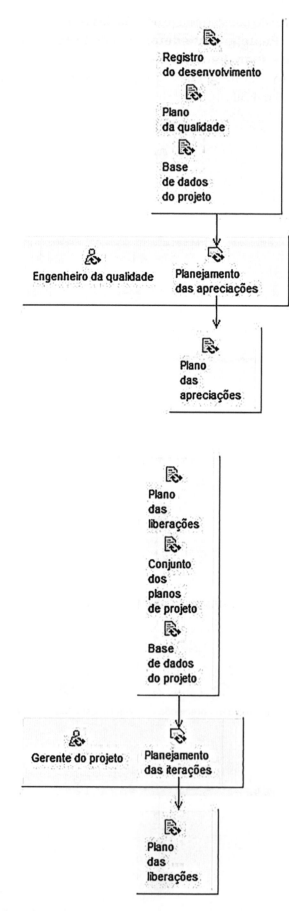

FIGURA 4.39 Papéis e artefatos de **Planejamento detalhado**.

Durante uma iteração genérica da **Elaboração** ou **Construção**, enquanto ocorre o **Desenvolvimento dos casos de uso**, o gerente do projeto participa do **Suporte ao desenvolvimento** (Figuras 4.40 e 4.41). Executam-se permanentemente a **Gestão detalhada do projeto** e a **Gestão das linhas de base**. Em caso de alterações dos requisitos, executa-se a atividade de **Resolução de alterações**.

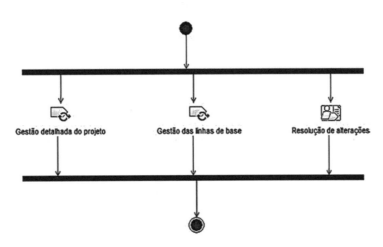

FIGURA 4.40 Atividades de **Suporte ao desenvolvimento**.

2.9.4 Análise e resolução de decisões

Visão geral

Durante toda a execução de um projeto, muitas decisões têm que ser tomadas, algumas no nível do gerente do projeto, outras no nível da Diretoria. Algumas dessas decisões terão consequências críticas para o sucesso ou o fracasso do projeto. As técnicas de análise e resolução de decisões utilizam resultados de disciplinas técnicas, como a análise de riscos, a probabilidade, a estatística e a teoria dos jogos, para fornecer bases metódicas e racionais para a tomada de decisões. Reconhecendo que o uso da intuição e da experiência prática, embora necessário, não é suficiente para a tomada de decisões em empreendimentos complexos, o CMMI incorporou, no nível de maturidade 3, uma área de processos de **Análise e Resolução de Decisões**. A área correspondente do MPS-BR é a **Gerência de decisões**.

Uma referência já considerada clássica é o texto de Hammond, Keeney e Raiffa, *Smart Choices* (na tradução em português, *Decisões Inteligentes*) [Hammond+15], que explica essa teoria em linguagem muito acessível, com exemplos aplicáveis ao dia a dia das pessoas. Outros recursos podem ser encontrados no sítio da *Decision Analysis Society*.[14]

Hammond, Keeney e Raiffa argumentam que tomar decisões é uma proficiência fundamental, que qualquer um pode adquirir, considerando oito elementos:

- Trabalhar no problema correto.
- Especificar os objetivos.
- Usar a imaginação para criar alternativas.
- Compreender as consequências.

---

[14] Disponível em https://www.informs.org.

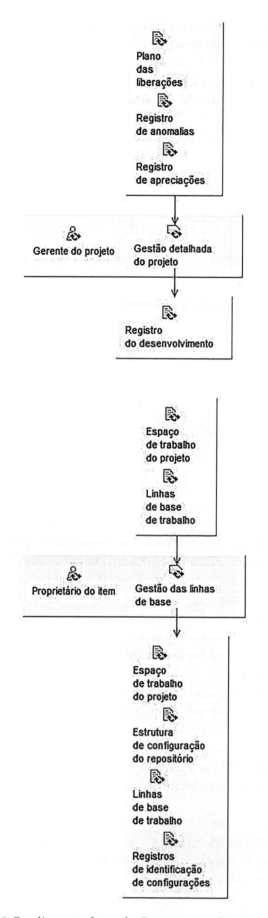

FIGURA 4.41 Papéis e artefatos de **Suporte ao desenvolvimento**.

- Estudar soluções de compromisso.
- Esclarecer as incertezas.
- Avaliar o grau de tolerância ao risco.
- Considerar o encadeamento de decisões.

Hammond, Keeney e Raiffa alertam para os seguintes erros comuns, que eles chamam de armadilhas psicológicas:

- confiar demais nas primeiras ideias (chamada de *armadilha da ancoragem*);
- dar preferência a manter as coisas como estão (chamada de *armadilha do status quo*);
- investir mais em escolhas que não deram certo (tentar proteger investimentos fracassados investindo ainda mais neles);
- enxergar o que se quer ver (procurar evidências para decisões já tomadas);
- colocar as perguntas erradas;
- ter excesso de autoconfiança (uma forma de *armadilha de otimismo*);
- supervalorizar a probabilidade de eventos dramáticos (a causa da conhecida *Lei de Murphy*, e a razão pela qual muita gente tem medo de aviões);
- deformar distribuições de probabilidade;
- ver padrões onde não existem e significados em meras coincidências.

Esses elementos são encadeados por Hammond, Keeney e Raiffa em um processo denominado PrOACT (de *Problem, Objetives, Alternatives, Consequences, Trade-offs*). Os principais passos desse processo são brevemente descritos a seguir.

Um processo de tomada de decisões

Definição do problema

A definição do problema procura garantir que se resolva o problema correto. Ela considera os seguintes elementos:

- o que torna a decisão necessária, as restrições existentes;
- os elementos essenciais do problema;
- as relações com outras decisões,
- o escopo da decisão;
- a visão que outros têm do problema;
- a possibilidade de transformar o problema numa oportunidade.

Especificação dos objetivos

A especificação dos objetivos esclarece o que a decisão realmente visa alcançar. Fazem parte dessa atividade:

- listar as preocupações e interesses relacionados com a decisão;
- transformá-los em objetivos;
- distinguir objetivos e meios;
- esclarecer cada objetivo;
- avaliar se os objetivos refletem corretamente os interesses em jogo.

Capítulo 4

Criação de alternativas

A criação de alternativas procura evitar que a decisão seja uma escolha entre alternativas limitadas. Para isso, é possível usar os seguintes meios:

- explorar os objetivos;
- questionar as restrições,
- considerar aspirações ambiciosas,
- refletir primeiro e depois pedir sugestões a outros;
- aprender com a experiência;
- criar as alternativas primeiro e avaliá-las depois;
- continuar avaliando alternativas até o final do processo.

Em alguns casos, a escolha de alternativas pode ser determinada por um processo. São exemplos de processos de decisão:

- votação;
- arbitragem de terceiros;
- computação de pesos (como no QFD);
- recebimento de propostas fechadas (como em licitações).
- leilão;
- sorteio (na falta de outros critérios, tende a ser pelo menos considerado justo pelos interessados).

Em muitos casos, é possível encontrar alternativas ganha-ganha (que beneficiem todas as partes interessadas); o processo MBase associa o ciclo de vida em espiral e o *COCOMO* com estratégias de negociação ganha-ganha ([Boehm+98], [Boehm+99]). Em alguns casos, vale a pena assumir o custo de usar tempo adicional; por exemplo, para ganhar mais informação.

Descrição das consequências

Para cada alternativa, devem-se procurar descrever as consequências com acurácia, completeza e precisão. Uma técnica é tentar se imaginar no futuro após a decisão, como foi descrito na análise de riscos. Inicialmente, essa descrição pode ser feita de forma livre. Depois, as alternativas claramente inferiores devem ser eliminadas. As alternativas restantes devem ser organizadas em uma tabela de consequências, cujas colunas são as alternativas e cujas linhas são as categorias de consequência. No exemplo de Hammond, Keeney e Raiffa, alternativas de emprego são comparadas quanto a salário, flexibilidade de horários, proficiências requeridas, duração das férias, benefícios e prazer.

Para descrever as consequências, valem as seguintes considerações:

- fazer experimentos, se possível;
- usar escalas comuns para comparar consequências, com grau apropriado de precisão;
- não dar preferência a alguns fatores simplesmente porque podem ser expressos de forma quantitativa;
- usar todas as fontes de informação disponíveis e a opinião de especialistas.

Análise das soluções de compromisso

Para analisar as soluções de compromisso, eliminam-se inicialmente as alternativas dominadas, ou seja, aquelas que são visivelmente inferiores a alguma alternativa. Para uniformizar a comparação de alternativas, usa-se o método da troca balanceada (*even swap*): estima-se que mudança em um objetivo compensaria certa mudança em outro objetivo.

Por exemplo, ao comparar uma alternativa de maior lucro com outra de maior fatia de mercado, estima-se que aumento da fatia de mercado compensaria a diferença de lucro. Elimina-se então o objetivo que se tornou irrelevante (no exemplo, o lucro) e compara-se o outro objetivo (no exemplo, a fatia de mercado). As trocas balanceadas são facilitadas quando as trocas mais fáceis são feitas em primeiro lugar; na aplicação correta, o que importa é o tamanho da troca, e não a importância relativa dos objetivos.

Tratamento da incerteza

O tratamento da incerteza usa basicamente as técnicas de análise de risco, descritas na Subseção 2.5, embora muitas vezes em escala reduzida, conforme pertinente a cada decisão. A Figura 4.42 exemplifica uma árvore de decisão para a escolha de um programa domingueiro. Cada alternativa tem um custo, e, dependendo de uma incerteza, um benefício.

A tolerância ao risco representa a disposição que se tem em assumir riscos. Quanto menor a tolerância, ou seja, maior a aversão ao risco, mais indesejáveis serão as consequências negativas. Para quantificar a tolerância ao risco, atribui-se um valor a cada consequência; se não for possível calcular objetivamente um impacto, tenta-se quantificar a avaliação subjetiva.

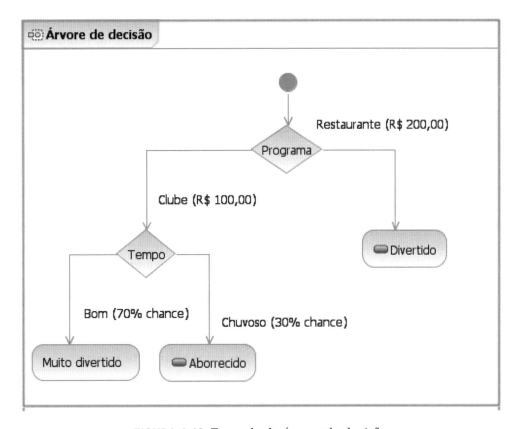

FIGURA 4.42 Exemplo de árvore de decisão.

Capítulo 4

Por exemplo, na Figura 4.42, se atribuirmos às opções de muito divertido, divertido e aborrecido, respectivamente, os valores de +R$ 300,00, +R$ 200,00 e -R$ 100,00, o retorno da escolha do restaurante será nulo, enquanto o retorno do clube será $(0,7 \times R\$ 300,00 + 0,3 \times (-R\$ 100,00)) - R\$ 100,00 = R\$ 80,00$, indicando que o clube é a melhor alternativa. Pode-se também gerir o risco, usando-se as diversas abordagens de resposta ao risco, discutidas na Subseção 2.5.5. No exemplo, o risco de chuva poderia ser mitigado planejando-se alguma atividade que possa ser feita no clube, mesmo que chova.

Encadeamento de decisões

Muitas vezes, decisões afetam a tomada de decisões, caso em que é preciso entender os encadeamentos entre elas. São exemplos de consideração do encadeamento de decisões:

- adotar planos conservadores, de menor retorno mas menores riscos;
- em situações de alta incerteza, reavaliar periodicamente os planos (uma das principais motivações do ciclo de vida em espiral);
- alargar as alternativas (por exemplo, diversificar fornecedores, mesmo aumentando os custos);
- dispor de planos de contingência ("planos B").

2.9.5 Fechamento das iterações

O fechamento de uma iteração ocorre quando é atingida a meta da iteração, que, no desenvolvimento dirigido por casos de uso, significa, normalmente, uma meta de tamanho funcional, e, portanto, um conjunto de casos de uso completos, ou, pelo menos, de fluxos de eventos completos. Em casos que devem ser menos comuns, é possível que alguns fluxos de eventos adicionais tenham atingido estágios intermediários de progresso, tenha isso sido planejado ou não. Como mostram as Figuras 4.35 e 4.36, no processo *SPraxis*, por exemplo, a iteração termina pelas atividades de **Recapitulação da iteração**, **Revisão do planejamento** (que é realizada apenas se replanejamento for necessário, na **Construção**) e **Fechamento da iteração**.

A **Recapitulação da iteração** compreende as atividades de **Relato do projeto**, que sintetiza as atividades da iteração em um relatório, e uma **Retrospectiva**. A reunião de retrospectiva tem o objetivo de produzir ou atualizar uma lista dos problemas encontrados na iteração (Tabela 4.86) e identificar os problemas achados em iterações anteriores que já foram resolvidos. Além disso, ela pode produzir ou ampliar uma lista de pontos positivos observados no projeto (Tabela 4.87). Retrospectivas são importantes para a satisfação dos usuários e a melhoria dos processos, mas raramente são feitas [Glass03]. As retrospectivas das fases devem ser mais completas, possivelmente envolvendo toda a equipe do projeto.

No caso de problemas de maior impacto, é acionada a **Revisão do planejamento**, discutida na próxima subseção. Em caso de problemas que afetem significativamente o projeto, devem-se procurar as causas fundamentais desses problemas, usando as técnicas de análise causal, descritas no capítulo sobre **Engenharia de processos**.

O **Fechamento da iteração** se inicia com uma Auditoria da qualidade e termina com a **Criação de linha de base de referência** (Figuras 4.45 a 4.47). Podem ser invocados a **Resolução de anomalias**, caso necessário, e os **Testes de sistema**, se a resolução de anomalias provocar uma alteração executável.

Gestão de Projetos

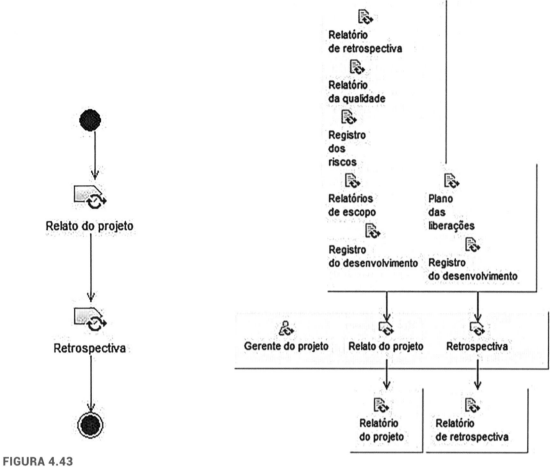

FIGURA 4.43
Atividades de
Recapitulação da iteração.

FIGURA 4.44
Papéis e artefatos de **Recapitulação da iteração**.

TABELA 4.86 **Retrospectiva** – exemplo de lista de problemas

NÚMERO	ÁREA	DESCRIÇÃO	IMPACTO	ACHADO	RESOLVIDO
1	Requisitos	A classificação dos defeitos precisa ser melhorada.	Médio	E1	E2
2	Trabalho em equipe	Houve dificuldade para compatibilizar o horário dentro das equipes.	Médio	E1	E2
3	Desenho	O uso mais intenso de *patterns* poderia ter trazido maior produtividade.	Médio	E1	
4	Testes	A classificação dos defeitos precisa ser melhorada.	Médio	E2	
5	Comunicação	Faltou um quadro-branco para anotar recados.	Baixo	E2	
6	Infraestrutura	O servidor do repositório de gestão de configurações está com desempenho aquém do esperado.	Baixo	E2	

TABELA 4.87 Retrospectiva – exemplo de lista de pontos positivos

NÚMERO	ÁREA	DESCRIÇÃO	IMPACTO	ACHADO
1	Comunicação	A proximidade física e a integração da equipe facilitaram a comunicação.	Médio	E1
2	Trabalho em equipe	Houve muita cooperação e comprometimento.	Alto	E1
3	Trabalho em equipe	Praticamente não ocorreram conflitos.	Alto	E1
4	Desenho	Foi feito um teste de usabilidade e as diretrizes geradas foram consideradas no desenho das interfaces.	Médio	E2
5	Implementação	O caso de uso implementado na iteração E1 serviu de exemplo para os programadores menos experientes.	Médio	E2
6	Testes	A postura de equipe de teste foi muito adequada.	Médio	E2
7	Processo	Houve um grande avanço na implantação do processo.	Alto	E2
8	Tecnologia	A geração automática de código foi razoavelmente útil.	Médio	E2
9	Infraestrutura	O ambiente físico de trabalho foi adequado.	Médio	E2

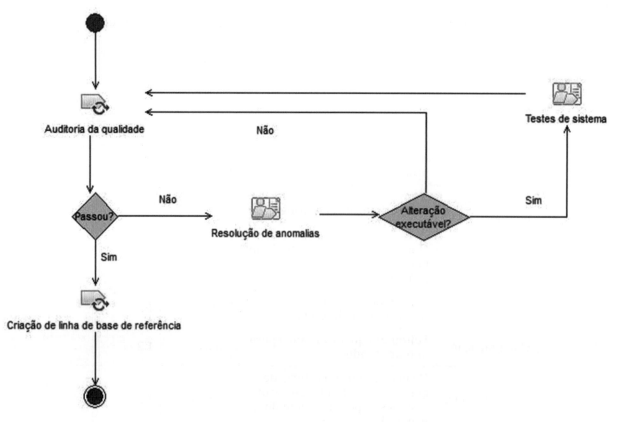

FIGURA 4.45 Atividades de **Fechamento da iteração**.

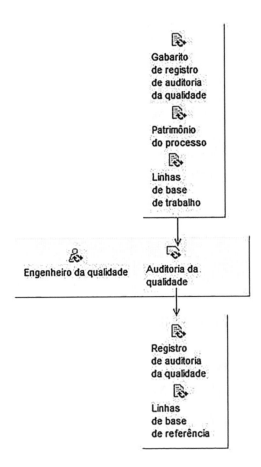

FIGURA 4.46
Papéis e artefatos de
Fechamento da iteração (I).

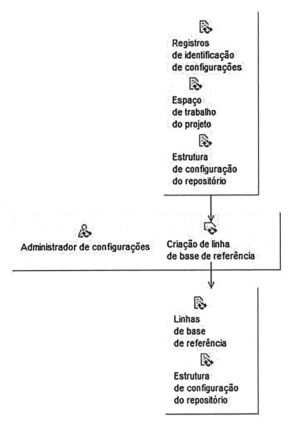

FIGURA 4.47
Papéis e artefatos de
Fechamento da iteração (II).

2.9.6 Replanejamento

Em alguns casos, poderá ser necessário o replanejamento, que consiste em uma nova execução do **Planejamento geral do projeto**, atualizando-se as premissas em função dos dados já obtidos. A rigor, o novo plano vale apenas para as iterações futuras; entretanto, replanejar o projeto inteiro é mais fácil, permitindo aplicar os mesmos métodos usados no planejamento inicial. Nesse caso, o batimento entre as previsões para as iterações passadas e os dados reais dessas iterações serve para testar a validade do replanejamento. As atividades de **Replanejamento** usadas no *SPraxis* são mostradas nas Figuras 4.48 a 4.51.

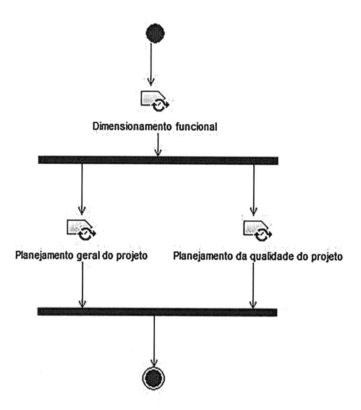

FIGURA 4.48 Atividades de **Revisão do planejamento**.

É recomendável que o próprio plano inicial já descreva as condições que devem causar replanejamento (Tabela 4.88). Algumas condições usuais são:

- certos marcos predeterminados do projeto, como a conclusão da **Elaboração**;
- alterações dos requisitos que tenham impacto significativo;
- concretização de riscos de alto impacto;
- consequências de modificações da organização como um todo (por exemplo, remanejamento da equipe);
- discrepâncias significativas entre esforços, custos e prazos reais e planejados.

Em um projeto normal, espera-se que os replanejamentos sejam poucos, e que demandem pouco esforço. E, principalmente, que tragam maior previsibilidade: os erros de estimativa devem diminuir significativamente a cada replanejamento. Se isso não acontece, significa que provavelmente as causas dos erros de planejamento não estão

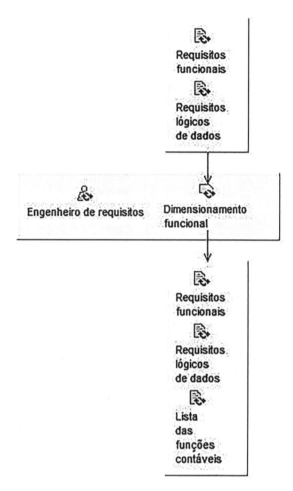

FIGURA 4.49 Papéis e artefatos de **Revisão do planejamento** (I).

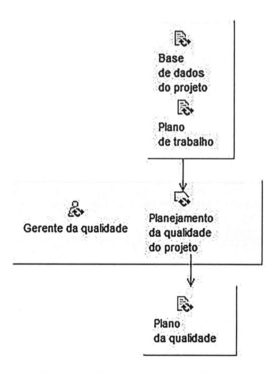

FIGURA 4.50 Papéis e artefatos de **Revisão do planejamento** (II).

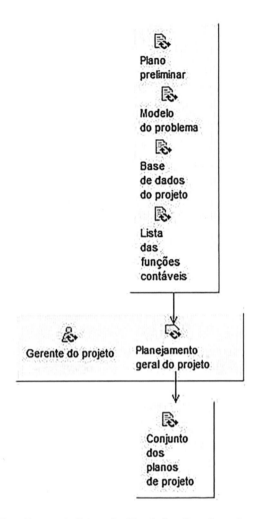

FIGURA 4.51 Papéis e artefatos de **Revisão do planejamento** (III).

TABELA 4.88 Exemplo de previsão de replanejamento

NÚMERO	CAUSA DE REPLANEJAMENTO	PONTO DE AVALIAÇÃO
1	Conclusão da Elaboração.	Fim de fase
2	Discrepância entre previsto e realizado acima dos 20%.	Fim de iteração
3	Qualquer tipo de alteração aprovada dos requisitos que tenha impacto superior a 10% do orçamento.	Ponto de ocorrência
4	Concretização de riscos com pontuação alta ou superior a 10% do orçamento.	Ponto de ocorrência

sendo resolvidas. Ao replanejar, não se deve esquecer um princípio clássico enunciado por Fred Brooks [Brooks95]: colocar mais gente num projeto atrasado atrasa ainda mais o projeto, devido à necessidade de colocar os novos participantes em dia com o projeto.

Normalmente, replanejamentos devem ser aprovados pela Diretoria, principalmente se envolverem alterações de custos ou de compromissos com o cliente. Neste último caso, as possíveis modificações de preços, prazos ou escopo devem ser negociadas com ele.

2.9.7 Resolução de problemas

São consideradas problemas (*issues*) aquelas questões que têm maior impacto no andamento do projeto e que tipicamente precisam da ação de várias pessoas para serem resolvidas. Uma fonte comum de identificação de problemas está nas apreciações, como inspeções, testes de sistema, avaliações de uso e auditorias da qualidade. Caracterizam-se problemas quando:

- uma apreciação conclui que a qualidade do material apreciado é bastante insatisfatória, como quando um material é reprovado numa inspeção;
- o autor de um material apreciado não aceita como defeito uma anomalia apontada, e o responsável pela conferência do retrabalho não concorda com isso;
- o responsável pela conferência do retrabalho não aceita o retrabalho feito;
- a resolução de defeitos não chega a uma conclusão satisfatória para as partes interessadas.

Outros problemas podem ser identificados nas retrospectivas, em contatos com o cliente e usuários, em reuniões gerenciais ou executivas, ou outras situações aplicáveis, a critério do gerente do projeto, do gerente da qualidade ou da Diretoria.

O processo de resolução de problemas tem muitas semelhanças com o processo de resolução de defeitos, descrito no capítulo sobre Gestão da qualidade, podendo ser modelado por uma máquina de estados não muito diferente. Algumas diferenças decorrem do fato de que problemas são de nível mais gerencial, enquanto defeitos são de nível mais técnico. Em consequência, muitas vezes a resolução de problemas deve ser negociada entre partes interessadas, como gerentes de projeto e gerentes da qualidade; e, caso essas partes não cheguem a um consenso, pode ser necessário levá-los à consideração da Diretoria. Além disso, defeitos podem ser comumente resolvidos por um único proprietário de item, enquanto é comum que os problemas precisem de ações de vários executores diferentes.

A mesma ferramenta usada para a resolução de defeitos pode também ser usada para a resolução de problemas, com pequenas alterações na máquina de estados e nos formulários de registro. O processo é apresentado no Apêndice B.

2.9.8 Fechamento do projeto

O fechamento do projeto ocorre com a fase de **Transição**. No processo *SPraxis*, essa fase é composta por duas iterações, que executam atividades de várias disciplinas (Figura 4.52).

O objetivo principal da primeira iteração é a realização dos **Testes beta**: testes de sistema nos ambientes do cliente (Figura 4.53). Esses testes funcionam como testes operacionais, para garantir que o uso regular do produto seja possível na iteração seguinte, e podem ser usados como testes de aceitação. Várias tarefas executadas durante a Construção são aí repetidas (Figuras 4.54 a 4.57).

A segunda iteração consiste na **Operação piloto**, na qual é exercitado pela primeira vez o funcionamento da manutenção e da operação e suporte do produto (Figura 4.58). Essa iteração corresponde ao período de garantia do produto. Uma vez realizada a entrega final, no marco de **Liberação do produto**, a manutenção passa a ser coberta pelo respectivo contrato. As tarefas são análogas às da iteração anterior.

FIGURA 4.52 Iterações da **Transição**.

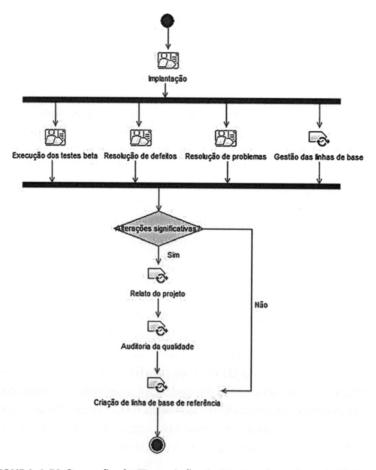

FIGURA 4.53 Iteração da **Transição 1 (Testes beta)** – atividades.

FIGURA 4.54
Iteração da **Transição 1 (Testes beta)** – papéis e artefatos (I).

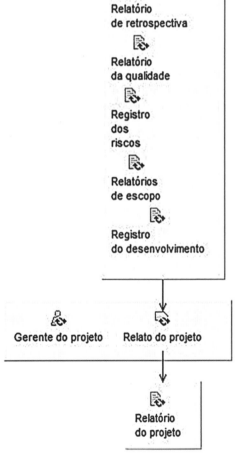

FIGURA 4.55
Iteração da **Transição 1 (Testes beta)** – papéis e artefatos (II).

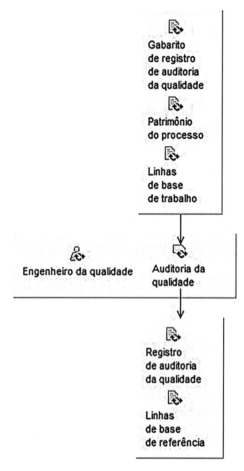

FIGURA 4.56
Iteração da **Transição 1 (Testes beta)** – papéis e artefatos (III).

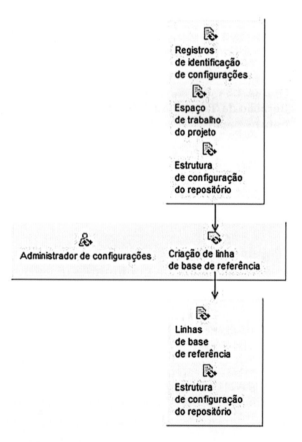

FIGURA 4.57
Iteração da **Transição 1 (Testes beta)** – papéis e artefatos (IV).

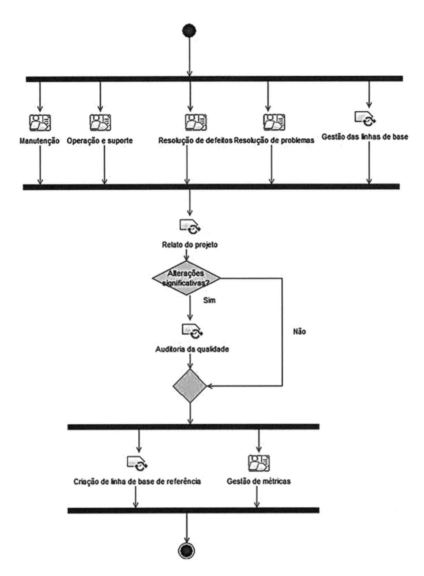

FIGURA 4.58 Iteração da **Transição 2 (Operação piloto)** – atividades.

O cronograma da fase de **Transição** é normalmente determinado pela disponibilidade e pelas prioridades do cliente, e não apenas pela disponibilidade de recursos humanos do fornecedor. A duração dos **Testes beta** e da **Operação piloto** deve ser negociada com o cliente, considerando-se:

- a complexidade do produto;
- o caráter crítico que o produto possa ter em relação aos processos da aplicação do cliente;
- a experiência do cliente e do fornecedor com produtos e projetos similares;
- as prioridades do cliente.

Os custos dessa fase dependem da duração dela, assim como da quantidade e variedade dos ambientes em que o produto é implantado, e, possivelmente, das responsabilidades de implantação que sejam contratadas ao fornecedor (por exemplo, treinamento de usuários, conversão, migração etc.). A Tabela 4.89 apresenta um exemplo simplificado de planejamento da **Transição**.

TABELA 4.89 Exemplo de **Plano da transição**

ITERAÇÃO	OBJETIVO	DATA INICIAL	DURAÇÃO (DIAS)	DATA FINAL	ESFORÇO (PH)	CUSTO DE PESSOAL	RECURSOS ADICIONAIS	CUSTO DOS RECURSOS	CUSTO DA ITERAÇÃO
T1	Testes beta	21/9	15	6/10	40,0	R$ 1.184,2	Material; transporte	R$ 600,0	R$ 1.784,2
T2	Operação piloto	6/10	60	5/12	80,0	R$ 2.368,4	Transporte	R$ 500,0	R$ 2.868,4
Total		21/9	75	5/12	120,0	R$ 3.552,6		R$ 1.100,0	R$ 4.652,6

Ao final do projeto, os dados constantes do **Relatório do projeto** devem ser levados para o **Repositório de medidas da organização**, como descrito no capítulo sobre **Engenharia de processos**. Achados qualitativos, como os resultados das retrospectivas, devem alimentar os registros de **Lições aprendidas**. Sessões de **Análise causal** devem ser realizadas, principalmente, se acontecerem problemas mais significativos, ou discrepâncias relevantes entre o real e o planejamento, sobretudo quanto à qualidade e à produtividade.

O simples registro das **Lições aprendidas** não garante que os erros cometidos não voltarão a se repetir. Como observa Tom DeMarco [DeMarco95], certos erros são comumente repetidos porque correspondem a problemas escondidos na cultura da organização. Um exemplo é o uso de estimativas precárias porque feitas com precisão não justificada pelos dados disponíveis. Por isso, é importante não só registrar as lições, como divulgá-las, entender as causas dos problemas e empreender ações para resolver essas causas.

2.10 Gestão das partes interessadas

2.10.1 Visão geral

A gestão das partes interessadas foi acrescentada ao PMBoK a partir da quinta edição. Nesta seção, resumimos o conteúdo ali apresentado. Muitos artigos sobre o assunto podem ser encontrados na rede, como, por exemplo, os artigos de Fabia Bourda ([Bourda13]) e Fran Ackermann e Colin Eden ([Ackermann+11]).

Segundo o PMBoK, a gestão das partes interessadas compreende as seguintes atividades:

- Identificar as partes interessadas: identificar as pessoas, grupos ou organizações que poderiam impactar ou ser impactados por uma decisão, atividade ou resultado do projeto, analisando e documentando informação relevante a respeito de seus interesses, envolvimento, interdependências, influência e impacto potencial no sucesso do projeto.
- Planejar a gestão das partes interessadas: desenvolver estratégias apropriadas de gestão para engajar efetivamente as partes interessadas através de todo o ciclo de vida do projeto, baseando-se na análise de suas necessidades, seus interesses e seu impacto potencial no sucesso do projeto.
- Gerir o envolvimento das partes interessadas: comunicar-se e trabalhar com as partes interessadas para atender a suas necessidades e expectativas, tratar dos problemas identificados e promover o engajamento apropriado das partes interessadas no projeto, através do ciclo de vida.
- Controlar o envolvimento das partes interessadas: monitorar as relações das partes interessadas no projeto e ajustar estratégias e planos para o envolvimento.

2.10.2 Identificação

A análise das partes interessadas segue estes passos:

1. Identificar as partes e a informação relevante.
2. Analisar o impacto potencial associado a cada parte.
3. Avaliar as respostas potenciais dessas partes.

Capítulo 4

Diversos modelos de classificação são usados para análise das partes interessadas: poder × interesse, poder × influência, influência × impacto e saliência (classificada com base em poder, urgência e legitimidade).

O registro das partes interessadas é o principal resultado da identificação delas, e contém os seguintes elementos:

- Informação de identificação: nome, posição na organização, papel no projeto etc.
- Informação de avaliação: requisitos principais, expectativas principais, influência potencial no projeto etc.
- Classificação da parte interessada: interna ou externa, apoiador, neutro ou resistente etc.

2.10.3 Planejamento

O plano de gestão das partes interessadas pode ser formal ou informal, mais ou menos detalhado, conforme as necessidades do projeto. Além dos dados do registro, pode conter:

- Níveis atuais e desejados do engajamento das partes interessadas principais.
- Escopo e impacto da mudança nas partes interessadas.
- Relacionamentos e superposição identificados entre partes interessadas.
- Requisitos de comunicação com as partes interessadas.
- Informação a ser distribuída às partes interessadas.
- Razões para distribuição dessa informação e impacto esperado.
- Prazos e frequência para distribuição dessa informação.
- Métodos para atualizar o próprio plano.

A informação desse plano pode ser sensível, e cabe aos gerentes levar isso em conta ao administrar o plano.

2.10.4 Gestão do envolvimento

A gestão do envolvimento compreende atividades como:

- Engajar partes interessadas nos estágios apropriados, ou confirmar o comprometimento delas com o sucesso do projeto.
- Gerir as expectativas das partes interessadas por meio de comunicação e negociação.
- Tratar questões potenciais ou problemas futuros que possam ser levantados pelas partes interessadas, aferindo os respectivos riscos.
- Esclarecer e resolver problemas identificados.

A gestão do envolvimento ajuda as partes interessadas a entenderem claramente as metas, os objetivos, os benefícios e os riscos do projeto. Tipicamente, a capacidade de influência das partes interessadas é maior nas fases iniciais do projeto.

A atualização do patrimônio do processo pode incluir, entre outras coisas:

- Notificações às partes interessadas.
- Relatórios de projeto.
- Apresentações do projeto.

- Registros do projeto (correspondências, memorandos etc.).
- Realimentação recebida das partes interessadas.
- Lições aprendidas.

2.10.5 Controle do envolvimento

A informação gerada pelo controle do envolvimento inclui informação de execução do trabalho, solicitações de alteração e atualizações de documentos do projeto. Solicitações de alteração incluem recomendações de ações corretivas e preventivas.

Atualizações dos documentos do projeto incluem atualizações no registro de partes interessadas e nos registros de problemas. Atualizações do patrimônio de processos incluem atualizações semelhantes às da subseção anterior.

5

Gestão das Alterações

1 PRINCÍPIOS

Projetos e produtos de software sofrem muitos tipos de alterações durante todo o ciclo de vida. Excetuando-se os projetos e produtos de organizações minúsculas e quase individuais, todos envolvem quantidades significativas de artefatos, pessoas e procedimentos. Para evitar a explosão de possibilidades de introdução de defeitos, é indispensável executar todos os tipos de alterações dentro de procedimentos disciplinados, de preferência usando soluções automatizadas. As alterações em artefatos dos projetos e produtos são administradas pelo uso dos procedimentos e técnicas da disciplina de **Gestão de alterações**. Essas técnicas são aqui divididas em três grupos, descritos a seguir.

A **Gestão de configurações**, segundo o CMMI e o IEEE, é a *"disciplina que aplica direção e vigilância técnicas e administrativas à identificação e documentação das características físicas e funcionais de itens, ao controle de alterações dessas características, ao registro e relato do processamento e status de implementação de alterações, e à verificação de conformidade com requisitos especificados"*. Ela abrange a identificação, a agregação e a organização dos artefatos quanto ao controle de alterações, assim como os processos usados para garantir que as alterações possam ser feitas sem prejuízo da qualidade.

A **Resolução de alterações** trata de mudanças no projeto que requerem tratamento mais formalizado. A alteração de requisitos, principalmente, se distingue das demais formas de alteração porque representa uma alteração no problema, e não apenas na solução. Normalmente, alterações de requisitos são cobradas à parte do desenvolvimento do escopo original. Por isso, quando são processadas as solicitações de alterações de requisitos, é preciso analisar-lhes as consequências, estimar-lhes o impacto nos esforços, custos e prazos e renegociar os compromissos com o cliente.

A **Manutenção** compreende o caso mais complexo de alterações, que são aquelas realizadas em um produto que está em operação, possivelmente participando de processos de negócio de missão crítica. Ações de manutenção corretiva tratam apenas da remoção de defeitos e não alteram os requisitos do produto, mas é bastante comum que os contratos de manutenção cubram também alterações de pequeno porte, como adaptações e melhorias do produto. Operacionalmente, o mesmo processo pode normalmente ser usado para os vários de tipos de manutenção.

2 TÉCNICAS

2.1 Gestão de configurações

2.1.1 Visão geral

Introdução

Esta subseção trata da organização e do funcionamento da atividade de **Gestão de configurações**. Em qualquer ramo da engenharia, o material pertinente a um projeto tem de ser guardado e atualizado. O acesso para fins de consulta, pelos engenheiros, deve ser facilitado, mas as modificações devem ser estritamente controladas para evitar inconsistências e perda de informação. Só o processamento disciplinado dos artefatos de um projeto garante que eles manterão a qualidade, a consistência e a atualidade ao longo das mudanças que acontecem durante a vida dos projetos e dos produtos.

Na engenharia de software, os artefatos que devem ser controlados incluem a documentação, os modelos e o próprio código (fontes e executáveis). Mesmo para projetos de porte muito pequeno, um mínimo de controle de versões é necessário para evitar o desperdício de trabalho. Com o controle de versões, conservam-se versões antigas dos artefatos, que contêm material que pode vir a ser novamente aproveitado, mas evita-se que versões mais antigas venham, de forma inadvertida, a tomar o lugar de versões mais novas. Esse tipo de erro é comum mesmo em projetos individuais; e essa espécie de desperdício é facilmente evitável. Este livro, por exemplo, foi todo escrito com controle de versões.

Em projetos maiores, a **Gestão de configurações** incluirá outros aspectos além do controle de versões. Exemplos desses outros aspectos consistem na gestão de variantes, na gestão de permissões de acesso, na realização de cópias de segurança, na verificação da integridade e na emissão de relatórios de configurações. A sofisticação necessária da **Gestão de configurações** cresce muito com o tamanho do projeto.

Conceitos básicos

O conceito de **linha de base** (*baseline*) é um dos conceitos centrais da **Gestão de configurações**. Segundo o IEEE, uma linha de base de configurações é um "*artefato ou conjunto de artefatos formalmente designado e fixado em um instante específico, durante o ciclo de vida de um item de configuração*"; para o CMMI, é "*informação de configuração formalmente designada, durante um momento específico do ciclo de vida de um produto ou componente*". As linhas de base representam estados principais de configuração de um projeto, que resultam de uma etapa de desenvolvimento, ou do processamento de solicitações de alteração aprovadas. A partir das linhas de base de um projeto, são derivadas as demais configurações de artefatos usados nesse projeto.

No caso de projetos de desenvolvimento em andamento, cada linha de base é composta pelos conjuntos de artefatos finais e intermediários associados a marcos importantes do projeto. Artefatos e seus conjuntos são representados por outro conceito central: o **item de configuração**, que, segundo o IEEE e o CMMI, é um "*agregado que é designado para gestão de configurações e tratado como uma única entidade pelos processos de gestão de configurações*".

Linhas de base e itens de configuração são organizados em bases de dados que recebem nomes dependentes das ferramentas usadas, tais como base de objetos de versão, bibliotecas de configurações ou **repositórios**. Aqui será usado esse último termo, empregado pela ferramenta usada nos exemplos do capítulo. Para fazerem parte de um **repositório**, os itens devem passar pela **identificação de configurações**, que, segundo o IEEE, "*consiste em selecionar os itens de configuração de um produto, atribuir-lhes identificadores únicos e registrar suas características físicas e funcionais na documentação técnica*".

Chamaremos a parte do repositório que contém um conjunto de itens de configuração de **pasta de projeto**. A pasta de projeto está associada a um material colocado sob gestão de configurações, que é um conjunto de artefatos pertinente a um projeto de desenvolvimento de software (um projeto no sentido do glossário deste livro), a um projeto de manutenção de um produto, a um projeto de desenvolvimento de processo ou a outro empreendimento qualquer (um projeto ou atividade administrativa, por exemplo). A Figura 5.1 mostra os relacionamentos entre esses conceitos.

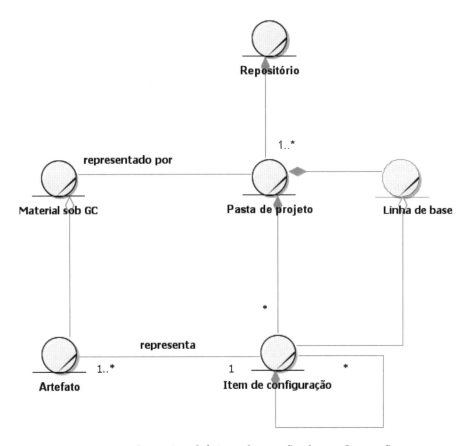

FIGURA 5.1 Conceitos básicos de gestão de configurações.

Objetivos

Dentro dos projetos, o objetivo da **Gestão de configurações** é estabelecer e manter a integridade dos seus resultados intermediários e finais, ao longo do seu desenrolar.

A **Gestão de configurações** visa a garantir que:

- todos os produtos de trabalho intermediários e finais, associados a marcos importantes de todos os projetos, sejam colocados e controlados nos repositórios, como itens de configuração;
- esses itens sejam organizados em linhas de base que representam estados significativos e consistentes de cada projeto;
- todas as alterações em itens das linhas de base sejam controladas e checadas;
- toda a história dos itens de configuração de cada projeto seja recuperável e auditável;
- todos os membros das equipes e demais interessados em cada projeto possam recuperar facilmente versões oficiais atualizadas de todos os respectivos itens de configuração, de acordo com as respectivas permissões de acesso.

Para atingir esses objetivos, a **Gestão de configurações** usa os seguintes meios:

- identificação dos itens de configuração;
- controle de alterações e das versões desses itens;
- manutenção da integridade e rastreabilidade desses itens, durante todo o projeto.

Capítulo 5

2.1.2 Papéis

Introdução

A **Gestão de configurações** requer o funcionamento cooperativo de vários papéis da organização. Destacam-se principalmente:

- o **Administrador de configurações**, que centraliza o funcionamento dos mecanismos dessa atividade;
- as **Comissões de Controle de Configurações**, que tomam as decisões importantes relativas à gestão de configurações, no nível de projeto ou de grupo de projetos correlatos;
- os **Gerentes de projeto**, que são responsáveis por cobrar dos desenvolvedores a execução das tarefas previstas de gestão de configurações, no dia a dia dos projetos.

Nas subseções seguintes são detalhados os papéis desses grupos na gestão de configurações. Trata-se também brevemente dos papéis da **Gerência da qualidade** e da **Diretoria**.

Embora o envolvimento da **Diretoria** nessas atividades seja pouco comum na maioria das organizações, o CMMI prevê para essa área, tal como para as demais áreas, uma prática genérica segundo a qual a **Diretoria** deve rever suas atividades, resultados e processos e servir de última instância de resolução de problemas. Esse envolvimento serve para demonstrar, de maneira permanente e visível, seu apoio às atividades do **Administrador de configurações**.

Em relação à gestão de configurações na manutenção, alguns papéis têm atribuições específicas, que são tratadas na Subseção 2.3 – **Manutenção**.

Papel do Administrador de configurações

O **Administrador de configurações** é o papel responsável pela execução dos procedimentos e pela administração dos recursos de **Gestão de configurações**, especialmente dos **repositórios de configurações**. Os responsáveis por esse papel devem ser treinados nas respectivas técnicas e ferramentas.

Na prática, é comum que uma organização tenha mais de um **Administrador de configurações**, já que essa função tem que estar sempre disponível para o atendimento das demandas dos projetos. É possível que a função seja exercida em tempo parcial, por pessoas que também trabalham em papéis de gestão da qualidade ou de recursos computacionais; existem semelhanças técnicas entre a gestão dos repositórios de configurações e a gestão de outros recursos computacionais, como redes e servidores.

Em relação ao desenvolvimento de software, o **Administrador de configurações** exerce as seguintes atividades na organização:

- desenvolvimento, manutenção e divulgação dos procedimentos de gestão de configurações e de uso das respectivas ferramentas;
- assessoria aos projetos, relativa à conformidade com os padrões e aos procedimentos de gestão de configurações;
- verificação de conformidade das linhas de base dos projetos e produtos com as regras e os procedimentos de gestão de configurações, através de auditorias de configurações;

- administração dos repositórios de configurações de projetos e produtos, que compreende atividades de manutenção do repositório, análise de integridade, emissão de relatórios gerenciais e realização de cópias de segurança;
- comunicação aos gerentes de projeto ou produto sobre problemas relativos à gestão de configurações encontrados dentro dos projetos, para que providenciem sua resolução;
- análise das providências tomadas pelos gerentes de projeto ou produto para resolução dos problemas encontrados, possivelmente dentro do processo de **Resolução de problemas** (tratado na **Gestão de projetos**);
- periodicamente, emissão de relatórios sobre as atividades de gestão de configurações (por exemplo, para informação da **Diretoria**).

Papel das Comissões de Controle de Configurações

A **Comissão de Controle de Configurações** (**CCC**) é uma comissão responsável pelas decisões relativas ao controle das linhas de base de projetos e produtos. Os projetos e produtos poderão ter sua **CCC** específica, ou poderá existir uma **CCC** por grupo de projetos e produtos correlatos (ou seja, uma **linha de produtos**). Esse último caso é recomendável quando esses projetos ou produtos possuírem itens de configuração partilhados (por exemplo, módulos de código) que devem ser mantidos consistentes entre si, o que é um caso frequente no desenvolvimento de sistemas constituídos por vários componentes.

A **Comissão de Controle de Configurações** deve ser ampla o suficiente para garantir a representação de todos os grupos afetados, mas pequena o suficiente para que seus processos de decisão sejam ágeis. Em projetos menores, é admissível que o próprio **Gerente de projeto** faça o papel da **CCC**, consultando informalmente quem julgar necessário. Em projetos maiores, a **CCC** deve ter representantes das diversas disciplinas do projeto. É especialmente importante a participação do **Engenheiro de requisitos**, do **Arquiteto** e do **Desenhista de testes** responsáveis por essas áreas no projeto; os responsáveis por outros papéis podem ser consultados quando necessário.

Cabe a cada **Comissão de Controle de Configurações**, em relação aos projetos e produtos sob sua alçada:

- planejar as configurações dos projetos ou produtos;
- definir a identificação de itens de configuração;
- autorizar a criação de linhas de base oficiais;
- representar os interesses de todos os que possam ser afetados por alterações nas linhas de base;
- avaliar o impacto de alterações nas linhas de base, especialmente as alterações de requisitos;
- avaliar o impacto de solicitações de manutenção dos produtos;
- revisar e autorizar alterações nas linhas de base dos produtos em operação;
- autorizar a integração de produtos instaláveis, a partir das linhas de base.

Papel dos proprietários dos itens

Os **Proprietários dos itens** são os responsáveis por efetuar fisicamente os procedimentos de alteração dos itens que constituem as linhas de base do projeto. São, portanto, os desenvolvedores em geral; o papel se refere às funções que desempenham nas atividades e tarefas de **Gestão de alterações**.

Capítulo 5

Cabe a cada proprietário de item, durante o desenvolvimento:

- usar as linhas de base de trabalho de forma disciplinada, conforme as regras adotadas;
- zelar para que as linhas de base de trabalho só contenham material aprovado nos procedimentos apropriados, como testes de unidade, testes de integração e análises estáticas;
- emitir parecer sobre as solicitações de alterações de requisitos que envolvam itens sob sua alçada;
- analisar, desenhar, implementar ou testar as modificações que se façam necessárias nos respectivos itens, em consequência das alterações efetuadas;
- documentar as modificações realizadas, conforme as regras da gestão de configurações.

Papel da Gerência da qualidade

Em relação à gestão de configurações, essa gerência exerce as seguintes atividades:

- verificação da conformidade das linhas de base oficiais com o processo em vigor, por ocasião das **Auditorias da qualidade**;
- verificação de conformidade das próprias atividades de gestão de configurações.

Papel dos gerentes de projeto

Em relação à gestão de configurações, os gerentes de projeto devem:

- tomar as providências necessárias, em nível do respectivo projeto, para realização das atividades de gestão de configurações previstas no processo adotado no projeto;
- tomar as providências necessárias para que sejam respeitados os procedimentos de gestão de configurações, em nível dos projetos;
- designar uma **Comissão de Controle de Configurações** do projeto, responsável pelo controle das linhas de base do projeto, ou assumir a função dessa comissão;
- designar um responsável pelo contato com o **Administrador de configurações**, para resolução das questões de gestão de configurações do projeto, ou assumir essa função;
- encaminhar ao **Administrador de configurações** o material das linhas de base oficiais do projeto, ao completar-se cada iteração;
- procurar resolver completamente os problemas em relação ao projeto que sejam levantados pelo **Administrador de configurações**;
- quando esses problemas não puderem ser resolvidos em nível de projeto, encaminhá-los ao sistema de **Resolução de problemas**;
- designar responsáveis pelos procedimentos informais de gestão de configurações utilizados em cada projeto.

Os gerentes de projeto e demais membros das equipes de projeto devem também ser treinados para efetuar as atividades de gestão de configurações que lhes cabe executar.

2.1.3 Planejamento de configurações

Em projetos de grande porte, as atividades de gestão de configurações devem ser planejadas com maior detalhe. Um padrão bastante detalhado é provido pela norma gestão de configurações do IEEE [IEEE12].

Para organizações que executam projetos de pequeno e médio portes, grande parte da informação contida nesse plano não varia entre projetos. Na versão corrente do Praxis preferiu-se, por isso, deixar essa informação como parte do processo, e não como conteúdo dos planos de gestão de configurações. São usados para isso artefatos como a **Estrutura de configuração do repositório** e os **Registros de identificação de configurações**.

No *SPraxis* padrão, nas iterações da **Elaboração** e da **Construção**, o **Planejamento de configurações** é feito na **Revisão técnica** (Figura 5.2). Normalmente, esse planejamento só precisa ser feito de forma completa no início da **Elaboração**. Posteriormente, ele é apenas atualizado para refletir alterações no projeto. No *XPraxis*, o planejamento é parte de uma atividade simplificada, chamada de **Gestão das alterações**.

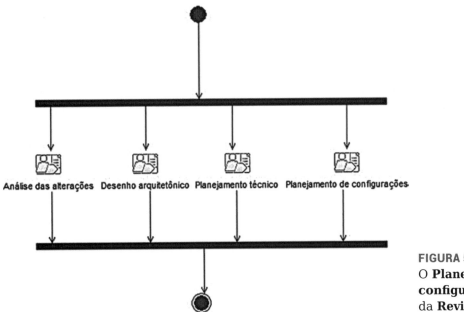

FIGURA 5.2
O **Planejamento de configurações** dentro da **Revisão técnica**.

Como o processo Praxis supõe a adoção do ambiente *Eclipse* para modelagem e programação e o uso da ferramenta *Subversion* para gestão de configurações, as convenções nele adotadas levam em conta a maneira de trabalho da ferramenta *Subclipse*, que é a interface de usuário do *Subversion* para o ambiente *Eclipse*. Nesse ambiente, o conjunto de artefatos de um projeto, que forma potencialmente uma linha de base, corresponde ao que o *Eclipse* chama de espaço de trabalho (*workspace*), ou seja, o conjunto de pastas com recursos que são acessíveis ao desenvolvedor em uma única sessão de trabalho. O primeiro nível de pastas do espaço de trabalho é formado pelos projetos *Eclipse*;[1] cada projeto *Eclipse* está normalmente associado a uma ferramenta diferente, que trabalha em uma perspectiva[2] preferencial.

---

[1] Usaremos a palavra projeto, nesse significado, sempre qualificada como "projeto Eclipse", para evitar qualquer confusão com o significado normal de projeto. Tenha-se em conta, portanto, que uma pasta de projeto do repositório representa um projeto no sentido usual, enquanto o nível imediatamente inferior de pastas representa os projetos Eclipse.

[2] No Eclipse, uma perspectiva é um conjunto de visões normalmente associado ao uso de uma ferramenta, com o respectivo leiaute.

2.1.4 Ferramentas de gestão de configurações

Visão geral

A gestão de um repositório de configurações de software deve ser feita com o suporte de uma ferramenta de gestão de configurações. Os arquivos que compõem o repositório só devem ser manipulados através dessa ferramenta. A gestão de configurações envolve o processamento de grande quantidade de informação, mesmo em projetos pequenos. Por isso, é uma das (provavelmente poucas) atividades de engenharia de software que só é viável quando automatizada. Uma gestão de configurações manual representaria trabalho demais, e o nível de confiabilidade dos resultados seria muito baixo.

Os recursos básicos oferecidos pelas ferramentas disponíveis são essencialmente similares, mas diferem de uma ferramenta para outra quanto aos detalhes de operação e quanto à nomenclatura. A descrição de funções que será feita a seguir é baseada na ferramenta *Subversion*, que é a ferramenta usada pelo Praxis, e que foi utilizada para o desenvolvimento do próprio processo, de seus exemplos e deste livro.

A ferramenta *Subversion* é uma ferramenta livre,[3] que se propõe a ser um aperfeiçoamento da ferramenta *CVS*, que se tornou extremamente popular. Como a *CVS*, a *Subversion* básica é uma ferramenta de linha de comando, mas é normalmente usada através de clientes que oferecem interfaces de usuário, como *Tortoise*,[4] integrada com o *Windows Explorer*, e *Subclipse*,[5] integrado com o *Eclipse*. Outra ferramenta bastante difundida atualmente é a ferramenta *Git*.[6] Na Internet, podem ser encontradas muitas comparações entre *Subversion* e *Git*, que refletem as opiniões dos respectivos autores.

A Figura 5.3 mostra uma visão do repositório da *Subversion*, provida pela *Tortoise*. A Figura 5.4 mostra essa linha de base extraída para uma área de trabalho; nenhum

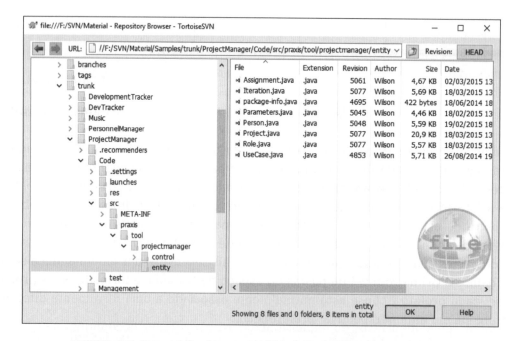

FIGURA 5.3 Uma visão do repositório da ferramenta *Subversion*.

---

[3] Disponível em subversion.apache.org.
[4] Disponível em tortoisesvn.net.
[5] Disponível em subclipse.tigris.org.
[6] Disponível em git-scm.com.

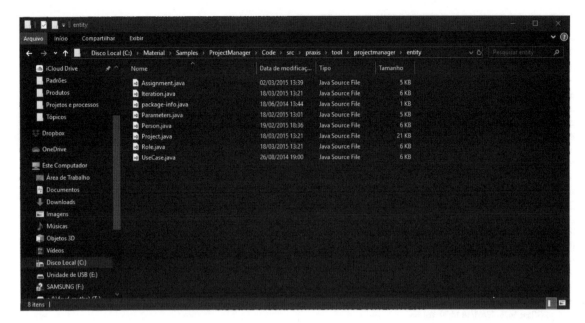

FIGURA 5.4 Material extraído do repositório da Figura 5.3 – visão do *Windows Explorer*.

arquivo foi alterado, o que é indicado pelos ícones com marcas de checar (verdes no original), sobrepostos pelo cliente *Tortoise* aos ícones do *Windows Explorer*. O mesmo material é mostrado na Figura 5.5, tal como visto dentro da visão *Navigator* do ambiente *Eclipse*, sendo os ícones de gestão de configurações providos pelo cliente *Subclipse*.

A seguir, são listadas as principais características esperadas das ferramentas de gestão de configurações. Cabe ressaltar que a ferramenta usada não precisa obrigatoriamente conter todas essas características, mas devem-se usar ferramentas que atendam da melhor maneira possível às diretrizes aqui listadas.

Em muitos casos, o **Administrador de configurações** terá que desenvolver personalizações da ferramenta. Por exemplo, a *Subversion* possui vários comandos que emitem dados sobre o status de um repositório. Esses dados devem ser processados para produzir relatórios no formato desejado. Outro recurso é provido pelos **ganchos** (*hooks*), scripts escritos pelo administrador, que são acionados pela ferramenta na ocorrência de determinados eventos (por exemplo, inserções).

Embora seja desejável a adoção de uma única ferramenta por toda a organização, em alguns casos é necessário conviver com ferramentas distintas. Por exemplo, pode-se manter a ferramenta antiga em projetos em andamento, quando há mudança de ferramenta, ou levar em conta que certas ferramentas de gestão de configurações se integram melhor com certas ferramentas de desenvolvimento. Nesse caso, devem-se planejar cuidadosamente as formas de convivência e transição entre as ferramentas.

Identificação

A ferramenta deve identificar de maneira única os vários itens de configuração. A cada item deverão estar associados um nome único, um discriminador da respectiva linha de base e um identificador de versão interna, gerado automaticamente. Na *Subversion*, cada item é identificado por um URL (*Uniform Resource Locator* da Web). O identificador da pasta selecionada (`file:///C:/SVN/Material/Exemplos/trunk/Merci/Código/src`) aparece na linha URL na Figura 5.6. Esse identificador é uma combinação do nome

Capítulo 5

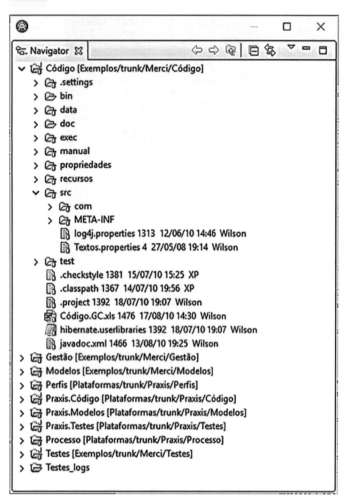

FIGURA 5.5
Material extraído do repositório da
Figura 5.3 – visão do *Eclipse Navigator*.

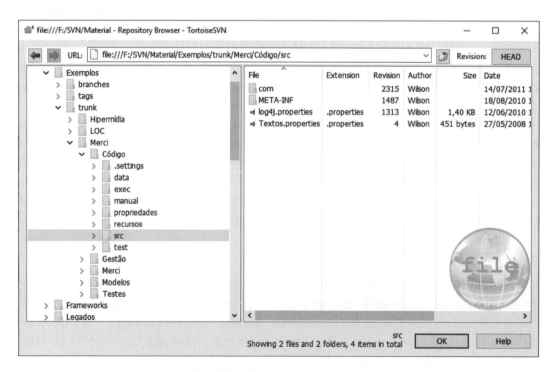

FIGURA 5.6 Identificação de um item de configuração.

da pasta do repositório atribuída ao projeto (no exemplo, ao Domínio ou projeto *Eclipse*) com o nome da pasta dentro do projeto. Na coluna *Revision*, aparece o número da última linha de base na qual esse item foi modificado (na *Subversion*, linhas de base de trabalho são simplesmente designadas por números sequenciais).

Deve também identificar como os itens que compõem um dado projeto ou produto se relacionam, possibilitando a construção do produto. Nas Figuras 5.3 e 5.6, os itens são identificados por uma estrutura de pastas, análoga à estrutura de arquivos do *Windows*. Itens compostos correspondem a pastas do sistema de arquivos, e são também assim representados dentro do repositório; itens atômicos correspondem a arquivos. Essa é uma estrutura virtual, mantida pela ferramenta; a estrutura real, mostrada na Figura 5.7, não tem interesse para o usuário da ferramenta.

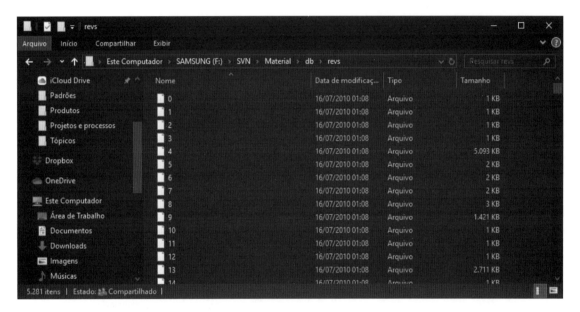

FIGURA 5.7 Estrutura real de um repositório da *Subversion*.

Extração e inserção

A ferramenta deve permitir formas controladas de **extração** (*check-out*) de qualquer versão de um **item de configuração**. De preferência, deve ser possível comandar essa extração de dentro de um ambiente de desenvolvimento. Na *Subversion*, para a extração inicial, usa-se o comando **SVN Checkout** sobre uma pasta vazia. Uma cópia do item composto apontado no comando, incluindo todos os itens subordinados, é trazida para a área de trabalho designada, e a ferramenta monta uma estrutura de arquivos auxiliares, dentro de pastas com denominação `.svn`; essas pastas serão usadas para administrar a configuração. Na Figura 5.4, algumas dessas pastas são visíveis; elas são interpretadas pelo cliente *Tortoise*, para gerar os ícones que sinalizam os estados de cada item individual. A Figura 5.8 exemplifica o registro de uma operação de extração.

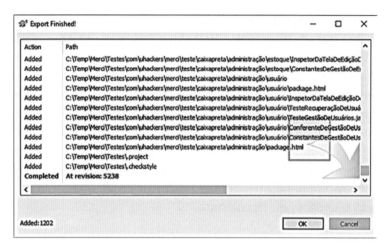

FIGURA 5.8 Exemplo de registro de extração da *Subversion*.

Para atualizar uma área de trabalho já extraída com a *Subversion*, simplesmente se usa o comando **SVN Update** sobre a área de trabalho. Ao ser executado, os itens não alterados ou alterados apenas na área de trabalho se mantêm como estão; os que foram alterados no repositório mas não na área de trabalho simplesmente sobrescrevem esses últimos; os que tiverem sido alterados em ambos os locais são marcados como conflitantes. Nesse caso, a *Subversion* oferece cópias de ambas as versões, para que o usuário da ferramenta resolva manualmente o conflito. A Figura 5.9 exemplifica registros de operações de atualização, que incluem adições, atualizações, exclusões e mesclas de vários tipos de itens.

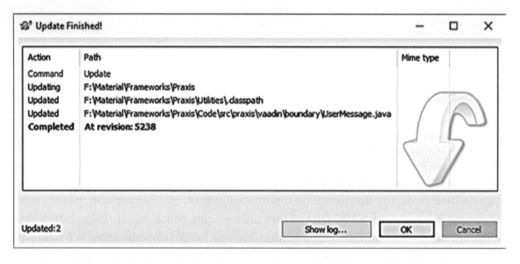

FIGURA 5.9 Exemplos de registro de atualização da *Subversion*.

A ferramenta deve também suportar formas controladas de **inserção** (*check-in*) de novos itens ou de itens alterados. Na ocasião da inserção, a ferramenta deverá executar o procedimento de identificação dos novos itens. Na *Subversion*, por exemplo, usa-se o comando **SVN Commit** sobre a área de trabalho. A Figura 5.10 exemplifica uma área de trabalho em que um item foi alterado (assinalado com o ícone de exclamação, vermelho no original). Acionando-se o comando de Commit, aparece um formulário no qual se documenta a alteração (Figura 5.11). Toda alteração deve ser documentada, para que depois se possa localizar facilmente a linha de base em que foi inserida. Terminada a operação, aparece um registro das alterações realizadas (Figura 5.12).

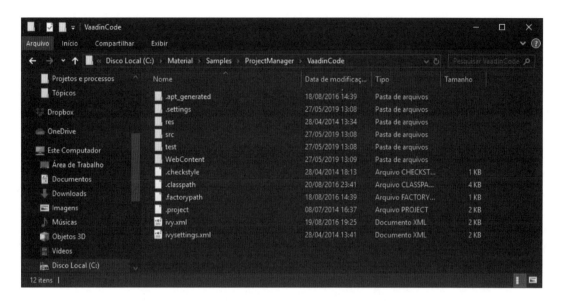

FIGURA 5.10 Exemplo de área de trabalho com alteração.

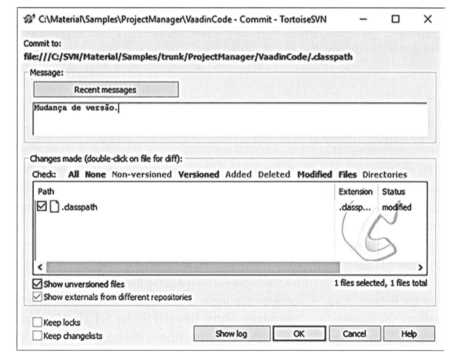

FIGURA 5.11 Formulário para inserção de alteração.

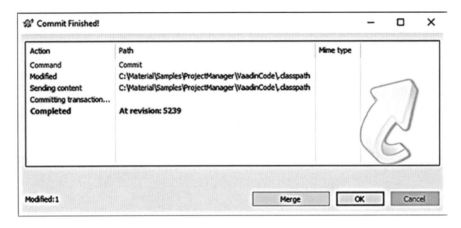

FIGURA 5.12 Registro de inserção de alteração.

Um serviço bastante útil que a ferramenta pode prestar é a inserção automática de variáveis de configuração. No cabeçalho de classe exemplificado no Quadro 5.1, a *Subversion* foi responsável pela inserção automática de data, autor e número de revisão (igual ao número da linha de base de trabalho). No caso, as propriedades de configuração do item determinam que variáveis serão atualizadas, e as atualizações das variáveis acontecerão nas inserções, extrações e atualizações dos itens.

QUADRO 5.1 Variáveis de configuração

```
/**
 * Informação relativa a um usuário.
 *
 * @author <!-- $Author: Wilson $ -->
 * @since <!-- $Date: 2008-01-03 14:39:00 -0200 (qui, 03 jan 2008) $   -->
 * @version <!-- $Rev: 711 $ -->
 */
```

Gestão de linhas de base

Para a gestão de linhas de base, é recomendável que a ferramenta permita distinguir entre **linhas de base de trabalho**, utilizadas no dia a dia de desenvolvimento, e **linhas de base oficiais**, que servem de referência para as demais, tendo, tipicamente, passado por procedimentos específicos de garantia da qualidade.

A ferramenta deve permitir visualizar o histórico de cada item. O registro mostrado na Figura 5.13 mostra o histórico da pasta de um projeto, no qual podem ser vistos que itens foram alterados em cada linha de base. Uma história das linhas de base é mostrada graficamente na Figura 5.14. A ferramenta deve permitir também que se possa identificar e visualizar facilmente as diferenças entre itens (Figura 5.15). A *Subversion*, por exemplo, permite visualizar diferenças de itens das linhas de base com suas versões anteriores, com as cópias de trabalho, com variantes e várias outras possibilidades.

No caso da *Subversion*, a própria ferramenta faz isso para arquivos de texto simples, ou invoca as ferramentas apropriadas; no caso de arquivos *Word*, por exemplo, invoca a função de comparação de arquivos dessa ferramenta de texto. Normalmente,

Gestão das Alterações

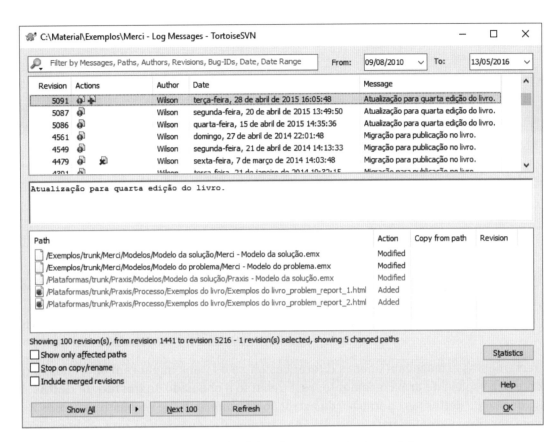

FIGURA 5.13 Histórico de uma pasta de projeto.

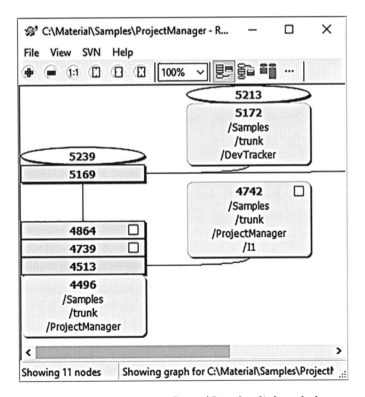

FIGURA 5.14 Representação gráfica das linhas de base.

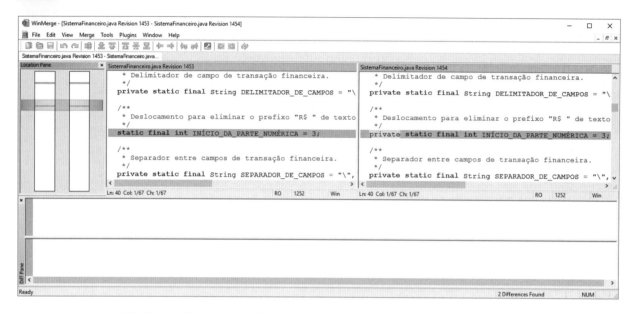

FIGURA 5.15 Comparação entre item de linha de base e da área de trabalho.

as ferramentas armazenam apenas diferenças entre os itens que foram alterados, o que economiza espaço de armazenamento; esse recurso é chamado de **gestão de deltas**. No caso do uso de deltas, as operações de extração das diferenças e reconstituição dos itens devem ser transparentes para o usuário da ferramenta, que deverá prover mecanismos de proteção à integridade do item.

Gestão de variantes

Outro recurso usual é a gestão das **variantes**, ramificações das linhas de base que possuem alguns itens diferentes em relação à linha de base original. A Figura 5.16 mostra uma variante de projeto, na qual só alguns itens diferem em relação ao projeto original. A linha de base original corresponde às Figuras 5.4 a 5.6. Pela convenção usualmente adotada com a *Subversion*, as linhas de base principais ficam num ramo **tronco**, identificado pela pasta *trunk*, enquanto as variantes são ramificações internas ao ramo *branches*, denominadas conforme o identificador da variante.

FIGURA 5.16 Área de trabalho com variante.

Nessa variante, o produto apresenta uma interface de usuário em inglês; os arquivos com os textos dos elementos de interface de usuário e de mensagens ao usuário são os principais arquivos alterados. Além disso, foram alterados o arquivo de carga do banco de dados, para permitir a tradução dos exemplos a serem usados na documentação de usuário, e, em consequência, os dados de teste correspondentes, assim como alguns dados de configuração. Os itens já alterados no momento da captura da tela exibem os ícones de alteração.

A gestão de variantes inclui a realização de **mesclas** (*merge*). Itens que foram alterados nas ramificações ou no tronco podem ser fundidos com os itens correspondentes de outros ramos, devendo-se resolver os conflitos que possam surgir, como é feito no caso de conflitos de atualização.

A Figura 5.17 mostra o formulário de inserção dos itens alterados na variante, e a Figura 5.18 apresenta o registro dessa inserção. Um histórico da variante é mostrado na Figura 5.19, na qual se identifica facilmente a linha de base em que a variante divergiu do tronco.

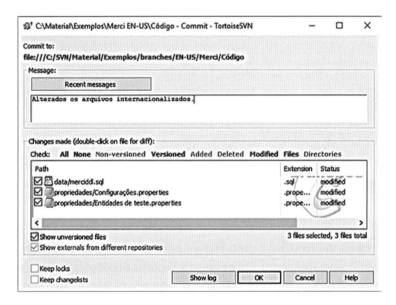

FIGURA 5.17 Inserção de arquivos alterados em variante.

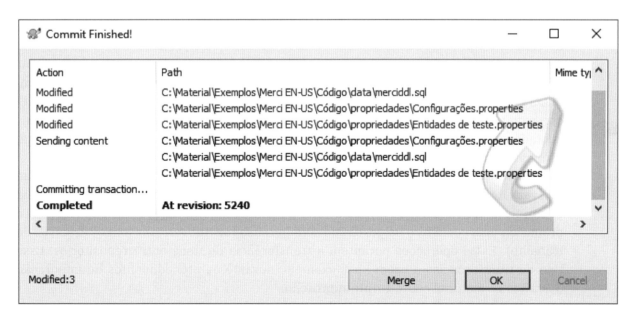

FIGURA 5.18 Registro de inserção de arquivos alterados em variante.

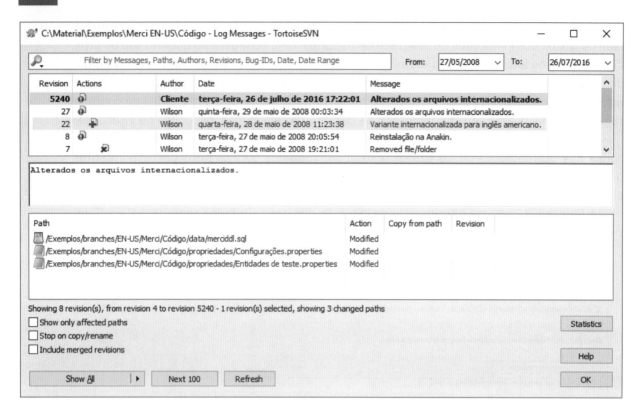

FIGURA 5.19 Histórico de variante.

2.1.5 Repositórios de configurações

Gestão de repositórios

A gestão de repositórios aplica os recursos de uma ferramenta de gestão de configurações à gestão dos repositórios como um todo, abrangendo o conjunto dos projetos sob gestão de configurações, com suas linhas de base e seus itens. Entre esses estão a gestão de permissões de acesso, a importação e exportação, a gestão de linhas de base de referência, a gestão da integridade e segurança e a emissão de relatórios.

A gestão de permissões de acesso permite a partilha de itens entre desenvolvedores de um mesmo projeto, ou mesmo entre desenvolvedores de projetos diferentes que têm itens partilhados. A ferramenta habilita o **Administrador de configurações** a atribuir as permissões de acesso determinadas pelo processo e pelo projeto. No Praxis, por exemplo, as linhas de base normais (de trabalho) são de acesso liberado para os desenvolvedores do respectivo projeto. Espera-se que os itens lá colocados passem pelos controles adotados no desenvolvimento, como os testes de unidade e os procedimentos de integração, por disciplina voluntária dos desenvolvedores.

A operação de **importação** traz para dentro do repositório um conjunto de itens que estavam fora dele; no caso da *Subversion*, isso significa que a ferramenta acrescenta os arquivos de trabalho (.svn) usados na gestão de configurações. Na **exportação**, é produzida uma cópia fora da gestão de configuração (na *Subversion*, sem os arquivos de trabalho). Essas operações permitem a transferência de itens entre repositórios. Esse tipo de transferências é usado, por exemplo, durante os procedimentos de integração descritos no material sobre **Implementação**.

A manutenção da integridade e da segurança compreende recursos como diagnóstico e realização de cópias de segurança (*backup*). É possível que a ferramenta tenha que prover recursos mais robustos que os recursos normais do sistema operacional; por exemplo, para permitir as cópias de segurança mesmo durante o acesso dos desenvolvedores aos repositórios.

Linhas de base oficiais

As linhas de base de referência correspondem ao conceito de **linhas de base oficiais**, adotado no Praxis para indicar aquelas linhas de base que passaram por uma auditoria da qualidade e, que, portanto, têm um nível de qualidade tão alto quanto o processo possa garantir. Pelas regras do processo, essas linhas são normalmente associadas ao estado final de cada iteração. Pela convenção usualmente adotada com a *Subversion*, as linhas de base oficiais ficam no ramo *tags*, e normalmente não são alteradas, uma vez colocadas no repositório.

Para as linhas de base oficiais o processo Praxis prevê que inserção deva ser restrita a quem possa responder pela qualidade delas, do ponto de vista do processo; tipicamente, o **Administrador de configurações**, que receberá o material aprovado em **Auditoria da qualidade**, com os possíveis problemas de conformidade com o processo já corrigidos. Na execução padrão do processo, a tarefa de **Criação de linha de base** oficial é efetuada no **Fechamento da iteração** (Figura 5.20).

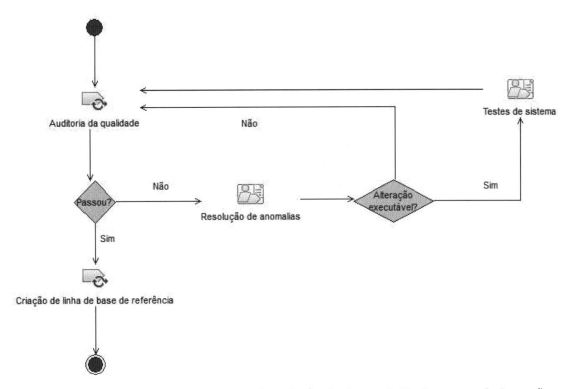

FIGURA 5.20 A **Criação de linha de base de referência** dentro do **Fechamento da iteração**.

Além de estar de acordo com os padrões do processo, uma linha de base oficial deve ser consistente com a organização prevista, e documentada de acordo com as regras estabelecidas. Isso faz com que as linhas de base dessas bibliotecas contenham versões oficiais dos itens, que podem ser usadas como referência confiável por desenvolvedores e mantenedores.

Linhas de base de trabalho

Por outro lado, os procedimentos oficiais de gestão de configurações tendem a não ser ágeis o suficiente para atender às necessidades de partilha e controle de código presentes no dia a dia da **Implementação**. Metodologias ágeis pregam o acesso livre dos desenvolvedores ao código de que necessitam. Segundo a proposta da metodologia XP [Beck99], a confiabilidade do código partilhado seria garantida pela obrigatoriedade de testes automatizados de unidade e integração e pela localização física próxima dos desenvolvedores, que poderiam esclarecer pessoalmente conflitos e outras questões de alteração de código partilhado.

Para acomodar essa forma de gestão de configurações, usam-se as **linhas de base de trabalho**. Os desenvolvedores e mantenedores, ou seja, os **proprietários dos itens**, terão permissão para copiar itens das linhas de base oficiais, embora não para modificá-los; nas linhas de base de trabalho, esse material poderá ser inserido e extraído conforme necessário, sem estar sujeito a controles formais. Apenas a disciplina dos desenvolvedores garante a execução dos procedimentos de garantia da qualidade para esse material. Na prática usual da *Subversion*, essas são as linhas de base que ficam no tronco principal de um projeto.

Linhas de base de trabalho podem ser usadas para gerir as cópias de segurança dos desenvolvedores. O material deste livro, por exemplo, foi mantido em um repositório no computador em que foi desenvolvido. No final de cada sessão de trabalho, cópias de segurança (ainda fora de linhas de base) eram realizadas para áreas de trabalho mantidas em um disco de *backup* de outro computador da rede local, em um *pen drive* e em uma área de trabalho partilhada.[7] Uma ou duas vezes por semana, uma linha de base de trabalho era atualizada no disco principal de outro computador, em outro *pen drive* e em um disco de *backup* do computador original. É uma grande quantidade de dispositivos, mas de atualização muito rápida com as ferramentas existentes atualmente, e que se justifica pela vida muito longa de parte desse material.

O **Administrador de configurações** deve resolver as localizações das linhas de base de trabalho e oficiais, em função das necessidades dos projetos. Deve considerar, inclusive, como funcionará o uso dos repositórios durante as construções de integração (vide **Implementação**), e como funcionarão em conjunto o servidor de integração e a ferramenta de gestão de configurações, providenciando a necessária configuração de ambos.

Linhas de base de projetos e produtos

Projetos de gestão de configurações, ou seja, coleções de itens e linhas de base, colocados sob gestão de configurações, podem corresponder a vários tipos de material: projetos (no sentido de projetos de desenvolvimento), produtos (em operação, submetidos à manutenção), processos (modelos, descrições e outros itens do patrimônio de processos, tratados no capítulo sobre **Engenharia de processos**) e trabalho em geral (gestão da organização, treinamento, pesquisa e desenvolvimento etc.). O processo Praxis recomenda que cada grupo desses seja colocado em repositórios separados, mas isso é uma opção do **Administrador de configurações**, em função dos recursos computacionais existentes.

Da última linha de base de um projeto de desenvolvimento é extraído o material que se torna a primeira linha de base do respectivo produto, durante a fase de **Transição**.

---

[7] No caso, o Dropbox.

Quando se decide promover a evolução de um produto, desenvolvendo uma nova versão dele, os artefatos da última linha de base de produto devem ser aproveitados, pois estarão corrigidos e atualizados de acordo com a última ação de manutenção. Quando estiver em desenvolvimento uma nova versão de um produto, modificações ocorridas na versão em operação devem ser repassadas à equipe do projeto da versão em desenvolvimento, para eventual modificação das linhas de base do projeto. Esse procedimento tipicamente não é automatizado, pois depende de avaliação gerencial e técnica.

Auditorias de gestão de configurações

Periodicamente, o **Administrador de configurações** deve efetuar auditorias dos repositórios de configurações. Essas auditorias devem verificar se:

- os repositórios estão física e logicamente íntegros;
- as cópias de segurança necessárias foram realizadas;
- todos os projetos e produtos estão com linhas de base oficiais atualizadas;
- em todas as pastas de projetos e produtos há consistência entre descrição e conteúdo;
- todos os repositórios estão conformes com as regras adotadas de gestão de configurações.

Em alguns casos, os problemas encontrados são problemas técnicos que podem ser resolvidos pelo próprio **Administrador de configurações**. Em outros casos, pode ser necessário acionar o sistema de **Resolução de problemas** (capítulo sobre **Gestão de projetos**).

2.1.6 Identificação dos itens de configuração

Identificação dos itens

Como explicado nas subseções anteriores, cada item de configuração, composto ou atômico, tem um identificador dentro do repositório. Na estrutura da *Subversion*, esse identificador tem a forma de um URL, e representa uma pasta de arquivos, no caso de itens compostos, ou um arquivo, no caso de itens atômicos. No caso de uso da *Subversion* do ambiente *Eclipse*, os itens compostos de mais alto nível, visíveis dentro do ambiente, correspondem a um projeto *Eclipse*. Itens de nível ainda mais alto podem ser agrupados por espaço de trabalho e pelas ramificações que representam as linhas de base de trabalho, as linhas de base oficiais e as variantes (respectivamente, *trunk*, *tags* e *branches*, na convenção usual *Subversion*). Na Figura 5.3, a pasta *Code* corresponde a um projeto *Eclipse*, a pasta *Project Manager* corresponde ao espaço de trabalho que esse projeto está inserido, e logo acima vem a pasta *trunk*, que, como foi dito, contém as linhas de base de trabalho desse e de outros projetos.

Dado um item, cada versão distinta é identificada, adicionalmente, pela linha de base em que o item foi inserido, alterado ou mesmo excluído, já que itens excluídos continuam no repositório. Nos históricos mostrados nas Figuras 5.13 e 5.19, o painel inferior exibe os itens que foram inseridos, alterados ou excluídos na linha de base selecionada.

No processo Praxis, a identificação dos itens principia pela identificação das configurações, que é feita na atividade de **Planejamento das configurações** (Figura 5.21).

FIGURA 5.21 A **Identificação de configurações** dentro do **Planejamento de configurações**.

Identificação dos projetos e produtos

Enquanto a identificação de itens individuais depende das convenções da ferramenta, a identificação de projetos e produtos como um todo depende das convenções da organização produtora. É importante que essa identificação seja também padronizada, para que se evitem confusões da identificação da natureza e do propósito de cada projeto e produto. A prática usual é empregar um esquema de numeração para distinguir entre diferentes versões de um produto. Normalmente, cada projeto de desenvolvimento terá o mesmo nome do respectivo produto, o que não ocasiona conflitos, se estiverem em repositórios diferentes, como recomendado acima.

O esquema de identificação das versões dos produtos tem como base a seguinte classificação dos projetos:

- **Projeto de desenvolvimento novo**: criação de um novo produto.
- **Projeto de evolução**: acréscimo de quantidade significativa de novas funções a um produto existente.
- **Projeto de melhoria**: acréscimo de pequenas melhorias (detalhes da interface de usuário, melhorias de desempenho, variações menores de funcionalidade etc.) a um produto existente.
- **Projeto de correção**: correção de problemas no produto, sem variação de funcionalidade.

As versões de um produto serão indicadas por números primário, secundário e terciário. No caso do Praxis, por exemplo, adotaram-se as convenções descritas a seguir.

Em X.Y.Z, X é o número primário, Y, o secundário e Z, o terciário. O número terciário pode ser omitido quando valer zero. A numeração depende da natureza do projeto:

- Se o projeto for de desenvolvimento novo, terá um novo nome, começando a numeração em (1.0.0).

Gestão das Alterações

- Se o projeto for de evolução, o número primário será incrementado de um e os outros serão zerados (X⩽1.0.0).
- Se o projeto for de melhoria, a alteração será no número secundário (X.Y⩽1.0), mantendo o primário e zerando o terciário.
- Se o projeto for de correção, deve-se incrementar o número terciário (X.Y.Z⩽1) e manter os outros números.

Algumas organizações usam um número quaternário para distinguir entre correções maiores e menores. Outras distinguem as correções maiores por meio do conceito de pacote de serviço (*service pack*). Caso o produto tenha diversas variantes (por exemplo, múltiplos ambientes de operação ou diferentes idiomas), o próprio nome da variante serve de distinção.

Documentação dos itens de configuração

Introdução

Em um repositório, cada projeto conterá também **Registros de identificação de configuração**, destinados a auxiliar no seu uso e controle. Esses registros oferecem um local apropriado para que sejam colocados tanto dados gerenciais importantes relativos ao projeto quanto os dados técnicos necessários para que o material correspondente seja posto em condições operacionais, ao ser colocado em uma nova área de trabalho.

No padrão atualmente adotado no processo Praxis, os **Registros de identificação de configuração** são arquivos colocados numa pasta referente a **Configurações**, dentro do projeto *Eclipse* de **Gestão**. Esses arquivos receberão um nome indicativo do projeto *Eclipse* a que se referem (por exemplo: `Configuração de código.xml`). Eles conterão os seguintes dados:

- informação ambiental;
- informação de integração;
- informação gerencial.

Informação ambiental

Os campos dessa folha especificam os ambientes computacionais necessários ao desenvolvimento e à utilização do material. Os campos que não são aplicáveis a determinados projetos podem ser desprezados, desde que estejam devidamente justificados. Por outro lado, dados adicionais que a equipe de desenvolvimento julgar relevantes devem ser colocados aqui. Um exemplo é mostrado na Tabela 5.1. Essa informação inclui:

- **Hardware**: configurações mínima e recomendada de processador, memória, espaço em disco, monitor, placa de vídeo, periféricos etc.
- **Ambiente operacional**: nome e versão do sistema operacional.
- **Ambientes aplicativos**: nome e versão de ambientes aplicativos, tais como ambientes de gerência de bancos de dados, trabalho em grupo etc.
- **Ferramentas de desenvolvimento**: nome e versão das ferramentas usadas.
- **Componentes externos**: nome e versão de bibliotecas de componentes obtidos de fornecedores externos, inclusive de software livre.
- **Outros sistemas necessários**: nome e versão de quaisquer outros tipos de sistemas necessários em associação com esse projeto.
- **Outras informações**: por exemplo, informações de instalação.

TABELA 5.1 Registro de identificação de configuração – Informação ambiental

NÚMERO	ITEM	CONFIGURAÇÃO RECOMENDADA
1	**Hardware**	Intel i7 CPU, 4GB RAM, 200GBHD, video 1920x1280.
2	**Ambiente operacional**	Windows 7 Professional.
3	**Ambientes aplicativos**	SGBD PostgreSQL 9.3; Apache HTTP Server 2.2.17; Tomcat 8.0.
4	**Ferramentas de desenvolvimento**	Eclipse 4.2.2.
5	**Componentes externos**	JUnit 4.11; Hibernate 4.2.5; Checkstyle 5.6; Subversion 1.8.8; Subclipse 1.10.3; Tortoise 1.8.6; JUnitParams 1.0.2; Saxon 6.7; Projeto Eclipse Código, na plataforma Praxis 4.0.
6	**Outros sistemas necessários**	JDK 7.0.
7	**Outras informações**	Criar como projeto Eclipse Java, com nome *Código*.

Informação de integração

Deve-se incluir aqui toda a informação necessária para a integração e a execução dos códigos executáveis, a partir dos códigos fontes da pasta. Um exemplo é mostrado na Tabela 5.2. Essa informação inclui:

- configuração do projeto no ambiente de desenvolvimento;
- configuração dos caminhos de compilação;
- configuração dos componentes usados;
- configuração e povoamento dos bancos de dados usados;
- máquinas e pastas de trabalho normalmente usadas no projeto;
- outros procedimentos, como criação de configurações de execução no Eclipse;
- procedimentos que devem ser executados para validação da instalação.

A informação colocada no exemplo parece ser minuciosa demais, mas, pela experiência do autor, esse nível de detalhe permite colocar um espaço de trabalho em condição operacional em poucos minutos. Em caso contrário, perde-se muito tempo

TABELA 5.2 Registro de identificação de configuração – Informação de integração

NÚMERO	ITEM	DADOS E PROCEDIMENTOS DE CONFIGURAÇÃO
1	**Configuração do projeto**	Criar um projeto Java Eclipse *Praxis.Código* e apontar para o projeto Eclipse *Código*, no espaço de trabalho Praxis. Fazê-lo dependente de *Praxis.Código*. Configurar *src*, *test* e *res* como pastas fonte, *bin* como pasta de saída. Configurar compilador Java para 1.7. Importar preferência do projeto de *Ambiente/ Preferências/Preferências Praxis.epf*, no espaço de trabalho Praxis.
2	**Configuração dos caminhos**	Conferir arquivo `.classpath`. Adicionar biblioteca de usuário Hibernate (caso não disponível, importar de *Ambiente/Preferências/ praxis.userlibraries*, no espaço de trabalho Praxis). Adicionar as variáveis: ANNOTATION, COMMONS_LANG, COMMONS_IO, JAXB_IMPL, JUNIT, JUNIT_PARAMS, MAIL, SAXON.

(continua)

Gestão das Alterações

TABELA 5.2 Registro de identificação de configuração – Informação de integração (*continuação*)

NÚMERO	ITEM	DADOS E PROCEDIMENTOS DE CONFIGURAÇÃO
3	**Configuração dos componentes**	Importar como configuração *Checkstyle* o arquivo *Ambiente/ Preferências/Checkstyle Praxis-Eclipse.xml,* no espaço de trabalho Praxis, e configurá-lo como configuração padrão. Associar o projeto *Código* à URL *Subversion* designada pelo **Administrador de configurações** (no original, `file:///C:/SVN/Material/ Exemplos/trunk/Merci/Código`). Configurar o estilo de código em *Preferences-Java-Code Style-Formatter,* importando o arquivo *Ambiente/Preferências /Codestyle Praxis.xml,* no espaço de trabalho Praxis. Configurar as linhas de mensagens no arquivo `log4j.properties` para o nível "warn". Incluir *Praxis.Código* nos *Projetos referenciados, no Java Build Path* e nas *Preferências de projeto.* Revisar *Preferências* para *Java Compiler Errors/Warnings:* a maioria das entradas deve ser colocada como *Warning* (mas aceitar os "ignores" sugeridos). Instalar *Apache HTTP Server 2.2;* configurar sua pasta `//localhost/praxis` para apontar para o espaço de trabalho Praxis; configurar `//localhost/samples` para apontar para a pasta mãe desse espaço de trabalho da aplicação; configurar `//localhost/pub` para apontar para o local de publicação em HTML.
4	**Bancos de dados**	Conferir a configuração do arquivo `src/META-INF/persistence. xml`, adaptando a URL de conexão, caso necessário. Para restaurar o banco de dados, executar a configuração de aplicação `RestoreDB`, ou as correspondentes configurações de ferramenta externa ou execução, ou usar a ferramenta de administração *Postgres.* Sequências de regressão de testes de unidade podem alterar o banco de dados; verificar se é chamada a classe `praxis.base. test.common.RestoreDB`. Para carregar o povoamento inicial do banco de dados, restaurar do arquivo de backup do banco de dados do projeto, ou executar o lote de restauração do banco de dados, ou usar a ferramenta de administração *Postgres.* Para alterações menores no banco de dados, usar a ferramenta de administração *Postgres.*
5	**Informação de proteção**	Obter com o **Administrador de configurações** informação de acesso para os desenvolvedores do projeto **Merci**.
6	**Máquinas e pastas de trabalho**	Qualquer máquina que satisfaça aos requisitos ambientais pode ser usada. Pode-se usar qualquer pasta, desde que as configurações acima sejam devidamente efetuadas.
7	**Outros procedimentos**	Conferir ou criar configurações de execução com os seguintes nomes e classes principais: nome *Merci,* classe principal `com. uhackers.merci.MerciPrincipal`; nome *Teste Manual,* classe principal `com.uhackers.merci.teste.TesteManual`; configuração nome *RestaurarBD,* classe principal `com.uhackers.merci.teste. RestoreDB`; nome *Teste de Regressão,* classe principal `com. uhackers.merci.teste.caixacinza.TestesDeRegressão`. Para criar documentação *Javadoc* ou os arquivos `.jar` usados pelos lotes, usar a ferramenta *Eclipse.*
8	**Validação**	Verificar as configurações do compilador (*Preferences-Java*), como nos exemplos supridos. Compilar o projeto sem erros ou advertências. Depois dos testes, verificar se o banco de dados precisa ser restaurado.

Capítulo 5

tentando adivinhar decisões que foram triviais na configuração original. No caso de trabalhos didáticos, por exemplo, a experiência mostra que a ausência dessa informação pode aumentar muito o tempo necessário para correção dos trabalhos, ou mesmo inviabilizá-la.

Informação gerencial

Identificam-se aqui os membros da equipe de projeto que trabalham ou trabalharam nesse projeto. Para cada desenvolvedor, identificam-se os papéis desempenhados dentro desse projeto *Eclipse*. Um exemplo é mostrado na Tabela 5.3.

TABELA 5.3 Registro de identificação de configuração – Informação gerencial

NÚMERO	NOME	PAPEL 1	PAPEL 2	PAPEL 3
1	Admir Datena	Administrador de dados		
2	Anelo Estrela	Programador	Desenhista lógico	
3	Aristóteles Aquino	Engenheiro da qualidade		
4	Eudóxia Caxias	Gerente de projeto		
5	Jorge Arisco	Desenhista lógico	Desenhista de IU	Programador
6	Jovino Audax	Executor de testes	Programador	
7	Lúcia Malatesta	Desenhista de testes	Programador de testes	
8	Sócrates Botelho	Diretor		

2.1.7 Variações

O conjunto de atividades de **Gestão de configurações** aqui apresentado é provavelmente suficiente para atender às necessidades de muitas organizações. Apenas organizações que executem projetos muito grandes ou muito críticos provavelmente necessitarão de abordagens mais formais, como a proposta no padrão IEEE-828. Por outro lado, uma gestão de configurações robusta é indispensável mesmo nos processos mais ágeis.

Pode-se questionar, em processos mais ágeis, a necessidade formal de **Comissões de controle de configuração** e de linhas de base oficiais. Quanto às comissões, alguém tem que tomar as decisões que elas normalmente tomariam. Exceto em projetos minúsculos, é provável que o **Gerente de projeto** tenha necessidade de consultar os papéis mencionados como participantes habituais da **CCC**, o que na prática estabelece informalmente essa comissão.

Quanto às linhas de base oficiais, elas são consequências diretas das **Auditorias da qualidade**, cuja realização é discutida na respectiva subseção do capítulo sobre **Gestão da qualidade**. Se forem realizadas, não faz sentido guardar o resultado delas em uma linha de base indistinguível das linhas de base de trabalho. Por essa razão, o conceito de *tags* é parte habitual da prática de uso do *Subversion*.

Gestão das Alterações **283**

2.2 Resolução de alterações

2.2.1 Visão geral

Alterações de requisitos são praticamente inevitáveis. Por melhores que sejam o levantamento e a análise dos requisitos, o próprio desenvolvimento da solução pode abrir os olhos de desenvolvedores ou usuários para defeitos nos requisitos especificados. Além disso, como os requisitos são expressos em linguagem informal ou semiformal, existe margem para ambiguidade ou erro de entendimento. As boas práticas das disciplinas de **Requisitos** e **Análise** permitem minimizar esses problemas, mas não eliminá-los completamente.

Mesmo que fosse possível levantar e analisar de forma perfeita os requisitos, alterações poderiam ocorrer devido a fatores externos, como alterações tecnológicas, gerenciais, legais e políticas. Em clientes do setor público, alterações de legislação e de regulamentos são frequentes; elas acarretam mudanças em processos de negócio, às vezes bastante significativas, e daí nos requisitos.

Se as alterações de requisitos se referem a produtos em operação, oriundos de projetos concluídos, elas podem ser tratadas como uma forma de manutenção, como se discute na Subseção 2.3. Para projetos em andamento, a situação é um pouco mais complexa, e requer procedimentos que levem em conta o forte impacto que as alterações de requisitos geralmente têm nos prazos e custos dos projetos.

2.2.2 Procedimentos de alteração

Alterações nos requisitos só podem ocorrer por solicitação de representantes autorizados do cliente. A existência de um mínimo de processo para o tratamento das alterações ajuda a minimizar os efeitos negativos nada desprezíveis das alterações descontroladas, que, como atestado por muitos estudos, representa uma das principais causas de estouros de prazo e orçamento, ou mesmo de fracasso de projetos de software. Alterações bem administradas podem ser um bom negócio para o fornecedor, e também uma conveniência importante para o cliente.

A avaliação do impacto da alteração é indispensável, não só para garantir-lhe a viabilidade como para fazer com que o fornecedor seja devidamente ressarcido. O planejamento cuidadoso da execução da alteração serve para garantir que ela será inserida no fluxo do projeto na ocasião e na maneira que menos prejudique o seu andamento.

O Apêndice A descreve o miniprocesso de **Resolução de alterações** do Praxis. Esse miniprocesso utiliza tipicamente as mesmas ferramentas que o processo de **Requisitos**.

2.3 Manutenção

2.3.1 Visão geral

Categorias

Mesmo nos produtos de software desenvolvidos com os melhores processos, alguns defeitos escapam até chegarem à versão de operação, para serem então descobertos pelos usuários. Quanto menos definidos os processos, ou mais relaxados os procedimentos de gestão da qualidade, maiores os defeitos que devem ser removidos durante a operação. A rigor, a tarefa de manutenção do software consiste na remoção dos defeitos remanescentes após o fim do projeto de desenvolvimento. Esse tipo de manutenção é chamado de **manutenção corretiva**. Ela inclui não só a correção de problemas no código, mas as modificações consequentes em todos os artefatos correlatos.

Um tipo de manutenção rotineiro em outras áreas de engenharia, mas raramente praticado com produtos de software, é a **manutenção preventiva**, que procura localizar pontos em que o código ou o desenho podem ser melhorados, geralmente para ganhar em desempenho, robustez, confiabilidade ou segurança. Como na manutenção corretiva, não há alteração de requisitos.

Na prática, outros problemas acabam sendo tratados como manutenção; por exemplo, modificações nas interfaces de usuário, pequenas expansões funcionais e alterações em requisitos não funcionais. Essas modificações podem ser feitas para adaptar o produto a variações nos processos de negócio (**manutenção adaptativa**), ou para introduzir melhorias solicitadas pelos usuários (**manutenção perfectiva**). Em ambos os casos, existem alterações nos requisitos originais do produto.

Impactos

No pior caso, as atividades de manutenção adaptativa e perfectiva são apenas disfarces para formas indisciplinadas de desenvolvimento. Na maioria das vezes, esse tipo de solicitação pode ser acumulado como parte de uma lista de requisitos para novas versões de um produto; isso evita que os procedimentos frequentes de manutenção degradem a estrutura e, portanto, a qualidade do produto. Isso é ainda mais verdadeiro porque uma fração significativa das modificações de manutenção introduz, por sua vez, novos defeitos.

Por outro lado, a difusão da manutenção perfectiva parece ser uma realidade da área. Robert L. Glass [Glass03] estima que a manutenção tipicamente consuma de 40 a 80% dos custos de software, sendo provavelmente a parte mais importante do ciclo de vida. Sessenta por cento dessa manutenção seria constituída por manutenção perfectiva, sendo a manutenção corretiva cerca de 17%, 18% de manutenção adaptativa e 5% de outros tipos, como a manutenção preventiva.

Por isso, esse autor considera que manutenção é uma solução, não um problema: uma fonte de renda adicional para as organizações fornecedoras. Se cobrada e realizada corretamente, pode representar uma entrada de recursos comparável ou até superior ao desenvolvimento original. Além disso, olhando sob essa perspectiva, conclui-se que melhores métodos de desenvolvimento levam a mais solicitações de manutenção, não menos: quanto melhor o produto, mais longo o seu ciclo de vida e maior sua utilidade para os usuários. Em consequência, esses usuários têm frequentemente ideias de aperfeiçoamento e expansão das aplicações do produto.

Manutenibilidade

Um problema usual para as atividades de manutenção de software é a formação de equipes. Ou bem essas atividades competem com as atividades de desenvolvimento pelo pessoal mais qualificado, ou são desempenhadas por pessoal menos experiente e menos valorizado.

Muitas vezes, a manutenção chega a ser mais difícil que o desenvolvimento original, porque 30% do esforço de manutenção é gasto simplesmente no entendimento do produto existente [Glass03]. Esse problema é ainda mais sério quando o produto não foi desenvolvido segundo padrões adequados de desenho e implementação. Quando isso acontece, a documentação da solução é precária ou inexistente, dificultando ainda mais o trabalho dos mantenedores.

Gestão das Alterações

A manutenção é facilitada pelos seguintes fatores de manutenibilidade:

- disponibilidade de pessoal qualificado;
- desenho adequado e bem-documentado;
- uso de linguagens padronizadas;
- uso de ambientes padronizados de desenvolvimento e operação;
- documentação padronizada;
- disponibilidade de casos e procedimentos de teste;
- ferramentas e procedimentos padronizados de gestão de configurações;
- existência de um processo de manutenção definido.

2.3.2 Papéis

Introdução

A manutenção envolve tarefas de gestão de configurações e outros aspectos que requerem o funcionamento cooperativo de vários papéis da organização. Destacam-se principalmente:

- **Gerentes de produto**, responsáveis pelas atividades referentes a um produto ou a um grupo de produtos;
- representantes dos **Usuários**, que acionam as solicitações de manutenção;
- **Proprietários dos itens**, que realizam as modificações necessárias nos itens afetados;
- **Proprietários dos produtos**, que tomam decisões eventualmente necessárias sobre cada produto;
- **Comissões de Controle de Configurações**, que tomam as decisões importantes relativas à gestão de configurações, em nível de produto ou de grupo de produtos correlatos;
- **Administrador de configurações**, que centraliza o funcionamento dos mecanismos dessa disciplina, também em relação às atividades de manutenção.

Em algumas organizações existe uma área funcional responsável pela manutenção dos produtos em operação. Watts Humphrey [Humphrey90] sugere que as atividades de gestão da qualidade, realizadas dentro dos projetos, e de gestão da manutenção dos produtos sejam subordinadas ao mesmo gerente. Assim, essa função se tornaria particularmente interessada em que os projetos levem a sério a gestão da qualidade, para minimizar os problemas de manutenção que surgirão durante a operação dos produtos.

Outras organizações preferem uma estrutura de linha de produtos, na qual produtos e projetos correlatos estão subordinados ao mesmo gerente de linha de produtos. A vantagem dessa estrutura é simplificar os canais de comunicação com os clientes, quando existem ao mesmo tempo versões em operação e em desenvolvimento. Mesmo nesse caso, é conveniente que as ações técnicas de manutenção sejam executadas por pessoal específico, ficando os envolvidos nos projetos de desenvolvimento apenas como consultores dos mantenedores, em caso de dúvidas e problemas maiores.

Papel dos gerentes de produto

Cada **Gerente de produto** é responsável pela manutenção de um produto ou grupo correlato de produtos. As qualificações do papel são semelhantes às do **Gerente de projeto**. Na organização por linhas de produtos, as mesmas pessoas exercem ambas as funções.

Capítulo 5

Cabe a cada **Gerente de produto**:

- tomar as providências necessárias para que sejam respeitados os procedimentos de manutenção, no nível do respectivo produto;
- designar e presidir a respectiva **Comissão de Controle de Configurações**, que pode ter como escopo toda a linha de produtos;
- ser responsável pelo contato com o **Administrador de configurações** da organização, ou designar alguém para essa função;
- autorizar a liberação dos itens do respectivo produto para manutenção, acionando os **Proprietários dos itens** a serem alterados;
- receber dos respectivos proprietários os itens modificados, submetendo-os aos testes, revisões e demais procedimentos cabíveis de garantia da qualidade;
- encaminhar ao **Administrador de configurações** o material das linhas de base oficiais do produto, ao completar-se cada manutenção;
- procurar resolver completamente os problemas em relação ao produto que sejam levantados pelo **Administrador de configurações**;
- quando esses problemas não puderem ser resolvidos em nível de produto, encaminhá-los ao sistema de **Resolução de problemas**;
- providenciar a reconstrução dos produtos a partir das linhas de base alteradas pelos procedimentos de manutenção;
- providenciar a distribuição e a instalação dos produtos modificados no ambiente dos clientes;
- comunicar aos clientes e usuários quaisquer providências que devam tomar em consequência das atividades de manutenção.

Papel dos representantes dos usuários

Cada produto tem, tipicamente, um representante dos **Usuários**. Esse representante pode ser um contato dentro do cliente, conforme conste do contrato de manutenção, ou pode ser um membro da equipe do fornecedor, da área de contato com clientes e usuários (por exemplo, da área de suporte). Cabe a cada representante dos usuários:

- receber as comunicações de problemas, da parte dos usuários;
- analisar preliminarmente essas comunicações, para verificar se requerem ações de manutenção, assistência ao usuário ou outro tipo de providência;
- caso se trate realmente de ações de manutenção, formalizar sua solicitação, conforme detalhado no **Processo de manutenção;**
- aprovar formalmente o resultado da manutenção.

Papel dos proprietários dos itens

Os **Proprietários dos itens** dos produtos em operação são os responsáveis por efetuar fisicamente os procedimentos de alteração desses itens. Um produto pode ter um único proprietário, ou seus itens podem ficar sob a responsabilidade de profissionais especializados por item. O proprietário de item pode ter sido ou ainda ser um desenvolvedor do produto. Se não trabalhou ou trabalha com o desenvolvimento do produto ou produtos correlatos, ele deve ter recebido treinamento adequado em relação ao desenho do produto, e deve ter acesso a informação relevante, como o **Modelo da solução**.

Cabe a cada **Proprietário de item**, durante a manutenção:

- emitir parecer sobre as solicitações de manutenção dos itens sob sua alçada;
- analisar, desenhar, implementar, testar e documentar as modificações que se façam necessárias nos respectivos itens;
- submeter ao gerente do produto os itens modificados.

2.3.3 O processo de manutenção

Introdução

O **Processo de manutenção** define como será conduzido um ciclo de manutenção, semelhante a um pequeno projeto. Cada ciclo representa uma instância (execução) desse processo. O processo aqui descrito é uma versão simplificada e adaptada do processo padrão de manutenção do IEEE ([IEEE06a]).

Um processo de **Manutenção** deve ser capaz de garantir que:

- todos os pedidos de manutenção sejam documentados, de modo a possibilitar a identificação de discrepâncias entre o que é solicitado e o que é implementado;
- todos os pedidos de manutenção sejam tratados através de processo bem-definido, para que seja possível identificar onde ocorreram problemas;
- seja possível identificar e manter as diversas versões e variantes de cada produto;
- seja possível eventualmente recuperar versões anteriores de cada produto;
- seja possível produzir um histórico das várias alterações aplicadas sobre um produto.

Execução

O processo profissional de **Manutenção** contém muitos detalhes e dificilmente poderá ser executado de forma manual. Uma ferramenta de suporte a fluxos de trabalho pode ser suficiente para dar a esse processo o grau de automação necessário para que seja seguro e contribua para melhorar a qualidade dos produtos, em lugar de degradá-la. A automação também facilita o registro dos esforços e prazos, possibilitando a alimentação de bases de dados históricos dos produtos (descritas na **Engenharia de processos**). O suporte ao processo de **Manutenção** é outra possível aplicação da ferramenta usada para **Resolução de defeitos** e **Resolução de problemas**.

Dentro da execução padrão do Praxis, o processo de **Manutenção** é instanciado na primeira iteração da fase de **Transição**, como parte da atividade de **Implantação** (**Engenharia de sistemas**). A execução inicial do processo é feita a partir da segunda iteração dessa fase (Figura 5.22), durante a **Operação piloto** do produto, que funciona como período de garantia. A execução definitiva é feita durante toda a vida útil do produto, conforme estabelecer o contrato de manutenção.

A execução segue o processo instanciado, e é ativada pelo **Representante dos usuários**, por meio de uma **Solicitação de modificação**. Os papéis envolvidos na manutenção se comunicam por diversos tipos de relatórios e avisos. Os itens sob manutenção são obtidos de uma linha de base de produto; efetuada a manutenção, a linha de base de produto atual é alterada, ou uma nova linha de base é criada, conforme a política adotada. Cada execução utiliza dados históricos de uma base de dados de manutenção, como referência técnica e de dimensionamento, e contribui com novos dados para a atualização dessa base.

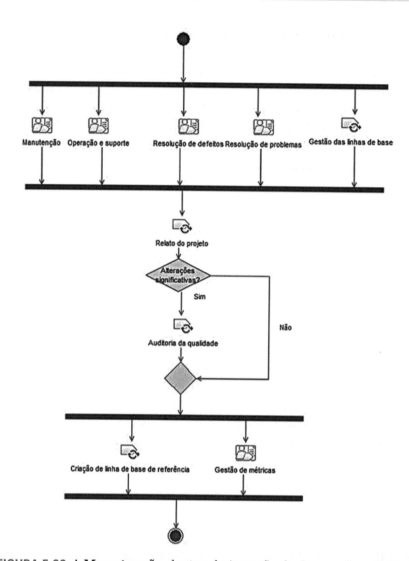

FIGURA 5.22 A **Manutenção** dentro da iteração de **Operação piloto**.

O processo de manutenção adotado no Praxis é bastante completo. Dificilmente alguma das tarefas aqui descritas pode ser realmente dispensada, mas, dependendo do porte e da cultura da organização, da natureza do produto e do relacionamento com o cliente, é possível que várias delas possam ser feitas de maneira menos formal, substituindo-se alguns dos artefatos físicos por meios menos formais de comunicação. Por outro lado, essas tarefas são descritas de forma bem mais detalhada no respectivo padrão do IEEE.

Uma ferramenta de trabalho em grupo pode ser programada de modo que seus registros e mensagens cubram os objetivos da maioria dos artefatos, sem que se perca a capacidade de acompanhamento e documentação do processamento. A organização deverá procurar dosar da maneira adequada o uso dessas ferramentas com o simples correio eletrônico e com a comunicação verbal.

2.3.4 Análise da manutenção

A análise compreende as tarefas necessárias para determinar se uma solicitação realmente se trata de um problema de manutenção, e de que categoria. Essa fase se inicia pelo acionamento da manutenção, realizado pelo representante dos **Usuários**, que envia

Gestão das Alterações **289**

uma **Solicitação de modificação** ao **Gerente do produto**. Este faz uma análise preliminar, que classifica a solicitação em um dos seguintes tipos:

- **problema que não de manutenção** – o problema relatado é erro do usuário ou defeito em outra parte do sistema que não o produto;
- **correção urgente** – problema de não conformidade do produto a requisitos explícitos ou implícitos, que traz perturbação significativa ao trabalho de um usuário;
- **correção normal** – problema de não conformidade do produto a requisitos explícitos ou implícitos, que não pode ser contornado, mas cuja resolução pode aguardar a tramitação normal de uma solicitação (tipicamente, uns poucos dias);
- **correção não urgente** – problema de não conformidade do produto a requisitos explícitos ou implícitos que pode ser contornado por um período de tempo razoável;
- **melhoria de menor porte** – aperfeiçoamento do produto, de grande utilidade para os usuários, que pode ser efetuado com custo, prazo e risco pequenos;
- **melhoria de maior porte** – aperfeiçoamento do produto, que apresenta utilidade mais remota para os usuários, ou que não pode ser efetuado com custo, prazo ou risco pequenos.

Correções urgentes podem acarretar um procedimento de exceção de manutenção de emergência, conforme estiver estabelecido no processo adotado. A rejeição da solicitação ocorre quando se identifica que se trata de uma melhoria de maior porte, ou que o problema não é de manutenção. Esse último caso pode dar origem a outro tipo de encaminhamento, como o acionamento do suporte aos usuários, dentro da atividade de **Operação e suporte** (**Engenharia de sistemas**). As solicitações rejeitadas podem ser guardadas para um registro histórico, para futura referência.

A incorporação em lote pode acontecer quando uma correção não urgente é adiada para ser realizada em um lote de alterações correlatas, em ocasião posterior. Quando um lote se completa, ou se identifica uma correção normal ou uma melhoria de menor porte, prossegue-se a análise do problema. A **Solicitação de modificação** é validada, e passa a tramitar dentro do **Sistema de manutenção**, tipicamente implantado com ferramenta similar à ferramenta usada para **Resolução de defeitos**, **Resolução de problemas** e **Alteração de requisitos**.

Um registro de **Solicitação de modificação** validada contém tipicamente:

- descrição do problema que motivou a solicitação;
- dados para replicação do problema, em caso de manutenção corretiva;
- avaliação preliminar e classificação da solicitação;
- prioridade inicial;
- estimativas iniciais de esforços.

2.3.5 Negociação da manutenção

Com a negociação, fazem-se análises mais completas da solicitação: uma análise de viabilidade, que determina a viabilidade e os aspectos gerenciais, e, se a manutenção solicitada for considerada viável, uma análise detalhada, determinando-se suas consequências técnicas. São identificados os itens possivelmente afetados pela manutenção, ouvindo-se os seus proprietários, quando necessário. São produzidos um relatório de viabilidade que, em caso de viabilidade, pode ser complementado por um relatório detalhado de análise.

A estimativa de custo e prazo de uma solicitação de manutenção pode ser complexa, o que torna indispensável o uso de uma base de dados históricos. A complexidade de uma alteração solicitada pode ser medida em pontos de função de melhoria (*enhancement function points*) [IFPUG05, Longstreet02]. A produtividade, entretanto, varia com muitos fatores, principalmente o tamanho físico do produto, medido em linhas de código ou, possivelmente, alguma métrica adicional de complexidade estrutural.

Na negociação da solicitação, o **Gerente do produto** decide com o representante dos usuários se a manutenção será efetuada ou não, tendo em vista as conclusões desse relatório e os custos e prazos estimados. Dependendo do custo e dos riscos, pode ser necessário ouvir um nível superior de decisão no **Cliente**. Caso se autorizem as alterações analisadas, solicita-se ao **Administrador de configurações** a liberação dos itens afetados da linha de base do produto. Caso a execução não seja autorizada, executa-se a rejeição da solicitação.

2.3.6 Gestão de configurações na manutenção

Alguns procedimentos de **Gestão de configurações** são específicos da atividade de manutenção. O tratamento de solicitações de manutenção requer procedimentos de **Gestão de configurações** mais rigorosos que os adotados durante o desenvolvimento, já que é efetuado sobre produtos em operação. A manutenção malconduzida pode, além de não resolver os problemas existentes, introduzir novos defeitos e rebaixar, de maneira geral, a qualidade de um produto.

Para atingir esses objetivos gerais, o **Processo de manutenção** usa as práticas de **Gestão de configurações**, visando a garantir os seguintes objetivos específicos:

- que todas as unidades de todos os produtos sejam colocadas e controladas como itens de configuração;
- que esses itens sejam organizados em linhas de base, que representam estados significativos e consistentes de cada produto;
- que todas as alterações a itens de cada produto sejam controladas e verificadas;
- que toda a história das modificações de cada item de cada produto seja recuperável e auditável;
- que todos os membros da equipe de manutenção e demais interessados em cada produto tenham fácil acesso a versões oficiais atualizadas de todos os respectivos resultados e itens.

A linha de base de manutenção consiste em um ou mais itens de configuração cujo conjunto constitui um estado significativo e consistente de produto de software. As linhas de base de manutenção são colocadas em repositórios de produtos. O processamento de solicitações de manutenção resulta em alterações na linha de base corrente do produto. A reconstrução de produtos para instalação no ambiente do cliente deve sempre ser feita a partir das linhas de base correntes, de acordo com as instruções armazenadas nestas.

A política de manutenção da organização deve prever quando ocorrerá a criação de nova linha de base de produto. Uma política de linhas de base semelhante à dos projetos de desenvolvimento pode ser aplicável, usando-se linhas de base de trabalho para manutenções de rotina e linhas de base oficiais para versões estáveis de referência. Uma ocasião razoável para a criação de uma linha de base oficial ocorre quando é processado um lote maior de solicitações; conforme a prática da organização, o material resultante é identificado por números terciários e quaternários, ou por pacotes de serviço (*service packs*).

6

Engenharia de Processos

1 PRINCÍPIOS

1.1 Introdução

Os processos realizam a integração do conjunto de métodos e padrões aplicáveis às disciplinas da engenharia de software. Um **processo definido** *"tem uma descrição que é mantida, e contribui produtos de trabalho, medidas e outras informações de melhoria de processos para o patrimônio de processos da organização"* [CMMI10]. Processos publicados, como é o caso do **Praxis**, do **RUP** e de muitos outros, são processos definidos que publicam essa descrição em formatos de utilização fácil, como livros e hipertextos.

Um processo publicado pode ser suficiente como instrumento de estudo e aprendizado, mas, para passar à prática de uma organização produtora de software, qualquer processo deve ser complementado e personalizado. Devem ser adicionados novos padrões que cubram aspectos específicos das aplicações, da tecnologia, dos métodos gerenciais e até da cultura da organização. Nenhum processo é perfeito para qualquer organização, qualquer tecnologia e qualquer aplicação. Mesmo os processos de fabricantes comerciais requerem um esforço considerável de adaptação. A disciplina de **Engenharia de processos** trata da adaptação, da manutenção e do desenvolvimento dos próprios processos, assim como das tecnologias e do treinamento que dão suporte a esses processos.

Os objetivos primários da **Engenharia de processos** são:

- estabelecer responsabilidades pela melhoria dos processos de software da organização;
- aferir, desenvolver, manter, adaptar e melhorar os processos de software da organização;
- desenvolver e manter um **patrimônio de processos da organização**, que apresente os processos em formatos e estruturas orientados para o uso;
- coletar a experiência dos projetos realizados, de forma a contribuir para a melhoria constante dos processos;
- facilitar o uso do **patrimônio de processos da organização** e comunicar seus resultados importantes aos membros das equipes dos projetos;
- **desenvolver novos processos** de software, sempre que necessário.

Neste livro, a disciplina de **Engenharia de processos** cobre também as atividades de gestão do treinamento, da tecnologia e de métricas, que estão estreitamente ligadas à operação e à evolução dos processos de software. Essas atividades tipicamente têm por âmbito a organização como um todo, e não projetos específicos. Conceitualmente, o fluxo das atividades de **Engenharia de processos** só chega ao fim quando a organização se extingue.

As atividades de **Engenharia de processos** correspondem às áreas de processos dos níveis superiores do **CMMI**. As áreas de gestão de processos do nível 3 (Tabela 6.1) representam o mínimo que deve ser executado por uma organização que se proponha a trabalhar com processos definidos. A gestão das métricas fornece as bases para as áreas de gestão quantitativa de processos do nível 4 (Tabela 6.2). Uma organização nível 5 procura otimizar seus processos, e, para isso, deve incorporar as práticas da Tabela 6.3 a sua rotina; entretanto, mesmo que a execução delas não possa ainda ser considerada rotineira, elas podem beneficiar qualquer organização com processos definidos.

TABELA 6.1 Áreas referentes a processos do nível 3 do CMMI

ÁREA DE PROCESSO	METAS ESPECÍFICAS	PRÁTICAS ESPECÍFICAS
Focalização dos Processos da Organização	Determinar oportunidades de melhoria de processos.	Estabelecer necessidades de processos organizacionais.
		Avaliar os processos da organização.
		Identificar as melhorias dos processos da organização.
	Planejar e implementar atividades de melhoria de processos.	Estabelecer planos de ação de processos.
		Implementar planos de ação de processos.
	Implantar o patrimônio de processos organizacionais e incorporar as lições aprendidas.	Implantar o patrimônio de processos organizacionais.
		Implantar os processos padronizados.
		Monitorar a implementação.
		Incorporar a experiência relacionada com processos ao patrimônio de processos organizacionais.
Definição dos Processos da Organização	Estabelecer o patrimônio de processos organizacionais.	Estabelecer processos-padrão.
		Estabelecer descrições de modelos de ciclo de vida.
		Estabelecer critérios e diretrizes para personalização.
		Estabelecer o repositório de medidas da organização.
		Estabelecer a biblioteca do patrimônio de processos da organização.
		Estabelecer padrões de ambiente de trabalho.
Treinamento da Organização	Estabelecer uma capacitação organizacional em treinamento.	Estabelecer as necessidades estratégicas de treinamento.
		Determinar que necessidades de treinamento são de responsabilidade da organização.
		Estabelecer um plano tático de treinamento da organização.
		Estabelecer a capacitação em treinamento.
	Fornecer o treinamento necessário.	Ministrar o treinamento.
		Estabelecer os registros de treinamento.
		Aferir a eficácia do treinamento.

TABELA 6.2 Áreas do nível 4 do CMMI

ÁREA DE PROCESSO	METAS ESPECÍFICAS	PRÁTICAS ESPECÍFICAS
Desempenho dos Processos da Organização	Estabelecer linhas de base e modelos de desempenho.	Selecionar processos.
		Estabelecer medidas de desempenho.
		Estabelecer objetivos de qualidade e desempenho de processos.
		Estabelecer linhas de base de desempenho de processos.
		Estabelecer modelos de desempenho de processos.
Gestão Quantitativa de Projetos	Gerir quantitativamente o projeto.	Estabelecer os objetivos do projeto.
		Compor o processo definido.
		Selecionar os subprocessos que serão geridos estatisticamente.
		Monitorar o desempenho do projeto.
	Gerir estatisticamente o desempenho dos subprocessos.	Selecionar medidas e técnicas analíticas.
		Aplicar métodos estatísticos para entender as variações.
		Monitorar o desempenho dos subprocessos selecionados.
		Registrar os dados de gestão estatística.

TABELA 6.3 Áreas do nível 5 do CMMI

ÁREA DE PROCESSO	METAS ESPECÍFICAS	PRÁTICAS ESPECÍFICAS
Inovação e Implantação na Organização	Selecionar melhorias.	Coletar e analisar propostas de melhoria.
		Identificar e analisar inovações.
		Executar pilotos de melhoria.
		Selecionar melhorias para implantação.
	Implantar melhorias.	Planejar a implantação.
		Gerir a implantação.
		Medir os efeitos da melhoria.
Análise e Resolução de Causas	Determinar as causas dos defeitos.	Selecionar dados sobre defeitos para análise.
		Analisar as causas.
	Tratar das causas dos defeitos.	Implementar as propostas de ação.
		Avaliar os efeitos das mudanças.
		Registrar dados.

1.2 Papéis

1.2.1 Papel da gerência de processos

Para que a **Engenharia de processos** seja efetivamente realizada, é necessário que exista um setor da organização responsável por ela, a que chamaremos **Gerência de processos**. Esse setor tem objetivos estratégicos, de melhoria da organização a prazo mais longo, e, por isso, não deve assumir responsabilidades pela execução dos projetos, que têm objetivos de curto prazo. Por outro lado, a **Gerência de processos** tem papel importante em assessorar as equipes e gerentes dos projetos, para que apliquem de forma correta e adequada os processos pertinentes.

As atribuições da **Gerência de processos** incluem:

- desenvolver e manter os padrões de software da organização;
- desenvolver e manter os processos padrão de software da organização;
- desenvolver e manter, juntamente com as áreas interessadas, os processos personalizados da organização;
- desenhar, implementar, implantar e manter as bases de dados históricos de processos da organização;
- desenhar, implementar, implantar e manter uma biblioteca de documentação sobre processos da organização;
- dar suporte ao treinamento em processos das equipes de projeto e pessoal de suporte;
- coordenar a divulgação de informação sobre processos para as equipes de projeto e pessoal de suporte.

O responsável técnico por atividades relativas aos processos, integrante da equipe da **Gerência de processos**, é o **Engenheiro de processos**. Ele deve ser um desenvolvedor experiente, proficiente em nível de síntese nas técnicas da disciplina de **Engenharia de processos**, com domínio completo das técnicas dessa disciplina, de referências da engenharia de software como a **UML** e o **CMMI** e dos modelos e ferramentas adotados para descrição de processos, como o **SPEM** e o **EPF**. Deve dominar em nível analítico todas as demais disciplinas da engenharia de software, e possuir nível de compreensão em disciplinas correlatas da **Ciência da computação**, como linguagens formais, algoritmos e estruturas de dados, arquiteturas, bancos de dados, comunicação e fatores humanos; em áreas matemáticas relacionadas, como matemática discreta, probabilidade e estatística; e em áreas gerenciais e de engenharia da produção.

Um **Gerente de processos,** além da capacitação como **Engenheiro de processos**, deve ter proficiência, experiência e habilidades gerenciais, dominando técnicas de planejamento, controle, comunicação, negociação e similares.

1.2.2 Papel da diretoria

A **Diretoria** deve pessoalmente patrocinar e supervisionar as atividades de engenharia de processos da organização. Sem esse patrocínio ativo, o sucesso dessas atividades é pouco provável. Para isso, ela deve:

- demonstrar, para os gerentes e as equipes dos projetos, seu comprometimento com as atividades de melhoria dos processos;

Capítulo 6

- estabelecer planos de longo prazo para a melhoria dos processos, com comprometimento de recursos financeiros, de pessoal e outros;
- estabelecer estratégias para gerir e implementar as atividades de melhoria dos processos;
- assegurar que os processos da organização suportem os seus objetivos e estratégias gerenciais;
- recomendar prioridades no desenvolvimento e aperfeiçoamento de processos;
- participar do estabelecimento de planos para desenvolvimento e aperfeiçoamento dos processos, coordenando a participação dos demais níveis de gerência;
- avaliar a estratégia, as prioridades e os resultados das atividades de gestão de tecnologia.

A **Gerência de processos** deve enviar à **Diretoria** relatórios de acompanhamento de processos, cujos dados serão repassados para o repositório de medidas da organização. Esses relatórios devem mostrar:

- resumo das atividades de engenharia de processos, comparando-se o previsto e o realizado;
- esforços previstos e realizados das atividades de engenharia de processos;
- resultados de aferições de processos, quando forem feitas;
- resumo e principais resultados das avaliações de novas tecnologias realizadas;
- resultados obtidos na implementação de mudanças de tecnologia, comparados com as metas dessas mudanças.

As atividades para desenvolvimento e aperfeiçoamento de processos de software devem ser revistas periodicamente pela **Diretoria**. Nessas revisões, possíveis ações incluem:

- revisão do progresso e do status das atividades de engenharia de processos, comparando-se o previsto com o realizado;
- tratamento de conflitos e problemas relativos a processos, não resolvidos nos níveis mais baixos;
- atribuição das ações necessárias a responsáveis, com acompanhamento até a resolução total dos problemas.

Quanto à **Gestão do treinamento**, a **Diretoria** deve dar apoio e patrocínio ao planejamento e à execução do **Programa de treinamento**. O **Programa de treinamento** deve ser avaliado periodicamente pela **Diretoria**, focalizando-se:

- consistência e relevância, do ponto de vista das necessidades da organização;
- custos, benefícios, riscos e conflitos;
- providências necessárias para a resolução dos problemas encontrados.

As **Auditorias da organização (Gestão da qualidade)** devem incluir as atividades e os resultados de engenharia de processos de software da organização, produzindo um relatório para a **Diretoria**. Esse tipo de auditoria deve verificar se:

- as atividades de engenharia de processos de software são realizadas de acordo com os padrões estabelecidos na política de engenharia de processos;
- o patrimônio de processos da organização está sendo adequadamente controlado e usado.

1.3 Política

A política típica de engenharia de processos prevê a seguinte lista de práticas básicas:

- Deve existir um setor (como a **Gerência de processos**) responsável pelas atividades relativas a processos da organização.
- Os processos devem ser aferidos periodicamente.
- A organização deve desenvolver e manter planos de melhoria de processos, que devem tratar dos problemas encontrados nas aferições.
- Devem existir bases de dados históricos de processos, mantidas no nível da organização.
- Novos processos, métodos e ferramentas, disponíveis dentro e fora da organização, devem ser monitorados, avaliados e transferidos para as partes da organização em que tiverem utilidade comprovada.
- O treinamento em processos deve ser coordenado no nível da organização.
- Devem existir mecanismos permanentes de comunicação entre os grupos da organização, relativos aos processos.
- O desenvolvimento e a manutenção do processo padrão de software da organização devem ser feitos de forma padronizada.
- Os processos padrão da organização devem ser documentados de forma padronizada.
- Os processos padrão da organização devem descrever os tipos de ciclo de vida que podem ser adotados nos projetos da organização.
- A produção de processos personalizados para determinados tipos de projetos deve ser feita de forma padronizada.
- Uma biblioteca de documentação relacionada com processos deve ser estabelecida e mantida.

1.4 Variações

Dificilmente uma organização desenvolvedora de software pode deixar de executar as tarefas descritas adiante, por menores que sejam. O que pode acontecer, em organizações pequenas, é executá-las de maneira informal, possivelmente dividindo-as entre os integrantes da equipe. Umas poucas tarefas, como a **Aferição de processo**, o **Desenvolvimento de norma**, a **Personalização de recursos tecnológicos**, a **Aferição das proficiências** e a **Análise quantitativa dos processos**, assim como as tarefas de **Desenvolvimento de processos**, exigem conhecimento mais especializado, que pode não estar disponível em organizações menores.

Organizações que queiram executar processos mais ágeis precisarão executar a **Personalização de processo**, se quiserem ter processos definidos. Nesse caso, é recomendável que consultem as extensões do **OpenUp** para processos ágeis, disponíveis no sítio de distribuição da plataforma **EPF**.

Por outro lado, organizações maiores precisarão personalizar essa disciplina, no mínimo, para definir os detalhes de muitos artefatos, já que, na maioria dos casos, nos limitamos aqui a sugerir os aspectos principais de seu conteúdo. Em processos apropriados para inovações técnicas de grande porte, como os processos citados de **Inovação técnica**, os artefatos e algumas das tarefas são definidos em nível de detalhe bem maior do que aqui.

Capítulo 6

2 TÉCNICAS

2.1 O patrimônio de processos da organização

2.1.1 Visão geral

O **patrimônio de processos da organização** consiste no *"conjunto dos artefatos relacionados com a descrição, implementação e melhoria dos processos da organização"* [CMMI10]. Segundo o **CMMI**, o termo indica que esses artefatos são adquiridos ou desenvolvidos para atender aos objetivos de negócio da organização, representando investimentos dos quais se espera retorno no presente e no futuro.

O **patrimônio de processos da organização** tipicamente consta dos seguintes itens:

- o conjunto de processos padrão da organização;
- o conjunto de processos personalizados da organização;
- padrões de produto e processo;
- exemplos, gabaritos e listas de conferência para os artefatos;
- sítios de suporte e outros recursos de comunicação interna;
- o repositório de medidas da organização.

A Tabela 6.4 apresenta uma lista de definições de termos relacionados com o **patrimônio de processos da organização**. A maioria dessas definições é adaptada do **CMMI**.

TABELA 6.4 Definições relativas a processos

TERMO	DEFINIÇÃO
Atributo de processo	Uma expressão mensurável de capacidade de processo, aplicável a qualquer processo.
Biblioteca do patrimônio de processos da organização	Biblioteca de informação usada para armazenar e disponibilizar os elementos de patrimônio de processos utilizados para definir, implementar e gerir os processos da organização.
Conjunto de processos padrão da organização	Coleção das descrições de processos que guiam as atividades de uma organização, definem os elementos desses processos e são incorporadas nos processos definidos usados na organização.
Diretrizes de personalização	Diretrizes organizacionais que devem ser seguidas na personalização dos processos.
Linha de base de desempenho do processo	Caracterização documentada dos resultados atingidos por um processo, usada para comparar o desempenho real com o esperado.
Melhoria de processos	Programa de atividades com o objetivo de melhorar o desempenho e maturidade dos processos da organização.
Metamodelo do processo	Modelo que define os conceitos usados na **Descrição do processo**.
Modelo de desempenho do processo	Descrição dos relacionamentos entre atributos de um processo e de seus produtos de trabalho, desenvolvida a partir de dados históricos de desempenho do processo e calibrada com as medidas de processo e produto, que é usada para predizer resultados da aplicação de um processo.

(continua)

Engenharia de Processos **299**

TABELA 6.4 Definições relativas a processos (*continuação*)

TERMO	DEFINIÇÃO
Objetivos de negócio da organização	Estratégias desenvolvidas pela Diretoria para garantir a existência contínua da organização, e melhorar-lhe a lucratividade, a fatia de mercado e outros fatores de sucesso.
Patrimônio de processo	Tudo o que uma organização considera útil para atingir as metas de uma área de processo.
Patrimônio de processos da organização	Conjunto dos artefatos relacionados com a descrição, implementação e melhoria dos processos da organização.
Perfil	Definição de um conjunto limitado de adições a um metamodelo de base, para adaptá-lo a uma plataforma ou um domínio específicos.
Personalização de processo	Criação, alteração ou adaptação de uma descrição de processo, para um objetivo específico.
Proprietário do processo	Pessoa responsável por definir e manter um processo.
Repositório de medidas da organização	Repositório usado para armazenar e colecionar dados medidos sobre processos e produtos de trabalho, principalmente aqueles pertinentes ao processo padrão da organização.

2.1.2 Biblioteca de processos

A **Biblioteca do patrimônio de processos da organização**, ou, abreviadamente, **Biblioteca de processos**, contém o material concreto dos processos. Ela serve de base para as atividades de capacitação da organização e suporte ao uso dos processos. Esse material é formado pelos artefatos de processo e inclui, entre outros, os seguintes itens, referentes ao conjunto de processos padrão e aos processos personalizados aprovados:

- descrições dos processos;
- metamodelos UML dos processos;
- perfis UML aplicáveis aos modelos suportados pelos processos;
- orientações aplicáveis aos processos e seus elementos de conteúdo;
- gabaritos e listas de conferência, desenvolvidos para facilitar o uso dos processos;
- extensões e suplementos (*plug-ins*) das ferramentas utilizadas, relacionadas com os processos;
- material de treinamento em processos e tecnologias;
- exemplos de utilização dos processos;
- itens de informação sobre processos e tecnologia que sejam de interesse das equipes dos projetos e das atividades de suporte.

É conveniente que qualquer setor possa submeter itens candidatos a inclusão na biblioteca; cabe à **Gerência de processos** revisá-los, decidir a respeito da sua inclusão e, caso aprovados, colocá-los no formato apropriado. Todos os itens da biblioteca devem ser mantidos sob gestão de configurações. A **Gerência de processos** deve medir o uso dos itens da biblioteca e usar essas medidas para decidir sobre a retenção e a organização dos itens. Descrições de processo e orientações pertinentes ao conjunto de processos padrão e aos processos personalizados devem ser mantidas enquanto estiverem em vigor. A consulta a elas deve ser medida, para fins informativos, como a avaliação da frequência de consultas por parte das equipes, que é um possível indicador de quanto o processo real está seguindo o processo oficial.

A biblioteca deve ser colocada on-line, em meios de fácil acesso para as equipes dos projetos e das atividades de suporte. Os direitos de acesso para cada classe do material, entretanto, deverão ser limitados ao que for autorizado pela **Diretoria**. São exemplos de categorias que tipicamente têm diferentes direitos de acesso: membros da equipe de processos; participantes de projetos de inovação técnica; membros regulares das equipes dos projetos e das atividades de suporte; estagiários; membros de organizações parceiras; estudantes; público em geral.

Tipicamente, os artefatos da biblioteca estarão disponíveis em um formato adequado. Grupos que têm permissão apenas para consulta, como é o caso da maioria, devem ter acesso em formatos que permitam visualização conveniente, mas sem recursos de edição. Para artefatos que são usados em versão em papel, como normas, exemplos de documentos e relatórios e material de treinamento em geral, o formato PDF é conveniente; para artefatos que normalmente são consultados on-line, com navegação não linear, como modelos, o formato HTML (estático ou gerado) é mais adequado. Gabaritos devem ser fornecidos no formato determinado pela respectiva ferramenta.

Grupos que têm acesso de autoria, como os membros da equipe de processos e participantes de projetos de inovação técnica, devem, naturalmente, ter acesso aos formatos originais dos artefatos. Para os usuários dos processos, geralmente descrições em HTML são suficientes. A Tabela 6.5 mostra alguns exemplos. As Figuras 6.1 e 6.2 exemplificam uma descrição de processo dentro do EPF e a versão HTML gerada pela mesma descrição.

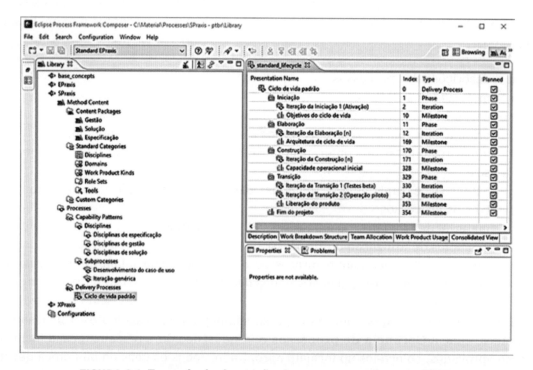

FIGURA 6.1 Exemplo de descrição de processo no formato **EPF**.

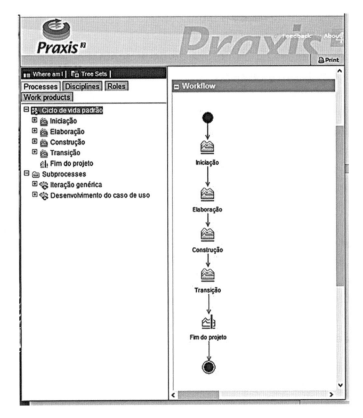

FIGURA 6.2 Exemplo de descrição de processo no formato HTML.

TABELA 6.5 Formatos de material da **Biblioteca de processos**

TIPO DE MATERIAL	FORMATO PARA OS AUTORES	FORMATO PARA OS USUÁRIOS
Descrições do processo	Biblioteca EPF	Hipertexto HTML gerado
Modelos UML (exemplos, plataformas)	Arquivos das ferramentas de modelagem	Hipertexto HTML gerado
Código de plataformas reutilizáveis	Fontes Java	Hipertexto HTML gerado por Javadoc

2.1.3 Suporte aos processos

A **Gerência de processos** deve dar suporte à utilização dos processos no dia a dia dos projetos, mantendo as equipes dos projetos e atividades de suporte de software informadas sobre o desenvolvimento e o aperfeiçoamento dos processos da organização. Esse suporte abrange ações de comunicação, assessoria e orientação. Ações mais formalizadas de transmissão de conhecimento são tratadas na seção de **Gestão do treinamento**.

O suporte aos processos depende de comunicação eficaz, conseguida através de meios como:

- acesso controlado em redes locais;
- sítios localizados em intranets, com acesso possivelmente parcial pela internet;
- palestras;
- reuniões para intercâmbios de informação;
- discussões informais.

Capítulo 6

Os sítios de suporte a processos podem conter os seguintes elementos:

- mecanismos de acesso à biblioteca de documentação de processos;
- listas de perguntas frequentes;
- listas de discussão;
- mecanismos para registro de problemas de processos;
- mecanismos para recebimento de propostas de melhoria de processos;
- referências (hiperligações) a outras fontes de material de engenharia de software.

A **Gerência de processos** deve também assessorar os projetos sob demanda, fornecendo consultoria sobre assuntos relacionados com processos, tais como:

- interpretação de normas;
- instanciação dos processos;
- coleta, análise e interpretação de dados dos processos;
- relacionamento entre processos e tecnologias.

2.1.4 Manutenção de processos

A manutenção corretiva dos processos padrão e dos processos personalizados é feita pela **Gerência de processos**, a partir de problemas identificados no uso dos processos. Problemas típicos incluem defeitos de apresentação ou redação, inconsistências entre artefatos de processo e dificuldades de interpretação e uso.

A manutenção não inclui a adaptação dos processos a necessidades de projetos específicos, que é tratada na Subseção 2.2 - **Alteração de processos**. Geralmente, a manutenção pode ser realizada de maneira menos formal, em que os engenheiros de processos simplesmente realizam a manutenção sob demanda. As considerações de gestão de configurações, feitas no respectivo capítulo, são aplicáveis durante a manutenção e as alterações de processos.

2.1.5 Aferição de processos

Introdução

Os processos devem ser submetidos periodicamente a uma **aferição**, que é uma das formas de **apreciação de processos** definida pelo **CMMI** (Tabela 6.6). Os problemas levantados pelas aferições devem ser tratados através de planos de ação. Uma aferição completa dos processos da organização deve, tipicamente, ser conduzida a cada dois anos, tempo considerado razoável para a ascensão de um nível do **CMMI**. Se o número de projetos em curso for muito grande, deve ser selecionado um conjunto de projetos suficientemente representativo para funcionar como base da aferição. Evidentemente, não tem utilidade selecionar apenas os melhores projetos, como algumas organizações são acusadas de fazer em aferições oficiais. A aferição dos processos deve verificar os procedimentos documentados como política de processos da organização (**processos oficiais**), mas também os procedimentos tal como realmente são executados pelos projetos (**processos reais**).

O método de aferição aqui descrito é bastante mais simplificado do que os vários tipos de avaliações previstos em modelos como **MPS-BR**, **CMMI** ou **ISO-15504**. Entretanto, o resultado dessas aferições pode ser usado como indicativo preliminar da maturi-

Engenharia de Processos

TABELA 6.6 Apreciações de processos segundo o **CMMI**

TERMO	DEFINIÇÃO
Apreciação (de processo)	Exame de um ou mais processos por uma equipe treinada de profissionais, usando um modelo de referência de apreciação como base para determinar, pelo menos, seus pontos fortes e fracos.
Aferição	Apreciação que uma organização faz internamente com o objetivo de melhoria dos processos.
Avaliação de capacidade	Apreciação feita por uma equipe de profissionais treinados e usada como discriminador para selecionar fornecedores, para monitorar fornecedores em relação a um contrato, ou para determinar e conferir incentivos.

dade dos processos da organização. Se a aferição der um resultado positivo, a organização deve decidir se razões de negócio justificam o investimento requerido para contratar uma aferição oficial por uma organização aferidora, credenciada pelo SEI ou por outro organismo oficial.

O processo de aferição aqui descrito transcorre em três etapas. Na primeira, afere-se cada processo oficial adotado contra um modelo de referência, como o **CMMI** ou o **MPS-BR**. Na segunda, afere-se o processo real contra o processo oficial. Na terceira, afere-se o processo real contra o modelo, o que não representa uma simples combinação das partes anteriores da aferição, pois tipicamente os processos oficiais não contêm todos os elementos necessários para a execução dos processos reais. As aferições são conduzidas de acordo com listas de conferência para aferição de processos. A primeira etapa pode ser feita simplesmente pela análise do material dos processos oficiais, mas as etapas que envolvem os processos reais exigem levantamentos de campo, possivelmente com realização de entrevistas e reuniões com pessoas representativas dos projetos e grupos funcionais.

A aferição é conduzida por um **Grupo de aferição**, tipicamente formado por **Engenheiros de processo** e outros profissionais experientes. Pela importância da tarefa, é recomendável que o grupo seja chefiado pelo **Gerente de processos**.

Aferição do processo oficial

A aferição do processo oficial contra um modelo de referência é útil mesmo que a organização não pretenda uma aferição oficial. Como esses modelos são coleções de boas práticas reconhecidas, quando uma prática não é implementada pelo processo oficial deve, pelo menos, haver uma boa justificativa para isso. As listas de conferência para aferição, no processo padrão, descem apenas até o nível das práticas do modelo.

A Tabela 6.7 exemplifica uma aferição do processo **Praxis** contra o **CMMI**, em relação às práticas genéricas. A coluna **Status** conterá um código de status, definido na Tabela 6.8. A coluna **Referências no processo** documenta em que partes da **Descrição do processo** e de suas **Orientações** há referências à prática. Uma coluna de **Observações** documenta dados relevantes adicionais, como o que está faltando em práticas parcialmente implementadas, ou, mesmo nas completamente implementadas, o que falta para chegar à execução dos processos reais, já que essa parte da aferição trata apenas dos processos oficiais.

TABELA 6.7 Exemplo de aferição do processo oficial contra o modelo – práticas genéricas

META	PRÁTICA	*STATUS*	REFERÊNCIAS NO PROCESSO	OBSERVAÇÕES
Institucionalizar um processo gerido	Estabelecer uma política organizacional	I	A política como um todo é determinada pela Descrição do processo **Praxis** e pelo respectivo Livro de suporte.	Em várias disciplinas há referências explícitas ao papel da Diretoria quando à execução dos processos.
	Planejar o processo	I	A Descrição do processo pode ser usada para gerar planos detalhados.	A ferramenta EPF Composer pode gerar planos para o Microsoft Project.
	Fornecer os recursos	I	A Descrição do processo define os papéis. O Livro detalha os papéis e descreve e exemplifica ferramentas.	Os recursos efetivamente alocados dependerão da execução dos projetos.
	Atribuir as responsabilidades	I	A Descrição do processo define os papéis para cada tarefa. Para muitas disciplinas, o Livro define as responsabilidades.	As responsabilidades efetivamente alocadas dependerão da execução dos projetos.
	Treinar as pessoas	I	A atividade Gestão do treinamento, disciplina Engenharia de processos, define a condução do programa de treinamento.	O treinamento efetivamente fornecido dependerá da execução do programa de treinamento.
	Gerir as configurações	I	A Descrição do processo, em conjunto com o Livro, define os produtos de trabalho que constituirão os itens de configuração.	Os produtos de trabalho efetivamente colocados como itens de configurações dependerão do planejamento e da execução da Gestão de configurações.
	Identificar e envolver as partes interessadas	I	A Descrição do processo e o Livro definem a participação de desenvolvedores, equipe de suporte, gerente, clientes e usuários.	Definições adicionais de partes interessadas devem estar contidas nos planos de projeto.
	Monitorar e controlar o processo	I	A monitoração em nível operacional é tratada na disciplina de Gestão de projetos; em nível tático e estratégico, na disciplina de Engenharia de software.	-
	Avaliar objetivamente a aderência	I	A avaliação em nível operacional, tratada na atividade de Auditorias da Gestão da qualidade; em nível tático e estratégico, na disciplina de Engenharia de software.	-
	Rever o status com a direção superior	I	O Livro propõe as formas de participação da Diretoria na supervisão das atividades de várias disciplinas.	A maioria dos detalhes dessa participação é deixada para a prática da organização.

(continua)

TABELA 6.7 Exemplo de aferição do processo oficial contra o modelo – práticas genéricas (*continuação*)

META	PRÁTICA	STATUS	REFERÊNCIAS NO PROCESSO	OBSERVAÇÕES
Institucionalizar um processo definido	Estabelecer um processo definido	I	A Descrição do processo, em conjunto com o Livro, constitui a definição.	-
	Coletar informação para melhoria	I	Os relatórios definidos na atividade de Controle de projetos da Gestão de projetos visam também a coletar dados para a melhoria dos processos.	-
Institucionalizar um processo gerido quantitativamente	Estabelecer objetivos quantitativos	P	Na atividade de Gestão de métricas, da Engenharia de processos, é tratado o estabelecimento de objetivos quantitativos.	O estabelecimento dos objetivos efetivos é deixado para o Plano estratégico da organização.
	Estabilizar desempenho dos subprocessos	P	Nas atividades da disciplina Engenharia de processos é tratada a estabilidade dos processos.	A estabilização efetiva depende da implantação de controle estatístico de processos, não tratado em detalhe.
Institucionalizar um processo otimizante	Garantir a melhoria contínua	P	Na disciplina Engenharia de processos, principalmente no processo de Inovação técnica, são descritos os passos necessários.	A melhoria contínua efetiva depende do Plano estratégico da organização.
	Corrigir causas fundamentais de problemas	P	Na disciplina Engenharia de processos é tratada a análise causal.	A realização efetiva da análise causal depende de práticas a serem estabelecidas pela organização.

TABELA 6.8 Códigos para aferição de processos

CÓDIGO	DEFINIÇÃO
NA	Não avaliado
N	Não implementado
P	Parcialmente implementado
I	Implementado

TABELA 6.9 Exemplo de aferição do processo oficial contra o modelo – práticas específicas de **Gestão de requisitos**

META	PRÁTICA	*STATUS*	DISCIPLINAS	ATIVIDADES	OBSERVAÇÕES
Gerir requisitos	Obter entendimento dos requisitos	I	RQ	Todas as atividades da disciplina.	Esse é objetivo da disciplina como um todo.
	Obter compromisso com os requisitos	I	GP	Planejamento do projeto	Planejamento baseado nos requisitos modelados.
	Gerir alterações de requisitos	I	GA	Alteração de requisitos	-
	Manter rastreabilidade bidirecional dos requisitos	I	GP	Todas as atividades da disciplina.	Os modelos do problema e da solução mantêm a rastreabilidade bidirecional.
	Identificar inconsistências entre tarefas de projeto e requisitos	I	GP	Controle do projeto	Controle baseado nos requisitos modelados.

Para as práticas específicas, a aferição identifica as disciplinas e atividades correspondentes às práticas do modelo. A Tabela 6.9 exemplifica a aferição do **Praxis** padrão contra a prática de **Gestão dos requisitos** (sigla **REQM**) do **CMMI**. São preenchidas tabelas para todas as áreas de processo do modelo que se pretenda avaliar (ou seja, no caso de adoção de modelos em estágios, de todas as áreas do nível pretendido e de níveis inferiores).

Aferição do processo real

A aferição do processo real contra o processo oficial tem por objetivo determinar se o processo real está sendo realmente executado. Se uma tarefa prevista no processo oficial não está sendo executada, uma análise deve decidir se existem justificativas para isso, ou não. Se não existem, deve-se analisar por que não está sendo executada conforme o processo oficial (por exemplo, por meio da **análise causal**, descrita na próxima subseção), e tomar as providências necessárias para que isso aconteça. Se existem justificativas, então o processo oficial é que deve ser alterado para se adequar à realidade da organização. A Tabela 6.10 exemplifica a aferição do processo real contra o processo oficial, para uma disciplina específica.

Engenharia de Processos

TABELA 6.10 Exemplo de aferição do processo real contra o processo oficial - disciplina de **Requisitos**

ATIVIDADES	TAREFAS	*STATUS*	OBSERVAÇÕES
Identificação dos requisitos	Determinação do contexto	I	-
	Definição do escopo	I	-
	Definição dos requisitos	I	-
	Priorização dos requisitos	I	Nem sempre é feita em todos os projetos.
Levantamento dos requisitos	Prototipagem dos requisitos	I	-
	Levantamento dos requisitos funcionais	P	Em alguns projetos, requisitos funcionais têm sido incorretamente identificados como requisitos de outros tipos.
Detalhamento dos requisitos	Detalhamento dos requisitos de interface	I	-
	Detalhamento dos requisitos não funcionais	P	Nem sempre são levantados todos os requisitos pertinentes.
Inspeção dos requisitos	Preparação de inspeção	I	-
	Reuniões de inspeção	I	Geralmente estão sendo conduzidas na forma de revisões e não de inspeções.
	Retrabalho	P	Nem todas as anomalias apontadas estão sendo corrigidas ou justificadas.
	Conferência do retrabalho	I	-
Publicação dos requisitos	Geração da especificação	I	-
	Revisão técnica da especificação dos requisitos	P	Está sendo feita, na maioria dos projetos, apenas revisão informal.
	Apresentação da especificação	I	-

Finalmente, a aferição do processo real contra o modelo completa os procedimentos de aferição. Ela deve ser consistente com as etapas anteriores, mas tipicamente acrescenta mais informação, ao focalizar diretamente os pontos em que o processo real possa estar discrepante do modelo. O nível de maturidade realmente atingido por uma organização, em relação ao modelo, depende de fatores que são específicos de cada organização, e que são importantes na prática, ainda que não sejam contemplados diretamente no processo oficial.

Na preparação para as aferições oficiais, esse tipo de aferição será o mais importante. A Tabela 6.11 ilustra a aferição do processo real contra o modelo, para uma área de processo específica. Note-se que agora as práticas genéricas devem ser aferidas para cada área de processo, até o nível do modelo que a organização pretenda atingir, oficialmente ou não. No exemplo, supõe-se que a organização aferida pretenda atingir o nível 3 do **CMMI**, sendo, por isso, aferidas as práticas genéricas desse nível.

TABELA 6.11 Exemplo de aferição do processo real contra o modelo – práticas específicas de **Gestão de requisitos**

META	PRÁTICA	*STATUS*	OBSERVAÇÕES
Institucionalizar um processo gerido	Estabelecer uma política organizacional	I	-
	Planejar o processo	I	-
	Fornecer os recursos	I	-
	Atribuir as responsabilidades	I	-
	Treinar as pessoas	P	Há desconhecimento de alguns gerentes e desenvolvedores em relação a alguns aspectos da área.
	Gerir as configurações	I	-
	Identificar e envolver as partes interessadas	I	-
	Monitorar e controlar o processo	P	A monitoração dos requisitos nem sempre está sendo feita nos **Relatórios de projeto**, conforme previsto no processo.
	Avaliar objetivamente a aderência	P	Nem sempre as anomalias nas **Auditorias da qualidade** estão sendo corrigidas ou justificadas.
	Rever o status com a direção superior	P	Em consequência da monitoração insuficiente, a Diretoria não está completamente informada.
Institucionalizar um processo definido	Estabelecer um processo definido	I	-
	Coletar informação para melhoria	P	Em consequência da monitoração insuficiente, nem toda a informação prevista no processo está sendo coletada.
Gerir requisitos	Obter entendimento dos requisitos	P	Alguns requisitos funcionais e não funcionais não estão sendo levantados.
	Obter compromisso com os requisitos	I	-
	Gerir alterações de requisitos	P	Nem sempre as tarefas previstas de **Alteração de requisitos** estão sendo executadas como previstas no processo.
	Manter rastreabilidade bidirecional dos requisitos	I	-
	Identificar inconsistências entre tarefas de projeto e requisitos	I	-

2.2 Alteração de processos

2.2.1 Identificação de alterações

A identificação de necessidades de alteração pode decorrer das próprias atividades de gestão do patrimônio de processos. Essas necessidades podem ser identificadas, por exemplo, na análise dos relatórios finais dos projetos, dos relatórios das apreciações e de outros relatórios da organização. Oportunidades podem também ser percebidas durante a pesquisa sobre processos em geral, que deve ser uma atividade permanente da equipe de processos. Essa atividade inclui o estudo de processos disponíveis utilizados externamente, comparando-os com os utilizados na organização, assim como o esforço sistemático para manter-se a par de pesquisas relevantes e tendências em processos.

A identificação pode também ser feita pelos usuários dos processos, refletindo necessidades identificadas pelas equipes dos projetos, ou em atividades de garantia da qualidade (por exemplo, nos tópicos de processo nos **Relatórios das apreciações**). Pode também resultar de problemas de processos identificados na manutenção dos processos, ou nas atividades de **Resolução de defeitos (Gestão da qualidade)** ou **Resolução de problemas (Gestão de projetos)**.

Tal como as atividades acima mencionadas, o processamento de alterações de processos pode ser tratado de forma conveniente por um miniprocesso suportado por uma ferramenta similar de fluxo de trabalho. Em tal miniprocesso, a proposição de uma alteração seria iniciada pelo preenchimento de uma **Solicitação de alteração de processo**. Essa solicitação identifica os problemas que se pretende resolver, os benefícios potenciais da alteração e seus possíveis prazos, custos e consequências.

2.2.2 Inadequação de processos

Alterações de processos devem ser feitas sempre que os processos existentes não forem adequados para a execução de um grupo bem definido de projetos. São exemplos de sintomas de inadequação de um processo:

- os produtos resultantes apresentam níveis insatisfatórios de qualidade;
- as estimativas de prazos e custos têm baixa acurácia;
- o acompanhamento do previsto contra o realizado é difícil;
- o *overhead* de planejamento e controle é excessivo;
- as equipes dos projetos têm dificuldades em aprender e executar os processos.

Por outro lado, é preciso verificar se a alteração de processo é realmente necessária, e não um problema decorrente, por exemplo, de uma das seguintes causas:

- deficiência de entendimento dos processos atuais;
- deficiência de prática dos processos atuais;
- deficiência de treinamento;
- deficiência de ferramentas;
- deficiência de assistência por parte da **Gerência de processos**.

Problemas dessa natureza podem ser resolvidos pela atividade de **Suporte aos processos**, ou mesmo por atividades de gestão de tecnologia e de treinamento, descritas em subseções posteriores. Em caso de dúvidas sobre as causas dos problemas encontrados, pode ser usada uma técnica mais formal de diagnóstico, executando-se a atividade de **Análise causal**. Dependendo dos resultados, pode-se concluir pela necessidade de uma **Personalização de processo**, ou mesmo de uma ação de **Desenvolvimento de norma**. Essas atividades são explicadas nas subseções seguintes.

2.2.3 Análise causal

A determinação das causas de problemas encontrados é feita através da **análise causal**. As causas primárias do problema são determinadas e, em seguida, as causas secundárias, até se chegar às **causas fundamentais**[1] (*root causes*), que possam ser eliminadas por meio de ações concretas. O resultado dessa análise é documentado em **diagramas de causa e efeito**, também chamados de **diagramas de Ishikawa** ou **diagramas de espinha de peixe** (Figura 6.3).

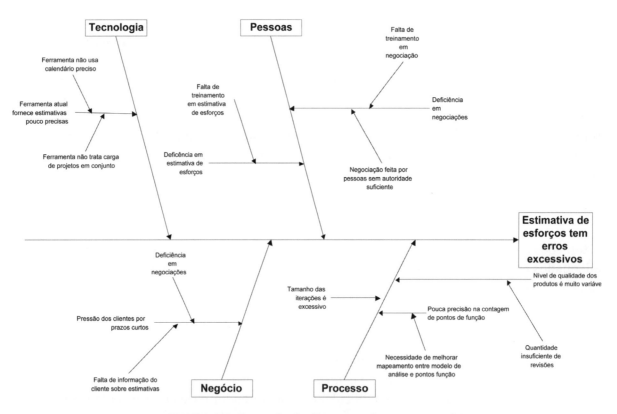

FIGURA 6.3 Exemplo de diagrama de causas e efeitos.

As análises causais partem dos seguintes princípios:

- Tratar das causas é mais eficaz do que tratar dos sintomas, tanto mais quanto mais fundamental for a causa.
- Geralmente, problemas têm múltiplas causas, cujos relacionamentos entre si e com o problema devem ser descobertos.
- As análises devem ser efetuadas de forma sistemática, por meio de reuniões estruturadas.

---

[1] Em algumas referências, a técnica é chamada de **análise das causas fundamentais**.

- As conclusões das análises causais devem ser adequadamente documentadas.
- As análises devem levar à formulação de propostas de ação.
- As ações devem ser implantadas e levadas completamente a termo.
- Os efeitos da implantação das ações devem ser avaliados e registrados.

A realização de análises causais pode ser feita em um tipo específico de reuniões estruturadas. Uma técnica para a realização dessas reuniões é descrita por Watts Humphrey [Humphrey90]. A frequência das reuniões é tanto maior quanto mais madura a organização. Para organizações iniciantes, análises causais devem ser realizadas quando problemas mais sérios são identificados (por exemplo, nas atividades de **Resolução de problemas**). Para organizações mais maduras, pode ser conveniente torná-las parte de determinadas rotinas. Por exemplo, Tom Gilb e Dorothy Graham [Gilb+93] propõem que as análises causais sejam incorporadas rotineiramente ao pós-processamento das inspeções.

2.2.4 Personalização de processos

Visão geral

A **personalização** de um processo consiste na criação, alteração ou adaptação de uma **Descrição de processo**, para um objetivo específico. Os processos personalizados podem ser mais simples ou mais complexos que o processo padrão, dependendo de quais elementos (disciplinas, atividades, iterações, tarefas, produtos de trabalho, papéis ou orientações) são adicionados, alterados ou retirados.

A adição de elementos do processo geralmente decorre de características específicas de certos projetos. Por exemplo, uma carga significativa de tarefas de modelagem de processos de negócio ou criação de conteúdo pode requerer que disciplinas bem-definidas sejam criadas para essas tarefas, em lugar de tratá-las de maneira simplificada dentro da **Engenharia de sistemas**. Como outro exemplo, pode-se requerer processos para o desenvolvimento de sistemas compostos de vários produtos, desenvolvidos em projetos separados. O uso de tecnologias específicas, como as tecnologias aplicáveis à Web, pode demandar elementos de processos específicos para o tratamento dos recursos delas.

A simplificação do processo deveria, idealmente, ocorrer quando a equipe do projeto é experiente e menos dependente de processos formalizados, a área de aplicação e as tecnologias usadas são bem dominadas, os produtos são mais simples ou o relacionamento com os clientes é baseado mais em confiança e menos em compromissos formais. Em suma, isso acontece na gama de situações em que os processos ágeis são mais aplicáveis. Por outro lado, processos simplificados podem ser necessários durante a implantação dos processos, principalmente quando a equipe não está devidamente capacitada para uso dos processos completos. Nessa situação, é grande o risco de que a implantação real dos processos jamais aconteça, e cabe à **Gerência de processos** e à **Diretoria** estarem bastante atentas ao problema.

Quando realmente necessária, a personalização de processo para um projeto específico deve ser solicitada pelo **Gerente de projeto**, durante a determinação do escopo do projeto, que faz parte da tarefa de **Planejamento geral do projeto**, da disciplina de **Gestão de projetos**. De maneira geral, é preciso verificar se uma personalização é realmente requerida. Problemas menores com os processos podem ser resolvidos por meio da atividade de **Gestão do patrimônio de processos**, tratada na subseção anterior.

Capítulo 6

Regras de personalização

As alterações efetuadas devem obedecer a um conjunto de **regras de personalização**. Elas têm por objetivo garantir as seguintes condições:

- As personalizações devem ser lógicas e formalmente consistentes, não introduzindo erros na descrição, no metamodelo ou em outros artefatos do processo.
- As personalizações não devem mudar os **aspectos descritivos** do processo, isto é, as características do processo que descrevem como os elementos do processo são definidos ou categorizados. Com isso, garante-se que os conceitos sejam aplicáveis de maneira uniforme e correta a todas as descrições de processo da família. As alterações devem se limitar aos **aspectos prescritivos** do processo, que descrevem como os elementos do processo devem ser construídos ou usados.
- As personalizações devem conservar a arquitetura básica do processo, de tal maneira que projetos feitos com diferentes processos personalizados sejam comparáveis entre si.
- As personalizações devem manter conformidade com os requisitos legais e normativos referentes ao processo original.

Por exemplo, as personalizações do processo **Praxis** devem obedecer ao seguinte conjunto de regras:

1. A **Descrição do processo**, o **Metamodelo do processo**, o **Perfil do processo**, exemplos, gabaritos e outros artefatos devem passar sem erros ou advertências pelo mecanismo de validação da respectiva ferramenta. Isso evita a introdução de muitos defeitos formais, que podem ser detectados por essas ferramentas.
2. O material da personalização deve ser aprovado em revisão técnica. Isso permite detectar problemas indetectáveis pelas validações automatizadas.
3. Definições contidas na **Descrição do processo** ou no **Metamodelo do processo** (das quais o **Glossário** deste livro é um subconjunto) não podem ser alteradas. Isso visa a preservar o aspecto descritivo do processo.
4. O **Metamodelo do processo** e o **Perfil do processo** não podem ser alterados. Podem apenas ser estendidos, caso necessário, mas supõe-se que esse tipo de extensões raramente será necessário. Isso visa a preservar a arquitetura básica do processo.
5. Dentro da **Descrição do processo**, as **Categorias** e os nomes dos **Processos** e dos **Pacotes de conteúdo** (Capítulo 3) não podem ser alterados ou redefinidos, podendo-se apenas criar novos **Processos, Pacotes de conteúdo** e **Categorias**. Isso também visa a preservar a arquitetura básica do processo.
6. Toda **Descrição do processo** personalizado deve ser construída dentro da plataforma **EPF**, criando-se um novo **Suplemento de métodos** baseado no processo padrão, ou em outro processo personalizado de acordo com essas regras. Isso visa a garantir tanto a observância das regras do **SPEM 2.0** e das regras de validação do **EPF** quanto a arquitetura básica do processo.
7. Trechos deste livro que não fazem parte do processo padrão não podem ser copiados dentro de uma **Descrição do processo** personalizado, mas apenas referenciados. Isso decorre da observância dos direitos autorais. Referências a outras fontes devem igualmente respeitar as respectivas restrições.

8. Em cada **Descrição do processo** personalizado, o material alterado ou incluído deve ser claramente distinguido do material original do processo padrão. Isso também é uma restrição decorrente dos direitos autorais.

Implementação de personalizações

Dentro do ambiente EPF, a personalização é implementada pelo desenvolvimento de um **Suplemento de métodos,** que é um contêiner de **Pacotes de métodos**. Estes, por sua vez, contêm **Pacotes de conteúdo** e **Processos**. **Suplementos de métodos** podem referenciar outros suplementos; um suplemento correspondente a um processo personalizado do **Praxis** deve referenciar o suplemento correspondente ao **Praxis padrão**, que por sua vez referencia o suplemento de **Conceitos básicos** do **EPF**. A **Configuração de métodos** seleciona os pacotes e elementos contidos nos **Suplementos de métodos** referenciados, que serão usados em um processo personalizado. Usando esses mecanismos, pode-se construir uma hierarquia de processos personalizados, na qual cada novo processo pode reutilizar material de várias fontes.

O **EPF Composer** dispõe de vários mecanismos de reutilização, desde a cópia pura e simples de material, que perde a ligação entre o material de origem e o de destino, até a **extensão**, que mantém a conexão entre o material original e suas instâncias, como foi descrito no tratamento inicial sobre processos. O poder dessa arquitetura de descrição de processos, baseada no metamodelo **SPEM 2.0**, pode ser apreciado na hoje vasta família **RUP**, que, como explicado no respectivo material, é construída com o **RMC**, ferramenta que deu origem ao **EPF Composer.**

Tendo em vista que os usuários de um processo consistem principalmente nos desenvolvedores dos produtos, descrições de processos têm que manter padrões especialmente elevados de qualidade. Por isso, é altamente recomendável (e exigido pelas regras de personalização, no caso do **Praxis**) que as **Descrições de processos** personalizados sejam submetidas a revisões técnicas, tais como descritas no capítulo sobre **Gestão da qualidade**. Além disso, processos personalizados devem ser submetidos aos **Testes piloto**, descritos no processo de **Inovação técnica** (Subseção 2.7), e cuidadosamente implantados, como descrito naquele processo, na tarefa de **Implantação da solução**. Em certos casos, uma personalização pode exigir o desenvolvimento ou alteração de **Normas**, o que será tratado na próxima subseção.

2.2.5 Desenvolvimento de normas

Visão geral

Por **Norma**, entende-se uma **Orientação** de caráter normativo, que expressa os aspectos prescritivos de um processo. O Capítulo 5 define as orientações normativas adotadas no processo **Praxis** (Figura 6.4). A formulação de normas é trabalhosa e tem impacto muito grande; por essas razões, os processos de criação e modificação de normas oficiais da indústria são geralmente muito longos e formais.

Uma **Norma** integrante de um processo tem nível de impacto restrito ao âmbito dos processos que a adotam, mas continua sendo de confecção custosa e de alto impacto. A elaboração ou alteração de uma nova **Norma** só se justifica quando trouxer benefícios visíveis, pelo menos quanto aos seguintes aspectos:

- prover métodos uniformes de revisão dos resultados dos projetos;
- prover métodos uniformes de acompanhamento e controle dos projetos;

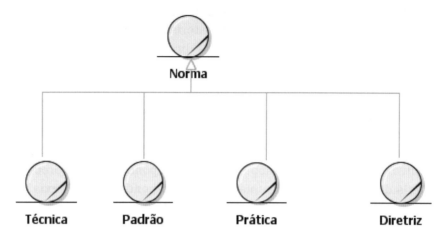

FIGURA 6.4 Espécies de normas do **Praxis**.

- possibilitar o uso consistente de ferramentas e métodos;
- uniformizar os métodos de trabalho em geral;
- uniformizar e tornar mais objetivas as atividades de garantia da qualidade;
- como consequência, facilitar o movimento de pessoal entre os projetos e reduzir os custos de treinamento.

Para que o desenvolvimento de uma nova norma seja viável, deve-se verificar se os seguintes requisitos são satisfeitos:

- atendimento de necessidades prioritárias da organização;
- disponibilidade de pessoal para elaboração, discussão, revisão e testes da norma;
- previsão de capacitação do pessoal para implantação da norma;
- previsão de projetos nos quais a norma será implantada;
- meios de se fazer cumprir a norma.

Proposição

A criação de uma nova norma é aplicável quando um processo personalizado requer uma ou mais normas substancialmente diferentes das normas do processo atual. Normalmente, uma proposta de nova norma conterá os seguintes dados:

- nome da nova norma proposta;
- razão pela qual se justifica o desenvolvimento de uma nova norma;
- custo estimado de desenvolvimento da nova norma;
- resumo dos pontos principais da nova norma.

Em muitos casos, uma variação ou alteração de norma existente é suficiente. Ela pode ser especificada por meio de itens de mudança de norma contendo os seguintes dados:

- norma a ser alterada, indicando-se as seções e subseções que serão objeto de exclusão, inclusão ou alteração;

- motivo da exclusão, inclusão ou alteração;
- custo estimado da alteração;
- resumo da alteração, se for o caso.

Implantação e uso

Uma nova norma deve ser aprovada pela **Gerência de processos** e pelas partes interessadas, e, em casos de maior impacto, também pela **Diretoria**. Tal como os resultados das personalizações, normas devem ser colocadas sob gestão de configurações, submetidas a revisões técnicas, testadas e implantadas.

Todas as normas devem ser mantidas atualizadas, observando-se a experiência do seu uso e cumprimento. A **Gerência de processos** deve ser uma fonte de orientação e esclarecimentos sobre o uso das normas, devendo ser analisados e resolvidos os problemas que possam surgir na implantação e no uso das normas. Periodicamente, a **Gerência de processos** deve revisar as normas, para garantir sua eficácia e pertinência, em face das mudanças de tecnologia e das necessidades dos projetos.

Uma vez implantada a norma, sua utilização deve ser cobrada por meio dos mecanismos aplicáveis de **Gestão da qualidade**. Desenvolver normas cuja utilização não será cobrada em apreciações dos projetos aplicáveis é, evidentemente, puro desperdício de tempo e de recursos. Casos de não conformidade às normas devem ser tratados como previsto nas atividades de **Verificação**, **Validação**, **Auditorias**, **Resolução de defeitos** e **Resolução de problemas**.

2.3 Desenvolvimento de processos

2.3.1 Introdução

Como no desenvolvimento de qualquer outro produto, o desenvolvimento de processos deve ser feito também de acordo com um processo. Isso vale tanto para o desenvolvimento de um processo inteiramente novo como para uma modificação de um processo existente, que seja significativamente maior que uma manutenção ou personalização. Isso inclui o desenvolvimento de novas disciplinas e outros tipos de subprocessos.

As etapas aqui descritas são aplicáveis ao desenvolvimento de outros processos da organização que não os processos de desenvolvimento de software. Por exemplo, a elaboração e acompanhamento de propostas é, por razões óbvias, uma das atividades mais importantes de uma organização fornecedora de software. Exatamente por sua importância, e também pela necessidade de acompanhamento minucioso, provavelmente merece o desenvolvimento de um processo específico. Do mesmo modo, outros processos importantes podem ser desenvolvidos para atividades de âmbito global da organização, tratadas sucintamente no capítulo sobre **Engenharia de sistemas**.

O **projeto de desenvolvimento de processo** representa uma instância de um **processo de desenvolvimento de processos**. Este pode ser composto de tarefas similares às etapas de um ciclo de vida em cascata: especificação, desenho, implementação, testes e implantação. As três primeiras são tratadas no restante desta subseção. As tarefas de testes e implantação, que são comuns a várias outras atividades da disciplina de **Engenharia de processos**, são descritas na Subseção 2.7 – **Inovação técnica**.

As tarefas de desenvolvimento de processos trabalham com os dois principais artefatos de processo, o **Metamodelo de processo** e a **Descrição do processo**. No **Praxis**, **Metamodelo de processo** usa um perfil **UML** de **Modelagem de negócio**, e a **Descrição do processo** usa a plataforma **EPF**, baseada no perfil **SPEM 2.0** da **UML**.

2.3.2 Especificação de processos

O desenvolvimento de um processo novo ou de uma mudança de processo precisa partir de uma especificação de requisitos de processo. Watts Humphrey [Humphrey95] descreve como a técnica de **QFD** [Cheng+95] pode ser utilizada para determinar as prioridades entre os requisitos de um processo, considerando-se a importância relativa das qualidades desejadas para o produto e o próprio processo e a influência que diversos parâmetros do processo podem ter em relação a essas qualidades.

No processo **Praxis**, a especificação de processo é representada pela **Visão de especificação** do **Metamodelo de processo**. Como acontece na prática com o modelo de ciclo de vida em cascata, o desenvolvimento de um processo na realidade envolve várias iterações entre as etapas, e é comum que a especificação só venha a emergir completamente depois do desenho, ou até depois da implementação. Mesmo assim, é útil documentá-la de forma explícita, seguindo o princípio de Parnas, relativo à **simulação de processos racionais de desenvolvimento** [Parnas+86]. Uma formulação explícita da especificação explica as decisões de desenho do processo e ajuda a dirigir a revisão técnica e o teste do material produzido.

No **Praxis**, a **Visão de especificação** do **Metamodelo de processo** contém os seguintes elementos:

- **Restrições** – expressam na forma de **Regras de negócio**[2] as restrições gerais às quais o processo deverá obedecer. Estas incluem restrições à arquitetura (Figura 6.5) e à implementação (Figura 6.6).

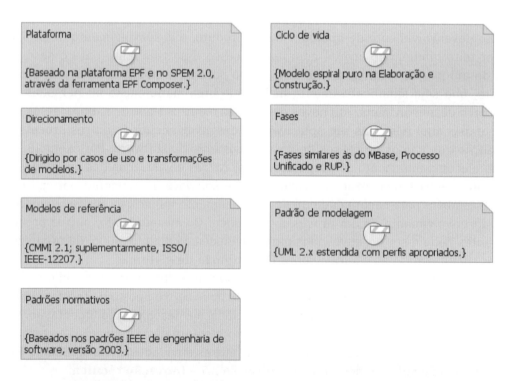

FIGURA 6.5 Especificação do **Praxis** – restrições à arquitetura.

---

[2] Trata-se de restrições UML estereotipadas, disponíveis no perfil de **Modelagem de negócio**, e diferentes das **Regras de negócio** do perfil **Praxis**, usadas no **Modelo do problema**.

- **Partes interessadas externas** – expressam na forma de **Atores de negócio** as partes interessadas no processo que são externas à organização (Figura 6.7).
- **Processos** - expressam na forma de **Casos de uso de negócio** os processos visíveis às partes interessadas externas. A Figura 6.8 mostra um diagrama de contexto, com os relacionamentos entre esses processos e as partes interessadas mais importantes.
- **Disciplinas** - expressam na forma de **Casos de uso de negócio** as disciplinas visíveis às partes interessadas externas, assim como os relacionamentos desses casos de uso com essas partes interessadas e entre si. A Figura 6.9 exemplifica as disciplinas de **Requisitos** e **Análise**. Vê-se que esta última funciona como um **caso de uso de extensão** da primeira (tal como descrito no capítulo sobre **Requisitos**). Na **Visão de especificação** do **Praxis**, os fluxos desses casos de uso são expressos por meio de texto não formatado (Quadro 6.1).

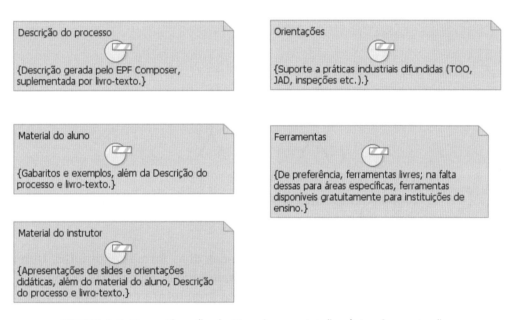

FIGURA 6.6 Especificação do **Praxis** – restrições à implementação.

Nessa mesma visão, a especificação de uma **Disciplina** é complementada por um anexo que contém os seguintes itens:

- **Metas** – metas de negócio que o processo correspondente a cada disciplina deve atingir (Tabela 6.12).
- **Riscos** – riscos principais envolvidos na execução da disciplina, que o processo deve tentar reduzir (Tabela 6.13).
- **Variações** – variações aceitáveis para a execução da disciplina, que o processo deve facilitar (Tabela 6.14).

2.3.3 Desenho de processos

O desenho de um processo determina sua **arquitetura de processo**, ou seja, a "*descrição da ordenação, interfaces, interdependências e outros relacionamentos entre elementos de um processo e com processos externos*" [CMMI10]. A arquitetura define as grandes linhas do processo; por exemplo, se o processo terá um modelo de ciclo de vida

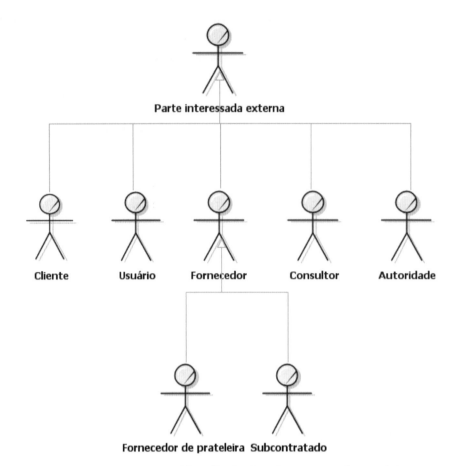

FIGURA 6.7 Especificação do **Praxis** – atores de negócio.

em cascata, em espiral, ou alguma combinação das duas formas anteriores. Determina também quais serão seus elementos, como fases, iterações, disciplinas, atividades, tarefas, papéis, produtos de trabalho e orientações; a arquitetura expressa a maneira como os elementos se relacionam e interagem.

No **Praxis**, o desenho do processo é expresso, em nível mais alto, na **Visão de arquitetura** do **Metamodelo do processo**. Grande parte das ilustrações deste livro foi retirada dessa visão. O nível mais detalhado do desenho é expresso na própria **Descrição do processo**, por meio dos elementos visíveis do modo de autoria de **EPF Composer**, como os elementos mostrados na Figura 6.1.

2.3.4 Implementação de processos

A implementação corresponde ao desenvolvimento de material para o processo novo ou alterado. Esse material inclui o conteúdo textual e de diagramas da **Descrição do processo** e de seus elementos, assim como, no caso do **Praxis**, este próprio livro.

O material implementado inclui também o **Perfil do processo**, um modelo especial que define os estereótipos próprios do processo. Tipicamente, cada estereótipo corresponde a um elemento do **Metamodelo do processo**. O **Perfil do processo** usa, ele próprio, um subconjunto da notação **UML** ([OMG15], [Rumbaugh+05]), e os estereótipos podem ser compostos por meio de elementos como classes, enumerações, atributos, restrições e relacionamentos de extensão e generalização. A Figura 6.10 mostra um retrato do navegador do perfil **Praxis**, exibindo alguns desses elementos.

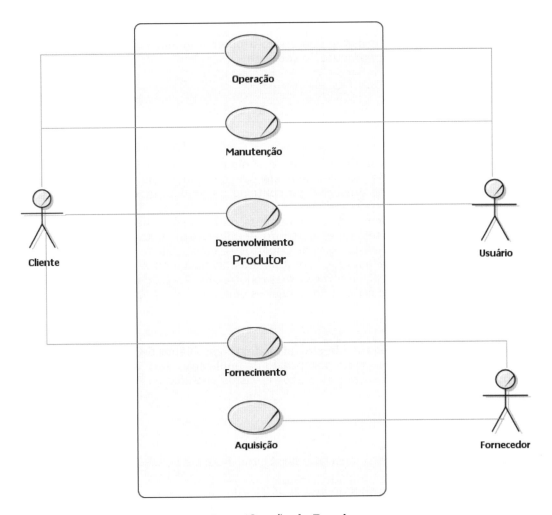

FIGURA 6.8 Especificação do **Praxis** – processos.

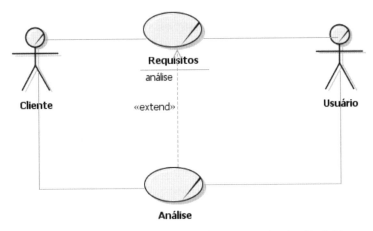

FIGURA 6.9 Especificação do **Praxis** – exemplo de disciplinas.

QUADRO 6.1 Fluxos do caso de uso negócio **Requisitos**

Disciplina que reúne as atividades que visam a obter o enunciado completo, claro e preciso dos requisitos de um produto de software.

- ACIONAMENTO

O Cliente solicitou ao Produtor uma proposta de produto.

- FLUXO PRINCIPAL

O Produtor convoca Oficinas de ativação, das quais participam Cliente e Usuários. A partir dessas oficinas e de possíveis negociações, o Cliente define as metas de custo e prazo, e o Produtor define o escopo e o contexto do produto, assim como uma lista preliminar de requisitos.

O Produtor convoca Oficinas de levantamento de requisitos, das quais participam Cliente e Usuários. Opcionalmente, parte do detalhamento dos requisitos pode ser conduzida na forma de entrevistas com os Usuários. É construído um protótipo de baixa fidelidade. Os Usuários avaliam esse protótipo. Das oficinas, entrevistas e do protótipo resultam as especificações das interfaces do produto, dos casos de uso e dos requisitos não funcionais, que formam a Visão de requisitos do Modelo do problema.

> Ponto de extensão: <análise>.

Ao final, o Produtor entrega ao Cliente um Modelo do problema. O Cliente circula entre os Usuários o Modelo, em formato apropriado de publicação; opcionalmente, compara o escopo definido no Modelo com os prazos e custos contidos no Plano preliminar do projeto.

- SUBFLUXOS

  - Subfluxo Oficina de ativação
    Conforme procedimento descrito no Livro: Requisitos, Técnicas, Oficinas de ativação.
  - --Subfluxo Oficina de levantamento de requisitos
    Conforme procedimento descrito no Livro: Requisitos, Técnicas, Oficinas de requisitos.

- FLUXOS ALTERNATIVOS

  - Fluxo alternativo Renegociação dos requisitos

    Precondições
    Um Usuário não se considerou atendido e o Cliente endossou essa posição, ou o Cliente não considerou aceitáveis os prazos ou custos propostos.

    Passos
    O Produtor rediscute o escopo dos requisitos com o Cliente, procurando chegar a uma solução de compromisso entre atendimento das necessidades dos Usuários, custo e prazo. O Produtor elabora e entrega ao Cliente novo Modelo do problema.

  - Fluxo alternativo Alteração dos requisitos

    Precondições
    Um Usuário considerou necessário alterar um ou mais requisitos existentes ou criar novos requisitos, e o Cliente endossou essa posição.

    Passos
    O Produtor avalia o impacto da alteração solicitada e negocia com o Cliente possíveis alterações de custo e prazo. Se o Cliente aprovar a alteração, ela é incorporada ao Modelo do problema e seu desenvolvimento é planejado.

TABELA 6.12 Especificação do **Praxis** – exemplo de **Metas** de uma disciplina

NÚMERO	NATUREZA	DESCRIÇÃO
1	**Apresentação**	Os requisitos devem ser apresentados em forma acessível ao Cliente e aos Usuários.
2	**Qualidade**	Os requisitos levantados devem satisfazer os critérios de qualidade definidos pelo padrão IEEE 830-1998 [IEEE 830], conforme verificados por inspeção formal.
3	**Validação**	Os requisitos devem ser expressos, o mais possível, na forma de elementos de modelagem UML sintaticamente corretos.
4	**Derivação da solução**	Dos requisitos deve ser possível derivar de forma rastreável os elementos da solução adotada.
5	**Derivação dos planos**	Dos requisitos deve ser possível derivar de forma rastreável os planos de desenvolvimento do produto.
6	**Publicação**	Dos resultados da disciplina, deve ser possível gerar as partes relevantes de uma Especificação de Requisitos conforme com o padrão IEEE 830-1998 [IEEE 830].
7	**Aferição**	A disciplina deve satisfazer os critérios de aferição das áreas de Gestão de Requisitos (REQM) e Desenvolvimento de Requisitos (RD), do CMMI-SE/SW – representação em estágios [CMMI].

TABELA 6.13 Especificação do **Praxis** – exemplo de **Riscos** de uma disciplina

NÚMERO	NATUREZA	DESCRIÇÃO	CONTRAMEDIDAS
1	**Baixa qualidade**	Falha em atingir a meta de qualidade	Treinamento apropriado da equipe de requisitos; uso apropriado de ferramentas de modelagem e gestão de requisitos; inspeções de requisitos.
2	**Requisitos implícitos**	Falta de especificação de requisitos considerados óbvios	Uso de protótipos de requisitos; participação de representantes de todos os interessados nas oficinas de requisitos; circulação dos requisitos já levantados entre os demais usuários; realização preliminar de modelagem de negócio; atenção especial com os requisitos não funcionais.
3	**Requisitos inviáveis**	Inviabilidade de implementação dentro dos limites de custo e prazo	Treinamento apropriado da equipe de análise; ênfase na vinculação de regras de negócio e restrições às classes de entidade; revisão dos requisitos e da análise pelos arquitetos do produto.
4	**Custo excessivo**	Custo excessivo do levantamento e especificação	Formulação mais sintética; especificação por meio de Modelo do problema; geração automatizada da Especificação dos requisitos.
5	**Prazo excessivo**	Prazo longo demais para chegar à especificação completa	Comprometimento do Cliente com disponibilidade dos Usuários; uso de entrevistas em lugar de oficinas, para detalhamento de requisitos específicos.

TABELA 6.14 Especificação do **Praxis** – exemplo de **Variações** de uma disciplina

NÚMERO	NATUREZA	DESCRIÇÃO
1	**Agilidade**	Uso de representações textuais menos formais para os requisitos e de ferramentas simplificadas (planilhas) para prototipagem.
2	**Modelagem de negócio**	Uso de conhecimento adquirido na modelagem de negócio do Cliente.
3	**Requisitos não funcionais**	Uso de notação e métodos formais para expressão desses requisitos, de forma que possam ser tratados por métodos avançados.

FIGURA 6.10 Navegador do perfil **Praxis**.

A implementação é complementada pelo **Material de suporte do processo**, composto por exemplos, gabaritos, material de treinamento, artigos técnicos e outros tipos de material de referência. O material desenvolvido será normalmente submetido a revisões técnicas e a testes pilotos. Uma vez revisado e corrigido, será submetido à gestão de configurações e publicado, passando a ser objeto da **gestão do patrimônio de processos** (Subseção 2.1).

2.4 Gestão de tecnologia

2.4.1 Visão geral

Em muitas organizações, a escolha de tecnologias relevantes para o desenvolvimento de software, como linguagens, plataformas, componentes e ferramentas, é feita ao gosto individual dos desenvolvedores. O resultado é falta de padronização, e, em consequência, a falta de casamento entre tecnologia e processos, a queda de produtividade e o desperdício de maneira geral.

Em casos ainda piores, grandes organizações decidem fazer investimentos pesados em plataformas ou ferramentas, encantadas com ferramentas da moda e convencidas por argumentos de vendedores. Não sendo acompanhados pelos investimentos correspondentes em pessoas e processos, o resultado costuma ser bastante decepcionante. No extremo oposto, existem organizações que relutam em fazer os indispensáveis investimentos em tecnologia, colocando seus desenvolvedores para trabalhar com ferramentas toscas, muitas vezes em versões obsoletas, de demonstração ou até mesmo ilegais. Esse problema é menor atualmente, porque já existem ferramentas livres de boa qualidade em muitas áreas, mas nem sempre é possível atender a todas as necessidades com software livre.

Além disso, mesmo quando há investimento em tecnologia, faltam os investimentos correspondentes em processos e, principalmente, em treinamento. Com isso, é comum que boas ferramentas sejam usadas de forma insuficiente, inadequada ou até, no pior caso, errônea.

A atividade de **Gestão de tecnologia** compreende as ações que visam a capacitar uma organização a utilizar seus recursos tecnológicos de forma racional e produtiva. Além das ações necessárias para efetuar a **gestão do ambiente tecnológico** no dia a dia da organização, é preciso prover **suporte de tecnologia** aos usuários dos recursos tecnológicos, principalmente desenvolvedores.

Frequentemente, a gestão do ambiente tecnológico e o suporte de tecnologia revelam deficiências das ferramentas, ou possibilidades de utilização ainda não exploradas. Uma possível solução é **a personalização dos recursos tecnológicos** existentes para melhor adequá-los aos processos utilizados. A alternativa é a **avaliação de recursos tecnológicos** novos, como primeiro passo de uma aquisição. Em ambos os casos, são aplicáveis os procedimentos de testes piloto e implantação de inovação, descritos na Subseção 2.7.

2.4.2 Responsabilidades

A **Gestão de tecnologia** tem estreitas afinidades com as atribuições da **Gerência de processos**. Como existe estreita ligação entre o uso eficaz de tecnologias e a adequação delas aos processos, é natural que a **Gerência de processos** seja responsável por atividades como:

- monitorar e avaliar novas tecnologias, disponíveis dentro ou fora da organização, que possam melhorar os processos;

Capítulo 6

- coordenar a implantação de novas tecnologias que forem consideradas capazes de melhorar os processos da organização;
- coordenar o treinamento em novas tecnologias das equipes de projeto e grupos de suporte;
- coordenar a divulgação de informação sobre tecnologias de software para as equipes de projeto e os grupos de suporte.

Para isso, a equipe da **Gerência de processos** deve ser proficiente em técnicas de avaliação e transferência de tecnologia. Por outro lado, como é praticamente inviável que um pequeno grupo de pessoas domine com a profundidade necessária todas as tecnologias usadas em uma organização, esse trabalho deve ser auxiliado por **Especialistas em tecnologia**. Esse é um papel temporário, desempenhado tipicamente por usuários experientes de tecnologias específicas, como ferramentas e componentes; o papel é responsável pelo suporte ao uso dessas tecnologias.

É interessante formar um **Grupo de tecnologia**, constituído por **Engenheiros de processos** e **Especialistas em tecnologia**. Esse grupo seria responsável por tarefas mais genéricas, como a gestão do ambiente tecnológico e as atividades relacionadas com **Inovação técnica** (Subseção 2.7), cabendo aos especialistas em áreas individuais atividades mais específicas, como a personalização de ferramentas.

2.4.3 Ferramentas de desenvolvimento

Princípios

Ao introduzir ferramentas, deve-se dar preferência ao aproveitamento de soluções já existentes, seja como software livre ou comercial. O desenvolvimento interno de ferramentas só deve ser feito quando absolutamente indispensável. Ele acarreta não só o custo de desenvolvimento inicial, mas custos permanentes de manutenção e evolução.

Deve-se considerar que ferramentas de software livre, mesmo que respeitadas pelo público, não oferecem garantia de suporte e evolução; por isso, deverá ser computado o custo previsto para que a organização assuma essas tarefas. Por outro lado, nem sempre a garantia de suporte e evolução oferecida por ferramentas comerciais funciona de modo satisfatório. Esse é um aspecto que deve ser avaliado em cada caso, possivelmente consultando usuários de outras organizações, resenhas em publicações ou páginas especializadas e fóruns de discussão.

Deve-se começar a planejar muito antes de comprar. Os tempos mais longos do ciclo de evolução tecnológica são os prazos necessários para o planejamento, o desenvolvimento de competências e a migração de tecnologia. Frequentemente, é necessário definir estágios intermediários viáveis. O entendimento das alternativas de tecnologia é fundamental: quem não entende uma tecnologia não está pronto para comprá-la. Encontrado o melhor ambiente, ele deve ser instalado em base experimental. Enquanto não for adquirida experiência em um novo ambiente, não se deve empregá-lo em operação.

Os melhores ambientes oferecem um arcabouço completo, padronizado e conceitualmente íntegro.[3] Isso reduz a complexidade de cada ferramenta, permitindo que cada uma fo-

---

[3] No sentido de que o ambiente deve ser explicável através de um número pequeno de conceitos, com alta consistência e ortogonalidade entre as operações permitidas. Por exemplo, o modelo relacional puro é baseado em poucos conceitos de fácil entendimento, e todo o processamento sobre um banco de dados relacional pode ser descrito por um conjunto pequeno de operações poderosas, consistentes entre si e com pouca superposição funcional.

Engenharia de Processos **325**

calize uma tarefa, o que traz maior flexibilidade aos processos. Os melhores ambientes também oferecem muitos recursos de personalização. Isso é necessário para não engessar os processos, permitindo adaptar o ambiente em função dos aspectos específicos dos projetos.

Ocasionalmente, é necessário fazer aquisições isoladas de ferramentas, para atender a demandas específicas. É preferível, entretanto, que esses investimentos aconteçam dentro do contexto de projetos de inovação técnica, descritos na Subseção 2.7.

Critérios para seleção

Uma boa tecnologia de desenvolvimento de software deve, idealmente, atender pelo menos às seguintes características:

1. ser de uso fácil e consistente;
2. ser personalizável;
3. ter arquitetura aberta, capaz de evoluir com:
   A. as necessidades de novos projetos;
   B. o advento de novas ferramentas e métodos;
4. atender a necessidades de longo prazo, mas ser passível de implantação de forma incremental;
5. prover liberdade com disciplina:
   A. os desenvolvedores devem ter liberdade considerável no que fazem;
   B. a tecnologia deve motivá-los a usar essa liberdade disciplinadamente;
6. oferecer um esquema conceitual amplo e íntegro, abrangendo todos os aspectos do desenvolvimento.

No atual estado da arte, é muito difícil ter tecnologias de desenvolvimento que cubram satisfatoriamente todos os quesitos acima. A melhor aproximação será provavelmente obtida pela composição de um conjunto de tecnologias complementares. Deve-se prestar especial atenção aos padrões suportados por essas ferramentas, visando a garantir que elas apresentem alta compatibilidade entre si.

Esse conjunto de critérios é parcialmente atendido pela adoção de um ambiente completo de integração, como o *Eclipse*, que atende a todos os critérios acima formulados. Mas, mesmo dentro do *Eclipse*, é necessário compor um conjunto de ferramentas específicas de várias áreas, como modelagem, análise de código, integração, testes de vários tipos, gestão de configurações, edição de HTML e XML, fluxo de trabalho, descrição de processos e outras. Para cada uma delas, os mesmos critérios devem ser aplicados.

2.4.4 Personalização de recursos tecnológicos

Recursos tecnológicos como ferramentas, plataformas e componentes frequentemente oferecem possibilidades de personalização, como solução de compromisso entre a flexibilidade de recursos genéricos e a adequação para tarefas específicas dos processos da organização. Para isso, oferecem diversos recursos:

- Instalação de **suplementos** (*plug-ins*), muitas vezes fornecidos por fontes diferentes do provedor do recurso original, que oferecem funções adicionais.
- Escrita de **scripts**, programas (geralmente pequenos) que permitem adicionar funcionalidade a uma ferramenta ou plataforma, usando linguagens que frequentemente são de uso geral, como Java, Basic ou Perl. **Ganchos** (*hooks*) é um nome geralmente dado a scripts disparados pela ocorrência de certos eventos.

Capítulo 6

- **Configuração** por meio de funções de configuração da ferramenta, ou por meio de arquivos de propriedades ou de regras, expressas em linguagens como OCL ou XML.
- Extensões de notações como a UML, por meio de **perfis**.

O ambiente *Eclipse* é um exemplo de ambiente que oferece uma extensa gama de recursos de personalização, como os muitos suplementos disponíveis. Ferramentas que operam no ambiente *Eclipse*, como a ferramenta de modelagem utilizada neste livro (*IBM Rational Software Architect*), oferecem muitos outros recursos de extensibilidade, como perfis **UML**, uma **API** (plataforma de scripts) bastante extensa, recursos para escrita de mecanismos (*patterns*), transformações entre modelos, executores de validações etc.

A execução de uma personalização de ferramenta é semelhante ao desenvolvimento de um pequeno aplicativo, e seus passos são semelhantes às etapas do ciclo de vida em espiral. Os **Especialistas em tecnologias** responsáveis pelas personalizações devem ser programadores proficientes nas linguagens utilizadas, mas ainda mais importante é o conhecimento da API e de outros recursos disponíveis na ferramenta ou plataforma.

2.4.5 Avaliação de recursos tecnológicos

Toda aquisição de recursos tecnológicos deve ser precedida por uma avaliação das tecnologias candidatas. Inicialmente, um levantamento do quadro existente determina os processos que poderão ser afetados pela inovação de tecnologia e quais são as prioridades imediatas de melhoria de tecnologia. Nas fontes de informação tecnológica, é coletada informação sobre ferramentas, plataformas e componentes disponíveis, identificando-se os requisitos de ambientes hospedeiros e alvos. Selecionam-se os recursos tecnológicos mais promissores, para avaliação mais aprofundada.

Esta consiste na realização de experimentos com versões de avaliação das tecnologias candidatas. São identificados pontos positivos, limitações e problemas, e avaliados os esforços necessários para implantação das tecnologias candidatas. **Relatório de avaliação de inovação** contém o registro das observações feitas durante a avaliação. Ele fornece uma memória, a partir da qual podem ser extraídos os pontos fortes e fracos de cada tecnologia avaliada. De preferência, esse registro deve ser feito no momento da observação, para que se aproveite o máximo da informação obtida, diminuindo as perdas causadas pela limitação da memória humana.

Se aprovados na avaliação técnica, deve-se fazer uma avaliação econômica e financeira dos recursos a adquirir. Mesmo no caso de software livre, é preciso computar os custos de instalação, possíveis configuração e personalização, treinamento, migração e suporte. Em caso de grandes investimentos, é recomendável:

- comparar prospectivamente o desempenho dos projetos afetados com as opções atual e planejada de tecnologia e processos;
- calcular as prováveis economias e outros benefícios previsíveis para a organização;
- elaborar um cronograma financeiro para introdução da inovação;
- calcular o retorno total para a organização.

O resultado da avaliação pode sugerir a realização de um projeto piloto, ou a rejeição da inovação. Sem o projeto piloto, dificilmente se justifica a aquisição baseada simplesmente nessa avaliação, principalmente para investimentos maiores e recursos mais críticos.

Engenharia de Processos

As folhas de avaliação técnica de um exemplo de **Relatório de avaliação de inovação** são mostradas nas Tabelas 6.15 a 6.17. O exemplo é adaptado de uma avaliação de ferramenta de modelagem UML, realmente efetuada como trabalho de curso. Esses relatórios também podem ser usados em várias atividades de **Inovação técnica** (Subseção 2.7).

TABELA 6.15 **Relatório de avaliação de inovação - Identificação**

Tecnologia avaliada	AmaterasUML 1.2.2
Fornecedor da tecnologia	Amateras
Objetivo da tecnologia	Desenho de diagramas UML
Objetivo da avaliação	Avaliar o uso do AmaterasUML para o desenho de diagramas de classes, de casos de uso e de sequência, usando os exemplos do processo Praxis.
Data inicial da avaliação	27/7/2007
Data final da avaliação	21/8/2007

TABELA 6.16 **Relatório de avaliação de inovação - Itens**

NÚMERO	NATUREZA	DESCRIÇÃO
1	**Ponto positivo**	Fáceis instalação e aprendizado.
2	**Ponto positivo**	É possível construir diagramas de classes, sequência, atividades e estado.
3	**Limitação**	Não é possível adicionar novos estereótipos.
4	**Ponto positivo**	Ferramenta baseada na licença de código livre GPL.
5	**Limitação**	Pouca documentação disponível (porém é possível adquirir informações através de fóruns e listas de discussão).
6	**Ponto positivo**	Fácil utilização de arraste (*drag-and-drop*), inclusive de elementos criados anteriormente.
7	**Ponto positivo**	Fácil edição dos campos principais dos elementos.
8	**Limitação**	Não é possível definir uma cor padrão para os elementos; cores atribuídas individualmente na criação.
9	**Limitação**	Não há recurso de alinhamento.
10	**Observação**	A definição de atributos e operações é complexa.
11	**Ponto positivo**	Fácil atribuição de operações nas mensagens dos diagramas de sequência.
12	**Ponto positivo**	Engenharia reversa pode ser realizada individualmente para cada classe ou para várias classes ao mesmo tempo.
13	**Ponto positivo**	Ao ser regenerado o código a partir do diagrama de classes, a formatação do código não é alterada.
14	**Problema**	Na regeneração, o código anterior é apagado.
15	**Problema**	Na engenharia reversa, há dificuldades com os construtores.

TABELA 6.17 Relatório de avaliação de inovação - Conclusões

NÚMERO	PALAVRA-CHAVE	CONTEÚDO
1	**Diagramação**	Fácil criação de diagramas de classe, podendo importar classes já criadas, com recuperação das associações implementadas.
2	**Arquitetura**	Fácil utilização para usuários que já possuem alguma prática com ferramentas similares.
3	**Documentação**	Pouca documentação, mas pode-se obter informação em listas e fóruns de discussão.
4	**Evolução**	O projeto tem evoluído e contempla atualmente os principais diagramas.
5	**Integração**	Pode ser gerado código Java a partir do modelo, mas a engenharia reversa tem problemas.

2.5 Gestão do treinamento

2.5.1 Visão geral

Pessoas formam, com processos e tecnologia, o triângulo crítico de fatores de produção. A **Gestão do treinamento** é apenas um dos aspectos da gestão do desenvolvimento humano que precisam ser cuidados em uma organização tecnológica. Outros aspectos são discutidos na Subseção 2.4 – **Gestão de pessoas**, do capítulo sobre **Gestão de projetos**, no qual se discute o **P-CMM**, modelo de maturidade do SEI [Curtis≤01] para as atividades de gestão de pessoas.

A **Gestão do treinamento** trata do treinamento de desenvolvedores e de outros profissionais da equipe dos fornecedores de software, nos processos utilizados e tecnologias correlatas. O treinamento de usuários, que pode ser parte da atividade de **Implantação,** da disciplina de **Engenharia de sistemas**, está fora do escopo da **Gestão do treinamento**.

A política de **Gestão de treinamento** é destinada a balizar o treinamento de pessoal envolvido nos projetos. Essa política define:

- os responsáveis pela formulação e pelo acompanhamento de um programa de treinamento;
- a natureza e o formato dos planos de treinamento;
- os métodos de controle do programa de treinamento.

O conceito de treinamento aqui utilizado abrange não apenas a realização de cursos formalizados, mas também métodos alternativos, tais como seminários, treinamento baseado na Web, reuniões informais, estudo individual, estudo dirigido, orientação e aprendizado com a prática. O **CMMI** define **treinamento** como um "*conjunto de opções formais e informais de aprendizado, selecionadas para cada situação com base na aferição das respectivas necessidades e das deficiências de desempenho que se pretende tratar*" ([CMMI10]). A Tabela 6.18 mostra as definições do **P-CMM** para outros termos referentes a **treinamento**. O conjunto das atividades relativas a treinamento é um **Programa de treinamento**.

TABELA 6.18 Termos relativos a **Treinamento**, usados no **P-CMM**

TERMO	DEFINIÇÃO
Força de trabalho	As pessoas de que uma organização necessita para desempenhar suas atividades de negócio.
Conhecimento	A informação e entendimento que alguém deve possuir para executar uma tarefa com sucesso.
Proficiência	O conjunto de comportamentos que um indivíduo deve ser capaz de desempenhar para realizar compromissos de trabalho.
Competência	O conjunto de conhecimento, proficiência e habilidades que um indivíduo deve desenvolver para executar um tipo específico de trabalho em uma organização.
Mentoreação	O processo de transferência de lições de experiência para a competência da força de trabalho, para melhoria da capacidade de indivíduos ou grupos.
Tutoria (***Coaching****)**	Uso de um indivíduo capaz e experimentado para aumentar o conhecimento, as proficiências e as habilidades de indivíduos ou grupos; é uma forma de mentoreação que envolve conhecimento especializado e alta proficiência no assunto da mentoreação.

* O termo inglês *Coaching* é frequentemente usado em português, e **Tutoria** é usado por alguns como sinônimo de mentoreação.

2.5.2 Responsabilidades

Chamaremos de **Grupo de treinamento** o grupo responsável por administrar os elementos do **Programa de treinamento** da organização, ou seja:

- os planos de treinamento;
- os materiais de treinamento;
- a contratação de treinamento;
- o acompanhamento e a avaliação do treinamento;
- as instalações e os demais recursos para treinamento;
- os registros do treinamento.

O **Grupo de treinamento** deve identificar as próprias necessidades de treinamento de seus membros, em aspectos tanto didáticos como de conteúdo. Deve também aconselhar os **Gerentes de projeto** quanto ao **Programa de treinamento**. Para isso, o **Grupo de treinamento** deve ter o conhecimento e as competências necessárias para planejar, promover e coordenar as atividades de treinamento. Isso inclui tanto o conhecimento de técnicas instrucionais quanto o conhecimento em nível básico dos assuntos dos treinamentos. Os **Gerentes de projeto** devem ser orientados quanto à importância e à natureza do **Programa de treinamento**.

Em organizações menores, o papel do **Grupo de treinamento** pode ser assumido pela **Gerência de processos**, enquanto em organizações maiores é recomendável a existência de um grupo autônomo, pois a carga de trabalho se torna considerável. Em qualquer dos casos, deverá contar com o auxílio da área de recursos humanos da organização, se existir, ou de consultores independentes da área de recursos humanos.

2.5.3 Aferição das proficiências

Uma consideração fundamental para o planejamento do treinamento é a **aferição das proficiências** da equipe disponível na organização. O **P-CMM** define **proficiência** (*skill*)

Capítulo 6

como *"o conjunto de comportamentos que um indivíduo deve ser capaz de desempenhar para realizar compromissos de trabalho"*. Para o **PMBoK** [PMI17] (que, na versão brasileira, usa o termo habilidade), trata-se da *"capacidade de usar o conhecimento, uma aptidão desenvolvida e/ou uma capacidade de executar ou realizar uma atividade de modo eficaz e rápido"*. Uma classificação de níveis de proficiência bastante difundida, que é utilizada neste livro para caracterização de muitos papéis, é a taxonomia de Bloom, proposta em 1956 pelo psicólogo Benjamin Bloom.

Essa classificação se aplica ao domínio cognitivo, ou seja, o domínio psicológico que trata da capacidade das pessoas de processarem e usarem informação de maneira significativa. Uma revisão dessa taxonomia foi publicada por Anderson e Krathwohl [Anderson+01], e vários resumos estão disponíveis na Web.[4] As Tabelas 6.19 e 6.20 descrevem comparativamente os níveis da taxonomia de Bloom, por meio das respectivas habilidades, verbos geralmente associados com ações desses níveis, exemplos de ações e proficiências relacionadas.

TABELA 6.19 Taxonomia de Bloom (1)

NÍVEL	HABILIDADES	VERBOS
Conhecimento	Relembrar ou reconhecer informação, ideias e princípios, na forma aproximada com que foram aprendidos.	Afirmar, arrumar, casar, datar, definir, descrever, dizer, duplicar, enumerar, lembrar, listar, memorizar, reconhecer, relacionar, reproduzir, rotular, saber, tabular.
Compreensão	Compreender o significado, a tradução, a interpolação e a interpretação de instruções e problemas; enunciar um problema com as próprias palavras.	Associar, compreender, converter, defender, discutir, distinguir, estender, estimar, exemplificar, expressar, generalizar, identificar, inferir, parafrasear, reconhecer, reescrever, relatar, resumir, traduzir.
Aplicação	Usar um conceito ou abstração em nova situação, com um mínimo de orientação; aplicar o aprendido no treinamento em novas situações no trabalho.	Alterar, aplicar, calcular, computar, construir, demonstrar, descobrir, dramatizar, empregar, esboçar, experimentar, ilustrar, manipular, modificar, mostrar, operar, praticar, preparar, produzir, resolver, usar.
Análise	Separar material ou conceitos em componentes, para entender estrutura; distinguir entre fatos e inferências; relacionar suposições, hipóteses ou evidência de uma afirmação.	Analisar, categorizar, classificar, conectar, criticar, decompor, discriminar, distinguir, examinar, ordenar, questionar, separar, testar.
Síntese	Construir uma estrutura ou mecanismo com elementos diversos, criando nova estrutura ou novo significado; originar, integrar e combinar ideias em um novo produto, plano ou proposta.	Categorizar, combinar, compilar, compor, criar, desenhar, desenvolver, formular, generalizar, gerar, gerir, inventar, montar, organizar, planejar, preparar, propor, rearranjar, reconstruir, reescrever, reorganizar, substituir.
Avaliação	Fazer julgamentos sobre o valor de coisas ou ideias; avaliar, aferir ou criticar com base em critérios e padrões especificados.	Aferir, avaliar, concluir, convencer, criticar, dar notas, defender estimativas, julgar, justificar, recomendar.

---

[4] Por exemplo, em www.nwlink.com/~Donclark/hrd/bloom.html, cft.vanderbilt.edu/guides-subpages/blooms-taxonomy e www.celt.iastate.edu/teaching/effective-teaching-practices/revised-blooms-taxonomy.

Engenharia de Processos **331**

TABELA 6.20 Taxonomia de Bloom (2)

NÍVEL	EXEMPLOS	PROFICIÊNCIAS
Conhecimento	Recitar uma política. Conhecer as regras de segurança. Citar dados de memória.	Observação e lembrança de informação; conhecimento de datas, eventos e lugares; conhecimento das ideias principais.
Compreensão	Reescrever os princípios de desenho dos testes. Explicar nas próprias palavras os passos da execução de uma tarefa complexa. Traduzir uma equação em uma planilha eletrônica.	Entendimento da informação; apreensão do significado; tradução do conhecimento para novos contextos; interpretação, comparação e contraste de fatos; ordenação, agrupamento e inferência de causas; predição de consequências.
Aplicação	Usar um manual para efetuar um cálculo. Aplicar a estatística para avaliar a confiabilidade de dados.	Usar informação, métodos, conceitos e teorias em novas situações; resolver problemas usando conhecimentos e proficiências requeridos.
Análise	Diagnosticar logicamente um defeito. Reconhecer falácias em um raciocínio. Coletar informação necessária para uma tarefa.	Enxergar padrões; organizar partes, reconhecer significados ocultos; identificar componentes.
Síntese	Escrever um manual de operações ou processo. Desenhar uma máquina para uma tarefa específica.	Criar novas ideias a partir de antigas; generalizar a partir de fatos; relacionar conhecimento de diversas áreas; tirar conclusões.
Avaliação	Selecionar a solução mais eficaz. Contratar o candidato mais qualificado. Explicar e justificar um orçamento.	Comparar ideias e discriminar entre elas; aferir o valor de teorias; verificar o valor de evidência; reconhecer influências subjetivas.

A aferição visa a traçar o **perfil atual de proficiências** da equipe da organização, ou seja, o nível de proficiência que cada pessoa possui em relação a um conjunto de disciplinas. Tipicamente, esse conjunto cobre:

- disciplinas dos processos usados;
- disciplinas da computação em geral, como algoritmos e estruturas de dados, arquitetura de computadores, fundamentos matemáticos, sistemas operacionais, linguagens de programação e especialidades como inteligência artificial, sistemas de bancos de dados etc.
- disciplinas de gestão em geral;
- outros conhecimentos, como português, inglês, legislação, os domínios das aplicações desenvolvidas etc.

Diversos métodos podem ser usados para essa aferição, como a aplicação de testes, a autoaferição e a avaliação pelos respectivos gerentes. Esse tipo de aferição não deve ser usado para avaliação de desempenho, recrutamento ou remuneração, o que poderia causar sérias distorções nos dados levantados e minar o clima de trabalho. Além disso, a execução correta dessas atividades tem que levar em conta muitos outros fatores, como situações específicas de projetos, equipes e pessoas, o mercado de trabalho, as necessidades da organização etc.

O perfil atual levantado deve ser comparado com o **perfil desejado de proficiências** para os diferentes papéis da organização, possivelmente estratificado por níveis de carreira (como estagiário, treinando, júnior, pleno, sênior e especialista). A Tabela 6.21 exemplifica

TABELA 6.21 Exemplo de perfil desejado de proficiências

NÚMERO	PAPEL	RQ	AN	DS	TS	IM	GQ	GP	GA	EP	ES	OBSERVAÇÕES
1	**Administrador de configurações**	Con	Con	Con	Con	Con	Con	Con	Sin	Con	Com	
2	**Analista**	Ana	Sin	Ana	Com	Com	Com	Con	Com	Con	Con	
3	**Arquiteto**	Ana	Sin	Sin	Ana	Sin	Ana	Con	Com	Con	Ana	
4	**Desenhista de IU**	Ana	Ana	Sin	Ana	Com	Com	Con	Com	Con	Com	Ana - doc. p/ usuários e usabilidade.
5	**Desenhista de testes**	Ana	Ana	Sin	Sin	Sin	Ana	Com	Com	Con	Com	
6	**Desenhista lógico**	Com	Ana	Sin	Ana	Sin	Com	Con	Com	Con	Com	
7	**Engenheiro da qualidade**	Ana	Ana	Ana	Ana	Ana	Sin	Com	Com	Com	Com	
8	**Engenheiro de processos**	Ana	Ana	Ana	Ana	Ana	Ana	Ana	Ana	Sin	Com	
9	**Engenheiro de requisitos**	Sin	Ana	Com	Com	Con	Com	Com	Com	Con	Con	Apl - redação técnica; Con - aplicação
10	**Executor de testes**				Apl	Apl						
11	**Gerente da qualidade**	Ana	Ana	Ana	Ana	Ana	Sin	Ana	Ana	Ana	Com	Sin - proficiências gerenciais.
12	**Gerente de processos**	Ana	Ana	Ana	Ana	Ana	Ana	Ana	Ana	Sin	Com	Sin - proficiências gerenciais.
13	**Gerente de produto**	Ana	Com	Com	Com	Com	Ana	Ana	Sin	Com	Com	Sin - proficiências gerenciais.
14	**Gerente de projeto**	Ana	Com	Com	Com	Com	Ana	Sin	Ana	Com	Com	Sin - proficiências gerenciais.
15	**Programador**	Con	Con	Ana	Ana	Sin	Com	Con	Com	Con	Com	
16	**Programador de testes**			Ana	Sin	Sin	Com	Con	Con	Con	Com	

Engenharia de Processos

um perfil desejado de proficiências para os principais papéis do processo Praxis, tal como descritos neste livro. Os níveis são codificados pelas chaves mostradas na Tabela 6.22. Os perfis propostos no exemplo são considerados típicos para alguém em nível intermediário de carreira (pleno), devendo ser ajustados para os demais níveis.

TABELA 6.22 Chaves dos níveis de proficiência na Tabela 6.21

CHAVE	NÍVEL
Con	Conhecimento
Com	Compreensão
Apl	Aplicação
Ana	Análise
Sin	Síntese
Ava	Avaliação

Em aplicações da vida real, pode ser conveniente formular os perfis desejados de maneira muito mais detalhada. Em estudo feito pelo autor para uma grande organização pública, as disciplinas foram quebradas em atividades, foram acrescentadas disciplinas de informática, de administração e de conhecimentos gerais, e os papéis foram adaptados para a realidade do plano de carreira da organização.

2.5.4 **Planejamento do treinamento**

Introdução

O propósito de um **Programa de treinamento** é desenvolver a competência e o conhecimento dos profissionais, de forma que eles possam desempenhar seus papéis efetiva e eficientemente. Para atingir esses fins, o planejamento do treinamento inclui as ações de identificação das necessidades de treinamento da organização, dos projetos e das pessoas, e de seleção de veículos apropriados (treinamentos formais, autoestudo, orientação etc.).

Planos de treinamento podem ser formulados em diferentes níveis: projeto, área ou organização. Todos esses planos devem ser submetidos à gestão de configurações, e ficar disponíveis para consulta dos interessados.

Planos de treinamento de projeto

O **Plano de treinamento de projeto** identifica as necessidades de treinamento de sua equipe, compreendendo:

- o conjunto de competências necessárias para a execução das tarefas do projeto, indicando-se entre que datas essas competências deverão estar disponíveis;
- detalhes do treinamento requerido que puderem ser previstos em nível de projeto.

O principal insumo para planejamento do treinamento no nível de cada projeto é formado pelos respectivos plano de pessoal e plano de recursos técnicos, discutidos no capítulo sobre **Gestão de projetos**.

Capítulo 6

Planos de treinamento de área

Do ponto de vista de treinamento, uma área representa um grupo correlato de projetos, como os projetos ligados a uma linha de produtos, ou uma área funcional permanente da organização, como as equipes correspondentes às disciplinas do processo. Um **Plano de treinamento** de área deve consolidar as necessidades dos respectivos projetos e funções em uma previsão anual. Para produzir os planos de treinamento de área, os insumos são os planos de treinamento dos projetos e os relatórios produzidos pelos diversos grupos da organização. A Tabela 6.23 exemplifica campos sugeridos para um **Plano de treinamento de área**.

TABELA 6.23 Itens sugeridos para um **Plano de treinamento de área**

CAMPO		DESCRIÇÃO
Treinamento requerido		Nome do treinamento requerido.
Projetos que dele necessitam		Siglas dos projetos que demandam o treinamento, conforme os respectivos planos.
Justificativa		Razão pela qual o treinamento é necessário.
Tipo de treinamento requerido		Treinamento formal ou outros meios, como seminários, reuniões informais, estudo individual, estudo dirigido, orientação e aprendizado com a prática.
Prioridade		**I**ndispensável, **R**ecomendável ou **S**e possível.
Número de treinandos		Quantas pessoas devem ser treinadas.
Data prevista		Para quando se deseja o treinamento.
Tempo previsto		Número de horas previstas para o treinamento.
Possíveis fornecedores		Sugestões para identificação das fontes de treinamento.
Custo previsto	**Tipo**	Tipo de treinamento a ser contratado: curso fechado, curso aberto, participação em seminário/palestra/congresso.
	Valor	Custo do treinamento: valor total do curso fechado, valor da inscrição (no caso de cursos abertos, palestras, seminários, congressos) etc. Indicar quando for valor por pessoa.
	Local	Local onde deverá ser realizado o treinamento.
	Nº de diárias	Número de diárias necessárias para a participação no treinamento por evento, no caso de o treinamento ser realizado fora da sede da organização.

A parte de custo previsto da Tabela 6.23 é aplicável a treinamentos contratados com organizações externas. No caso de treinamento interno, realizado por instrutores internos à organização, ela pode ser simplificada para indicar apenas, por exemplo, o número previsto de horas a serem gastas pelo instrutor e o nível requerido do instrutor.

Planos de treinamento da organização

O **Grupo de treinamento** avaliará as solicitações dos **Planos de treinamento** das áreas e projetos, orçando-as e consolidando-as em um **Plano de treinamento da organização**, de preferência com periodicidade anual. É recomendável que esse plano seja submetido à avaliação e aprovação dos gerentes de projetos e coordenadores das áreas envolvidas no que diz respeito às respectivas solicitações. Tipicamente, a avaliação e a aprovação da Diretoria são necessárias, por se tratarem de investimentos significativos. Os campos principais de um **Plano de treinamento da organização** são sugeridos na Tabela 6.24.

TABELA 6.24 Itens sugeridos para um **Plano de treinamento da organização**

CAMPO	DESCRIÇÃO
Escopo	Âmbito do programa, indicando se ele se aplica a toda a organização, ou a parte desta, a que tipo de pessoas (pessoal técnico, pessoal administrativo, clientes, usuários etc.).
Responsabilidades	Quem são os responsáveis pelo cumprimento do plano, de preferência usando nomes de funções e não de pessoas.
Objetivos	Metas de treinamento da organização (por exemplo, capacitar para o nível x do CMMI, fornecer no mínimo 40 horas por ano de treinamento para cada membro da equipe etc.) e os benefícios esperados, principalmente em nível estratégico (como o **Programa de treinamento** contribuirá para a missão da organização).
Currículo do treinamento	Consolidação dos itens aprovados dos planos de treinamento das áreas e dos projetos.
Custo do treinamento	Consolidação dos custos dos itens aprovados dos planos de treinamento das áreas e dos projetos.
Procedimentos de seleção	Procedimentos que serão usados para selecionar os candidatos a cada treinamento, indicando o respectivo responsável.
Procedimentos de dispensa	Critérios para dispensa de treinamento, que deve ser solicitada em um formulário em que esses critérios estarão incluídos, e no qual o responsável pelo pedido de dispensa atestará que o candidato satisfaz aos critérios.
Material instrucional	No caso de treinamento externo, tipo, possíveis fornecedores e custo previsto. Se o material for desenvolvido internamente, tipo, padrões que deverão ser seguidos e processo de desenvolvimento do material (inclusive atividades, resultados e critérios de aprovação).
Turmas	Nome, data, número de vagas e custo previsto por turma.

Treinamentos são frequentemente organizados em forma de cursos, entendidos como sequências estruturadas de módulos em torno de um tema (por exemplo, processos, Java etc.). Um curso pode ser descrito por um **Plano de curso**, que pode ser um anexo dos planos de treinamento. Por exemplo, cada plano de curso pode ter os seguintes itens:

- público;
- pré-requisitos;
- objetivos;
- carga horária e duração;
- programa de aulas;
- critérios para dispensa do curso;
- critérios para avaliação dos alunos;
- critérios para avaliação do próprio curso;
- considerações especiais, como turmas piloto, treinamento requerido para os instrutores e cursos subsequentes;
- observações gerais.

No caso de cursos com múltiplos módulos (disciplinas, matérias ou unidades), cada uma dessas terá um **Plano de módulo de curso**, para o qual são típicos os seguintes itens:

- público;
- pré-requisitos;
- objetivos;
- carga horária e duração;
- programa de aulas;
- critérios para dispensa da disciplina;
- critérios para avaliação dos alunos;
- critérios para avaliação da disciplina;
- treinamento requerido para os instrutores;
- observações gerais.

O próprio material dos cursos de treinamento também será revisado, mantido e controlado pelo **Grupo de treinamento**. Um lugar possivelmente adequado para esse material será a **Biblioteca de processos**.

2.5.5 Execução do treinamento

Avaliação

Todo treinamento deve ser avaliado pelo **Grupo de treinamento**. É possível avaliar de acordo com os seguintes critérios:

- **Avaliação do treinamento por parte dos treinandos** – feita usando-se os dados coletados por meio de um formulário de avaliação de treinamento.
- **Avaliação do aproveitamento dos treinandos** – feita, por exemplo, comparando-se o desempenho dos alunos em testes no início e ao final do treinamento, ou por meio de outras formas de avaliação aprovadas pelo **Grupo de treinamento**.
- **Avaliação quanto ao benefício do treinamento para a organização** – feita pelos gerentes de projetos e das áreas funcionais, avaliando-se a contribuição do treinamento para a melhoria do desempenho dos alunos em suas atividades profissionais. O **Grupo de treinamento** deve solicitar essa avaliação aos gerentes de projetos e de áreas, depois de decorrido determinado período.

É muito comum que apenas o primeiro dos tipos de avaliação acima descritos seja realizado. Entretanto, são os outros dois tipos de avaliação que realmente permitem analisar, quantificar e validar o investimento da organização em treinamento ([Carpenter≦95], [Carpenter≦95a]).

Registro

O **Grupo de treinamento** deve manter um registro de todos os treinamentos realizados e de todos os treinandos que completaram com êxito esses treinamentos. Sugere-se que esses registros contenham os seguintes dados, com possíveis comparações entre o previsto e o realizado:

- nome do treinamento ofertado;
- audiência do treinamento;

Engenharia de Processos

- número de dispensas do treinamento;
- dispêndio do treinamento;
- avaliação do treinamento por parte dos alunos;
- avaliação do aproveitamento dos alunos;
- avaliação, por parte dos gerentes, quanto ao benefício para a organização.

Relatórios

O **Grupo de treinamento** deve produzir relatórios de treinamento, para informação da Diretoria. Sugere-se que esses relatórios contenham as seguintes métricas:

- total de treinamentos ofertados;
- carga horária total dos treinamentos;
- audiência total dos treinamentos;
- número total de dispensas dos treinamentos;
- dispêndio total dos treinamentos;
- resumo da avaliação do treinamento por parte dos alunos;
- resumo da avaliação dos alunos após os treinamentos;
- resumo da avaliação quanto ao benefício para a organização.

Avaliação do programa de treinamento

O **Programa de treinamento** deve ser avaliado periodicamente, possivelmente por grupos independentes de especialistas em recursos humanos. Entre outros, sugere-se analisar os seguintes aspectos:

- procedimentos para planejamento e execução do próprio programa de treinamento;
- procedimentos para elaboração e revisão dos cursos de treinamento;
- procedimentos para manutenção dos registros de treinamento;
- recebimento efetivo do treinamento por parte das pessoas (o quanto o treinamento efetivamente contribuiu para a melhoria do desempenho).

2.6 Gestão de métricas

2.6.1 Conceitos

Segundo o IEEE, uma **métrica** é *"uma medida quantitativa do grau com que um sistema, componente ou processo possui um dado atributo"* [IEEE90]. Outras definições relacionadas, formuladas pelo IEEE, estão na Tabela 6.25. Medições requerem **entidades** (objetos de interesse), **atributos** (características das entidades) e regras ou **escalas** para atribuir **valores** (medidas) aos atributos. Na prática, usaremos os termos métrica e medida de forma intercambiável.[5]

---

[5] Uma pesquisa na Web encontra muitas variações nas definições. Em inglês, *metric* e *measurement* são sinônimos, para alguns dicionários; para outros, *metric* é uma espécie de *measurement*. Em português, a palavra *métrica* tem significados técnicos específicos em áreas como música, poesia e matemática; esses são os únicos significados da palavra registrados na primeira edição do *Novo Dicionário da Língua Portuguesa* ("Aurélio").

TABELA 6.25 Definições do IEEE sobre métricas

TERMO	DEFINIÇÃO
Atributo	Propriedade física ou abstrata mensurável de uma entidade.
Métrica	Uma medida quantitativa do grau com que um sistema, componente ou processo possui um dado atributo.
Medição	O ato ou processo de atribuir um número ou uma categoria a uma entidade para descrever aquela entidade.
Medida	Um número, extensão ou quantidade que resulta de uma medição.
Medir	Aplicar uma métrica, ou atribuir valor por comparação com uma norma.

Uma **métrica direta** (ou **básica**) é aquela que não depende da medição de qualquer outro atributo, como as métricas de esforço e tamanho funcional; uma **métrica indireta** (ou **derivada**) não é medida diretamente, mas calculada por meio de combinações de outras métricas, como a métrica de produtividade, que depende das anteriores. Outra classificação define como **métrica objetiva** aquela que é independente do autor da medição, enquanto uma **métrica subjetiva** depende de julgamento humano. Por exemplo, uma contagem de defeitos é uma **métrica objetiva**, enquanto uma classificação de severidade de defeito é subjetiva.

Quanto aos níveis de medição, as medidas podem ser expressas em diferentes tipos de escalas, mostradas nas Tabelas 6.26 e 6.27. Na Tabela 6.27, nas colunas de **Estatísticas aplicáveis** e **Operações empíricas**, cada nível da escala inclui também as possibilidades dos níveis anteriores.

TABELA 6.26 Escalas de medição (1)

ESCALA	DEFINIÇÃO	EXEMPLOS
Nominal	Usam-se nomes para rotular os objetos; não existe ordenamento.	Tipos de defeito (Usabilidade, Documentação, Sintaxe etc.), papéis (analista, programador etc.), disciplinas (requisitos, análise, desenho etc.)
Ordinal	Usam-se rótulos ordenáveis (números ou equivalentes) para os objetos.	Severidade dos defeitos (Crítico, Maior, Menor), prioridades, níveis de maturidade.
De intervalos	Adiciona o conceito de distância: os números usados como rótulos podem ser subtraídos.	Datas de calendário, horas de relógio, temperatura Celsius.
De razões	Existe um ponto de origem (zero) real: é possível obter razões entre qualquer par de números usados como rótulos.	Idades, intervalos de tempo, esforços, custos, temperatura Kelvin.
Absoluta	Os números usados são independentes de escala (tipicamente contagens).	Contagens de defeitos, contagens de linhas de código, probabilidades.

TABELA 6.27 Escalas de medição (2)

ESCALA	ESTATÍSTICAS APLICÁVEIS	OPERAÇÕES EMPÍRICAS	TRANSFORMAÇÕES ADMISSÍVEIS
Nominal	Moda, frequências	Determinação de igualdade	Qualquer transformação um para um.
Ordinal	Mediana, percentis	Comparação	Qualquer transformação monotônica crescente ($y_2 > y_1$ se e somente se $x_2 > x_1$)
De intervalos	Média, desvio-padrão	Comparação de diferenças	Transformação linear positiva ($y = ax + b$, $a > 0$)
De razões	Média geométrica	Comparação de razões	Transformação de similaridade ($y = ax$, $a > 0$)
Absoluta			Transformação de identidade ($y = x$)

2.6.2 Métricas na organização

A gestão das métricas é uma atividade essencial para a correta implantação dos processos; e, apesar disso, é, com muita frequência, feita de maneira errada. Dentro da organização, métricas são aplicadas a processos, produtos e recursos, para **caracterizá-los**, ganhando entendimento; **avaliar** status, progresso e qualidade; predizer para estabelecer metas, extrapolar tendências e planejar atividades; e **melhorá-los**, eliminando as causas fundamentais de ineficiência e outros problemas.

A coleta de métricas é uma atividade cara e de difícil implantação. Para que venha a ter utilidade, é preciso que as métricas tenham sido definidas de forma correta e precisa, que a própria coleta seja exequível sem custos excessivos e seja levada a sério pelos profissionais, e que os dados resultantes sejam normalizados, guardados, analisados e interpretados de forma correta.

Mesmo nos estágios iniciais de implantação de processos definidos, a utilização de algumas métricas é essencial. Por isso, uma prática de medição e análise foi prevista como atividade em todas as áreas do SW-CMM e atualmente, no CMMI, recebeu o status de uma área de processos separada, para o nível 2 de maturidade.

No Praxis padrão, são coletadas algumas métricas básicas nos relatórios de projeto, como tamanho funcional e físico, esforços, prazos e custos, defeitos e respectivos esforços de detecção e correção, estabilidade dos requisitos e métricas relativas aos riscos. Outras métricas são coletadas em outros relatórios de âmbito da organização, como os relatórios de manutenção e relatórios dos grupos de suporte.

Todos esses dados devem ser guardados em um **Repositório de medidas da organização**, do qual serão utilizados para o planejamento de projetos e outros objetivos, como a avaliação de solicitações de manutenção e alterações de requisitos. Discutem-se aqui vários aspectos da gestão desse repositório, que visa a garantir a qualidade dos dados usados para essas finalidades de planejamento e avaliação. Tratamentos mais avançados das métricas de processo, com o objetivo de melhorar o desempenho do próprio processo e a qualidade dos produtos resultantes, fazem parte da **Gestão quantitativa dos processos**, discutida na Subseção 2.6.5.

Capítulo 6

2.6.3 Repositório de medidas da organização

Objetivos

Um **Repositório de medidas da organização** visa a dar suporte aos seguintes objetivos:

- aumentar a acurácia das previsões sobre custos e prazos dos projetos;
- reduzir os defeitos e outros tipos de problemas dos produtos;
- reduzir os custos e prazos dos projetos;
- aumentar o retorno do investimento da organização em processos, tecnologia e treinamento;
- identificar necessidades de novos investimentos em processos, tecnologia e treinamento.

Perguntas

Para dar suporte aos objetivos acima, o **Repositório de medidas da organização** deve fornecer os dados que permitam responder a perguntas como:

- Quais os prazos, esforços e custos que devem ser esperados para as fases e as iterações de um novo projeto?
- Como serão distribuídos os esforços e custos entre disciplinas e papéis?
- Qual a acurácia e a precisão conseguidas com os métodos atuais de estimativas?
- Quais as etapas mais críticas dos projetos, do ponto de vista de prazos, esforços e custos?
- Qual o tamanho e a complexidade do código e de outros produtos de trabalho desenvolvidos?
- Como os prazos e esforços dos projetos se relacionam com a complexidade dos requisitos?
- Qual a produtividade conseguida, e de que fatores depende?
- Qual a proporção de retrabalho no esforço do projeto?
- Como o volume produzido de código e de outros produtos de trabalho se relaciona com a complexidade dos requisitos?
- Qual o grau de estabilidade dos requisitos?
- Qual o esforço despendido nas atividades de garantia da qualidade?
- Qual o retorno das atividades de garantia da qualidade?
- Qual a frequência de ocorrência de defeitos durante o desenvolvimento?
- Qual a frequência de ocorrência de outros tipos de problemas durante o desenvolvimento?
- Qual a frequência de ocorrência de defeitos nos produtos em operação?
- Qual a frequência de ocorrência de outros tipos de problemas nos produtos em operação?
- Qual o tempo e os esforços necessários para corrigir os defeitos encontrados nos produtos em operação?
- Qual o grau de mudanças nos produtos em operação causadas pelas atividades de manutenção?
- Qual a ocorrência de novos defeitos causados pelas atividades de manutenção?
- Que benefícios foram introduzidos nos projetos e produtos pelos investimentos realizados em processos, tecnologia e treinamento?

Que benefícios podem ser introduzidos nos projetos e produtos por novos investimentos em processos, tecnologia e treinamento?

Quais as prioridades para novos investimentos em processos, tecnologia e treinamento?

Operação

Os dados inseridos no **Repositório de medidas da organização** devem sempre ser revisados pela equipe de processos, para assegurar a validade de seu conteúdo. O repositório deve ser gerido e controlado, para assegurar-lhe completeza, integridade e exatidão dos dados. Por outro lado, os dados devem ser escolhidos de tal maneira que sua coleta seja simples, barata e, de preferência, automatizada.

Para responder às perguntas listadas acima, o **Repositório de medidas da organização** deve conter as seguintes coleções de dados:

- dados históricos dos projetos;
- dados históricos dos produtos;
- dados históricos das atividades de suporte.

Dados dos projetos e produtos

Os dados históricos dos projetos são obtidos dos **Relatórios de projeto**. Como foi visto no Capítulo 4, esses dados incluem:

- tamanho funcional, medido em pontos de função, planejado e realizado;
- tamanho físico, medido em linhas de código e quantidade de classes, planejado e realizado;
- quantidade de alterações de requisitos, por tipo de alteração, absoluta e relativa;
- quantidade de anomalias detectadas, esforços de detecção e esforços de correção, por iteração e tipo de apreciação;
- esforços, medidos em pessoas-hora ou pessoas-mês, detalhados até o nível de disciplinas e iterações, absolutos, acumulados e relativos, juntamente com produtividades e esforços unitários derivados;
- custos, detalhados até o nível de iterações, absolutos, acumulados e relativos;
- prazos e durações, detalhados até o nível de iterações;
- riscos esperados e concretizados, com os respectivos impactos;
- problemas e pontos positivos registrados.

No repositório, os registros relativos aos produtos em operação conterão dados sobre a atividade de manutenção dos produtos, a serem usados como indicadores tanto da qualidade conseguida quanto da qualidade dos serviços de manutenção providos. Esses registros serão alimentados pelos relatórios produzidos pelo processo de **Manutenção** e pela gestão das linhas de base de produto. Tipicamente, os registros relativos aos produtos conterão dados sobre as solicitações de manutenção recebidas, aprovadas e realizadas para cada produto em operação. Esses dados devem incluir os esforços e prazos registrados para as atividades de **Manutenção**.

Dados dos grupos de suporte

Uma base de dados históricos das atividades de suporte será alimentada pelos relatórios gerenciais produzidos por cada grupo de suporte. Para muitos tipos de dados, é conveniente registrar valores reais e planejados. Por exemplo, os seguintes dados são típicos:

1. Dados sobre gestão de configurações:
   1.1. quantidades de itens de configurações de software;
   1.2. criação das linhas de base;
   1.3. status das linhas de base;
   1.4. problemas encontrados nas auditorias de configurações.
2. Dados sobre engenharia de processos:
   2.1. status da implantação de processos;
   2.2. dados relativos à gestão do patrimônio de processos;
   2.3. dados relativos às solicitações de personalização e normatização de processos;
   2.4. dados relativos à gestão de tecnologia;
   2.5. dados relativos às solicitações de personalização de ferramentas;
   2.6. dados relativos aos treinamentos;
   2.7. dados relativos à própria gestão de métricas;
   2.8. dados relativos aos projetos de inovação técnica.

2.6.4 Planejamento das métricas

O modelo GQM

A gestão quantitativa dos processos é tratada nas áreas-chaves do nível 4 do CMMI. Esse nível de gestão é conseguido quando as métricas são coletadas e usadas não apenas para prever esforços, prazos e riscos de novos projetos, mas para analisar os processos de forma quantitativa, com o objetivo de colocar sob controle estatístico o nível de qualidade dos produtos e o desempenho dos próprios processos. Um paradigma conhecido para a **análise quantitativa** é o modelo **GQM** (*Goals-Questions-Metrics*, ou **Metas-Perguntas-Métricas**), formulado por Basili e Weiss [Basili+84]. Esse modelo é usado no refinamento das métricas do PSP [Humphrey95]. Segundo esse paradigma, métricas são definidas para responder a perguntas, que, por sua vez, são geradas pelo esforço para atingir as metas da organização.

Por exemplo, o **Praxis** padrão considera as seguintes metas principais, em ordem crescente de dificuldade:

- Previsibilidade em relação aos compromissos assumidos.
- Qualidade dos produtos resultantes.
- Produtividade das equipes dos projetos.

A primeira meta, por exemplo, dá origem às seguintes perguntas:

- O esforço estimado para cada disciplina e iteração é adequado?
- O tamanho da equipe alocada para cada disciplina e iteração é adequado?
- O perfil dessas pessoas é adequado?
- As estimativas de prazo e de custo dos projetos são adequadas?

- As estimativas de prazo e de custo das solicitações de manutenção são adequadas?
- As estimativas de prazo e de custo das alterações de requisitos são adequadas?

As seguintes métricas respondem à primeira pergunta:

- Esforço previsto por iteração e por disciplina.
- Esforço realizado por iteração e por disciplina.
- Erro de previsão de esforços por iteração.

O processo GDSM

O modelo **GQM** foi estendido pelo programa de métricas do **SEI**, resultando no modelo **GQ(I)M**, que introduz o conceito de indicadores, isto é, representações (por exemplo, gráficos) que ajudam a responder às perguntas. A aplicação do modelo é feita por meio do processo **GDSM** (*Goal-Driven Software Measurement*) [Park+96], que consiste nas seguintes etapas:

1. Identificar as metas de negócio.
2. Identificar o que se quer conhecer ou aprender.
3. Identificar as submetas.
4. Identificar as entidades e atributos relacionados com as submetas.
5. Formalizar as metas de medição.
6. Identificar as perguntas quantificáveis e respectivos indicadores, que serão usados para atingir as metas de medição.
7. Identificar os dados que devem ser coletados para construir os indicadores.
8. Definir as medidas que serão usadas, de forma operacional.
9. Identificar as ações necessárias para implementar as métricas.
10. Preparar um plano de implementação das medidas.

As etapas de 1 a 5 detalham a definição das metas, partindo das metas de negócio até chegar às metas de medição. As etapas 6 e 7 correspondem às perguntas e às métricas. As etapas restantes compõem a parte operacional do processo, tratada a seguir. Todas as etapas são discutidas de forma didática e detalhada, com vários exemplos, por Robert E. Park, Wolfhart B. Goethert e William A. Florac [Park+96].

Outras propostas de métricas

Outras fontes propõem conjuntos predefinidos de métricas, baseados na experiência prática dos autores. Uma fonte conhecida é o livro de Putnam e Myers *Five Core Metrics* [Putnam+03]. Segundo esses autores, para o dimensionamento de um projeto, é suficiente conhecer cinco métricas fundamentais, que são unidas por uma equação:

- **Tamanho** do produto a ser desenvolvido, que pode ser expresso de forma física ou funcional;
- **Qualidade** esperada, expressa como taxa de defeitos remanescentes no produto entregue;
- **Produtividade do processo**, uma medida da **capacidade do processo** (vide Subseção 2.6.5) da organização para cada tipo de projetos, e não deve ser confundida com o que chamam de **produtividade convencional** (tamanho / esforço);

- Esforço e prazo, que podem ser trocados um pelo outro conforme estabelecido pela equação proposta pelos autores.

A equação tem a forma:

$$Esforço = \frac{[Tamanho/Produtividade\ do\ processo]^3}{Prazo^4}$$

A produtividade do processo, por sua vez, depende do nível de qualidade desejado, e é obtida por calibração a partir de dados históricos.

Aspectos operacionais

Definidas as medidas, para tornar operacional a coleta de dados é preciso decidir muitos detalhes práticos adicionais. Esses detalhes dependem de cada organização, e podem inclusive entrar em conflito entre si. Por exemplo, no caso da medição de esforços, é preciso decidir:

- Serão contadas horas nominais ou exatas (de cronômetro)?
- Que ferramenta será usada para a coleta das métricas?
- Como cada pessoa saberá que papel do processo está exercendo?
- Como será garantida a confidencialidade?
- Como podem ser aproveitados registros feitos com outras finalidades?

Para um processo específico, como o **Praxis**, essas definições são feitas pelos procedimentos de registro de esforços, descritos no capítulo sobre **Gestão de projetos**. As atividades e tarefas que produzem esses artefatos definem as ações necessárias.

Finalmente, os resultados do planejamento devem ser consolidados em um **Plano de métricas**. Cada organização deve complementar esse plano com as métricas específicas da organização. Para cada tipo de dados do **Repositório de medidas da organização** (Subseção 2.6.3), o **Plano de métricas** deve indicar de que relatório ou registros serão obtidos os dados.

2.6.5 Gestão quantitativa dos processos

Conceitos básicos

A **análise quantitativa dos processos** consiste no uso de ferramentas analíticas para aferir o **desempenho**, a **estabilidade**, a **conformidade** e a **capacidade** dos processos da organização. O resultado dessa análise é aplicado para determinar as possibilidades de melhoria do processo e, consequentemente, os necessários investimentos. A gestão quantitativa dos processos abrange o conjunto da análise quantitativa e da aplicação dos resultados.

O **desempenho** do processo representa quantitativamente o quanto o processo consegue entregar produtos com a qualidade, o custo e o prazo requeridos. O desempenho pode ser medido por meio de atributos dos produtos, como tamanho funcional e físico, ou os diversos atributos da qualidade; ou por meio de atributos dos próprios processos, como esforços e durações de atividades e tarefas, ou contagens de defeitos

Engenharia de Processos

encontrados e removidos. Segundo Florac, Park e Carleton [Florac+97], as medidas de desempenho devem:

- ter relacionamento próximo com os problemas estudados;
- ter alto conteúdo de informação;
- refletir realmente o grau com que o processo atinge objetivos importantes;
- ter variação mensurável;
- ter valor de diagnóstico.

Para isso, devem satisfazer os critérios de:

- **Comunicabilidade** – os métodos de definição devem caracterizar perfeitamente o que será incluído nas medidas ou excluído delas e como os dados devem ser coletados e interpretados.
- **Repetibilidade** – quem repetir os experimentos deve conseguir os mesmos resultados.
- **Rastreabilidade** – ter origem identificável quanto ao tempo, sequência, atividade, produto, ambiente, ferramentas de medida e agente da medição.

O conceito de estabilidade decorre da distinção entre causas de variação dos processos. Uma **causa comum de variação** é aquela que existe por causa de interações normais e esperadas entre os componentes do processo. Uma **causa especial de variação** é aquela que existe por causa de uma circunstância transitória e não é parte inerente do processo; por exemplo, uma variação na capacitação da equipe, ou na tecnologia usada. Um **processo estável** é aquele do qual foram removidas todas as causas especiais de variação.

Um processo é **conforme** quando é claramente definido, eficazmente suportado, fielmente executado, reforçado e mantido. Processos conformes têm maior chance de ser estáveis. Para atingir a conformidade de processos, a organização tem que ser **capaz** de executá-los (por exemplo, ter as proficiências e ferramentas necessárias), executá-los com **fidelidade** e **reforçar-lhes** a execução por meio de acompanhamento e aferição.

A **capacidade** expressa a gama de resultados esperados que pode ser conseguida ao seguir-se um processo. Um processo exibe **conformidade com seus requisitos de negócio** quando sua variabilidade não ultrapassa os limites requeridos pela estratégia de negócio (por exemplo, consegue produzir com custo competitivo). Um processo **capaz** deve ser estável e conforme com os requisitos de negócio.

Análise quantitativa dos processos

Antes da análise propriamente dita, é preciso escolher que subprocessos serão objeto da análise quantitativa, pois é geralmente inviável executá-la para absolutamente todos os elementos de processo. Nem todos os subprocessos que compõem um processo de entrega são igualmente importantes do ponto de vista dos objetivos de negócio, e estes devem ser levados em conta para selecionar os que serão geridos quantitativamente. Os objetivos de negócio determinam que objetivos quantitativos serão perseguidos para a qualidade dos produtos e o desempenho dos processos.

A análise quantitativa de um processo se inicia com a **separação entre sinais e ruído**. Isso é feito por meio de diversas técnicas estatísticas de filtragem. Além disso, existem filtragens subjetivas que dependem de conhecimento do processo, como a eliminação dos "pontos fora do gráfico" (*outliers*).

O passo seguinte é a **avaliação da estabilidade**. As **cartas de controle** são ferramentas analíticas muito usadas para isso, como a carta exemplificada na Figura 6.11. Essa carta mostra o esforço unitário (pessoas-hora por ponto de função) despendido por uma série de projetos. Todos os pontos estão dentro dos **limites de controle**, estabelecidos por um dos critérios usuais na indústria, que é o de usar como limites µ ± 3σ (média mais ou menos três desvios-padrão). Por isso, esse processo é considerado estável para efeitos práticos, segundo esse critério. Na realidade, a detecção mais acurada da instabilidade é mais complexa, e a literatura especializada deve ser consultada.

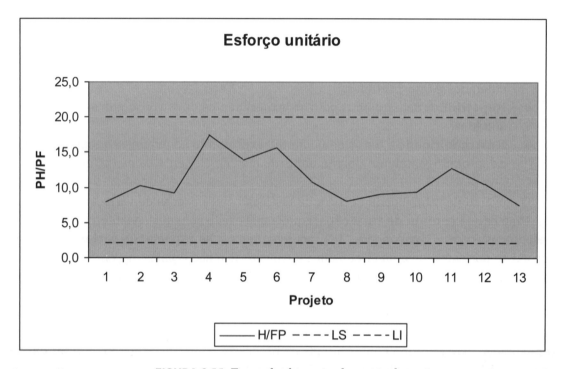

FIGURA 6.11 Exemplo de carta de controle.

De qualquer maneira, a estabilidade de um processo é precondição para o prosseguimento da análise. Se esse não for o caso, o processo deve primeiro ser colocado sob controle estatístico por um período suficientemente longo para que se possa detectar qualquer comportamento anormal. A análise causal é um instrumento para detectar as causas especiais de variação.

A análise prossegue com a **avaliação da capacidade** do processo. O desempenho do processo é expresso por uma **linha de base de desempenho de processo**, que, segundo o **CMMI**, é uma "*caracterização documentada dos resultados reais conseguidos na execução do processo, que é usada para comparar os desempenhos esperado e real do processo*". A capacidade do processo pode ser indicada, de forma resumida, por um indicador numérico escalar, como o nível de maturidade do **CMMI**. Outro indicador numérico escalar, como foi visto na Subseção 2.6.4, é a **produtividade de processo**, definida por Putnam e Myers.

Uma expressão mais detalhada da capacidade de processo é aquela provida pela representação contínua do **CMMI** (Capítulo 2), que provê um nível de capacitação para cada área de processo analisada. Parte dos fatores de custo usados pela ferramenta **COCOMO** (tratada no capítulo sobre **Gestão de projetos**) está diretamente relacionada com a **capacidade de processo**, como é o caso dos fatores mostrados na Tabela 6.28.

Entretanto, uma expressão mais completa da capacidade de processo é dada por um **modelo de desempenho do processo**, definido pelo **CMMI** como uma *"descrição dos relacionamentos entre atributos de um processo e de seus produtos de trabalho, desenvolvida a partir de dados históricos de desempenho do processo e calibrada com as medidas de processo e produto, que é usada para predizer resultados da aplicação de um processo"*.

TABELA 6.28 Fatores de custo dependentes da organização

CATEGORIA	SIGLA	FATOR DE CUSTO
Pessoal	ACAP	Capacitação dos analistas
	APEX	Experiência com a aplicação
	PLEX	Capacitação dos programadores
	PCAP	Experiência com a plataforma
	LTEX	Experiência com linguagens e ferramentas
	PCON	Continuidade de pessoal
Projeto	TOOL	Adequação das ferramentas
	SITE	Colocalização
Fatores de escala	RESL	Resolução de risco e arquitetura
	TEAM	Coesão da equipe
	PMAT	Maturidade dos processos

Aplicação da análise quantitativa

O diagrama de causas e efeitos resultante da análise causal permite entender, de forma qualitativa, que efeitos podem ser esperados das ações sobre determinados parâmetros do processo. O **modelo de desempenho do processo** permite adicionar a esses elementos uma formulação quantitativa. Por exemplo, o diagrama de causas e efeitos pode mostrar como as inspeções afetam a quantidade de defeitos no produto final, de forma direta e indireta. O modelo de desempenho permite fazer predições de como o valor de determinados parâmetros, como o número de inspetores ou a quantidade de itens das listas de conferência, pode afetar a eficácia das inspeções e, portanto, a contribuição quantitativa deles para a remoção total de defeitos.

Uma vez entendidos quantitativamente os processos, o desempenho deles pode ser comparado com os requisitos do negócio. As ações corretivas identificadas na análise causal devem ser implantadas, e o desempenho dos subprocessos selecionados deve ser monitorado contra os objetivos de qualidade e desempenho, determinados pelos requisitos de negócio. Os dados obtidos na monitoração devem também ser registrados no **Repositório de medidas da organização**, servindo de insumo para o próximo ciclo de análise.

A implantação das ações pode ser realizada por meio de atividades discutidas nas subseções anteriores, como personalização de processos, desenvolvimento de normas, desenvolvimento de processos, personalização de ferramentas, aquisição de ferramentas e treinamento. Entretanto, algumas ações de menor porte podem ser implantadas, monitoradas e avaliadas de forma imediata, como alterações em listas de conferência, alocação de pessoal, planejamento detalhado etc. Por outro lado, ações de maior porte podem requerer a execução de um projeto de **Inovação técnica**.

2.7 Inovação técnica

2.7.1 Visão geral

O processo de **Inovação técnica** tem o objetivo de conduzir projetos de melhoria significativa da tecnologia ou dos processos de uma organização. Melhorias de processos e de tecnologia têm forte ligação: dificilmente se pode melhorar um processo de forma significativa sem alterações nas tecnologias usadas, assim como dificilmente melhorias de tecnologia deixam de requerer alterações de processo. Refletindo esse fato, enquanto o **SW-CMM** tinha áreas de processos separadas de melhoria de tecnologia e melhoria de processos, o **CMMI** as substituiu por uma única área de inovação técnica.

Tanto no **SW-CMM** quanto no **CMMI** essas áreas se situam no nível 5, indicando que organizações no último estágio de maturidade devem realizar a inovação técnica de forma alinhada com os objetivos de negócio da organização e tratada como atividade permanente, controlada e quase rotineira. Embora possivelmente sem o mesmo caráter rotineiro, projetos de inovação técnica são úteis para organizações em estágios anteriores, e mesmo necessários para permitir a racionalização dos investimentos em melhoria de processos e tecnologia. Evidentemente, para chegar a ter qualquer processo implantado, é preciso ter no mínimo um projeto de inovação técnica.

O processo descrito no **Apêndice B** visa principalmente projetos de melhoria de médio porte ou **nível tático**, como mudanças de ferramentas e plataformas ou evolução de versões de processo. Melhorias de pequeno porte ou **nível operacional** estão implícitas em muitas das atividades descritas nas seções anteriores, como personalização de processos e ferramentas, desenvolvimento de processos, aquisição de tecnologia, execução de treinamentos ou gestão quantitativa de processos. Para melhorias de maior porte ou **nível estratégico**, que envolvem mudanças significativas no *modus operandi* de toda a organização, é recomendável que sejam utilizados processos mais detalhados, como o **INTRo** (*IDEAL-Based New Technology Rollout*) [Heinz01], desenvolvido pelo **Software Engineering Institute**, ou o **ProMOTe** (*Processo para Melhoria de Organizações Técnicas*) [Pádua+03], desenvolvido pela organização do autor.

Tal como o **INTRo** e o **ProMOTe**, o processo subsidiário de Inovação técnica do Praxis é dividido em fases inspiradas no modelo **IDEAL**, discutido no capítulo sobre **Produção de software**. Essas fases são representadas por atividades discutidas no **Apêndice B**. Nesta subseção, discutem-se as técnicas subjacentes a várias dessas atividades.

2.7.2 Responsabilidades

Em relação à **Inovação técnica**, a **Gerência de processos** é tipicamente responsável por:

- apreciar periodicamente as tecnologias e os processos usados na organização, para identificar necessidades e oportunidade de inovação;
- analisar as métricas dos processos para entendê-los de forma quantitativa, identificando que inovações poderiam melhorá-los de maneira alinhada com as metas da organização;
- analisar as causas dos problemas detectados em relação às tecnologias e aos processos correntes e identificar inovações que possam eliminar essas causas;
- propor os projetos de **Inovação técnica**;
- desenvolver, implantar e manter as inovações técnicas da organização.

Naturalmente, todas essas ações requerem, da parte da **Diretoria** da organização, o patrocínio forte e consistente, a verificação do cumprimento e a cobrança do alinhamento com os objetivos de negócio. Uma vez aceito pela **Diretoria** que seja executada pelo menos a fase de **Início** de um projeto de **inovação**, é designado um **Grupo gestor da inovação**, que será responsável pela condução do projeto de inovação técnica. Normalmente, esse grupo será constituído por **Engenheiros de processo**, por **Especialistas em tecnologia** das áreas envolvidos e, possivelmente, por **Arquitetos** e **Gerentes de projeto** ligados aos projetos mais relacionados.

2.7.3 A fase de início

A identificação de áreas candidatas à inovação técnica deve ser uma tarefa permanente da **Gerência de processos**. São fontes primárias os relatórios de organização, os **Relatórios de projeto** e a informação sobre evolução tecnológica disponível em diversas fontes, como livros, periódicos e na web. Essa tarefa envolve:

- a pesquisa contínua para identificar novidades relevantes de tecnologia e processos, visando a antecipar necessidades;
- o esforço sistemático para manter-se a par de pesquisas relevantes e tendências em tecnologia e processos;
- o esforço sistemático para manter-se a par de tecnologias e processos utilizados externamente, comparando-os com os utilizados na organização;
- a identificação de áreas em que a inovação técnica não foi bem-sucedida na organização, promovendo a coleta e análise de dados e a documentação da experiência.

Ideias de inovação técnica podem resultar da identificação de áreas candidatas, com potencial de melhorias concretas para os processos e as tecnologias da organização. Elas podem surgir também como subproduto dos projetos de software, refletindo necessidades identificadas pelas equipes desses projetos. O processamento das ideias de inovação técnica abrange a identificação dos benefícios potenciais das inovações candidatas e a definição de requisitos para essas inovações. No processo de **Inovação técnica** do **Praxis**, a identificação de áreas candidatas resulta na elaboração de uma **Proposta de projeto de inovação**, que justifica e define os objetivos do projeto. Se aprovada pela **Diretoria**, pelo menos o restante da fase de Início é executado.

A definição da inovação técnica aprofunda a proposta inicial, detalhando o escopo, as necessidades consideradas e os benefícios esperados. Identificam-se as restrições aplicáveis, como políticas e regulamentos. As partes interessadas são identificadas, assim como possíveis fontes de resistência à inovação. Identificam-se as métricas que se espera sejam afetadas pela inovação, e que poderão ser usadas para avaliar o sucesso. Definem-se as hipóteses de trabalho sobre as quais o projeto será baseado, e levantam-se e escolhem-se as possíveis abordagens a serem usadas. O resultado dessa definição é um documento de enunciado do projeto de inovação, que descreve as necessidades, benefícios, restrições, partes interessadas, fontes de resistência, métricas, hipóteses de trabalho e abordagens adotadas.

O **Plano de projeto de inovação** define as metas, métodos, competências, recursos, custos, prazos e riscos do projeto de inovação. Esse plano é tipicamente redigido pela Gerência de processos e submetido à aprovação da **Diretoria**. Ele deve definir responsabilidades e recursos requeridos para a condução do projeto, inclusive recursos de pessoal e de tecnologia.

Capítulo 6

Finalmente, completa-se a fase de **Início** com a montagem da infraestrutura necessária para o projeto. No mínimo, é necessário selecionar e designar os responsáveis pelas funções de suporte ao projeto, que incluirão as funções técnicas dependentes da natureza da inovação pretendida. Nessa tarefa, monta-se também um repositório de dados do projeto, que armazenará os dados coletados e gerados pelo projeto de inovação, como resultados de levantamentos, medidas, lições aprendidas, sugestões etc. A descrição das funções de suporte e do repositório de dados complementa o enunciado do projeto.

2.7.4 A fase de diagnóstico

O Diagnóstico se inicia com a caracterização do estado atual, que, dependendo do que for previsto no **Plano de projeto de inovação**, poderá envolver várias das tarefas analíticas descritas em seções anteriores: **Aferição de processo**, **Análise causal**, **Avaliação de recursos tecnológicos**, **Aferição das proficiências** ou **Análise quantitativa dos processos**. Os resultados produzidos por essas análises, os registros de reuniões e entrevistas e outras fontes de informação são consolidadas em uma **Avaliação do estado atual**. Produz-se uma primeira parte do **Relatório do Diagnóstico**, que conterá uma descrição sintética da situação atual da organização em relação às inovações pretendidas, identificando-se seus pontos fortes e fracos.

Na caracterização do estado desejado, definem-se que pontos fracos devem ser tratados pelo projeto e com que prioridades, e como os pontos fortes podem ser consolidados. Define-se onde aplicar métricas e valores desejados para elas, que o projeto tenha possibilidade de conseguir. Possíveis restrições ao estado desejado são identificadas e analisadas. Esses pontos são também registrados no **Relatório do Diagnóstico**.

Finalmente, é feito o Desenvolvimento das recomendações que se espera levem do estado atual ao estado desejado. São identificadas as oportunidades de melhoria nas diversas áreas e as possíveis ações que podem ser adotadas para explorar essas oportunidades. Conclui-se com o planejamento detalhado da fase de Estabelecimento e o fechamento do **Relatório de Diagnóstico**. Dados dessa etapa e das anteriores podem também ser registrados no **Repositório de dados do projeto de inovação**.

2.7.5 A fase de estabelecimento

A fase de **Estabelecimento** é iniciada com a atribuição de prioridades. Essa atribuição considera as prioridades estratégicas da organização, mas também os recursos disponíveis, as metas do projeto atual e as lições aprendidas, principalmente com os projetos de inovação anteriores. A técnica de **QFD** ([Humphrey95], [Cheng+95]) pode também ser usada para determinar as prioridades em função da influência estimada de cada recomendação em relação aos benefícios esperados da inovação. Os resultados são registrados no **Plano das ações de inovação**.

No desenvolvimento da abordagem é feita a definição de métodos, procedimentos, processos e orientações a serem usados nas ações planejadas. Faz-se a revisão de processos, tecnologias, treinamentos, políticas e orientações aplicáveis. As possíveis ações são identificadas, e a priorização é refinada, agora em termos das ações concretas, provavelmente escolhidas dentre os vários tipos de soluções discutidos nas subseções anteriores. Os resultados também vão para o **Plano das ações de inovação**.

O planejamento das ações define os projetos de ação que serão executados. Para cada um desses projetos, serão designados responsáveis e uma equipe, atribuídos os recursos, estimados esforços e custos, e analisados os riscos. São estabelecidos os incentivos

Engenharia de Processos **351**

e compensações que serão usados para motivar as ações e reduzir as resistências. A definição do cronograma dos projetos de ação fecha o **Plano das ações de inovação**. Como nas fases anteriores, todas as tarefas contribuem para o **Repositório de dados do projeto de inovação**.

2.7.6 A fase de ação

Visão geral

A fase de **Ação** consiste na execução de um conjunto de subprojetos, a que chamaremos projetos de ação. O responsável por cada projeto é um papel genérico, geralmente executado por um engenheiro de processos, especialista em ferramenta ou arquiteto, chamado de **Executor de solução**. Dependendo do tamanho de cada projeto, pode participar uma **Equipe de solução**, integrada por qualquer um dos papéis técnicos da organização.

Esses projetos podem incluir diversas atividades e tarefas de **Desenvolvimento de solução**, descritas nas subseções anteriores: alteração de processo existente (personalização, possível desenvolvimento de normas e revisão técnica), desenvolvimento de processos, personalização de recursos tecnológicos e aplicação de treinamento (planejamento e execução). Outras possibilidades são: a aquisição de soluções externas e o desenvolvimento de soluções alternativas, não incluídas nas citadas.

Em cada projeto de ação, executa-se um **Teste piloto**, e, dependendo do resultado deste, executa-se o **Refinamento da solução**. Pode ser necessário executar vários ciclos dessas tarefas, até atingir um resultado satisfatório. Quando isso acontece, pode-se executar a Implantação da solução. Como o **Teste piloto** e a **Implantação** da solução possuem mais detalhes e podem ser usados em várias outras atividades da disciplina, conforme visto nas seções anteriores, eles serão tratados separadamente.

Testes piloto

O **Teste piloto** avalia na prática os resultados de uma solução implementada por um projeto de ação. Sugere-se que esses testes obedeçam aos seguintes critérios:

- O teste piloto deve ter como objetivo determinar a viabilidade e o retorno econômico das soluções candidatas.
- O teste piloto deve ser realizado dentro de um processo bastante simplificado, que focalize seus objetivos experimentais.
- O teste piloto deve ser feito em um ambiente semelhante ao ambiente de desenvolvimento ou operação em que se pretende usar a solução testada. Por outro lado, devem-se evitar experimentos em ambientes reais de operação, principalmente os de missão crítica.
- Deve-se limitar o envolvimento de usuários finais a um pequeno número de usuários que estejam em posição chave para o sucesso da implantação das soluções candidatas. Esses usuários devem ser claramente informados do caráter experimental do teste piloto, e devem ter disponibilidade garantida para participação nos experimentos e na análise dos seus resultados.
- Os resultados do teste piloto devem ser coletados, analisados e documentados.
    - As lições aprendidas e os problemas encontrados durante o teste devem ser documentados.

Capítulo 6

– Os benefícios e impactos de uma utilização mais ampla na organização devem ser estimados.
– O grau de incerteza nessas estimativas deve ser avaliado.

O teste piloto deve ser planejado em um **Plano de teste piloto**, exemplificado nas Tabelas 6.29 a 6.32. Esse plano deve conter, pelo menos:

- objetivos do teste;
- critérios de avaliação dos resultados do teste;
- participantes do teste;
- atividades previstas, com definição de resultados, marcos, prazos e custos.

TABELA 6.29 Plano de teste piloto - Objetivos do teste

NÚMERO	PALAVRA-CHAVE	DESCRIÇÃO DO OBJETIVO
1	**Usabilidade**	Avaliar a utilização da ferramenta quanto à facilidade de uso e aprendizado.
2	**Desenho**	Testar a criação de diagramas de casos de uso, de classes e de sequência, quanto à facilidade de confecção e utilização de componentes.
3	**Engenharia reversa**	Testar a engenharia reversa e direta, de modo a verificar a possibilidade de integrar a ferramenta com a implementação.
4	**Recursos**	Avaliar todos os recursos da ferramenta para o trabalho com diagramas de casos de uso, de classes e de sequência.
5	**Estrutura**	Verificar a possibilidade de criação de pastas, de acordo com a estrutura proposta pelo processo **Praxis**.
6	**Documentação**	Verificar a existência de documentação e de manuais de utilização do componente a ser avaliado.

TABELA 6.30 Plano de teste piloto - Critérios de avaliação

NÚMERO	PALAVRA-CHAVE	DESCRIÇÃO DO CRITÉRIO
1	**Funcionamento**	A ferramenta deve funcionar quando o ambiente *Eclipse* estiver em funcionamento, e deve interagir com algum código existente e o código a ser criado.
2	**Engenharia reversa**	Será avaliado o código criado após a engenharia direta, com a avaliação da formatação do código criado e da integração entre código e desenho.
3	**Recursos**	Os componentes disponibilizados pela ferramenta devem ter plena conformidade com a UML.
4	**Documentação**	A documentação deve ser suficiente para orientar a instalação e a utilização da ferramenta.
5	**Atualização**	A distribuição da ferramenta deve disponibilizar atualizações para evolução da tecnologia e correções futuras.

Engenharia de Processos

TABELA 6.31 Plano de teste piloto - Participantes

NÚMERO	FUNÇÃO	NOME DO RESPONSÁVEL
1	**Executor de solução**	Cristóvão Alexandre
2	**Engenheiro de processos**	Eugênio Próspero

TABELA 6.32 Plano de teste piloto - Atividades previstas

NÚMERO	NOME DA ATIVIDADE	MARCO DE CONCLUSÃO	INÍCIO	FIM	ESFORÇO (PH)	OBSERVAÇÕES
1	**Estudo da ferramenta**	Término de instalação e criação de diagramas básicos	27/7/2007	31/7/2007	6	-
2	**Estudo de documentação**	Pesquisa e estudo da documentação	1/8/2007	3/8/2007	6	-
3	**Criação da aplicação 1**	Criação dos diagramas de casos de uso de um exemplo	6/8/2007	10/8/2007	10	Exemplo retirado de um trabalho de curso
4	**Criação da aplicação 2**	Criação dos diagramas de classe e de sequência e engenharia direta e reversa de um exemplo	13/8/2007	15/8/2007	6	Exemplo retirado de um trabalho de curso
5	**Avaliação do teste**	Avaliação das atividades desenvolvidas durante a criação das aplicações	16/8/2007	21/8/2007	15	-

Durante o teste piloto, devem ser produzidos **Relatórios de avaliação de inovação**, exemplificados nas Tabelas 6.15 a 6.17. Ao final do projeto piloto, os artefatos produzidos incluirão os **Relatórios de avaliação de inovação** e um **Relatório de teste piloto**, exemplificado nas Tabelas 6.33 a 6.37.[6]

TABELA 6.33 Relatório de teste piloto - Objetivos do projeto

NÚMERO	PALAVRA-CHAVE	ATINGIDO?	COMENTÁRIOS
1	**Funcionamento**	Sim	-
2	**Engenharia reversa**	Sim	-
3	**Desenho**	Sim	Avaliados apenas diagramas de casos de uso, classe e sequência.
4	**Recursos**	Sim	-
5	**Documentação**	Sim	-
6	**Atualização**	Sim	-

---

[6] As tabelas exemplificadas nesta subseção foram adaptadas de uma monografia realizada por Jean-François Carlier, no curso Especialização em Informática – Engenharia de Software, do Departamento de Ciência da Computação da UFMG.

TABELA 6.34 Relatório de teste piloto - Critérios de avaliação

NÚMERO	PALAVRA-CHAVE	PASSOU?	COMENTÁRIOS
1	Funcionamento	Em parte	O diagrama de sequência apresentou algumas dificuldades na inserção de mensagens para o próprio objeto.
2	Engenharia reversa	Em parte	Uma vez gerada a estrutura do código e implementado algum método, não é possível realizar a integração entre o código construído e o diagrama, pois a cada vez que se tenta exportar o diagrama de classes o que é gerado é apenas a estrutura, sem o conteúdo dos métodos. É possível contornar esse problema salvando um *backup* da implementação e colando sobre a estrutura a implementação gerada anteriormente.
3	Desenho	Sim	Os diagramas atenderam aos requisitos da UML.
4	Recursos	Em parte	Os recursos de cada diagrama formam um subconjunto da UML. Por isso houve algumas limitações, como o relacionamento direcional entre classes.
5	Documentação	Em parte	Pouca documentação e alta dependência de busca de informações em fóruns de discussões on-line.
6	Atualização	Sim	Constante atualização da ferramenta. A cada atualização diagramas foram acrescentados e funcionalidades consertadas.

TABELA 6.35 Relatório de teste piloto - Participantes efetivos

NÚMERO	FUNÇÃO	NOME DO RESPONSÁVEL
1	**Executor de solução**	Cristóvão Alexandre
2	**Engenheiro de processos**	Eugênio Próspero

TABELA 6.36 Relatório de teste piloto - Atividades executadas

NÚMERO	NOME DA ATIVIDADE	MARCO DE CONCLUSÃO	INÍCIO	FIM	ESFORÇO (PH)	OBSERVAÇÕES
1	**Estudo da ferramenta**	Término de instalação e criação de diagramas básicos	27/7/2007	31/7/2007	6	-
2	**Estudo de documentação**	Pesquisa e estudo da documentação	1/8/2007	3/8/2007	6	Verificados documentos e fóruns de discussão on-line.
3	**Criação da aplicação 1**	Criação dos diagramas de casos de uso de um exemplo	6/8/2007	10/8/2007	10	Criada a estrutura de pastas do padrão Praxis.
4	**Criação da aplicação 2**	Criação dos diagramas de classe e de sequência e engenharia direta e reversa de um exemplo	13/8/2007	15/8/2007	6	Desenhados diagramas do exemplo do curso. Gerada a estrutura de código a partir do diagrama de classes.
5	**Avaliação do teste**	Avaliação das atividades desenvolvidas durante a criação das aplicações	16/8/2007	21/8/2007	15	Realizada e publicada a avaliação.

Capítulo 6

TABELA 6.37 Relatório de teste piloto - Recomendações

NÚMERO	PALAVRA-CHAVE	RECOMENDAÇÃO
1	**Desenho**	Pode ser usada na maioria dos treinamentos, possuindo os diagramas necessários.
2	**Versão**	Deve-se estar atento às frequentes atualizações.
3	**Engenharia reversa**	Pode ser usada integrada com a implementação, já que as limitações podem ser contornadas.
4	**Custo**	Ferramenta sem custos de aquisição, por ser de código livre.

Com base nesses resultados, o **Executor de solução** deve propor ao **Grupo gestor da inovação** uma das seguintes alternativas:

- rejeitar a adoção das soluções candidatas;
- prosseguir com a implantação das soluções candidatas;
- realizar o **Refinamento da solução** e voltar ao teste piloto.

Implantação da solução

Caso a decisão seja prosseguir com a implantação das tecnologias candidatas, o **Executor de solução** deve definir um **Plano de implantação de inovação**, de comum acordo entre as áreas interessadas. Esse plano deve identificar:

- os responsáveis pelas atividades de implantação;
- os cronogramas técnico, gerencial e financeiro;
- os pontos-chave de transição da inovação dentro das atividades e projetos correntes;
- soluções provisórias consistentes para os problemas de transição da inovação.

Aprovados o projeto piloto e o plano de implantação de tecnologia, seguem-se as tarefas de execução da implantação:

- Estabelecer um **Grupo de suporte à implantação**. Esse grupo será responsável por negociar, comprar, instalar, converter, operar e dar suporte ao ambiente da inovação. Possivelmente, contará com a participação pelo menos parcial da Equipe de solução, além de outros profissionais, como **Administradores de recursos computacionais** (Capítulo 7).
- Introduzir a inovação em áreas e projetos específicos. Pelo menos um projeto ou área deve começar a implantar a inovação em curto prazo, e devem ser definidas as datas de implantação para os demais projetos e áreas.
- Efetuar as necessárias conversões, para que seja possível introduzir a inovação de forma segura e eficiente. Se necessário, fazer adaptações tanto nos projetos e áreas como nas soluções introduzidas.
- Fornecer treinamento e suporte necessários para utilizar a inovação. O treinamento deve ser prático, usando-se instrutores e consultores proficientes.
- Continuar a produzir os **Relatórios de avaliação de inovação**, que poderão registrar novas questões e observações sobre a inovação implantada.

- Produzir um Relatório final de implantação, resumindo o que foi aprendido nessa implantação.

2.7.7 A fase das lições

Durante a fase das **Lições**, transcorre a **Análise e validação da inovação**, por um período de tempo definido no **Plano de projeto de inovação**. De forma similar à iteração de **Operação piloto** dos projetos de desenvolvimento, as atividades permanentes e os projetos afetados pela inovação entram em funcionamento normal, mas com acompanhamento pelo **Grupo gestor da inovação**. Os dados pertinentes são coletados, e as lições aprendidas são registradas e analisadas. Possivelmente, são realizadas reuniões de retrospectiva. São revistos as abordagens usadas, o grau e a forma de participação dos diversos papéis e grupos, especialmente dos gerentes e da **Diretoria**. O próprio processo de inovação técnica é revisto. Os **Relatórios de avaliação de inovação** podem continuar a ser produzidos.

No **Fechamento da inovação**, é elaborado o **Relatório final do projeto de inovação**, que conterá o resumo das lições aprendidas e métricas coletadas, os resultados das análises das abordagens, da participação e do processo de inovação e propostas de ações futuras. Estas poderão dar origem a outro projeto de **Inovação técnica**, imediatamente ou após certo período.

7

Engenharia de Sistemas

1 VISÃO GERAL

1.1 Introdução

Produtos de software desenvolvidos por encomenda, principalmente para clientes que são organizações de grande porte, raramente existem em forma isolada. Geralmente, diversos produtos devem se articular de variadas maneiras. Entre outros, são comuns os casos em que produtos se integram:

- partilhando dados, por exemplo, por meio de bancos de dados;
- apresentando uma fachada de acesso comum, ou pelo menos partilhando convenções de interface de usuários;
- utilizando recursos tecnológicos comuns, como componentes, plataformas e arquiteturas;
- funcionando de forma concorrente ou paralela;
- dividindo funções de uma missão organizacional comum.

Além disso, sistemas compostos de vários produtos de software podem ser, por sua vez, partes de sistemas ainda maiores, que envolvem recursos de hardware, de dados, de comunicações e de dispositivos e equipamentos da área de aplicação. Sistemas de comunicação, eletrodomésticos, sistemas de computação embarcada (como automóveis, aviões, trens, embarcações), instrumentação médica e muitos outros são responsáveis por grande parte do mercado atual de **Engenharia de software**.

1.2 Áreas

Neste capítulo, não tratamos de áreas especializadas, limitando-nos a descrever algumas atividades que são usuais mesmo em organizações nas quais o desenvolvimento de software é tratado como atividade-fim. Algumas dessas atividades, discutidas na Seção 2, são executadas no âmbito de projetos de desenvolvimento (Figura 7.1). A Seção 3 trata de atividades que têm como escopo o âmbito da organização.

Algumas disciplinas adicionais da computação estão presentes em muitos projetos de desenvolvimento de software. Dependendo do porte das equipes, do investimento e do grau de criticidade dessas áreas, elas podem ser tratadas como disciplinas adicionais em processos personalizados, ou como atividades de **Engenharia de sistemas**. É o caso, por exemplo, das áreas de **Usabilidade**, **Segurança,**[1] **Mineração de dados**, **Inteligência artificial** e outras.

1.3 Fontes de informação

A bibliografia sobre as atividades aqui tratadas é relativamente escassa, principalmente em textos de engenharia de software. Pode-se encontrar informação em vários sítios sobre tecnologia da informação, como o whatis.com. Um conjunto de boas práticas de tecnologia da informação, conhecido como **COBIT** (*Control Objectives for Information and related Technology*), é distribuído pela **ISACA** (*Information Systems Audit and Control Association*).[2] Outro conjunto conhecido é a **ITIL** (*Information Technology Infrastructure*

---

[1] Essa palavra traduz dois conceitos diferentes, ambos importantes: *safety*, estado de imunidade a danos ou ausência de riscos intoleráveis; e *security*, estado de resistência a agressões ou ameaças.
[2] Disponível em www.isaca.org.

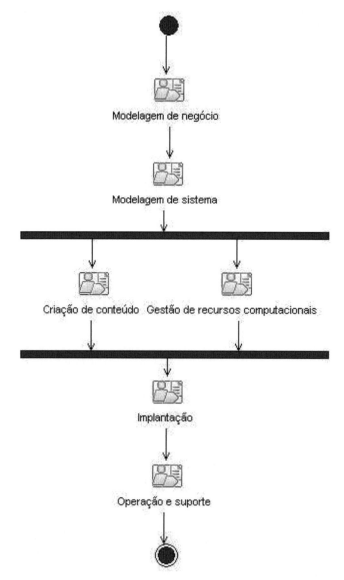

FIGURA 7.1 Atividades de projeto de **Engenharia de sistemas**.

Library),³ publicado por uma associação entre o governo britânico e a *Capita*, uma organização de serviços relacionados com processos.

A documentação do **RUP**, para quem tiver acesso a esse processo, traz informação mais detalhada sobre **Modelagem de negócio** e **Implantação**, que são disciplinas desse processo. A **Modelagem de sistema** é tratada pela extensão chamada de **RUP para Engenharia de sistemas**. As demais atividades estão fora do escopo do RUP padrão, mas algumas práticas de **Criação de conteúdo** e **Operação e suporte** são citadas na disciplina de **Implantação**, e a **Gestão de recursos computacionais** é brevemente tratada na disciplina de **Ambiente** (que, na maior parte, corresponde à **Engenharia de processos** do **Praxis**).

A **Implantação** e a **Operação e suporte** são tratadas em algumas publicações de Scott Ambler ([Ambler+01], [Ambler+05]), como parte do **EUP** (*Enterprise Unified Process*). Um resumo das recomendações de Ambler pode ser encontrado nos sítios desse

---
³ Disponível em www.axelos.com/best-practice-solutions/itil e http://www.itlibrary.org.

autor que tratam do **EUP**[4] e outros assuntos de tecnologia da informação.[5] As atividades descritas na Seção 3 correspondem às disciplinas de nível de organização do EUP, com exceção da disciplina ali chamada de **Melhoria dos processos de software**, que corresponde à **Engenharia de processos**.

2 ATIVIDADES DE NÍVEL DE PROJETOS

2.1 Modelagem de negócio

2.1.1 Objetivos

A **Modelagem de negócio** aplica as técnicas de modelagem ao entendimento dos processos de negócio de uma organização ou divisão de organização. Esse entendimento pode visar a determinação do contexto dos requisitos de um sistema a ser desenvolvido, ou pode ser o primeiro passo de um esforço de reengenharia de negócio. No **RUP**, ela é considerada uma das disciplinas do processo padrão.

O papel responsável por essa atividade é chamado de **Analista de negócio**. Ele tem um perfil de proficiências semelhantes ao do **Analista**, mas deve possuir mais conhecimento dos processos gerenciais e do funcionamento das organizações reais. Pela importância que a **Modelagem de negócio** tem para o levantamento dos requisitos, é um papel frequentemente atribuído a **Engenheiros de requisitos** mais experientes.

2.1.2 Aplicação

A aplicação mais frequente dessa atividade, dentro de projetos de desenvolvimento de produtos, consiste na identificação dos conceitos e da estrutura dos processos existentes, que levam à definição mais acurada e precisa das necessidades de tecnologia da informação. Na organização do autor, a modelagem de negócio é efetuada no início de muitos projetos de desenvolvimento de sistemas, tendo-se constatado o quanto ela contribui para a melhoria da qualidade dos requisitos a serem levantados.

Em etapas iniciais, o objetivo usual é o entendimento da organização em alto nível de abstração, o que envolve conhecer os principais conceitos do negócio, identificar as metas e indicadores de sucesso definidos pela estratégia da organização e familiarizar-se com sua estrutura organizacional. O aprofundamento da análise leva à descrição das funções de negócio e à identificação das regras de negócio.

Os processos de negócio de interesse são modelados. Esses processos são realizados por colaborações de objetos de negócio, que representam conceitos, artefatos de informação, artefatos físicos, além de agentes, que processam a informação. Os agentes podem ser papéis responsáveis por atividades, como pessoas, grupos e divisões, e podem também representar sistemas automatizados. A partir daí, a identificação de necessidades de tecnologia da informação leva à formulação de requisitos dos sistemas a serem desenvolvidos.

Na reengenharia de negócio, os próprios processos de negócio são reestruturados e podem sofrer alterações em suas atividades, objetos de negócio e papéis responsáveis.

---

[4] Disponível em www.enterpriseunifiedprocess.com.
[5] Disponível em www.ambysoft.com/onlineWritings.html.

Em muitas organizações, os processos existentes têm defeitos de vários tipos, ou, mesmo se adequados ao processamento manual, podem requerer modificações para que tomem partido das possibilidades da tecnologia da informação. O capítulo sobre **Engenharia de processos** discutiu um caso especializado de reengenharia de processos de negócio, que consiste na alteração ou no desenvolvimento de processos de software. Tipicamente, a reengenharia de negócio não faz parte de um projeto de desenvolvimento, mas pode fazer parte de um projeto de reorganização gerencial ou de inovação técnica. Esse projeto, por sua vez, pode ser consequência da **Modelagem da organização**, tratada na Subseção 3.1.

2.1.3 Notações

Muitas notações já foram formuladas para a **Modelagem de negócio**, mas, atualmente, apenas as notações **UML** e **BPMN** disputam a primazia. Como ambas estão atualmente sob responsabilidade do **OMG**, é possível que no futuro ocorra a fusão dessas notações. Atualmente, são empregadas com objetivos diferentes, conforme a ênfase que se queira dar na modelagem.

A **UML** é usada quando se quer manter a uniformidade de notação e ferramentas com os modelos usados no desenvolvimento de software, e quando é necessário modelar de forma precisa os aspectos estáticos do negócio, principalmente os relacionamentos entre os objetos de negócio. Entretanto, não existe um perfil **UML** para modelagem de negócio que seja padronizado pelo **OMG**. Um perfil muito usado, que serve como padrão *de facto*, é adotado no **RUP** [Johnston04], que é o perfil usado no **Metamodelo do processo** do **Praxis** e nas ilustrações deste livro. Seus principais estereótipos são ilustrados nas Figuras 7.2 a 7.4. Um perfil diferente foi usado por Penker e Eriksson, num livro bastante completo sobre modelagem de negócio [Penker+00].

A **BPMN** (*Business Process Modeling Notation*) enfatiza a descrição da dinâmica dos processos de negócio, em notação mais acessível para os usuários finais. Seus elementos podem ser considerados uma versão mais poderosa dos diagramas de atividade da **UML**; uma comparação entre eles pode ser encontrada num estudo de Stephen White [White04]. Por outro lado, a **BPMN** não focaliza a modelagem estática e outros recursos da **UML**. A Figura 7.5 exemplifica um processo muito simples, descrito em **BPMN**; a Figura 7.6 ilustra um exemplo com partições e troca de mensagens (exemplos adaptados de Stephen White [White04a]).

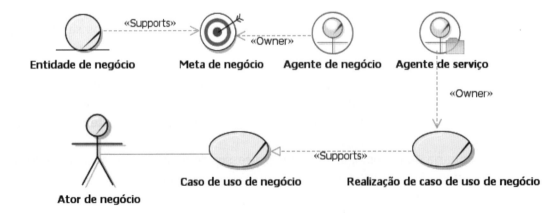

FIGURA 7.2 Classes e casos de uso de negócio.

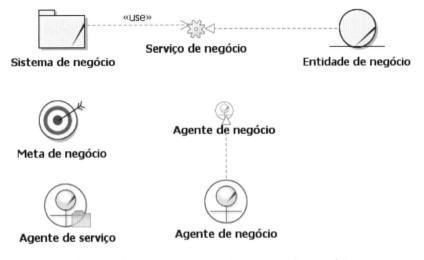

FIGURA 7.3 Componentes e interfaces de negócio.

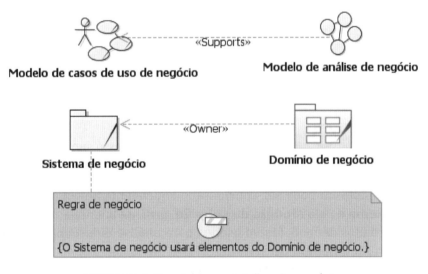

FIGURA 7.4 Pacotes e restrições de negócio.

2.2 Modelagem de sistema

2.2.1 Objetivos

A **Modelagem de sistema** aplica as técnicas de modelagem à análise e ao desenho de sistemas compostos por múltiplos componentes de tecnologia da informação. Obtido um **Modelo de negócio** que descreve processos com necessidades complexas de tecnologia da informação, o **Modelo de sistema**, em sua **Visão do problema**, descreve os requisitos na forma de casos de uso e de classes de nível de sistema. Em sua **Visão da solução**, o **Modelo de sistema** descreve a divisão das responsabilidades do sistema maior em um conjunto de subsistemas ou produtos, que funcionam como componentes cooperantes. Os requisitos do sistema são mapeados nos requisitos alocados a cada componente, seguindo essa divisão de responsabilidades.

Capítulo 7

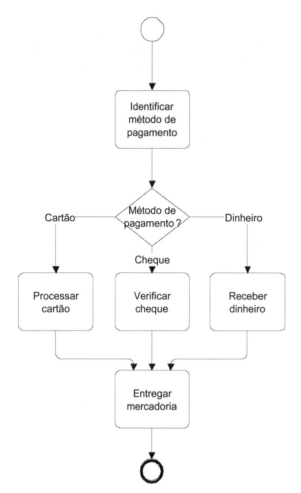

FIGURA 7.5
Um processo simples em BPMN.

O **Modelo de sistema** pode ser considerado equivalente ao conjunto formado pelo **Modelo do problema** e pelo **Modelo da solução**, principalmente as seções de arquitetura deste. Os formatos de modelagem usados para análise e desenho podem ser adaptados para uso em **Modelagem de sistema**. Nessa atividade, os papéis de **Engenheiro de requisitos**, **Analista** e **Arquiteto** funcionam de forma similar àquela usada na modelagem de nível de produto. Como sistemas com múltiplos produtos têm geralmente estrutura física mais complexa, é provável que recursos mais avançados de representação da estrutura lógica, como os diagramas de estrutura composta, sejam mais utilizados. É provável também que os investimentos de modelagem na **Visão de componentes** e na **Visão de implantação** sejam proporcionalmente maiores.

Frequentemente, essa complexidade adicional não é apenas de estrutura, mas se reflete no comportamento, principalmente quando os componentes funcionam em paralelo, executando processos e linhas de execução (*threads*) e enfrentando problemas de partilha de recursos e sincronização. A complexidade dinâmica é ainda maior na modelagem de sistemas embutidos e de tempo real, como os discutidos por Phillip A. Laplante e Seppo J. Ovaska [Laplante+11]. Alguns elementos da **UML** são orientados para esse fim, como classes e objetos ativos, mensagens assíncronas, ações assíncronas e sinais [Rumbaugh+05].

2.2.2 Um exemplo de processo de Engenharia de sistemas

Uma versão do **RUP para Engenharia de sistemas** foi desenvolvida por Murray Cantor ([Cantor03], [Cantor03a], [Cantor03b]), e está disponível como **Suplemento de métodos**

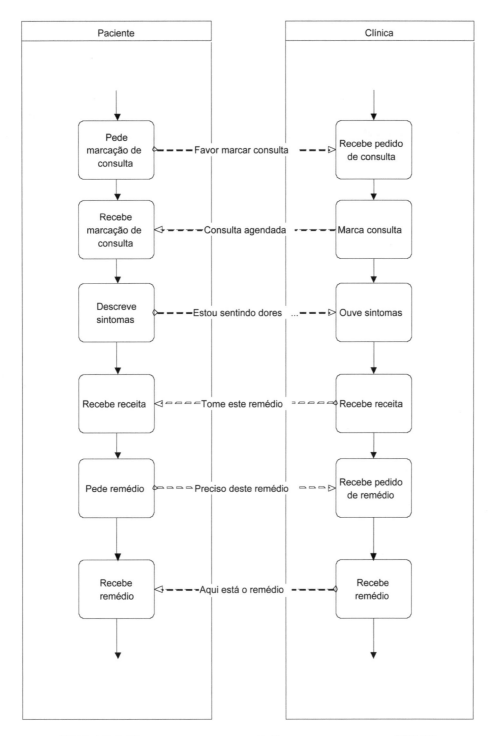

FIGURA 7.6 Um processo com partições e mensagens em BPMN.

do RMC. Cantor enfatiza que, enquanto um arquiteto de nível de produto tem como preocupações focais a usabilidade, a manutenibilidade e a extensibilidade, os engenheiros de sistema enfatizam a confiabilidade, a disponibilidade, o desempenho, a capacidade (por exemplo, volume suportado de dados ou transações), a escalabilidade (facilidade de mudança de escala) e a suportabilidade (facilidade de provimento de suporte no campo, inclusive instalação e manutenção).

Capítulo 7

Nessa versão do **RUP**, a disciplina de **Análise & Desenho** é ampliada para a disciplina de **Análise & Desenho de Sistema**, que contém as seguintes tarefas:

- **Análise arquitetônica de sistema** – define a arquitetura de sistema candidata.
- **Construção da prova de conceito da arquitetura de sistema** – desenvolve a prova de conceito arquitetônica a partir dos requisitos e riscos do sistema.
- **Determinação da viabilidade da prova de conceito da arquitetura de sistema** – avalia a prova de conceito arquitetônica contra os requisitos e riscos do sistema.
- **Análise da operação do sistema** – transforma a descrição de comportamento em nível de sistema em uma estrutura de nível de subsistemas.
- **Desenho da operação do sistema** – refina os resultados da análise em realizações detalhadas em nível de subsistemas.
- **Refinamento do modelo de implantação de sistema** – refina a arquitetura de implantação em uma arquitetura distribuída, a partir de um **modelo de localidade** (vide abaixo).
- **Refinamento dos processos do sistema** – define a arquitetura de processos do sistema.
- **Refinamento da estrutura do sistema** – mantém a estrutura do sistema alinhada com alterações no ambiente de sistema ou outras causas de refatoramento.

A **localidade** é definida como o nível mais abstrato de partição espacial de um sistema. Cada localidade é um agregado de recursos que executa processamento, sem possuir uma localização geográfica precisamente definida. Por exemplo, um sistema baseado em satélite tipicamente divide seu processamento entre duas localidades: o próprio satélite e a estação terrestre.

2.3 Gestão de recursos computacionais

2.3.1 Objetivos

A **Gestão de recursos computacionais** mantém e dá suporte ao uso da infraestrutura de desenvolvimento, inclusive hardware, software, dados, telecomunicações, reprodução de documentos e outros elementos de infraestrutura. Tarefas usuais incluem instalação, configuração, atualizações, *backup*, tratamento de problemas de infraestrutura e planejamento de infraestrutura.

O escopo da atividade cobre o uso de recursos computacionais durante o desenvolvimento, por parte de desenvolvedores e outros profissionais da organização fornecedora. Tarefas similares, exercidas no ambiente de uso de um sistema, dentro de organizações usuárias, fazem parte da atividade de **Operação e suporte**. Quando o desenvolvimento é efetuado por uma divisão de uma organização maior, que possivelmente tenha outra atividade-fim, é possível que a equipe de **Gestão de recursos computacionais** seja integrada com o suporte de tecnologia da informação do restante da organização (vide Subseção 3.6).

Algumas tarefas de outras disciplinas têm integração mais forte com a **Gestão de recursos computacionais**, por envolverem o uso de ferramentas, repositórios e outros recursos de operação centralizada. É o caso das tarefas de **Integração** (disciplina de **Implementação**), **Gestão de repositórios** de **Gestão de configurações** (**Gestão de** alterações), **Gestão da biblioteca de processos** e **Gestão do ambiente tecnológico** (**Engenharia de processos**). Nesses casos, cada organização deve definir com precisão as responsabilidades de cada grupo.

Nesta atividade, tratamos dos papéis mais acionados durante o desenvolvimento de sistemas e produtos. Outros papéis mais especializados são acionados com mais frequência durante a atividade de **Operação e suporte**, sendo, por isso, tratados na respectiva subseção.

2.3.2 Administradores de sistemas

No Praxis, os papéis que exercem essa atividade fazem parte do conjunto de papéis de **Administradores de recursos computacionais**, que, por sua vez, fazem parte dos **Agentes de suporte**. O principal papel é o do **Administrador de sistemas**, que é responsável pela operação, implantação, configuração, otimização do desempenho e suporte de sistemas de computação e seus recursos.

Esse papel é responsável pelo hardware e software básico das estações de trabalho e dos servidores. **Administradores de sistemas** mais experientes podem assumir outras tarefas, como programação de scripts usados em suas tarefas, gestão de projetos de implantação ou conversão de recursos computacionais, supervisão e treinamento de outros **Administradores de recursos computacionais** e suporte aos usuários dos recursos computacionais. Em outros casos, como no suporte técnico de hardware, ele é geralmente responsável por acionar suporte técnico externo e servir de contato com ele.

Normalmente, esses profissionais precisam ter domínio mais avançado dessas técnicas, já que lidarão com profissionais que são também experientes no uso de computadores e, provavelmente, só precisarão de assistência para problemas mais difíceis. Além disso, os recursos são geralmente usados em atividades e projetos de missão crítica da organização fornecedora; e alguns recursos técnicos, como servidores de integração e de gestão de configurações, precisam ser instalados e configurados de forma especializada, para que funcionem com disponibilidade e desempenho satisfatórios.

O papel pode requerer, entre outras, as seguintes proficiências:

- conhecimento técnico aprofundado do hardware e software básico usados;
- familiaridade com as ferramentas técnicas de uso centralizado;
- capacidade de resolução de problemas;
- capacidade de programação nas linguagens de script usadas.

Além disso, o **Administrador de sistemas** deve ter bom conhecimento de problemas e técnicas de segurança, com capacidade, por exemplo, para tratar de vírus e tentativas de invasão, ou utilizar ferramentas antivírus, gerir senhas e configurar *firewalls*. Antigamente, era mais comum a existência de **Administrador de sistemas** especializados em sistemas operacionais, mas muitas das funções desses especialistas foram automatizadas.

2.3.3 Administradores de dados

Um papel especializado bastante diferenciado é o do **Administrador de dados**. Ele é responsável pela administração física dos bancos de dados e outros mecanismos de persistência. Em relação a sistemas baseados em bancos de dados, o **Administrador de dados** tem participação importante tanto durante o desenvolvimento, como parte da **Gestão de recursos computacionais** e no suporte à **Implementação**, quanto na

Capítulo 7

atividade de **Operação e suporte**, quando esses bancos de dados são usados em modo de produção. Suas tarefas incluem:

- Instalação de software de gestão de dados, como sistemas de gerência de bancos de dados e correlatos, tais como software de armazenamento ou mineração de dados.
- Configuração de hardware e software, atuando em conjunto com o **Administrador de sistemas**.
- Administração dos subsistemas de persistência, que incluem a gestão de usuários e permissões, a realização de cópias de segurança, o tratamento de problemas e recuperação de desastres, o tratamento de questões de segurança e a realização de auditorias.
- Ajuste e otimização do desempenho dos bancos de dados, possivelmente interagindo com os **Programadores** (por exemplo, na otimização do código **SQL** gerado nas aplicações).
- Desenho e implementação em nível físico de bancos de dados e de seus esquemas de dados.
- Tratamento de falhas, inclusive comutação entre recursos e provimento da recuperação.

2.4 Criação de conteúdo

2.4.1 Visão geral

Esta atividade trata da confecção do conteúdo de mídia de uma aplicação, que pode incluir texto, hipertexto, imagens, outros elementos gráficos e, em casos mais especializados, áudio, animações e vídeo. Mesmo aplicações executáveis em *desktop* podem conter considerável conteúdo de mídia. Nem sempre é clara a fronteira entre conteúdo integrado na aplicação, como mensagens, títulos, rótulos, dicas de uso e ícones, e elementos da documentação para usuários, tratada aqui como parte da **Implementação**.

Técnicas como a externalização de textos (*string externalization*), feixes de recursos (*resource bundles*) e arquivos de recursos permitem separar o desenvolvimento desses elementos da implementação do código, atribuindo-os a profissionais de criação de conteúdo. Além disso, essa separação facilita a manutenção e a evolução, sendo essencial, no caso de produtos destinados ao mercado internacional, que devam suportar vários idiomas e até diversas convenções culturais.

Em aplicativos Web, a importância do conteúdo tende a ser ainda maior, e, em muitos casos, sua criação pode requerer um esforço até maior do que o desenvolvimento do código. Esse caso é comum, por exemplo, em sistemas de comércio eletrônico, de suporte legislativo e de assistência ao consumidor ou ao cidadão. O esforço será ainda maior se houver requisitos especiais de usabilidade. É também o caso de requisitos de acessibilidade, orientados para portadores de necessidades especiais. Em muitos casos, esses requisitos são determinados por legislação, o que tende a se tornar frequente em sistemas de uso público.

No caso de conteúdo de texto, o papel responsável é o **Documentador técnico**. Deve-se notar, no entanto, que o público do conteúdo pode ser bastante diferente do público normal de manuais de usuário, com requisitos bem mais fortes de qualidade literária, jornalística ou didática. Idealmente, no caso de sistemas utilizáveis pelo público em geral, como sítios Web e quiosques públicos, a utilização deve ser autoexplicativa, sem requerer qualquer documentação adicional.

Em casos mais complexos, a **Criação de conteúdo** pode requerer um processo específico completo. Um exemplo de processo é descrito em outro livro deste autor [Pádua11].

2.4.2 O designer de conteúdo

O conteúdo que vai além de simples texto deve ser tratado por outros tipos de profissionais, agrupados no papel de **Designer de conteúdo**. Mesmo o conteúdo de texto envolve aspectos de design gráfico, como fontes, cores, formatos de títulos e distribuição espacial. Algumas organizações contratam serviços desse tipo de profissional sob demanda. Outras os mantêm permanentemente em suas equipes, possivelmente trabalhando de forma integrada com os **Documentadores técnicos** e os **Especialistas em usabilidade**, bem como com áreas de marketing e relações públicas.

Designers de conteúdo são frequentemente artistas gráficos, não apenas dotados de criatividade artística, mas proficientes nas ferramentas específicas usadas na organização. A criação de logomarcas e ícones é uma tarefa usual. É frequentemente necessária a colaboração com os **Desenhistas de interfaces de usuário**: enquanto estes devem ser os responsáveis finais pela definição das interfaces, por causa de seu conhecimento técnico sobre o que é implementável e como especificá-las, os **Designers de conteúdo** podem ter papel importante no desenvolvimento de guias de estilo e do visual (*look-and-feel*) das aplicações.

Papéis mais especializados podem ser requeridos para o desenvolvimento de áudio, vídeo e animação, dependendo da aplicação. Os designers dessas áreas devem ter, além de capacidade artística, considerável proficiência técnica. Além do domínio das respectivas ferramentas, devem ser capazes de aplicação de conhecimentos técnicos especializados, como largura de faixa (*bandwidth*), compressão, codificação e decodificação (*codecs*) e padrões de multimídia.

Um papel correlato que é importante em muitos sistemas é o do **Desenvolvedor de cursos**, responsável pela produção de material didático e de treinamento. Esse material pode incluir manuais, apresentações, demonstrações, exemplos e tutoriais. Além do conhecimento de técnicas e recursos pedagógicos, ele tem que ter entendimento do material a ser ensinado, além de capacidade de redação e, possivelmente, de autoria de outros tipos de mídia.

2.4.3 O Web designer

O **Web designer** é um tipo específico de **Designer de conteúdo,** que trabalha com a criação de sítios[6] Web. Além de trabalhar como artista gráfico e documentador, o **Web designer** tem que dominar as ferramentas e técnicas necessárias para costurar o material de texto e mídia em estruturas de hipertexto, formadas por páginas estáticas (criadas em tempo de implementação) e dinâmicas (geradas em tempo de execução). As tecnologias usadas por esse profissional incluem:

- Formatos usados em hipertexto, como *HTML, XML, XSD, XSL* e *CSS*.
- Formatos de mídia embutida, como imagens (*GIF, JPEG, PNG*) e multimídia (*Flash, MPEG, QuickTime, RealMedia*).
- Linguagens e recursos de script do cliente, como *JavaScript, DOM* e *Java Applets*.

---

[6] Por algum estranho motivo, a palavra *site* é preferida no Brasil. Usamos a palavra *sítio*, que é apropriada e facilmente reconhecível. Por outro lado, não traduzimos *Web* por *Teia*, pela dificuldade que muitos teriam em reconhecê-la...

Capítulo 7

- Recursos dos navegadores mais usados, como *Firefox, Chrome, Opera, Safari* e *Internet Explorer*.
- Linguagens e recursos de script do servidor, como *JSP, ASP, Perl, Python* e *PHP*.
- Máquinas de pesquisa, como *Google* e *Bing*.
- Ferramentas de desenvolvimento e operação.

Outros conhecimentos necessários incluem:

- Padrões aplicáveis à área.
- Aspectos de desempenho, usabilidade, acessibilidade, confiabilidade e segurança.
- Uso de sistemas de bancos de dados (por exemplo, para geração de páginas dinâmicas).
- Restrições de compatibilidade, requisitos para as plataformas clientes e coexistência com legados.
- Restrições de legislação (direitos autorais, privacidade, responsabilidade).

O caráter multidisciplinar das tarefas desempenhadas exige frequente colaboração com outros papéis, como **Programadores**, **Documentadores técnicos**, **Administradores de dados** e **Administradores de sistemas**.

2.5 Implantação

2.5.1 Visão geral

A atividade de **Implantação** trata das ações necessárias para colocar um produto ou sistema à disposição de seus usuários. Algumas de suas tarefas podem ser executadas inicialmente durante a fase de **Construção**, principalmente nas últimas iterações dessa fase, mas o auge da atividade acontece na iteração inicial da fase de **Transição** (Figura 7.7). Existem pelo menos três modelos diferentes de **Implantação**:

- A instalação de sistemas de funcionamento exclusivo dentro da organização cliente, quer se trate de aplicativos para *desktop*, de sistemas em rede ou de sistemas em intranet.
- A instalação na Web, para acesso por clientes em geral, como acontece com sistemas de comércio eletrônico ou de atendimento ao consumidor e ao cidadão.
- A distribuição como produtos de prateleira, que envolve reprodução, empacotamento e distribuição de natureza física.

Várias combinações são possíveis, como sistemas corporativos parcialmente acessíveis pela Web, produtos de prateleira distribuídos pela Web ou aplicações cliente-servidor que funcionam sobre a Internet, usando parcialmente recursos da Web, como os sistemas da Receita Federal ou o Google Earth.

Durante a **Implantação**, devem ser considerados possíveis requisitos especiais de instalação que possam existir por parte do cliente. Por exemplo, deve-se considerar:

- Sincronização entre versões de software de suporte do fornecedor e do cliente (por exemplo, sistemas operacionais, sistemas de bancos de dados etc.).
- Restrições de acesso às instalações do cliente, como permissões, crachás e senhas.
- Outras possíveis restrições de segurança, como configuração de *firewalls* e procedimentos antivírus.

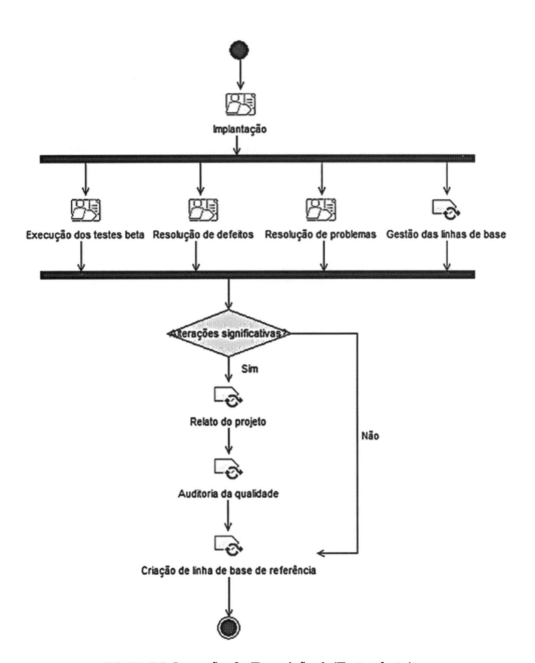

FIGURA 7.7 Iteração da Transição 1 (Testes beta).

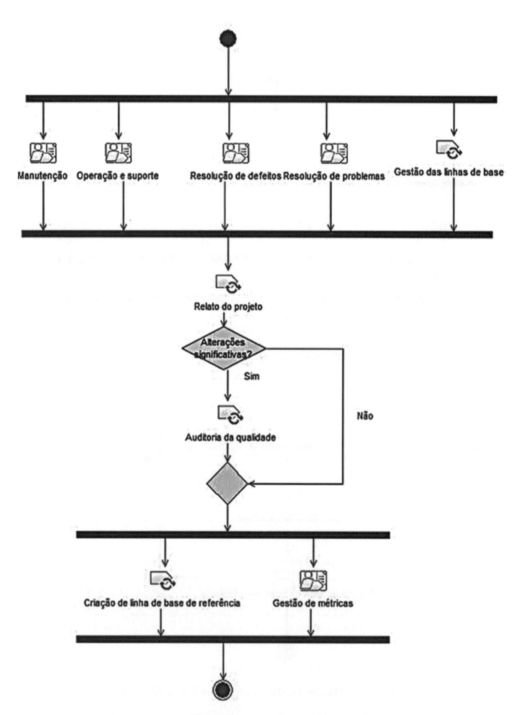

FIGURA 7.8 Iteração da Transição 2 (Operação piloto).

Engenharia de Sistemas **373**

- Possível necessidade de executar em paralelo, durante algum tempo, um sistema implantado e sistemas antigos.
- Possíveis necessidades de testes em ambientes simulados (chamados por alguns de *sandbox*).
- Procedimentos de transição entre bases de dados de teste e de produção.
- Necessidades de articulação entre os **Administradores de dados** do fornecedor e do cliente.
- Marcos que caracterizem as etapas da implantação.
- Cronograma das reuniões necessárias.
- Necessidades de viagens, em implantação geograficamente distribuída.

2.5.2 Planejamento da implantação

O planejamento da implantação pode ser considerado de responsabilidade do **Gerente de projeto (Gestão de projetos)** ou do **Gerente de produto (Gestão de alterações)**; o **RUP** propõe um papel especializado de **Gerente de implantação**. O **Plano de implantação** define os seguintes aspectos:

- responsabilidades;
- cronograma;
- hardware;
- instalações (*facilities*, como energia elétrica, ar condicionado, obras civis, dispositivos de segurança etc.);
- software básico e de suporte;
- bancos de dados e outros recursos de persistência;
- empacotamento físico;
- distribuição (meios, licenciamento);
- procedimentos de instalação;
- procedimentos de migração e conversão;
- documentação;
- equipe de implantação;
- equipe de operação e suporte;
- treinamento;
- riscos;
- fatores humanos.

O **Plano de implantação** pode ser acompanhado por uma **Relação de materiais**, que descreve todos os itens constituintes do produto que deverão ser entregues. No caso de arquivos, a **Relação de materiais** identifica a versão e, possivelmente, alterações em relação a versões anteriores e testes da instalação. No caso de itens físicos, pode incluir instruções de manuseio e armazenamento.

2.5.3 Desenvolvimento do material de instalação

O material que deverá ser usado na instalação deve ser desenvolvido. A **Documentação de suporte ao usuário** e o **Manual do usuário**, desenvolvidos pela disciplina de **Implementação**, devem ser complementados com a informação de instalação.

O material de treinamento para os usuários deve ser desenvolvido, de preferência, por **Desenvolvedores de cursos**. O público ou públicos devem ser caracterizados. Diretrizes e padrões apropriados devem ser seguidos e, quando necessário, adaptados ou

Capítulo 7

desenvolvidos. O formato do treinamento deve ser decidido, escolhendo ou combinando meios como aulas convencionais, instrução on-line e trabalhos práticos. Devem ser decididos também os tipos de material que serão usados: textos de estudo, textos de referência, cartelas, apresentações, material de multimídia e outros.

Os artefatos de instalação devem ser implementados. Eles podem incluir arquivos de configuração, *scripts* e instruções de instalação, além de ferramentas e plataformas necessárias. A natureza dos artefatos deve considerar quantas vezes a instalação deverá ser repetida, e se os instaladores serão usuários finais, pessoal de suporte ou técnicos especializados. Um artefato especialmente importante consiste nas **Notas de liberação** (*release notes*), que trazem informação de história das versões, alterações entre versões, problemas conhecidos e itens de informação de última hora.

O conjunto dos artefatos de instalação deve ser consolidado em **Unidades de implantação**, conjuntos completos de componentes e documentos que possam ser, de preferência, entregues em uma única mídia física, ou baixados (*downloaded*) em um único arquivo. O conteúdo das **Unidades de implantação** é identificado na **Relação dos materiais**. Usualmente, essas unidades utilizam formatos de arquivos comprimidos, como **ZIP**, **JAR**, **CAB** e formatos autoexecutáveis.

2.5.4 Execução da implantação

A execução da implantação transforma o material de instalação em sistemas operacionalmente capazes, prontos para serem utilizados. Os testes beta são executados, como mostrado na Figura 7.7, podendo gerar eventos de **Resolução de defeitos** e **Resolução de problemas**. As correções efetuadas, por sua vez, devem acionar os procedimentos necessários de **Gestão das linhas de base**. Em sistemas especialmente complexos, pode ser necessário realizar auditorias de configurações.

No caso de implantação em grande número de instalações, principalmente se geograficamente distribuídas, essas tarefas podem envolver esforço considerável. Os contratos devem também deixar bastante claras quais as respectivas responsabilidades do fornecedor, do cliente e de terceiros, em relação à execução da implantação.

Para produtos de prateleira, que devam ser distribuídos em meio físico, é preciso verificar as **Unidades de implantação** e testá-las em sua forma final, conferindo também a correção, a completeza, a ausência de vírus e a usabilidade das instruções e instalação. Em caso de reprodução em massa, como acontece com CDs e DVDs, além das **Unidades de implantação**, é preciso que a **Relação de materiais** identifique itens de empacotamento, como documentos, caixas e rótulos.

Para produtos que serão distribuídos pela Web, as **Unidades de implantação** devem ser carregadas nos servidores apropriados. Deve-se testar o acesso dos clientes ao sítio de distribuição, assim como os tempos necessários para baixar o material, e o funcionamento de outros aspectos, como compra on-line, obtenção de licenças, suporte de instalação, suporte para reclamações e notificações de problemas e realização de promoções comerciais.

2.6 Operação e suporte

2.6.1 Visão geral

A atividade de **Operação e suporte** trata das ações necessárias para assegurar o funcionamento normal de um sistema ou produto durante a fase de **Produção** de sua vida útil. No **EUP** (*Enterprise Unified Process*), Scott Ambler define formalmente essa fase,

Engenharia de Sistemas **375**

de forma similar à das fases do **RUP** ([Ambler+01], [Ambler+05]). A fase do **EUP** se inicia logo após a **Transição**, no marco de **Liberação do produto**, e termina com o marco de **Substituição da liberação** (*Release replacement*), que dá início à fase de **Retirada** (*Retirement*).[7] Esta termina por um marco de **Retirada da liberação**.

No **Praxis** padrão, não existe uma fase formal de **Produção**, mas a segunda iteração da **Transição**, chamada de **Operação piloto**, pode ser considerada uma miniatura dessa fase. Como se discutiu no tratamento sobre **Processos de software**, ela funciona como período de garantia do produto, e também serve para testar o próprio funcionamento da **Operação e suporte.**

A atividade de **Operação e suporte** pode ser classificada conforme os mesmos modelos discutidos para a **Implantação** (Subseção 2.5.1), sendo bastante diferentes os detalhes relativos a produtos de prateleira, sistemas de funcionamento exclusivo no cliente e sistemas implantados na Web. Produtos de prateleira, por exemplo, geralmente não requerem a parte de operação, mas a parte de suporte pode ser ainda mais complexa que nos outros casos.

2.6.2 Operação

O principal papel responsável pela operação é o do **Administrador de sistemas**, mas, ao contrário da atividade de **Gestão de recursos computacionais**, aqui se trata do **Administrador de sistemas** do cliente. Um nome tradicionalmente dado aos níveis inferiores dessa função é o de **Operador**, tipicamente encarregado de tarefas mais simples e rotineiras, como registro de eventos e realização de cópias de segurança. O planejamento da operação deve prever os procedimentos e horários de troca de turno entre operadores. Na era dos *mainframes*, essa função era mais comum, mas muitas das atividades dos antigos operadores são atualmente automatizadas.

Para um nível superior da função, que cuida principalmente dos aspectos gerenciais da operação de sistemas complexos, usa-se o termo **Gerente de produção**. Entre as responsabilidades típicas de um **Gerente de produção** estão:

- Demandar os recursos e serviços necessários de infraestrutura.
- Divulgar aos usuários os procedimentos de operação de interesse deles.
- Gerir a capacidade, o desempenho e a qualidade dos serviços oferecidos.
- Tratar dos problemas de operação.
- Fazer valer os procedimentos de segurança.

Outros papéis que podem ser importantes para a operação são:

- **Administrador de redes** – responsável pela implantação, configuração, manutenção e monitoração do hardware e software das redes de comunicação. Seu escopo abrange configuração e instalação de roteadores, cabeamento, assim como o tratamento de permissões, recursos de segurança e o dimensionamento e a topologia das redes.
- **Administrador de segurança** – responsável pela segurança dos sistemas e da rede em geral. Em sistemas menores, as funções podem ser exercidas pelo **Administrador de sistemas** e pelo **Administrador de redes**. Em sistemas maiores ou mais críticos, há necessidade de ações mais especializadas, algumas

---

[7] Em português, geralmente se traduz *retirement* por *aposentadoria*, sendo *retreat* e *withdrawal* correspondentes aos sentidos usuais de *retirada*. No contexto, entretanto, a tradução de *retirement* por *retirada* nos pareceu mais apropriada.

de natureza bastante técnica, como criptografia, detecção de ataques e resposta a ataques (possivelmente simulados por consultores). O papel usa combinações de limitações de acesso físico, dispositivos de hardware (como alguns tipos de *firewall*), recursos de software (como outros tipos de *firewalls*, detectores de *malware*), e restrições a procedimentos (por exemplo, combate às formas de manipulação de indivíduos, conhecidas como *engenharia social*).

- **Administrador de Web** – responsável pela operação de sítios Web, chamado em algumas organizações de *webmaster*.[8] As atribuições incluem a instalação, a configuração e a monitoração do hardware e software dos servidores, possivelmente divididos entre servidores da Web, servidores de aplicação e servidores de dados. Como os outros administradores, ele também trata de questões de segurança, resolução de problemas e gestão de permissões. Problemas especialmente críticos podem surgir nas áreas de confidencialidade, integridade, capacidade, tráfego e desempenho.
- **Administrador de dados** – continua a ter papel importante na operação de sistemas baseados em bancos de dados. Trata-se aqui, entretanto, dos **Administradores de dados** do cliente. Uma possível especialização é representada pelos administradores de sistemas de armazenamento e mineração de dados.

A operação deve incluir o planejamento contra desastres (incêndios, inundações, falta de energia prolongada etc.). A prevenção de desastres inclui contramedidas como a duplicação e distribuição geográfica de dados e serviços. O tratamento de desastres inclui também a recuperação de desastres ocorridos, com restauração de dados e serviços, coordenação de esforços e registro das lições aprendidas.

2.6.3 Suporte

O principal papel responsável pelo suporte aos usuários é o do **Agente de suporte aos usuários**. Esse agente recebe as requisições de suporte, provê a informação ou assistência necessária e, caso julgue tratar-se de defeito, aciona a **Manutenção**, na qual exerce o papel de **Representante dos usuários** (como discutido na **Gestão de alterações**). Algumas organizações adotam dois níveis de suporte: nesse sistema, os agentes mais experientes não têm contato direto com os usuários, mas apenas assumem o suporte em caso de problemas mais complexos, ou proveem treinamento e consultoria para os agentes de primeira linha. Esse tipo de sistema, embora possa ser mais econômico quando se tem uma grande equipe de suporte, geralmente resulta em atendimento menos satisfatório.

O planejamento do suporte inclui:

- Formas de suporte (telefone, correio eletrônico ou *chat*, suporte pago ou não pago).
- Formação e treinamento da equipe de suporte.
- Documentação para a equipe de suporte.
- Política de filtragem, encaminhamento e acompanhamento de solicitações de manutenção.
- Prioridades de atendimento.
- Política de mudança de nível, no caso de dois níveis de suporte.
- Desenvolvimento de recursos de suporte.
- Política de aplicação de soluções provisórias (*fixes* e *patches*).

---

[8] Esse termo também é usado para pessoas com atribuições gerenciais mais amplas, em organizações em que a exploração de sítios Web é atividade-fim, possivelmente liderando também a criação de conteúdo.

2.6.4 Gestão de liberações

É comum a coexistência em operação de diferentes versões do mesmo produto, principalmente quando versões menores são frequentes. Geralmente, quando uma nova versão é liberada, o suporte de uma ou duas versões anteriores continua por períodos planejados, que também variam conforme se trate de versões primárias, secundárias ou terciárias (vide **Gestão de alterações**).

Podem também coexistir variantes com diferentes objetivos, para diferentes plataformas e diferentes idiomas. Um caso que alguns confundem com diferentes versões é o caso de variantes aplicáveis a diferentes períodos de tempo: por exemplo, cada ano normalmente traz uma nova variante do programa de declaração de renda da Receita Federal. Não se trata de novas versões, pois cada variante anual é funcionalmente diferente, dependendo da legislação daquele ano.

Qualquer dessas situações requer cuidados especiais tanto de gestão de configurações quanto de suporte aos usuários. Cada liberação deve também ter sua retirada planejada. Em alguns casos, as liberações retiradas ainda são distribuídas para quem delas necessitar, mas já não recebem manutenção e suporte.

2.6.5 Retirada

A retirada pode variar da retirada de suporte a uma liberação ultrapassada, até a completa substituição por um novo sistema. Razões para a retirada incluem a obsolescência do sistema, que acarreta custos elevados de manutenção e suporte; a mudança de modelo de negócio da organização; a redundância de sistemas, que pode ocorrer durante fusões de organizações.

No caso de substituição completa, é preciso considerar a migração e conversão de dados, a compatibilidade (pelo menos de dados) entre sistema novo e antigo, o treinamento dos usuários e das próprias equipes de **Operação e suporte**. O planejamento da retirada inclui:

- Interações dos sistemas novos e antigos entre si, com outros sistemas e com sistemas legados.
- Estratégia de retirada, que inclui o planejamento de migrações, conversões, cópias de segurança e adaptações.
- Considerações legais e de fatores humanos.
- Atualização da documentação.
- Notificações aos usuários e a outras partes interessadas.
- Migração dos usuários para o novo sistema.
- Colocação em arquivo morto dos dados e artefatos do sistema antigo.
- Testes da retirada.
- Retirada física do sistema antigo e seus dados.

3 ATIVIDADES DE NÍVEL DA ORGANIZAÇÃO

3.1 Modelagem da organização

A **Modelagem da organização** é a versão da **Modelagem de negócio** que trata da organização como um todo, e não de processos de negócio individuais. Há também uma diferença de foco, pois, enquanto a maioria das aplicações da **Modelagem de negócio** trata da descrição de processos existentes, com o objetivo de facilitar a **Engenharia de requisitos**, a **Modelagem da organização** geralmente visa a fundamentar o planejamento estratégico detalhado e, possivelmente, a reestruturação ou reorientação da organização.

Em alto nível, a estratégia da organização é definida por meio de uma declaração de missão, pela formulação da visão da empresa (aonde se quer chegar), e pelo enunciado de seus objetivos e metas. O ambiente externo é caracterizado, identificando-se clientes em potencial, competidores, riscos e oportunidades. São levantados os pontos fortes e pontos fracos da organização. Técnicas de reunião estruturadas são usadas, reunindo as partes interessadas relevantes.

Modelados os principais processos e regras de negócio, pode-se estudar como eles devem evoluir para reduzir riscos e aproveitar oportunidades. As ações decididas podem ser implementadas por meio das outras atividades de **Engenharia de sistemas** da organização e de projetos de inovação técnica (tratados na **Engenharia de software**).

3.2 Arquitetura da organização

Segundo Ambler, a **Arquitetura da organização** "*define soluções, plataformas, mecanismos (patterns) e arquiteturas de referência usadas em múltiplos sistemas através da organização*". A atividade corresponde ao **Desenho arquitetônico**, da disciplina de **Desenho** (Capítulo 8), trazido para o nível da organização. A **Arquitetura da organização** usa os resultados da **Modelagem da organização**, passando do nível conceitual e gerencial para o nível técnico.

Alguns exemplos de questões de **Arquitetura da organização** são:

- Escolha e padronização de plataformas (por exemplo, J2EE × .NET).
- Arquiteturas de dados (camadas de persistência, sistemas de bancos de dados, recursos de armazenamento e mineração de dados).
- Estruturas da Web (por exemplo, JSF × Struts, clientes delgados × clientes espessos, páginas estáticas × páginas dinâmicas).
- Uso de computação móvel.
- Uso de arquiteturas orientadas a serviços.
- Uso de plataformas de fluxo de trabalho.
- Convivência com legados.
- Organização por linhas de produtos.

3.3 Reutilização estratégica

Essa atividade trata da reutilização de todos os itens de patrimônio (*assets*) de software de uma organização, mas de uma forma estratégica que considera a organização no todo e no longo prazo, e não os aspectos de reutilização de cada projeto. Esses itens reutilizáveis abrangem não só itens de código, desenho e testes, como também requisitos, especificações, planos e outros tipos de artefatos. Segundo Capers Jones [Jones94], a reutilização estratégica de todos os níveis de artefatos supera em muito a reutilização de itens isolados, quanto aos ganhos de produtividade.

Como tipicamente o desenvolvimento de um item reutilizável custa no mínimo o triplo de um item normal [Glass03], a reutilização planejada em nível estratégico é geralmente necessária para justificar o investimento necessário. Jacobson, Griss e Jonsson dedicaram aos aspectos de arquitetura, processo e organização da reutilização estratégica um livro inteiro [Jacobson+97].

Um plano de reutilização estratégica pode incluir:

- metas;
- responsáveis e equipes;
- procedimentos de partida;
- ferramentas;
- patrimônio existente;
- benefícios potenciais;
- limitações;
- padrões;
- estratégias de comunicação;
- estratégias de evolução e crescimento;
- métricas;
- suporte ao uso.

A estratégia deve considerar a aquisição de itens de fontes externas, inclusive de software livre, assim como os prós e contras do desenvolvimento interno. Podem ser designados proprietários dos itens, responsáveis pela manutenção e evolução deles. A gestão de configurações e de alterações deve também ser prevista. Os itens devem ser publicados em repositórios, e a disponibilidade deve ser comunicada aos potenciais usuários (que estarão geralmente nas equipes dos projetos). Itens obsoletos devem ter a retirada planejada.

A promoção da reutilização envolve a configuração de repositórios de fácil acesso, a divulgação de informação adequada, a formação de grupos de interesse, a orientação dos usuários, o provimento das ferramentas necessárias e a resolução de problemas. O grau de reutilização no projeto deve ser medido, contabilizando-se custos e benefícios, e calculando o retorno dos investimentos.

3.4 Gestão de portfólios

O portfólio de software de uma organização é a coleção de todos os seus projetos em andamento, produtos concluídos e propostas de projetos. A **Gestão de portfólios** procura balancear esse conjunto, equilibrando as demandas de pessoal, os riscos, os investimentos e as finanças entre propostas, projetos e produtos. Para ser iniciada em grandes organizações, ela pode requerer o inventário de produtos existentes, que nem sempre são conhecidos de toda a organização.

A **Gestão de portfólios** deve considerar as interdependências entre projetos, a concorrência por recursos escassos, como pessoal especializado, as tecnologias e arquiteturas empregadas e as possibilidades de reutilização. Itens partilhados entre projetos podem necessitar de gestão de configurações em nível da organização. O planejamento de cargas de trabalho balanceadas entre projetos pode evitar demissões, que, além dos óbvios problemas sociais e prejuízos para o moral das equipes, costumam representar grandes desperdícios de investimento, agravados pela necessidade de novamente treinar e integrar os contratados em fases de expansão.

Os projetos e produtos podem ser agrupados dentro do portfólio em níveis intermediários, como as **linhas de produtos** discutidas no capítulo sobre **Produção de software**. Agrupamentos menos coesos que as linhas de produtos são formados pelos **programas**: enquanto projetos e produtos de uma linha de produto tipicamente partilham tecnologia, arquitetura e componentes, os componentes de um programa podem estar unidos apenas por aspectos gerenciais, como escopo e objetivos de negócio.

Capítulo 7

A **Gestão de portfólios** inclui a gestão de contratos em nível da empresa; um alto volume de contratos com um cliente pode justificar, por exemplo, concessões especiais a esse cliente. Em nível ainda mais estratégico, devem-se considerar as questões de relacionamento com clientes e fornecedores no longo prazo.

3.5 Gestão de pessoas

Essa atividade trata das práticas relativas às equipes da organização, considerando não apenas o enfoque da **Gestão de projetos** (Capítulo 4), mas o âmbito da organização. Mais do que no nível de projeto, as práticas consideradas no **PMBoK** [PMI17] e **P-CMM** [Curtis+09] são pertinentes. Enquanto as práticas do nível 2 do **P-CMM** (Tabela 7.1) tratam do dia a dia da **Gestão de pessoas**, é de se esperar que

TABELA 7.1 Níveis e áreas-chaves do P-CMM

NÍVEL	ÁREA-CHAVE (TERMO ORIGINAL)	ÁREA-CHAVE (TRADUÇÃO DESTE LIVRO)
1 (inicial)	–	–
2 (gerido)	*Staffing*	Recrutamento
	Communication and Coordination	Comunicação e Coordenação
	Work Environment	Ambiente de Trabalho
	Performance Management	Gestão do Desempenho
	Training and Development	Treinamento e Desenvolvimento
	Compensation	Remuneração
3 (definido)	*Competency Analysis*	Análise de Competências
	Workforce Planning	Planejamento da Força de Trabalho
	Competency Development	Desenvolvimento de Competências
	Career Development	Desenvolvimento de Carreiras
	Competency-Based Practices	Práticas Baseadas em Competência
	Workgroup Development	Desenvolvimento de Grupos de Trabalho
	Participatory Culture	Cultura Participativa
4 (previsível)	*Competency Integration*	Integração de Competências
	Empowered Workgroups	Empoderamento* de Grupos de Trabalho
	Competency-Based Assets	Patrimônio Baseado em Competências
	Quantitative Performance Management	Gestão Quantitativa de Desempenho
	Organizational Capability Management	Gestão da Capacitação Organizacional
	Mentoring	Mentoreação
5 (otimizante)	*Continuous Capability Improvement*	Melhoria Contínua da Capacitação
	Organizational Performance Alignment	Alinhamento do Desempenho Organizacional
	Continuous Workforce Innovation	Inovação Contínua da Força de Trabalho

* Essa atividade trata das práticas relativas às equipes da organização, considerando não apenas o enfoque da Gestão de projetos (Capítulo 4), mas o âmbito da organização. Mais do que no nível de projeto, as práticas consideradas no PMBOK [PMI17] e P-CMM [Curtis+09] são pertinentes. Enquanto as práticas do nível 2 do P-CMM (vide Capítulo 4, subsecção 2.4.1) tratam do cotidiano da Gestão de pessoas, é de se esperar que organizações mais avançadas em tecnologia e processos utilizem igualmente as práticas dos níveis superiores.

organizações mais avançadas em tecnologia e processos utilizem igualmente as práticas dos níveis superiores.

É particularmente importante a questão da formação de equipes coesas, ou times ([Humphrey99], [Constantine01] e [DeMarco+13]). A **Gestão de pessoas**, naturalmente, tem forte conexão com a **Gestão do treinamento**, tratada no capítulo sobre **Engenharia de processos**. Outras questões dessa atividade são:

- Formas de contratação (vínculos trabalhistas × empresas pessoais, terceirização de serviços).
- Transmissão de conhecimento e experiência (trabalho em projetos, estágios, residências, treinamento, cursos acadêmicos, certificações, mentoreação, *coaching*).
- Planos de carreira.
- Designação de funções e missões.
- Planejamento da sucessão (causada, por exemplo, por remanejamento, promoções, afastamentos e demissões previstas).

3.6 Administração da infraestrutura

Essa atividade trata das práticas para criação, implantação, manutenção e operação seguras da infraestrutura física e informacional da organização.[9] Ela corresponde ao que a atividade de **Operação e suporte** representa no nível de sistemas individuais.

A infraestrutura física compreende:

- Energia elétrica (distribuição, documentação, monitoração do consumo e *backup*);
- Comunicação (cabeamento e equipamentos para voz e dados);
- Ar condicionado e monitoração de temperatura e umidade;
- Controle ambiental (poeira, ruído, vibrações);
- Sistemas de áudio, vídeo e projeção;
- Proteção contra incêndio e outros acidentes;
- Segurança física;
- Espaço físico e mobiliário;
- Suprimentos;
- Rotinas de limpeza;
- Outros equipamentos (por exemplo, de copa e cozinha).

A infraestrutura informacional inclui a guarda de dados e metadados, com garantia de integridade e segurança e provimento de acesso em nível da organização. As preocupações incluem a qualidade dos dados, a guarda de legados e a conformidade com a legislação aplicável. Inclui também a gestão dos recursos computacionais em nível da organização.

Os papéis envolvidos são os mesmos da operação de sistemas (como administradores de redes, de Web, de dados e de segurança), além de, possivelmente, administradores especializados da infraestrutura física.

---

[9] A atividade correspondente do **EUP** se chama *Enterprise administration*. Preferimos o nome de **Administração da infraestrutura**, pois a administração da organização é geralmente entendida como o conjunto de atividades administrativas (secretaria, patrimônio, compras etc.), correspondentes a *Enterprise management*.

TÓPICOS

8

Experimentação

1 VISÃO GERAL

Está cada vez mais difícil ter artigos aceitos em boas conferências e publicações de **Engenharia de software** sem ter os resultados desses artigos validados por experimentos conduzidos de acordo com o método científico. Isso representa a consolidação do aspecto científico da **Engenharia de software**, já que a consistência lógica e a elegância não são mais vistas como suficientes para a aceitação de teorias e modelos, mas está sendo cada vez mais exigida a validação empírica.

Mesmo os resultados da experiência prática dependem cada vez mais de serem tratados como experimentos científicos, para que possam ser considerados de aplicação geral. Várias das referências mais importantes deste livro baseiam suas recomendações práticas nos resultados de experimentos. O simples relato de casos de sucesso geralmente não é suficiente para convencer os revisores dessas conferências e publicações quanto ao valor dos relatos, como contribuições ao estado da arte.

O assunto da experimentação em **Engenharia de software** é parte do livro de métricas de Fenton e Bieman [Fenton+14]. Um tratamento bastante didático do assunto pode ser encontrado no livro de Wohlin *et al.* [Wohlin+00]. A Tabela 8.1 mostra alguns sítios internacionais dedicados à experimentação em **Engenharia de software**.

TABELA 8.1 Sítios internacionais sobre experimentação em **Engenharia de software**

SÍTIO	URL
CeBASE - NSF Center for Empirically Based Software Engineering	cebase.org
Experimental Software Engineering Group (ESEG) - University of Maryland	www.cs.umd.edu/projects/SoftEng/tame
Fraunhofer Institute for Experimental Software Engineering - IESE	www.iese.fraunhofer.de/en.html
Fraunhofer Center for Experimental Software Engineering - Maryland	fc-md.umd.edu
International Software Engineering Research Network	isern.iese.de/Portal

1.1 Conceitos

1.1.1 Estratégias empíricas

Existem três tipos principais de estratégias empíricas:

- **Levantamento[1]** (*Survey*) – parte de uma coleta de dados, por meio de questionários ou entrevistas, sobre uma técnica ou ferramenta que está sendo usada há algum tempo. A coleta é feita sobre um grupo que é considerado uma amostra representativa de uma população. O tamanho do grupo deve ser determinado de forma estatística, para que os resultados sejam estatisticamente significativos, dentro de um nível desejado. O estudo procura explicar os dados encontrados

---

[1] No Brasil, é comum usar-se *pesquisa* como tradução de *survey*. Evitamos essa tradução, para não confundir com a tradução de *research*, que é a pesquisa no sentido científico mais amplo.

e generalizar para a população. O objetivo pode ser descritivo, explanatório ou exploratório; neste último caso, o levantamento é usado como primeiro passo de um estudo aprofundado.

- **Estudo de caso –** usa dados observados em um conjunto de projetos ou atividades, conduzidos de forma não controlada. Geralmente se procura acompanhar os valores de um atributo, ou estabelecer relacionamentos entre atributos. Análises estatísticas procuram derivar conclusões. Geralmente, em situações reais, estudos de caso são de realização mais fácil do que experimentos. As consequências devem ser comparadas com alguma referência (por exemplo, comparação dos resultados de uma inovação com os resultados conseguidos antes da inovação).

- **Experimento –** conduzido em ambiente de laboratório, com alto nível de controle. Manipulam-se uma ou mais variáveis, sendo as outras mantidas com valores fixos. A pesquisa é conduzida com um processo formal, rigoroso e controlado. Análises estatísticas são essenciais para validar os resultados e assegurar que as conclusões sejam significativas. Experimentos são usados para testar teorias, verificar a validade de concepções usuais, explorar relacionamentos, avaliar a acurácia de modelos e validar métricas.

Levantamentos e estudos de caso podem ser qualitativos ou quantitativos, enquanto experimentos são sempre quantitativos. A Tabela 8.2 mostra uma comparação entre essas estratégias. Um exemplo de estudos de caso relacionados com este livro está na série de estudos sobre a versão anterior do processo Praxis, que levaram ao desenvolvimento da versão atual do processo ([Pádua03], [Pádua05], [Pádua05a], [Pádua06], [Pádua06a] e [Pádua07]).

TABELA 8.2 Comparação de estratégias empíricas

FATOR	LEVANTAMENTO	ESTUDO DE CASO	EXPERIMENTO
Controle da execução	Não	Não	Sim
Controle da medição	Não	Sim	Sim
Custo da pesquisa	Baixo	Médio	Alto
Facilidade de replicação	Alta	Baixa	Alta

Na avaliação empírica de inovações, os levantamentos representam a estratégia de menor escala e menor risco. Experimentos representam uma forma de pesquisa de escala e riscos intermediários, que pode ser usada em testes pilotos de escala de laboratório. A escala e o risco são maiores em projetos piloto de maior escala, que devem ser conduzidos como estudos de caso.

1.1.2 O processo experimental

Um experimento procura testar uma **teoria**, segundo a qual uma **causa** provoca determinado **efeito**. Na **observação** realizada no experimento, um **tratamento** procura induzir a causa, procurando-se verificar se é produzido um **resultado** correspondente ao efeito esperado. No processo observado, diversas **variáveis independentes** servem de insumo, e o resultado consiste em uma **variável dependente**.

Normalmente, procura-se manter inalterável a maioria das variáveis independentes, exceto uma ou poucas, que são chamadas de **fatores** (por exemplo, o método usado para inspeção, em uma apreciação de um processo). Os diferentes valores dos fatores são chamados de **tratamentos** (por exemplo, inspeção baseada em listas de conferência *versus* inspeção baseada em perspectiva). Os tratamentos são aplicados a **objetos** (por exemplo, os artefatos inspecionados) pelos **sujeitos** (por exemplo, os inspetores).

A Figura 8.1 mostra as fases de um experimento.

- **Definição** – Formula a hipótese, o objetivo, as metas, o objeto, a intenção, a perspectiva e o contexto do experimento.
- **Planejamento** – Determina o contexto de pessoal e equipamento; define formalmente a hipótese, identificando as variáveis dependentes e independentes, a escala de medição, os sujeitos, o desenho estatístico do experimento e os métodos de validação.
- **Operação** – Prepara, executa e valida o experimento.
- **Análise e interpretação** – Analisa os dados coletados, primeiro informalmente e, depois de reduzi-los, com técnicas estatísticas; e interpreta os resultados, tentando obter conclusões.
- **Apresentação e empacotamento** – Documenta o experimento e registra as lições aprendidas.

A subseção seguinte discute as fases do experimento de forma resumida. Um tratamento mais profundo pode ser encontrado no livro de Wohlin *et al.* [Wohlin+00].

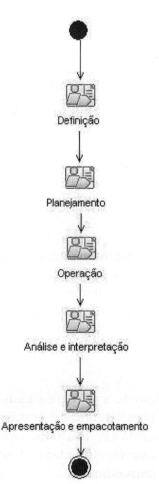

FIGURA 8.1
Fases do processo experimental.

1.2 Fases do experimento

1.2.1 Definição

Nesta fase, são definidos os fundamentos do experimento, para garantir que seus propósitos sejam atingidos (Figuras 8.2 e 8.3). A partir de uma **Ideia do experimento**, produz-se um documento de **Descrição do experimento**, com os seguintes elementos:

- **Objeto de estudo** – teoria, medida, modelo, produto ou processo a ser analisado (não confundir com os **objetos do experimento**).
- **Propósito** – declaração da intenção da análise do objeto (caracterizar, monitorar, avaliar, predizer, controlar, alterar...).
- **Foco** – efeito primário em estudo (eficácia, custo, manutenibilidade, desempenho, portabilidade...).
- **Perspectiva** – ponto de vista sob o qual os resultados serão interpretados (desenvolvedor, mantenedor, gerente de projeto, usuário, engenheiro de processos, engenheiro da qualidade, pesquisador...).
- **Contexto** – ambiente de execução do experimento, com definição dos objetos e sujeitos do experimento.

FIGURA 8.2
Definição – tarefa.

FIGURA 8.3
Definição – papel e artefatos.

Um exemplo é: analisar as *técnicas de inspeção baseada em perspectivas e em listas de conferência* (**objetos de estudo**), com o **propósito** de *avaliação*, com **foco** na *eficácia e eficiência*, sob a **perspectiva** do *engenheiro da qualidade*, no **contexto** de *execução de projetos de desenvolvimento na United Hackers* (os **objetos** do experimento serão os *artefatos inspecionados*, e os **sujeitos** serão os *inspetores*).

1.2.2 Planejamento

Visão geral

Enquanto a **Definição** enuncia por que o experimento será realizado, o **Planejamento** enuncia como será essa realização.

Essa fase compreende as tarefas mostradas na Figura 8.4. Em todas elas, vai sendo construído o **Plano do experimento** (Figura 8.5).

Seleção do contexto

A **Seleção do contexto** do experimento envolve diversas escolhas entre possíveis contextos. Pode-se, por exemplo, usar no experimento projetos reais, com o risco de que o tratamento experimentado não funcione bem e o projeto sofra aumentos de custo e atrasos; a alternativa é usar projetos simulados, sem aplicação real, o que aumenta os custos do experimento.

Outras escolhas envolvem alternativas mais realistas e mais caras, contra alternativas mais baratas, mas que dificultam a generalização dos resultados:

- sujeitos profissionais *versus* usar sujeitos estudantes;
- projetos de escala real *versus* projetos de escala reduzida ("projetos de brinquedo");
- contextos mais específicos (por exemplo, uma organização específica) *versus* contextos genéricos (por exemplo, toda a área de **Engenharia de software**).

Formulação da hipótese

Os testes estatísticos que serão realizados sobre os resultados do experimento visam a rejeitar uma hipótese, ou seja, eles permitirão afirmar, com pequena probabilidade de erro (por exemplo, 1%, 5% ou 10%), que essa hipótese é falsa. Por isso formula-se a negação da hipótese que o experimento pretende comprovar como **hipótese nula**: essa hipótese afirma que os diferentes resultados obtidos com os vários tratamentos podem ser atribuídos a coincidências. Se a hipótese nula for rejeitada, conclui-se que vale a **hipótese alternativa**, que é a que se pretende provar; se a hipótese nula não for rejeitada, o experimento não é conclusivo.[2]

Por exemplo, se o propósito de um experimento é testar se uma nova forma de inspeção aumenta a eficácia da inspeção, a hipótese nula será a de que, na média, a aplicação do novo método não melhorará a eficácia.

A probabilidade de que a hipótese nula seja rejeitada, mesmo sendo verdadeira, é chamada de **erro tipo I** (vê um padrão onde existem apenas coincidências). A probabilidade de que a hipótese nula **não** seja rejeitada, mesmo sendo falsa, é chamada de **erro tipo II** (não vê um padrão onde ele realmente existe). A **potência** do teste, que é igual a *1 – P (erro tipo II)*, indica a probabilidade de que a hipótese nula seja rejeitada quando falsa, ou seja, de que o teste revele um padrão de comportamento verdadeiro, se ele existir.

---

[2] Essa é a formulação usual, mas há críticos que a consideram anti-intuitiva [Gigerenzer+91].

FIGURA 8.4 Planejamento – tarefas.

Seleção das variáveis

As variáveis independentes devem ser escolhidas de forma que realmente tenham efeito sobre as variáveis dependentes, mas possam ser controladas no experimento. Devem-se escolher também as escalas de medida, a faixa de variação e os níveis das variáveis que serão usados no experimento.

Na maioria dos experimentos, há apenas uma variável dependente, que deve ser aquela utilizada na formulação da hipótese. Frequentemente, as variáveis dependentes

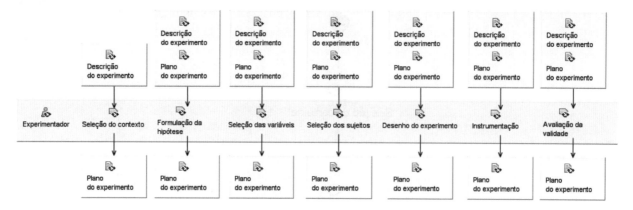

FIGURA 8.5 Planejamento – papel e artefatos.

são de medição indireta, obtidas a partir de cálculos com outras medidas. A forma desses cálculos também deve ser validada. A escala de medida deve ser escolhida, e a faixa de variação estimada.

Seleção dos sujeitos

A escolha dos sujeitos deve ser feita de forma que eles sejam representativos de uma população, para que os resultados do experimento possam ser generalizados. O conjunto dos sujeitos escolhidos é uma **amostra** da população. O tamanho da amostra determina o poder de generalização dos resultados do experimento, e está relacionado com os testes estatísticos que serão realizados.

A amostragem pode ser probabilística: por exemplo, os sujeitos podem ser escolhidos por sorteio, ou a população pode ser dividida em grupos, sendo conhecida a distribuição da população entre os grupos, e os sujeitos escolhidos por sorteio dentro de cada grupo. Em amostragens não probabilísticas, pode-se usar um critério de conveniência, ou de sorteio dentro de grupos escolhidos por conveniência.

Desenho do experimento

O **Desenho do experimento** determina a sequência de testes que serão realizados com os tratamentos. Ele é baseado nos seguintes princípios:

- **Randomização** – além de ser usada para selecionar sujeitos representativos da população, a randomização procura cancelar os efeitos de fatores não controláveis (por exemplo, o grau de experiência dos sujeitos, em uma avaliação de métodos). Podem-se randomizar nos testes a ordem de execução e a atribuição de sujeitos e objetos. Por exemplo, em um experimento com métodos de inspeções, os inspetores podem ser escolhidos aleatoriamente e receber por sorteio o material a inspecionar e a designação do método que deverão utilizar.
- **Bloqueamento** – para minimizar os efeitos de um fator indesejável, podem-se dividir os testes em blocos, de tal maneira que, dentro de cada bloco, o nível do fator indesejável seja similar. Por exemplo, para eliminar o efeito da experiência do sujeito, podem-se dividir os testes em blocos com sujeitos de experiência similar.
- **Balanceamento** – divisão dos tratamentos de forma que cada tratamento tenha o mesmo número de sujeitos, o que facilita a análise estatística dos dados.

A Tabela 8.3 exemplifica o desenho de um experimento com seis sujeitos, divididos em dois grupos, e dois tratamentos. Dentro de cada bloco, a atribuição dos tratamentos aos sujeitos, assim como da ordem dos tratamentos, é randomizada.

TABELA 8.3 Exemplo de desenho de experimento

BLOCO	SUJEITO	TRATAMENTO
1	1	1, 3
	2	3, 2
	3	2, 1
2	4	2, 3
	5	1, 2
	6	3, 1

O desenho se torna mais complexo quando o experimento tem mais de um fator. O assunto é extenso, e recomenda-se consultar Wohlin *et al.* [Wohlin+00], livros de estatística[3] ou fontes da Web.[4] Naturalmente, o desenho de experimentos é um aspecto muito importante da pesquisa médica e farmacêutica; um caso histórico interessante é o do método usado no século XVIII pelo médico naval escocês James Lind para a descoberta da cura do escorbuto [Weber+05].

Instrumentação

A **Instrumentação** visa a prover meios de executar e monitorar o experimento, sem afetar o controle dele. Usam-se três tipos principais de instrumentos:

- **Objetos –** a escolha dos objetos deve ser apropriada aos objetivos do experimento. Por exemplo, para testar a capacidade de detectar defeitos de um método de apreciação, pode-se usar como objetos artefatos em que os defeitos tenham sido deliberadamente "semeados", ou artefatos antigos já apreciados, cujo número de defeitos seja conhecido com bom grau de confiança.
- **Diretrizes –** orientações para os sujeitos do experimento, como descrições de processos e listas de conferência. Pode ser necessário treinar os sujeitos no uso delas.
- **Instrumentos de medida –** por exemplo, formulários que devem ser preenchidos, ou ferramentas de coleta automatizada de dados.

Avaliação da validade

A **Avaliação da validade** questiona se as conclusões que poderiam ser derivadas do experimento serão válidas para a população representada nele e, possivelmente, para um âmbito ainda mais geral, como uma organização ou até toda a área de estudo. Distinguem-se os tipos de validade descritos a seguir.

---

[3] Um exemplo de livro on-line é o *HyperStat Online Statistics Textbook*, disponível em davidmlane. com/hyperstat/index.html.

[4] Por exemplo, www.curiouscat.net/library/designofexperiments.cfm e www.itl.nist.gov/div898/handbook/pri/section1/pri1.htm.

Capítulo 8

A **Validade da conclusão** diz respeito à existência de relacionamento estatisticamente significativo entre tratamentos e resultados. Pode ser ameaçada por:

- **testes estatísticos de baixa potência** – incapazes de identificar padrões existentes;
- **hipóteses violadas** – por exemplo, certos testes assumem certas distribuições de probabilidade;
- **confiabilidade das medidas** – medidas objetivas são mais confiáveis que medidas subjetivas;
- **confiabilidade da aplicação dos tratamentos** – por exemplo, diferentes sujeitos podem aplicar o mesmo método de formas diferentes;
- **perturbações do ambiente do experimento** – por exemplo, ruídos acidentais em alguns testes podem afetar tratamentos que exijam concentração mental dos sujeitos;
- **heterogeneidade dos sujeitos** – pode introduzir fatores fora de controle.

A **Validade interna** diz respeito à existência de causalidade entre tratamentos e resultados. Pode ser ameaçada por:

- **história dos experimentos** – o momento de execução de um teste pode ter um efeito especial, como pode ocorrer em um dia em que os sujeitos estão especialmente descansados;
- **influências do experimento sobre os sujeitos** – positivas, como aprendizado, ou negativas, como cansaço ou tédio;
- **familiarização** com os testes;
- **influências dos instrumentos** – por exemplo, formulários maldesenhados;
- **influências entre experimentos sucessivos** – a participação nos experimentos pode gerar aprendizado, independentemente dos tratamentos aplicados, que afetará experimentos posteriores;
- **métodos de seleção dos sujeitos** – por exemplo, sujeitos voluntários podem ser mais motivados do que os profissionais típicos reais;
- **mortalidade** – a amostra pode ficar menos representativa quando sujeitos abandonam o experimento;
- **ambiguidade de causalidade** – dificuldade de saber se A causa B, B causa A, ou ambos são causados por C;
- **imitação dos tratamentos** – por exemplo, um grupo que aplica um método de inspeção baseada em listas de conferência pode imitar aspectos da inspeção baseada em perspectivas;
- **compensação de equalização** – por exemplo, o grupo que não recebe um tratamento pode receber uma compensação aparentemente não relacionada, mas essa compensação pode afetar o resultado, ao contrário do que se imaginava;
- **compensação de rivalidade** – o grupo que recebe um tratamento considerado inferior pode dar o máximo de si para reduzir o resultado do experimento;
- **desmoralização por ressentimento** – o grupo que recebe um tratamento considerado inferior pode, ao contrário, ficar desmotivado e ter um desempenho ainda pior.

A **Validade de construto** diz respeito ao relacionamento entre a causa real e os tratamentos. Pode ser ameaçada por:

- **preparação inadequada dos construtos** – falta de definição de construtos, quando, por exemplo, o experimento visa a testar se um método é melhor, mas não é bem definido o que significa "melhor";
- **número insuficiente de objetos** – por exemplo, experimentos de inspeção com um único material inspecionado podem não ser representativos do conjunto dos materiais inspecionáveis;
- **número insuficiente de medidas** – quando são usadas múltiplas medidas, elas podem ser usadas para se checar umas contra as outras (por exemplo, checar os esforços registrados contra as horas de início e fim das atividades);
- **interação de tratamentos** – se os sujeitos participam de diferentes experimentos, pode haver interações entre os tratamentos usados nesses experimentos;
- **efeito Hawthorne** – a consciência de estar participando de um experimento pode levar os sujeitos a um desempenho melhor do que o normal;
- **efeitos colaterais indesejáveis** – por exemplo, um método que aumenta a produtividade pode diminuir a qualidade;
- **adivinhação das hipóteses** – os participantes podem tentar adivinhar a intenção do experimento, e isso pode influir no comportamento deles, de forma positiva ou negativa;
- **medo da avaliação** – os participantes podem relatar dados falsificados, por medo de serem avaliados com base neles;
- **expectativas do experimentador** – o experimentador pode influenciar os resultados em uma direção desejada, manipulando, por exemplo, a forma das perguntas de um questionário.

A **Validade externa** diz respeito à generalização das conclusões do experimento. Pode ser ameaçada por:

- **interação entre seleção e tratamentos** – usar uma amostra de participantes não representativa da população;
- **interação entre ambiente e tratamentos** – usar ambiente ou materiais não representativos da prática, como usar ferramentas obsoletas, ou usar estudantes para tentar inferir o efeito em profissionais;
- **interação entre história e tratamentos** – executar o experimento em ocasiões especiais que podem interferir com os resultados, como testar recursos de segurança logo depois da ocorrência de um desastre.

Em alguns casos, medidas adotadas para melhorar um dos tipos de validade podem prejudicar outros tipos. Por exemplo, realizar um experimento com estudantes permite usar grupos maiores, reduzindo a heterogeneidade e aumentando a validade da conclusão, mas a validade externa é reduzida.

Em geral, a validade interna é a mais importante de todas. Quando se quer testar uma teoria, segue na importância a validade de construto, que reafirma a correspondência entre os tratamentos e a causa real. Já em pesquisa aplicada, segue em importância a validade externa, que permite a generalização das conclusões.

1.2.3 Operação

Visão geral

A **Operação** é a fase em que o experimento é efetivamente realizado. Ela pode ser a única etapa em que o experimentador realmente se encontra com os sujeitos, e é a fase mais afetada por fatores humanos. Como a **Engenharia de software** é intensiva em mão de obra, as questões dessa fase têm alguma semelhança com as questões relativas a experimentos em ciências humanas.

A fase consiste nas tarefas mostradas na Figura 8.6. Elas têm como insumo os objetos e instrumentos, e como resultado final os **Dados do experimento** (Figura 8.7).

FIGURA 8.6
Operação – tarefas.

Preparação

A **Preparação** consiste na inserção dos participantes no experimento, assim como na preparação dos objetos e dos instrumentos. Na inserção dos participantes, é preciso obter-lhes o consentimento, informando-os dos objetivos e de como os resultados serão usados. A confidencialidade de dados pessoais deve ser garantida, principalmente se houver receios quanto ao uso desses dados para avaliações de desempenho pessoal. Em alguns casos, pode ser conveniente oferecer incentivos, mas isso pode também distorcer os resultados. Embora seja eticamente recomendável que os participantes recebam plena informação sobre o experimento, isso pode conflitar com o desenho do experimento.

Quanto aos instrumentos, algumas decisões de preparação têm que ser tomadas. Por exemplo, o anonimato no preenchimento de formulários e questionários favorece a confidencialidade, mas pode impedir o esclarecimento de dúvidas. Formulários e questionários podem ser previamente avaliados por meio de **testes secos**.

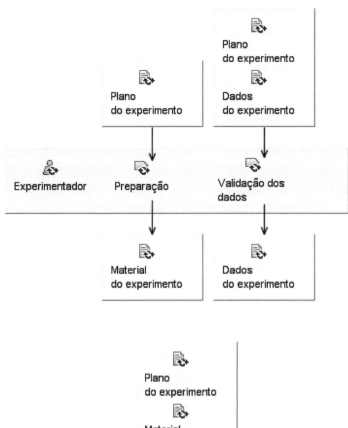

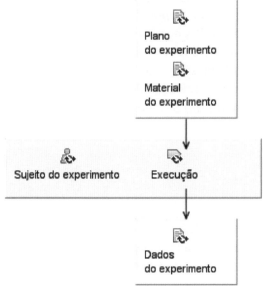

FIGURA 8.7
Operação – papéis e artefatos.

Execução

A forma de **Execução** varia com os objetivos e com o desenho do experimento. Alguns experimentos podem ser realizados em uma única sessão; outros abrangem a execução de vários projetos, durante um período de meses ou até anos.

A coleta de dados pode ser feita por meio de formulários, de entrevistas ou de ferramentas de automação. Entrevistas têm maior custo, mas oferecem a oportunidade de esclarecer dúvidas ou corrigir na fonte erros de coleta. Formulários têm mais possibilidades de serem preenchidos de forma errada ou mesmo intencionalmente falsa; redundâncias podem permitir verificações de consistência entre dados dos formulários, mas aumentam os custos de elaboração, de preenchimento e de processamento.

Em geral, não é desejável que o experimento influencie seu ambiente de experimentação, pois a alteração desse ambiente pode invalidar as premissas do experimento.

Capítulo 8

Em alguns casos, entretanto, é possível que o ambiente possa se aproveitar diretamente de uma realimentação positiva de um experimento. Por exemplo, se um experimento conduzido dentro de um projeto real conclui que determinado método de inspeção é melhor, é razoável esperar que esse método seja usado no restante do projeto.

Validação dos dados

A **Validação** dos dados verifica se os dados obtidos são razoáveis e foram obtidos corretamente. Por exemplo, se alguns participantes não se comportaram de forma séria ou cometeram erros grosseiros, os dados coletados por eles devem ser removidos. Deve-se verificar se os procedimentos foram executados conforme o desenho do experimento. Os resultados podem ser revistos, por exemplo, em uma reunião de revisão que envolva os participantes.

Para casos em que existem dados da mesma natureza que os obtidos no experimento, é importante fazer **verificações de sanidade** (*sanity checks*). Dados muito diferentes dos similares obtidos por outros meios ou em outras situações podem indicar distorções mais graves no experimento. Por outro lado, certas variações podem ser consideradas interessantes, levando a prolongar o experimento, ou repetir algum de seus passos, para confirmação.

Para uma organização, dados similares podem vir do **Repositório de medidas da organização**. Dados de referência podem ser encontrados nos livros de alguns autores, como Robert L. Glass, Watts Humphrey, Capers Jones e Steve McConnell (por exemplo, [Glass03], [Humphrey90], [Humphrey95], [Jones94], [Jones00], [Jones07], [McConnell96], [McConnell04] e [McConnell06]). Um sítio dedicado à publicação de dados de projetos é mantido pelo **ISBSG** (*International Software Benchmarking Standards Group*).[5]

1.2.4 Análise e interpretação

Visão geral

A **Análise e interpretação** é a fase em que os dados obtidos no experimento são analisados. A interpretação dos dados é necessária para a retirada de conclusões.

A fase consiste nas tarefas mostradas na Figura 8.8. Elas têm como insumo os **Dados do experimento** e o **Plano do experimento**, e como resultado final a informação contida nas **Conclusões** (Figura 8.9).

Descrição estatística

A **Descrição estatística** trata da produção de **estatísticas descritivas**, que permitem caracterizar preliminarmente os dados e ressaltar aspectos interessantes deles. Planilhas eletrônicas como o Microsoft Excel dispõem de funções para calcular as principais estatísticas descritivas. Entre essas, são comuns as seguintes:

- **Medidas da tendência central** – por exemplo, a **média** (média aritmética dos dados, para escalas de intervalo), a **mediana** (valor que supera metade dos valores observados, para escalas ordinais) ou a **moda** (valor mais frequente, para escalas nominais) dos dados observados. Os **percentis** generalizam a mediana; por exemplo, o percentil de 75% é o valor que supera ¾ dos dados observados.

---

[5] isbsg.org.

Experimentação

FIGURA 8.8 Análise e interpretação – tarefas.

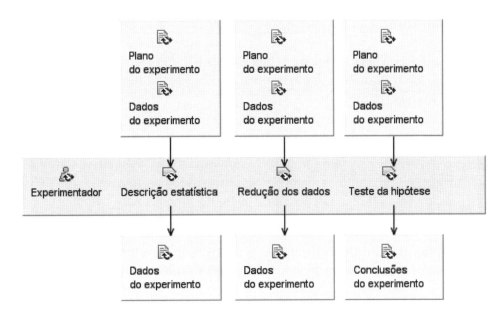

FIGURA 8.9 Análise e interpretação – papel e artefatos.

- **Medidas de dispersão** – por exemplo, a **variância** (média dos quadrados das diferenças entre cada valor e a média), o **desvio-padrão** (raiz quadrada da variância), o **intervalo de variação** (diferença entre os valores máximo e mínimo) e o **coeficiente de variação** (desvio-padrão/média).
- **Medidas de dependência** – os coeficientes de **regressão linear** são os parâmetros da reta que melhor se ajustam aos dados observados, quando se suspeita que haja uma relação linear entre duas variáveis. A regressão múltipla é uma generalização para múltiplas variáveis. Regressões não lineares são aplicadas sobre transformações que linearizam o modelo; por exemplo, se existe uma relação exponencial entre variáveis, haverá uma relação linear entre os logaritmos dessas variáveis.
- **Visualizações gráficas** – a visualização por meio de gráficos como os diagramas XY, histogramas, diagramas de torta etc. permite identificar visualmente possíveis relações, que podem ser confirmadas de forma rigorosa por técnicas estatísticas. Por exemplo, o gráfico da Figura 8.10 permite suspeitar de uma relação exponencial, que pode ser confirmada por uma regressão.

Redução dos dados

A **Redução dos dados** procura identificar dados inválidos. Se a quantidade desses dados for pequena, eles podem ser eliminados sem invalidar o experimento. Em experimentos que geram grande volume de dados, é também possível eliminar dados redundantes.

O caso mais conhecido de **Redução dos dados** consiste na eliminação dos **pontos fora do gráfico** (*outliers*). Como sugere o nome em português, esses pontos geralmente podem ser facilmente identificados de forma visual, por meio de visualizações gráficas. Se for possível assumir uma distribuição estatística dos dados, técnicas estatísticas também podem ser usadas para eliminar pontos de probabilidade muito baixa.

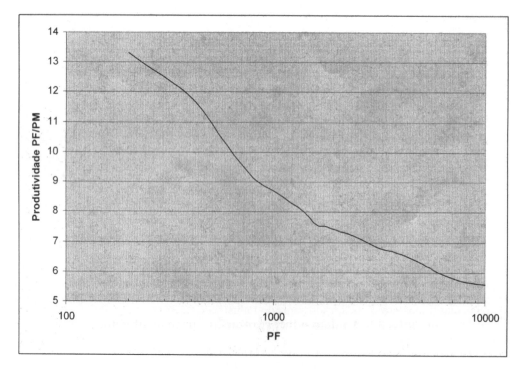

FIGURA 8.10 Exemplo de relação exponencial.

Teste da hipótese

O **Teste da hipótese** analisa os dados do experimento de maneira estatística formal, procurando determinar se a tese que o experimento pretende provar deve ser estatisticamente aceita, ou, em termos estatísticos, que a hipótese nula deve ser rejeitada. Cada tipo de teste estatístico realiza um **cálculo** de certos valores a partir dos dados, segundo fórmulas providas pelo teste. Se for verificado certo **critério** que envolve esses valores e probabilidades calculadas conforme uma distribuição probabilística associada ao teste, a hipótese nula é rejeitada, com uma probabilidade de erro dada pela **significância** escolhida (que, portanto, será o erro tipo I descrito na Subseção 1.2.2 – **Formulação da hipótese**).

Como exemplo, usaremos uma versão bastante simplificada do teste conhecido como **Teste t**, baseado na distribuição estatística chamada de **distribuição t de Student**.[6] Suponhamos que se quer testar se um tratamento (por exemplo, uma mudança de processo ou tecnologia) melhorou a produtividade, comparando-o com o processo atual que não usa o tratamento. Sejam μ_0 a produtividade atual conhecida e μ_1 a média das produtividades nos n testes feitos com o tratamento. Nesse caso, a hipótese nula será: $\mu_1 <= \mu_0$, ou seja, o tratamento **não** melhorou a produtividade. É calculado o seguinte valor:

$$t_1 = \frac{\mu_1 - \mu_0}{s/\sqrt{n}}$$

em que s é o desvio-padrão das medidas com o novo tratamento. t_1 é comparado com $t_0 = t_{\alpha,n-1}$, em que esse é o valor da distribuição t de Student para os parâmetros α (significância) e $n-1$ (graus de liberdade[7]). Se $t_1 > t_0$, a hipótese nula é rejeitada, ou seja, conclui-se que o tratamento melhorou a produtividade. Em outras palavras, a probabilidade de que o tratamento **não** tenha melhorado a produtividade (hipótese nula verdadeira), e que mesmo assim se obtenha $t_1 > t_0$, é menor do que α (tipicamente, 5%).

O exemplo acima usa uma das versões mais simples do teste. Se a produtividade sem o tratamento for determinada também no experimento, as fórmulas são outras, e dependem também dos números de amostras dos diferentes tratamentos. $t_{\alpha,n-1}$ pode ser calculado por consulta a tabelas em livros de estatística, por meio de uma função disponível em planilhas como o Microsoft Excel, ou por programas de cálculo disponíveis na Web.[8] O mesmo vale para as distribuições mais comumente usadas em outros tipos de teste.

Testes estatísticos são **paramétricos** quando supõem que os dados tenham determinada distribuição estatística, como é o caso do Teste t. Testes paramétricos geralmente têm maior potência (menor probabilidade de erro tipo II) que os testes não paramétricos. No caso das produtividades, supôs-se que elas têm distribuição normal, o que é razoável se elas forem obtidas a partir de projetos de tamanhos similares. Nesse caso, os esforços tendem a ter distribuição normal, pois são calculados por meio de somas de um grande número de variáveis aleatórias independentes, ou seja, os esforços de cada tarefa. A normalidade pelo menos aproximada é garantida pelo **teorema do limite central**, um dos principais teoremas da teoria da probabilidade.

---

[6] Outra nota histórica interessante é que o teste foi criado por William Sealy Gosset, estatístico a serviço da cervejaria Guinness de Dublin, pioneira na aplicação de métodos científicos à produção de cerveja. Student era o pseudônimo que ele usava para publicar os trabalhos, pois o fato de se usar métodos científicos era considerado segredo industrial...

[7] Sugere-se consultar textos de estatística sobre o conceito de **grau de liberdade**, e sobre como ele pode diferir do número de amostras.

[8] Por exemplo, um calculador on-line é o *GraphPad QuickCalcs*, disponível em www.graphpad.com/quickcalcs/index.cfm. Há também as ferramentas de *Free Statistical Analysis Software*, listadas em davidmlane.com/hyperstat/analysisf.html.

Capítulo 8

Em alguns casos, uma distribuição que é visivelmente não normal pode ser aproximada por uma normal, se forem usados os logaritmos das medidas. Por exemplo, se o desvio-padrão for grande em relação à média, a normal atribui alta probabilidade a valores negativos, que podem não ter significado físico, como na distribuição do esforço de tarefas ou do tamanho físico de classes. Entretanto, um conjunto de dados bem aproximado pela distribuição normal pode ser obtido se for usada a **transformação log-normal**: os dados são substituídos por seus logaritmos naturais, são calculados a média e o desvio-padrão desses logaritmos, e os respectivos antilogaritmos são usados como média e desvio-padrão dos dados originais. Esse truque é usado com frequência no PSP [Humphrey95].

Testes **não paramétricos** são usados quando não é possível formular hipóteses razoáveis sobre a distribuição estatística dos dados. Um dos mais usados é o **Teste de χ^2** (qui-quadrado), que testa se dois conjuntos de amostras têm a mesma distribuição. Em particular, ele pode ser usado para testar se um conjunto de amostras tem distribuição normal e, a partir daí, aplicar os testes paramétricos correspondentes.

Resumos dos testes estatísticos mais comumente usados em **Engenharia de software** podem ser encontrados nos livros de Wohlin *et al.* [Wohlin+00] e do PSP [Humphrey95]. Tratamentos mais completos podem ser encontrados em livros de estatística e fontes na Web.[9]

1.2.5 Apresentação e empacotamento

Na **Apresentação e empacotamento**, redige-se o **Relatório do experimento**, que, no formato proposto por Wohlin *et al.* [Wohlin+00], é composto das seguintes seções:

- **Introdução –** descreve sucintamente a área de pesquisa, os objetivos e a motivação do experimento.
- **Enunciado do problema –** descreve em mais detalhes os demais aspectos da definição do problema. Possivelmente, serão descritas as causas da realização da pesquisa e as perguntas a que se pretendia responder, incluindo uma visão geral de trabalhos anteriores relacionados.
- **Planejamento do experimento –** descreve os aspectos importantes do planejamento, como as hipóteses, as variáveis dependentes e independentes, as estratégias de medição e análise dos dados, os sujeitos e objetos, assim como as ameaças à validade, de forma a permitir o entendimento do desenho e a replicação do experimento.
- **Operação –** descreve como foram preparados o ambiente e os sujeitos do experimento, como transcorreu a execução e como os dados foram coletados, visando também a facilitar a replicação.
- **Análise dos dados –** descreve como os dados foram reduzidos e os pontos fora do gráfico foram removidos, e os aspectos mais importantes da análise estatística, como os níveis de significância, os tamanhos das amostras e possíveis variações dos testes.
- **Interpretação dos resultados –** discute a rejeição ou não da hipótese nula, as possíveis limitações, fatores estranhos e ameaças à validade, assim como os possíveis usos dos resultados.
- **Discussão e conclusões –** apresentam os achados e conclusões, um resumo final do experimento com destaque para os possíveis problemas encontrados, comparações com resultados anteriores e sugestões para trabalhos futuros.

---

[9] Por exemplo, www.tufts.edu/~gdallal/LHSP.HTM.

- **Apêndice** – contém os dados que não seja apropriado colocar no corpo do relatório, como descrições dos sujeitos, dos objetos e dos instrumentos e o conjunto dos dados coletados.

O **Relatório do experimento** serve de base, por sua vez, para formas mais sintéticas de divulgação, como artigos submetidos a conferências e publicações, ou apresentações para organizações interessadas.

FIGURA 8.11 Apresentação e empacotamento – tarefas.

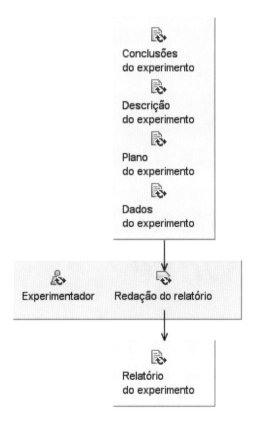

FIGURA 8.12 Apresentação e empacotamento – papel e artefatos.

9

O Engenheiro de Software

1 A PROFISSÃO

1.1 Introdução

A profissão de **Engenheiro de software** é uma das profissões mais demandadas nas áreas de alta tecnologia e, ao que tudo indica, continuará a sê-lo no futuro previsível. Não apenas grandes empresas de software estão entre as maiores do mundo como as empresas de petróleo, automóveis, comércio e bancos, que formam a maioria no topo da lista, são todas grandes consumidoras de tecnologia da informação.

Política e economicamente, a indústria de software tem um papel global importante. No segundo país mais populoso do mundo, a Índia, o software representa um dos principais produtos de exportação. A indústria de software contribuiu para transformar a Irlanda, um país pequeno que, historicamente, sempre tinha sido um dos mais pobres da Europa, em um dos países de maior renda *per capita* do mundo (apesar das crises mundiais do passado recente). O conceito de combater a **exclusão digital** faz parte de muitas políticas de distribuição de renda, no Brasil e no mundo.

Por outro lado, a profissão de **Engenheiro de software** ainda se diferencia de profissões mais estabelecidas, em muitos aspectos. O assunto é tratado de forma aprofundada por Steve McConnell [McConnell03], embora alguns tópicos ali apresentados sejam específicos em relação aos Estados Unidos.

1.2 Formação e certificação

Continua pequeno o número de cursos de graduação, e mesmo de pós-graduação, com o título de **Engenharia de software**, em todo o mundo. Muitos dos profissionais são formados por cursos intitulados **Ciência da computação**, **Sistemas de informação** e outros títulos relacionados com a **Informática**. Muitos outros são provenientes de cursos de engenharia, administração e de muitas outras áreas.

Em poucos lugares do mundo existe uma profissão regulamentada de **Engenheiro de software**; o caso mais conhecido é, provavelmente, o estado americano do Texas [Simmons02]. Existem muitos programas de certificação em tecnologias específicas, como os programas de certificação oferecidos por fabricantes (IBM, Microsoft, Oracle etc.), e em técnicas de áreas específicas, oferecidos por sociedades como o **IFPUG** (contagem de pontos de função), **PMI** (gestão de projetos), **ISTQB** (testes) e **ASQ** (qualidade de software).

Entretanto, o único programa de certificação em **Engenharia de software** como um todo, de grande difusão internacional, é o programa de *Certified Software Development Professional*, oferecido pelo **IEEE**. Pode-se encontrar informação sobre esse programa no respectivo sítio.[1] Outras publicações que discutem o assunto foram produzidas por Melody M. Moore [Moore03], Kathy Kowalenko [Kowalenko12] e Phillip Laplante [Laplante13].

1.3 Carreira

1.3.1 Quadro brasileiro

Em muitas organizações brasileiras, os profissionais de **Engenharia de software** ainda recebem a denominação de analista (de sistemas), remanescente das práticas dos anos 1970,

---

[1] https://www.ieee.org/education_careers/careers/certified_software_development_professional.html.

Capítulo 9

embora, como visto em outros capítulos, a disciplina de **Análise** geralmente represente uma pequena fração do esforço de um típico projeto de software. Tabelas salariais, editais de concursos e ofertas de emprego costumam usar essa denominação.

Desde os mesmos anos 1970, várias tentativas têm sido feitas para regulamentar essa profissão, sempre gerando muita polêmica. Um dos aspectos mais polêmicos é que algumas dessas tentativas visam primariamente a reservar o mercado de trabalho para pessoas com diplomas formais na área, e não a proteger o interesse do público, como é o objetivo principal da regulamentação profissional em outros países. Há quem julgue que isso acontece também com algumas profissões já regulamentadas.

A **SBC** (Sociedade Brasileira de Computação) mantém a seguinte posição sobre o assunto:

1. *O exercício da profissão de Informática deve ser livre e independer de diploma ou comprovação de educação formal.*
2. *Nenhum conselho de profissão pode criar qualquer impedimento ou restrição ao princípio acima.*
3. *A área deve ser Autorregulada.*

Um acompanhamento dos projetos de lei referentes à regulamentação da profissão, juntamente com notícias e debates sobre o assunto, é mantido no sítio da **SBC**.[2]

1.3.2 Carreiras no P-CMM

No P-CMM [Curtis+09], para atingir o Nível 3, a organização deve dominar a área de **Desenvolvimento de carreiras**, que tem como meta oferecer oportunidades de carreira à força de trabalho, de forma institucionalizada (por exemplo, por meio de um **Plano de carreira** oficial).

Outras práticas do Nível 3 relacionam as carreiras com a gestão de competências e o planejamento da organização, como a **Análise de competências**, o **Desenvolvimento de competências** e o **Planejamento da força de trabalho**.

1.3.3 O modelo de carreiras Construx

Steve McConnell descreve o modelo de desenvolvimento adotado na empresa dele [McConnell03], a Construx Software, que pode servir como referência útil para as carreiras de uma organização. O modelo é descrito também por Jenny Stuart [Stuart11], em artigo que pode ser obtido no sítio da Construx.[3] A carreira adotada na Construx tem os seguintes elementos:

- Um conjunto de áreas do conhecimento, baseadas no **SWEBOK** [IECS14], que define as especializações dentro da carreira. A Tabela 9.1 mostra as relações entre essas áreas e as disciplinas do Praxis.
- Quatro níveis de capacidade, mostrados na Tabela 9.2.
- Uma sequência de níveis de carreira, numerados de 9 a 14 (por motivos históricos da Construx). Uma versão simplificada é mostrada na Tabela 9.3.

---

[2] www.sbc.org.br/relacoes-profissionais-2/123-regulamentacao-da-profissao/440-regulamentacao-da-profissao. A tramitação dos projetos de lei é acompanhada em homepages.dcc.ufmg.br/~bigonha/Sbc/plsbc.html.
[3] www.construx.com/Resources/Professional_Development_Ladder.

O Engenheiro de Software

TABELA 9.1 Áreas do SWEBOK × Disciplinas do Praxis

ÁREA DO SWEBOK	DISCIPLINA DO PRAXIS
Requisitos	Requisitos, Análise
Desenho	Desenho
Construção	Implementação
Testes	Testes
Manutenção	Gestão de alterações
Gestão de configurações	Gestão de alterações
Gestão de engenharia	Gestão de projetos
Processos de engenharia	Engenharia de processos
Modelos e métodos de engenharia	Engenharia de processos
Qualidade	Gestão da qualidade
Prática profissional de engenharia	-
Economia da engenharia	-
Fundamentos computacionais	-
Fundamentos matemáticos	-
Fundamentos de engenharia	-

TABELA 9.2 Níveis de competência da Construx

NÍVEL DE CAPACIDADE	DESCRIÇÃO
Introdutório	Executa tarefas básicas, sob supervisão, e ações eficazes para o próprio desenvolvimento profissional.
Competência	Executa trabalho eficaz e independente; serve de modelo para profissionais menos experientes, a quem ocasionalmente orienta.
Liderança	Executa trabalho exemplar; orienta outros profissionais; exerce liderança de projetos e possivelmente em nível da organização.
Mestria	Desempenha trabalho de referência em uma área e tem profunda experiência em múltiplos projetos. Geralmente ensina e escreve artigos ou livros. Exerce liderança em nível da indústria, inclusive fora da organização.

TABELA 9.3 Níveis da carreira

NÍVEL	DESCRIÇÃO	REQUISITOS
9	Recém-formado, trabalha sob supervisão.	-
10	Alguma formação de engenharia de software; menos de dois anos de experiência; trabalha sob supervisão limitada.	Introdutório: todas as áreas; Competência: 3 áreas.
11	Formação sólida de engenharia de software; trabalha de forma independente; experiente em pelo menos um projeto, em todas as etapas do ciclo de vida.	Introdutório: todas as áreas; Competência: 6 áreas; Liderança: 1 área.

(continua)

TABELA 9.3 Níveis da carreira (*continuação*)

NÍVEL	DESCRIÇÃO	REQUISITOS
12	Participação essencial em projetos de sucesso; capacidade de decidir e resolver problemas rotineira e consistentemente; capaz de inovação, contribuições originais e orientação de outros.	Introdutório: todas as áreas; Competência: 8 áreas; Liderança: 3 áreas.
13	Capaz de tratar corretamente e decidir bem sobre todos os aspectos internos e externos de um projeto, contribuindo significativamente para a lucratividade e a qualidade da organização.	Introdutório: todas as áreas; Competência: 8 áreas; Liderança: 5 áreas; Mestria: 1 área.
14	Capaz de vencer desafios técnicos muito difíceis e tomar decisões-chave para a organização. Conhecido dentro e fora da organização, com contribuições para o estado da arte. Longa carreira em engenharia de software.	Intencionalmente não definidos.
15	Líder dentro da área de engenharia de software, capaz de desenhar e produzir em nível internacional. Responsável por definição de práticas da organização. Realizações reconhecidas em nível da indústria.	Intencionalmente não definidos.

1.3.4 A carreira em Y

Uma consideração adicional, muito importante na opinião deste autor, é a adoção da **Carreira em Y**. Em muitas organizações, só é possível progredir acima de certo grau da carreira assumindo funções gerenciais. Isso é um erro, pois a carreira gerencial requer características de personalidade e motivação que nem todas as pessoas possuem. O modelo da **Carreira em Y** oferece uma bifurcação entre os ramos técnico e gerencial, evitando que excelentes técnicos tenham que se transformar em gerentes medíocres para progredir na carreira.

Até o nível de bifurcação, a carreira tem ênfase técnica. Isso faz com que ninguém possa chegar a papéis gerenciais sem adquirir uma bagagem razoável de experiência técnica. Nessa etapa, as pessoas exercem papéis como **Engenheiro de requisitos**, **Analista**, **Desenhista**, **Programador**, **Desenhista de testes**, **Programador de testes**, **Engenheiro de processos** e **Engenheiro da qualidade**.

A partir da bifurcação, pessoas que optem pelo ramo gerencial fazem cursos e treinamentos de orientação gerencial, como os cursos conhecidos como **MBA**, ou obtêm certificações de natureza gerencial, como a certificação do **PMI**. Tipicamente, os profissionais desse ramo têm habilidades e interesses em gestão de pessoas, e a tônica do trabalho deles será, daí em diante, a de orientar e dirigir outras pessoas, assumindo tarefas de natureza técnica apenas ocasionalmente, quando necessário. O ramo gerencial é exercido em papéis como **Gerente de projeto** e **Gerente de produto**, ou parcialmente, em papéis híbridos, como **Gerente da qualidade**, **Gerente de processos** e o nível mais avançado de **Engenheiro de requisitos**.

Pessoas que optam pelo ramo técnico aprofundam sua proficiência técnica, provavelmente complementando a formação acadêmica pelo menos no nível de **Mestrado**. É, tipicamente, o caso dos **Arquitetos** e dos níveis mais avançados de **Engenheiro de processos**.

O Engenheiro de Software **409**

1.4 Código de ética

As profissões geralmente têm um **Código de ética**, que visa a proteger os valores da profissão e, em especial, o interesse público diante das ações dos profissionais. Para profissões regulamentadas, o cumprimento do código é obrigatório, e sua violação pode acarretar pesadas sanções, aplicadas, em primeira instância, pelas próprias associações profissionais.

Dentro desse espírito, a **ACM** e a **IEEE Computer Society** formularam um código cujos pontos principais são apresentados a seguir. O texto completo do código está disponível nos sítios dessas sociedades,[4] em uma versão resumida e uma versão completa. Segue uma tradução da versão resumida.

Os engenheiros de software se comprometerão a fazer da análise, especificação, desenho, desenvolvimento, teste e manutenção de software uma profissão benéfica e respeitada. Conforme seu comprometimento com a saúde, a segurança e o bem-estar do público, os engenheiros de software aderirão aos seguintes **Oito Princípios***:*

1. ***Público*** *– os engenheiros de software agirão de forma condizente com o interesse público.*
2. ***Cliente e empregador*** *– os engenheiros de software agirão de acordo com os melhores interesses de seus clientes e empregadores, desde que condizentes com o interesse público.*
3. ***Produto*** *– os engenheiros de software garantirão que seus produtos e modificações relacionadas atendam aos melhores padrões profissionais possíveis.*
4. ***Julgamento*** *– os engenheiros de software manterão integridade e independência em seu julgamento profissional.*
5. ***Gestão*** *– os gerentes e líderes de* **Engenharia de software** *adotarão e promoverão uma abordagem ética da gestão do desenvolvimento e manutenção de software.*
6. ***Profissão*** *– os engenheiros de software promoverão a integridade e a reputação da profissão, de forma condizente com o interesse público.*
7. ***Colegas*** *– os engenheiros de software serão justos com os colegas e lhes darão apoio.*
8. ***Para si*** *– os engenheiros de software manterão por toda a vida o aprendizado de sua profissão, e promoverão uma abordagem ética da prática da profissão.*

Recomenda-se consultar a versão completa disponível (em inglês) no local indicado. Ela contém muitos detalhes práticos referentes à execução de cada um dos princípios.

2 O EMPREGO

2.1 As organizações produtoras

Pode-se considerar que a maior parte deste livro tratou do funcionamento das organizações produtoras de software, para as quais a produção de software tem valor econômico, seja como produto, seja como meio para outras atividades-fim. Nos capítulos anteriores foram tratados os aspectos técnicos da atividade, assim como os aspectos gerenciais que são específicos do desenvolvimento de software.

---

[4] www.acm.org/about/se-code.

Por ser a **Engenharia de software** uma atividade que é intensiva tanto em tecnologia quanto em mão de obra de alta especialização, esses aspectos certamente têm que ser considerados em atividades da organização relativas à gestão e à capacitação de pessoas, como as tratadas nos capítulos sobre **Gestão de projetos** e **Engenharia de processos**.

Naturalmente, o funcionamento de uma organização produtora de software tem muitos outros aspectos gerenciais que são comuns a qualquer atividade econômica. É preciso cuidar de marketing, vendas, negociações, finanças, compras, contratos e assim por diante. Esses aspectos genéricos da gestão de organizações estão fora do escopo da **Engenharia de software**, mas certamente não podem ser descuidados, sob pena de pôr a perder os empreendimentos, inclusive aqueles que são saudáveis do ponto de vista técnico.

2.2 A academia

Uma alternativa escolhida por um grupo menor de profissionais é a carreira acadêmica. Certamente, os especialistas em **Engenharia de software** do mundo acadêmico têm que cumprir os requisitos usuais da carreira, entre eles o de fazer pesquisa. Nas primeiras décadas de existência da **Engenharia de software**, muitas das publicações acadêmicas desses especialistas tratavam de aspectos teóricos, como notações, modelos e formalismos.

A maioria desses resultados de pesquisa acadêmica raramente tinha alguma consequência prática: até hoje, as notações e formalismos mais usados têm origem industrial. A maior parte das pessoas que influenciaram os rumos da **Engenharia de software**, como os autores da maioria das referências citadas neste livro, veio do mundo industrial, ou, no mínimo, tinham atuação anfíbia.

Nos últimos anos, as conferências e publicações acadêmicas da área têm tendido a serem mais exigentes quanto à validade quantitativa da pesquisa. Essa validação é obtida por meio de experimentos, que formaram o assunto do capítulo sobre **Experimentação**.

A **Engenharia de software**, como todas as engenharias, é fundamentalmente uma atividade prática, com restrições e objetivos de natureza econômica. Seus estudantes precisam do exercício prático da profissão, tanto quanto os estudantes de medicina necessitam trabalhar nos hospitais universitários. Por outro lado, como todas as engenharias, a **Engenharia de software** precisa de fundamentos científicos, sem os quais ela não ultrapassará o estágio de artesanato com que ainda é praticada em muitos lugares.

O provimento da experiência prática dentro da academia é um assunto que tem sido discutido no mundo inteiro, e dentro de algumas conferências importantes, dedicadas à educação em **Engenharia de software**, como a **CSEET**[5] (*Conference on Software Engineering Education and Training*), ou que contêm trilhas ou oficinas dedicadas a isso, como a **ICSE**[6] (*International Conference on Software Engineering*), a **MODELS**[7] (*International Conference on Model Driven Engineering Languages and Systems*) e a **MODELSWARD**[8] (*International Conference on Model-Driven Engineering and Software Development*).

Uma das alternativas implementadas no Brasil é o **Programa de Residência**, como o implementado na **UFPe** [Sampaio+05]. Outra iniciativa é a organização na qual atua este autor, o **Synergia – Laboratório de Engenharia de software e Sistemas do DCC-UFMG**, que desenvolve sistemas reais de porte significativo (na faixa de centenas a milhares de pontos de função), principalmente para organizações públicas, com equipes formadas, na maior parte, por estudantes de pós-graduação e graduação ([Pimentel+04], [Pádua+06]).

---

[5] conferences.computer.org/cseet.

[6] www.icse-conferences.org.

[7] www.modelsconference.org.

[8] www.modelsward.org.

A

O Processo SPraxis – Disciplinas Gerenciais

1 VISÃO GERAL

Este apêndice complementa a versão preferencial do Praxis, conhecida como *SPraxis* (de **S**implificada ou **S**tandard), focalizando suas disciplinas de caráter gerencial. Na Tabela A.1, essas são as disciplinas que formam os grupos de **Gestão** (que focaliza os projetos) e **Ambiente** (que focaliza os processos).

As disciplinas de caráter técnico, referentes aos grupos de **Especificação** e **Solução**, são tratadas no Apêndice A do primeiro volume. Este apêndice também trata de aspectos gerais aplicáveis a todas as disciplinas, e recomenda-se a consulta a ele, sempre que for necessário.

TABELA A.1 Disciplinas do Praxis

GRUPO	DISCIPLINA	SIGLA	OBJETIVO
Especificação	**Requisitos**	**RQ**	Obter o enunciado completo, claro e preciso dos requisitos de um produto de software.
	Análise	**AN**	Detalhar, estruturar e validar os requisitos de um produto, em termos de um modelo conceitual do problema.
Solução	**Desenho**	**DS**	Definir uma estrutura implementável para um produto de software, que atenda aos requisitos especificados para ele.
	Testes	**TS**	Verificar os resultados da implementação, através do planejamento, desenho e realização das atividades desse processo.
	Implementação	**IM**	Realizar o desenho de um sistema em termos de diversos tipos de componentes de código e de documentação de uso, conforme as tecnologias escolhidas.
Gestão	**Gestão da qualidade**	**GQ**	Verificar e garantir a qualidade em projetos e produtos de software.
	Gestão de projetos	**GP**	Planejar e controlar os projetos de desenvolvimento de software.
	Gestão de alterações	**GA**	Administrar as alterações em requisitos e artefatos dos projetos e produtos.
Ambiente	**Engenharia de processos**	**EP**	Dar suporte e promover melhorias nos próprios processos de software.
	Engenharia de sistemas	**ES**	Desenvolver o ambiente de sistema em que um produto está incluído.

2 GESTÃO DA QUALIDADE

2.1 Elementos do processo

2.1.1 Ciclo de vida

Na versão padrão (*SPraxis*) do processo Praxis, a disciplina de **Gestão da qualidade** é caracterizada por cinco atividades de primeiro nível (**macroatividades**), resumidas na Figura A.1:

- O **Planejamento da qualidade**, no qual as atividades de **Gestão da qualidade** a serem executadas são planejadas.
- A **Verificação**, na qual produtos de trabalho ou conjunto deles são apresentados às partes interessadas, para comentário ou aprovação.
- A **Validação**, na qual se confere o atendimento aos requisitos especificados para o produto.

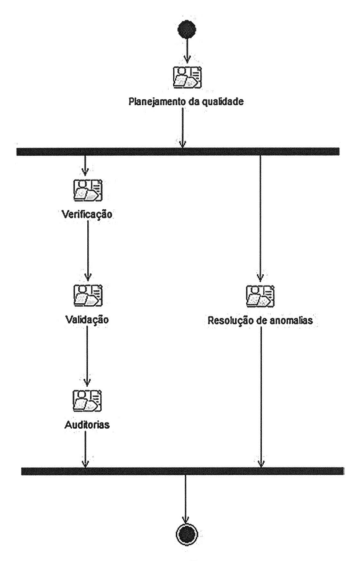

FIGURA A.1 Atividades de **Gestão da qualidade** (*SPraxis*).

- As **Auditorias**, nas quais se realiza um exame independente de um produto ou processo, para aferir-lhe a conformidade com padrões, especificações, acordos contratuais e outros critérios.
- A **Resolução de anomalias**, na qual as anomalias encontradas nas outras atividades de Gestão da qualidade são consertadas e verificadas.

Na execução padrão do processo, com ciclo de vida em espiral, algumas dessas atividades são executadas em todas as iterações do projeto, nas fases de **Elaboração** e **Construção**. Para cada caso de uso, os diversos tipos de apreciação são executados dentro das muitas etapas de desenvolvimento do caso de uso, servindo de pré-requisitos para atingir a maioria dos estados (Tabela A.2). No ciclo de vida do caso de uso, as tarefas de **Gestão da qualidade** predominam na **Validação do caso de uso**, última atividade do ciclo de desenvolvimento (Figuras A.2 e A.3).

FIGURA A.2 Atividades de **Desenvolvimento de um caso de uso**.

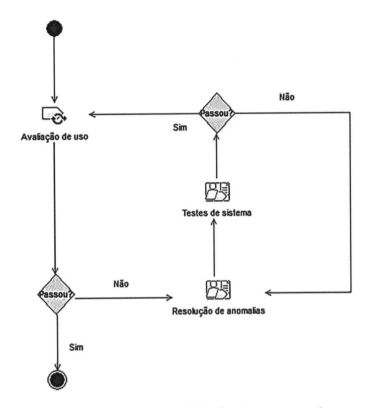

FIGURA A.3 Atividades de **Validação de um caso de uso**.

TABELA A.2 Estados de um caso de uso e apreciações

NÚMERO	ESTADO	APRECIAÇÕES QUE SERVEM DE PRÉ-REQUISITOS
10	**Identificado**	Revisão gerencial
20	**Levantado**	Revisão dos requisitos
30	**Analisado**	Revisão da análise
40	**Desenhado**	Revisão do desenho externo
50	**Especificado**	Revisão do desenho dos testes
60	**Realizado**	Revisão do desenho interno; Revisão de implementação (camada de entidade e controle)
70	**Implementado**	Testes de sistema; Revisão de implementação (camada de fronteira)
80	**Validado**	Avaliação de uso

2.1.2 Papéis

Dois papéis são responsáveis pelas atividades da disciplina de **Gestão da qualidade**:

- O **Engenheiro da qualidade** é o papel responsável técnico por atividades relativas à qualidade em geral. Deve ser proficiente em nível de síntese nas técnicas da disciplina de **Gestão da qualidade** e nas ferramentas utilizadas, como as ferramentas de fluxo de trabalho usadas na resolução de defeitos. Deve dominar

Apêndice A

em nível analítico as técnicas das disciplinas de especificação e solução, de preferência tendo trabalhado como desenvolvedor em mais de uma delas; deve também ter bom conhecimento e prática dos processos da organização. Deve possuir nível de compreensão das disciplinas de **Gestão de projetos**, **Engenharia de processos** e **Engenharia de sistemas**.

- O **Gerente da qualidade** é o papel responsável por planejar, dirigir, controlar e avaliar as atividades de gestão da qualidade de uma organização. Além de toda a proficiência requerida para um **Engenheiro da qualidade**, papel no qual deve ser experiente, deve também ter proficiência, experiência e habilidades gerenciais, dominando técnicas de planejamento, controle, comunicação, negociação e similares. É recomendável que tenha trabalhado como **Engenheiro de processos** e **Gerente de projeto**.

Outros papéis que participam das atividades da disciplina são papéis temporários, desempenhados por pessoas que normalmente têm outros papéis dentro dos projetos, em função de determinadas tarefas. Esses papéis são discutidos nas respectivas atividades.

2.2 Atividades

2.2.1 Planejamento da qualidade

Como mostra a Figura A.4, essa atividade compreende as tarefas de **Planejamento da qualidade do projeto** e **Planejamento das apreciações**. Essa sequência é conceitual; entretanto, no desenvolvimento dirigido por casos de uso, conforme recomendado no *SPraxis*, cada uma das atividades tem sua localização própria. O **Planejamento das apreciações** é parte do Planejamento detalhado (Figura A.5), que é sempre executado em cada iteração, antes do desenvolvimento dos casos de uso (Figuras A.6 e A.7). O **Planejamento da qualidade do projeto** é parte da **Revisão do planejamento** (Figura A.8), que é executada obrigatoriamente na **Elaboração** (Figura A.6) e opcionalmente na **Construção** (Figura A.7). Papel e artefatos do **Planejamento da qualidade** são mostrados na Figura A.9.

Considera-se o **Planejamento da qualidade** terminado quando foram determinadas as apreciações a serem realizadas em uma iteração e foram alocados os recursos disponíveis para elas, sendo os resultados lançados no **Plano da qualidade** e no **Plano das apreciações**, conforme apropriado.

Planejamento da qualidade do projeto

Essa tarefa visa à confecção do **Plano da qualidade**. Seus passos típicos compreendem: escolha das espécies de apreciações do projeto; estimativa ou revisão do esforço planejado de apreciações; estimativa ou revisão das contagens planejadas de anomalias; estimativa ou revisão do esforço planejado de correção.

O principal papel da tarefa é o do **Gerente da qualidade**, com o auxílio do **Gerente do projeto** e dos **Engenheiros da qualidade**. Os principais insumos são a **Base de dados do projeto** e o **Plano do projeto**. Um insumo opcional é uma versão anterior do **Plano da qualidade**. O principal resultado produzido é uma versão atualizada do **Plano da qualidade**.

O Processo SPraxis - Disciplinas Gerenciais

FIGURA A.4 Planejamento da qualidade - tarefas.

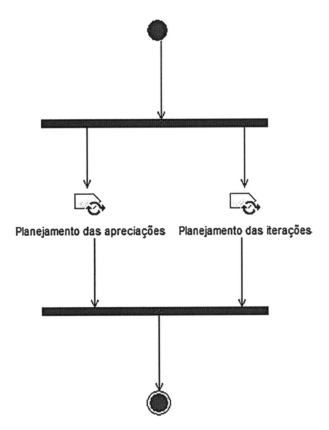

FIGURA A.5 Iteração genérica da **Elaboração** e **Construção** - atividade de **Planejamento detalhado**.

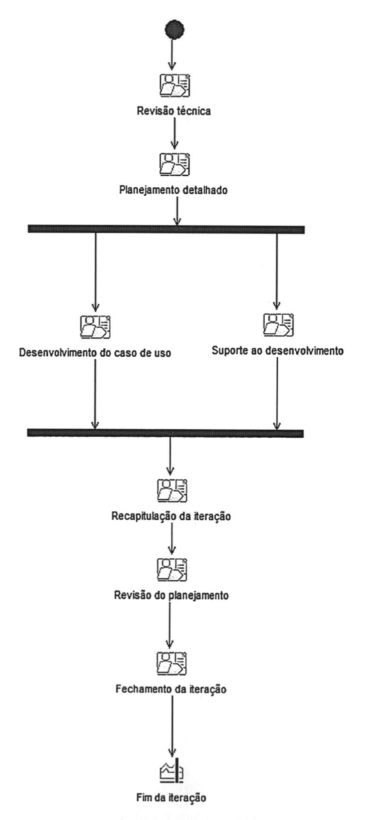

FIGURA A.6 Iteração genérica da **Elaboração**.

O Processo SPraxis - Disciplinas Gerenciais

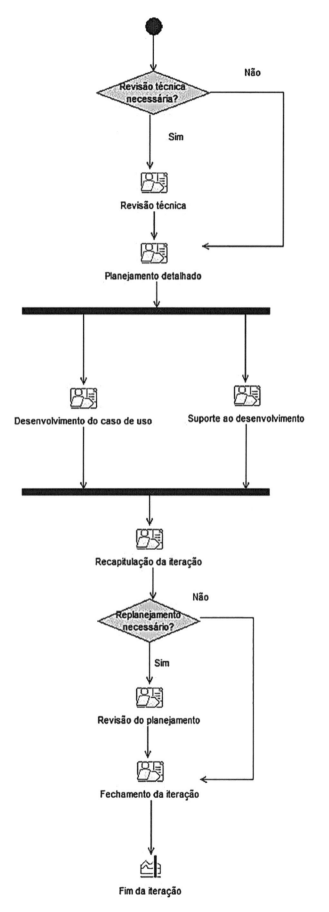

FIGURA A.7 Iteração genérica da **Construção**.

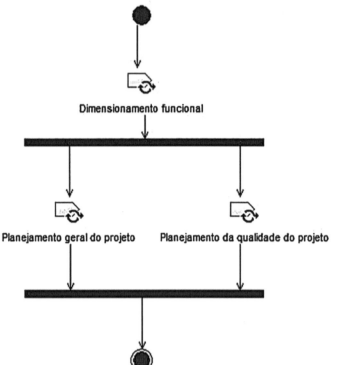

FIGURA A.8
Iteração genérica da **Elaboração e Construção** – atividade de **Revisão do planejamento**.

Planejamento das apreciações

Essa tarefa visa à confecção do **Plano das apreciações**. Seus passos típicos compreendem: escolha ou revisão das apreciações da iteração; estimativa ou revisão dos esforços esperados para apreciações; estimativa ou revisão da quantidade de defeitos esperados nas apreciações; estimativa ou revisão dos esforços esperados para correção dos defeitos; estimativa ou revisão das equipes necessárias; designação de líder e relator, conforme o tipo de apreciações.

O principal papel da tarefa é o do **Engenheiro da qualidade**, com o auxílio do **Gerente do projeto** e do **Gerente da qualidade**. Os principais insumos são a **Base de dados do projeto**, o **Plano da qualidade** e os **Registros do desenvolvimento**. São insumos opcionais a versão anterior do **Plano das apreciações** e os **Registros de apreciações**. O principal resultado produzido é uma versão atualizada do **Plano das apreciações**.

2.2.2 Verificação

Essa atividade consiste na realização dos diversos tipos de revisão, por meio da tarefa **Execução da revisão**, seguida da execução da **Resolução de anomalias**, tratada adiante (Figuras A.10 e A.11). A **Execução da revisão** é instanciada para cada revisão, como, por exemplo, as revisões de implementação e desenho interno, na Figura A.12.

Execução da revisão

Essa tarefa visa a executar a espécie escolhida de revisão. Seus passos típicos compreendem: análise do material; aplicação de lista de conferência; registro das anomalias; revisão das anomalias; fechamento do registro.

O Processo SPraxis – Disciplinas Gerenciais 421

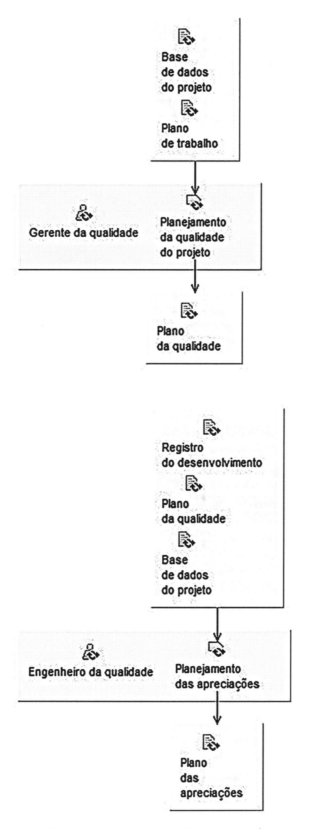

FIGURA A.9 **Planejamento da qualidade** – papéis e artefatos.

Apêndice A

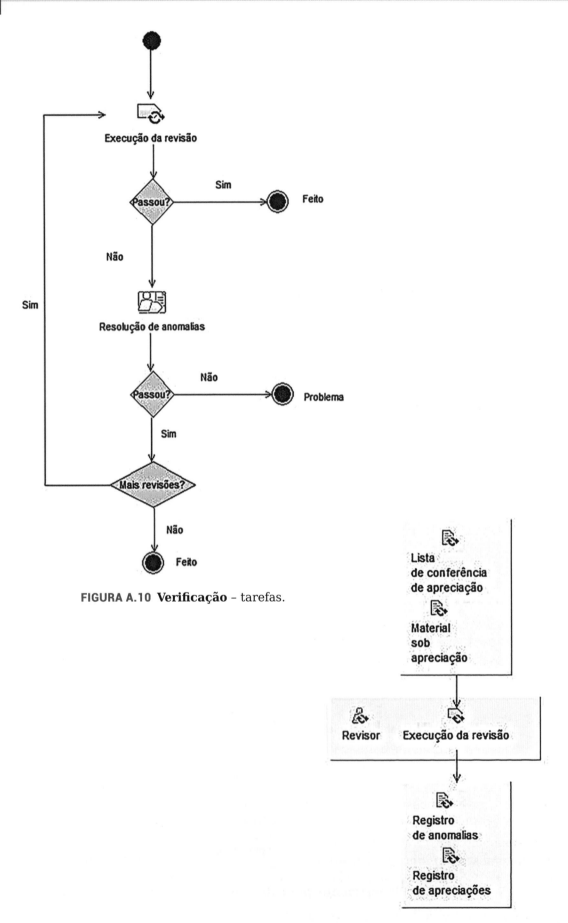

FIGURA A.10 **Verificação** – tarefas.

FIGURA A.11 **Verificação** – papéis e artefatos.

O Processo SPraxis – Disciplinas Gerenciais   423

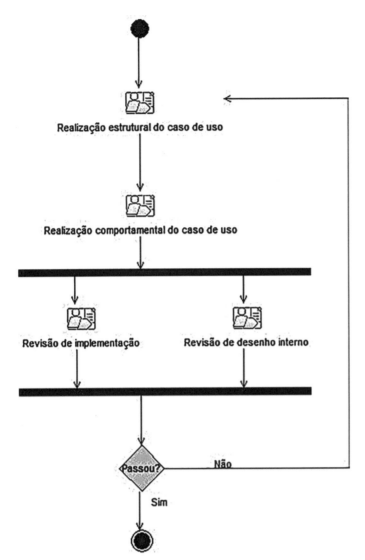

FIGURA A.12
Exemplo de ocorrências concretas de **Verificação**.

Tipicamente, o autor principal é um **Revisor**, com o auxílio do **Autor**. Os principais insumos são a **Lista de conferência de apreciação** e o **Material sob apreciação**. Os principais resultados são as atualizações do **Registro de anomalias** e do **Registro de apreciações**.

2.2.3 Validação

Essa atividade compreende a atividade de nível inferior de **Testes de sistema**, a tarefa de **Avaliação de uso** e uma invocação da **Resolução de anomalias**. No desenvolvimento dirigido por casos de uso, conforme recomendado no Praxis, essas tarefas são realizadas para cada caso de uso, dentro das iterações da **Elaboração** e **Construção** (Figura A.3). Elas formam a etapa de **Validação do caso de uso**, que leva ao estado **Validado**, como mostra a Figura A.2.

Como mostra a Figura A.13, se o produto for aprovado nos **Testes de sistema**, ele segue para a **Avaliação de uso**; caso contrário, os defeitos encontrados são processados pela atividade de **Resolução de anomalias**. Depois de serem processados os defeitos, os **Testes de sistema** devem ser repetidos.

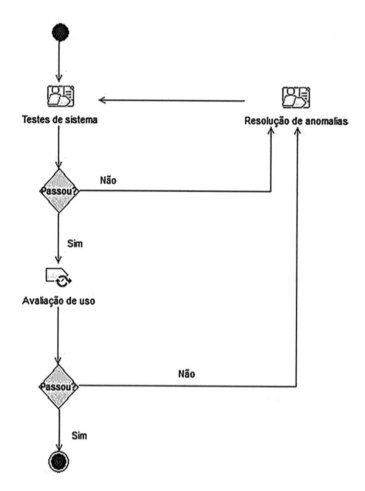

FIGURA A.13 **Validação** – tarefas.

Procedimento similar ocorre em relação à **Avaliação de uso**; nesse caso, os defeitos encontrados podem representar problemas graves, como defeitos em requisitos especificados ou no entendimento dos requisitos. Por isso, a ocorrência de defeitos na **Avaliação de uso** também requer a repetição dos **Testes de sistema**. Defeitos desse tipo costumam ter custo muito alto de remoção, e, por isso, espera-se que sejam bastante raros.

Considera-se a **Validação** terminada quando as funções validadas do produto foram aprovadas tanto nos testes de sistema, indicando que estão de acordo com os requisitos conforme estes estão expressos nos testes de sistema, quanto na avaliação de uso, indicando que foram diretamente avaliadas a conformidade com os requisitos esperados e a usabilidade do produto, considerando-se inclusive a documentação de uso.

Avaliação de uso

Essa tarefa visa à avaliação da adequação de um produto para o uso, em relação tanto à conformidade com os requisitos como quanto à usabilidade efetiva. Seus passos típicos compreendem: avaliação do uso do produto; avaliação da documentação de uso do produto; testes informais, de preferência destrutivos; fechamento do relatório da avaliação de uso.

O principal papel responsável pela tarefa é o do **Proprietário do produto**, com o possível auxílio do **Engenheiro de requisitos** e do **Engenheiro da qualidade**. Os principais insumos são o **Ambiente de execução** do produto (que inclui código executável, dados etc.); o **Manual do usuário** e uma **Lista de conferência para avaliação de**

uso. São insumos opcionais outros possíveis recursos de **Documentação de suporte ao usuário**. Os resultados produzidos consistem em uma versão preenchida do **Relatório de avaliação de uso** (Figura A.14).

FIGURA A.14 Validação – papel e artefatos.

2.2.4 Auditorias

Como mostra a Figura A.15, essa atividade compreende a tarefa de **Auditoria da qualidade**, juntamente com possíveis invocações dos **Testes de sistema** e da **Resolução de anomalias**. No desenvolvimento dirigido por casos de uso, conforme recomendado no Praxis, a **Auditoria da qualidade** é realizada em conjunto para os casos de uso, dentro do **Fechamento da iteração** (Figura A.16), para as iterações da **Elaboração** e **Construção**.

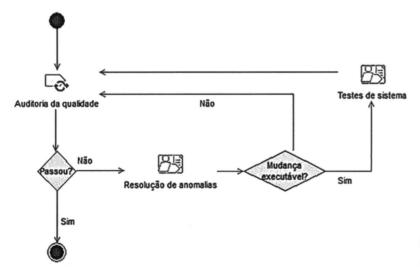

FIGURA A.15
Auditorias – tarefas.

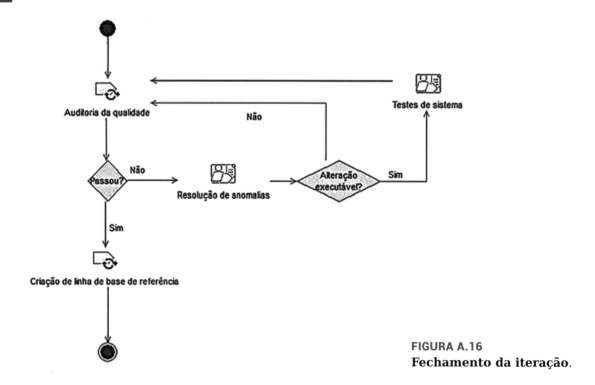

FIGURA A.16
Fechamento da iteração.

Considera-se a **Auditoria da qualidade** terminada, para cada função, quando todo o material da linha de base correspondente foi auditado e eventuais problemas encontrados foram corrigidos. Nesse ponto, o material está pronto para ser incorporado a uma linha de base oficial.

Auditoria da qualidade

Essa tarefa visa à apreciação final de uma porção significativa de um projeto; no desenvolvimento dirigido por casos de uso, abrange o conjunto do material associado ao desenvolvimento de um caso de uso. Seus passos típicos compreendem: análise dos artefatos técnicos; análise dos artefatos gerenciais; análise de rastreabilidade; análise dos relatórios das revisões; análise dos relatórios dos testes de sistema; análise dos relatórios das avaliações de uso; análise de conformidade com a política de gestão de configurações; fechamento do relatório da auditoria.

A tarefa é tipicamente de responsabilidade de **Engenheiros da qualidade**, com possível participação do **Gerente da qualidade**. Os principais insumos são uma das **Linhas de base de trabalho**, que seja candidata a linha de base oficial; o **Patrimônio do processo**, sobretudo os materiais referentes à qualidade; e um **Gabarito de registro de auditoria da qualidade**. Os resultados produzidos consistem no **Relatório de auditoria da qualidade** e nas novas **Linhas de base de referência** (Figura A.17).

2.2.5 Resolução de anomalias

Como mostra a Figura A.18, essa atividade compreende as tarefas de **Execução do conserto** e **Verificação do conserto**. Essa atividade representa um miniprocesso acionado por um evento, que é a identificação desse defeito. No processo Praxis, a ocorrência dela é prevista nas atividades de **Verificação**, **Validação** e **Auditorias**, e na **Resolução de anomalias de testes de sistema**.

Os artefatos consumidos e produzidos nas duas tarefas são mostrados na Figura A.19.

O Processo SPraxis - Disciplinas Gerenciais 427

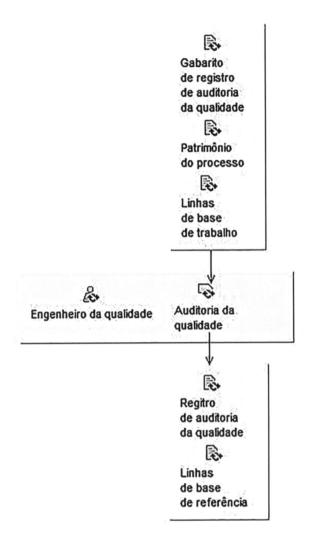

FIGURA A.17
Auditorias da qualidade – papel e artefatos.

FIGURA A.18
Resolução de anomalias – tarefas.

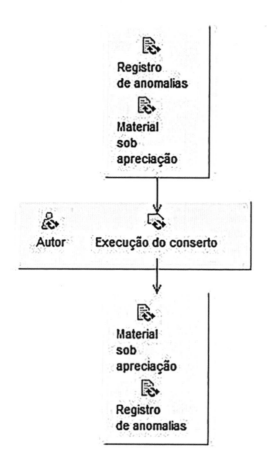
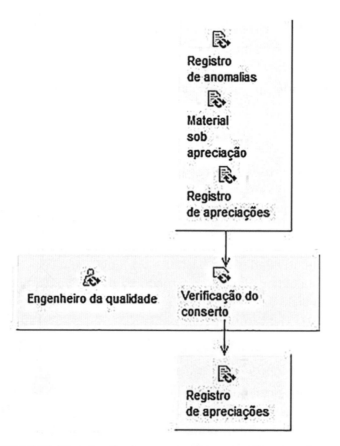

FIGURA A.19 Resolução de anomalias – papéis e artefatos.

Execução do conserto

Essa tarefa compreende a execução das modificações necessárias para remoção da anomalia, ou justificativa da não remoção. Seus passos típicos compreendem: conserto das anomalias aceitas como defeitos; acionamento do processo de resolução de defeitos, caso necessário; justificativa para as anomalias que não foram aceitas como defeitos.

O principal papel da tarefa é o do **Autor**, com o possível auxílio do **Engenheiro da qualidade**. Os principais insumos consistem no **Material sob apreciação** e no item pertinente dos **Registros de anomalias**. Os resultados produzidos consistem no mesmo item dos **Registros de anomalias**, com os lançamentos cabíveis; e no **Material sob apreciação** modificado.

Verificação do conserto

Essa tarefa compreende a validação da remoção das anomalias e de seus registros, ou a justificação para a não execução. Seus passos típicos compreendem: análise do conserto; recomendação de disposição.

O principal papel da tarefa é o do **Engenheiro da qualidade**, com a possível assistência do **Autor** e do **Revisor**. Os insumos são o item pertinente dos **Registros de anomalias**, o **Material sob apreciação** e os **Registros de apreciações**. O resultado produzido é a versão atualizada dos **Registros de apreciações**.

3 GESTÃO DE PROJETOS

3.1 Elementos do processo

3.1.1 Ciclo de vida

Na versão padrão (*SPraxis*) do processo Praxis, a disciplina de **Gestão de projetos** é caracterizada por duas macroatividades, resumidas na Figura A.20:

- O **Planejamento do projeto**, no qual as atividades de **Gestão de projetos** a serem executadas são planejadas.
- O **Controle do projeto**, no qual as atividades planejadas de **Gestão de projetos** são executadas.

As tarefas dessas atividades são bastante ortogonais em relação às técnicas aplicáveis, e se relacionam com os planos e relatórios da disciplina. O relacionamento com as fases e iterações do ciclo de vida padrão é descrito no tratamento da **Gestão de integração**, como parte da **Gestão de projetos**.

3.1.2 Papéis

O principal papel responsável pelas atividades da disciplina de **Gestão de projetos** é o **Gerente de projeto**. Ele é responsável por planejar, dirigir, controlar e avaliar as atividades do projeto, o que inclui diretamente a execução do **Planejamento do projeto** e do **Controle do projeto**. O **Gerente de projeto** deve ter proficiência, experiência

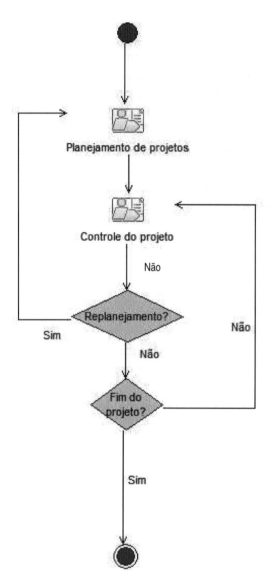

FIGURA A.20 Atividades de **Gestão de projetos** (*SPraxis*).

e habilidades gerenciais, dominando técnicas de planejamento, controle, comunicação, negociação e similares, além de dominar em nível analítico pelo menos as técnicas das disciplinas de **Requisitos** e **Gestão da Qualidade** e possuir nível de compreensão das demais disciplinas.

Outros papéis que participam das atividades da disciplina são papéis temporários, desempenhados por pessoas que normalmente têm outros papéis dentro dos projetos, em função de determinadas tarefas.

3.2 Atividades

3.2.1 Planejamento do projeto

Como mostra a Figura A.21, essa atividade compreende dois ramos de tarefas. As atividades de **Ativação do projeto** e **Planejamento preliminar do projeto** são executadas na primeira iteração da **Iniciação**. Nas demais iterações, o **Planejamento da iteração** é sempre executado. O **Planejamento geral do projeto** é executado na primeira iteração em que é feito um planejamento geral; tipicamente, uma iteração da **Elaboração**. Posteriormente, essa tarefa volta a ser executada quando houver necessidade de replanejamento.

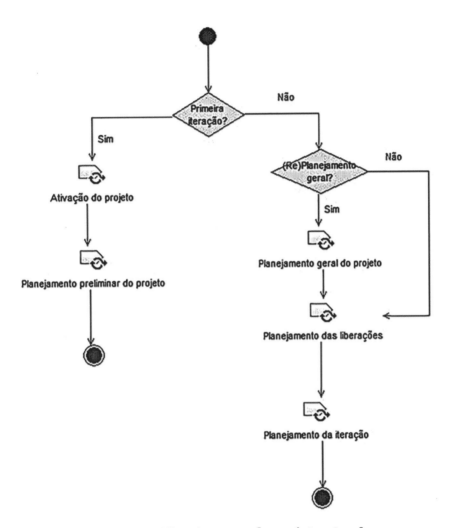

FIGURA A.21 Planejamento do projeto – tarefas.

Em todas essas tarefas, o papel principal é o do **Gerente de projeto**. Depois de cada execução do **Planejamento geral do projeto**, é executado o **Planejamento das liberações**, cujo papel principal é o do **Arquiteto**.

Considera-se o **Planejamento do projeto** terminado quando for atualizado o Plano da iteração. Caso tenha sido executado o **Planejamento geral do projeto**, o **Conjunto dos planos do projeto** é atualizado. Esses artefatos são mostrados na Figura A.22.

Ativação do projeto

Essa tarefa visa a realizar as ações necessárias para a partida de um projeto. Seus passos típicos compreendem:

- análise do ambiente do problema;
- entendimento das necessidades dos usuários;

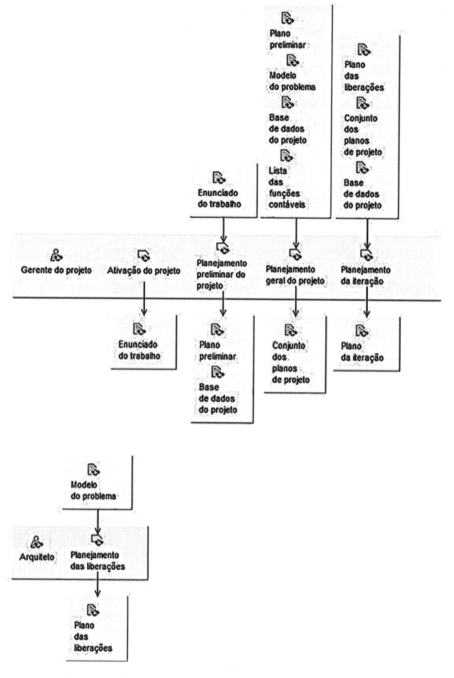

FIGURA A.22 **Planejamento do projeto** – papéis e artefatos.

- entendimento dos objetivos e restrições dos clientes;
- determinação das necessidades de modelagem do ambiente;
- determinação dos dados iniciais do projeto;
- determinação da lista inicial de funções;
- determinação dos benefícios esperados da aplicação;
- determinação das tarefas restantes da iniciação;
- estimativa do esforço, do custo e dos prazos restantes para a Iniciação.

Os principais insumos são os componentes do material aplicável, não formalizados no processo. O principal resultado produzido é **Enunciado do trabalho**.

O Processo SPraxis – Disciplinas Gerenciais

Planejamento preliminar do projeto

Essa tarefa visa a determinar a viabilidade de um projeto, fazendo uma estimativa grosseira de seu tamanho, esforços, custos e prazos. Seus passos típicos compreendem:

- estimativa preliminar do tamanho;
- estimativa inicial dos fatores de custo;
- estimativa preliminar do esforço, do prazo e do custo;
- análise QFD das funções;
- priorização das funções;
- planejamento preliminar das liberações;
- seleção da base de dados de projetos.

O principal insumo é o **Enunciado do trabalho**. Os principais resultados produzidos são o **Plano preliminar** e a **Base de dados do projeto**.

Planejamento geral do projeto

Essa tarefa visa ao planejamento do escopo, da equipe, dos recursos técnicos, dos esforços, dos custos, dos prazos e do tratamento dos riscos de um projeto. Seus passos típicos compreendem:

- determinação das hipóteses e restrições aplicáveis;
- planejamento da evolução dos planos;
- cálculo do tamanho funcional;
- determinação do escopo do projeto;
- planejamento da evolução do escopo;
- determinação dos fatores de custo;
- estimativa de esforço, custo e prazo do projeto;
- planejamento dos esforços por iterações, fases e disciplinas;
- estimativa dos custos dos requisitos;
- planejamento da equipe do projeto;
- planejamento dos recursos técnicos;
- planejamento da qualidade: estimativa de anomalias, esforços de detecção e esforços de correção;
- planejamento dos riscos: identificação, análise qualitativa e quantitativa, e respostas;
- totalização dos custos e prazos do projeto;
- planejamento da Transição.

Os principais insumos são o **Modelo do problema**, a **Base de dados do projeto**, a **Lista das funções contáveis** e o **Plano preliminar**. São insumos opcionais o **Enunciado do trabalho** e o **Modelo da solução** em nível de produto. O principal resultado produzido é o **Conjunto dos planos de projeto**.

Planejamento das liberações

Essa tarefa visa à produção ou à revisão do **Plano das liberações**. Seus passos típicos compreendem:

- definição ou revisão das liberações;
- alocação dos requisitos às iterações, ou revisão dela.

Apêndice A

O principal insumo é o **Modelo do problema**. São insumos opcionais o **Plano preliminar**, o **Conjunto dos planos de projeto** e o **Modelo da solução**, em nível de plataforma. O principal resultado produzido é o **Plano das liberações**.

Planejamento da iteração

Essa tarefa visa ao planejamento de uma iteração do projeto, detalhado até o nível de tarefas, com alocação de equipe e previsão de esforços, custos e prazos para as tarefas. Seus passos típicos compreendem:

- estimativa global *bottom-up*, ou revisão desta;
- estimativa ou revisão das macroatividades de desenvolvimento;
- comparação ou revisão de estimativas *top-down*, *bottom-up* e por analogia;
- formação ou revisão da equipe de desenvolvimento, se aplicável;
- formação ou revisão dos papéis de desenvolvimento, se aplicável.

Os principais insumos são: a **Base de dados do projeto**, o **Conjunto dos planos de projeto** e o **Plano das liberações**. São insumos opcionais o **Plano preliminar**, o **Registro do desenvolvimento** e o **Relatório do projeto**. O principal resultado produzido é o **Plano da iteração**.

3.2.2 Controle do projeto

Como mostra a Figura A.23, essa atividade compreende um ramo executado apenas na iniciação, com a **Gestão inicial do projeto**, e um ramo principal composto por **Gestão detalhada do projeto**, **Retrospectiva** e **Relato do projeto**. O papel principal é sempre o do **Gerente de projeto**. A Figura A.23 mostra os papéis e artefatos dessa atividade.

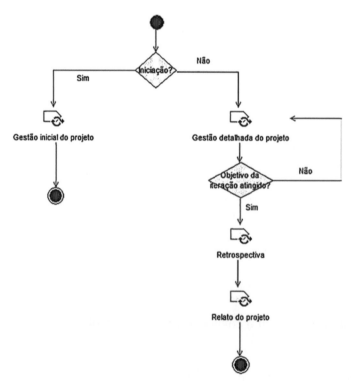

FIGURA A.23 Controle do projeto – tarefas.

O Processo SPraxis – Disciplinas Gerenciais

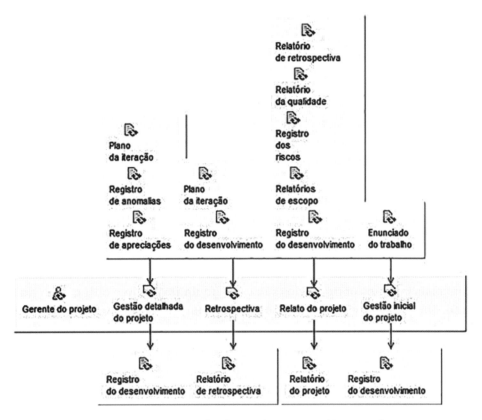

FIGURA A.24 **Controle do projeto** – papéis e artefatos.

Considera-se cada instância do **Controle do projeto** terminada quando a iteração estiver terminada, com o **Relatório do projeto** atualizado até essa iteração.

Gestão inicial do projeto

Essa tarefa consiste nas tarefas de gestão que é necessário executar durante a Iniciação. Seus passos típicos compreendem:

- acompanhamento dos esforços das tarefas;
- acompanhamento dos prazos das tarefas;
- resolução de problemas, se necessário.

O principal insumo é o **Enunciado do trabalho**. Um insumo opcional é o **Plano preliminar**. O resultado é o **Registro do desenvolvimento**.

Gestão detalhada do projeto

Essa tarefa consiste na gestão do dia a dia das tarefas do projeto. Seus passos típicos compreendem:

- supervisão da equipe;
- monitoração do progresso, dos esforços, dos custos e dos prazos;
- monitoração dos riscos;
- resolução de problemas;
- registro de tarefas.

Apêndice A

Os principais insumos são o **Plano da iteração**, o **Registro de anomalias** e o **Registro de apreciações**. Um insumo opcional é o **Conjunto dos planos de projeto**. O resultado é o **Registro do desenvolvimento**.

Retrospectiva

Essa tarefa consiste em uma reunião de revisão dos problemas e pontos positivos de cada iteração, com possível discussão das causas dos problemas e proposição de ações para tratá-las. Seus passos típicos compreendem:

- levantamento dos problemas;
- levantamento dos pontos positivos;
- possivelmente, análise causal dos problemas;
- possivelmente, proposição de ações para tratar os problemas.

Os principais insumos obrigatórios são o **Plano da iteração** e o **Registro do desenvolvimento**. Um insumo opcional é o **Conjunto dos planos de projeto**. O resultado é o **Relatório da retrospectiva**.

Relato do projeto

Essa tarefa visa à produção e à atualização de um relatório de resumo do projeto, usado, por exemplo, para acompanhamento executivo. Seus passos típicos compreendem:

- relatório de evolução do escopo, esforços, custos e prazos;
- relatório de evolução da qualidade: anomalias, defeitos e esforços;
- relatório de evolução dos riscos: materialização e respostas;
- análise póstuma.

Os principais insumos são: o **Registro do desenvolvimento**, o **Registro dos riscos**, o **Relatório da qualidade**, os **Relatórios de escopo** e o **Relatório da retrospectiva**. São insumos opcionais o **Conjunto dos planos de projeto** e o **Plano da iteração**. O principal resultado produzido é o **Relatório do projeto**.

4 GESTÃO DE ALTERAÇÕES

4.1 Elementos do processo

4.1.1 Ciclo de vida

A disciplina de **Gestão de alterações** do processo *SPraxis* tem duas atividades maiores (Figura A.25):

- A **Gestão de configurações**, que, segundo o IEEE, "identifica os componentes de um sistema em evolução contínua para controlar alterações desses componentes e manter a integridade e rastreabilidade através do ciclo de vida" ([IEEE10]).
- A **Resolução de alterações**, que trata das atividades resultantes de alterações, principalmente de alterações dos requisitos.

No ciclo de vida padrão, essas atividades aparecem em diversos lugares. Dentro da iteração genérica, aparecem na **Revisão técnica**, nas atividades de **Análise das alterações** e de **Planejamento de configurações** (Figura A.26); no **Suporte ao desenvolvimento**, na tarefa de **Gestão das linhas de base** e na atividade de **Resolução de alterações** (Figura A.27); e no **Fechamento da iteração**, na tarefa de **Criação de linha de base de referência** (Figura A.28). Nas iterações da **Transição**, voltam na **Gestão das linhas de base** e na **Criação de linha de base de referência** (Figura A.29).

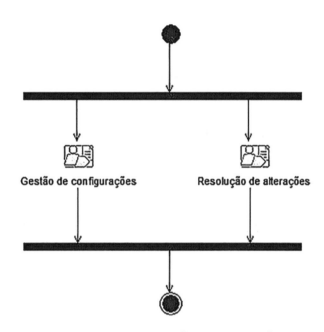

FIGURA A.25 Atividades de Gestão de alterações (*SPraxis*).

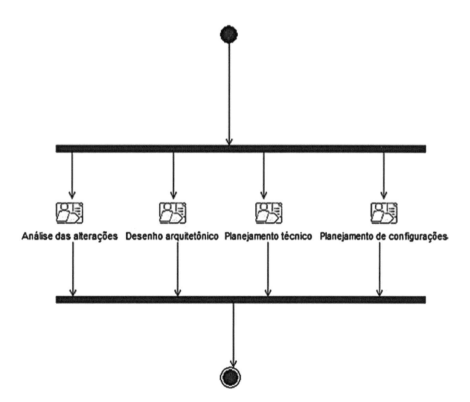

FIGURA A.26 Atividades de **Revisão técnica**.

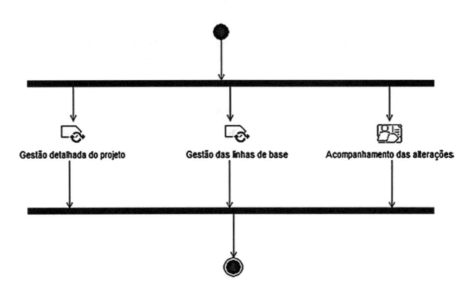

FIGURA A.27 Atividades de **Suporte ao desenvolvimento**.

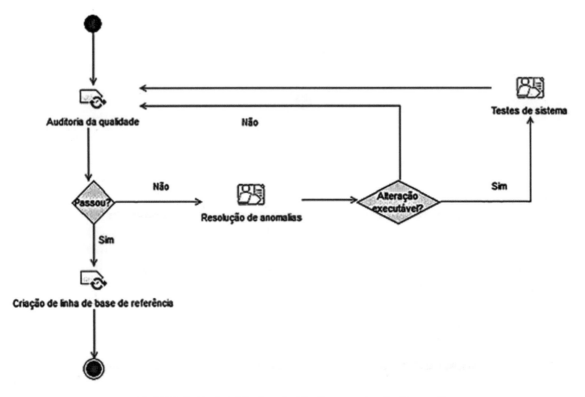

FIGURA A.28 Atividades de **Fechamento da iteração**.

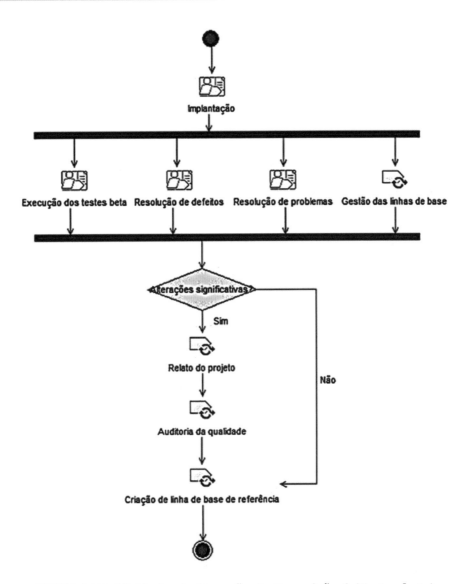

FIGURA A.29 Atividades da **Iteração da Transição 1** (**Testes beta**).

4.1.2 Papéis

Os papéis responsáveis por essas atividades já foram descritos no capítulo sobre **Gestão de alterações**: para a **Gestão de configurações**, o **Administrador de configurações**, as **Comissões de controle de configurações**, e os **Proprietários dos itens**; para a **Resolução de alterações**, o representante do **Cliente**, o **Gerente de projeto** e o **Engenheiro de requisitos**.

Papéis temporários podem eventualmente participar das atividades.

4.2 Atividades

4.2.1 Gestão de configurações

Como mostra a Figura A.30, essa atividade compreende as atividades de nível inferior de **Planejamento de configurações** e **Controle de configurações**. A Figura A.31 mostra que o **Planejamento de configurações** compreende as tarefas de **Montagem do**

repositório e **Identificação de configurações**, cujos papel e artefatos são mostrados na Figura A.32. A Figura A.33 mostra como o **Controle de configurações** compreende a **Gestão de repositórios**, a **Criação de linha de base de referência** e a **Gestão das linhas de base.**

FIGURA A.30 Tarefas de **Gestão de configurações**.

FIGURA A.31 **Planejamento de configurações** – tarefas.

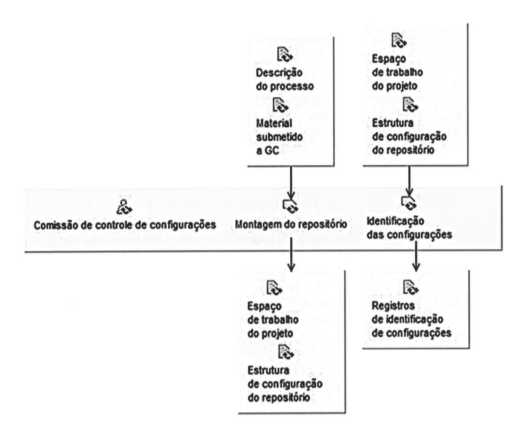

FIGURA A.32 **Planejamento de configurações** – papel e artefatos.

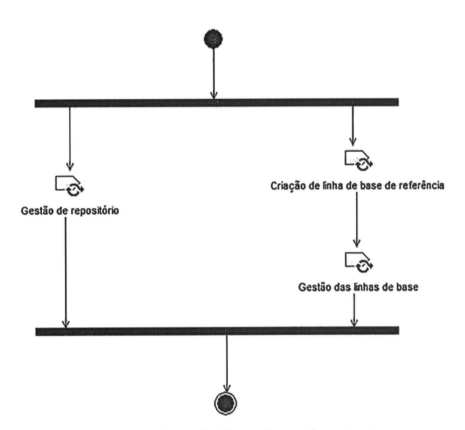

FIGURA A.33 **Controle de configurações** – tarefas.

Apêndice A

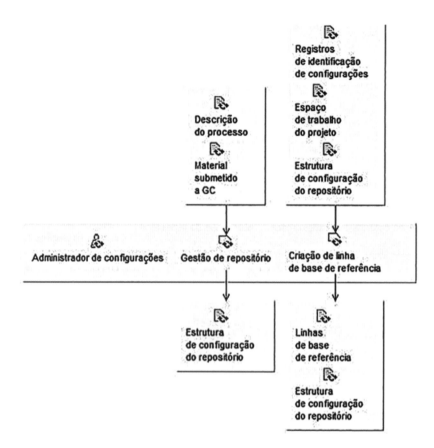

FIGURA A.34 **Controle de configurações** – papel e artefatos (I).

Conforme explicado na Subseção 4.1.1, essas atividades e tarefas são tipicamente executadas em diversos lugares do ciclo de vida padrão.

Montagem do repositório

Essa tarefa compreende o estabelecimento do repositório para as estruturas de configuração de um projeto. Seus passos típicos compreendem: atribuição ou revisão dos números de versão do projeto ou produto; criação ou revisão da pasta de gestão de configurações; determinação ou revisão dos domínios (projetos Eclipse); para cada domínio, determinação ou revisão das pastas e artefatos; definição ou revisão dos artefatos a serem colocados sob gestão de configurações.

O papel responsável é da **Comissão de controle de configurações** do projeto, com suporte do **Administrador de configurações**. Os principais insumos são a **Descrição do processo** e o **Material submetido a GC**. Um insumo opcional é o **Material de suporte do processo**. Os principais resultados são o **Espaço de trabalho do projeto** e a **Estrutura de configuração do repositório**.

Identificação de configurações

Essa tarefa visa à seleção dos itens de configuração de um produto, com atribuição de identificadores únicos e registro de suas características físicas e funcionais. Seus passos típicos compreendem: preenchimento ou atualização da informação ambiental; preenchimento ou atualização da informação de integração; preenchimento ou atualização da informação gerencial.

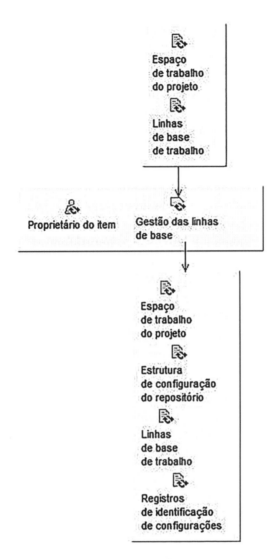

FIGURA A.35 **Controle de configurações** – papel e artefatos (II).

O papel responsável é da **Comissão de controle de configurações** do projeto, com suporte do **Administrador de configurações**. Os principais insumos são o **Espaço de trabalho do projeto** e a **Estrutura de configuração do repositório**. São insumos opcionais o **Conjunto dos planos de projeto**, o **Material de suporte do processo** e o **Material submetido a GC**. Os principais resultados são os **Registros de identificação de configurações**, possivelmente atualizados.

Gestão de repositório

Essa tarefa visa à gestão do dia a dia de utilização das linhas de base de trabalho pelos desenvolvedores. Seus passos típicos compreendem: criação do repositório; instalação e gestão das ferramentas de gestão de configurações; atribuição dos direitos de acesso ao repositório; resolução de problemas, auditorias e verificações da integridade do repositório; *backup* e geração de relatórios de status do repositório.

O papel responsável é do **Administrador de configurações**. Os principais insumos são a **Descrição do processo** e o **Material submetido a GC**. São insumos opcionais o **Material de suporte do processo** e o **Repositório de configurações do projeto**. O resultado é a **Estrutura de configuração do repositório**.

Apêndice A

Gestão das linhas de base

Essa tarefa visa à gestão do dia a dia de utilização das linhas de base de trabalho pelos desenvolvedores. Seus passos típicos compreendem: suporte da gestão de configurações; gestão dos direitos de acesso; consulta a linhas de base; importação e exportação de material das linhas de base; inserção e extração de itens; transferências entre repositórios; verificação de diferenças entre itens; resolução de conflitos e problemas de configurações; criação, atualização e mescla de variantes.

O papel responsável, como usuário normal, é do **Proprietário do item**, ou seja, o desenvolvedor normal do projeto, com menor ou maior suporte do **Administrador de configurações**. Dependendo da política da organização, só o **Administrador de configurações** tem permissão para realizar certos passos, como a atribuição e a alteração de direitos de acesso. Os principais insumos são, naturalmente, o **Espaço de trabalho do projeto** e as **Linhas de base de trabalho**. São insumos opcionais: a **Estrutura de configurações do repositório**, as **Linhas de base de referência** e os **Registros de identificação de configurações**. Os principais resultados são versões atualizadas do **Espaço de trabalho do projeto**, da **Estrutura de configurações do repositório**, das **Linhas de base de trabalho** e dos **Registros de identificação de configurações**.

Criação de linha de base de referência

Essa tarefa visa à criação de linha de base de referência, com material aprovado em auditoria da qualidade. Seus passos típicos compreendem: revisão de linha de base candidata; auditoria da configuração; inserção no repositório; notificação de disponibilidade.

O papel responsável, como executor físico da tarefa, é do **Administrador de configurações**, mas é indispensável a aprovação da **Comissão de controle de configurações**. Os principais insumos são: o **Espaço de trabalho do projeto**, a **Estrutura de configurações do repositório** e os **Registros de identificação de configurações**. Um insumo opcional é formado pelas **Linhas de base de trabalho**. Os principais resultados são a versão atualizada da **Estrutura de configurações do repositório** e uma nova **Linha de base de referência**.

4.2.2 Resolução de alterações

A **Resolução de alterações** compreende as atividades menores de **Análise das alterações** e **Acompanhamento das alterações**, como mostra a Figura A.36. A **Análise das alterações**, por sua vez, compreende as tarefas de **Revisão das propostas de alterações** e **Especificação das alterações** (Figuras A.37 e A.38). Já o **Acompanhamento das alterações** compreende a **Monitoração das alterações** e a **Conferência das alterações** (Figuras A.39 e A.40).

Na Iteração genérica, a **Análise das alterações** faz parte da **Revisão técnica** (Figura A.26), enquanto o **Acompanhamento das alterações** faz parte do **Suporte ao desenvolvimento** (Figura A.27).

Revisão das propostas de alterações

Essa tarefa consiste na revisão das propostas para qualquer espécie de alteração, inclusive alterações de requisitos, melhoria do produto, atualização de tecnologia ou outro motivo. Seus passos típicos compreendem: revisão das necessidades de alteração; revisão das características da alteração; avaliação da proposta de alteração; negociação da proposta, caso necessária.

O Processo SPraxis – Disciplinas Gerenciais

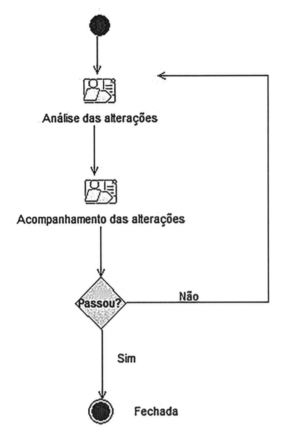

FIGURA A.36
Resolução de alterações – tarefas.

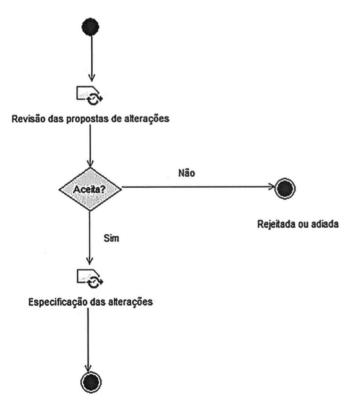

FIGURA A.37
Análise das alterações – tarefas.

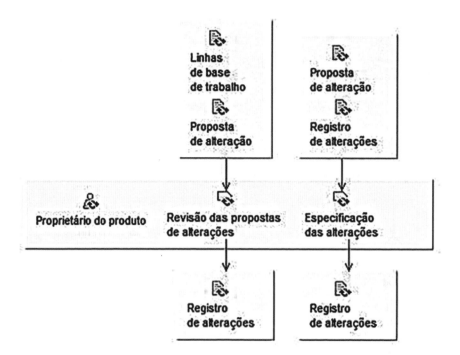

FIGURA A.38 Análise das alterações – papel e artefatos.

FIGURA A.39 Acompanhamento das alterações – tarefas.

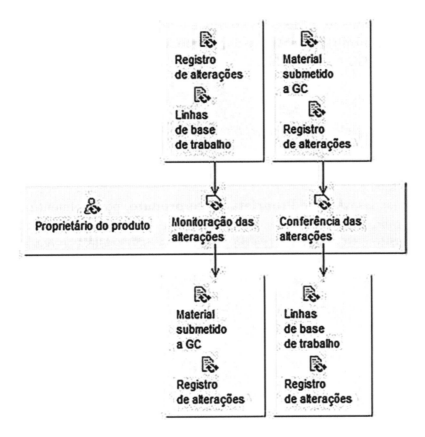

FIGURA A.40 **Acompanhamento das alterações** – papel e artefatos.

O papel responsável é do **Proprietário do produto**, com o possível auxílio da **Comissão de controle de configurações** e do **Proponente de alteração**. São insumos obrigatórios as **Linhas de base de trabalho** e a **Proposta de alteração**. Um insumo opcional é a edição anterior do **Registro de alterações**. A saída é uma versão atualizada do **Registro de alterações**.

Especificação das alterações

Essa tarefa visa à especificação das alterações, inclusive análise, negociação e atribuição. Seus passos típicos compreendem: análise detalhada da alteração; estimativa do custo e do prazo da alteração; negociação da alteração; rejeição ou adiamento da alteração, se justificáveis; atribuição da alteração, se aceita.

O papel responsável é do **Proprietário do produto**, possivelmente com auxílio do **Engenheiro de requisitos**. Os principais insumos são a **Proposta de alteração** e o **Registro de alterações**. A saída é nova atualização do **Registro de alterações**.

Monitoração das alterações

Essa tarefa visa à monitoração da execução de qualquer espécie de alteração, incluindo desenho, implementação e testes. Seus passos típicos compreendem: monitoração do desenho da alteração; monitoração da implementação da alteração; monitoração das revisões da alteração; monitoração dos testes da alteração; monitoração do relato da alteração.

O papel responsável é do **Proprietário do produto**, possivelmente com auxílio do **Engenheiro de requisitos** e dos **Proprietários dos itens** afetados. Os principais insumos são as **Linhas de base de trabalho** e o **Registro de alterações**. São insumos opcionais o **Patrimônio do processo** e a **Proposta de alteração**. São saídas o **Material submetido a GC** e nova atualização do **Registro de alterações**.

Conferência das alterações

Essa tarefa compreende a verificação final e a aceitação de alterações. Seus passos típicos compreendem: revisão final da alteração; solicitação para revisões da alteração, caso necessárias; aceitação da alteração, se passou; atribuição da alteração a uma linha de base, se passou.

O papel responsável é do **Proprietário do produto**, possivelmente com auxílio da Comissão de controle de configurações e do Revisor de alteração. Os insumos são o **Material submetido a GC** e o **Registro de alterações**. São saídas versões atualizadas das **Linhas de base de trabalho** e do **Registro de alterações**.

B

O Processo EPraxis

Apêndice B

1 VISÃO GERAL

Este apêndice apresenta a versão mais estendida do processo Praxis, chamada de *EPraxis* (de **E**mpresa). Ela agrupa métodos que não aparecem em projetos isolados, tratados nos capítulos referentes a disciplinas de gestão (da qualidade, de projetos e de alterações) e de engenharia (de processos e de sistemas). As disciplinas que recebem acréscimos pertencem aos grupos de **Gestão** (que focaliza os projetos) e de **Ambiente** (que focaliza os processos).

As disciplinas de caráter técnico usadas pertencem aos grupos *SPraxis* e *XPraxis*, tratados nos demais apêndices.

2 GESTÃO DA QUALIDADE

2.1 Elementos do processo

2.1.1 Ciclo de vida

No processo *EPraxis*, a disciplina de **Gestão da qualidade** tem um único acréscimo, referente ao **Processamento de defeitos**. Note-se que esse elemento trata de problemas mais complexos que os tratados na **Resolução de anomalias**, cuja solução não se esgota no âmbito de um único projeto, embora comumente se origine de algum dos projetos em execução.

No **Processamento de defeitos** são tratados defeitos formalizados, de forma assíncrona em relação aos projetos. Para as demais atividades, quando necessárias, os detalhes são idênticos aos da versão *SPraxis*.

2.1.2 Papéis

Os papéis do **Engenheiro da qualidade** e do **Gerente da qualidade** são idênticos aos descritos na versão *SPraxis*. Além disso, esta versão acrescenta os seguintes papéis temporários com incumbências específicas:

- O **Registrador do defeito** é o papel temporário assumido por qualquer pessoa que registre um defeito.
- O **Proprietário do item** é o papel temporário do responsável pela execução de alterações em um item qualquer.
- O **Revisor de alteração** é o papel temporário do responsável pela revisão final e aceitação de uma alteração.

2.2 Atividades

2.2.1 Processamento de defeitos

Como mostra a Figura B.1, essa atividade compreende a tarefa de **Implantação do processo de defeitos**, caso necessária, seguida da execução da atividade de segundo nível de **Resolução de defeitos**, que pode ser repetida enquanto durar a vida do produto.

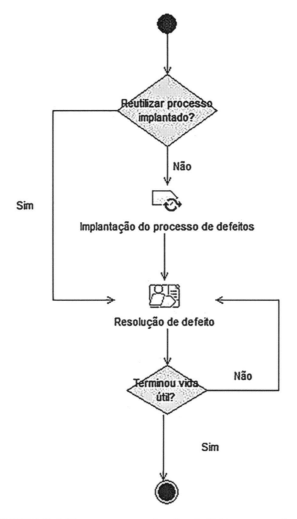

FIGURA B.1 Processamento de defeitos – tarefas.

Implantação do processo de defeitos

Essa tarefa compreende a implantação do processo de tratamento de defeitos em um ambiente específico, com os seguintes passos: adaptação do processo de tratamento de defeitos, caso necessária; escolha e implantação da ferramenta de processamento de defeitos; atribuição de responsabilidades pelo tratamento de defeitos; inclusão do tratamento de defeitos no material de suporte.

O responsável pela execução da tarefa é um **Engenheiro de processos**, como se mostra na Figura B.2. São insumos obrigatórios a **Biblioteca de processos** e o **Material de suporte do processo**. Insumos optativos são as **Lições aprendidas**, a **Informação de processo** e o **Repositório de medidas da organização**. Os resultados são o acréscimo ao **Registro dos defeitos** e possíveis atualizações do **Material de suporte do processo** e da **Documentação de suporte ao usuário**.

Resolução de defeito

Essa atividade inclui as tarefas de **Submissão de defeito, Análise do defeito, Execução do conserto do defeito** e **Verificação do conserto do defeito**. A atividade representa um miniprocesso acionado por um evento, que é a identificação desse defeito.

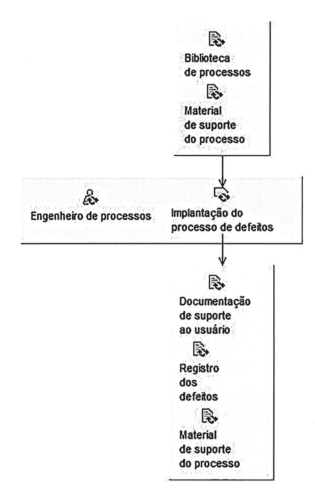

FIGURA B.2 Processamento de defeitos – papel e artefatos.

O fluxo de tarefas aqui descrito corresponde aos estados e transições mais comuns em uma máquina de estados dos defeitos, como a explicada no capítulo sobre **Gestão da qualidade**.

A **Resolução de defeito** não faz parte do fluxo normal de um projeto, e, portanto, não é considerada atividade planejada. Para cada defeito, ela termina normalmente com seu fechamento, mas, como mostrou a máquina de estado, defeitos fechados podem ser eventualmente reabertos, ou dar origem a novos defeitos por duplicação. Os papéis e artefatos são mostrados nas Figuras B.3 a B.7.

Submissão de defeito

Essa tarefa corresponde ao lançamento de defeito no miniprocesso de resolução de defeitos. Seus passos típicos compreendem: detecção do defeito; determinação das características do defeito; submissão e priorização do defeito.

O principal papel da tarefa é o do **Registrador do defeito**, que pode ser qualquer pessoa responsável pelo registro de um defeito, resultante de uma apreciação ou achado; geralmente, é um desenvolvedor ou engenheiro de suporte. O insumo obrigatório é formado pelos itens pertinentes das **Linhas de base de trabalho**; um insumo opcional é a **Documentação de suporte ao usuário**. Os resultados produzidos são a **Submissão de defeito** e uma entrada no **Registro de problemas**.

O Processo EPraxis

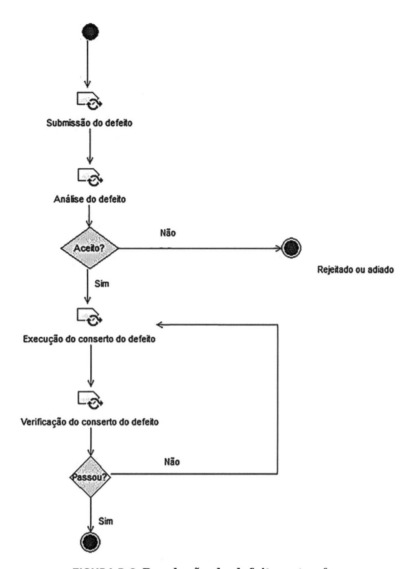

FIGURA B.3 Resolução de defeitos – tarefas.

FIGURA B.4
Resolução de defeitos – artefatos e tarefa do **Registrador do defeito**.

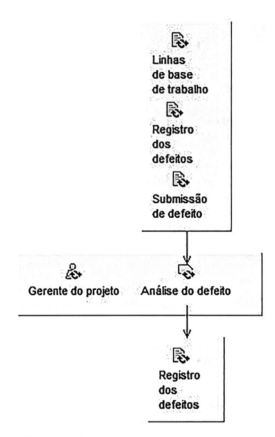

FIGURA B.5 Resolução de defeitos – artefatos e tarefa do **Gerente do projeto**.

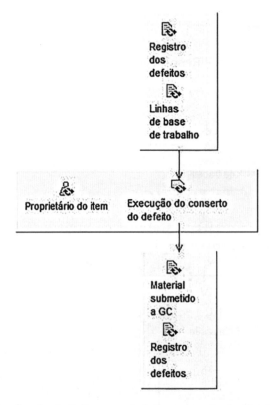

FIGURA B.6 Resolução de defeitos – artefatos e tarefa do **Proprietário de item**.

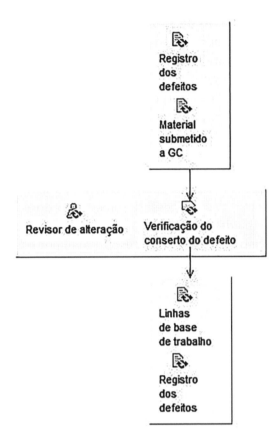

FIGURA B.7
Resolução de defeitos – artefatos e tarefa do **Revisor de alteração**.

Análise do defeito

Essa tarefa compreende a análise de um registro de defeito, para classificá-lo e determinar-lhe o encaminhamento. Seus passos típicos compreendem: estimativa do custo e impacto do defeito; rejeição ou adiamento do tratamento do defeito, caso justificáveis; atribuição do defeito, caso aceito.

- analisar o defeito;
- caso não seja confirmado como defeito, fechar;
- caso o defeito não possa ser tratado em seguida, adiar;
- caso o defeito deva ser dividido, duplicar;
- atribuir prioridade;
- designar proprietário.

O principal papel da tarefa é o do **Gerente de projeto**. Os principais insumos são os itens pertinentes das **Linhas de base de trabalho** e do **Registro dos defeitos**, juntamente com o item apropriado de **Submissão de defeito**. O resultado é uma atualização do **Registro dos defeitos**.

Execução do conserto do defeito

Essa tarefa compreende a execução das modificações necessárias para remoção do defeito, ou justificativa da não remoção. Seus passos típicos compreendem: justificativa para não consertar, se for o caso; implementação do conserto; revisão preliminar do conserto; testes do conserto; relato do conserto.

Apêndice B

O principal papel da tarefa é o do **Proprietário de item**, que é o responsável técnico pela modificação de um item, normalmente um desenvolvedor. Os principais insumos obrigatórios são os itens pertinentes das **Linhas de base de trabalho** e do **Registro dos defeitos**; um insumo opcional é o Patrimônio do processo. Os resultados são o **Material submetido a GC**, objeto do reparo, e a atualização apropriada do **Registro dos defeitos**.

Verificação do conserto do defeito

Essa tarefa compreende a validação da remoção do defeito, com possível fechamento quando a validação é bem-sucedida. Seus passos típicos compreendem: revisão final do conserto; solicitação de revisões do conserto, caso necessário; aceitação do conserto, caso aprovado; inserção da alteração na linha de base, caso aprovada.

O principal papel da tarefa é o do **Revisor de alteração** responsável por essa categoria de defeitos. Os principais insumos são o **Material submetido a GC** e a atualização do **Registro dos defeitos**. Os resultados são as atualizações das **Linhas de base de trabalho** e do **Registro dos defeitos**.

3 GESTÃO DE PROJETOS

3.1 Elementos do processo

3.1.1 Ciclo de vida

No processo *EPraxis*, a disciplina de **Gestão de projetos** acrescenta o subprocesso de **Processamento de problemas** e o processo subsidiário de **Aquisição.**

No **Processamento de problemas** são tratados problemas submetidos de maneira formal, de modo assíncrono em relação aos projetos. De maneira geral, as atividades são semelhantes às do **Processamento de defeitos** da **Gestão da qualidade**.

A **Aquisição** executa um dos processos subsidiários do *Praxis*. É baseada nos princípios expostos no tratamento de **Gestão de aquisições**, no capítulo sobre **Gestão de projetos**.

3.1.2 Papéis

No **Processamento de problemas**, o **Engenheiro de processos** é responsável pela implantação do respectivo processo. O **Registrador do problema** executa a tarefa de **Submissão de problema**, cabendo ao **Gerente de projeto** a **Especificação do problema** e a **Verificação da resolução do problema**, e ao **Proprietário do item**, a **Execução da resolução do problema**.

Em caso de execução de aquisições, principalmente subcontratação, o responsável será o **Gerente de aquisição**, que é uma especialização do **Gerente de projeto**. Em organizações ou projetos menores, esse papel será exercido pelo próprio **Gerente de projeto**.

3.2 Atividades

3.2.1 Processamento de problemas

A implantação do processo de problemas é semelhante à do processo de defeitos. Como mostra a Figura B.8, a atividade compreende a **Implantação do processo de problemas**,

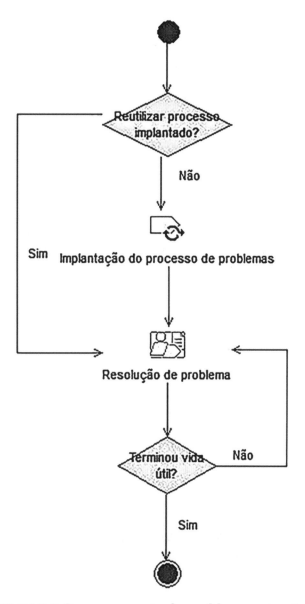

FIGURA B.8 **Processamento de problemas** – tarefas.

seguida da atividade de segundo nível de **Resolução de problema**, que pode ser repetida enquanto durar a vida do produto. A Figura B.9 mostra o papel e artefatos.

O **Processamento de problemas** não faz parte do fluxo normal de um projeto, e, portanto, não é considerado atividade planejada. Para cada problema, ele termina normalmente com seu fechamento, mas problemas fechados podem ser eventualmente reabertos, ou dar origem a novos problemas.

Implantação do processo de problemas

Essa tarefa compreende a implantação do processo de tratamento de defeitos em um ambiente específico, com os seguintes passos: adaptação do processo de tratamento de problemas, se necessária; escolha da ferramenta de processamento de problemas; implantação da ferramenta de processamento de problemas; atribuição de responsabilidades pelo processamento de problemas; comunicação dos procedimentos de processamento de problemas.

Apêndice B

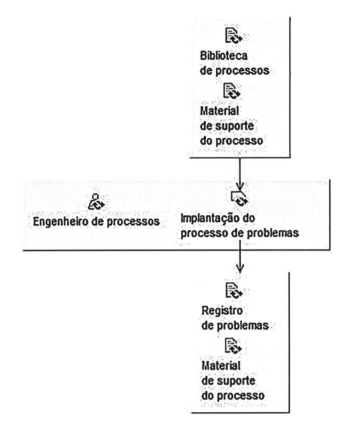

FIGURA B.9 Processamento de problemas – papel e artefatos.

O responsável pela execução da tarefa é um **Engenheiro de processos**. São insumos obrigatórios a **Biblioteca de processos** e o **Material de suporte do processo**. Insumos optativos são as **Lições aprendidas**, a **Informação de processo** e o **Repositório de medidas da organização**. Os resultados são o acréscimo ao **Registro de problemas** e possíveis atualizações do **Material de suporte do processo**.

Resolução de problema

Essa atividade inclui as tarefas de **Submissão de problema**, **Especificação do problema**, **Execução da resolução do problema** e **Verificação da resolução do problema**. A atividade representa um miniprocesso acionado por um evento, que é a identificação de um problema significativo.

A **Resolução de problema** não é considerada atividade planejada, parte do fluxo normal de um projeto. Para cada problema, ela termina normalmente com seu fechamento. Os papéis e artefatos são mostrados nas Figuras B.10 a B.13.

Submissão de problema

Essa tarefa compreende o lançamento de problema no miniprocesso de resolução de problemas. Seus passos típicos compreendem: identificação do problema; determinação das características do problema; submissão do problema; priorização do problema.

O principal papel da tarefa é o do **Registrador do problema**, que pode ser qualquer pessoa responsável pelo registro de um problema. O principal insumo provém do **Relatório do projeto**. Insumos opcionais podem vir do **Conjunto dos planos de projeto**, do

O *Processo EPraxis*

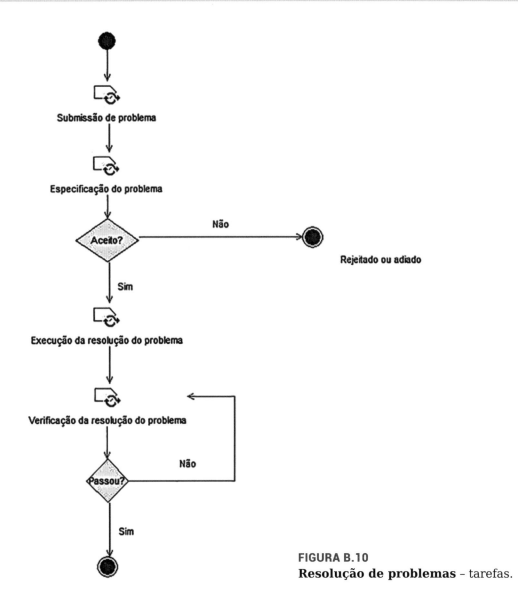

FIGURA B.10
Resolução de problemas - tarefas.

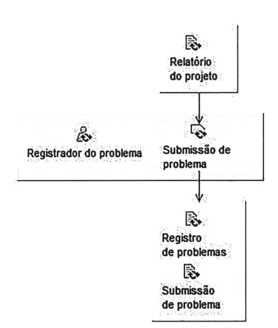

FIGURA B.11
Resolução de problemas - artefatos do **Registrador do problema**.

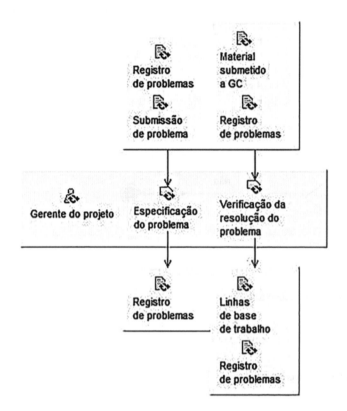

FIGURA B.12 **Resolução de problemas** – artefatos do **Gerente do projeto**.

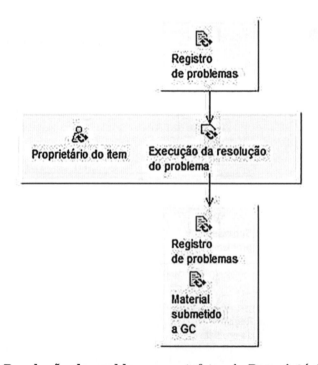

FIGURA B.13 **Resolução de problemas** – artefatos do **Proprietário do item**.

O Processo EPraxis

Pacote de instalação, do **Plano das apreciações** e do **Registro de apreciações**. Os resultados produzidos compreendem uma entrada no **Registro de problemas** e, caso necessário, uma nova **Submissão de problema**.

Especificação do problema

Essa tarefa compreende as ações necessárias para a especificação do problema, inclusive análise, negociação e atribuição. Seus passos típicos compreendem: análise detalhada do problema; estimativa do custo e prazo para resolução; negociação do problema; rejeição ou adiamento do problema, se apropriados; atribuição do problema, se aceito.

O principal papel da tarefa é o do **Gerente de projeto**. Os principais insumos são a **Submissão de problema** e a entrada no **Registro de problemas**. São insumos opcionais o **Conjunto dos planos de projeto** e o **Relatório do projeto**. O resultado é a atualização do **Registro de problemas**.

Execução da resolução do problema

Essa tarefa é autoexplicativa. Seus passos típicos compreendem: justificativa para não rejeitar ou adiar, se for o caso; definição e decomposição da resolução; análise de impacto da resolução; proposta de aplicação da resolução.

O principal papel da tarefa é o do **Proprietário do item**. O principal insumo é o item pertinente do **Registro de problemas**. São insumos opcionais o **Relatório do projeto**, assim como o material pertinente do **Repositório de configurações do projeto** e do **Patrimônio do processo**. O resultado produzido é a atualização do **Registro de problemas**, assim como o item correspondente do **Material submetido a GC**.

Verificação da resolução do problema

Essa tarefa é autoexplicativa. Seus passos típicos compreendem: verificação final do problema; solicitação para revisões da resolução, se necessárias; aceitação da resolução do problema, se aprovada; aplicação da resolução, se aprovada.

O principal papel da tarefa é o do **Gerente de projeto**. O principal insumo é o item pertinente do **Registro de problemas**, juntamente com o item correspondente do **Material submetido a GC**. O resultado produzido é o mesmo item do **Registro de problemas**, devidamente fechado, juntamente com a atualização das **Linhas de base de trabalho**.

3.2.2 Aquisição

O processo de aquisição de software proposto pelo IEEE ([IEEE15]) compreende as seguintes atividades (Figuras B.14 e B.15):

- planejamento da estratégia de aquisição de software;
- determinação dos requisitos de aquisição de software;
- identificação dos fornecedores em potencial;
- preparação dos requisitos contratuais;
- avaliação das propostas e seleção do fornecedor;
- gestão do desempenho do fornecedor;
- aceitação do produto;
- avaliação do processo e identificação de oportunidades de melhoria.

Supõe-se que a organização compradora designará um **Gerente de aquisição**, que será o ponto de contato com os fornecedores para a resolução de quaisquer tipos de problemas. Esse papel é uma especialização do **Gerente de projeto**. Nas tarefas do processo de aquisição descrito a seguir esse papel foi modelado como responsável; na prática, muitos dos passos das tarefas podem ser delegados a outros papéis, principalmente no caso de grandes contratos.

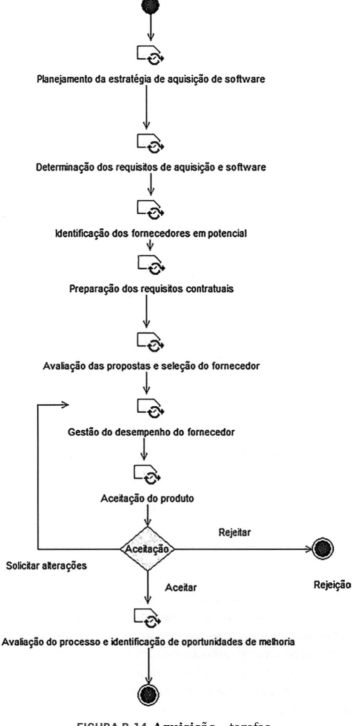

FIGURA B.14 Aquisição – tarefas.

O Processo EPraxis

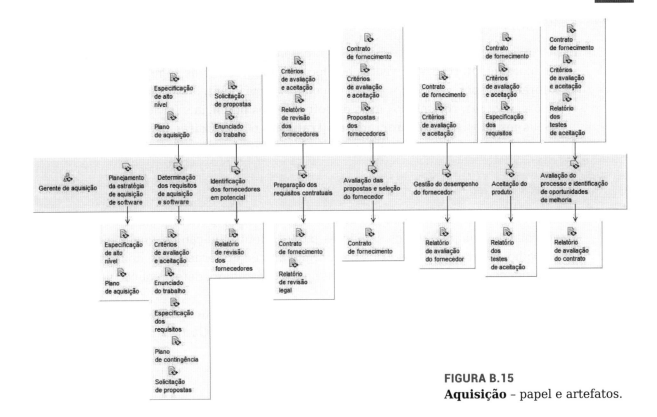

FIGURA B.15
Aquisição – papel e artefatos.

Os gerentes de aquisição são responsáveis por:

- comandar os processos de seleção dos contratados;
- determinar o escopo técnico, os termos e as condições do contrato;
- gerir a execução do contrato;
- gerir o suporte dos produtos contratados, após o contrato.

Planejamento da estratégia organizacional

Essa tarefa consiste na definição de uma estratégia e um plano de aquisição. Compreende os seguintes passos: início do processo de planejamento; desenvolvimento de uma estratégia de aquisição; desenvolvimento de um plano de aquisição; inclusão de práticas contratuais; obtenção de serviços de aquisição de outras organizações; personalização do processo.

Seus resultados são a **Especificação de alto nível** e o **Plano de aquisição**.

Determinação dos requisitos de aquisição e software

Essa tarefa consiste na definição dos requisitos do produto a ser adquirido, usando-se esses requisitos para produzir solicitações de proposta e enunciados do trabalho. Compreende os seguintes passos: definição do produto a ser adquirido; estabelecimento de critérios para avaliação das propostas; estabelecimento das obrigações de fornecedor e comprador; planejamento da avaliação e aceitação; desenvolvimento de planos de contingência.

Seus insumos são a **Especificação de alto nível** e o **Plano de aquisição**. Os resultados são os **Critérios de avaliação e aceitação**, o **Enunciado do trabalho**, a **Especificação dos requisitos**, o **Plano de contingência** e a **Solicitação de propostas**.

Identificação dos fornecedores em potencial

Essa tarefa identifica os fornecedores em potencial do software requerido por meio de solicitações de informação e visitas aos locais. Compreende os seguintes passos: coleta de informação sobre os potenciais fornecedores; revisão da informação sobre os potenciais fornecedores; revisão dos usos do software dos potenciais fornecedores.

Seus insumos são o **Enunciado do trabalho** e a **Solicitação de propostas**. Seu resultado é o **Relatório de revisão dos fornecedores**.

Preparação dos requisitos contratuais

Essa tarefa consiste na preparação de contrato detalhado para engajamento do fornecedor escolhido. Compreende os seguintes passos: determinação da qualidade requerida do trabalho; definição dos critérios para remuneração do fornecedor; definição de ações de contingência para o caso de problemas com o contratado; determinação das provisões do contrato; revisão legal do contrato.

Seus insumos são os **Critérios de avaliação e aceitação** e o **Relatório de revisão dos fornecedores**. Seus resultados são a versão inicial do **Contrato de fornecimento** e o **Relatório de revisão legal**.

Avaliação das propostas e seleção do fornecedor

Essa tarefa consiste na avaliação das propostas, visitas às instalações dos fornecedores, seleção de um fornecedor qualificado e negociação do contrato. Compreende os seguintes passos: avaliação das propostas; visitas aos fornecedores; seleção de um fornecedor qualificado; negociação do contrato.

Seus insumos são a versão inicial do **Contrato de fornecimento**, os **Critérios de avaliação e aceitação** e as **Propostas dos fornecedores**. Seu resultado é uma versão completa do **Contrato de fornecimento**.

Gestão do desempenho do fornecedor

Essa tarefa consiste na determinação do estado do trabalho e na avaliação da execução do processo, para garantir que o desempenho do fornecedor seja consistente com o contrato e os marcos sejam atingidos. Compreende os seguintes passos: avaliação das propostas; visitas aos fornecedores; seleção de um fornecedor qualificado; negociação do contrato.

Seus insumos são o **Contrato de fornecimento** e os **Critérios de avaliação e aceitação**. Seu resultado é o **Relatório de avaliação do fornecedor**.

Aceitação do produto

Essa tarefa consiste na execução dos testes de aceitação, com verificação da correção dos problemas e dos demais critérios de aceitação. Compreende os seguintes passos: revisão e atualização dos critérios de aceitação; execução da revisão e testes do produto; gestão do processo de testes; documentação do resultado dos testes.

Seus insumos são o **Contrato de fornecimento**, os **Critérios de avaliação e aceitação** e a **Especificação dos requisitos**. Seu resultado é o **Relatório dos testes de aceitação**.

Avaliação do processo e identificação de oportunidades de melhoria

Essa tarefa consiste na avaliação do quanto a solução atendeu às necessidades identificadas e aos requisitos de software e de como o processo de aquisição foi conduzido, sugerindo-se possíveis melhorias. Compreende os seguintes passos: avaliação das práticas do contrato; avaliação da qualidade do produto de software; avaliação do desempenho do fornecedor.

Seus insumos são o **Contrato de fornecimento**, os **Critérios de avaliação e aceitação** e o **Relatório dos testes de aceitação**. Seu resultado é o **Relatório de avaliação do contrato**.

4 GESTÃO DAS ALTERAÇÕES

4.1 Elementos do processo

4.1.1 Ciclo de vida

No processo *EPraxis*, a disciplina de **Gestão de alterações** acrescenta o processo subsidiário de **Manutenção**.

O processo de **Manutenção** aqui descrito é uma versão bastante simplificada do processo padrão de manutenção do IEEE ([IEEE06a]). Tipicamente, um processo implantado formalizará as atividades em nível maior ou menor de detalhe, dependendo das necessidades da organização.

4.1.2 Papéis

No processo de manutenção aqui descrito, os papéis mais importantes são os do **Gerente de produto** e do **Proprietário do item**, responsáveis pelas tarefas descritas a seguir. É também muito importante o papel do representante dos **Usuários**, a quem cabe encaminhar as solicitações e receber os resultados finais de cada operação.

Vários outros papéis ligados à gestão de configurações e à gestão de projetos participam das atividades, conforme requerido por cada tarefa.

4.2 Atividades

4.2.1 Manutenção

O processo de manutenção de software adotado no *EPraxis* compreende as atividades mostradas na Figura B.16. Os respectivos papéis e artefatos são mostrados nas Figuras B.17 e B.18. Esse processo é adaptado do processo padrão de manutenção do IEEE ([IEEE06a]).

Implementação do processo

Essa tarefa consiste no estabelecimento dos planos e procedimentos a serem executados durante a manutenção. Compreende os seguintes passos: desenvolvimento dos planos e procedimentos de manutenção; estabelecimento de procedimentos para solicitações de manutenção e relatórios de problema; implementação da gestão de configurações; possivelmente, desenvolvimento de um plano de gestão de configurações.

Apêndice B

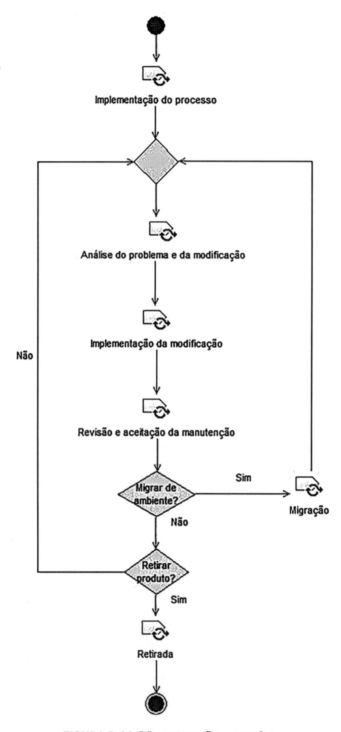

FIGURA B.16 Manutenção – tarefas.

O Processo EPraxis 467

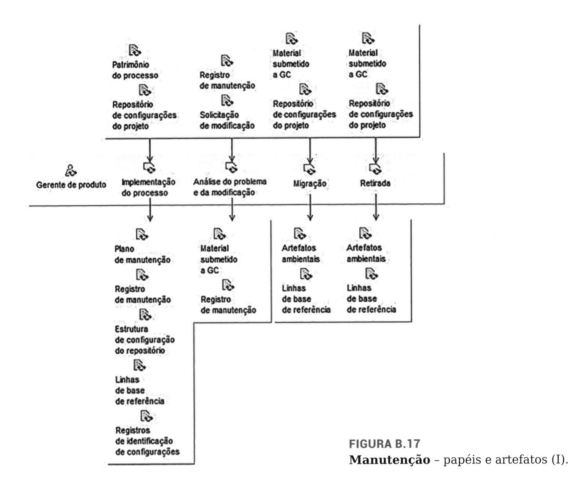

FIGURA B.17
Manutenção – papéis e artefatos (I).

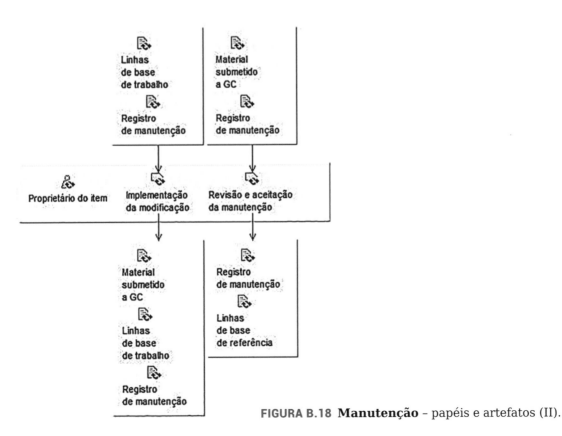

FIGURA B.18 Manutenção – papéis e artefatos (II).

Apêndice B

O principal papel é o do **Gerente de produto**, com o possível auxílio do **Administrador de configurações** e do **Proprietário do produto**. Os principais insumos são o **Patrimônio do processo** e o **Repositório de configurações do projeto**. São insumos opcionais os **Artefatos ambientais** e o **Material submetido a GC**. Os resultados são o **Plano de manutenção**, o **Registro de manutenção** aplicável, as **Linhas de base de referência**, a **Estrutura de configuração do repositório** e os **Registros de identificação de configurações** pertinentes.

Análise do problema e da modificação

Essa tarefa consiste na análise, replicação, verificação e desenvolvimento de opções para o problema, com documentação das opções e obtenção de autorização para as modificações. Compreende os seguintes passos: análise da solicitação de manutenção ou relatório de problema; replicação ou verificação do problema; desenvolvimento de opções para implementar a manutenção; documentação da solicitação, dos resultados da análise e das opções de implementação; aprovação das modificações selecionadas.

O principal papel é o do **Gerente de produto**, com o possível auxílio do **Proprietário do item**, do **Proprietário do produto** e do representante dos **Usuários**. Os principais insumos são o **Registro de manutenção** e a **Solicitação de modificação**. São insumos opcionais a **Documentação de suporte ao usuário**, o **Manual do usuário**, o **Plano de manutenção** e as **Linhas de base de referência**. Os resultados são o **Material submetido a GC** e o **Registro de manutenção** atualizado para o estado.

Implementação da modificação

Essa tarefa consiste no desenvolvimento de testes da modificação do produto. Compreende os seguintes passos: determinação dos itens a serem modificados; execução do processo de desenvolvimento da modificação; testes e avaliação das partes modificadas e não modificadas.

O principal papel é o do **Proprietário do item**, com o possível auxílio do **Administrador de configurações**, do **Arquiteto** e do **Proprietário do produto**. Os principais insumos são o **Registro de manutenção** e as **Linhas de base de trabalho**. São insumos opcionais os **Artefatos ambientais**, o **Plano de manutenção**, o **Registro de alterações** e os **Registros de identificação de configurações** pertinentes. Os resultados são as **Linhas de base de trabalho**, o **Material submetido a GC** e o **Registro de manutenção** atualizado para o estado.

Revisão e aceitação da manutenção

Essa tarefa consiste na verificação da correção da manutenção e de sua concordância com os padrões apropriados. Compreende os seguintes passos: revisão da manutenção; aprovação da manutenção.

O principal papel é o do **Proprietário do item**, com o possível auxílio do **Administrador de configurações**, da **Comissão de controle de configurações**, do **Gerente de produto**, do **Proprietário do produto** e do representante dos **Usuários**. Os principais insumos são o **Material submetido a GC** e o **Registro de manutenção**. São insumos opcionais os **Artefatos ambientais**, os **Recursos de teste de sistema de nível de produto**, o **Registro de testes de sistema** aplicável, os **Relatórios de teste de sistema** aplicáveis e o **Repositório de configurações do projeto**. Os resultados são as **Linhas de base de referência** e o **Registro de manutenção** atualizado para o estado.

Migração

Essa tarefa consiste na determinação das ações necessárias para executar o sistema em diferentes ambientes, seguida dos necessários desenvolvimento e documentação. Compreende os seguintes passos: identificação do material a ser migrado; desenvolvimento do plano de migração; notificação aos usuários sobre a intenção de migrar; implementação das operações e respectivo treinamento; notificação de realização; revisão pósoperação; arquivamento dos dados.

O principal papel é o do **Gerente de produto**, com o possível auxílio dos **Proprietários dos itens** envolvidos e do **Proprietário do produto**. Os principais insumos são o **Material submetido a GC** e o **Repositório de configurações do projeto**. São insumos opcionais os **Artefatos ambientais** e os **Registros de identificação de configurações** pertinentes. Os resultados são as **Linhas de base de referência** e os **Artefatos ambientais** atualizados.

Retirada

Essa tarefa consiste na retirada do produto ao fim de sua vida útil, após análise de custos e benefícios, com determinação das ações necessárias e dos produtos substitutos. Compreende os seguintes passos: planejamento da retirada; notificação aos usuários sobre a intenção de retirar; implementação de operações em paralelo, com respectivo treinamento; notificação de realização; arquivamento dos dados.

O principal papel é o do **Gerente de produto**, com o possível auxílio dos **Proprietários dos itens** envolvidos e do **Proprietário do produto**. Os principais insumos são o **Material submetido a GC** e o **Repositório de configurações do projeto**. São insumos opcionais os **Artefatos ambientais** e os **Registros de identificação de configurações** pertinentes. Os resultados são as **Linhas de base de referência** e os **Artefatos ambientais** atualizados.

5 ENGENHARIA DE PROCESSOS

5.1 Elementos do processo

5.1.1 Ciclo de vida

A disciplina de **Engenharia de processos** do processo *Praxis* tem sete atividades maiores (Figura B.19): **Gestão do patrimônio de processos**, **Alteração de processos**, **Desenvolvimento de processos**, **Gestão de tecnologia**, **Gestão do treinamento**, **Gestão de métricas** e **Inovação técnica**. As **atividades** usam as técnicas descritas no capítulo sobre **Engenharia de processos**. A **Inovação técnica** executa um dos processos subsidiários do *Praxis*.

De maneira geral, essas são atividades permanentes, periódicas ou acionadas por eventos, independentes de projetos de desenvolvimento. Elas são executadas enquanto a organização existir.

5.1.2 Papéis

Os papéis responsáveis por essas atividades já foram descritos na Seção 2: papéis permanentes, como o do **Engenheiro de processos** e o do **Gerente de processos**; papéis temporários, como o do **Especialista em tecnologia** e o do **Executor de solução**; e grupos,

Apêndice B

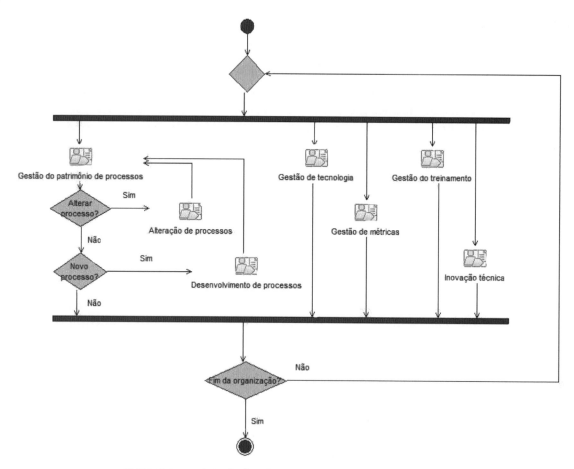

FIGURA B.19 Atividades de **Engenharia de processos**.

como o **Grupo de tecnologia**, o **Grupo de treinamento**, o **Grupo de aferição**, o **Grupo gestor da inovação**, a **Equipe de solução** e o **Grupo de suporte à implantação**.

Chama-se **Usuário de processo** ao papel temporário que descreve qualquer pessoa que utilize um processo. Tipicamente, é um desenvolvedor ou profissional de suporte.

5.2 Atividades

5.2.1 Gestão do patrimônio de processos

Como mostra a Figura B.20, essa atividade compreende as tarefas de **Gestão da biblioteca de processos**, **Suporte aos processos**, **Manutenção de processos** e **Aferição de processo**. O papel principal e os artefatos são mostrados na Figura B.21.

A **Gestão da biblioteca de processos** e o **Suporte aos processos** são atividades de execução contínua. A **Manutenção de processos** é executada sob demanda. A **Aferição de processo** é tipicamente executada de forma periódica, ou em ocasiões determinadas pelo planejamento estratégico da organização.

Gestão da biblioteca de processos

Essa tarefa visa a gerir o conteúdo da biblioteca de processos. Seus passos típicos compreendem: recepção de itens candidatos; triagem dos itens candidatos; adequação de formato dos itens; ações de gestão de configurações; divulgação do conteúdo da biblioteca; medição do uso da biblioteca; gestão dos direitos de acesso; manutenção da biblioteca.

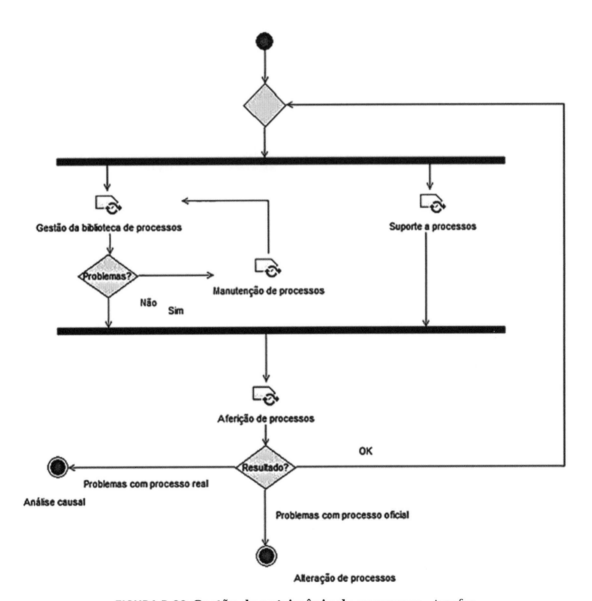

FIGURA B.20 Gestão do patrimônio de processos – tarefas.

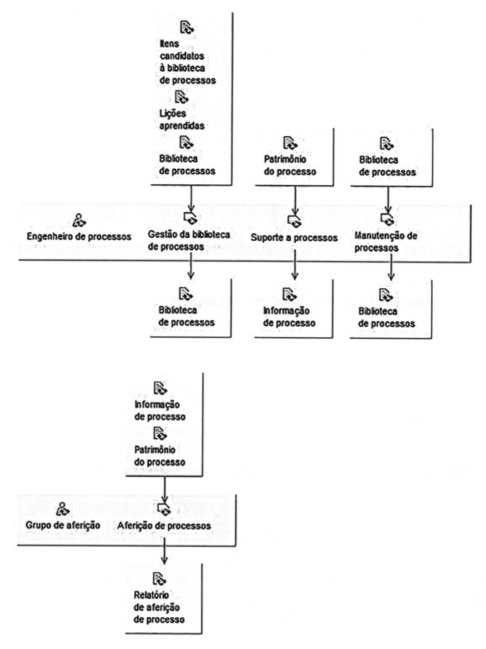

FIGURA B.21 Gestão do patrimônio de processos – papéis e artefatos.

O papel responsável é o do **Engenheiro de processos**. Os insumos são: a **Biblioteca de processos** existente, os **Itens candidatos à Biblioteca de processos**, geralmente submetidos pelos usuários dos processos, e as **Lições aprendidas**, coletadas dos processos executados. O principal resultado é uma versão atualizada da **Biblioteca de processos**.

Suporte aos processos

Essa tarefa visa ao suporte à utilização dos processos no dia a dia dos projetos, mantendo as equipes dos projetos e atividades de suporte de software informadas sobre o desenvolvimento e o aperfeiçoamento dos processos da organização. Seus passos típicos compreendem: colocação de informação sobre processos on-line; assessoria aos projetos sobre processos; orientação dos desenvolvedores sobre processos; realização de palestras sobre processos; realização de discussões informais sobre processos; realização de reuniões para intercâmbio de informação sobre processos.

O papel responsável é o do **Engenheiro de processos**. O insumo é o **Patrimônio do processo**. O resultado é a **Informação sobre processos**.

Manutenção de processos

Essa tarefa visa à manutenção corretiva dos processos padrão e dos processos personalizados, a partir de problemas identificados no uso dos processos. Seus passos típicos compreendem: identificação do problema; análise do problema; realização da alteração; revisão da alteração, se necessária; implantação da alteração; colocação do processo alterado em linha de base de referência.

O papel responsável é o do **Engenheiro de processos**. O insumo é a **Biblioteca de processos** existente. O principal resultado é a **Biblioteca de processos** atualizada.

Aferição de processo

Essa tarefa consiste na apreciação dos processos com o objetivo de avaliar seu *status* e propor melhorias, feita internamente à organização. Seus passos típicos compreendem: definição dos objetivos e escopo da aferição; definição dos questionários de aferição; planejamento da aferição; exame do patrimônio de processos; exame dos modelos de referência; comparação dos processos oficiais com os modelos de referência; realização de entrevistas com usuários dos processos; comparação dos processos reais com os processos oficiais; comparação dos processos reais com os modelos de referência; elaboração das conclusões da aferição; publicação e apresentação dos resultados da aferição.

A tarefa é executada pelo **Grupo de aferição**. Os principais insumos são: **Informação sobre processos** em geral, principalmente os modelos de referência, e o conjunto do **Patrimônio do processo**. São insumos opcionais os relatórios principais dos projetos, como o **Registro de auditoria da qualidade**, os **Registros das apreciações** e o **Relatório do projeto**. O resultado é um **Relatório de aferição de processo**.

5.2.2 Alteração de processos

Como mostra a Figura B.22, essa atividade compreende as tarefas de **Identificação de alteração de processo**, **Análise causal**, **Personalização de processo**, **Desenvolvimento de norma**, **Revisão técnica de processo**, **Teste piloto** e **Implantação da solução**. As duas últimas tarefas fazem parte de várias atividades, e são tratadas na atividade de **Inovação técnica**.

A **Alteração de processos** representa um miniprocesso acionado por um evento, que é a detecção de uma possível necessidade de alteração, durante a manutenção ou o suporte dos processos. O papel principal e os artefatos são mostrados na Figura B.23 (**Teste piloto** e **Implantação da solução** são apresentados posteriormente).

Identificação de alteração de processo

Essa tarefa consiste na identificação de necessidades de alteração de processos, por parte da equipe de processos ou dos usuários dos processos. Seus passos típicos

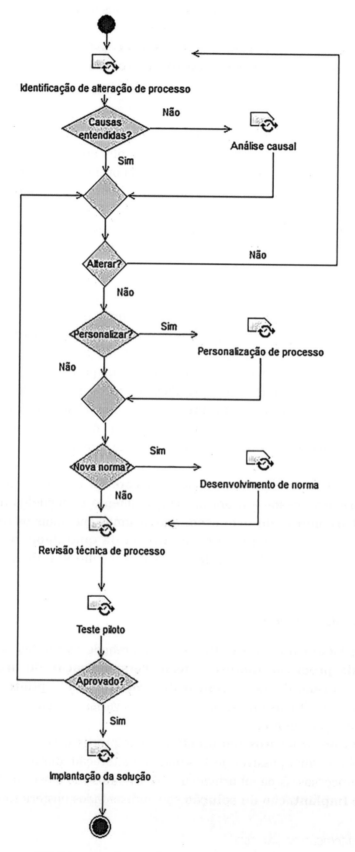

FIGURA B.22 Alteração de processos – tarefas.

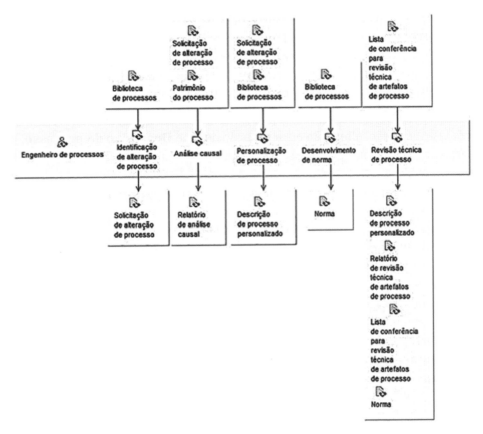

FIGURA B.23 **Alteração de processos** – papel e artefatos.

compreendem: análise dos relatórios finais dos projetos; análise dos relatórios das apreciações; análise de outros relatórios da organização; estudo de processos disponíveis utilizados externamente; estudo de pesquisas relevantes e tendências em processos; realização de achados em projetos.

O papel responsável é o do **Engenheiro de processos**, com a participação dos **Usuários de processos**. O principal insumo é a **Biblioteca de processos**. São insumos opcionais vários dados e relatórios coletados dos projetos e atividades permanentes que possam conter sugestões de alterações de processos ou descrições de problemas com processos; por exemplo, as **Lições aprendidas**, os **Registros de resolução de defeitos**, os **Registros de resolução de problemas**, os **Relatórios de auditoria da organização**, os **Relatórios de auditoria da qualidade**, os **Relatórios de avaliação de uso**, os **Relatórios do projeto**, os **Registros de apreciações** e os **Relatórios de revisões**. O resultado é uma **Solicitação de alteração de processo**.

Análise causal

Essa tarefa visa à determinação sistemática das causas de problemas encontrados, por meio de reuniões estruturadas. Seus passos típicos compreendem: definição do escopo da análise; coleta dos dados relevantes; convocação das reuniões de análise; categorização dos problemas; determinação das causas imediatas; determinação das causas subjacentes, até chegar às causas fundamentais; identificação de ações de prevenção; planejamento das ações de prevenção; implantação das ações de prevenção; registro e avaliação dos resultados das ações de prevenção.

O papel responsável é o do **Engenheiro de processos**, com a participação dos **Usuários de processo**. Os principais insumos são: o conjunto do **Patrimônio do processo** e uma **Solicitação de alteração de processo**. Os insumos opcionais são os mesmos da tarefa anterior. O resultado é um **Relatório de análise causal**.

Personalização de processo

Essa tarefa visa à criação, alteração ou adaptação de uma **Descrição de processo**, para um objetivo específico. Seus passos típicos compreendem: revisão da **Solicitação de alteração de processo**; revisão do **Relatório de análise causal**, se disponível; revisão dos processos disponíveis que têm relacionamento ou superposição com a personalização proposta; definição das áreas de aplicação da personalização proposta; definição da filosofia e da estratégia da personalização proposta; redação de uma versão preliminar da personalização proposta; comunicação, distribuição e revisão de uma versão preliminar da personalização proposta; análise dos comentários recebidos, com incorporação das sugestões aprovadas; nova revisão, caso a personalização proposta sofra alterações extensas; colocação do processo personalizado em linha de base de referência; publicação do processo personalizado.

O papel responsável é o do **Engenheiro de processos**, com a participação dos **Usuários de processo**. Os principais insumos são: a **Biblioteca de processos** existente e uma **Solicitação de alteração de processo**. Um insumo opcional é um **Relatório de análise causal**. O resultado é uma **Descrição de processo personalizado**.

Desenvolvimento de norma

Essa tarefa visa ao desenvolvimento de orientação normativa aplicável a um processo. Seus passos típicos compreendem: revisão das normas disponíveis que têm relacionamento ou superposição com a norma proposta; definição das áreas de aplicação da norma proposta; definição da filosofia e da estratégia da norma proposta; redação de uma versão preliminar da norma proposta; comunicação, distribuição e revisão de uma versão preliminar da norma proposta; análise dos comentários recebidos e incorporação das sugestões aprovadas; nova revisão, caso a norma proposta sofra alterações extensas; colocação da norma desenvolvida em linha de base de referência; publicação da norma desenvolvida.

O papel responsável é o do **Engenheiro de processos**, com a participação dos **Usuários de processo**. Os insumos são: a **Biblioteca de processos** e, opcionalmente, uma **Descrição de processo personalizado**. O resultado é uma **Norma** nova ou alterada.

Revisão técnica de processo

Essa tarefa consiste na **Revisão técnica** de artefatos de processos. A revisão deve verificar a conformidade com as **Regras de personalização** do *Praxis*. Seus passos típicos compreendem:

- Conferência do conteúdo;
- Conferência da organização;
- Conferência da qualidade do texto;
- Conferência da qualidade de apresentação;
- Fechamento do relatório de revisão técnica.

O papel responsável é o do **Engenheiro de processos**, com a participação de **Arquitetos**, **Usuários de processo** e, possivelmente, **Consultores** e **Documentadores técnicos**. Os insumos são: a **Lista de conferência para revisão técnica de artefatos**

de processo e, dependendo do material a revisar, uma **Descrição de processo personalizado** ou uma **Norma** nova ou alterada. Os resultados são versões revisadas e corrigidas da **Descrição de processo personalizado** ou **Norma**, além da **Lista de conferência para revisão técnica de artefatos de processo**, devidamente preenchida, e de um **Relatório de revisão técnica de artefatos de processo**.

5.2.3 Desenvolvimento de processos

Como mostra a Figura B.24, essa atividade compreende as tarefas de **Especificação de processo**, **Desenho de processo**, **Implementação de processo**, **Revisão técnica de processo**, **Teste piloto** e **Implantação da solução**. A **Revisão técnica de processo** foi tratada anteriormente. As duas últimas tarefas fazem parte de várias atividades, e são tratadas na atividade de **Inovação técnica** (Subseção 5.2.7).

Essa atividade representa um miniprocesso acionado por um evento, que é a identificação da necessidade de um novo processo, possivelmente durante a avaliação da necessidade de uma alteração de processo. O papel principal e os artefatos são mostrados na Figura B.25.

Especificação de processo

Essa tarefa consiste na especificação dos requisitos a que um processo deve satisfazer. Seus passos típicos compreendem: definição das restrições ao processo; definição das partes interessadas no processo; definição dos subprocessos requeridos no processo; definição das disciplinas requeridas no processo; definição das metas, riscos e variações das disciplinas requeridas; priorização dos requisitos, se necessária.

O papel responsável é o do **Engenheiro de processos**, com suporte do **Gerente de processos**. Não há insumos obrigatórios formalizados, mas a origem vem de alguma necessidade dos **Usuários do processo**. São insumos opcionais: a **Informação sobre processos** em geral e o **Patrimônio do processo** como um todo. O resultado é a **Visão de especificação** do processo.

Desenho de processo

Essa tarefa visa à determinação da arquitetura de um processo, estipulando suas grandes linhas, seus elementos componentes e os relacionamentos entre estes. Seus passos típicos compreendem: modelagem dos conceitos genéricos da plataforma do processo; definição dos conceitos específicos do processo; definição dos subprocessos e disciplinas; definição das fases e iterações, se aplicáveis; definição das atividades, tarefas e papéis; definição dos produtos de trabalho e seus tipos; definição das orientações e seus tipos.

O papel responsável é o do **Engenheiro de processos**. O principal insumo é a **Visão de especificação** do processo. Um insumo opcional é o **Patrimônio do processo** como um todo. Os resultados são: a **Visão de arquitetura** do processo e a estrutura da **Descrição do processo**.

Implementação de processo

Essa tarefa visa ao desenvolvimento do material constituinte de um processo. Seus passos típicos compreendem: desenvolvimento do texto dos elementos da **Descrição do processo**; desenvolvimento dos diagramas da **Descrição do processo**; desenvolvimento dos perfis do processo, se necessário; desenvolvimento do material de suporte do processo.

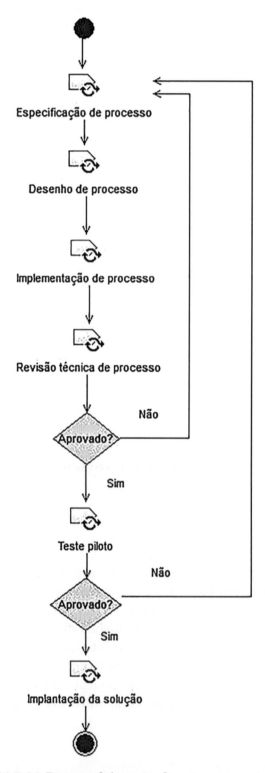

FIGURA B.24 Desenvolvimento de processos – tarefas.

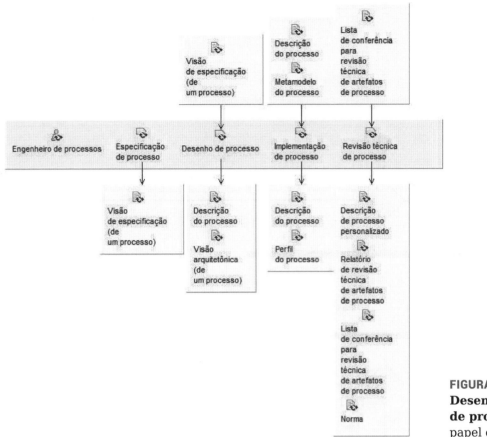

FIGURA B.25 Desenvolvimento de processos – papel e artefatos.

O papel responsável é o do **Engenheiro de processos**. Os principais insumos são: a **Descrição do processo** e o **Metamodelo do processo**. São insumos opcionais as **Lições aprendidas** registradas no **Patrimônio do processo**. Os resultados são: a **Descrição do processo** completa e, possivelmente, alterações no **Perfil do processo** usado na organização, ou até um novo perfil especializado.

5.2.4 Gestão de tecnologia

Como mostra a Figura B.26, essa atividade compreende as tarefas de **Gestão do ambiente tecnológico**, **Suporte de tecnologia**, **Personalização de recursos tecnológicos**, **Avaliação de recursos tecnológicos**, **Teste piloto** e **Implantação da solução**. As duas últimas tarefas fazem parte de várias atividades, e são tratadas na atividade de **Inovação técnica** (Subseção 5.2.7).

As duas primeiras tarefas são de execução permanente, enquanto a **Personalização de recursos tecnológicos** é disparada pela identificação dessa necessidade, e a **Avaliação de recursos tecnológicos**, pelo surgimento de uma oportunidade de aquisição de tecnologia, ou necessidade de nova tecnologia. Os papéis principais e os artefatos são mostrados na Figura B.27.

Gestão do ambiente tecnológico

Essa tarefa consiste na gestão do dia a dia do ambiente tecnológico de uma organização, formado pelo conjunto de seus componentes, plataformas, linguagens e ferramentas. Seus passos típicos compreendem: atualização de ferramentas, plataformas e

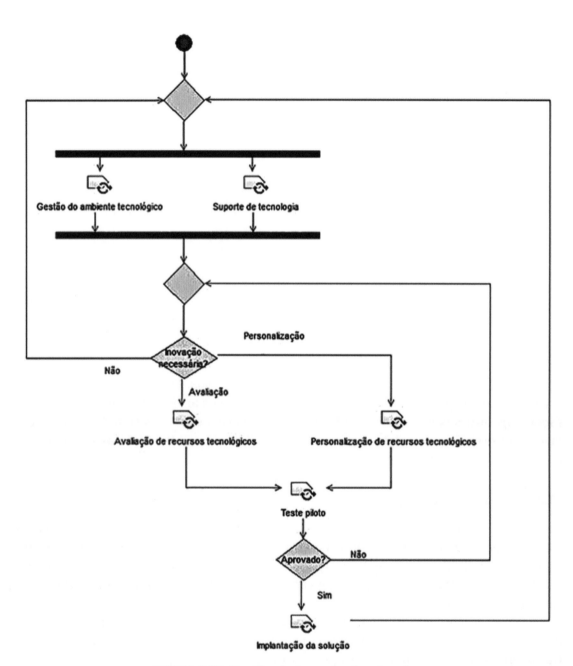

FIGURA B.26 Gestão de tecnologia – tarefas.

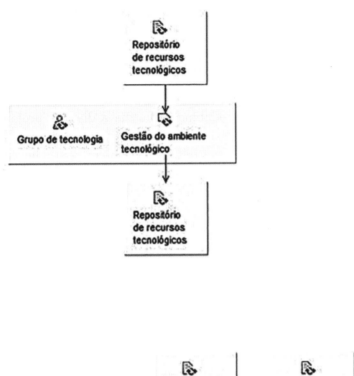
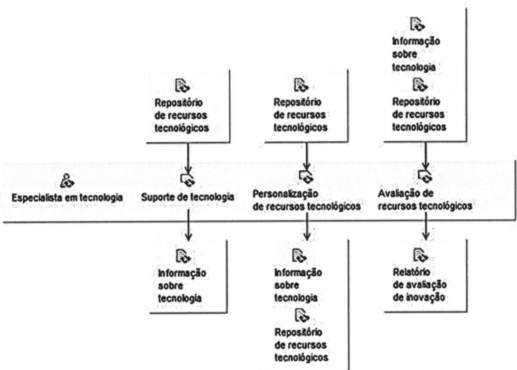

FIGURA B.27 Gestão de tecnologia – papéis e artefatos.

componentes; configuração de ferramentas, plataformas e componentes; processamento de sugestões sobre tecnologias; contato com provedores de manutenção e resolução de problemas de tecnologia; acompanhamento de tendências e novidades em tecnologia; divulgação de informação sobre tecnologias; medição e avaliação do uso de tecnologias; migração de recursos entre tecnologias.

A responsabilidade pela tarefa é do **Grupo de tecnologia**, com auxílio dos **Especialistas em tecnologia**, para cada tecnologia específica. O insumo é o **Repositório de recursos tecnológicos** existente, e o resultado é uma atualização do mesmo **Repositório de recursos tecnológicos**.

Suporte de tecnologia

Essa tarefa consiste no suporte à utilização de tecnologias no dia a dia dos projetos, mantendo-se as equipes dos projetos e atividades de suporte de software informadas sobre os recursos tecnológicos da organização. Seus passos típicos compreendem: colocação de informação sobre tecnologia on-line; assessoria aos projetos sobre recursos tecnológicos; orientação dos desenvolvedores sobre recursos tecnológicos; realização de palestras sobre tecnologia; realização de discussões informais sobre tecnologia; realização de reuniões para intercâmbios de informação sobre tecnologia.

O papel responsável é o do **Especialista em tecnologia**, possivelmente com suporte do **Grupo de tecnologia**. O insumo é o **Repositório de recursos tecnológicos** existente, e o resultado é a **Informação sobre tecnologia** necessária ou requisitada.

Personalização de recursos tecnológicos

Essa tarefa visa à personalização de recursos tecnológicos como ferramentas, plataforma e componentes para tarefas específicas dos processos da organização, usando recursos como *scripts* e regras. Seus passos típicos compreendem: definição dos objetivos da personalização; especificação dos requisitos da personalização; análise da personalização; desenho da personalização; implementação da personalização; teste da personalização; colocação da personalização em linha de base oficial; implantação da personalização; conversões de material, caso necessárias; divulgação e suporte da personalização; avaliação de uso da personalização.

O papel responsável é o do **Especialista em tecnologia**, com possível auxílio de **Arquitetos** e **Consultores**. O insumo é o **Repositório de recursos tecnológicos** existente. Os resultados são: uma alteração do **Repositório de recursos tecnológicos** com a inclusão dos recursos personalizados e a **Informação sobre tecnologia** relacionada com a personalização.

Avaliação de recursos tecnológicos

Essa tarefa visa à avaliação técnica e financeira de recursos tecnológicos que a organização pretenda adquirir. Seus passos típicos compreendem: determinação dos processos que poderão ser afetados pela inovação de tecnologia; estabelecimento de prioridades imediatas de melhoria de tecnologia; identificação de ambientes hospedeiros e alvos; coleta de informação sobre ferramentas, plataformas e componentes disponíveis; seleção das inovações mais promissoras; realização de experimentos com versões de avaliação das tecnologias candidatas; identificação de pontos positivos, limitações e problemas; avaliação dos esforços necessários para implantação; avaliação econômica e financeira; recomendação de teste piloto ou rejeição da inovação.

O papel responsável é o do **Especialista em tecnologia**, possivelmente com suporte do **Engenheiro de processos**. Os insumos são: a **Informação sobre tecnologia** pertinente, principalmente versões de avaliação das tecnologias candidatas, e o **Repositório de recursos tecnológicos** existentes. O resultado é um **Relatório de avaliação de inovação**.

5.2.5 Gestão do treinamento

Como mostra a Figura B.28, essa atividade compreende as tarefas de **Aferição das proficiências**, **Planejamento do treinamento** e **Execução do treinamento**.

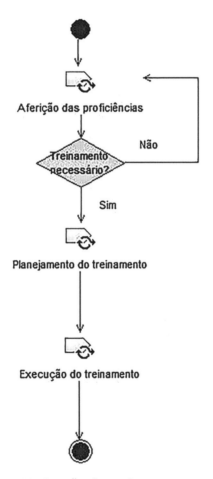

FIGURA B.28 Gestão do treinamento – tarefas.

Essa atividade é tipicamente executada com periodicidade determinada pela organização, embora possa ser acionada sob demanda, em casos especiais. Os papéis e artefatos são mostrados na Figura B.29.

Aferição das proficiências

Essa tarefa consiste na aferição do perfil atual de proficiências da equipe da organização, comparando-o com o perfil desejado de proficiências para os diferentes papéis da organização. Seus passos típicos compreendem: determinação dos métodos de aferição;

Apêndice B

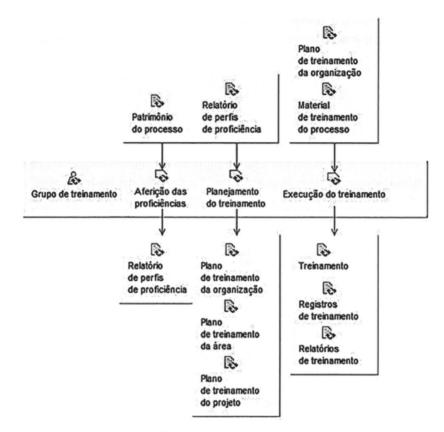

FIGURA B.29 **Gestão do treinamento** – papel e artefatos.

aplicação dos métodos de aferição; levantamento do perfil atual de proficiências; determinação do perfil desejado de proficiências; comparação entre os perfis atual e desejado; identificação das necessidades de treinamento das equipes.

A tarefa é de responsabilidade do **Grupo de treinamento**, possivelmente com o suporte de **Consultores** e **Gerentes de projeto**. O principal insumo, que determina as proficiências que devem ser avaliadas, é o **Patrimônio do processo**, com possível informação adicional retirada dos **Relatórios dos projetos**. O resultado é um **Relatório de perfis de proficiência**.

Planejamento do treinamento

Essa tarefa consiste na elaboração dos planos de treinamento da organização. Seus passos típicos compreendem: identificação das necessidades de treinamento específicas dos projetos; redação dos planos de treinamento dos projetos; identificação das necessidades de treinamento das áreas funcionais; consolidação dos planos de treinamento dos projetos nos planos de treinamento das áreas; elaboração de orçamento das propostas de treinamento dos projetos e das áreas; consolidação dos planos de treinamento das áreas no plano de treinamento da organização; elaboração dos planos de cursos, se necessários; elaboração dos planos dos módulos dos cursos, se necessários; avaliação e aprovação pelos projetos e áreas envolvidos; avaliação e aprovação pela diretoria, em caso de investimento significativo; colocação dos planos em linha de base oficial; publicação dos planos.

A tarefa é de responsabilidade do **Grupo de treinamento**, possivelmente com o suporte de **Consultores**, **Arquitetos**, **Gerente de processos** e **Gerentes de projeto**. O principal insumo é um **Relatório de perfis de proficiência**. São insumos opcionais:

as **Lições aprendidas**, versões anteriores do **Plano de treinamento da organização** e dos **Relatórios de treinamento**, e relatórios diversos, como **Relatórios de análise causal**, **Relatórios de auditoria da qualidade** e **Relatórios dos projetos**. O resultado é um **Plano de treinamento da organização**, juntamente com os **Planos de treinamento das áreas** e os **Planos de treinamento dos projetos**.

Execução do treinamento

Essa tarefa visa à efetiva realização do treinamento planejado, seguida de registro e avaliação. Seus passos típicos compreendem: preparação do material de treinamento, caso necessária; contratação de treinamento externo, caso necessário; preparação da infraestrutura de treinamento; realização do treinamento previsto; avaliação do treinamento pelos treinandos; avaliação do aproveitamento dos treinandos; avaliação quanto ao benefício do treinamento para a organização; registro dos treinamentos; elaboração dos relatórios dos treinamentos; avaliação periódica do programa de treinamento.

A tarefa é de responsabilidade do **Grupo de treinamento**, possivelmente com o suporte de **Consultores**. Os principais insumos são: o **Material de treinamento do processo** e o **Plano de treinamento da organização**. Os resultados são: o **Treinamento** ministrado, os **Registros de treinamento** e os **Relatórios de treinamento**.

5.2.6 Gestão de métricas

Como mostra a Figura B.30, essa atividade compreende as tarefas de **Planejamento das métricas**, **Coleta de dados**, **Gestão do repositório de medidas** e **Análise quantitativa dos processos**.

A **Coleta de dados** e a **Gestão do repositório de medidas** são de execução permanente; o **Planejamento das métricas** e a **Análise quantitativa dos processos** são executados com periodicidade determinada pela organização. O papel e os artefatos são mostrados na Figura B.31. Várias outras tarefas descritas acima podem ser acionadas para implantação das ações recomendadas pela **Análise quantitativa dos processos**, ou mesmo a atividade de **Inovação técnica** pode ser acionada.

Planejamento das métricas

Essa tarefa consiste no planejamento das atividades de medição dos dados relevantes da organização. Seus passos típicos compreendem: identificação das metas de negócio; identificação do que se quer conhecer ou aprender; identificação das submetas; identificação das entidades e atributos relacionados com as submetas; formalização das metas de medição e identificação das perguntas quantificáveis e respectivos indicadores; identificação dos dados que devem ser coletados; definição das medidas que serão usadas, de forma operacional; identificação das ações necessárias para implementar as métricas; fechamento do plano de métricas.

O papel responsável é o do **Engenheiro de processos**. O insumo é o conjunto do **Patrimônio do processo**. O resultado é um **Plano de métricas**.

Coleta de dados

Essa tarefa consiste no conjunto dos procedimentos de coleta de dados da organização. Seus passos típicos compreendem: localização e recuperação dos dados de interesse; verificação da consistência e de outros aspectos da qualidade dos dados; exclusão dos dados

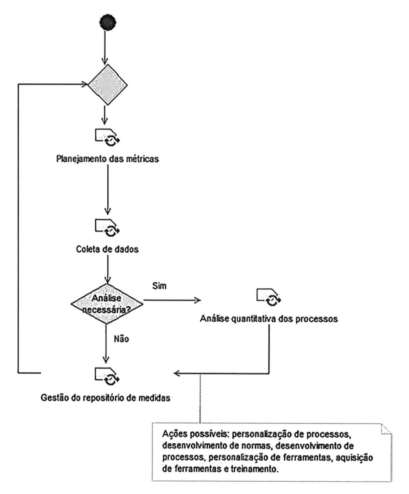

FIGURA B.30 **Gestão de métricas** – tarefas.

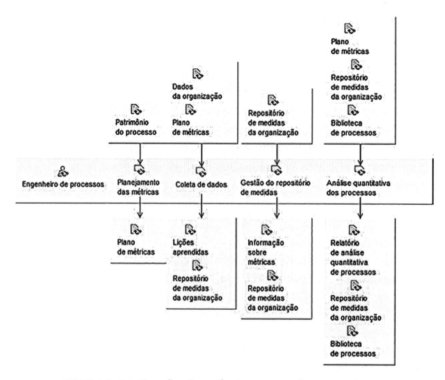

FIGURA B.31 **Gestão de métricas** – papéis e artefatos.

irrelevantes ou de má qualidade; normalização dos dados; inserção dos dados no **Repositório de medidas da organização**.

O papel responsável é o do **Engenheiro de processos**, com possível auxílio do **Gerente da qualidade** e dos **Gerentes de projeto**. Os principais insumos são: os **Dados da organização** e o **Plano de métricas**. Há várias fontes de insumos opcionais, dependendo das métricas a coletar, como: os **Registros de resolução de defeitos**, os **Registros de resolução de problemas**, os **Relatórios de análise causal**, os **Relatórios de auditoria da organização**, os **Relatórios de auditoria da qualidade**, os **Relatórios dos projetos** e os **Relatórios de treinamento**. Os resultados quantitativos vão para o **Repositório de medidas da organização**; resultados qualitativos são registrados nas **Lições aprendidas**.

Gestão do repositório de medidas

Essa tarefa visa à gestão do repositório de medidas da organização. Seus passos típicos compreendem: recepção dos dados; inserção dos dados; gestão dos direitos de acesso; manutenção do repositório; divulgação do conteúdo do repositório.

O papel responsável é o do **Engenheiro de processos**. O insumo principal é o **Repositório de medidas da organização**, tal como existente. Um insumo opcional é o **Plano de métricas**. O resultado é uma atualização do **Repositório de medidas da organização**, junto com a emissão de **Informação sobre métricas**.

Análise quantitativa dos processos

Essa tarefa consiste no uso de ferramentas analíticas para aferir a estabilidade, o desempenho e a capacidade dos processos da organização. Seus passos típicos compreendem: seleção dos subprocessos a analisar; separação entre sinais e ruído; avaliação da estabilidade dos subprocessos selecionados; determinação das linhas de base de desempenho dos subprocessos selecionados; análise dos resultados das análises causais, se disponíveis; determinação dos modelos de desempenho dos subprocessos selecionados; seleção das ações de melhoria dos subprocessos selecionados; implantação das ações imediatas de melhoria dos subprocessos selecionados; monitoração dos subprocessos alterados; registro dos dados dos subprocessos alterados no **Repositório de medidas da organização**; aplicação dos resultados da análise.

O papel responsável é o do **Engenheiro de processos**, com o possível auxílio dos **Gerentes de projeto**. Os insumos são: a **Biblioteca de processos**, o **Plano de métricas** e o **Repositório de medidas da organização**. São insumos opcionais os **Relatórios de análise causal**. Os resultados são: um **Relatório de análise quantitativa de processos** e, possivelmente, atualizações do **Repositório de medidas da organização** e de partes da **Biblioteca de processos** que refletirão ações imediatas de melhoria.

5.2.7 Inovação técnica

Fases

O processo de **Inovação técnica** compreende as seguintes fases (Figura B.32), conforme o modelo IDEAL [McFeeley96]:

- **Início;**
- **Diagnóstico;**

- **Estabelecimento;**
- **Ação;**
- **Lições.**

No processo de **Inovação técnica** do *Praxis*, as fases são modeladas por atividades de segundo nível. Cada uma dessas se compõe de várias tarefas. Após a fase de **Início**, a **Diretoria** deve decidir se continua a execução do projeto de inovação. Os papéis participantes dessas tarefas foram discutidos na Subseção 2.7 do capítulo sobre **Engenharia de processos**.

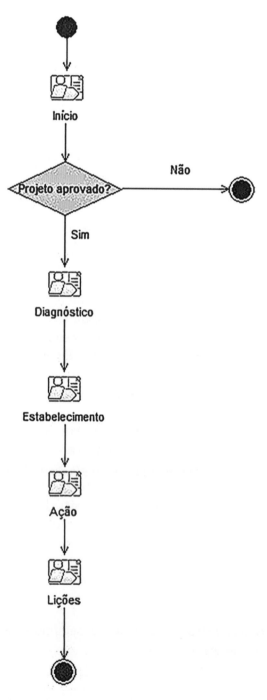

FIGURA B.32 Fases do processo de **Inovação técnica**.

Início

Visão geral

A fase de **Início** compreende as tarefas necessárias para iniciar um projeto de inovação (Figura B.33). A decisão de continuar com a fase de **Início** deve ser tomada pela **Diretoria**, após a **Proposição do projeto de inovação**. Em caso positivo, o projeto é definido (**Definição do projeto de inovação**), planejado (**Planejamento do projeto de inovação**), e a infraestrutura necessária é montada (**Montagem da infraestrutura do projeto de inovação**).

A primeira tarefa é de responsabilidade do **Gerente de processos**. Se a continuação da fase for aprovada, é formado o **Grupo gestor da inovação**, que conduz as demais tarefas (Figura B.34).

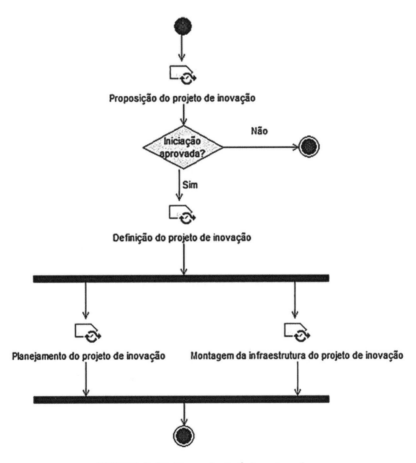

FIGURA B.33 Fase de **Início** – tarefas.

Proposição do projeto de inovação

Essa tarefa consiste na elaboração de uma proposta de projeto de inovação técnica. Compreende os seguintes passos: justificar a necessidade e a oportunidade do projeto de inovação; propor metas de projeto alinhadas com a estratégia da organização; identificar o escopo e as consequências do projeto de inovação; estimar os recursos e os prazos necessários para o restante da fase de **Início**; planejar o restante da fase de **Início**.

Apêndice B

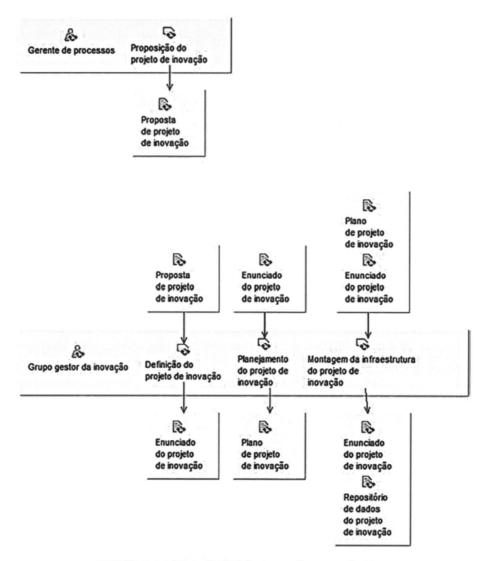

FIGURA B.34 Fase de **Início** – papéis e artefatos.

O principal papel é o do **Gerente de processos**, com possível auxílio de **Engenheiros de processos**, do **Grupo de tecnologia** e do **Grupo de treinamento**. Não há insumos obrigatórios, mas podem ser usados: a **Informação sobre processos**, a **Informação sobre tecnologia** e as **Lições aprendidas** disponíveis, e relatórios de outras atividades da disciplina, como **Relatórios de análise causal**, **Relatórios de análise quantitativa de processos**, **Relatórios de avaliação de inovação** e **Relatórios de treinamento**. Seu resultado é uma **Proposta de projeto de inovação**.

Definição do projeto de inovação

Essa tarefa visa à confecção de um enunciado do projeto de inovação, que definirá as necessidades atendidas, os benefícios esperados e as abordagens adotadas. Compreende os seguintes passos: detalhamento do escopo do projeto; identificação das partes interessadas; detalhamento das necessidades a serem atendidas; identificação de restrições aplicáveis; identificação das métricas aplicáveis; identificação dos benefícios esperados; detalhamento das justificativas do projeto; definição das hipóteses de trabalho; identificação das fontes de resistência; definição preliminar das abordagens.

O principal papel é o do **Grupo gestor da inovação**, com o possível auxílio de **Engenheiros de processos**. O principal insumo é a **Proposta de projeto de inovação**. São insumos opcionais: **Informação sobre métricas**, **Informação sobre processos**, **Informação sobre tecnologia**, **Lições aprendidas**, **Relatórios de análise causal** e **Relatórios de perfis de proficiência**. Seu resultado é um **Enunciado do projeto de inovação**.

Planejamento do projeto de inovação

Essa tarefa visa à elaboração do **Plano de projeto de inovação**. Compreende os seguintes passos: definição das metas do projeto; definição dos métodos a serem usados; levantamento dos recursos necessários; levantamento das competências necessárias; levantamento das necessidades de treinamento; levantamento das necessidades de consultoria; definição das ações de comunicação; estimativa dos custos; estimativa do cronograma; análise dos riscos; planejamento detalhado da fase de **Diagnóstico**.

O principal papel é o do **Grupo gestor da inovação**, com o possível auxílio de **Engenheiros de processos**, do **Grupo de tecnologia** e do **Grupo de treinamento**. O principal insumo é o **Enunciado do projeto de inovação**. São insumos opcionais: os **Dados da organização**, o **Plano de treinamento da organização** e o **Repositório de recursos tecnológicos**. Seu resultado é um **Plano de projeto de inovação**.

Montagem da infraestrutura do projeto de inovação

Essa tarefa visa à alocação e à organização dos recursos de infraestrutura do projeto de inovação. Compreende os seguintes passos: desenho do repositório de dados do projeto; implementação do repositório de dados do projeto; povoamento do repositório de dados do projeto; definição das funções de suporte ao projeto; designação dos responsáveis pelas funções do projeto; treinamento dos responsáveis pelas funções do projeto, se necessário.

O principal papel é o do **Grupo gestor da inovação**, possivelmente auxiliado pelo **Gerente de processos**. Os principais insumos são: o **Enunciado do projeto de inovação** e o **Plano de projeto de inovação**. Seus resultados são: o **Enunciado do projeto de inovação**, atualizado com a designação dos responsáveis, e o estado inicial do **Repositório de dados do projeto de inovação**.

Diagnóstico

Visão geral

Nesta fase, caracterizam-se os estados atual e desejado da organização, e, em função disso, são elaboradas recomendações. A fase tem uma atividade de terceiro nível e duas tarefas (Figura B.35). Inicialmente, a atividade **Caracterização do estado atual** pode invocar um conjunto de outras tarefas de diagnóstico da disciplina (Figura B.36), cujos resultados são sintetizados pela tarefa **Avaliação do estado atual**. Seguem-se as tarefas de **Caracterização do estado desejado** e **Desenvolvimento das recomendações**.

A Figura B.37 mostra o papel e os artefatos da **Avaliação do estado atual**; os papéis e os artefatos das demais tarefas da **Caracterização do estado atual** foram mostrados nas subseções das respectivas atividades normais. A Figura B.38 mostra o papel e os artefatos das tarefas restantes.

FIGURA B.35 Atividade de terceiro nível e tarefas da fase de **Diagnóstico**.

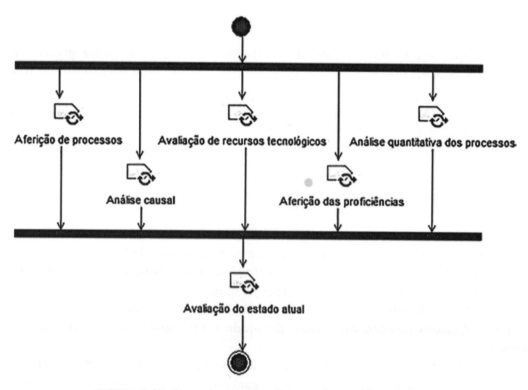

FIGURA B.36 Caracterização do estado atual – tarefas.

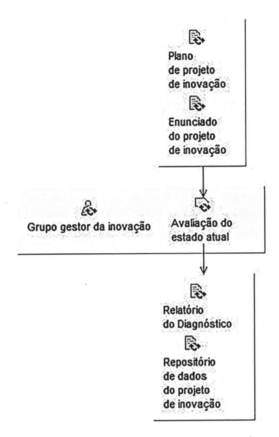

FIGURA B.37 **Avaliação do estado atual** – papel e artefatos.

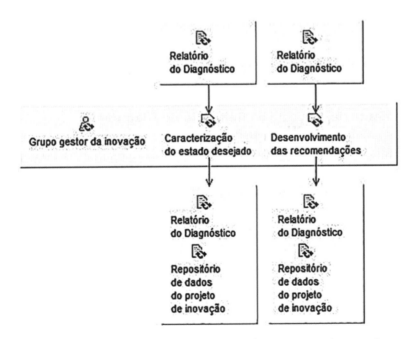

FIGURA B.38 Restante da fase de **Diagnóstico** – papel e artefatos.

Apêndice B

Avaliação do estado atual

Essa tarefa consiste na consolidação dos resultados dos diversos tipos de aferições e avaliações efetuadas durante a caracterização do estado atual. Compreende os seguintes passos: consolidação das aferições e avaliações das áreas; realização de reuniões e entrevistas adicionais, caso necessárias; pesquisa de outras fontes de informação, caso necessária; identificação dos pontos fortes e fracos; elaboração de resumo da situação atual.

O principal papel é o do **Grupo gestor da inovação**. Os principais insumos são: o **Enunciado do projeto de inovação** e o **Plano de projeto de inovação**. São insumos opcionais, dependendo das tarefas realizadas, o **Relatório de análise causal**, o **Relatório de análise quantitativa de processos**, os **Relatórios de avaliação de inovação**, o **Relatório de perfis de proficiência** e os **Relatórios de treinamento**. Os resultados são: a parte de caracterização do estado atual do **Relatório do Diagnóstico** e, possivelmente, novos dados para **Repositório de dados do projeto de inovação**.

Caracterização do estado desejado

Essa tarefa consiste na descrição do estado que se pretende atingir com o projeto de inovação. Compreende os seguintes passos: definição de como os pontos fracos devem ser tratados; definição de como os pontos fortes devem ser consolidados; definição das metas quantitativas, onde aplicáveis; identificação das restrições ao estado desejado.

O principal papel é o do **Grupo gestor da inovação**. O principal insumo é a parte já produzida do **Relatório do Diagnóstico**; são insumos opcionais o **Enunciado do projeto de inovação**, o **Plano de projeto de inovação**, os **Relatórios de análise causal**, o **Relatório de análise quantitativa de processos**, os **Relatórios de avaliação de inovação**, o **Relatório de perfis de proficiência**, os **Relatórios de treinamento** e o **Repositório de dados do projeto de inovação** existente. Os resultados são: a parte de caracterização do estado desejado do **Relatório do Diagnóstico** e, possivelmente, novos dados para **Repositório de dados do projeto de inovação**.

Desenvolvimento das recomendações

Essa tarefa consiste no desenvolvimento das recomendações que se espera levem do estado atual ao estado desejado. Compreende os seguintes passos: identificação das oportunidades de melhoria; definição das possíveis ações de melhoria; planejamento detalhado do **Estabelecimento**; fechamento do **Relatório de Diagnóstico**.

O principal papel é o do **Grupo gestor da inovação**. O principal insumo é a parte já produzida do **Relatório do Diagnóstico**; são insumos opcionais as **Lições aprendidas** e o **Repositório de dados do projeto de inovação** existente. Os resultados são: a parte de recomendações do **Relatório do Diagnóstico** e, possivelmente, novos dados para **Repositório de dados do projeto de inovação**.

Estabelecimento

Visão geral

Nesta fase, são definidas as prioridades (**Atribuição de prioridades**), escolhidas as abordagens a serem utilizadas (**Desenvolvimento da abordagem**) e planejadas as ações a executar (**Planejamento das ações**). Essas tarefas são mostradas na Figura B.39.

O papel principal em todas as tarefas continua sendo o do **Grupo gestor da inovação**. Os artefatos consumidos e produzidos pelas tarefas são mostrados na Figura B.40.

O Processo EPraxis

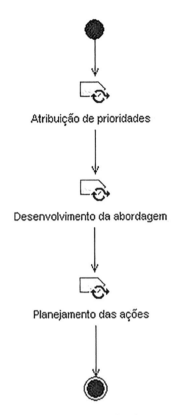

FIGURA B.39 Fase de **Estabelecimento** – tarefas.

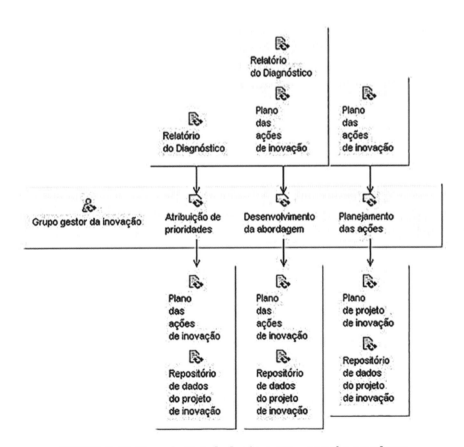

FIGURA B.40 Fase de **Estabelecimento** – papel e artefatos.

Apêndice B

Atribuição de prioridades

Essa tarefa consiste na atribuição de prioridades às recomendações feitas durante o **Diagnóstico**. Compreende os seguintes passos: determinação das prioridades da organização; determinação dos recursos disponíveis; revisão das metas do projeto; revisão dos projetos anteriores de inovação, caso existentes; possivelmente, análise de **QFD**; priorização das recomendações.

O principal papel é o do **Grupo gestor da inovação**, com o possível auxílio do **Gerente de processos** e dos **Gerentes executivos**. O insumo principal é o **Relatório do Diagnóstico**. São insumos opcionais: o **Enunciado do projeto de inovação** e os dados já colocados no **Repositório de dados do projeto de inovação**. Os resultados são a parte de prioridades do **Plano das ações de inovação** e a atualização do **Repositório de dados do projeto de inovação**.

Desenvolvimento da abordagem

Essa tarefa consiste na definição dos métodos, procedimentos, processos e orientações a serem usados nas ações planejadas. Compreende os seguintes passos: revisão dos processos aplicáveis; revisão das tecnologias aplicáveis; revisão dos treinamentos aplicáveis; revisão das políticas aplicáveis; revisão das orientações aplicáveis; identificação das ações; priorização das ações.

O principal papel é o do **Grupo gestor da inovação**, com possível suporte de **Engenheiros de processos**. Os insumos são: a parte já feita do **Plano das ações de inovação** e o **Relatório do Diagnóstico**. Contribuições podem vir de vários insumos opcionais, como a **Biblioteca de processos, Informação sobre processos** e **Informação sobre tecnologia** disponíveis, os **Planos de treinamento da organização**, os **Relatórios de análise causal**, os **Relatórios de análise quantitativa de processos** e os dados disponíveis no **Repositório de dados do projeto de inovação**. Os resultados são: a parte de abordagens do **Plano das ações de inovação** e a atualização do **Repositório de dados do projeto de inovação**.

Planejamento das ações

Essa tarefa consiste na definição dos projetos de ação, com os respectivos responsáveis, recursos, custos, prazos e riscos. Compreende os seguintes passos: definição dos projetos de ação; designação dos responsáveis pelos projetos de ação; atribuição de recursos aos projetos de ação; designação das equipes dos projetos de ação; estimativa dos esforços e custos dos projetos de ação; análise dos riscos dos projetos de ação; definição de incentivos e compensações; definição do cronograma dos projetos de ação.

O principal papel é o do **Grupo gestor da inovação**, com possível suporte do **Gerente de processos**. O insumo principal é a parte já feita do **Plano das ações de inovação**. Contribuições podem vir de insumos opcionais, como as **Lições aprendidas**, o **Repositório de medidas da organização** e os dados disponíveis no **Repositório de dados do projeto de inovação.** Os resultados são: as partes de responsáveis, equipes, recursos, custos, prazos, riscos, incentivos e compensações do **Plano das ações de inovação** e a atualização do **Repositório de dados do projeto de inovação**.

Ação

Visão geral

Na fase de **Ação**, executa-se um conjunto de um ou mais projetos de ação (Figura B.41). Cada projeto se inicia pelo **Desenvolvimento da solução**, que pode ser uma combinação de muitas atividades e tarefas já apresentadas em subseções anteriores, além das novas tarefas de **Aquisição de solução externa** e **Desenvolvimento de solução alternativa** (Figuras B.42 e B.43).

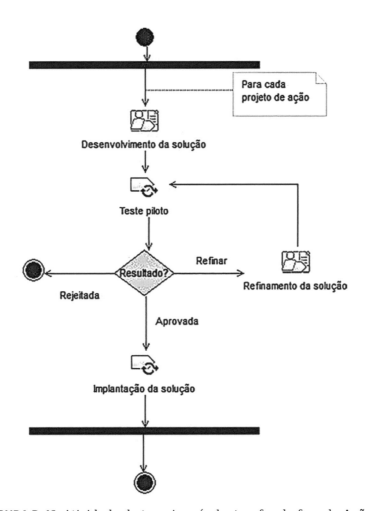

FIGURA B.41 Atividade de terceiro nível e tarefas da fase de **Ação**.

Seguem-se a tarefa de **Teste piloto**, que leva a uma dentre três decisões: rejeitar a solução, cancelando esse particular projeto de ação; refinar a solução, executando novamente esse projeto de ação; e a atividade de **Refinamento da solução**, que é uma nova iteração do **Desenvolvimento da solução**; ou aprová-la definitivamente, passando à **Implantação da solução**. O papel e os artefatos dessas últimas tarefas são mostrados na Figura B.44.

Apêndice B

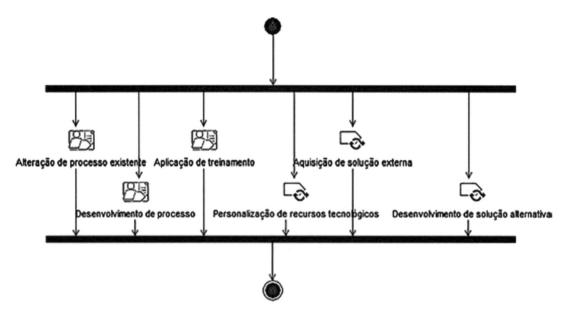

FIGURA B.42 **Desenvolvimento da solução** – tarefas.

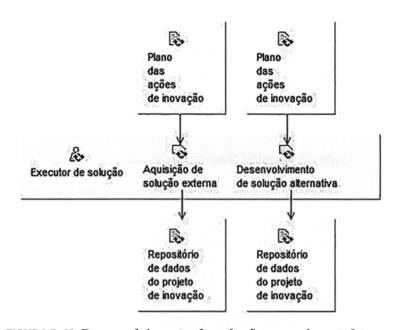

FIGURA B.43 **Desenvolvimento da solução** – papel e artefatos.

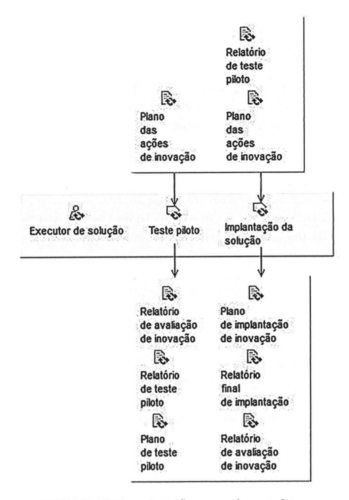

FIGURA B.44 Fase de **Ação** – papel e artefatos.

Aquisição de solução externa

Essa tarefa consiste na aquisição de solução de qualquer espécie, provida por fornecedores externos. Compreende os seguintes passos: identificação de solução externa; seleção de solução externa; instalação de solução externa.

O principal papel é o do **Executor de solução**. O insumo obrigatório é o **Plano das ações de inovação**; opcionalmente, usam-se os dados existentes no **Repositório de dados do projeto de inovação**. O resultado é a atualização do **Repositório de dados do projeto de inovação**.

Desenvolvimento de solução alternativa

Essa tarefa consiste no desenvolvimento de solução alternativa, não contemplada em outras tarefas da disciplina. Compreende os seguintes passos: execução de solução alternativa; detalhamento de solução alternativa; registro dos resultados de solução alternativa.

O principal papel é o do **Executor de solução**. O insumo obrigatório é o **Plano das ações de inovação**; opcionalmente, usam-se os dados existentes no **Repositório de dados do projeto de inovação**. O resultado é a atualização do **Repositório de dados do projeto de inovação**.

Apêndice B

Teste piloto

Essa tarefa consiste em uma aplicação que avalia na prática os resultados de uma solução implementada por um projeto de ação. Compreende os seguintes passos: definição dos objetivos do **Teste piloto**; definição dos critérios de avaliação dos resultados do teste; definição dos participantes do **Teste piloto**; planejamento das atividades do **Teste piloto**; instalação da solução a testar no ambiente de teste; realização de experimentos com a solução a testar; preenchimento dos relatórios de avaliação de inovação; aplicação dos critérios de avaliação; determinação do grau de sucesso da solução; elaboração das recomendações; relato das atividades executadas.

O principal papel é o do **Executor de solução**, com a possível participação de uma **Equipe de solução**. O insumo principal é o **Plano das ações de inovação**. São insumos opcionais: o **Plano de projeto de inovação**, além de **Informação sobre métricas, Informação sobre processos** e **Informação sobre tecnologia** disponíveis e pertinentes. Os resultados são, em ordem de produção: o **Plano de teste piloto**, um **Relatório de avaliação de inovação** e o **Relatório de teste piloto**.

Implantação da solução

Essa tarefa consiste na implantação de uma solução de inovação de técnica aprovada nos testes piloto, nos projetos e áreas aplicáveis da organização. Compreende os seguintes passos: designação dos responsáveis pelas atividades de implantação; elaboração dos cronogramas técnico, gerencial e financeiro; definição dos pontos-chaves de transição da inovação dentro das atividades e projetos correntes; definição de soluções provisórias consistentes para os problemas de transição da inovação; estabelecimento de um **Grupo de suporte à implantação**; introdução da inovação em áreas e projetos específicos; realização das necessárias conversões; fornecimento do treinamento e do suporte necessários para utilizar a inovação; produção contínua dos **Relatórios de avaliação de inovação**; produção de um **Relatório final de implantação**.

O principal papel é o do **Executor de solução**, com a participação de um **Grupo de suporte à implantação**. Os insumos principais são: o **Plano das ações de inovação** e o **Relatório de teste piloto**. São insumos opcionais: os **Relatórios de análise causal**, a **Informação sobre métricas**, a **Informação sobre processos** e a **Informação sobre tecnologia** disponíveis e pertinentes, além dos dados existentes no **Repositório de dados do projeto de inovação**. Os resultados são, em ordem de produção: o **Plano de implantação de inovação**, possíveis novos **Relatórios de avaliação de inovação** e o **Relatório final de implantação**.

Lições

Visão geral

Nesta fase, a inovação entra em uso normal, sendo coletadas as lições respectivas, para uso em próximos ciclos de inovação. Durante um período inicial de uso, executa-se a **Análise e validação da inovação**. Uma vez terminado esse período, faz-se o **Fechamento da inovação**. Essas tarefas são mostradas na Figura B.45.

O **Grupo gestor da inovação** continua a conduzir esta fase, produzindo-se os artefatos mostrados na Figura B.46.

O Processo EPraxis

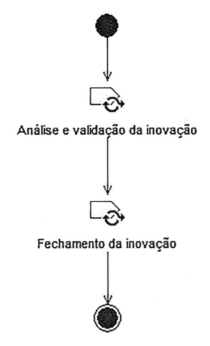

FIGURA B.45 Fase de **Lições** – tarefas.

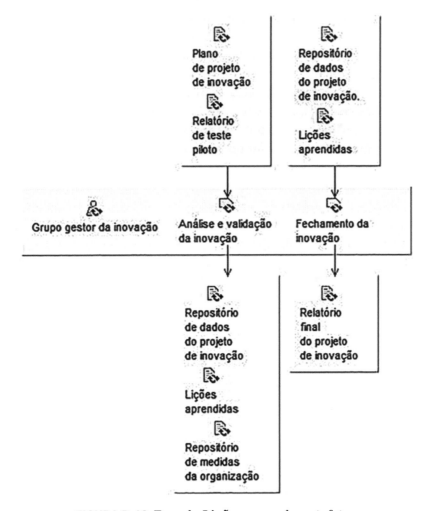

FIGURA B.46 Fase de **Lições** – papel e artefatos.

Apêndice B

Análise e validação da inovação

Essa tarefa consiste no acompanhamento das atividades e dos projetos afetados pela inovação, com coleta de dados e registro e análise das lições aprendidas. Compreende os seguintes passos: coleta de dados de atividades e projetos afetados; registro das lições aprendidas; análise das lições aprendidas; possivelmente, realização de reuniões de retrospectiva; revisão das abordagens usadas; revisão do grau e da forma de participação dos papéis e grupos; revisão do próprio processo de inovação técnica; possivelmente, preenchimento dos **Relatórios de avaliação de inovação**.

O principal papel é o do **Grupo gestor da inovação**, com a possível ajuda do **Gerente de processos**. Os insumos principais são: o **Plano de projeto de inovação** e o **Relatório de teste piloto**. São insumos opcionais: as **Lições aprendidas** disponíveis e pertinentes, além dos dados existentes no **Repositório de dados do projeto de inovação** e no **Repositório de medidas da organização**. Os resultados são atualizações das **Lições aprendidas**, do **Repositório de dados do projeto de inovação** e do **Repositório de medidas da organização**.

Fechamento da inovação

Essa tarefa consiste na elaboração do **Relatório final do projeto de inovação**, que contém lições aprendidas e métricas, os resultados das análises das abordagens, da participação e do processo de inovação e propostas de ações futuras. Compreende os seguintes passos: elaboração de resumo das lições aprendidas; elaboração de resumo das métricas coletadas; elaboração dos resultados das análises; proposição de ações futuras; publicação do **Relatório final do projeto de inovação**; apresentação do **Relatório final do projeto de inovação**; tomada de decisões sobre projetos futuros.

O principal papel é o do **Grupo gestor da inovação**, com a possível ajuda do **Gerente de processos**. Os insumos principais são: as **Lições aprendidas** na tarefa anterior e os dados coletados no **Repositório de dados do projeto de inovação**. São insumos opcionais: os **Relatórios de avaliação de inovação** produzidos no projeto de inovação, além dos dados coletados no **Repositório de medidas da organização**. O resultado é o **Relatório final do projeto de inovação**.

Glossário

Este glossário procura, sempre que possível, ser coerente com as definições contidas nos padrões do IEEE [IEEE03], PMBoK [PMI17], CMMI [CMMI06], UML [Rumbaugh+05, OMG05], P-CMM [Curtis≦01] e SPEM [OMG08]. Diferenças, quando introduzidas, destinam-se à compatibilização entre esses padrões, adaptações em relação ao processo Praxis ou simplificações de natureza didática. As definições com a indicação "Praxis" são definições incorporadas ao processo Praxis, sem que estejam explícitas em alguma das fontes acima; geralmente são tiradas de livros especializados no respectivo assunto, ou de dicionários de uso geral.

TERMO	VERSÃO EM INGLÊS	DEFINIÇÃO
Abstrato	*Abstract*	(UML) Classificador que não pode ser instanciado.
Ação	*Action*	(UML) Nodo de atividade primitivo, cuja execução resulta em uma mudança de estado do sistema ou devolução de um valor. Cf. **atividade**, **nodo de atividade**.
Achado	*Finding*	(Praxis) Descoberta realizada como efeito colateral de uma atividade.
Aferição	*Assessment*	(CMMI) Uma apreciação que uma organização faz internamente com o objetivo de melhoria dos processos. Cf. **apreciação**.
Agregação	*Aggregation*	(UML) Associação que reflete a construção física ou a posse lógica. Cf. **associação**, **composição**.
Anomalia	*Anomaly*	(IEEE) Qualquer coisa observada na documentação ou operação de um produto de software que se desvie de expectativas baseadas em outros produtos já verificados, ou em materiais de referência. Cf. **defeito**.
Apreciação	*Appraisal*	(Praxis) Reconhecimento do valor de um item, isto é, do grau de perfeição dele em relação a um fim determinado.
Apreciação (de processo)	*(Process) Appraisal*	(CMMI) Um exame de um ou mais processos por uma equipe treinada de profissionais, usando um modelo de referência de apreciação como base para determinar, pelo menos, seus pontos fortes e fracos. Cf. **avaliação de capacidade**.
Área de processo	*Process area*	(CMMI) Agrupamento de práticas relacionadas a uma área que, quando executadas coletivamente, satisfazem a um conjunto de metas considerado importante para a realização de melhorias significativas nessa área.
Arquitetura	*Architecture*	(IEEE) A organização fundamental de um sistema, materializada em seus componentes, nos relacionamentos desses entre si e com o ambiente, e nos princípios que dirigem seu desenho e evolução.

Glossário

TERMO	VERSÃO EM INGLÊS	DEFINIÇÃO
Arquitetura de processo	*Process architecture*	(CMMI) A descrição da ordenação, interfaces, interdependências e outros relacionamentos entre elementos de um processo e com processos externos.
Artefato	*Artifact*	1. (UML) Especificação de um item físico de informação que é usado ou produzido por um processo de desenvolvimento de software, ou pela implantação e operação de um sistema (exemplos: código executável, código fonte, modelo, documento, relatório, tabela de dados). 2. (SPEM) Produto de trabalho tangível, que é consumido, produzido ou modificado por tarefas. Cf. **produto de trabalho**, **tarefa**.
Artefato composto	*Composite artifact*	(Praxis) Artefato que corresponde a uma coleção de arquivos, implementada por uma pasta ou outro tipo de organização (por exemplo, uma hierarquia XML).
Artefato simples	*Simple artifact*	(Praxis) Artefato que corresponde a um único arquivo físico.
Asserção	*Assertion*	(IEEE) Expressão lógica que especifica um estado que deve existir, ou um conjunto de condições a que as variáveis de um programa devem satisfazer durante certos pontos da execução do programa.
Associação	*Association*	(UML) Relacionamento semântico entre dois ou mais classificadores, que envolve conexões entre as instâncias destes.
Atividade	*Activity*	1. (UML) Uma especificação de um comportamento executável como execução coordenada de unidades subordinadas, inclusive atividades aninhadas, até chegar a ações conectadas por fluxos das saídas de um nodo para as entradas de outros nodos. Cf. **ação**. 2. (SPEM) Um elemento de decomposição ou definição de trabalho, que define as unidades básicas de trabalho dentro de um processo, ou um processo completo. 3. (PMBoK) Um componente de trabalho realizado durante o andamento de um projeto.
Ator	*Actor*	(UML) Classificador que representa os objetos externos que interagem com um caso de uso.
Atributo	*Attribute*	1. (UML) Descrição de um espaço com nome e tipo, dentro de uma classe, onde cada objeto dessa classe mantém um valor desse tipo. Em outro sentido: 2. (IEEE) Propriedade física ou abstrata mensurável de uma entidade.
Atributo de processo	*Process attribute*	(CMMI) Uma expressão mensurável de capacidade de processo, aplicável a qualquer processo.
Auditoria	*Audit*	(IEEE) Exame independente de um produto ou processo, para aferir-lhe a conformidade com padrões, especificações, acordos contratuais e outros critérios. Cf. **apreciação**.
Auditoria da qualidade	*Quality audit*	(Praxis) Auditoria que examina os procedimentos de garantia da qualidade executados em um projeto.

Glossário

TERMO	VERSÃO EM INGLÊS	DEFINIÇÃO
Avaliação de capacidade	*Capability evaluation*	(CMMI) Uma apreciação feita por uma equipe de profissionais treinados e usada como discriminador para selecionar fornecedores, para monitorar fornecedores em relação a um contrato ou para determinar e conferir incentivos.
Avaliação de uso	*Use evaluation*	(Praxis) Avaliação pelos usuários de um produto, para exame da usabilidade e conformidade com os requisitos do produto. Cf. **apreciação**.
Bateria de testes	*Test suite*	(Praxis) Implementação de um teste, que atende a um objetivo específico.
Biblioteca do patrimônio de processos da organização	*Organization's process asset library*	(CMMI) Biblioteca de informação usada para armazenar e disponibilizar os elementos de patrimônio de processos utilizados para definir, implementar e gerir os processos da organização.
Capacidade de processo	*Process capability*	(CMMI) A gama de resultados esperados que pode ser conseguida ao seguir-se um processo.
Característica	*Characteristic*	(IEEE) Traço, qualidade ou propriedade inerente de um produto de software, possivelmente acidental. Cf. **característica especial**.
Característica especial	*Feature*	1. (IEEE) Característica distintiva de um item de software. 2. (IEEE) Característica especificada ou implícita na documentação dos requisitos. Cf. **requisito**.
Caso de teste	*Test case*	(IEEE) Especificação das entradas, resultados previstos e condições de execução para um item a testar. Cf. **entidade de teste, procedimento de teste**.
Caso de uso	*Use case*	(UML) Especificação de sequências de ações, inclusive variantes, que um sistema, subsistema ou classe pode executar quando interage com objetos externos aos quais oferece um serviço com valor.
Categoria	*Category*	(SPEM) Elemento usado para categorizar, ou seja, agrupar outros elementos sob critérios lógicos.
Categoria padrão	*Standard category*	(SPEM) Categoria que faz parte do EPF por padrão.
Categoria personalizada	*Custom category*	(SPEM) Categoria definida pelo usuário do EPF.
Causa comum de variação (de processo)	*Common cause of (process) variation*	(CMMI) Uma causa de variação de um processo que existe por causa de interações normais e esperadas entre os componentes do processo.
Causa especial de variação (de processo)	*Special cause of (process) variation*	(CMMI) Uma causa de variação de um processo que existe por causa de uma circunstância transitória e que não é parte inerente do processo.
Chamada	*Call*	(UML) Invocação de uma operação. Cf. **operação, mensagem**.
Ciclo de vida (do software)	*(Software) Life cycle (lifecycle)*	(IEEE) O período de tempo que começa quando um produto (de software) é concebido e termina quando ele não está mais disponível para uso.

Glossário

TERMO	VERSÃO EM INGLÊS	DEFINIÇÃO
Classe	*Class*	(UML) Descritor para um conjunto de objetos que partilham os mesmos atributos, operações, relacionamentos e comportamento.
Classe ativa	*Active class*	(UML) Classe cujas instâncias são objetos ativos.
Classe de associação	*Association class*	(UML) Associação que também é uma classe. Cf. **associação**, **classe**.
Classificador	*Classifier*	(UML) Elemento de modelagem que descreve aspectos de estrutura e comportamento.
Classificador estruturado	*Structured classifier*	(UML) Classificador que contém partes ou papéis que formam sua estrutura e realizam seu comportamento. Cf. **classificador**, **parte**, **papel**.
Cliente	*Customer*	(CMMI) Parte responsável pela aceitação do produto ou autorização do pagamento. Cf. **usuário**.
Cobertura de teste	*Test coverage*	(IEEE) Grau em que um dado teste ou conjunto de testes trata de todos os requisitos especificados para um dado sistema ou componente.
Colaboração	*Collaboration*	(UML) Descrição de uma coleção de objetos que interagem para implementar um comportamento dentro de certo contexto.
Comissão de controle de configurações (CCC)	*Configuration control board (CCB)*	(IEEE, CMMI) Grupo responsável por avaliar e aprovar ou desaprovar alterações propostas a itens de configuração e por garantir a implementação das alterações aprovadas. Sinônimo: **Comissão de controle de alterações** (CCA).
Competência	*Competency*	(P-CMM) O conjunto de conhecimento, proficiências e habilidades que um indivíduo deve desenvolver para executar um tipo específico de trabalho em uma organização.
Componente	*Component*	1. (PMBoK) Uma parte constituinte, um elemento ou parte de um todo complexo. 2. (IEEE) Uma das partes que constituem um produto ou sistema. Cf. **módulo**, **rotina**, **unidade**. 3. (UML) Parte modular de um desenho de sistema, que encapsula a implementação atrás de um conjunto de interfaces.
Comportamento	*Behavior*	(UML) Especificação de como o estado de um classificador varia ao longo do tempo.
Composição	*Composition*	(UML) Forma forte de agregação, na qual o objeto parte não pode ser compartilhado e não sobrevive ao objeto todo. Cf. **agregação**.
Conhecimento	*Knowledge*	(P-CMM) A informação e entendimento que alguém deve possuir para executar uma tarefa com sucesso.
Conjunto de papéis	*Role set*	(SPEM) Conjunto de papéis similares; por exemplo, que usam técnicas similares, ou têm proficiências similares.
Conjunto de processos padrão da organização	*Organization's set of standard processes*	(CMMI) Coleção das descrições de processos que guiam as atividades de uma organização, definem os elementos desses processos e são incorporadas nos processos definidos usados na organização.

TERMO	VERSÃO EM INGLÊS	DEFINIÇÃO
Consequência	*Outcome*	(SPEM) Produto de trabalho intangível ou não definido formalmente. Cf. **resultado**, **artefato**, **produto de trabalho**.
Conteúdo do método	*Method content*	(SPEM) Conteúdo que fornece explicações etapa por etapa, descrevendo como metas de desenvolvimento específicas são atingidas, independentemente do posicionamento dessas etapas dentro de um ciclo de vida.
Controlador de teste	*Test driver, test harness*	(IEEE) Módulo de software que invoca um módulo sob teste, frequentemente provendo entradas de teste, controlando e monitorando a execução, e relatando os resultados.
Controle de configurações	*Configuration control*	(IEEE, CMMI) Elemento de gestão de configurações que consiste em avaliar, coordenar, aprovar ou desaprovar e implementar alterações de itens de configuração, depois do estabelecimento formal da identificação de configuração deles. Sinônimo: **Controle de alterações**.
Critério	*Criterion*	(Praxis) Condição para realização de uma ação.
Critério de aprovação	*Approval criterion*	(Praxis) Critério requerido para que uma atividade seja aprovada.
Critério de classificação	*Classification criterion*	(Praxis) Critério usado para classificar algo.
Critério de teste	*Test criterion*	(IEEE) Critério de aprovação a que um sistema ou componente deve satisfazer para passar em um dado teste.
Defeito	*Defect*	(PMBoK) Uma imperfeição ou deficiência em um componente do projeto na qual esse componente não atende aos seus requisitos ou especificações e precisa ser reparado ou substituído.
Descrição de processo	*Process description*	(CMMI) A expressão documentada das atividades executadas para realizar um dado propósito, que provê uma definição operacional dos componentes principais de um processo.
Descritor de tarefa	*Task descriptor*	(SPEM) Elemento que indica uso de uma tarefa dentro de um processo.
Desempenho do processo	*Process performance*	(CMMI) Uma medida dos resultados conseguidos quando se segue um processo, abrangendo medidas de processo e de produto.
Diretor	*Senior manager*	(CMMI) Dirigente do mais alto nível da organização, que focaliza mais a vitalidade de longo prazo da organização do que as preocupações e compromissos de curto prazo.
Diretoria	*Senior management*	(CMMI) Conjunto dos diretores de uma organização.
Diretriz	*Guideline*	(SPEM) Orientação que provê recomendações, regras e detalhes adicionais sobre produtos de trabalho e sobre a execução de tarefas.
Diretrizes de personalização	*Tailoring guidelines*	(CMMI) Diretrizes organizacionais que devem ser seguidas na personalização dos processos. Cf. **personalização de processo**.

TERMO	VERSÃO EM INGLÊS	DEFINIÇÃO
Disciplina	*Discipline*	1. (SPEM) Categorização de tarefas relacionadas com uma área importante de interesse. Cf. **tarefa**. 2. (PMBoK) Um campo de trabalho que exige conhecimento específico e que possui um conjunto de regras que controlam a conduta do trabalho (por exemplo, engenharia mecânica, programação de computadores, estimativa de custos etc.).
Documento	*Document*	1. (IEEE) Uma mídia, ou a informação nela registrada, que geralmente tem permanência, e pode ser lida por pessoa ou máquina. 2. (UML) Um arquivo genérico que não é um arquivo fonte ou executável. 3. (Praxis) Artefato produzido por ferramenta de processamento de texto ou hipertexto, para fins de documentação dos principais aspectos de engenharia de um projeto, principalmente para consumo humano.
Domínio	*Domain*	(SPEM) Hierarquia de produtos de trabalho relacionados, agrupados com base em tempo, recursos ou relacionamento.
Elemento de conteúdo	*Content element*	(SPEM) Cada um dos elementos que compõem um conteúdo de método.
Elemento de processo	*Process element*	(CMMI) A unidade fundamental de um processo, que não pode ser decomposta.
Entidade de teste	*Test entity*	(Praxis) Conjunto de valores de atributos de uma instância de classe, utilizável como parte de um caso de teste. Cf. **caso de teste**.
Entrega	*Delivery*	1. (PMBoK) Qualquer produto, resultado ou capacidade para realizar um serviço exclusivos e verificáveis que devem ser produzidos para terminar um processo, uma fase ou um projeto. 2. (SPEM) Coleção de produtos de trabalho utilizada para predefinir conteúdo típico ou recomendado na forma de produtos de trabalho empacotados para entrega.
Equipe	*Team*	(Praxis) Conjunto de pessoas com responsabilidade definida dentro da organização.
Especificação (de desenho) de teste	*Test (design) specification*	(IEEE) Documentação que especifica os detalhes da abordagem para uma característica ou combinação de características de software e identifica os testes associados.
Estado	*State*	(UML) Condição ou situação durante a vida de um objeto, na qual ele satisfaz a alguma condição, executa alguma atividade ou espera por algum evento.
Estado (de desenvolvimento)	*(Development) State*	(Praxis) Marco de dentro do ciclo de desenvolvimento de um caso de uso no qual o material do caso de uso passou por critérios de aprovação estabelecidos.
Estrutura analítica do processo	*(Process) Work breakdown structure*	(Praxis) Estrutura analítica do trabalho de um processo.

TERMO	VERSÃO EM INGLÊS	DEFINIÇÃO
Estrutura analítica do projeto	*(Project) Work breakdown structure*	(Praxis) Estrutura analítica do trabalho de um projeto.
Estrutura analítica do trabalho	*Work breakdown structure*	1. (PMBoK) Uma decomposição hierárquica orientada à entrega do trabalho a ser executado pela equipe do projeto, para atingir os objetivos do projeto e criar as entregas necessárias. 2. (CMMI) Um arranjo dos elementos do trabalho e dos relacionamentos deles entre si e com o produto final.
Etapa	*Stage*	(Praxis) Termo genérico para uma divisão temporal de um processo.
Executável	*Executable*	(Praxis) Conjunto de pastas e arquivos de código executável, juntamente com seu ambiente.
Fase	*Phase*	(SPEM) Tipo de atividade que representa um período significativo em projeto, tipicamente concluído por controles gerenciais, um marco e um conjunto de artefatos entregues. Cf. **atividade**, **marco**, **artefato**, **entrega**.
Fluxo	*Flow*	(UML) Termo genérico que descreve o relacionamento entre fontes e destinos de várias espécies de informação, como dados e controle.
Fluxo de eventos	*Event flow*	(Praxis) Sequência linear de passos na execução de um caso de uso.
Força de trabalho	*Workforce*	(P-CMM) As pessoas de que uma organização necessita para desempenhar suas atividades de negócio.
Fornecedor	*Supplier, seller*	1. (PMBoK) Provedor de produtos, serviços ou resultados para uma organização. 2. (CMMI) Entidade que executa os serviços ou entrega os produtos que estão sendo adquiridos. 3. (Praxis) Indivíduo, sociedade, companhia, associação, ou outro serviço, que tenha contrato com um comprador para o desenho, desenvolvimento, fabricação, modificação ou suprimento de itens, conforme os termos do contrato.
Gabarito	*Template*	(SPEM) Orientação que fornece um produto de trabalho com estrutura predefinida.
Garantia da qualidade	*Quality assurance*	1. (IEEE) Conjunto planejado e sistemático de ações necessárias para estabelecer um nível adequado de confiança de que um item ou produto está em conformidade com seus requisitos técnicos. 2. (IEEE) Conjunto de atividades que tem o objetivo de avaliar o processo pelo qual produtos são desenvolvidos ou fabricados. 3. (CMMI) Conjunto planejado e sistemático de meios para garantir à gerência que os padrões, métodos, práticas e procedimentos definidos por um processo são aplicados.
Generalização	*Generalization*	(UML) Relacionamento entre um elemento de modelagem genérico e um elemento mais específico, que é completamente consistente com o elemento mais genérico e adiciona informação.

TERMO	VERSÃO EM INGLÊS	DEFINIÇÃO
Gerente	*Manager*	(CMMI) Dirigente de nível intermediário, que planeja, organiza, dirige, motiva e controla o trabalho em determinada área.
Gerente de linha de produtos	*Product line manager*	(Praxis) Gerente responsável pelo conjunto de projetos e produtos de uma linha de produto.
Gerente de produto	*Product manager*	(Praxis) Gerente responsável pela manutenção e suporte de um produto, durante sua vida útil, a fim de satisfazer ao cliente.
Gerente de projeto	*Project manager*	(CMMI) Gerente responsável por planejar, dirigir, controlar, estrutura e motivar um projeto, a fim de satisfazer ao cliente. (PMBoK) A pessoa designada pela organização executora para atingir os objetivos do projeto.
Gestão de configurações	*Configuration management*	(IEEE, CMMI) Disciplina que aplica direção e vigilância técnicas e administrativas à identificação e documentação das características físicas e funcionais de itens, ao controle de alterações dessas características, ao registro e relato do processamento e status de implementação de alterações e à verificação de conformidade com requisitos especificados.
Identificação de configurações	*Configuration identification*	(IEEE, CMMI) Elemento de gestão de configurações que consiste em selecionar os itens de configuração de um produto, atribuir-lhes identificadores únicos e registrar suas características físicas e funcionais na documentação técnica.
Implantação	*Deployment*	1. (UML) Atribuição de artefatos de software a nodos físicos durante a execução. 2. (UML) Etapa do desenvolvimento que configura um sistema para execução no mundo real.
Inspeção	*Inspection*	1. (IEEE) Exame visual de produtos de trabalho para detectar e identificar anomalias. 2. (IEEE) Exame visual de produtos de trabalho para detectar e identificar anomalias, inclusive erros e desvios em relação a padrões e especificações. Inspeções são revisões pelos pares, conduzidas por moderadores imparciais treinados nas técnicas de inspeção. As anomalias devem ser obrigatoriamente corrigidas ou investigadas, mas não durante a inspeção. Cf. **revisão técnica**.
Instância	*Instance*	(UML) Entidade individual, com identidade e valor próprios. Cf. **objeto**.
Insumo	*Input*	1. (Praxis) Coisa que é consumida num processo. 2. (SPEM) Produto de trabalho consumido em uma tarefa. Cf. **tarefa**, **produto de trabalho**.
Interação	*Interaction*	(UML) Especificação de como mensagens são trocadas entre papéis, ao longo do tempo, para executar uma tarefa. Cf. **colaboração**.

Glossário

TERMO	VERSÃO EM INGLÊS	DEFINIÇÃO
Interface	*Interface*	1. (IEEE) Uma fronteira partilhada através da qual é passada informação. 2. (IEEE) Um componente que liga dois ou mais componentes, com o propósito de passar informação entre eles. Em sentido correlato mas diferente: 3. (UML) A declaração de um conjunto coerente de características e obrigações públicas, que serve de contrato entre produtores e consumidores de serviços.
Item de configuração	*Configuration item*	(IEEE, CMMI) Agregado que é designado para gestão de configurações e tratado como uma única entidade pelos processos de gestão de configurações.
Item sob teste	*Test item*	(IEEE) Item de software que é objeto de um teste. Conforme o escopo, pode ser **chamado** de sistema ou subsistema sob teste (SUT), componente sob teste (**CUT**), unidade sob teste (**UUT**) etc.
Iteração	*Iteration*	(SPEM) Grupos de atividades que são repetidas mais de uma vez, utilizados para organizar o trabalho em ciclos repetitivos.
Liberação	*Release*	(Praxis) Estágio parcialmente operacional de um produto, que é submetido à avaliação de usuários em determinado marco de um projeto. Cf. **versão**.
Ligação	*Link*	(UML) Instância de associação. Cf. **instância**, **associação**.
Linha de base (de configuração)	*(Configuration) Baseline*	1. (CMMI) Informação de configuração formalmente designada, durante um momento específico do ciclo de vida de um produto ou componente. 2. (IEEE) Artefato ou conjunto de artefatos formalmente designado e fixado em um instante específico, durante o ciclo de vida de um item de configuração.
Linha de base de desempenho do processo	*Process performance baseline*	(CMMI) Caracterização documentada dos resultados atingidos por um processo, usada para comparar o desempenho real e o esperado.
Linha de base oficial (de configuração)	*Official (configuration) baseline*	1. (IEEE) Especificação ou resultado que foi formalmente revisto e aprovado, que serve como base para o desenvolvimento posterior, e que só pode ser alterado por meio de procedimentos formais de controle de alterações. 2. (IEEE) Qualquer acordo ou resultado designado e fixado em um dado instante, a partir do qual alterações requerem justificativa e aprovação.
Linha de execução	*Thread*	(UML) Um caminho único através de um programa, modelo dinâmico ou outra representação de fluxo de controle, que implementa um objeto ativo como um processo leve. Cf. **processo**, **objeto ativo**.
Linha de produtos	*Product line*	(CMMI) Grupo de produtos que partilha um conjunto comum e gerido de características, que satisfaz às necessidades específicas de uma missão ou mercado selecionado.
Lista de conferência	*Checklist*	(Praxis) Artefato que contém listas de tópicos que devem ser verificados em apreciações.
Manifestação	*Manifestation*	(UML) Implementação física de um elemento de modelagem como um artefato. Cf. **artefato**.

Glossário

TERMO	VERSÃO EM INGLÊS	DEFINIÇÃO
Manutenção	*Maintenance*	(IEEE) Processo de modificação de um produto após a entrega deste, geralmente para remover defeitos, melhorar o desempenho e outros atributos ou adaptar a um ambiente diferente.
Máquina de estados	*State machine*	(UML) Grafo de estados e transições, que especifica a sequência de estados que um objeto percorre durante sua vida, em resposta a eventos.
Marco	*Milestone*	1. (SPEM) Um evento significativo em um projeto, como uma decisão importante, ou a realização completa de uma entrega ou uma etapa. 2. (PMBoK) Um ponto ou evento significativo no projeto.
Medição	*Measurement*	(IEEE) O ato ou processo de atribuir um número ou uma categoria a uma entidade para descrever aquela entidade.
Medida	*Measurement*	(IEEE) Um número, extensão ou quantidade que resulta de uma medição.
Medir	*Measure*	(IEEE) Aplicar uma métrica, ou atribuir valor por comparação com uma norma.
Melhoria de processos	*Process improvement*	(CMMI) Programa de atividades com o objetivo de melhorar o desempenho e maturidade dos processos da organização.
Mensagem	*Message*	(UML) Transporte de informação de um objeto a outro, com a expectativa de que isso provocará uma atividade.
Mensagem	*Message*	1. (Praxis) Mensagem de comunicação, tipicamente enviada através de correio eletrônico ou ferramenta de trabalho em grupos. Com outro significado: 2. (UML) A condução de informação de um papel para outro, como parte de uma interação dentro de um contexto. Cf. **papel**, **interação**.
Mentoreação	*Mentoring*	(P-CMM) O processo de transferência de lições de experiência para a competência da força de trabalho, para melhoria da capacidade de indivíduos ou grupos.
Meta	*Goal*	(Praxis) Requisito que deve ser satisfeito pela organização em determinado prazo.
Meta específica	*Specific goal*	(CMMI) Meta aplicável a uma área de processo, que trata das características que devem ser implementadas para satisfazer à área de processo. Cf. **área de processo**.
Meta genérica	*Generic goal*	(CMMI) Meta que descreve o grau de institucionalização que uma organização deve atingir em um nível de capacitação. Cf. **nível de capacitação**.
Metaclasse	*Metaclass*	(UML) Classes cujas instâncias são outras classes.
Metametamodelo	*Metametamodel*	(UML) Modelo que define a linguagem para expressar outros metamodelos.
Metamodelo	*Metamodel*	(UML) Modelo que define a linguagem para expressar outros modelos.
Metamodelo do processo	*Process metamodel*	(Praxis) Modelo que define os conceitos usados na **Descrição do processo**. Cf. **Descrição do processo**.

TERMO	VERSÃO EM INGLÊS	DEFINIÇÃO
Método	*Method*	1. (UML) A implementação de uma operação, que especifica o algoritmo ou procedimento que produz os resultados da operação. Cf. **operação**. Com outro significado: 2. (P-CMM) Conjunto razoavelmente completo de regras e critérios, que estabelecem uma maneira precisa e repetível de executar uma tarefa ou prática, para chegar a um determinado resultado.
Metodologia	*Methodology*	(PMBoK) Um sistema de práticas, técnicas, procedimentos e regras usado pelas pessoas que trabalham em uma disciplina.
Métrica	*Metric*	(IEEE) Uma medida quantitativa do grau com que um sistema, componente ou processo possui um dado atributo.
Modelo	*Model*	1. (UML) Uma abstração de um sistema físico, com um determinado propósito. 2. (Praxis) Artefato de uma ferramenta técnica específica, produzido e usado nas atividades de um processo.
Modelo de ciclo de vida	*Life cycle (lifecycle) model*	(CMMI) Uma partição da vida de um produto em fases. Cf. **ciclo de vida**, **fase**.
Modelo de desempenho do processo	*Process performance model*	(CMMI) Descrição dos relacionamentos entre atributos de um processo e de seus produtos de trabalho, desenvolvida a partir de dados históricos de desempenho do processo e calibrada com as medidas de processo e produto, que é usada para predizer resultados da aplicação de um processo.
Modelo de maturidade de capacitação	*Capability maturity model*	(CMMI) Modelo que contém os elementos essenciais de processos eficazes para uma ou mais disciplinas, e descreve um caminho de melhoria evolutiva que parte de processos imaturos e *ad hoc* até chegar a processos maduros e disciplinados, com melhores qualidade e eficácia.
Módulo	*Module*	1. (IEEE) Unidade de programa discreta e identificável em relação à compilação e à combinação com outras unidades e carga. 2. (IEEE) Parte logicamente separável de um programa. 3. (UML) Unidade de armazenamento e manipulação de software. Cf. **componente**, **rotina**, **unidade**.
Nível de capacitação	*Capability level*	(CMMI) Indicador do grau de melhoria de processos dentro de uma área individual. Cf. **área de processo**.
Nível de maturidade	*Maturity level*	(CMMI) Grau de melhoria dos processos, em um conjunto predefinido de áreas de processo, no qual todas as metas dentro do conjunto foram atingidas. Cf. **área de processo**.
Nodo	*Node*	(UML) Objeto físico de tempo de execução que representa um recurso computacional. Cf. **nodo de atividade**.
Nodo de atividade	*Activity node*	(UML) Elemento de uma atividade, que pode ser conectado por fluxos.
Nodo de controle	*Control node*	(UML) Nodo que coordena o fluxo entre outros nodos.
Nodo de objeto	*Object node*	(UML) Nodo que representa os objetos consumidos e produzidos por ações.

Glossário

TERMO	VERSÃO EM INGLÊS	DEFINIÇÃO
Norma	*Normative guidance*	(Praxis) Orientação de caráter normativo, que expressa os aspectos prescritivos de um processo.
Objetivo de teste	*Test objective*	(IEEE) Um conjunto identificado de características de software que deve ser medido sob condições especificadas, comparando-se o comportamento real com o comportamento requerido, tal como descrito na documentação do software.
Objetivos de negócio da organização	*Organization's business objectives*	(CMMI) Estratégias desenvolvidas pela Diretoria para garantir a existência contínua da organização e melhorar-lhe a lucratividade, a fatia de mercado e outros fatores de sucesso.
Objeto	*Object*	(UML) Entidade discreta, com fronteira bem-definida e identidade, que encapsula estado e comportamento. Cf. **instância**.
Objeto ativo	*Active object*	(UML) Um objeto que possui uma linha de controle e pode iniciar atividade de controle; uma instância de uma classe ativa.
Operação	*Operation*	1. (UML) Especificação de uma consulta ou transformação que um objeto pode ser chamado a executar. Cf. **mensagem**, **método**. 2. (IEEE) O processo de executar um sistema em seu ambiente pretendido, para que desempenhe as funções pretendidas. 3. (IEEE) Em matemática, a ação especificada por um operador sobre um ou mais operandos. 4. (IEEE) Em programação, uma ação definida que pode ser executada por um computador, envolvendo ou não operandos.
Operação piloto	*Pilot operation*	(Praxis) Etapa de operação que representa o estágio final de validação e aceitação de um produto, durante o qual o custo de suporte e manutenção normalmente estará incluído no preço contratado.
Oráculo de teste	*Test oracle*	(Praxis) Mecanismo que avalia se os resultados de um teste devem ser considerados como aprovados ou não.
Organização	*Organization*	(CMMI) Estrutura administrativa em que pessoas conduzem um ou mais projetos, sob um grupo de diretores e partilhando as mesmas políticas. (PMBoK) Um grupo de pessoas organizadas para algum objetivo ou para realizar algum tipo de trabalho dentro de uma empresa.
Orientação	*Guidance*	(SPEM) Termo geral para informação suplementar que pode ser associada a elementos de métodos e processos.
Pacote	*Package*	(UML) Mecanismo para organização de elementos em grupos, que estabelece a quem pertencem os elementos, provendo nomes únicos para referência a esses elementos.
Pacote de conteúdo	*Content package*	(SPEM) Coleção de elementos de conteúdo.
Pacote de trabalho	*Work package*	(PMBoK) Entrega ou componente do trabalho do projeto, no nível mais baixo de cada ramo da estrutura analítica do projeto.

Glossário
515

TERMO	VERSÃO EM INGLÊS	DEFINIÇÃO
Padrão	*Standard*	(IEEE) Documento que expressa requisitos obrigatórios, empregado e cobrado para prescrever uma abordagem uniforme e disciplinada para atividades e produtos de trabalho.
Padrão de recursos	*Capability pattern*	(SPEM) Processo especial que descreve um aglomerado reutilizável de atividades em uma área de processo, fornecendo uma abordagem de desenvolvimento consistente para problemas comuns.
Papel	*Role*	1. (UML) Elemento constituinte de um classificador estruturado que representa a aparição de uma instância ou conjunto de instâncias, dentro de um contexto definido pelo classificador estruturado. Cf. **classificador estruturado, parte**. Com outro significado: 2. (SPEM) Conjunto correlato de proficiências, competências e responsabilidades, desempenhado por uma ou mais pessoas. 3. (P-CMM) Conjunto de definido de tarefas, dependências e responsabilidades que podem ser atribuídas a indivíduos como um pacote de trabalho.
Parte (estruturada)	*(Structured) Part*	(UML) Dentro de um classificador estruturado, um elemento de que representa um objeto ou um conjunto de objetos dentro de um contexto. Cf. **classificador estruturado, papel**.
Parte interessada	*Stakeholder*	(CMMI) Grupo ou indivíduo que é afetado ou de alguma maneira é responsável pelo resultado de um empreendimento. (PMBoK) Pessoa ou organização, tais como cliente, patrocinador, organização executora ou o público, que esteja ativamente envolvida no projeto ou cujos interesses possam ser afetados de forma positiva ou negativa pela execução ou término do projeto. Pode também exercer influência sobre o projeto e suas entregas.
Passo	*Step*	(SPEM) Uma parte do trabalho descrito por uma tarefa.
(Item de) Patrimônio de processo	*Process asset*	(CMMI) Tudo o que uma organização considera útil para atingir as metas de uma área de processo.
Patrimônio de processos da organização	*Organizational process assets*	(CMMI) Conjunto dos artefatos relacionados com a descrição, implementação e melhoria dos processos da organização.
Perfil	*Profile*	(UML) Definição de um conjunto limitado de adições a uma meta modelo de base, para adaptá-lo a uma plataforma ou um domínio específicos.
Personalização de processo	*Process tailoring*	(CMMI) Criação, alteração ou adaptação de uma descrição de processo, para um objetivo específico.
Plano	*Plan*	(Praxis) Artefato de planejamento de instâncias de atividades e tarefas, possivelmente com os respectivos recursos, responsabilidades e riscos.

TERMO	VERSÃO EM INGLÊS	DEFINIÇÃO
Plano de teste	*Test plan*	(IEEE) Documento que descreve o escopo, abordagem, recursos e cronograma das atividades de teste pretendidas, identificando os itens sob teste, os aspectos a serem testados, as tarefas de teste, as respectivas responsabilidades e os riscos pertinentes.
Ponta de associação	*Association end*	(UML) Lugar reservado para instâncias dos classificadores que participam de uma associação.
Ponto de vista	*Viewpoint*	(IEEE) Uma especificação das convenções para construir e usar uma visão.
Prática	*Practice*	1. (SPEM) Maneira ou estratégia comprovada de trabalho para atingir uma meta, que tem um impacto positivo na qualidade de um produto de trabalho ou processo. 2. (P-CMM) Atividade essencial que, em parte ou no todo, realiza uma meta de uma área de processo.
Prática específica	*Specific practice*	(CMMI) Atividade considerada importante para atingir uma meta específica. Cf. **meta específica**.
Prática genérica	*Generic practice*	(CMMI) Prática que garante que os processos associados a uma área de processos serão eficazes, repetíveis e duradouros. Cf. **área de processo**.
Procedimento	*Procedure*	(P-CMM) Descrição escrita do curso de ação a ser tomado ao executar-se uma tarefa ou prática.
Procedimento de teste	*Test procedure*	(IEEE) Conjunto detalhado de instruções para execução de testes. Cf. caso de teste.
Processo	*Process*	1. (IEEE) Sequência de passos executados com um determinado objetivo. 2. (CMMI) Um conjunto de ações e atividades inter-relacionadas realizadas para obter um conjunto especificado de produtos, resultados ou serviços. 3. (SPEM) Descrição de como um trabalho deve ser realizado. 4. (PMBoK) Uma série sistemática de atividades que visa a causar um resultado final, tal que ações transformarão um ou mais insumos em um ou mais produtos. 5. (Praxis) Designação informal de uma **Descrição de processo**. Com outro significado: 6. (UML) Unidade pesada de execução concorrente. 7. (IEEE) Unidade executável gerida por um escalonador de sistema operacional.
Processo de desenvolvimento	*Software development*	(UML) Conjunto de passos e diretrizes para o desenvolvimento de um produto.
Processo de entrega	*Delivery process*	(SPEM) Processo que descreve uma abordagem completa e integrada para desempenhar um tipo específico de projeto, inclusive o que é produzido, como é produzido e a equipe necessária para participar de todo o ciclo de vida do projeto.
Processo definido	*Defined process*	(CMMI) Processo gerido que é personalizado do conjunto de processos padrão da organização, conforme as diretrizes de personalização da organização; tem uma descrição que é mantida; e contribui com produtos de trabalho, medidas e outras informações de melhoria de processos para o patrimônio de processos da organização.

TERMO	VERSÃO EM INGLÊS	DEFINIÇÃO
Processo efetuado	*Performed process*	(CMMI) Processo que realiza o trabalho necessário para produzir produtos de trabalho, satisfazendo às metas específicas de uma área de processos.
Processo gerido	*Managed process*	(CMMI) Processo efetuado que é planejado e executado conforme uma política; emprega pessoas proficientes com recursos adequados para produzir resultados controlados; e é avaliado quanto à aderência à descrição do processo.
Processo gerido quantitativa-mente	*Quantitatively managed process*	(CMMI) Processo definido que é controlado usando técnicas estatísticas e outras técnicas quantitativas.
Processo incompleto	*Incomplete process*	(CMMI) Processo que não é efetuado ou é efetuado apenas parcialmente e, portanto, não satisfaz às metas específicas de uma área de processo.
Processo otimizante	*Optimizing process*	(CMMI) Processo gerido quantitativamente que é melhorado com base no entendimento das causas comuns de variação inerentes ao processo.
Processo planejado	*Planned process*	(CMMI) Processo que é documentado tanto por uma descrição quanto por um plano, coordenados entre si.
Processo subsidiário	*Subsidiary process*	(Praxis) Processo que atende a um propósito específico, dentro do contexto de um processo de entrega.
Produto	*Product*	1. (PMBoK) Um objeto produzido, quantificável, e que pode ser um item final ou um item componente. 2. (CMMI) Resultado que se pretende entregar a um cliente ou usuário. Cf. **resultado**.
Produto (comercial) de prateleira	*COTS (Commercial off-the-shelf product)*	(CMMI) Item que pode ser comprado de um vendedor comercial.
Produto de trabalho	*Work product*	1. (SPEM) Qualquer coisa consumida, produzida ou modificada por tarefas. Cf. **tarefa**. 2. (CMMI) Coisa útil que resulta de um processo. Cf. **resultado**.
Produtor	*Producer*	(Praxis) Organização que produz produtos de software.
Proficiência	*Skill, proficiency*	1. (P-CMM) O conjunto de comportamentos que um indivíduo deve ser capaz de desempenhar para realizar compromissos de trabalho. 2. (PMBoK) Capacidade de usar o conhecimento, uma aptidão desenvolvida e/ou uma capacidade de executar ou realizar uma atividade de modo eficaz e rápido (traduzido na versão brasileira como **Habilidade**).
Projeto	*Project*	1. (CMMI) Conjunto gerido de recursos inter-relacionados, que entrega um ou mais produtos a um cliente ou usuário, com início definido, e que, tipicamente, opera conforme um plano. Cf. **produto**. 2. (PMBoK) Um empreendimento temporário realizado para criar um produto, serviço ou resultado distinto.
Propriedade	*Property*	(UML) Característica estrutural de um classificador. Cf. **atributo**, **ponta de associação**.

Glossário

TERMO	VERSÃO EM INGLÊS	DEFINIÇÃO
Proprietário do processo	*Process owner*	(CMMI) Pessoa responsável por definir e manter um processo.
Qualidade	*Product quality, Quality*	1. (IEEE, CMMI) Grau de conformidade de um sistema, componente ou processo com os respectivos requisitos. 2. (IEEE) Grau de conformidade de um sistema, componente ou processo com as necessidades e expectativas de clientes ou usuários.
Realização	*Realization*	(UML) Relacionamento entre uma especificação e sua implementação. Cf. **dependência**, **generalização**.
Refatoramento	*Refactoring*	[Fowler99] O processo de se alterar um sistema de tal maneira que não se altere o comportamento geral dele, mas se melhore a estrutura interna.
Registro (de dados)	*Record*	(Praxis) Elemento de dados, geralmente de uma base de dados.
Registro (de ocorrências)	*Log*	(Praxis) Artefato que registra a ocorrência de eventos ou a realização de passos, tarefas ou atividades.
Registro de teste	*Test log*	(IEEE) Registro cronológico de todos os detalhes relevantes da execução de um teste.
Regra de negócio	*Business rule*	(Praxis) Regra que expressa operações, definições e restrições que uma organização aplica e é refletida nos requisitos de um sistema.
Relacionamento	*Relationship*	(UML) Conexão semântica coisificada entre elementos de um modelo. Cf. **associação**.
Relatório	*Report*	(Praxis) Artefato que relata as conclusões de determinadas atividades do projeto.
Relatório de teste	*Test report*	(IEEE) Documento que descreve a condução e os resultados de um teste.
Repositório de medidas da organização	*Organization's measurement repository*	(CMMI) Repositório usado para armazenar e colecionar dados medidos sobre processos e produtos de trabalho, principalmente aqueles pertinentes ao processo padrão da organização.
Representação contínua	*Continuous representation*	(CMMI) Estrutura do modelo de maturidade de capacitação, na qual os níveis de capacitação provêm uma ordem recomendada para a abordagem da melhoria de processos dentro de cada área. Cf. **nível de capacitação**, **área de processo**.
Representação em estágios	*Staged representation*	(CMMI) Estrutura do modelo de maturidade de capacitação, na qual as metas de um conjunto de áreas de processo estabelecem um nível de maturidade, em que cada nível provê a fundação para os níveis subsequentes. Cf. **nível de maturidade**.

Glossário

TERMO	VERSÃO EM INGLÊS	DEFINIÇÃO
Requisito	*Requirement*	1. (CMMI, IEEE) Condição ou potencialidade de que um usuário necessita para resolver um problema ou atingir um objetivo. 2. (CMMI, IEEE) Condição ou potencialidade que um sistema, componente ou produto deve possuir para que seja aceito (isto é, satisfaça a um contrato, padrão, especificação ou outro documento formalmente imposto). 3. (CMMI, IEEE) Expressão documentada dessa condição ou potencialidade.
Requisito derivado	*Derived requirement*	(Praxis) Requisito derivado de outros requisitos.
Requisito primário	*Primary requirement*	(Praxis) Requisito levantado diretamente a partir das necessidades das partes interessadas.
Resultado	*Result (PMBoK), Output (SPEM)*	(PMBoK, SPEM) Uma saída dos processos e atividades de um projeto. Cf. **produto de trabalho**.
Revisão	*Review*	(IEEE) Um processo ou reunião durante o(a) qual um produto de trabalho ou conjunto de produtos de trabalho é apresentado a desenvolvedores, gerentes, usuários, clientes ou outras partes interessadas, para comentário ou aprovação.
Revisão de apresentação	*Walkthrough*	(IEEE) Técnica de análise na qual um desenvolvedor conduz membros de uma equipe de desenvolvimento e outras partes interessadas através de um segmento de documentação ou código e os participantes fazem perguntas e comentários a respeito de possíveis erros, violações de padrões e outros problemas.
Revisão formal	*Formal review*	(Praxis) Revisão cuja condução obedece a um conjunto padronizado de regras.
Revisão gerencial	*Management review*	(IEEE) Avaliação sistemática de um processo de aquisição, fornecimento, desenvolvimento, operação ou manutenção, efetuada por ou em nome de gerentes, que monitora o progresso, determina o status de planos e cronogramas, confirma requisitos e a alocação deles ou avalia a eficácia de abordagens gerenciais usadas, quanto à adequação aos objetivos.
Revisão pelos pares	*Peer review*	(Praxis) Revisão em que os revisores são pares dos autores.
Revisão técnica	*Technical review*	(IEEE) Avaliação sistemática de um produto de software por uma equipe qualificada, para examinar a adequação do produto ao uso pretendido, identificar discrepâncias com padrões e especificações e, possivelmente, prover recomendações sobre alternativas.
Risco	*Risk*	(PMBoK) Um **evento** ou condição incerta que, se ocorrer, provocará um efeito nos **objetivos** de um **projeto**.
Roteiro	*Scenario*	(UML) Sequência de ações ou eventos que ilustra um comportamento.
Rotina	*Routine*	(IEEE) Um subprograma que é chamado por outros programas ou subprogramas.

Glossário

TERMO	VERSÃO EM INGLÊS	DEFINIÇÃO
Script de teste	*Test script*	(Praxis) Representação formalizada de um procedimento de teste. Geralmente se refere a um procedimento automatizado, expresso em código executável.
Sistema	*System*	1. (IEEE) Coleção de componentes organizados para realizar uma função ou conjunto de funções. 2. (UML) Coleção de unidades conectadas, organizadas para cumprir um objetivo.
Subprocesso	*Subprocess*	(CMMI) Processo que é parte de um processo maior.
Subsistema	*Subsystem*	(IEEE) Um sistema subordinado ou secundário dentro de um sistema maior.
Tarefa	*Task*	1. (SPEM) Unidade de trabalho que pode ser atribuída a um papel. Cf. **papel**. 2. (PMBoK) Termo usado para trabalho cujo significado e colocação dentro de um plano estruturado de um trabalho do projeto variam de acordo com a área de aplicação, setor e marca do software de gerenciamento de projetos.
Técnica	*Technique*	1. (IEEE) Procedimento técnico ou gerencial que ajuda a avaliar e melhorar os processos de desenvolvimento de software. 2. (PMBoK) Um procedimento sistemático definido usado por um recurso humano para realizar uma atividade a fim de produzir um produto ou resultado ou oferecer um serviço, e que pode empregar uma ou mais ferramentas.
Teste	*Test*	1. (IEEE) Atividade na qual um produto, sistema ou componente é executado sob condições especificadas, os resultados da execução são observados e registrados, e algum aspecto desse produto, sistema ou componente é avaliado. Cf. **validação**, **verificação**. 2. (IEEE) Conjunto de um ou mais procedimentos de teste e casos de teste. Cf. **caso de teste**, **procedimento de teste.**
Teste alfa	*Alpha test*	(Praxis) Teste de sistema executado no ambiente do fornecedor.
Teste beta	*Beta test*	(Praxis) Teste de sistema executado no ambiente do cliente.
Teste de aceitação	*Acceptance testing*	(IEEE) Teste formal realizado para determinar se um sistema satisfaz a seus critérios de aceitação e capacitar um usuário, cliente ou outra entidade autorizada a determinar se aceita ou não o sistema.
Teste de caixa-branca	*White-box testing*	(IEEE) Teste que leva em conta os mecanismos internos de um sistema ou componente. Sinônimos: **teste estrutural** (*structural testing*); **teste de caixa-transparente** (*glass-box testing*).
Teste de caixa-cinza	*Gray-box testing*	(Praxis) Teste que ignora os mecanismos internos de um **componente** e focaliza apenas as saídas geradas em resposta a entradas e condições de execução selecionadas. O IEEE usa também para este caso o termo **teste de caixa-preta.**
Teste de caixa-preta	*Black-box testing*	(Praxis) Teste que ignora os mecanismos internos de um sistema e focaliza apenas as saídas geradas em resposta a entradas e condições de execução selecionadas. O IEEE usa o termo também para componentes.

TERMO	VERSÃO EM INGLÊS	DEFINIÇÃO
Teste de desenvolvimento	*Development testing*	(IEEE) Teste formal ou informal realizado durante o desenvolvimento de um sistema ou componente, geralmente pelo desenvolvedor.
Teste de integração	*Integration testing*	(IEEE) Teste no qual componentes são combinados e avaliados para testar a interação entre eles.
Teste de qualificação	*Qualification testing*	(IEEE) Teste realizado para determinar se um sistema ou componente é adequado para uso operacional.
Teste de regressão	*Regression testing*	(IEEE) Teste seletivamente repetido de um sistema ou componente para verificar se alterações não causaram efeitos indesejáveis e se o sistema ou componente mantém a conformidade com seus requisitos especificados.
Teste de sistema	*System testing*	(IEEE) Teste conduzido em um sistema completo integrado, para avaliar sua conformidade com os requisitos especificados.
Teste de unidade	*Unit testing*	(IEEE) Teste individual de unidades ou grupos de unidades.
Teste destrutivo	*Destructive testing*	(Praxis) Teste possivelmente improvisado, que tenta provocar falhas no item sob teste, geralmente fornecendo entradas pouco usuais ou inválidas.
Teste embutido	*Built-in test*	(Praxis) Teste que reside temporária ou definitivamente dentro do código de um sistema.
Teste formal	*Formal testing*	(IEEE) Teste realizado de acordo com planos e procedimentos de teste que foram revistos e aprovados por um cliente, usuário ou nível designado de gerência.
Teste funcional	*Functional testing*	(IEEE) Teste realizado para avaliar a conformidade de um sistema ou componente com os requisitos funcionais especificados. Em outro significado, IEEE usa o termo também como sinônimo de **teste de caixa-preta**.
Teste operacional	*Operational testing*	(IEEE) Teste realizado para avaliar um sistema ou componente em seu ambiente operacional.
Testes	*Testing*	(IEEE) O processo de operar um sistema ou componente sob condições especificadas, observando ou registrando os resultados e avaliando algum aspecto desse sistema ou componente.
Tipo de produto de trabalho	*Work product kind*	(SPEM) Agrupamento lógico de produtos de trabalho.
Transição	*Transition*	1. (UML) Relacionamento entre dois estados, que indica que um objeto no primeiro estado passa para o segundo estado quando certos eventos ocorrem ou certas condições são satisfeitas. Em outro sentido: 2. (Praxis) Fase final de um projeto de desenvolvimento de software, na qual o produto é colocado à disposição de uma comunidade de usuários para testes finais, treinamento e uso inicial.
Treinamento	*Training*	(CMMI) Conjunto de opções formais e informais de aprendizado, selecionadas para cada situação com base na aferição das respectivas necessidades e das deficiências de desempenho que se pretende tratar.

Glossário

TERMO	VERSÃO EM INGLÊS	DEFINIÇÃO
Tutoria	*Coaching*	(P-CMM) Uso de um indivíduo capaz e experimentado para aumentar o conhecimento, as proficiências e habilidades de indivíduos ou grupos; é uma forma de mentoreação que envolve conhecimento especializado e alta proficiência no assunto da mentoreação.
Unidade	*Unit*	1. (IEEE) Elemento separadamente testável do desenho de um componente de software. 2. (IEEE) Parte logicamente separável de um programa. 3. (IEEE) Componente indivisível em outros componentes.
Unidade organizacional	*Organizational unit*	(CMMI) Parte definida de uma organização, que implanta um ou mais processos e tem um contexto coerente de processos e um conjunto coerente de objetivos de negócio.
Usuário	*User*	(PMBoK) Pessoa ou organização que utilizará o produto, serviço ou resultado do projeto.
Validação	*Validation*	1. (IEEE) Processo de avaliar um sistema, produto ou componente no final do processo de desenvolvimento para avaliar se ele satisfaz aos requisitos especificados. Cf. **verificação**, **teste**. 2. (CMMI) Confirmação de que o produto, tal como será provido, atenderá ao uso pretendido.
Verificação	*Verification*	1. (IEEE) Processo de avaliar um sistema, produto ou componente para determinar se os resultados de um passo do respectivo processo de desenvolvimento satisfazem às condições impostas no início do passo. Cf. **validação**, **teste**. 2. (CMMI) Confirmação de que produtos de trabalho refletem corretamente os requisitos especificados para eles.
Versão	*Version*	1. (Praxis) Estágio totalmente operacional de um produto, que é colocado oficialmente em operação. Cf. **liberação**. 2. (IEEE) Liberação inicial ou nova liberação de um item de configuração de software, associada com a completa compilação ou recompilação do item.
Visão	*View*	(IEEE) Uma representação de um sistema inteiro, segundo a perspectiva de um conjunto correlato de preocupações.

Bibliografia

[Abrahamsson+10]	Pekka Abrahamsson, Nilay Oza e Mikko T. Siponen. *Agile Software Development Methods*: A Comparative Review. In Torgeir Dingsøyr, Tore Dybå e Nils Brede Moe. Agile Software Development. Springer, pp. 31-59. 2010. DOI= 10.1007/978-3-642-12575-1_3.
[Ackermann+11]	Fran Ackermann e Colin Eden. *Strategic Management of Stakeholders*: Theory and Practice. Long Range Planning 44(30), pp. 179-196. Jun. 2011. www.sciencedirect.com/science/article/pii/S0024630110000452.
[Adams97]	Scott Adams. *The Dilbert Principle*: A Cubicle's-Eye View of Bosses, Meetings, Management Fads & Other Workplace Afflictions. Harperbusiness, 1997.
[Albuquerque+99]	Jones Albuquerque, Claudionor Coelho Jr., Wilson Pádua e Antônio Otávio Fernandes. Using PSP on Undergraduate Computer Science Programs. *Proceedings of the Symposium on Software Technology –1999 (SoST'99)*. 28th International Conference of the Argentine Informatics and Operations Research Society (SADIO). Buenos Aires – Argentina, Set. 1999.
[Almeida+07]	Vinícius C. de Almeida, Gisele S. Cardoso, Fabiana A. Alves, Bruno S. Pimentel, Clarindo I. P. S. Pádua e Wilson Pádua. *Análise da Capacidade dos Processos de um Mercado Regional de Desenvolvimento de Software*. VI Simpósio Brasileiro de Qualidade de Software – SBQS 2007. Porto de Galinhas – PE, Jun. 2007.
[Alves+06]	Fabiana A. Alves, Gisele S. Cardoso, Vinícius C. de Almeida, Bruno S. Pimentel, Clarindo I. P. S. Pádua e Wilson Pádua. *Aplicação de Métodos Estatísticos para Avaliação da Maturidade de Empresas de Desenvolvimento de Software*. Simpósio Nacional de Probabilidade e Estatística (SINAPE). Jul. 2006.
[Ambler+01]	Scott W. Ambler e Larry Constantine. *The Unified Process Transition and Production Phase*. Cambridge University Press/SIGS Books, 2001.
[Ambler+05]	Scott W. Ambler, John Nalbone e Michael J. Vizdos. *The Enterprise Unified Process*: Extending the Rational Unified Process. Prentice Hall, 2005.
[Ambler00]	Scott W. Ambler. *Writing Robust Java Code*, v17.01d. www.ambysoft.com/downloads/javaCodingStandards.pdf, Jan. 2000.
[Ambler03]	Scott W. Ambler. Agile Model Driven Development Is Good Enough. *IEEE Software* 20(5), 70-73, Set. 2003.
[Ambler04]	Scott W. Ambler. *The Object Primer*: Agile Model-Driven Development with UML 2.0, 3rd Edition. Cambridge University Press, 2004.
[Ambler05]	Scott W. Ambler. *The Elements of UML 2.0 Style*. Cambridge University Press, Maio 2005.

[Ambler05a]	Scott W. Ambler. *The Design of a Robust Persistence Layer for Relational Databases*. An AmbySoft Inc. White Paper. Jun. 2005. www.ambysoft.com/downloads/persistenceLayer.pdf.
[Ambler13]	Scott W. Ambler. *Mapping Objects to Relational Databases*: O/R Mapping in Detail. Agile Data. www.agiledata.org/essays/mappingObjects.html. 2013.
[Anderson+01]	Lorin W. Anderson e David R. Krathwohl (Eds.). *A Taxonomy for Learning, Teaching, and Assessing*: A Revision of Bloom's Taxonomy of Educational Objectives. Addison-Wesley Longman, 2001.
[Bachmann10]	Felix Bachmann, Len Bass, Paul C. Clements, David Garlan, James Ivers, Reed Little, Paulo Merson, Robert Nord e Judith A. Stafford. *Documenting Software Architectures*: Views and Beyond, 2nd Edition. Addison-Wesley, 2010.
[Baldassarre+09]	Maria Teresa Baldassarre, Mario Piattini, Francisco J. Pino e Giuseppe Visaggio. 2009. Comparing ISO/IEC 12207 and CMMI-DEV: towards a mapping of ISO/IEC 15504-7. In: *Proceedings of the Seventh ICSE conference on Software quality (WOSQ'09)*, Bernard Wong (Ed.). IEEE Computer Society, Washington, DC, USA, 59-64.
[Banerjee01]	Gautam Banerjee. *Use Case Points*: an Estimation Approach. www.bfpug.com.br/Artigos/UCP/Banerjee-UCP_An_Estimation_Approach.pdf. Ago. 2001.
[Basili+84]	Victor R. Basili e D. M. Weiss. A Methodology for Collecting Valid Software Engineering Data, *IEEE Transactions on Software Engineering* 10(6), Nov. 1984.
[Bass+12]	Len Bass, Paul Clements e Rick Kazman. *Software Architecture in Practice*. 3rd. Ed. Addison-Wesley, 2012.
[Batista+11]	Vitor A. Batista, Daniela C. C. Peixoto, Eduardo P. Borges, Wilson Pádua, Rodolfo F. Resende e Clarindo Isaías P. S. Pádua. *ReMoFP*: A Tool for Counting Function Points from UML Requirement Models. Advances in Software Engineering, vol. 2011, 2011. DOI=10.1155/2011/495232.
[Batista+12]	Vitor A. Batista, Daniela C. C. Peixoto, Wilson Pádua e Clarindo I. P. S. Pádua. 2012. Using UML stereotypes to support the requirement engineering: a case study. In: *Proceedings of the 12th International Conference on Computational Science and Its Applications* – Volume Part IV (ICCSA'12), Beniamino Murgante, Osvaldo Gervasi, Sanjay Misra, Nadia Nedjah, and Ana C. Rocha (Eds.). Vol. Part IV. Springer-Verlag, Berlin, Heidelberg, 51-66. DOI=10.1007/978-3-642-31128-4_5.
[Bauer+15]	Christian Bauer; Gavin King e Gary Gregory. *Java Persistence with Hibernate*. 2nd edition. Manning Publications, Jul. 2015.
[Beck+89]	Kent Beck e Ward Cunningham. A laboratory for teaching object oriented thinking. *SIGPLAN Not.* 24, 10 (September 1989), 1-6. DOI=10.1145/74878.74879.
[Beck02]	Kent Beck. *Test Driven Development*: By Example. Addison-Wesley, 2002.
[Beck04]	Kent Beck. *Extreme Programming Explained*: Embrace Change. 2nd Edition. Addison-Wesley, 2004.
[Beck99]	Kent Beck. Embracing Change with Extreme Programming. *IEEE Computer* 32(10), Out. 1999.
[Binder00]	Robert Binder. *Testing Object-Oriented Systems*: Models, Patterns, and Tools. Addison-Wesley, 2000.

[Blaha+98]	Michael Blaha e William Premerlani. *Object-Oriented Modeling and Design for Database Applications*. Prentice Hall, 1998.
[Bock04]	Conrad Bock. UML 2 Composition Model. *Journal of Object Technology*, 3(10), Nov.-Dez. 2005.
[Boehm+00]	Barry W. Boehm, Chris Abts, A. Winsor Brown e Sunita Chulani. *Software Cost Estimation with Cocomo II*. Addison-Wesley, 2000.
[Boehm+05]	Barry Boehm, David Klappholz, Ed Colbert, Prajakta Puri, Apurva Jain, Jesal Bhuta e Hasan Kitapci. *Guidelines for Lean Model-Based (System) Architecting and Software Engineering (LeanMBASE)*. http://sunset.usc.edu/cse/pub/research/mbase/MBASE_Guidelines_v2.4.0.pdf.
[Boehm+98]	Barry Boehm, Alexander Egyed, Julie Kwan, Dan Port, Archita Shah e Ray Madachy. Using the WinWin Spiral Model: A Case Study. *IEEE Computer*, 31(7), Jul. 1998.
[Boehm+99]	Barry Boehm, Alexander Egyed, Dan Port, Archita Shah, Julie Kwan e Ray Madachy. *A Stakeholder Win-Win Approach to Software Engineering Education*. Annals of Software Engineering. Jan. 1999.
[Boehm+99a]	Barry Boehm e Dan Port. When Models Collide: Lessons from Software Systems Analysis. *IEEE IT Professional*, 1(1), Jan./Fev. 1999.
[Boehm+99b]	Barry Boehm e Dan Port. Conceptual Modeling Challenges for Model-Based Architecting and Software Engineering (MBASE). In: G. Goos, J. Hartmanis, J. van Leeuwen, Peter P. Chen, Jacky Akoka, Hannu Kangassalu e Bernhard Thalheim, *Conceptual Modeling*: Current Issues and Future Directions. Lecture Notes in Computer Science, Vol. 1565. Springer, 1999. sunset.usc.edu/publications/TECHRPTS/1998/usccse98-513/usccse98-513.pdf.
[Boehm02]	Barry Boehm. Get Ready for Agile Methods, with Care. *IEEE Computer* 35(10), Jan. 2002, pp. 64-69.
[Boehm91]	Barry Boehm. Software Risk Management: Principles and Practices. *IEEE Software*, 8(1), Jan. 1991.
[Boehm96]	Barry Boehm. Anchoring the Software Process. *IEEE Software* 13(4), Jul. 1996.
[Booch+05]	Grady Booch, James Rumbaugh e Ivar Jacobson. *The Unified Modeling Language User Guide*. 2nd Edition. Addison-Wesley, 2005.
[Booch+07]	Grady Booch, Robert A. Maksimchuk, Michael W. Engel, Bobbi J. Young, Jim Conallen e Kelli A. Houston. *Object-Oriented Analysis and Design with Applications*. 3nd. Ed. Benjamin/Cummings, 2007.
[Bourda13]	Fabia McLean Bourda. *Effective Stakeholder Management*. UT Dallas Project Management Symposium. Ago. 2013. http://www.tcs.com/SiteCollectionDocuments/White%20Papers/EntSol-Whitepaper-Stakeholder-Management-0713-1.pdf.
[BRG00]	Business Rules Group. *Defining Business Rules – What Are They Really?* Rev. 1.3 Final Report, Jul. 2000. www.businessrulesgroup.org/first_paper/br01c0.htm.
[Brooks95]	Frederick P. Brooks, Jr. *The Mythical Man-Month*. Addison-Wesley, 1995.
[Campos+05]	Pedro F. Campos e Nuno J. Nunes. CanonSketch: a User-Centered Tool for Canonical Abstract Prototyping. In: *Proceedings of the EHCI-DSVIS'04 Proceedings of the 2004 international conference on Engineering Human Computer Interaction and Interactive Systems*, p. 146-163. Springer-Verlag, 2005.

[Cantor03]	Murray Cantor. Rational Unified Process for Systems Engineering. *The Rational Edge*, Ago. 2003. download.boulder.ibm.com/ibmdl/pub/software/dw/rationaledge/aug03/f_rupse_mc.pdf.
[Cantor03a]	Murray Cantor. Rational Unified Process for Systems Engineering. *The Rational Edge*, Set. 2003. download.boulder.ibm.com/ibmdl/pub/software/dw/rationaledge/sep03/m_systemarch_mc.pdf.
[Cantor03b]	Murray Cantor. Rational Unified Process for Systems Engineering. *The Rational Edge*, Out. 2003. www.ibm.com/developerworks/rational/library/content/RationalEdge/oct03/m_rupse_mc.pdf.
[Carneiro+00]	Rita C. S. Carneiro, Norma L. Martins e Wilson Pádua. Applying a human resources capability model to a computer science department. In: *Workshop de Qualidade de Software*. Simpósio Brasileiro de Engenharia de Software, 14, João Pessoa – PB, 2000.
[Carpenter+95]	Maribeth B. Carpenter e Harvey K. Hallman. *Training Guidelines*: Purchasing Training for a Software Organization. CMU/SEI-95-TR-010. Software Engineering Institute, Pittsburgh – PA, Dez. 1995.
[Carpenter+95a]	Maribeth B. Carpenter e Harvey K. Hallman. *Training Guidelines*: Creating a Training Plan for a Software Organization. CMU/SEI-95-TR-007. Software Engineering Institute, Pittsburgh – PA, Set. 1995.
[Carrington+01]	D. Carrington, B. McEniery e D. Johnston. PSP[SM] in the Large Class, *Proceedings of the 14th Conference on Software Engineering Education and Training (CSEET'01)*. Charlotte – NC, 2001.
[Cheng+95]	Lin Chih Cheng, Carlos Alberto Scapin, Carlos Augusto de Oliveira, Eduardo Krafetuski, Fátima B. Drumond, Flávio S. Boan, Luiz R. Prates e Renato M. Vilela. *QFD*: Planejamento da Qualidade. Escola de Engenharia da UFMG. Fundação Christiano Ottoni. Belo Horizonte, MG, 1995.
[Cheng+96]	Benjamin Cheng e Ross Jeffery. *Comparing Inspection Strategies for Software Requirement Specifications*. Proceedings of 1996 Australian Software Engineering Conference, Jul. 1996.
[Chiavenato09]	Idalberto Chiavenato. *Recursos Humanos*. 9. ed. Rio de Janeiro: Campus, 2009.
[Chillarege92]	Ram Chillarege, Inderpal S. Bhandari, Jarir K. Chaar, Michael J. Halliday, Diane S. Moebus, Bonnie K. Ray e Man-Yuen Wong. Orthogonal Defect Classification – A Concept for In-Process Measurements. *IEEE Transactions on Software Engineering* 18(11), 1992.
[Chrissis+11]	Mary Beth Chrissis, Mike Konrad e Sandra Shrum. *CMMI for Development*: Guidelines for Process Integration and Product Improvement. 3rd Edition. Addison Wesley, 2011.
[Clark+98]	Bradford Clark, Sunita Devnani-Chulani e Barry Boehm. Calibrating the COCOMO II post-architecture model. In: *Proceedings of the 20th international conference on Software engineering (ICSE '98)*. IEEE Computer Society, Washington, DC, USA, 1998.
[CMMI10]	CMMI Product Team. *CMMI for Development, Version 1.3*, Software Engineering Institute, Carnegie Mellon University, Pittsburgh, Pennsylvania, Technical Report CMU/SEI-2010-TR-033, 2010. www.sei.cmu.edu/library/abstracts/reports/10tr033.cfm.
[CMMI10a]	CMMI Product Team. *CMMI for Development Quick Reference*. cmmiinstitute.com/assets/CMMI-DEV_Quick_Ref.pdf.
[Cockburn00]	Alistair Cockburn. *Writing Effective Use Cases*. Addison-Wesley, 2000.

[Cohn08]	Mike Cohn. *Advantages of User Stories for Requirements*. Out. 2008. www.mountaingoatsoftware.com/articles/advantages-of-user-stories-for-requirements.
[Conallen02]	Jim Conallen. *Building Web Applications with UML*. 2nd edition. Addison-Wesley, 2002.
[Constantine+99]	Larry L. Constantine e Lucy A.D. Lockwood. *Software for Use*: A Practical Guide to the Models and Methods of Usage-Centered Design. Addison-Wesley, 1999.
[Constantine01]	Larry L. Constantine. *The Peopleware Papers*: Notes on the Human Side of Programming. 2nd edition. Prentice Hall, 2001.
[Constantine03]	Larry L. Constantine. Canonical Abstract Prototypes for Abstract Visual and Interaction Design. In *Interactive Systems. Design, Specification, and Verification*: 10th International Workshop, DSV-IS 2003, Funchal, Madeira Island, Portugal, Jun. 2003.
[Crain02]	Anthony Crain. Dear Dr. Use Case: Is the Clock an Actor? *The Rational Edge*, Jun. 2002. www.ibm.com/developerworks/rational/library/content/RationalEdge/jun02/DrUseCaseJun02.pdf.
[Crispin+09]	Lisa Crispin e Janet Gregory. *Agile Testing*: A Practical Guide for Testers and Agile Teams. Addison-Wesley. 2009.
[Crispin+14]	Lisa Crispin e Janet Gregory. *More Agile Testing*: Learning Journeys for the Whole Team. Addison-Wesley. 2014.
[Cunningham14]	Ward Cunningham. *User Story and Use Case Comparison*. Nov. 2014. c2.com/cgi/wiki?UserStoryAndUseCaseComparison.
[Curtis+09]	Bill Curtis, William E. Hefley e Sally A. Miller. *People Capability Maturity Model (P-CMM) Version 2.0*, Second Edition. CMU/SEI-2009-TR-003. Software Engineering Institute. Jul. 2009.
[Davis93]	Alan M. Davis. *Software Requirements*: Objects, Functions and States. 2nd Edition. Upper Saddle River – NJ, Prentice-Hall, 1993.
[DeMarco+03]	Tom DeMarco e Timothy Lister. *Waltzing with Bears*: Managing Risk on Software Projects. Dorset House, 2003.
[DeMarco+13]	Tom DeMarco e Timothy Lister. *Peopleware*: Productive Projects and Teams. 3rd Edition. Dorset House, 2013.
[DeMarco95]	Tom DeMarco. *Why Does Software Cost So Much?* And Other Puzzles of the Information Age. Dorset House, 1995.
[DeMarco97]	Tom DeMarco. *The Deadline*: A Novel About Project Management. Dorset House, 1997.
[Dreger89]	J. Brian Dreger. *Function Point Analysis*. Prentice-Hall, 1989.
[Dunsmore+00]	Alastair Dunsmore, Marc Roper e Murray Wood. Object-Oriented Inspection in the Face of Delocalisation. In: *Proceedings of the 2000 International Conference on Software Engineering*, 467-476, 2000.
[Dunsmore+03]	Alastair Dunsmore, Marc Roper e Murray Wood. Practical Code Inspection for Object-Oriented Systems: An Experimental Comparison. *IEEE Software*, 20 (4), 21-29, Jul.-Ago. 2003.
[Dybå+08]	Tore Dybå e Torgeir Dingsøyr. Empirical studies of agile software development: A systematic review. *Inf. Softw. Technol* (50:9-10). Ago. 2008, pp. 833-859. DOI=10.1016/j.infsof.2008.01.006.
[ElEmam01]	Khaled El Emam. *Software Inspection Best Practices*. Cutter Consortium Executive Report 2(9), 2001.

Bibliografia

[Elminir+09]	Hamdy K. Elminir, Eman A. Khereba, Mohamed Abu Elsoud e Ibrahim El-Hennawy. *Application and Evaluation of the Personal Software Process*. International Journal of Basic & Applied Sciences 9(10). Dez. 2009.
[Fenton+14]	Norman E. Fenton e James Bieman. *Software Metrics*: a Rigorous and Practical Approach. CRC Press, Inc. 2014.
[Ferré+01]	Xaver Ferré, Natalia Juristo, Helmut Windl e Larry Constantine. Usability Basics for Software Developers. *IEEE Software*, 17(1), Jan./Fev. 2001, pp. 22-29.
[Florac+97]	William A. Florac, Robert E. Park e Anita D. Carleton. *Practical Software Measurement*: Measuring for Process Management and Improvement. CMU/SEI-97-HB-003, Software Engineering Institute, Abr. 1997. www.sei.cmu.edu/pub/documents/97.reports/pdf/97hb003.pdf.
[Florac+99]	William A. Florac e Anita D. Carleton. *Measuring the Software Process*: Statistical Process Control for Software Process Improvement. Addison-Wesley, Jul. 1999.
[Floyd+93]	Thomas D. Floyd, Stu Levy e Arnold B. Wolfman. *Winning the New Product Development Battle*. IEEE, 1994.
[Fowler03]	Martin Fowler. *A Brief Guide to the Standard Object Modeling Language*. 3rd Edition. Addison-Wesley, 2003.
[Fowler97]	Martin Fowler. *Analysis Patterns: Reusable Object Models*. Addison-Wesley, Reading – MA, 1997.
[Fowler99]	Martin Fowler. *Refactoring*: Improving the Design of Existing Code. Addison-Wesley, 1999.
[Freedman+93]	Daniel P. Freedman e Gerald M. Weinberg. *Manual de Walkthroughs*. Makron Books do Brasil, 1993.
[Freud56]	Sigmund Freud. *Totem und Tabu*. Fischer Bücherei, 1956.
[Gamma+94]	Erich Gamma, Richard Helm, Ralph Johnson e John Vlissides. *Design Patterns*: Elements of Reusable Object-Oriented Software. Addison-Wesley, 1994.
[Garmus+00]	David Garmus e David Herron. *Function Point Analysis*: Measurement Practices for Successful Software Projects. Addison-Wesley, 2000.
[Gibson+06]	Diane L. Gibson, Dennis R. Goldenson e Keith Kost. *Performance Results of CMMI®-Based Process Improvement*. CMU/SEI-2006-TR-004. Software Engineering Institute. Ago. 2006.
[Gigerenzer+91]	Gerd Gigerenzer, Zeno Swijink, Theodore Porter, Lorraine Daston, John Beatty e Lorenz Krüger. On the Tyranny of Hypothesis Testing in the Social Sciences. *Contemporary Psychology*, 36(2), 1991. faculty.washington.edu/gloftus/Downloads/CPChance.pdf.
[Gilb+93]	Tom Gilb e Dorothy Graham. *Software Inspection*. Addison-Wesley, 1993.
[Glass03]	Robert L. Glass. *Facts and Fallacies of Software Engineering*. Addison-Wesley, 2003.
[Glazer+08]	Hillel Glazer, Jeff Dalton, David Anderson, Michael Konrad e Sandra Shrum. *CMMI or Agile*: Why Not Embrace Both! (CMU/SEI-2008-TN-003). Software Engineering Institute, Carnegie Mellon University, 2008. www.sei.cmu.edu/library/abstracts/reports/ 08tn003.cfm.

[Gosling+96]	James Gosling e Henry McGilton. The Java™ Language Environment. *Sun Javasoft*, May. 1996. tech-insider.org/java/research/acrobat/9505.pdf.
[Grönroos14]	Marko Grönroos. *Book of Vaadin*: Vaadin 7 Edition - 4th Revision, 2014, vaadin.com/book.
[Hammond+15]	John S. Hammond, Ralph L. Keeney e Howard Raiffa. *Smart Choices A Practical Guide to Making Better Decisions*. Harvard Business Review Press, 2015.
[Hastie+14]	Shane Hastie e Angela Wick. *User Stories and Use Cases - Don't Use Both!* Mar. 2014. www.batimes.com/articles/user-stories-and-use-cases-dont-use-both.html
[Heinz01]	Lauren Heinz. *Improving Technology Adoption Using INTRo*. Software Engineering Institute (SEI), 2001. www.sei.cmu.edu/library/abstracts/news-at-sei/feature41q01.cfm
[Herbsleb+94]	James Herbsleb, Anita Carleton et al. *Benefits of CMM-Based Software Process Improvement*: Initial Results. Software Engineering Institute, CMU/SEI-94-TR-13, Ago. 1994.
[Heumann03]	Jim Heumann. User experience storyboards: Building better UIs with RUP, UML, and use cases. *The Rational Edge*, Nov. 2003.
[Hitt85]	William D. Hitt. *Management in Action*: Guidelines for New Managers. Batelle Press. Columbus – OH, 1985.
[Hix+93]	Deborah Hix e H. Rex Hartson. *Developing User Interfaces*: Ensuring Usability through Product and Process. New York – NY, Wiley, 1993.
[Humphrey05]	Watts S. Humphrey. *TSP^{SM} Leading a Development Team*. Addison-Wesley, 2005.
[Humphrey90]	Watts S. Humphrey. *Managing the Software Process*. Addison-Wesley, 1990.
[Humphrey95]	Watts S. Humphrey. *A Discipline for Software Engineering*. Addison-Wesley, 1995.
[Humphrey96]	Watts S. Humphrey. *Managing Technical People*: Innovation, Teamwork, and the Software Process. Addison-Wesley, 1996.
[Humphrey97]	Watts S. Humphrey. *Introduction to the Personal Software Process*. Reading – MA, Addison-Wesley, 1997.
[Humphrey99]	Watts S. Humphrey. *Introduction to the Team Software Process*. Reading – MA, Addison-Wesley, 1999.
[Hwang09]	Sun Myung Hwang. Process Quality Levels of ISO/IEC 15504, CMMI and K-model. *International Journal of Software Engineering and Its Applications*. 3(1) Jan. 2009. www.sersc.org/journals/IJSEIA/vol3_no1_2009/4.pdf.
[Hyde00]	Randall Hyde. *Software Development Guidelines*. www.literateprogramming.com/sdg.pdf, Jan. 2000.
[IECS14]	IEEE Computer Society. *Guide to the Software Engineering Body of Knowledge* – Version 3.0. www.computer.org/web/swebok/v3.
[IEEE01]	IEEE. *IEEE 1063 - 2001*. IEEE Standard for Software User Documentation. DOI= 10.1109/IEEESTD.2001.93368. ieexplore.ieee.org/servlet/opac?punumber=7687.
[IEEE03]	IEEE. *ANSI/IEEE 1008-1997(R2003)*. IEEE Standard for Software Unit Testing. 2003. DOI=10.1109/IEEESTD.1986.81001. ieexplore.ieee.org/servlet/opac?punumber=2599.

[IEEE06]	IEEE. *ISO/IEC 16085 - IEEE Std 16085-2006*. Systems and software engineering – Life cycle processes – Risk management. 2nd edition. 2006. DOI=10.1109/IEEESTD.2006.288594. ieeexplore.ieee.org/servlet/opac?punumber=4042191.
[IEEE06a]	IEEE. *ISO/IEC 14764 – IEEE Std 14764-2006 Software Engineering – Software Life Cycle Processes – Maintenance.* DOI= 10.1109/IEEESTD. 2006.235774. ieeexplore.ieee.org/servlet/opac?punumber=11168.
[IEEE08]	IEEE. *ISO/IEC 12207. IEEE Std. 12207-2008, Systems and Software Engineering – Software Life Cycle Processes.* 2nd edition. 2008. DOI=10.1109/IEEESTD.2008.4475826. ieeexplore.ieee.org/servlet/opac?punumber=4475822.
[IEEE08a]	IEEE. *IEEE 829-2008. IEEE Standard for Software and System Test Documentation.* 2008. DOI=10.1109/IEEESTD.2008.4578383. ieeexplore.ieee.org/servlet/opac?punumber=4578271.
[IEEE08b]	IEEE. *IEEE 1028-2008. IEEE Standard for Software Reviews and Audits.* 2008. DOI= 10.1109/IEEESTD.2008.4601584.ieeexplore.ieee. org/servlet/opac?punumber=4601582.
[IEEE09]	IEEE. *IEEE 1044-2009 - IEEE Standard Classification for Software Anomalies. 2009.* DOI=10.1109/IEEESTD.2010.5399061. ieeexplore. ieee.org/servlet/opac?punumber=5399058.
[IEEE10]	IEEE. *IEEE 24765-2010 - Systems and software engineering – Vocabulary.* DOI= 10.1109/IEEESTD.2010.5733835. ieeexplore. ieee.org/servlet/opac?punumber=5733833.
[IEEE11]	IEEE. *IEEE 1490-2011 - IEEE Guide* – Adoption of the Project Management Institute (PMI®) Standard a Guide to the Project Management Body of Knowledge (PMBOK® Guide) – Fourth Edition. 2011. Retirado; cópia disponível em deltarobot.wikispaces.com/file/view/IEEE+Std+1490.pdf.
[IEEE11a]	IEEE. *ISO-IEC-IEEE 42010 - Systems and software engineering – Architecturedescription.*2011.DOI=10.1109/IEEESTD.2011.6129467. ieeexplore.ieee.org/servlet/opac?punumber=6129465.
[IEEE12]	IEEE. *IEEE 828-2012 - Standard for Configuration Management in Systems and Software Engineering.* DOI=10.1109/IEEESTD.2012. 6170935. http://ieeexplore.ieee.org/servlet/opac?punumber=6170933.
[IEEE14]	IEEE. *IEEE Std 730™-2014 - IEEE Standard for Software Quality AssuranceProcesses.*DOI=10.1109/IEEESTD.2014.6835311.ieeexplore. ieee.org/servlet/opac?punumber=6835309.
[IEEE15]	IEEE. *IEEE Std. 1062-2015, IEEE Recommended Practice for SoftwareAcquisition.* DOI: 10.1109/IEEESTD.2016.7419835. ieeexplore. ieee.org/servlet/opac?punumber=7419833.
[IEEE15a]	IEEE. *ISO/IEC/IEEE Std. 16326, Systems and Software Engineering – Life Cycle Processes – Project Management.* DOI: 10.1109/IEEESTD.2009.5372630. ieeexplore.ieee.org/servlet/opac?punumber=5372628.
[IEEE90]	IEEE. *IEEE Std 610.12-1990 Standard Glossary of Software Engineering Terminology.* DOI= 10.1109/IEEESTD.1990.101064. ieeexplore.ieee.org/stamp/stamp.jsp?tp=&arnumber=159342&isnumber=4148.
[IEEE98]	IEEE. *EEE/EIA 12207.1-1997 - IEEE/EIA Industry Implementation of International Standard ISO/IEC 12207:1995 (ISO/IEC 12207) Standard for Information Technology – Software life cycle processes – Life cycle data.* Abr. 1998.

[IEEE98]	IEEE. *IEEE Guide for Information Technology - System Definition - Concept of Operations (ConOps) Document*, IEEE Std 1362-1998, 1998. DOI= 10.1109/IEEESTD.1998.89424. ieeexplore.ieee.org/stamp/stamp.jsp?tp=&arnumber=761853&isnumber=16486.
[IEEE98a]	IEEE. *IEEE Recommended Practice for Software Requirements Specifications.* IEEE Std 830-1998. DOI= 10.1109/IEEESTD.1998.88286. Jun. 1998. ieeexplore.ieee.org/servlet/opac?punumber=5841.
[IFPUG10]	International Function Point Users Group (IFPUG). *Function Point Counting Practices Manual, Release 4.3.1*. Jan. 2010.
[IFPUG13]	International Function Point Users Group (IFPUG). *Software Non-functional Assessment Process (SNAP), Assessment Practices Manual, Release 2.0*. Jan. 2013.
[ISACA12]	ISACA. *COBIT 5 - A Business Framework for the Governance and Management of Enterprise IT*. ISACA, 2012. www.isaca.org/COBIT/Pages/Product-Family.aspx.
[ISO+04]	ISO/IEC. *ISO/IEC 15504-1: Information Technology – Process Assessment – Part 1 – Concepts and Vocabulary.* ISO, 2004. www.iso.org/iso/home/store/catalogue_tc/catalogue_detail.htm?csnumber=38932.
[ISO+06]	ISO/IEC. *14764 IEEE Std 14764-2006 Software Engineering – Software Life Cycle Processes – Maintenance.*
[ISO+08]	ISO/IEC. *ISO/IEC 12207 Systems and software engineering – Software life cycle processes.* ISO, 2008. www.iso.org/iso/catalogue_detail?csnumber=43447.
[ISO+09]	ISO/IEC 20926:2009 *Software and systems engineering – Software measurement – IFPUG functional size measurement method.* 2009.
[ISO+10]	ISO/IEC *25010 – Systems and software engineering – Systems and software Quality Requirements and Evaluation (SQuaRE) – System and software quality models.* 2010.
[ISO+11]	ISO/IEC. *ISO/IEC 20000 Information Technology – Service Management – Part 1: Service management system requirements.* ISO, 2011. www.iso.org/iso/catalogue_detail?csnumber=51986.
[ISO+11a]	ISO/IEC/IEEE *ISO/IEC/IEEE 29148:201129148-2011 – Systems and software engineering – Life cycle processes – Requirements engineering.* Dec. 2011. DOI= 10.1109/IEEESTD.2011.6146379. ieeexplore.ieee.org/servlet/opac?punumber=6146377.
[ISO+15]	ISO/IEC. *ISO/IEC 33001 Information technology – Process assessment – Concepts and terminology.* webstore.iec.ch/publication/21902.
[Jacobson+97]	Ivar Jacobson, Martin Griss e Patrik Jonsson. *Software Reuse*: Architecture, Process and Organization for Business Success. Addison-Wesley, 1997.
[Jacobson+99]	Ivar Jacobson, James Rumbaugh e Grady Booch. *The Unified Software Development Process*. Addison-Wesley, 1999.
[Jacobson94]	Ivar Jacobson. *Object-Oriented Software Engineering*: A Use Case Driven Approach. Addison-Wesley, 1994.
[Janoske+12]	Melissa Janoske e Ben Sheppard. *Understanding Risk Communication Best Practices*: A Guide for Emergency Managers and Communicators. Report to Human Factors/Behavioral Sciences Division, Science and Technology Directorate, U.S. Department of Homeland Security. Maio 2012. https://www.start.umd.edu/start/publications/UnderstandingRiskCommunicationBestPractices.pdf.

[Johnson+98]	Ph. M. Johnson e A. M Disney. The Personal Software Process: A Cautionary Case Study. *IEEE Software* 15(6) Nov. 1998.
[Johnson+99]	Ph. M. Johnson e A. M Disney. A Critical Analysis of PSP Data Quality: Results from a Case Study. *Journal of Empirical Software Engineering*. Dez. 1999.
[Johnston04]	Simon Johnston. *Rational UML Profile for Business Modeling*. Jul. 2004.
[Jones00]	Capers Jones. *Software Assessments, Benchmarks, and Best Practices*. Addison-Wesley, 2000.
[Jones07]	Capers Jones. *Estimating Software Costs*: Bringing Realism to Estimating. McGraw-Hill, 2007.
[Jones94]	Capers Jones. *Assessment and Control of Software Risks*. Yourdon Press – Prentice-Hall, 1994.
[Kamatar+00]	J. Kamatar, W. Hayes. An Experience Report on the Personal Software Process. *IEEE Software*, 17(6). Nov. 2000.
[Keil+98]	Mark Keil, Paul E. Cule, Kalle Lyytinen e Roy C. Schmidt. A Framework for Identifying Software Process Risks. *CACM* 41(11), Nov. 1998.
[Kerievsky+04]	Joshua Kerievsky. *Refactoring to Patterns*. Addison-Wesley, Ago. 2004.
[Klepe+03]	S. Klepe, S. Warmer e W. Bast. *MDA Explained, The Model Driven Architecture*: Practice and Promise. Addison Wesley, 2003.
[Koolmanojwong+07]	Supannika Koolmanojwong e Barry Boehm. An Empirical Study on MBASE and Lean MBASE. *First International Symposium on Empirical Software Engineering and Measurement*. Set. 2007.
[Kowalenko12]	Kathy Kowalenko. Licensing Software Engineers Is in the Works. *IEEE The Institute*, Fev. 2012. theinstitute.ieee.org/career-and-education/career-guidance/licensing-software-engineers-is-in-the-works.
[Kruchten03]	Philippe Kruchten. *The Rational Unified Process – An Introduction*. 2nd Edition. Addison-Wesley, 2003.
[Laitenberger+00]	Oliver Laitenberger, Colin Atkinson e Khaled El Emam. *Using Inspection Technology in Object-oriented Development Projects*. National Research Council Canada – Institute for Information Technology – NRC/ERB-1077. Jun. 2000.
[Laitenberger+01]	Oliver Laitenberger, Khaled El Emam e Thomas G. Harbich. An Internally Replicated Quasi- Experimental Comparison of Checklist and Perspective-Based Reading of Code Documents. *IEEE Transactions on Software Engineering* 27(5), May 2001.
[Laplante+04]	Phillip Laplante e Colin J. Neill. The Demise of the Waterfall Model Is Imminent and Other Urban Myths. *Game Development* 1(10), Fev. 2004. www.acmqueue.com/modules.php?name=Content&pa=showpage&pid=110.
[Laplante+11]	Phillip A. Laplante e Seppo J. Ovaska. *Real-Time Systems Design and Analysis*: Tools for the Practitioner. 4th Edition. Wiley-IEEE Press, 2011.
[Laplante03]	Phillip Laplante. Stand and Deliver: Why I Hate Stand-Up Meetings. *Power* 1(7), Out. 2003. www.acmqueue.org/modules.php?name=Content&pa=showpage&pid=71.
[Laplante13]	Phillip Laplante. Misconceptions About Licensing Software Engineers. *IEEE The Institute*, Nov. 2013. http://theinstitute.ieee.org/ieee-roundup/members/achievements/misconceptions-about-licensing-software-engineers.

[Larman+03]	Craig Larman e Victor R. Basili. Iterative and Incremental Development: A Brief History. *IEEE Computer* 36(6), p. 47-56, Jun. 2003.
[Larman01]	Craig Larman. *Applying UML and Patterns*: An Introduction to Object-Oriented Analysis and Design, and the Unified Process. Prentice Hall, 2001.
[Levine01]	Linda Levine. Integrating knowledge and process in a learning organization. *Information Systems Management*, 18(1), p. 21-33, Winter 2001.
[Longstreet02]	David Longstreet. *Function Points Analysis Training Course*. Mar. 2002. www.softwaremetrics.com/Function%20Point%20Training%20Booklet%20New.pdf.
[Matharu+15]	Gurpreet Singh Matharu, Anju Mishra, Harmeet Singh, e Priyanka Upadhyay. Empirical Study of Agile Software Development Methodologies: A Comparative Analysis. *SIGSOFT Softw. Eng. Notes* (40:1). Fev. 2015, p. 1-6. DOI=10.1145/2693208.2693233.
[McConnell03]	Steve McConnell. *Professional Software Development*: Shorter Schedules, Higher Quality Products, More Successful Projects, Enhanced Careers. Addison-Wesley, Jul. 2003.
[McConnell04]	Steve McConnell. *Code Complete*. 2nd Edition. Microsoft Press, 2004.
[McConnell06]	Steve McConnell. *Software Estimation*: Demystifying the Black Art. Microsoft Press, 2006.
[McConnell96]	Steve McConnell. *Rapid Development*: Taming Wild Software Schedules. Microsoft Press, 1996.
[McFeeley96]	Bob McFeeley. *IDEAL*: A User's Guide for Software Process Improvement. CMU/SEI-96-HB-001. Software Engineering Institute, Pittsburgh – PA, Feb. 1996. www.sei.cmu.edu/library/abstracts/reports/96hb001.cfm.
[Mellor+04]	Stephen J. Mellor, Kendall Scott, Axel Uhl e Dirk Weise. *MDA Distilled*: Principles of Model-Driven Architecture. Addison Wesley, 2004.
[Melo+13]	Claudia de O. Melo, Daniela S. Cruzes, Fabio Kon e Reidar Conradi. Interpretative case studies on agile team productivity and management. *Inf. Softw. Technol.* (55:2), p. 412-427. Fev. 2013. DOI=10.1016/j.infsof.2012.09.004.
[Miller56]	George A. Miller. The Magical Number Seven, Plus or Minus Two: Some Limits on our Capacity for Processing Information. *Psychological Review*, 63, 81-97, 1956. psychclassics.yorku.ca/Miller.
[Moniruzzaman+13]	A. B. M. Moniruzzaman e Syed Akhter Hossain. *Comparative Study on Agile Software Development Methodologies*. CoRR 2013. arxiv.org/abs/1307.3356.
[Moore03]	Melody M. Moore. A License to Practice Software Engineering. *IEEE Software* 20 (30, Maio 2003, pp. 112-113). dx.doi.org/10.1109/MS.2003.1196335.
[Mulcahy03]	Rita Mulcahy. *Risk Management*: Tricks of the Trade for Project Managers. RMC Publications. Set. 2003.
[Mutafelija+03]	Boris Mutafelija e Harvey Stromberg. *ISO 9001*:2000 – CMMI v1.1 Mappings. Jul. 2003.
[Mutafelija+03a]	Boris Mutafelija e Harvey Stromberg. *Systematic Process Improvement Using ISO 9001*: 2000 and CMMI. Artech House, 2003.

Bibliografia

[Mutafelija+09]	Boris Mutafelija e Harvey Stromberg. *Process Improvement with CMMI v1.2 and ISO Standards*. 2009. www.crcnetbase.com/doi/pdf/10.1201/9781420052848.fmatt.
[Navathe+10]	Shamkant Navathe e Ramez Elmasri. *Fundamentals of Database Systems*. 6th Edition. Reading – MA, Addison-Wesley, 2010.
[Neill+03]	Colin J. Neill e Phillip A. Laplante. Requirements engineering: the state of the practice. *IEEE Software* 20(6), p. 40-45. Nov./Dec. 2003.
[Nguyen+08]	Vu Nguyen, Bert Steece e Barry Boehm. A constrained regression technique for COCOMO calibration. In: *Proceedings of the Second ACM-IEEE international symposium on Empirical software engineering and measurement (ESEM '08)*. ACM, New York, 2008. DOI=10.1145/1414004.1414040.
[Nielsen+06]	Jakob Nielsen e Hoa Loranger. *Prioritizing Web Usability*. New Riders Publishing, 2006.
[Niessink+97]	F. Niessink e H. van Vliet. Predicting maintenance effort with function points. *Proceedings International Conference on Software Maintenance*, p.32-39, Oct. 1997. DOI= 10.1109/ICSM.1997.624228.
[Nurkiewicz12]	Tomasz Nurkiewicz. *Java Coding Conventions considered harmful*. nurkiewicz.blogspot.com.br/2012/10/java-coding-conventions-considered.html.
[OMG08]	OMG. *Software & Systems Process Engineering Meta-Model Specification, v2.0*. Formal/2008-04-01. Abr. 2008. www.omg.org/spec/SPEM/2.0/PDF.
[OMG13]	OMG. *Unified Modeling Language*: Testing Profile, Version 1.2. Formal/2013-04-03. Abr. 2013. OMG. www.omg.org/spec/UTP/1.2/PDF.
[OMG14]	OMG. *Object Constraint Language Version 2.4*. Formal/2014-02-03 Fev. 2014. www.omg.org/spec/OCL/2.4/PDF.
[OMG14a]	OMG. *UML Profile for BPMN Processes. Version 1.0*. Formal/2014-07-01. www.omg.org/spec/BPMNProfile/1.0.
[OMG15]	OMG. *Unified Modeling Language™ (OMG UML) Version 2.5*. Formal/2015-03-01. Mar. 2015. www.omg.org/spec/UML/2.5/PDF.
[Pádua+03]	Wilson Pádua, Fabiana T. Machado, Fernanda P. Drumond, Márcia M. Nogueira e Gisele R. Mesquita Ferreira. *Aplicação da Fase de Diagnóstico de um Processo para Melhoria de Organizações Técnicas*. In: Anais do V Simpósio Internacional de Melhoria de Processos de Software (SIMPROS'2003). Recife – PE, pp. 71-80, Out. 2003.
[Pádua+06]	Clarindo I. P. S. Pádua, Bruno Pimentel, Wilson Pádua e Fabiana T. Machado. Transitioning model-driven development from academia to real life. In: *Proceedings of Educators' Symposium of the ACM/IEEE 9th International Conference on Model Driven Engineering Languages and Systems*. Gênova, Itália, Out. 2006.
[Pádua03]	Wilson Pádua. A Process-based Software Engineering Course: Some Experimental Results. In: *Proceedings of 2nd Ibero-American Symposium on Software Engineering and Knowledge Engineering*. Valdivia, Chile, Nov. 2003.
[Pádua05]	Wilson Pádua. A Model-driven Software Process for Course Projects. In: *Proceedings of Educators' Symposium of the ACM/IEEE 8th International Conference on Model Driven Engineering Languages and Systems*. Montego Bay, Jamaica, Out. 2005.

[Pádua05a]	Wilson Pádua. Process Issues in Course Projects. In: *Proceedings of the 27th. International Conference on Software Engineering*, Saint-Louis, Missouri, EUA, Mai. 2005. DOI=10.1145/1062455.1062574.
[Pádua06]	Wilson Pádua. A Software Process for Time-constrained Course Projects. In: *Proceedings of the 28th. International Conference on Software Engineering*, Shanghai – China, Mai. 2006. DOI=10.1145/1134285.1134397.
[Pádua06a]	Wilson Pádua. Quality Gates in Use-Case Driven Development. In: *Proceedings of the 28th. International Conference on Software Engineering*, Shanghai – China, Mai. 2006 DOI=10.1145/1137702.1137710.
[Pádua07]	Wilson Pádua. Using Model-Driven Development in Time-Constrained Course Projects. In: *Proceedings of the 20th Conference on Software Engineering Education and Training*, p. 133-140. Dublin, Irlanda, Jul. 2007. DOI=10.1109/CSEET.2007.55.
[Pádua09]	Wilson Pádua. Using Quality Audits to Assess Software Course Projects. In: *22th Conference on Software Engineering Education and Training*, p. 162-165. Hyderabad, India, Fev. 2009. DOI=10.1109/CSEET.2009.12.
[Pádua10]	Wilson Pádua. Measuring Complexity, Effectiveness and Efficiency in Software Course Projects. In: *Proceedings of the 32th.* ACM/IEEE International Conference on Software Engineering, p. 545-554. Cidade do Cabo, África do Sul, Maio 2010. DOI=10.1145/1806799.1806878.
[Pádua11]	Wilson Pádua. *Multimídia*: Conceitos e Aplicações. 2. ed. Rio de Janeiro: LTC, 2011.
[Park+96]	Robert E. Park, Wolfhart B. Goethert e William A. Florac. *Goal-Driven Software Measurement* – A Guidebook. CMU/SEI-96-HB-002. Software Engineering Institute, Pittsburgh – PA, Ago. 1996.
[Parnas+86]	David L. Parnas e Paul C. Clements. (1986). A rational design process: How and why to fake it. *IEEE Transactions on Software Engineering* 12(2), 251-257.
[Parrish+04]	Allen Parrish, Randy Smith, David Hale e Joanne Hale. A Field Study of Developer Pairs: Productivity Impacts and Implications. *IEEE Software*, 21(5), Set.-Out. 2004.
[Paulk+95]	Mark C. Paulk, Charles V. Weber, Bill Curtiss e Mary Beth Chrissis. *The Capability Maturity Model*: Guidelines for Improving the Software Process. Addison-Wesley, 1995.
[Paulk04]	Mark C. Paulk. *Surviving the Quagmire of Process Models, Integrated Models, and Standards*. Institute for Software Research. Paper 15 (2004). repository.cmu.edu/isr/15.
[Pawson04]	Richard Pawson. *Naked objects*. Ph.D. Thesis. Department of Computer Science, Trinity College, Dublin, Jun. 2004. isis.apache.org/resources/thesis/Pawson-Naked-Objects-thesis.pdf.
[Penker+00]	Magnus Penker e Hans-Erik Eriksson. *Business Modeling With UML*: Business Patterns at Work. New York: John Wiley, 2000.
[Perry06]	William Perry. *Effective Methods for Software Testing*. 3rd Edition. New York: John Wiley, 2006.
[Petre13]	Marian Petre. UML in practice. In: *Proceedings of the 2013 International Conference on Software Engineering (ICSE '13)*, pp. 722-731. Maio 2013.

[Phillips+10]	Mike Phillips e Sandy Shrum. *Process Improvement for All*: What to Expect from CMMI Version 1.3. www.crosstalkonline.org/storage/issue-archives/2010/201001/201001-Phillips.pdf.
[Pimentel+04]	Bruno Pimentel, Wilson Pádua, Clarindo I. P. S. Pádua e Fabiana T. Machado. Synergia – A Software Engineering Laboratory to Bridge the Gap between University and Industry. In: *Proceedings of the Third International Summit on Software Engineering Education (SSEE III)*. 28th. International Conference on Software Engineering. Shanghai - China (Maio 2006).
[PinheiroDaSilva+03]	Paulo Pinheiro da Silva e Norman W. Paton. User Interface Modeling in UMLi. *IEEE Software*, 20(4), Jul.-Ago. 2003.
[PMI17]	Project Management Institute. Um guia do Conhecimento em Gerenciamento de Projetos (Guia PMBOK), sexta edição, 2017.
[Pomeroy-Huff+09]	Marsha Pomeroy-Huff, Robert Cannon, Timothy A. Chick, Julia Mullaney e William Nichols. *The Personal Software Process^{SM} (PSP^{SM}) Body of Knowledge*, Version 2.0. Ago. 2009. www.sei.cmu.edu/reports/09sr018.pdf.
[Poppendieck+09]	Mary Poppendieck e Tom Poppendieck. *Leading Lean Software Development*: Results are not the Point. Addison-Wesley Professional. 2009.
[Pressman04]	Roger Pressman. *Software Engineering*: A Practitioner's Approach. 6th Edition, McGraw-Hill, 2004.
[Putnam+03]	Lawrence H. Putnam e Ware Myers. *Five Core Metrics*: The Intelligence Behind Successful Software Management. Dorset House Publishing Company, Maio 2003.
[Robertson+06]	Suzanne Robertson e James Robertson. *Mastering the Requirements Process*. 2nd Edition. Addison-Wesley, 2006.
[Rosenberg+07]	Doug Rosenberg e Matt Stephens. *Use Case Driven Object Modeling with UML*: Theory and Practice. Addison-Wesley, 2007.
[Ross12]	Ronald S. Ross. *Guide for Conducting Risk Assessments*. Special Publication (NIST SP) - 800-30 Rev 1. Set. 2012. DOI=dx.doi.org/10.6028/NIST.SP.800-30r1.
[Rossi+08]	Gustavo Rossi, Oscar Pastor, Daniel Schwabe e Luis Olsina. *Web Engineering*: Modelling and Implementing Web Applications. Springer-Verlag, 2008.
[Royce98]	Walker E. Royce. *Software Project Management*: A Unified Framework. Addison-Wesley Longman, 1998.
[Rozanski+11]	Nick Rozanski e Eóin Woods. *Software Systems Architecture*: Working with Stakeholders Using Viewpoints and Perspectives. 2nd Edition. Addison-Wesley, 2011.
[Rumbaugh+05]	James Rumbaugh, Ivar Jacobson e Grady Booch. *The Unified Modeling Language Reference Manual*. 2nd Edition. Addison-Wesley, 2005.
[Rumbaugh91]	James Rumbaugh, Michael Blaha, William Premerlani, Frederick Eddy e William Lorensen. *Object-Oriented Modeling and Design*. Englewood Cliffs, NJ, Prentice Hall, 1991.
[Runeson01]	P. Runeson. Experiences from Teaching PSP for Freshmen. *Proceedings of the 14th Conference on Software Engineering Education and Training (CSEET'01)*. Charlotte – NC, 2001.

[Sampaio+05]	Augusto Sampaio, Carlos Albuquerque, João Vasconcelos, Luckerson Cruz, Luis Figueiredo e Sergio Cavalcante. Software Test Program: A Software Residency Experience. In: *Proceedings of the 27th. International Conference on Software Engineering*. Saint-Louis, Missouri, EUA, Maio 2005.
[SCAMPI11]	SCAMPI Upgrade Team. *Standard CMMI Appraisal Method for Process Improvement (SCAMPI) A, Version 1.3*: Method Definition Document (CMU/SEI-2011-HB-001). Software Engineering Institute, Carnegie Mellon University, 2011. www.sei.cmu.edu/library/abstracts/reports/11hb001.cfm.
[Schaffer04]	Eric M. Schaffer. *How to Develop an Effective GUI Standard*. Human Factors International, Inc. www.humanfactors.com/downloads/guistandards.pdf.
[ScrumStudy13]	ScrumStudy. A Guide to the Scrum Body of Knowledge (SBOK™ Guide). 2013. www.scrumstudy.com/download-free-SBOK.asp?lan=en; versão em português www.scrumstudy.com/download-free-SBOK.asp?lan=pt.
[Sheard01]	Sarah A. Sheard. Evolution of the frameworks quagmire. *IEEE Computer*, 34(7), Jul 2001.
[Sheppard+12]	Ben Sheppard, Melissa Janoske e Brooke Liu. *Understanding Risk Communication Theory*: A Guide for Emergency Managers and Communicators. Report to Human Factors/Behavioral Sciences Division, Science and Technology Directorate, U.S. Department of Homeland Security. Maio 2012. http://www.start.umd.edu/sites/default/files/files/publications/UnderstandingRiskCommunicationTheory.pdf.
[Shneiderman+09]	Ben Shneiderman e Catherine Plaisant. *Designing the User Interface*: Strategies for Effective Human-Computer Interaction. 5th Edition. Addison-Wesley, 2009.
[Shull+00]	Forrest Shull, Ioana Rus e Victor Basili. How Perspective-Based Reading Can Improve Requirements Inspections. *IEEE Computer*, 33(7), Jul. 2000.
[Simmons02]	Dick B. Simmons. Software engineering licenses in Texas. *Proceedings. 26th Annual International Computer Software and Applications Conference (COMPSAC)*, 2002.
[Siviy+05]	Jeannine Siviy, M. Lynn Penn e Erin Harper. *Relationships Between CMMI and Six Sigma*. Technical Note CMU/SEI-2005-TN-005. Dez. 2005. www.sei.cmu.edu/reports/05tn005.pdf.
[Smith08]	Bill Smith. *IBM Rational Architecture Management software model structure guidelines Part 1*. Fundamentals IBM Rational Software, Set. 2008. public.dhe.ibm.com/software/dw/rational/pdf/ArchtMgt_SW_series_Part1.pdf.
[Smith08a]	Bill Smith. *IBM Rational Architecture Management software model structure guidelines Part 2*. Classic Rational Unified Process. IBM Rational Software, Set. 2008. public.dhe.ibm.com/software/dw/rational/pdf/ArchtMgt_SW_series_Part2.pdf.
[SOFTEX15a]	SOFTEX. *MPS.BR - Melhoria de Processo do Software Brasileiro – Guia de Avaliação Parte I – Processo e Método de Avaliação MA-MPS*. SOFTEX. Nov. 2015. www.softex.br/wp-content/uploads/2013/07/MPS.BR_Guia_de-Avaliacao_2015-Parte-1-08-out.pdf.
[SOFTEX15b]	SOFTEX. *MPS.BR - Melhoria de Processo do Software Brasileiro - Guia de Avaliação Parte II: Requisitos para Instituições Avaliadoras e Avaliadores MA-MPS*. SOFTEX. Nov. 2015. www.softex.br/wp-content/uploads/2013/07/MPS.BR_Guia_de-Avaliacao_2015-Parte-2-_20-out.pdf.

[SOFTEX16]	SOFTEX. *MPS.BR - Melhoria de Processo do Software Brasileiro – Guia Geral MPS de Software*. SOFTEX. Jan. 2016. www.softex.br/wp-content/uploads/2013/07/MPS.BR_Guia_Geral_Software_2016.pdf.
[Stuart11]	Jenny Stuart. *Professional Development Ladder*. 2011. www.construx.com/uploadedFiles/Construx/Construx_Content/Resources/White_Papers/Construx%20Professional%20Dev%20Ladder.pdf.
[Sun01a]	Sun Microsystems Inc. *Java Look and Feel Design Guidelines*. 2nd Edition. Addison-Wesley, 2001. www.oracle.com/technetwork/java/jlf-135985.html.
[Sun01b]	Sun Microsystems Inc. un. *Java Look and Feel Design Guidelines*: Advanced Topics. Addison-Wesley, 2001. www.oracle.com/technetwork/java/index-136139.html.
[Sun97]	Sun Microsystems Inc. *Java Code Conventions*. Set. 1997. www.oracle.com/technetwork/java/codeconventions-150003.pdf.
[Sutherland+13]	Jeff Sutherland and Ken Schwaber. *Scrum Guide™*. Scrum Inc. Jul. 2013. www.scrumguides.org/docs/scrumguide/v1/Scrum-Guide-US.pdf; versão brasileira www.scrumguides.org/docs/scrumguide/v1/Scrum-Guide-Portuguese-BR.pdf.
[Umphress+02]	D. A. Umphress e J.A. Hamilton Jr. Software Process as a Foundation for Teaching, Learning, and Accrediting. In: *Proceedings of the 15th Conference on Software Engineering Education and Training (CSE-ET´02)*. Covington – KY, 2002.
[Vause09]	Jordan Vause. *Painting a Building*: A Conceptual Reconstruction Based upon the IDEAL Model. In: SEI. The *IDEAL Model*. Archived Web Pages. 2009. www.sei.cmu.edu/library/abstracts/presentations/idealmodelported.cfm.
[Vermeulen+00]	Alan Vermeulen, Scott W. Ambler, Greg Bumgardner, Eldon Metz, Trevor Misfeldt, Jim Shur e Patrick Thompson. *The Elements of Java Style*. Cambridge University Press, 2000.
[Waardenburg+13]	Guus Van Waardenburg e Hans Van Vliet. 2013. When agile meets the enterprise. *Inf. Softw. Technol.* (55:12). Dez. 2013. Pp. 2154-2171. DOI=10.1016/j.infsof.2013.07.012.
[Weber+05]	Erik Weber e Leen De Vreese. The Causes and Cures of Scurvy: How Modern was James Lind's Methodology? *Logic and Logical Philosophy*, Volume 14, 2005. logica.ugent.be/centrum/preprints/L&LP-Scurvy.pdf.
[Weinberg93]	Gerald M. Weinberg. *Software com Qualidade*: Pensando e Idealizando Sistemas. São Paulo: Makron Books do Brasil, 1993.
[Wells13]	Don Wells. *Extreme Programming*: A Gentle Introduction. Out. 2013. www.extremeprogramming.org.
[White04]	Stephen A. White. *Process Modeling Notations and Workflow Patterns*. IBM, Jan. 2004. www.bptrends.com/publicationfiles/03-04%20WP%20Notations%20and%20Workflow%20Patterns%20-%20White.pdf.
[White04a]	Stephen A. White. *Introduction to BPMN*. IBM, Maio 2004. resources.bizagi.com/docs/Introduction%20to%20BPMN.pdf.
[Wiegers01]	Karl E. Wiegers. *Peer Reviews in Software*: A Practical Guide. Addison-Wesley, 2001.
[Williams+00]	Laurie Williams, Robert R. Kessler, Ward Cunningham e Ron Jeffries. Strengthening the Case for Pair-Programming. *IEEE Software*, 17(4), Jul.-Ago. 2000.

[Wohlin+00]	Claes Wohlin, Per Runeson, Martin Höst, Magnus C. Ohlsson, Björn Regnell e Anders Wesslén. *Experimentation in Software Engineering*: An Introduction. Springer-Verlag, 2000.
[Yang+05]	Ye Yang, Zhihao Chen, Ricardo Valerdi e Barry Boehm. Effect of Schedule Compression on Project Effort. *Proc. 27th Conference of the International Society of Parametric Analysis*, Denver, CO, USA. 2005.
[Yourdon03]	Edward Yourdon. *Death March*. 2nd Edition. Prentice-Hall, 2003.

Índice

A

Abertura e acompanhamento da iteração, 229
Aceitação, 204
  do produto, 464
Acompanhamento, 217
  de esforços e prazos, 174
Acurácia, 155
Adivinhação das hipóteses, 395
Administração da infraestrutura, 381
Administrador
  de configurações, 260, 262
  de dados, 367, 376
  de recursos computacionais, 367
  de redes, 375
  de segurança, 375
  de sistemas, 367, 375
  de Web, 376
Aferição(ões)
  das proficiências, 297, 329, 483
  de processo, 297, 473, 302
    oficial, 303
    real, 306
Agente(s)
  da gestão da qualidade, 76
  de negócio (business worker), 6
  de serviço (case worker), 6
  de suporte, 367
    aos usuários, 376
Algoritmos de caminho crítico (PERT-CPM), 170
Alteração(ões)
  de processos, 309
  de requisitos, 289
Ambiente(s), 360
  da organização produtora, 4
  Eclipse, 263
Ambiguidade de causalidade, 394
Análise(s)
  arquitetônica de sistema, 366
  causal, 253, 306, 310, 475
  da manutenção, 288
  da operação do sistema, 366
  das causas fundamentais, 310
  das soluções de compromisso, 239
  de competências, 406
  de negócio, 361
  do defeito, 455
  do problema e da modificação, 468

interpretação e, 398
  qualitativa dos riscos, 199
  quantitativa, 342
    dos processos, 297, 344, 345, 487
    dos riscos, 202
  resolução
    de causas e, 48
    de decisões e, 45, 235
  validação da inovação e, 357, 502
Anomalia, 84
Aplicação da análise quantitativa, 347
Apreciação (appraisal), 28
  de processos, 302
Apresentação e empacotamento, 402
Aprovisionamento (procurement), 68
Aquisição de solução externa, 499
Áreas, 359
  de alta maturidade, 35
  de processo (process areas), 30, 35
Arquitetura(s)
  da organização, 378
  de processo, 317
  do CMMI, 30
Aspectos descritivos, 312
Ativação do projeto, 229, 431
Atividades de nível, 135
  da organização, 377
  de projetos, 361
Atores de negócio, 4
Atribuição de prioridades, 496
Auditoria(s), 109
  da organização, 109, 115, 296
  da qualidade, 109, 110, 262, 426
  de gestão de configurações, 277
Autoria em pares, 88
Avaliação(ões)
  da capacidade do processo, 346
  da estabilidade, 346
  da validade, 393
  das propostas e seleção do fornecedor, 464
  de recursos tecnológicos, 323, 326, 482
  de uso, 107, 424
  do aproveitamento dos treinandos, 336
  do estado atual, 494

do processo e identificação de oportunidades de melhoria, 465
  do programa de treinamento, 337
  do treinamento por parte dos treinandos, 336
  quanto ao benefício do treinamento para a organização, 336

B

Balanceamento, 392
Bibliotecas
  de processos, 299, 336
  do patrimônio de processos da organização, 299
Bloqueamento, 392
Bugzilla, 120
Business Process Modeling Notation (BPMN), 362

C

Capability Maturity Model Integration (CMMI), 25, 29, 122, 135
  para desenvolvimento (CMMI-DEV), 29
Capacidade do processo, 57, 346
Capacitação em gestão de pessoas, 191
Caracterização do estado desejado, 494
Carreira(s), 405
  em Y, 408
  no P-CMM, 406
Cartas de controle, 187, 346
Caso de uso
  de extensão, 317
  de negócio, 4
Categorias, 283
Causa(s)
  comum de variação, 33, 344
  especial de variação, 33, 344
  fundamentais (root causes), 310
Ciência da computação, 295, 405
Classe
  A, 49
  B, 49
  C, 49

Índice

Classificação de severidade, 118
Código de ética, 409
Coeficiente de variação, 400
Coleta de dados, 485
Comissão de controle de configurações (CCC), 260, 282
Commercial off-the-shelf (COTS), 4, 220
Compensação
  de equalização, 394
  de rivalidade, 394
Complexidade e contagem, 128
Componentes
  esperados, 33
  requeridos, 33
Conceitos básicos do EPF, 313
Concretização ou materialização do risco, 198
Condições para a melhoria de processos, 23
Cone de incerteza, 157
Conference on Software Engineering Education and Training (CSEET), 410
Conferência das alterações, 448
Confiabilidade
  da aplicação dos tratamentos, 394
  das medidas, 394
Confiança e competência, 221
Construção, 135
  da prova de conceito da arquitetura de sistema, 366
  em estágios, 14
Contagem, 202
  de linhas de código, 134
  de pontos de função, 127
    não ajustados, 130
Control Objectives for Information and Related Technology (COBIT), 69, 359
Controle
  do envolvimento, 255
  do escopo, 144
  do projeto, 434
Convergência de estimativas, 168
Criação
  de alternativas, 238
  de conteúdo, 360, 368
  de linha de base, 275
    de referência, 240, 444
Critério
  de aprovação, 115
  de classificação, 116
  de teste, 116
Cronograma do projeto, 225
Curva de aprendizado, 20
Custo
  adicional, 204
  de pessoal, 212

D

Dados
  do experimento, 396
  dos grupos de suporte, 342

dos projetos e produtos, 341
Decomposição com recomposição, 168
Definição
  do problema, 237
  do projeto de inovação, 490
  dos processos da organização, 44
Descrição
  das consequências, 238
  do defeito, 118
  do experimento, 389
  do processo, 312, 318
  estatística, 398
Desempenho dos processos da organização, 46
Desenhista(s)
  de interfaces de usuário, 369
  de testes, 261
Desenho(s)
  da operação do sistema, 366
  de processo, 317, 477
  do experimento, 392
  preliminar (*early design*), 162, 172
Desenvolvedor de cursos, 369, 373
Desenvolvimento
  da abordagem, 496
  das recomendações, 494
  de carreiras, 406
  de competências, 406
  de norma, 297, 310, 313, 476
  de processos, 315
  de requisitos, 36, 40
  de solução, 351
    alternativa, 499
  do cronograma, 168
  do material de instalação, 373
  dos casos de uso, 235
Designer de conteúdo, 369
Desmoralização por ressentimento, 394
Desvio-padrão, 400
Determinação
  da viabilidade da prova de conceito da arquitetura de sistema, 366
  dos requisitos de aquisição e software, 463
Diagrama(s)
  de causa e efeito, 310
  de espinha de peixe, 310
  de Gantt de acompanhamento (*tracking Gantt*), 178
  de Ishikawa, 310
Diretor (*senior manager*), 8
Diretoria, 76, 77, 92, 110, 115, 260, 295
Distribuição
  das estimativas, 164
  t de Student, 401
Documentação
  de suporte ao usuário, 373

dos itens de configuração, 279
Documentador técnico, 368, 369

E

Efeito(s)
  colaterais indesejáveis, 395
  Hawthorne, 395
Eficácia, 88
Eficiência, 88
Elementos do processo, 436
Empoderamento, 191
Encadeamento de decisões, 240
Engenharia(s)
  de processos, 115, 120, 174, 187, 195, 253, 292
    do Praxis, 360
  de requisitos, 378
  de sistemas, 158, 174, 311
  de software, 359, 386, 405
  social, 376
Engenheiro(s)
  de processos, 8, 295
  de qualidade, 8
  de requisitos, 8, 261, 361
  de software, 8, 405
  de suporte, 8
Enterprise Unified Process (EUP), 360, 374
Entidade de negócio (*business entity*), 6
Enunciado do trabalho, 123, 229
EPF Composer, 313
EPraxis, 450
Equipes (*teams*), 7
  de solução, 351
Equivalência de estágios (*equivalent staging*), 34
Erro(s), 17
  clássicos, 17
  relativos
    a pessoas, 18
    a processos, 17
    à tecnologia, 19
    ao produto, 17
  tipo I, 390
  tipo II, 390
Escala, 13
Escopo
  do produto, 123
  do projeto, 123, 135
Escrita de ganchos (*hooks*), 120
Escritório de projetos (*Project Management Office*), 122
Esforço unitário, 178
Espaço de trabalho (*workspace*), 263
Especialistas
  em tecnologia, 324
  em usabilidade, 369
Especificação(ões)
  das alterações, 447
  de processo, 316, 477
  do problema, 461

Índice

dos objetivos, 237
dos requisitos, 123, 133
Estabelecimento, 494
Estabilização dos
processos, 24
Estado
de desenvolvimento, 145
implementado, 220
levantado, 145
realizado, 140
validado, 140
Estatísticas
aplicáveis, 338
descritivas, 398
Estimativas
bottom-up, 166
paramétricas, 161
por analogia, 159
Estratégias empíricas, 386
Estrutura(s)
analítica
do processo, 135
do projeto – EAP (*work
breakdown structure*),
37, 135
da organização produtora, 6
de configuração do
repositório, 263
Estudo de caso, 387
Evitação (*avoidance*), 204
Exclusão digital, 405
Execução(ões), 397
da implantação, 374
da resolução do
problema, 461
da revisão, 420
do conserto, 429
do defeito, 455
do treinamento, 485
Executor de solução, 351, 356
Exemplo de processo de
engenharia de sistemas, 364
Expectativas do
experimentador, 395
Experimento, 387
Exposição ao risco do
projeto, 202
Externalização de textos
(*string externalization*), 368
Extração (*check-out*), 267

F

Familiarização com os
testes, 394
Fase(s), 487
das lições, 357
de ação, 351
de construção, 370
de diagnóstico, 350
de estabelecimento, 350
de iniciação, 145
de início, 349, 489
de produção, 374
de retirada (*retirement*), 375
de transição, 107, 214,
247, 370

do experimento, 389
formal de produção, 375
Fator(es), 388
de ajuste, 132
de custo, 162
Fechamento
da inovação, 357, 502
da iteração, 240, 275
do projeto, 247
Ferramenta(s)
COCOMO II, 161
CVS, 264
de desenvolvimento, 324
de fluxo de trabalho
(*workflow*), 119
de gestão de
configurações, 264
de resolução de
defeitos, 119
*Eclipse Process
Framework* (EPF), 135
git, 263
subversion, 263
Fluxo das revisões, 89
Focalização dos processos da
organização, 43
Fontes de erros, 157
Forças caóticas, 12
Formulação da
hipótese, 390
Funções
de dados, 128
de transação, 128

G

Ganchos (*hooks*), 325
Garantia da qualidade, 74, 75
de processos e
produtos, 39
Gerência
da qualidade, 76, 89, 98,
115, 260
de decisões, 235
de portfólios, 62
de processos, 295, 299
Gerente
de defeitos, 118
de linha de produto, 10
de processos, 295
de produto, 10
de projeto, 10, 110, 260
Gestão(ões)
da biblioteca de processos,
367, 470
da comunicação, 222
da iniciação, 227
da integração, 145, 226
da qualidade, 174, 187
das alterações, 263, 261
das linhas de base, 235,
270, 374, 444
das partes interessadas, 253
de acordos com
fornecedores, 38
de alterações, 108, 115,
144, 367

de aquisições, 220
de configurações, 39, 257
na manutenção, 290
de deltas, 272
de liberações, 377
de métricas, 337
de pessoas, 191, 380
de portfólios, 379
de projetos, 81, 100, 122,
144, 225, 226
para adultos, 198
de recursos
computacionais, 360, 366
de repositório, 274, 443
de gestão de
configurações, 367
de requisitos, 36
de riscos, 45, 198
de tecnologia, 323
de variantes, 272
detalhada do projeto,
235, 435
do ambiente tecnológico,
323, 367, 479
do desempenho
da organização, 48
do fornecedor, 464
do envolvimento, 254
do escopo, 123
do patrimônio de
processos, 311, 323
do repositório de
medidas, 487
do tempo, 151
do treinamento, 296,
301, 328
dos custos, 212
dos requisitos, 126
inicial do projeto, 435
integrada de projetos, 45
quantitativa
de projetos, 47
dos processos, 339, 344
Grau(s)
de entendimento, 202
de informação, 202
de liberdade, 401
Grupo(s)
de aferição, 303
de garantia da qualidade
de software, 76
de suporte à
implantação, 356
de tecnologia, 324
de treinamento, 329
gestor da inovação, 356
Guias de estilo e do visual
(*look-and-feel*), 369

H

Heterogeneidade dos
sujeitos, 394
Hipótese(s)
alternativa, 390
nula, 390
violadas, 394

História dos experimentos, 394
Histórico do CMMI, 28

I

IDEAL, 25, 348
Ideia do experimento, 389
Identificação, 253
   de alteração de
     processo, 473
   de configurações, 258, 442
   dos fornecedores em
     potencial, 464
   dos itens de
     configuração, 277
   dos projetos e produtos, 278
   dos requisitos, 227
   dos riscos, 199
Imitação dos
   tratamentos, 394
Implantação, 360, 370
   da solução, 313, 356, 500
   do processo
     de defeitos, 451
     de problemas, 457
Implementação, 84, 88
   da modificação, 468
   de caso de uso, 220
   de personalizações, 313
   de processo, 318, 465, 477
Importação, 274
Inadequação de processos, 309
Indicador(es)
   de tamanho, 126
   de transição ou gatilho, 198
Influência(s)
   do experimento sobre os
     sujeitos, 394
   dos instrumentos, 394
   entre experimentos
     sucessivos, 394
Informação
   ambiental, 279
   de integração, 280
   gerencial, 282
*Information Systems Audit
and Control Association*
(ISACA), 69
*Information Technology
Infrastructure Library*
(ITIL), 69, 359-360
Inovação técnica, 297, 324,
   348, 357
   do Praxis, 349
Inserção (*check-in*), 268
Inspeção (*inspection*), 84
Instanciação do processo, 137
Instituições avaliadoras
   (IA), 66
*International Conference on
Model Driven Engineering
Languages and Systems*
(MODELS), 410
*International Conference on
Model-Driven Engineering
and Software Development*
(MODELSWARD), 410

*International Conference
on Software Engineering*
(ICSE), 410
Instrumentação, 393
Integração de produtos, 42
Inteligência artificial, 359
Interação de tratamentos, 395
Interação
   entre ambiente e
     tratamentos, 395
   entre história e
     tratamentos, 395
   entre seleção e
     tratamentos, 395
*International Software
Benchmarking Standards
Group* (ISBSG), 398
Intervalo de variação, 400
INTRo (*IDEAL-Based New
Technology Rollout*), 25, 348
ISO
   9000:2005 – Sistemas
     de gestão da qualidade
     – Fundamentos e
     vocabulário, 51
   9001:2008 – Sistemas de
     gestão da qualidade –
     Requisitos, 51
   9004:2009 – Gestão para
     o sucesso sustentável de
     uma organização – Uma
     abordagem de gestão da
     qualidade, 51
   /IEC-12207, 52
   /IEC 20000:2011, 52
   /IEC-33000, 52
Item de configuração, 258

J

JIRA, 120

L

Largura de faixa
   (*bandwidth*), 369
Lean, 69
Leitura baseada em
   perspectivas (*perspective-
based reading*), 93
Levantamento (*survey*), 386
Liberação (*release*), 15
   do produto, 247
Limites de controle, 346
Linha(s)
   de base (*baseline*), 258
     de configuração, 40
     de desempenho de
      processo, 346
     de projetos e
      produtos, 276
     de trabalho, 270, 276
     oficiais, 270, 275
   de código, 13, 126
   de produto, 8, 122, 260
Listas de conferência para
   revisões, 96

Localidade, 366
Login, 139

M

Macroatividades, 413
Mal-entendidos comuns, 21
Manual do usuário, 373
Manufatura enxuta (*lean
manufacturing*), 69
Manutenção, 257, 283, 287
   adaptativa, 284
   corretiva, 284
   de processos, 302, 473
   perfectiva, 284
   preventiva, 284
Manutenibilidade, 284
Marco (*milestone*), 135
   de liberação do produto, 375
   de retirada da liberação, 375
   de substituição da liberação
     (*release replacement*), 375
Material de suporte do
   processo, 323
Maturidade das
   organizações, 11
Média, 398
Mediana, 398
Medição e análise, 38
Medida(s)
   da tendência central, 398
   de dependência, 400
   de dispersão, 400
   do valor adquirido, 165
Medo da avaliação, 395
Melhoria
   das organizações, 20
   dos processos de
     software, 361
Mesclas (*merge*), 273
Meta(s)
   de negócio (*business
goal*), 6
   específicas (*specific
goals*), 30
   genérica (*generic goal*), 30
   práticas genéricas e, 33
Metamodelo do processo,
   312, 315
   do Praxis, 362
Método
   de Monte-Carlo, 202
   de planejamento do
     Praxis, 164
   de seleção dos sujeitos, 394
Métrica, 337
   direta (ou básica), 338
   indireta (ou derivada), 338
   na organização, 339
   objetiva, 338
   subjetiva, 338
Migração, 469
Mineração de dados, 359
Mitigação, 204
Moda, 398
Modelagem
   da organização, 362, 377

544 Índice

de negócio, 315, 360
de sistema, 360, 363
Modelo
CMMI, 28
da solução, 85, 286, 364
de carreiras Construx, 406
de desempenho do
processo, 347
de maturidade de
capacitação (*capability
maturity model*), 4
de negócio, 363
de programas de
melhoria, 25
de referência MPS para
software (MR-MPS-SW), 55
de sistema, 363
do desempenho do
processo, 47
do problema, 85, 123, 364
GQM (*Goals-Questions-
Metrics*, ou Metas-
Perguntas-Métricas), 342
ISO, 51
Monitoração
controle de projetos e, 37
das alterações, 447
do tamanho
físico, 151
funcional, 148
dos custos, 217
dos requisitos, 145
dos riscos, 208
Montagem
da infraestrutura do projeto
de inovação, 491
do repositório, 442
Mortalidade, 394
Motivação para a melhoria, 20
MPS.BR (Melhoria de
Processo do Software
Brasileiro), 55

N

Negociação da manutenção, 289
NESMA, 133
Nível(eis)
A (em otimização), 66
B (gerenciado
quantitativamente), 66
C (definido), 65
D (largamente definido), 64
de capacitação (*capability
level*), 30
de influência total (NI), 132
de maturidade (*maturity
level*), 30
E (parcialmente definido), 63
estratégico, 348
F (gerenciado), 62
G (parcialmente
gerenciado), 61
operacional, 348
tático, 348
Normas, 313
Notações, 362

Notas de liberação
(*release notes*), 374
Número insuficiente
de medidas, 395
de objetos, 395

O

Objetivos do ciclo de vida, 227
Ocaso (*sunsetting*), 29
OpenUp, 297
Operação(ões), 375, 396
empíricas, 338
piloto, 108, 247, 251, 375
suporte e, 289, 360, 374
Organização(ões), 7
produtoras, 409
Orientação de caráter
normativo, 313
*Orthogonal Defect
Classification* (ODC), 99

P

Pacote(s)
de serviço (*service pack*), 279
de conteúdo, 312
de métodos, 313
Papel(éis) (*roles*), 7, 260,
285, 295
da diretoria, 77, 295
da gerência
da qualidade, 76, 262
de processos, 295
das comissões de controle
de configurações, 260
do administrador de
configurações, 260
dos gerentes de projeto, 77,
262, 285
dos proprietários dos
itens, 261, 286
dos representantes dos
usuários, 286
gerenciais, 8
na gestão da qualidade, 76
técnicos, 8
Partida do projeto, 227
Pasta de projeto, 258
Patrimônio de processos, 43
da organização, 292, 298
Peer deskcheck, 88
*People
capability maturity
model*, 191
CMM ou P-CMM, 191
Percentis, 398
Perfil(is)
atual de proficiências, 331
da equipe de revisão, 94
desejado de
proficiências, 331
do líder, 94
do processo, 312
do relator, 95
dos revisores em geral, 95
Personagens da mudança, 25

Personalização
de processo, 297, 310, 476
de recursos tecnológicos,
297, 323, 325, 482
Perturbações do ambiente do
experimento, 394
Planejamento(s), 390
da estratégia
organizacional, 463
da força de trabalho, 406
da implantação, 373
da iteração, 233, 434
da qualidade, 77, 78
do projeto, 416
da transição, 251
das ações, 496
das apreciações, 420
das configurações, 277
das inspeções, 233
das liberações, 433
das métricas, 342, 485
das respostas aos
riscos, 204
de configurações, 263
de pessoal, 192
de projetos, 37
detalhado, 229
do Praxis, 233
do projeto de inovação, 491
do tamanho das
liberações, 140
do treinamento, 333, 484
dos custos, 212
geral do projeto, 244,
311, 433
preliminar do projeto, 433
Plano(s)
da iteração, 81
da qualidade, 78
das ações de inovação, 350
das apreciações, 78, 81,
187, 233
das liberações, 233
de carreira, 406
de gestão
das partes
interessadas, 254
do projeto, 224
de implantação, 373
de inovação, 356
de módulo de curso, 336
de projeto, 223
de inovação, 349
de teste piloto, 352
de treinamento
da organização, 334
de área, 334
de projeto, 333
do tamanho, 81
preliminar, 229
resumo do projeto, 224
Plataforma EPF, 297
Política, 297
Pontos
de caso de uso, 126
de função, 126
ajustados, 132

Índice

de melhoria
(*enhancement function
points*), 290
de objetos, 127
fora do gráfico
(*outliers*), 345, 400
Portfólio, 122
de software, 379
Pós-arquitetura
(*post-architecture*), 162
Práticas
específicas (*specific
practices*), 30
genéricas (*generic
practices*), 30
Precisão, 155
Prejuízos da imaturidade, 11
Preparação, 396
dos requisitos
contratuais, 464
inadequada dos
construtos, 395
Previsão de esforços e
prazos, 178
Prioridades de melhoria, 20
Problemas (*issues*), 100, 247
de comunicação, 14
de escala, 13
Procedimentos de
alteração, 283
Processamento de
defeitos, 117
Processo(s)
de aquisição (AQU), 62, 222
de avaliação e melhoria do
processo organizacional
(AMP), 63
de definição do processo
organizacional (DFP), 63
de desenvolvimento
de requisitos (DRE), 64
para reutilização
(DRU), 65
de garantia da qualidade
(GQA), 62
de gerência
de configuração (GCO), 62
de decisões (GDE), 66
de portfólio de projetos
(GPP), 63
de projetos (GPR), 62
de recursos humanos
(GRH), 63
de requisitos (GRE), 62
de reutilização
(GRU), 64, 65
de riscos (GRI), 66
de integração do produto
(ITP), 64
de manutenção, 287
de medição (MED), 63
de projeto e construção do
produto (PCP), 65
de software, 21, 375
de tomada de decisões, 237
de validação (VAL), 65
de verificação (VER), 65, 84

definido, 21, 292
estável, 344
experimental, 387
*Goal-Driven Software
Measurement*
(GDSM), 343
oficiais, 302
Praxis, 111
padrão (*SPraxis*), 78
primários, 4
PSP, 127
reais, 302
Produção de software, 348
Produtividade, 178
de processo, 346
Produtos comerciais de
prateleira, 4
Proficiência (*skill*), 329
Programa(s), 122
de treinamento, 296,
328, 333
Programação
da camada de fronteira, 136
em pares (*pair
programming*), 88
*Project Management Body of
Knowledge* (PMBOK), 68,
122, 123, 135, 144
Project Management Institute
(PMI), 67
Projeto(s), 122
de correção, 278
de desenvolvimento
de processo, 315
novo, 278
de evolução, 14, 278
de gestão de
configurações, 276
de melhoria, 278
Eclipse, 263
ProMOTe, 348
Proposição do projeto de
inovação, 489
Proposta de projeto de
inovação, 349
Proprietário do item, 118,
261, 276

Q

Qualidade, 74

R

Ramo tronco, 272
Randomização, 392
Realização da melhoria, 23
Recapitulação da iteração, 240
Recomendação, 100
Redução dos dados, 400
Refinamento(s)
da estrutura do sistema, 366
da solução, 351, 356
do modelo de implantação
de sistema, 366
dos processos do
sistema, 366

Registrador do defeito,
118, 451
Registro
de anomalias, 187
de apreciações, 187
de identificação de
configuração, 263, 279
do desenvolvimento, 225
dos resultados, 100
dos riscos, 225
Regras
de negócio, 316
de personalização, 312
Regressão linear, 400
Relato do projeto, 240,
253, 436
Relatório, 225
das apreciações, 309
de avaliação de inovação,
326, 353
de projeto, 349
de teste piloto, 353
do experimento, 403
final do projeto de
inovação, 357
resumo do projeto, 225
Replanejamento, 244
Repositório(s), 258
de configurações, 274
de dados do projeto de
inovação, 351
de medidas da organização,
253, 339, 347, 398
Representação
contínua (*continuous
representation*), 30
em estágios (*staged
representation*), 30
Representante dos usuários,
287, 376
Requisitos primários, 126
Resolução(ões)
de alterações, 235, 257, 283
de anomalias e defeitos, 115
de defeito, 117, 309,
374, 451
de problemas, 247, 260,
277, 374, 458
Retorno do investimento, 20
Retrospectiva, 240, 436
de iterações e projetos, 86
imaginária, 199
Reuniões de revisão, 92
Reutilização estratégica, 378
Revisão(ões), 82
aceitação da manutenção
e, 468
autoral, 88
das propostas de
alterações, 444
de apresentação
(*walkthrough*), 86
do planejamento, 240
formais, 84
gerencial (*management
review*), 86
informais, 88

Índice

instantâneas
(*stand-up reviews*), 88
pelos pares
(*peer review*), 82, 88
técnica (*technical review*),
85, 229, 233, 263
de processo, 476
Riskology, 202
Roteiro (*scenario*), 41
RUP para engenharia de
sistemas, 360, 364

S

Sandbox, 373
Segurança, 359
Seis Sigma (*Six Sigma*), 69
Seleção
das variáveis, 391
do contexto, 390
dos sujeitos, 392
Simulação de processos
racionais de
desenvolvimento, 316
Síndrome do estudante, 155
Sintomas, 118
de imaturidade, 11
Sistema(s)
de manutenção, 289
de informação, 405
Sobrecusto esperado, 208
Sociedade Brasileira de
Computação (SBC), 406
*Software Process Engineering
Metamodel* (SPEM), 135
Solicitação
de alteração de
processo, 309
de modificação, 287
Solução técnica, 41
SPICE, 52
SPraxis (Simplificada ou
Standard), 412
Status de alteração, 145
Submissão
de defeito, 451
de problema, 458
Suplementos (*plug-ins*), 325
de métodos, 313, 364

Suporte(s), 376
ao desenvolvimento, 235
aos processos, 301,
309, 472
de tecnologia, 323, 482
SVN
Checkout, 267
Commit, 268
Update, 268
SW-CMM (*Software Capability
Maturity Model*), 28
SWEBOK, 406

T

Tamanho
físico, 126
funcional, 126
lógico, 127
Tarefa de desenvolvimento de
processos, 297
Técnica(s)
de brainstorming, 199
de QFD, 316, 350
Teorema do limite central, 401
Teste(s), 84, 108
alfa, 106
beta, 106, 247, 251
da hipótese, 401
de aceitação, 106, 107
de qualificação, 106
de sistema, 106, 240
de χ^2, 402
estatísticos, 390
de baixa potência, 394
não paramétricos, 402
operacionais, 106, 107
piloto, 313, 351, 500
secos, 396
t, 401
Texto de estatística, 160
Tipos
de elementos, 128
de relatórios, 225
Tópico de processo, 100
Total ajustado de pontos de
função, 132
Transformação
log-normal, 402

Transição do risco, 198
Tratamento, 388
da incerteza, 239
Treinamento, 328
da organização, 44

U

Unidade
de implantação, 374
organizacional, 7
Utilização dos
relatórios, 225

V

Validação, 43, 75, 100, 106
Validação dos dados, 398
Validade
da conclusão, 394
de construto, 395
externa, 395
interna, 394
Valor adquirido, 218
Variações, 282, 297
Variância, 400
Variável(eis)
dependente, 387
independentes, 387
Verificação(ões), 42, 74, 82
da resolução do
problema, 461
de sanidade
(*sanity checks*), 398
do conserto do
defeito, 456
Visão
da solução, 363
de arquitetura, 318
de componentes, 364
de especificação, 316
do Praxis, 317
de implantação, 364
do problema, 363
Visualizações gráficas, 400

W

Web designer, 369

Pré-impressão, impressão e acabamento

grafica@editorasantuario.com.br
www.graficasantuario.com.br
Aparecida-SP